L'invention du jeune enfant au XIXe siècle

JEAN-NOËL LUC

L'invention du jeune enfant au XIXe siècle

De la salle d'asile à l'école maternelle

Ouvrage publié avec le concours
de l'Institut national de recherche pédagogique et
de l'École normale supérieure de Fontenay/Saint-Cloud

BELIN
8, rue Férou 75006 Paris

DU MÊME AUTEUR

Paysans et droits féodaux en Charente-Inférieure pendant la Révolution française, Paris, Comité des travaux historiques et scientifiques, 1984.

La Petite enfance à l'école. XIXe-XXe siècles. Textes officiels relatifs aux salles d'asile et aux écoles maternelles, présentés et annotés, Paris, Economica-INRP, 1982.

La Statistique de l'enseignement primaire aux XIXe et XXe siècles, politique et mode d'emploi, Paris, Economica-INRP, 1985.

EN COLLABORATION

La Charente-Maritime. L'Aunis et la Saintonge des origines à nos jours, sous la direction de J.-N. Luc, Saint-Jean d'Angély, Bordessoules, 1981.

Des Normaliens. Histoire de l'École Normale Supérieure de Saint-Cloud, Paris, Fondation nationale des sciences politiques, 1982.

L'Enseignement primaire et ses extensions, XIXe-XXe siècles, par J.-P. Briand, J.-M. Chapoulie, F. Huguet, J.-N. Luc, A. Prost, Paris, Economica-INRP, 1987.

En couverture : L'école maternelle, par Jean Geoffroy, 1898.
École normale d'institutrices des Batignolles (© J.-L. Charmet).

Cartographie : COREDOC.

© Éditions Belin, 1997   ISSN 1246-8231   ISBN 2-7011-2022-5

Cet ouvrage a été rédigé à partir d'une thèse de doctorat d'État soutenue, en 1995, à La Sorbonne, devant un jury composé des professeurs Jean-Pierre Chaline, Alain Corbin (président), André Gueslin, Françoise Mayeur et Antoine Prost (rapporteur). Ce travail de longue haleine n'aurait pas abouti sans des aides multiples.

Antoine Prost a été un directeur de recherche attentif et stimulant, auprès duquel j'ai beaucoup appris, entre autres pour définir la problématique et les méthodes de ce travail. Françoise Mayeur et Paul Gerbod m'ont apporté un soutien intellectuel et amical régulier. D'autres historiens et d'autres spécialistes m'ont aidé par leurs critiques et par leurs suggestions : Pierre Caspard, Jean-Michel Chapoulie, Alain Corbin, Joël Cornette, Michel Didier, Catherine Duprat, Jacques Gavoille, Jean Hébrard, Claude Langlois, Jacqueline Lalouette, Michel Manson, Marie-José Michel, Marie-France Morel, Michelle Perrot, Jacques-Guy Petit et Gilbert Py.

La collaboration efficace et les compétences multiples, notamment en statistiques et en psychologie enfantine, de José Tertrais ont été très utiles à plusieurs étapes de mes recherches.

Plusieurs personnes et plusieurs institutions ont facilité la collecte de ma documentation : les conservateurs des Archives départementales, qui ont répondu à mon enquête nationale, Benoît Barathé, Colette Chambelland, Christophe Charle, Guy Caplat, Chantal Georgel, M. et Mme Dupont-Graindorge, Françoise Huguet, Isabelle Havelange, Michel Lethelnet, Michel Manson, qui m'a guidé dans les collections du musée national de l'éducation, le baron Jean-Pierre Mallet, Éric Thomas, Claire Thiellet, Édouard Vast, le Service d'Histoire de l'éducation (URA-CNRS 1397), la bibliothèque de l'Heure joyeuse et la bibliotèque de l'INRP.

Je me serais maintes fois égaré dans les territoires, parsemés d'embûches, de la statistique et de l'informatique sans l'aide patiente de Josiane Bernillon et sans le concours de Bernard Commiot, Raphaël Garcia, Gabriel Langouet, Dominique Lenne, Marc Panigel, Gérard Rapegno et Danielle Trancart.

Les collaborations d'Annie Malejacq, de Gisèle Chauvin, de Bruno Mathis et de ma mère, Odette Luc, ont été précieuses au cours de la dernière étape de ce travail.

Le Centre de recherche en Histoire et en Sociologie de l'éducation de l'ENS de Saint-Cloud/Fontenay m'a fourni un concours précieux en m'apportant une aide matérielle régulière ; le service des publications du même établissement a fabriqué les cinq volumes de ma thèse.

Le Service d'Histoire de l'éducation de l'INRP, ENS de Saint Cloud/Fontenay ont subventionné cet ouvrage pour permettre la reproduction d'un plus grand nombre de figures et d'illustrations incluses dans ma thèse.

A tous, j'exprime ma reconnaissance.

Je remercie aussi, plus particulièrement, Madame André Mallet, qui a mis à ma disposition toutes les archives de Madame Jules Mallet (1794-1856), dont l'apport à ce travail a été décisif.

Introduction

Paris, avril 1825. Dans la berline qui la ramène vers son hôtel de la Chaussée d'Antin, Émilie Mallet reste pensive. L'idée d'une éducation collective des enfants du peuple entre deux ans et six ans l'embarrasse et la séduit en même temps. La famille n'est-elle pas le lieu de vie naturel de ces bambins, et la mère, leur institutrice idéale ? Mais le baron de Gérando, qu'elle vient de rencontrer dans le salon des Delessert, ne tarissait pas d'éloges sur les écoles enfantines de Londres. Rentrée dans ses appartements, où elle vérifie le sommeil de ses plus jeunes enfants, l'épouse du banquier Jules Mallet songe qu'elle pourra mieux s'informer, et peut-être agir, grâce aux manuels anglais que son interlocuteur a promis de lui envoyer.

Paris, encore, un matin de l'été 1826. Plusieurs dizaines d'enfants se bousculent pour entrer dans un bâtiment de la rue du Bac. Deux religieuses et plusieurs dames élégantes s'efforcent de les calmer, tout en adressant quelques mots aux femmes pauvrement vêtues et intimidées qui les ont amenés. Fondée par un comité de bienfaitrices, la première salle d'asile française ouvre ses portes aux enfants de deux ans à six ans dont les mères travaillent ou désirent travailler.

Les promoteurs de cette institution veulent offrir un gîte aux bambins négligés, commencer leur éducation – morale, physique et intellectuelle – et remédier à la misère des classes populaires en favorisant le travail des mères. Placées, dès 1836, sous la tutelle de l'État, mais surtout financées par les municipalités, les salles d'asile se répandent sur une grande partie du territoire grâce aux maîtresses fournies par les congrégations féminines. En 1881, cinq mille établissements, dirigés trois fois sur quatre par des religieuses, enregistrent 650 000 usagers, soit 20 % du public visé.

Malgré ce succès, la première école enfantine française n'a pas bonne réputation. Les réformateurs républicains des années 1880 y voient un vulgaire refuge, soumis à l'influence cléricale ; les responsables du système éducatif du XXᵉ siècle lui opposent rituellement l'école maternelle, célébrée comme le lieu d'éducation collective idéal des plus petits des citoyens en âge de marcher. La salle d'asile n'a pas, non plus, fait recette à l'Université, où les très rares travaux qui lui ont été consacrés[1] se limitent à un aspect particulier en négligeant les importantes ressources des Archives nationales et en privilégiant le commentaire des textes normatifs imprimés sur l'étude du fonctionnement des établissements. Ils sont, par ailleurs, souvent influencés par les problématiques de la reproduction et de la domination sociales qui ont renouvelé, dans les années 1960 et 1970, les recherches en histoire de l'éducation. Dans cette perspective, proche parfois du vieux discours républicain, la salle d'asile est surtout présentée comme l'un des instruments conçus par les classes dirigeantes, à l'époque de la Révolution industrielle, pour répondre aux nouveaux besoins de l'économie et préserver l'ordre social. L'enfermement disciplinaire des jeunes enfants libère la main-d'œuvre féminine ; il assure aux familles laborieuses un second salaire ; il garantit, en plus, la docilité des futurs prolétaires[2]. Mais cette interprétation intéressante achoppe sur plusieurs observations : l'extension du projet de préscolarisation aux enfants aisés, lorsque les obligations professionnelles ou mondaines de leurs parents les retiennent hors du foyer, la diffusion des salles d'asile en dehors des zones manufacturières proprement dites et l'existence des garderies, qui garantissaient déjà la disponibilité des mères. Les seules explications économiques et politiques ont aussi l'inconvénient de reléguer au second plan la grande originalité de la première entreprise d'éducation collective des jeunes enfants et l'ambition de son programme. Or, s'il faut partir d'un problème, comme aimait le répéter Lucien Febvre, on peut ici en repérer deux et qui relient, en plus, les initiatives du siècle passé à notre société, où presque tous les enfants de deux ans à six ans sont préscolarisés : l'ingérence de l'autorité publique dans une fonction traditionnellement considérée comme le devoir et l'apanage des familles, et la perception, inhabituelle, du jeune enfant comme un sujet scolarisable et capable de profiter d'un enseignement régulier.

Douterait-on de la hardiesse de cette démarche ? Il suffit, pour s'en convaincre, d'écouter Talleyrand exclure, devant la Constituante, toute intervention de l'État avant la scolarisation : «jusqu'à l'âge de six ou sept ans, l'instruction publique ne peut guère atteindre l'enfance : ses facultés sont trop faibles, trop peu développées [...]. Jusqu'alors, il a fallu la nourrir, la soigner, la fortifier, la rendre heureuse ; c'est le devoir des mères. L'Assemblée nationale, loin de contrarier en cela le vœu de la nature, le respectera au point de s'interdire toute loi à cet égard[3] ». L'ancien évêque d'Autun exprime ici un idéal commun aux Églises, aux Lumières et aux révolutionnaires : le jeune enfant doit grandir entre les mains de sa mère. Une image dépréciative du bambin accompagne ce rappel du droit de garde et du devoir éducatif de la famille. Pendant les premières années de la vie, remarque l'orateur, l'enfant reste fragile, maladroit, ignorant : il lui faut d'abord survivre. Un pas de plus, et les jugements de certains hommes sur les moins de six ans prennent une tonalité vraiment péjorative. En 1843, un ecclésiastique admire le «mérite» des religieuses qui donnent aux nourrissons et aux enfants sevrés des «soins si absorbants, si minutieux, si dégoûtants». Il faut «l'héroïsme inné» des mères, constate à la même époque un autre prêtre, pour «s'assouplir et se rapetisser à [la] portée» de ces marmots. Si la vue d'un «petit garçon mal vêtu et malpropre» émeut toujours une femme de condition, remarque en 1857 un pédagogue, lauréat de l'Académie des sciences morales et politiques, elle inspire à son mari un vrai «sentiment de dégoût[4]». Que faut-il à cet enfant mal dégagé de l'animalité ? Des soins, des jeux et de la discipline. L'instinct de la femme et la patience du vieillard, ces deux autres mineurs de la société, les prédisposent à s'occuper, dans la maison, de celui qui n'a pas encore atteint l'âge de raison.

L'institution qui se développe en France à partir de la fin de la Restauration bouscule cette conception de la première éducation : «il ne peut être que fort utile de commencer l'instruction dès l'âge le plus tendre, et tel semble devoir être le but principal des salles d'asile, qui formeraient le premier degré de l'enseignement élémentaire, et que, par cette raison, on pourrait appeler plus justement *petites écoles* ou *écoles de l'enfance*», affirme la circulaire ministérielle du 5 mars 1833, la première qui soit consacrée à ces établissements. La Monarchie de Juillet puis le Second Empire se montrent ici plus révolutionnaires que la Constituante, la Législative et la Convention réunies : ils organisent l'éducation collective des jeunes enfants sous le contrôle de l'État. C'est une invention «contre-nature», protestent les défenseurs pointilleux des responsabilités familiales qui dénoncent aussi le projet d'un enseignement régulier avant l'âge de raison, motivé par le «faux éclat d'une instruction anticipée[5]». La nouvelle institution allait survivre, pourtant, se développer et acquérir, un siècle et demi plus tard, après plusieurs mutations, l'audience dont rêvaient ses pionniers. A l'ère de «la maternelle pour tous», selon la formule d'Antoine Prost[6], les anathèmes ont cédé la place à un consensus sur l'utilité d'une école des jeunes enfants qui satisfait, en plus du besoin de garde, une demande d'éducation précoce bien identifiée par les sociologues[7]. Replacée dans un temps plus long, la salle d'asile ne peut plus être seulement considérée comme l'instrument d'une politique d'assistance ou un moyen de défense de l'ordre social : elle devient la première étape de la substitution d'une préscolarisation universelle, sous le contrôle de l'État, à la garde domestique d'une partie de la population enfantine ou à sa garde déléguée dans un contexte exclusivement privé. La signification culturelle de la demande d'éducation institutionnelle précoce élargit les interrogations sur sa lointaine origine et tire de l'ombre le principal acteur concerné : le petit «écolier». L'histoire du jeune enfant – ou, plus précisément, celle de sa représentation par les adultes et de leurs attitudes à son égard – ne constitue-t-elle pas une clé privilégiée pour comprendre l'apparition et l'organisation de la première intitution qui lui est destinée ?

Malgré leur abondance et leur qualité, les travaux réalisés sur l'histoire de l'enfance ne permettent pas de répondre à cette question, car ils s'intéressent surtout au destin du nourrisson ou ils distinguent, dans le meilleur des cas, les périodes antérieures et postérieures à l'âge de raison. Souvent cité dans les études historiques, un vers célèbre de Victor Hugo, publié en 1831, «Lorsque l'enfant paraît, le cercle de famille applaudit à grands cris», perd une partie de son intérêt quand on s'aperçoit qu'il concerne, comme l'ensemble du poème, un être d'âge indéterminé. Or, ce n'est pas l'*enfant* en général, un concept trop vague, qui nous intéresse ici, ni les *premières années* ou le *tout petit,* termes usuels de la bibliographie ; c'est l'enfant visé par la salle d'asile, l'enfant entre deux ans (au début de sa troisième année) et six ans (à la fin de sa cinquième année) ou sept ans, que nous appelons *jeune enfant, bambin* ou – après Victor Hugo et Jules Simon, et sans intention péjorative – *marmot* pour le distinguer de son cadet et de son aîné. Les psychologues généticiens du XXᵉ siècle ont souligné la particularité et l'importance de ces quatre années de l'existence pendant lesquelles se produit, selon la formule du Dr Dodson, un «énorme développement[8]». Comment les adultes de la fin du XVIIIᵉ siècle et ceux du siècle suivant réagissaient-ils aux transformations dont ils avaient conscience ? Comment considéraient-ils le jeune enfant dans les milieux qui fournissent à la première école enfantine officielle ses théoriciens et ses protectrices ?

Cette problématique élargie a engagé notre recherche, au-delà des voies habituelles de l'histoire d'une institution éducative, vers les motivations des fondateurs, les images du jeune enfant et les modalités de son éducation domestique, et les ambitions, féminines et sociales, des dames patronnesses. Pour ouvrir ces chantiers, il fallait voir large dans l'espace et dans la documentation. Nous avons consulté les cinquante-quatre cartons de la sous-série F17 des Archives nationales, relatifs aux salles d'asile, la série T de dix fonds d'Archives départementales, la série M des Archives municipales de Lyon, les manuscrits de la bibliothèque du Musée social et de la Bibliothèque historique de la ville de Paris, les archives privées de Madame Jules Mallet, la littérature philanthropique et pédagogique spécialisée (199 titres), des ouvrages sur l'enfant, la femme et l'éducation (192 titres), des publications médicales sur l'enfant (270 titres), des livres de lecture (142) et des périodiques (28) destinés à une clientèle enfantine, des autobiographies (75), des journaux intimes et des correspondances (11). Sans vouloir gloser sur notre méthode, nous tenons à signaler deux démarches auxquelles nous avons essayé de rester fidèle chaque fois que les sources le permettaient. Malgré le choix d'un plan thématique, l'approche chronologique a été souvent utilisée pour repérer les évolutions ou les mutations de la salle d'asile au cours d'un demi-siècle d'existence. L'étude quantitative de la géographie et du fonctionnement des établissements a, par ailleurs, permis de dépasser le simple florilège des exemples et des contre-exemples. Les liens entre la diffusion des salles d'asile, d'une part, l'économie, l'urbanisation et le réseau des écoles primaires, d'autre part, ont été recherchés, pour l'ensemble du territoire, en calculant des coefficients de corrélation et en réalisant des analyses factorielles des correspondances à partir des statistiques des années 1863 et 1881. L'implantation et le fonctionnement des établissements ont été analysés, plus précisément, au milieu du siècle, à la fin du Second Empire et en 1881 dans des échantillons de vingt-cinq à quarante départements.

La première partie de cet ouvrage présente la naissance et la théorie de la salle d'asile en considérant son institutionnalisation sous la tutelle de l'État et des municipalités, ses objectifs d'assistance et d'éducation, et les spéculations de ses promoteurs sur l'universalité de son public. Une seconde partie étudie les représentations du jeune enfant et ses modes d'éducation domestique dans les classes aisées, et l'action des dames patronnesses. La partie suivante décrit les usages de la première éducation publique en étudiant la méthode de la salle d'asile, l'envoi des jeunes enfants dans cette institution, à l'école ou dans les garderies et la diffusion de la préscolarisation officielle. Une dernière partie analyse la professionnalisation de la garde éducative des jeunes enfants à travers les portraits des maîtresses et des inspectrices générales, le tableau contrasté des établissements et l'avènement de l'école maternelle républicaine. En choisissant cet itinéraire, nous espérons situer l'étude de la première école enfantine française à la croisée de l'histoire sociale et de l'histoire des mentalités, là où se rencontrent les histoires des enfants, des femmes et de la famille, celles de l'assistance, de la médecine et de l'éducation, et celles, encore, des classes populaires et des classes privilégiées.

Première partie

Naissance et théorie
de la salle d'asile

– I –

Entre l'initiative privée, les municipalités et l'État

Les antécédents français et européens

Avant la fondation de la salle d'asile, des notables se sont déjà préoccupés d'organiser la garde éducative des jeunes enfants. La littérature hagiographique héritée du XIXᵉ siècle attribue à la France un rôle pionnier. Dès le début de l'année 1770, le pasteur Jean-Frédéric Oberlin ouvre, dans la paroisse vosgienne du Ban-de-la-Roche, des *écoles à tricoter*, où de jeunes filles, appelées *conductrices de l'enfance,* enseignent aux bambins de quatre à sept ans le tricot, des prières en français et, grâce à la cueillette des plantes et à des cartes en bois, quelques rudiments d'histoire naturelle et de géographie. En 1801, la marquise de Pastoret, vice-présidente de la *Société de la Charité maternelle,* fonde à Paris une *salle d'hospitalité* pour accueillir douze marmots dont la plupart ne sont pas encore sevrés.

L'antériorité présumée des initiatives françaises résistera-t-elle à une meilleure connaissance des projets et des réalisations dans les autres pays d'Europe[1] ? Dès 1770, au début d'une version préliminaire de son célèbre *Manuel élémentaire d'éducation,* Jean-Bernard Basedow envisage de créer une pension pour dix enfants pauvres de cinq à sept ans. Ce disciple de Coménius et de Rousseau conseille de fortifier le corps du bambin par des travaux manuels, des exercices de coordination motrice et des pantomimes, et d'esquisser sa formation intellectuelle par des observations commentées d'images et par des jeux, sur le langage, les couleurs et les sons. En 1799, la municipalité de Copenhague envisage de réunir les jeunes enfants du peuple dans des établissements particuliers pour les éduquer « autant que leur âge le permettra ». La même année, Henri Pestalozzi, responsable d'une classe enfantine à Burgdorf, essaie d'adapter l'enseignement collectif de la lecture et du calcul à la psychologie d'un public âgé de cinq ans à huit ans. Les initiatives se multiplient au cours des années suivantes, surtout dans l'Europe du Nord. En 1802, la princesse Pauline de Detmold, influencée par les philanthropes, organise des lieux d'accueil pour les moins de sept ans, ouverts entre juin et octobre, et qui proposent aux enfants des leçons de tricot, de catéchisme et de vocabulaire allemand. En 1806, un projet de loi prévoit la création d'une *Warteschule* (école garderie) dans toutes les communes du grand-duché de Berg qui comptent plus de soixante enfants scolarisés. En 1814, l'État du Schleswig-Holstein réglemente les *Aufsichtsschulen*, destinées aux bambins de quatre ans à sept ans. A la même époque, la Hollande recense officiellement plusieurs centaines d'écoles enfantines spontanées, appelées *bevaar schoolen*. Mais l'initiative la plus célèbre est celle de Robert Owen, l'industriel réformateur de New-Lanark, en Écosse, qui organise, en 1816, une *Infant School* au rez-de-chaussée de son *Institut pour la formation du caractère*. Plusieurs personnalités anglaises et étrangères viennent admirer les marches rythmées, les chants et les divers exercices, de lecture, d'écriture, de calcul, d'histoire naturelle et de géographie, grâce auxquels le fondateur espère tirer parti de la malléabilité enfantine pour améliorer sa future main-d'œuvre et préparer, dès le plus jeune âge, le *New Moral World*. En 1819, des notables londoniens, impressionnés par l'exemple de New-Lanark et réunis autour de Lord Brougham, ouvrent le *Westminster Free Day Infant Asylum*. L'année suivante, un établissement identique est créé dans le quartier ouvrier de Spitafields. En 1824, après une première vague de fondations dans d'autres villes britanniques, plusieurs membres du Comité Brougham créent la *Society of Infant Schools,* qui organise, à Spitafields, des séances de formation sous la direction de Samuel Wilderspin, auteur, en 1823, d'un manuel bientôt connu dans toute l'Europe : *Infant education or practical remarks on the importance of educating the infant poor from the age of eighteen months to seven years*. A la même époque, des institutions de jeunes enfants différentes des refuges traditionnels apparaissent sur le continent. En Hollande, la *Société du Bien public* et certaines communes multiplient les nouvelles fondations à partir de 1823. A Paris, un comité de dames charitables ouvre la première salle d'asile française en 1826. A Bruxelles, la *Société des salles d'asile et des écoles gardiennes* organise, la même année, les deux premières écoles enfantines modèles avec le soutien de la municipalité. En 1826, encore, des associations de dames fondent des *écoles de petits enfants* à Genève et à Lausanne. A Crémone, en 1828, l'abbé Ferrante Aporti, inspiré par le manuel de Wilderspin, qu'il a lu dans une traduction allemande, ouvre la première *scuola infantile* de l'Italie. A Postdam, en 1829, le conseiller Turk organise l'une des premières salles d'asile de la Prusse en collaboration avec la *Société de bienfaisance* de la ville.

En attendant une histoire de la préscolarisation européenne au XIXe siècle, qui devra s'intéresser aux réseaux, confessionnels, culturels ou mondains, de la circulation des informations, ce simple coup d'œil révèle quelques traits de l'offre préscolaire institutionnelle : la relative simultanéité des premières initiatives, l'ambition pédagogique des fondateurs, la diversité de leurs motivations. A l'origine des lieux d'accueil et d'éducation avant l'âge de raison, on trouve – à des degrés divers selon les individus – la volonté de mettre les mères indigentes au travail, la recherche d'une communauté sociale idéale, le souci d'une édification précoce, la ferveur éducative héritée du Piétisme[2] ou des Lumières et la sollicitude à l'égard du jeune enfant. Les préoccupations socio-économiques ne sont pas liées, obligatoirement, à la Révolution industrielle. Ni la fondation d'Owen, près de la manufacture de New-Lanark, ni les établissements ouverts, en Belgique, par la *Société générale pour favoriser l'industrie,* ne constituent un modèle exclusif : à Detmold et à Cassel, les horaires des écoles enfantines sont adaptés au rythme des travaux agricoles. Les fondateurs des nouvelles institutions ne démarquent pas non plus les traditionnelles garderies de quartier, qui réglaient déjà, en partie, le problème de l'accueil d'une classe d'âge embarrassante. Ils ne se limitent pas davantage à l'apprentissage des prières, des cantiques et de l'alphabet, déja proposé par les écoles gardiennes. Ils conçoivent un projet global de première éducation, physique, morale et intellectuelle, fondé sur une représentation du jeune enfant comme un être capable de profiter, avant l'âge de raison, d'un enseignement collectif destiné à préparer l'homme nouveau dont rêvent tous les réformateurs. Cette ambition inhabituelle pose aux nouveaux établissements un problème d'identité que les théoriciens de l'*Infant School* et leurs imitateurs résolvent en s'inspirant du modèle de la grande école. En France, c'est l'exemple britannique qui incite les pionnières parisiennes à passer à l'action.

L'œuvre des dames et des philanthropes
Les initiatives des dames, de Jean-Denys Cochin
et du Conseil général des hospices de Paris

Les *Infant Schools* ne sont pas inconnues des réformateurs français attentifs aux expériences britanniques. En 1823, Marc-Antoine Jullien, co-fondateur de la *Société pour l'instruction élémentaire* et de la *Société de la Morale chrétienne,* fait leur éloge dans le récit de son voyage à New-Lanark[3]. L'année suivante, Joseph-Marie de Gérando, un autre co-fondateur des mêmes associations, visite avec intérêt les établissements londoniens. Gérando et Jullien sont des philanthropes, comme Benjamin Delessert, membre du Conseil général des hospices de Paris, et son frère François, co-responsable de la *Société de la Morale chrétienne,* ou le marquis Claude de Pastoret, un autre responsable des Hospices, qui interviendront ultérieurement en faveur des salles d'asile. Qu'ils soient catholiques, protestants ou libres penseurs, ces notables veulent tous faire le bien avec un souci constant d'utilité sociale et sans donner à ce geste une signification spirituelle ou missionnaire prioritaire[4]. Ils sont persuadés de pouvoir améliorer le sort des classes populaires par l'assistance, le travail et l'éducation. Dès son retour en France, Joseph-Marie de Gérando propose au Conseil général des hospices de fonder à Paris des établissements semblables aux *Infant Schools.* Les administrateurs des hôpitaux et des bureaux de bienfaisance de la capitale jugent-ils ce projet trop coûteux ? Après son examen, en mai 1824, par une commission spéciale, il n'est pas retenu. Le baron de Gérando ne continue pas moins de vanter les mérites des classes enfantines anglaises. En avril 1825, au cours d'une soirée chez Benjamin Delessert, un industriel protestant, régent de la Banque de France, il évoque ces établissements devant sa sœur, Mme Gautier-Delessert, sa belle-sœur, Mme François Delessert, toutes les deux administrantes de la *Société de la Charité maternelle*, et deux de leurs invitées : Mme Jules Mallet et sa nièce, Mme Claude Nau de Champlouis, petite-fille de Christophe Oberkampf et de sa première femme. Impressionnées par son enthousiasme, ses interlocutrices songent à imiter l'exemple anglais. Après avoir lu les manuels de Samuel Wilderspin et de Thomas Pole, rapportés par Gérando, Émilie Mallet fait traduire plusieurs de leurs chapitres pour ses amies et rédige un prospectus de souscription. Claude Nau de Champlouis, maître des requêtes au Conseil d'État, prépare une note d'information pour la dauphine et une lettre-circulaire pour les congrégations. Mme Gautier propose à l'influente Adélaïde de Pastoret, vice-présidente de la *Société de la Charité maternelle* et très proche de la dévote duchesse d'Angoulême, de s'associer à l'entreprise. Ces préliminaires aboutissent au début de l'année 1826. Le 5 mars, Mme de Pastoret, Mme Gautier, Mme Mallet et Mme de Champlouis jettent les bases d'un comité directeur. Le même jour, le marquis de Pastoret, récemment nommé ministre d'État, présente le projet à la dauphine, qui l'approuve mollement à cause du rôle prépondérant des dames protestantes, tandis que sa femme l'expose au bureau de la *Charité maternelle*, qui promet son appui. Le lendemain, M. de Pastoret et M. de La Bonardière, maire du XIe arrondissement et ami de Gérando, demandent l'aide du Conseil général des hospices, où ils gèrent conjointement les secours à domicile[5].

Réuni le 4 mai 1826, le premier comité des salles d'asile rassemble, sous la présidence de la marquise de Pastoret, assistée d'une vice-présidente, Mme de Maussion (fille de la fondatrice de la *Société de la Charité maternelle*, administrante de cette société et femme de magistrat) et d'une secrétaire-trésorière (Mme Mallet), la duchesse de Praslin, la princesse de Bauffremont (femme d'un officier), la comtesse de Ludres (épouse d'un officier retraité), la marquise de Lillers (administrante de la *Charité maternelle*), la baronne de Varaignes (femme d'un général), la baronne Anisson-Duperron (née Sophie de Barante et mariée à l'ancien directeur de l'Imprimerie royale), la baronne de Champlouis, Mme Gautier et Mme Mailfair. Quatre dames sur douze et non des moindres – Mmes Gautier, Mallet, de Champlouis et Anisson-Duperron – sont protestantes. Pour s'attirer les bonnes grâces des autorités administratives et ecclésiastiques, dans une période de réaction ultra, le comité juge prudent de placer ses réunions sous la direction d'un prêtre. L'abbé Desgenettes, curé des Missions étrangères, accepte cette responsabilité. Ce fervent légitimiste, qui accompagnera Charles X en exil, a déjà fondé trois écoles et un orphelinat à ses frais. Si l'énergie ne fait pas défaut aux dames, il leur manque l'essentiel : l'argent, les maîtresses, le local.

Que faire, sinon frapper à toutes les portes ? Une souscription, gérée par la banque Mallet, rapporte près de 7 000 francs ; le Conseil général des hospices accorde 3 000 francs et une maison dépendant de l'hospice des Ménages ; la Providence de Portieux – la seule, parmi les congrégations sollicitées – fournit deux religieuses. Au cours de l'été 1826, la première salle d'asile parisienne est organisée, rue du Bac, dans l'ancien X^e arrondissement. Ouverte de 8 heures à 19 heures, puis à 17 heures pendant la mauvaise saison, elle accueille, très vite, une centaine d'enfants âgés de dix-huit mois à sept ans. Quelques mois plus tard, Jean-Denys-Marie Cochin[6], avocat, collaborateur, depuis 1815, du Conseil général des hospices et maire, depuis 1825, du plus pauvre arrondissement parisien, l'ancien XIIe, fonde une seconde institution de jeunes enfants.

Plusieurs raisons incitent ce riche notable de trente-six ans, qui a été informé de l'initiative des dames, à se préoccuper, lui aussi, de l'enfance malheureuse : sa foi chrétienne, sa conviction – d'origine philanthropique – de pouvoir supprimer la misère par le travail et l'éducation, et, peut-être, son expérience personnelle de père de deux jeunes garçons, âgés de quatre ans et de cinq ans, dont il reste le seul soutien après la mort de son épouse, emportée, le 2 avril 1827, par une diphtérie contractée en soignant l'un de ses enfants. D'après son biographe, Émile Gossot, une rencontre l'aurait poussé à agir avant même son veuvage. En interrogeant, un jour, trois bambins déguenillés qui lui paraissent abandonnés dans le parc du Luxembourg, il apprend que leur père, veuf et jardinier, doit les amener tous les matins avec lui pour ne pas les laisser seuls au logis[7]. Faut-il croire ce récit, publié dans un ouvrage hagiographique ? D'après ce que nous savons de la personnalité de Jean-Denys Cochin, on peut imaginer qu'il est revenu à son domicile en songeant au moyen d'améliorer le sort de ces enfants, dans leur intérêt et dans celui de la société. Au début du printemps 1827, il loue deux pièces, près de sa demeure de la rue Saint-Jacques, et il y installe quelques bambins sous la surveillance d'une mère et de sa fille, avec lesquelles il recherche une méthode de première éducation collective.

Malgré les ambitions éducatives de leurs fondateurs, les deux premières salles d'asile françaises ressemblent surtout à des garderies agitées. Au cours d'une réunion avec les dames, Jean-Denys Cochin suggère d'aller étudier la méthode des *Infant Schools* sur place. Lorsqu'il évoque ce projet devant l'épouse du miniaturiste Frédéric Millet, responsable, avant son mariage, d'un atelier de broderie et d'autant plus sensible au sort des enfants qu'elle avait eu le malheur d'en perdre cinq sur sept, la jeune femme, âgée de trente-trois ans, s'offre aussitôt pour remplir cette mission. « Mais vous ne savez pas l'anglais », lui fait remarquer le maire ; « tant mieux, rétorque-t-elle, au moins ne serai-je pas distraite par les mots, et je n'en saisirai que mieux l'esprit et les choses ». Eugénie Millet part pour l'Angleterre, au début de l'été 1827, munie de lettres de recommandations et accompagnée de son époux. Guidée par le secrétaire de la *Société des Infant Schools*, qui lui sert à l'occasion d'interprète, elle visite les établissements londoniens et surtout celui de Spitafields, qu'elle juge supérieur aux autres. A son retour, elle s'inspire de la méthode anglaise – à l'exception des leçons, qu'elle juge démesurées – pour organiser les nouvelles salles d'asile que le Comité des dames ouvre, en 1828, rue des Martyrs et rue des Vinaigriers[8].

Jean-Denys Cochin ne s'est pas contenté d'envoyer une observatrice en Angleterre. «Foudroyé», selon ses propres termes, par la disparition de sa femme et affligé par des problèmes de santé, il cède son cabinet d'avocat afin de se consacrer au bien public. Pendant l'été 1827, il se rend, lui aussi, à Londres où il visite des *Infant Schools* et consulte leurs manuels. A son retour, il réalise un projet qui lui tenait à cœur en ouvrant, en 1828, rue Saint-Hippolyte, une «maison complète d'éducation» dont la salle d'asile constitue la base. Ni l'architecte de l'Hôtel de Ville, ni le préfet de la Seine, convaincu d'être confronté au «rêve d'un homme de bien», n'avaient voulu participer à une opération jugée irréaliste. Privé de tout soutien officiel, Jean-Denys Cochin s'était résolu à financer lui-même son entreprise avec le concours de quelques propriétaires spéculateurs. Il réussit à faire construire en trois mois et demi, et pour un coût inférieur de moitié aux estimations municipales, un vaste établissement qui réunit quatre logements de maîtres, une salle d'asile, une école de filles et une école de garçons. Il organise les deux écoles selon les principes de l'enseignement mutuel, et la salle d'asile selon l'exemple anglais et ses idées personnelles. Le jour de l'ouverture, il reçoit les deux cents usagers de la classe enfantine et il commence à les initier à la discipline collective avec l'aide de Mme Millet. Quinze mois plus tard, pendant lesquels il assume, avec d'autres bienfaiteurs, les frais de fonctionnement, la municipalité comprend qu'elle peut réaliser une grosse économie en rachetant ce premier groupe scolaire de Paris. Le fondateur lui offre, en prime, tout le mobilier et il refuse le remboursement des dépenses de fonctionnement. En signe de reconnaissance, la Monarchie de Juillet donne son nom à l'établissement et elle lui laisse, à titre viager, sa direction[9]. Jusqu'en 1846, Eugénie Millet organise un cours normal dans cette institution modèle. L'action de Jean-Denys Cochin ne se limite pas à ces deux fondations. Nommé, depuis le mois de juillet 1829, au Conseil général des hospices, il y plaide la cause des jeunes enfants. Jusqu'à sa mort, en 1841, il multiplie les démarches auprès des bureaux de la ville, des préfets et des ministres, et il s'efforce de populariser le modèle imaginé dans la capitale à partir de l'exemple anglais. Il publie, en 1833, un manuel de référence, cinq fois réédité ; il dirige, depuis sa création en 1835, la revue *L'Ami de l'Enfance* et il préside, à partir de 1838, la commission d'examen des salles d'asile de la Seine.

L'échec de ses premières démarches avait prouvé la fragilité d'une institution dont l'existence dépendait uniquement, au début de l'année 1828, de la bienfaisance privée et des subventions, irrégulières, des Hospices. Pour procurer à la salle d'asile un statut légal et des ressources stables, et sauvegarder, malgré tout, une partie de leur pouvoir, les dames demandent au Conseil général des hospices, où elles comptent de nombreux appuis, de prendre le nouvel établissement sous sa protection. Mais la cause n'est pas gagnée d'avance, car, malgré l'approbation de Benjamin Delessert et de Claude-Emmanuel de Pastoret, certains conseillers, déjà soucieux de limiter les secours à domicile, répugnent à ouvrir un nouveau chapitre de dépenses. Les pionnières parisiennes disposent heureusement, en la personne d'Adélaïde de Pastoret, d'une précieuse intermédiaire, doublée d'une indicatrice. En 1826, l'influente marquise était déjà intervenue auprès de son mari et du baron de la Bonardière, le vice-président des Hospices, pour obtenir une subvention. En 1828 et en 1829, elle joue, à nouveau, un rôle important dans les négociations. Retirons de leurs rubans de soie bleue ses multiples billets à Émilie Mallet : ils nous font partager l'activité fébrile des fondatrices, angoissées par les tergiversations des autorités. Quelques conseillers présentent-ils des objections ? L'œuvre catholique des *Petits Savoyards*, soutenue par le Faubourg Saint-Germain, réclame-t-elle le local promis à la première salle d'asile ? Informée par son époux, Mme de Pastoret prévient aussitôt sa comparse, et les dames peuvent riposter. La présidente du Comité sollicite plusieurs administrateurs et le ministre Martignac ; la secrétaire demande au conseiller d'État Claude de Champlouis, son neveu par alliance, de raffermir le zèle du baron de La Bonardière. Ces démarches répétées finissent par porter leurs fruits. Le 26 mars 1828, le Conseil général des hospices approuve un règlement qui confie la direction des établissements parisiens à des comités d'arrondissement et à une Société des dames, chargée, simultanément, de diffuser la salle d'asile dans toute la France[10].

C'était compter sans la logique administrative. Le ministère de l'Intérieur rappelle aussitôt aux responsables des Hospices qu'ils n'ont pas le droit de prendre de tels engagements envers une entreprise privée qui concerne l'ensemble du pays. Les salles d'asile, explique la note ministérielle du 26 septembre 1828, doivent être des établissements libres ou placés «dans la main des administrations charitables». Le 14 février 1829, les dames acceptent cette seconde solution, à condition, précise Émilie Mallet, de conserver «beaucoup de liberté d'agir, et, surtout, l'entière direction du personnel». A vrai dire, leur situation financière ne leur laissait guère le choix. Privées de subvention en 1828, elles disposaient seulement, en juin 1829, d'un millier de francs pour régler des dépenses de fonctionnement seize fois plus élevées. Mme Mallet évite de justesse la fermeture grâce à des aides exceptionnelles du ministre Martignac, du préfet de la Seine et des Hospices[11]. Mais le sort de la nouvelle institution ne pouvait pas dépendre indéfiniment de l'entregent de ses promoteurs. Le 28 octobre 1829, le

Conseil général des hospices, pressé par Mme Mallet, prend sous sa tutelle les salles d'asile parisiennes, désormais reconnues comme des « établissements d'utilité publique ». Il invite, simultanément, les bureaux de charité à les subventionner. Le 3 février 1830, un nouvel arrêté du Conseil* institue officiellement un Comité des dames[12], placé sous la présidence d'Adélaïde de Pastoret et chargé de préparer le budget des établissements, d'organiser des quêtes et des souscriptions, de nommer le personnel et de surveiller les locaux, les maîtres et les méthodes. Les dames, qui ont conservé une grande partie de leur autorité, maintiennent les frères Mallet dans leur fonction de trésorier et elles nomment Eugénie Millet au nouveau poste d'inspectrice générale de la capitale. L'avènement de la Monarchie de Juillet provoque quelques changements de personnes. La princesse Adélaïde, sœur du nouveau roi, prend la salle d'asile sous sa protection ; la comtesse de Bondy, épouse du nouveau préfet de la Seine et dame administrante de la *Société de la Charité maternelle*, succède à la légitimiste marquise de Pastoret, qui abandonne, comme son mari, toutes ses responsabilités officielles.

Le soutien financier du Conseil général des hospices permet aux dames de réaliser de nouvelles fondations : deux en 1830, deux en 1831, deux encore l'année suivante. Lorsque le ministère de l'Instruction publique commence à s'intéresser à la salle d'asile, à partir de 1833, Paris possède déjà une dizaine d'établissements, enregistrant deux mille inscriptions, et un cours normal, contrôlés par une inspectrice générale et dirigés par un comité autonome. Les pionniers de la capitale ont le sentiment d'avoir organisé – à l'écart de l'Université – un système cohérent de garde et d'éducation publiques des jeunes enfants.

L'action du Comité des dames et d'Émilie Mallet

Jusqu'à sa démission collective, en décembre 1836, le Comité des dames se réunit scrupuleusement tous les mois, sauf pendant la période estivale. Il surveille chaque établissement avec la collaboration des dames déléguées ; il recrute des maîtres et des maîtresses parmi les candidats formés à la salle d'asile modèle ; il nomme les médecins inspecteurs ; il signale à l'administration municipale les travaux nécessaires ; il distribue des aliments et des vêtements aux enfants plus démunis. Deux activités sont particulièrement importantes pour l'avenir de l'œuvre : les nouvelles fondations et la collecte de fonds. Dès sa première réunion officielle, le 25 février 1830, le Comité envisage des créa-

---

* Les principaux textes officiels relatifs aux salles d'asile et aux écoles maternelles sont publiés, avec des notes, dans J.-N. Luc, *La Petite Enfance à l'école, XIXᵉ-XXᵉ siècles*, Paris, Economica-INRP, 1982, auquel nous renvoyons une fois pour toutes.

tions dans quelques-uns des plus pauvres quartiers de Paris : le Gros Caillou, peuplé d'ouvriers misérables, les Halles et le IXe arrondissement. Au début de l'année suivante, il décide deux nouvelles fondations, dans le Faubourg Saint-Antoine et au nord du XIIe arrondissement. C'était compter sans les lenteurs de l'administration et des services municipaux. Dès le printemps de l'année 1833, le Comité se plaint des retards répétés. Le plan de l'asile du Gros Caillou ? Il est toujours en examen au ministère ! La salle de la Halle aux draps ? Aucune réponse officielle n'a été donnée à son sujet. Le futur asile du IXe ? Aucun local ne lui est attribué. La salle de la rue Madame ? Sa construction n'est pas terminée. Avec le temps, cependant, et grâce à la persévérance des dames, tout finit par s'arranger. A la fin de l'année 1836, la capitale compte cinq fois plus de salles d'asile qu'en 1830, soit vingt-quatre établissements, qui enregistrent cinq mille enfants[13].

Le Conseil général des hospices loue et aménage les bâtiments des salles d'asile, sauf lorsque le local est exceptionnellement fourni par la ville. Le Comité doit ensuite payer les salaires (1 200 francs par an aux maîtresses, 300 francs aux femmes de service et 1 200 francs, puis 1 800 francs, à l'inspectrice générale), le matériel pédagogique, le bois de chauffage, les soupes et les vêtements. Pour faire face à ces dépenses, il continue de s'adresser à la générosité privée. Un sermon, prêché tous les ans dans une église, rapporte entre 1 000 et 7 000 francs. En ajoutant à cette somme l'ensemble des dons et des souscriptions, les dames recueillent 5 600 francs en 1827, 8 200 francs en 1828 et 15 300 francs en 1829. Même les années fastes, c'est insuffisant. Après avoir envisagé d'organiser un concert, puis un bazar, elles sollicitent les élèves et les professeurs des collèges, les agents de change, les avoués, les courtiers de commerce, les messageries royales. Pendant leurs onze années d'activité, de mars 1826 à décembre 1836, elles parviennent ainsi à collecter 115 000 francs. Les salles d'asile de la capitale auraient-elles réussi à fonctionner avec le seul concours de la charité ? Aussi précieux soit-il, ce mode de financement reste insuffisant. Il faut se méfier des chiffres avancés, en 1836, par des pionnières pleines d'amertume devant l'intervention des autorités : aux 115 000 francs recueillis par leurs soins, s'ajoutent 132 800 francs de crédits de fonctionnement, fournis par les Hospices, les bureaux de bienfaisance et la ville, et le total (inconnu, mais au moins égal à 125 000 francs pour les seules dépenses de loyer) des frais de location et d'aménagement, assumés par les Hospices et par la ville, qui restent les plus gros bailleurs de fonds. Rapportée aux seules charges de fonctionnement, la charité (46,5 %) semble rivaliser avec les engagements publics (54 %). Replacée dans un budget plus complet, elle est réduite, avec moins du tiers des contributions, à un rôle de complément[14].

Les premiers établissements une fois ouverts, il fallait encore résoudre les problèmes posés par la garde et par l'éducation d'un grand nombre de jeunes enfants. En 1833, soit quatre ans avant que Friedrich Fröbel n'ouvre son école enfantine, deux personnalités parisiennes publient les deux premiers ouvrages français de référence : l'*Instruction élémentaire pour la formation et la tenue des salles d'asile de l'enfance*, rédigée par Amélie Nau de Champlouis[15] et le *Manuel des fondateurs et directeurs des premières écoles de l'enfance*, écrit par Jean-Denys Cochin[16]. Le ministère envoie le premier de ces ouvrages aux préfets, en mars 1833, pour les inciter à intervenir auprès des sociétés charitables et des municipalités, et le second aux comités supérieurs d'instruction primaire, au printemps 1834, pour qu'ils puissent le communiquer aux maires. Un autre nom est souvent revenu dans la généalogie des premières salles d'asile, celui d'Émilie Mallet, l'épouse de Jules Mallet, le fils cadet du baron Guillaume Mallet, régent de la Banque de France.

Née en 1794, Émilie Oberkampf est la fille de Christophe Oberkampf, le célèbre industriel de Jouy-en-Josas, et de sa seconde femme, Élisabeth Massieu. Après son mariage avec Jules Mallet, en 1812, elle continue de résider à Jouy, où son époux collabore à la direction de la manufacture, puis elle l'accompagne dans la capitale, où il vient travailler, en 1821, dans la banque familiale aux côtés de son père et de son frère aîné, James, marié, depuis 1818, à Laure Oberkampf, la sœur cadette d'Émilie. A Paris, Mme Jules Mallet fréquente la haute société protestante et ses associations ; elle s'exalte en écoutant le pasteur revivaliste Frédéric Monod ; elle s'occupe d'un pensionnat pour de jeunes indigentes. C'est elle – toutes les déclarations de Mme de Pastoret concordent sur ce point – qui joue un rôle déterminant dans le rassemblement de plusieurs dames autour du projet d'école enfantine[17]. Et c'est elle, encore, qui assure le secrétariat et la comptabilité du comité fondateur, qui rédige les textes adressés aux Hospices, qui plaide la cause des salles d'asile auprès des prêtres et des maires parisiens, et qui recherche le plus souvent, en compagnie de Mme Millet, des lieux d'implantation convenable[18]. Trop heureuse de s'investir dans une œuvre conforme à ses aspirations religieuses et maternelles, Émilie Mallet exerce vite l'essentiel des responsabilités. Sans doute veut-elle aussi préserver l'autorité des dames protestantes, fondatrices de l'œuvre mais très minoritaires au sein du Comité. Agée de soixante ans, la marquise de Pastoret envie l'ardeur de cette benjamine, qui n'oublie pas de traiter ses aînées avec beaucoup d'égards. «Je suis réellement bien touchée, Madame, de votre trop aimable déférence à mes conseils», lui écrit-elle, à la fin des années 1820. «Vous avez, à présent, une expérience dans le bien qui doit vous donner autant de confiance qu'elle en inspire aux autres, et vous avez sur nous autres, anciennes, tout l'avantage que donnent l'activité et la juste confiance de votre âge». Mais cette reconnaissance se teinte, parfois, d'une pointe d'irritation devant les multiples initiatives d'une responsable très zélée : «Je n'ai ni secrétaire, ni bureau, et ne connais pas toutes les adresses des dames. Je suis forcée de vous laisser donner vos ordres, Madame, pour faire les convocations», écrit encore la présidente en titre des dames, en 1829[19]. Intermédiaire privilégiée entre le Comité et les Hospices, Adélaïde de Pastoret a surtout mis ses relations au service d'une entreprise lancée, puis largement dirigée, par Émilie Mallet. La dynamique secrétaire du Comité de dames ne se limite pas d'ailleurs pas aux tâches de gestion. Elle rédige, en 1834, un ouvrage sur le rôle des dames patronnesses et un recueil de chants; elle collabore régulièrement à la revue *L'Ami de l'Enfance*, publiée par Hachette à partir de 1835; elle assure, pendant dix ans, les fonctions de vice-secrétaire de la Commission supérieure des salles d'asile, instituée au ministère en 1838, et où ne siègent ni Mme de Pastoret, ni Jean-Denys Cochin; elle ajoute un appendice de cent vingt pages à la troisième édition du *Manuel* Cochin, en 1845, et elle organise à Paris, en 1847, la première école normale des salles d'asile.

Ce rôle prépondérant est souvent méconnu. Lorsque l'histoire des salles d'asile se fige en épopée, les auteurs vantent exclusivement les réalisations de Jean-Denys Cochin et de la «fondatrice» du Comité des dames, Adélaïde de Pastoret. Émilie Mallet, qui combat les pulsions de son amour-propre en s'effaçant délibérément, dans ses écrits publics, derrière la présidente des dames, est la première responsable de cette version des faits. Sa modestie délibérée est une aubaine pour les commentateurs catholiques qui tentent de minimiser – sinon d'escamoter – l'empreinte huguenote de la salle d'asile, propre à rebuter les congrégations. Dès 1834, Alban de Villeneuve-Bargemont, dont le *Traité d'économie politique chrétienne* oppose la générosité catholique à la froide philanthropie britannique, félicite la pieuse marquise de Pastoret pour la «fondation», en 1801, de la première salle d'asile française. Trois ans plus tard, Charles Roselly de Lorgues, futur inspecteur des écoles, revient à la charge, sur un ton nettement polémique, en récusant, contre la «jactance de la presse anglaise» et les prétentions du «parti protestant», le rôle de pionnier prêté à des personnalités britanniques ou à un pasteur français. Au cours des années suivantes, l'essor considérable des établissements religieux inspire une relecture tout aussi sélective des origines de l'institution. «L'asile est une création toute catholique et toute française», proclame sans hésiter Mgr. Giraud, dans son Instruction de 1846, avant de rendre hommage à la fondatrice, «aussi noble que vertueuse», des premières salles parisiennes: Mme de Pastoret. En 1847, et après avoir célébré l'institution française des jeunes enfants, *L'Univers* attribue à la même bienfaitrice «l'honneur de l'avoir conçue et de l'avoir réalisée[20]». La transposition épique de la préscolarisation des jeunes Français privilégie la figure emblématique la plus conforme à l'intervention massive des congrégations à partir de la fin des années 1840. La personne de Mme de Pastoret fournit à certains catholiques la référence généalogique idéale, puisqu'elle permet d'exalter simultanément la bienfaisance des fidèles de leur Église et le génie national français.

La capitale ne garde pas longtemps le monopole des premières écoles enfantines. Dès le début des années 1830, son exemple et celui des *Infant Schools*, connues grâce aux écrits des philanthropes, suscitent plusieurs fondations provinciales.

L'intervention des communes

Les initiatives se multiplient après la Révolution de 1830 qui crée un contexte favorable à l'essor du mouvement scolaire associatif. A Strasbourg, dès 1831, quelques dames chrétiennes, au premier rang desquelles figure Amélie Nau de Champlouis, l'épouse du nouveau préfet du Bas-Rhin, organisent une souscription en faveur des salles d'asile sous les auspices de la *Société pour l'extinction de la mendicité*. Ouvertes à partir de 1832, les nouvelles institutions sont placées sous la double tutelle d'un Comité central, composé des *inspecteurs des pauvres* de la *Société*, et d'une Commission des dames inspectrices. Lorsque la ville accepte d'accorder une subvention, le maire devient le président du Comité central[21]. La même année, la première salle d'asile d'Angers est ouverte à l'initiative de Joseph Rey, un magistrat qui s'efforce de construire un projet de réforme sociale à partir des idées d'Owen, de Saint-Simon et de Fourier, et avec l'aide d'un médecin, membre du Conseil général. En 1832, encore, d'autres salles d'asile sont ouvertes à Lyon, à Marseille et à Brest. En 1833, une association des dames d'Arras, parmi lesquelles on retrouve Mme Nau de Champlouis, qui a suivi son mari, nommé préfet du Pas-de-Calais, fonde deux salles entièrement privées. La même année, un comité de souscripteurs de Rouen ouvre trois établissements avec le soutien de la municipalité. En 1834, grâce aux efforts du pasteur Vermeil, fondateur du bureau de bienfaisance protestant, la *Société protestante de bienfaisance*, la *Société philanthropique* et le conseil municipal de Bordeaux créent ensemble une première salle d'asile, bientôt suivie d'une seconde, organisée par l'abbé Dupuch. A Mulhouse, la même année, l'initiative vient du bureau de bienfaisance, car le maire, plusieurs fois sollicité par le préfet, s'est récusé en évoquant les grosses dépenses consenties pour l'école communale. A Nantes, deux comités distincts administrent la première salle d'asile, ouverte en janvier 1834, et les deux établissements créés l'année suivante. Le comité des hommes, composé de huit membres, gère les questions matérielles ; le comité des dames assure la surveillance quotidienne. Dans cette ville, comme dans beaucoup d'autres, les crédits publics viennent relayer la générosité privée : entre 1835 et 1837, la commune, le Conseil général et le ministère fournissent aux salles d'asile nantaises les deux tiers de leurs ressources. A Lille, les trois salles fondées, en 1835, deux par la municipalité et la troisième par le bureau de bienfaisance, sont placées sous la direction d'un comité de dames de la haute bourgeoisie catholique. A Tours, la même année, un généreux donateur, bientôt imité par la ville, supporte seul l'installation de la première école enfantine, en versant 17 000 francs pour l'achat du terrain et la construction, puis son entretien. Cette situation se retrouve à Caen, où la municipalité accepte de participer à la création d'une deuxième salle après la fondation, en 1835, d'un premier établissement par un comité philanthropique[22].

A Lyon, c'est la ville elle-même qui donne l'une des premières impulsions. Le 19 juillet 1831, la municipalité institue une *Commission chargée de présenter un plan d'organisation des salles d'asile*. Après avoir enquêté sur les établissements de Paris, de Londres et de Genève, cette commission conclut, deux mois plus tard, à la nécessité de «s'emparer de bonne heure de l'éducation des enfants du peuple» en ouvrant, avec l'aide de la charité, des salles mixtes placées sous l'autorité de la ville, des notables et des dames inspectrices. Les initiatives se multiplient dès le début de l'année 1832, après la révolte ouvrière qui renforce le désir d'éduquer très tôt les milieux populaires. Tandis que la commission municipale lance une souscription, des associations privées ouvrent les premières salles d'asile dans le quartier Saint-Paul et dans le faubourg de Vaize. L'entreprise alarme aussitôt le clergé catholique, car plusieurs protestantes siègent parmi les responsables de l'asile Saint-Paul, organisé selon le modèle genevois et présidé par l'épouse du nouveau préfet, Adrien de Gasparin. Malgré la présence majoritaire de dames catholiques, la nouvelle institution est soupçonnée de vouloir propager la religion réformée, surtout lorsque la comtesse de Gasparin annonce son intention de fonder un autre établissement. Pour apaiser les esprits, le maire de Lyon lui demande, en août 1832, de surseoir à son projet. La commune est, alors, en mesure de prendre le relais, car ses deux salles modèles de la rue Saint-Georges et de la rue Pouteau sont quasiment achevées, et ses maîtresses ont été formées, pendant quatre semaines, par l'inspectrice parisienne, Eugénie Millet. Le 25 octobre 1832, le conseil municipal accorde 12 600 francs pour favoriser d'autres fondations; l'année suivante, il adopte l'asile Saint-Paul comme troisième salle municipale et il inscrit à son budget un crédit annuel pour tous les frais de location. Après avoir surmonté ses réticences, l'Église catholique occupe, elle aussi, le terrain en ouvrant des lieux d'accueil, appelés «petites providences» et confiés aux sœurs de Saint-Charles ou aux filles de la Charité. En juillet 1833, lorsque la circulaire d'application de la loi Guizot invite le préfet du Rhône à favoriser la création des salles d'asile, la deuxième ville du royaume possède déjà une demi-douzaine d'établissements, fondés par des personnes charitables, la municipalité et le clergé[23].

Quelques mois plus tard, le conseil municipal décide d'organiser définitivement la nouvelle institution en adoptant, le 16 janvier 1834, les statuts préparés par sa commission. La direction de l'asile lyonnais est confiée à la ville, locataire des bâtiments, à la bienfaisance privée, chargée de pourvoir aux dépenses d'entretien, et aux institutions d'assistance, avec lesquelles la municipalité entretient traditionnellement de bons rapports et dont les dirigeants ont été changés après 1830[24]. Les souscripteurs engagés au moins pour vingt francs pendant trois années consécutives (soit cent quatre-vingt-sept personnes au début de l'année 1834) élisent parmi eux des comités de dames chargés de la surveillance de chaque établissement. Un Conseil central d'administration, présidé par le maire, réunit neuf représentants des souscripteurs, une déléguée de chaque comité d'inspection, les mandataires des bureaux de bienfaisance et les présidents des administrations des hôpitaux, de l'hospice de l'Antiquaille et du dépôt de mendicité. Il réglemente l'organisation des établissements et il nomme l'inspectrice générale, les médecins inspecteurs et les maîtresses, présentées par les comités locaux. La municipalité, les institutions d'assistance et les bienfaiteurs se sont partagés l'autorité. Les dames lyonnaises, minoritaires au sein du Conseil central, ne possèdent pas les pouvoirs étendus de leurs homologues parisiennes, mais elles n'avaient pas, comme elles, le monopole des premières initiatives. Les vrais perdants, car ils ne siègent nulle part, sont les représentants de l'Université. L'administration ne pouvait pas l'accepter. Le 25 janvier 1834, et après avoir rappelé le classement des salles d'asile parmi les écoles primaires par la circulaire d'application de la loi Guizot, le préfet invite le maire à placer ces établissements sous la tutelle des nouveaux comités scolaires, tout en promettant de transmettre les nouveaux statuts au ministère si la municipalité maintient sa décision. Pourquoi les fondateurs lyonnais changeraient-ils un dispositif qui préserve leur autorité ? Dans la deuxième ville du royaume, comme dans la capitale, les premières institutions de jeunes enfants échappent totalement à la tutelle de l'Université[25].

Cette situation est fréquente au début de la Monarchie de Juillet, alors que les conseillers municipaux, élus depuis 1831, cherchent à mieux gérer les affaires communales et à préserver leur part d'autonomie. Pour ne pas abandonner des établissements subventionnés à l'administration et aux associations privées, ils imposent la formation de comités mixtes qui réunissent les représentants des communes, plus, le cas échéant, ceux des Hospices ou des bureaux de bienfaisance, et les délégués des souscripteurs et des dames patronnesses. Ce cadre souple, adapté aux circonstances locales, préserve à la fois le droit de regard des principaux bailleurs de fonds et les prérogatives des inspectrices bénévoles. Au milieu des années 1830, l'intervention du ministère de l'Instruction publique remet ce compromis en question.

Des rivalités aux conflits

Les ambitions éducatives des salles d'asile ne pouvaient pas échapper longtemps à l'institution chargée, depuis 1808, de surveiller toutes les activités d'enseignement. Si la loi Guizot est muette à leur sujet, la circulaire d'application, du

4 juillet 1833, demande aux préfets de propager ces «écoles les plus élémentaires de toutes», non sans rappeler simultanément leur fonction d'accueil. La circulaire du 27 avril 1834, relative aux charges municipales en matière d'instruction primaire, inscrit ensuite l'ouverture et l'entretien de ces institutions parmi les «dépenses communales extraordinaires», c'est-à-dire optionnelles ou irrégulières, à côté de la construction des maisons d'école et des suppléments de salaire. Elle invite simultanément les préfets à faire voter, par les principales communes, les fonds nécessaires aux fondations. Ce classement des salles d'asile parmi les établissements d'enseignement primaire conduit l'administration à s'immiscer dans leur gestion.

Dès le mois de décembre 1833, le préfet de la Seine signale au Comité des dames que le Comité central d'instruction primaire de Paris, institué par l'ordonnance du 5 novembre, en application de la loi Guizot, est la seule instance autorisée à nommer des maîtresses. Le 16 janvier 1834, et après avoir félicité les pionnières de la capitale pour leurs initiatives en faveur de ces «berceaux de l'instruction populaire», le ministre de l'Instruction publique leur annonce son intention «d'achever une œuvre si bien commencée» en conservant «une surveillance presque maternelle [qui] convient seule à de tels établissements». Au-delà des compliments, les fondatrices perçoivent la remise en cause de leur autorité. Elles répliquent, le 19 janvier, en adressant à François Guizot un mémoire, préparé par Mme Mallet, et qui conteste l'application de la loi de 1833 aux salles d'asile. Qui peut choisir correctement le personnel de ces «établissements de bienfaisance», sinon des mères de famille, seules capables d'apprécier les qualités requises pour s'occuper de bambins «qui sont plutôt en sevrage qu'en écolage»? Privées de ce droit, les dames n'auraient plus les moyens d'assumer leur mission de surveillance: l'avertissement est à peine voilé[26]. Le Comité alerte simultanément le Conseil général des hospices, tandis que Mme Mallet demande l'aide de la duchesse de Broglie, très liée avec le chef de l'Université. «J'ai causé avec M. Guizot de vos salles d'asile, il m'a paru très bien disposé à vous écouter», lui rapporte son ambassadrice. «Je crois qu'il sent tout l'avantage de la surveillance féminine. Parlez-lui, chère amie, avec votre petite mine gentille et pénétrée[27]». Émilie Mallet et quelques dames rencontrent donc le ministre, qui se méfie, on le sait, des initiatives privées. François Guizot est-il sensible aux arguments de ses interlocutrices? Veut-il contenir les ambitions du Comité central des écoles parisiennes, qui empiète sur les prérogatives de l'administration? Il décide de laisser aux dames le droit de présenter et de suspendre les maîtresses, tout en leur rappelant qu'il ne peut pas «soustraire» l'inspection des salles d'asile aux comités d'instruction primaire institués par la loi. Formule bâtarde, et qui ne résout pas le fond du problème: «nous capitulons pour conserver la nomination et la révocation des maîtres», note Mme Mallet, dans son journal, à la date du 6 février 1834[28].

Pour prendre de vitesse l'administration, les dames adoptent, dès le début de l'année 1835, un projet de règlement préparé par leur secrétaire. Dans le nouveau dispositif, un Comité central des salles d'asile choisirait les maîtresses parmi les candidates formées par l'inspectrice générale et retenues par une commission d'examen. Chaque membre de ce Comité contrôlerait un établissement avec la collaboration des dames qui formerait un comité local autonome de surveillance. Quelques pionnières envisagent même d'étendre à l'ensemble du pays la compétence du futur Comité central des salles d'asile de Paris. Aucune de ces propositions ne sera, d'abord, retenue. La circulaire du 26 février 1835 invite au contraire les nouveaux inspecteurs des écoles à visiter les salles d'asile. Les comités parisiens d'instruction primaire critiquent, par écrit, les prétentions des dames. Informée discrètement par Jean-Denys Cochin, qui lui communique ces réquisitoires – pendant vingt-quatre heures – le 26 avril 1835, Émilie Mallet se tourne vers son dernier recours : François Guizot[29]. Si on ignore le contenu de la nouvelle audience, on peut supposer qu'elle n'est pas sans effet, puisque le ministre – irrité, nous l'avons dit, par les ambitions des édiles parisiens – s'abstient de toute initiative au cours des mois suivants.

Mais les notables de la capitale, qui contrôlent déjà les écoles laïques, fidèles à la méthode mutuelle, n'abandonnent pas la lutte. Le Comité central d'instruction primaire de Paris, où peuvent siéger, à partir de décembre 1834, les trente-six nouveaux conseillers élus institués par la réforme municipale, est devenu, selon la formule de Pierre Bousquet, l'instrument d'une tentative de « municipalisme scolaire ». Peuplé, en majorité, d'adhérents à la *Société pour l'instruction élémentaire*, il veut étendre son autorité – et le mode d'enseignement mutuel – aux établissements religieux, contrôlés par le Conseil général des hospices. Il s'oppose à l'Université, moins favorable à l'enseignement mutuel, à l'administration des Hospices, qu'il taxe de cléricalisme, et aux pouvoirs privés[30]. A la fin de mars 1836, il adresse au ministre de l'Instruction publique une note détaillée qui conteste l'action et la légitimité des dames en rappelant que des personnes charitables ne sauraient constituer « une autorité rivale et usurpatrice ».

> *Les enseignements qui se donnent dans [les] premières écoles de l'enfance ne sont pas tellement limités ou superficiels qu'on pourrait le présumer [...]. Les enfants y apprennent à bégayer leurs premières prières et à imiter des pratiques religieuses... Sous le rapport intellectuel, on leur enseigne la lecture des lettres, des syllabes et des chiffres, le tracé des lettres, des chiffres ; on leur fait réciter des déclinaisons, des substantifs et des adjectifs... On leur donne la connaissance des monnaies et de leurs divisions, celle des mesures de quantité et de capacité [...]. Il faut convenir que ce lieu est une école ; et, conséquemment, l'organiser, l'inspecter et le diriger comme tel[31].*

La Providence a-t-elle voulu aider Émilie Mallet ? Après la chute du cabinet de Broglie, en février 1836, le titulaire de l'Instruction publique dans le cabinet Thiers n'est autre que le comte Pelet de la Lozère, époux de sa plus proche amie, Sophie Otto, une grande figure parisienne du «Réveil» protestant. Dès le 27 mars, la secrétaire du Comité des dames envoie un rapport au nouveau ministre et elle lui demande audience, tout en assurant Sophie de sa totale discrétion sur ce que «l'ami» pourrait accorder à «l'amie»[32]. Mais le chef de l'Université doit tenir compte de tous les intérêts en présence et des règles de son administration. Les salles d'asile, explique sa circulaire du 9 avril 1836, «se présentent sous deux aspects : ce sont surtout des maisons d'hospitalité ; ce sont aussi des maisons d'éducation». Le statut prioritaire accordé à la vocation d'assistance, sans doute pour ménager la bienfaisance privée, n'empêche pas le ministère de placer l'institution des jeunes enfants sous l'autorité des comités d'instruction primaire, qui sont chargés, entre autres, de sélectionner et de nommer les maîtresses. A ces comités, sont adjointes, comme «auxiliaires indispensables», des dames «habituées à s'occuper des besoins de l'enfance, et dont rien ne remplacerait l'admirable dévouement et l'aptitude toute spéciale». Ces dames peuvent surveiller quotidiennement les établissements et assister, avec une voix délibérative, aux séances des comités consacrées à la salle d'asile. L'institution centrale et autonome dont avaient rêvé les pionnières parisiennes était mort-née.

Le comte Pelet avait-il été insensible au plaidoyer de «l'amie»? Non, car il a demandé au Conseil royal de l'Instruction publique de réserver à la capitale un statut particulier. Une fois encore, Émilie Mallet réussit à intervenir dans la négociation. Au cours d'une soirée chez le duc de Broglie, le 29 avril 1836, elle est présentée à un membre éminent du Conseil royal : Victor Cousin. «Avec une figure sévère et des regards obliques, raconte-t-elle, [M. Cousin] s'est assis à côté de moi […] ; il s'est montré, en premier lieu, si irrité, si tranchant, si opposé, que j'en étais vraiment tremblante.» Il faut dire que les conseillers de l'Université, déjà agacés par les prétentions du Comité central de Paris, n'appréciaient guère les autres autorités indépendantes. L'avocate du contrôle maternel sait-elle se montrer persuasive ? Le philosophe spiritualiste entrevoit-il la possibilité de contrecarrer, au moins pour les salles d'asile, la volonté hégémonique du pouvoir municipal ? Après trois quarts d'heures de discussion, si l'on en croit le témoignage de Mme Mallet, son interlocuteur s'est radouci. Mieux encore, il lui rend visite et, après avoir consulté les procès-verbaux des dames, il promet de leur réserver une place importante dans la nouvelle organisation. Le 13 mai 1836, après avoir estimé, contrairement au Comité central d'instruction primaire, que les salles d'asile – «à la fois établissements de charité et d'instruction» – ne rentraient pas dans le champ de la loi de 1833, le Conseil royal propose d'instituer à Paris une commission d'examen, composée, sous la présidence du préfet, de trois membres du Comité central des écoles, d'un inspecteur et de trois dames, et des comités d'arrondissements spéciaux, qui réuniraient le maire, un curé, un juge de paix et trois dames. Le 1er juillet suivant, le ministre entérine ces propositions. Il confirme, en plus, Eugénie Millet dans ses fonctions d'inspectrice générale de la capitale et il prévoit la création d'une *Association de bienfaisance pour les salles d'asile*, où seraient recrutées, de préférence, les dames inspectrices[33].

Au lieu d'aplanir les difficultés, le nouveau dispositif avive les mécontentements. Les dames acceptent mal la nécessité de partager leurs prérogatives ; le Comité central, soutenu par la municipalité et par la *Société pour l'instruction élémentaire,* continue de revendiquer la totalité du pouvoir. Pour asseoir, une fois pour toutes, son autorité sur l'ensemble des établissements scolaires, et rationaliser leur gestion, le conseil municipal de Paris décide de transférer sur le budget de la ville, à partir du 1er janvier 1837, les salles d'asile et les écoles contrôlées par les Hospices. Le 12 décembre 1836, les dames se réunissent une dernière fois dans une triste ambiance. Après avoir répondu négativement à une lettre du préfet qui les invitait à constituer une association pour collaborer avec l'administration, elles votent des remerciements à tous les bienfaiteurs de la salle d'asile et elles donnent leur démission. « C'est avec douleur que les dames se séparent », explique Émilie Mallet en dressant le bilan du Comité et en rappelant le zèle charitable des femmes qui « n'ont pas craint d'entreprendre une œuvre devant laquelle reculait l'administration[34] ».

La circulaire du 9 avril 1836 ne résoud pas davantage le problème du partage de l'autorité dans les villes de province, où les municipalités ont souvent collaboré avec les souscripteurs privés. Malgré les protestations de l'administration scolaire, les notables et les dames refusent d'abandonner leurs pouvoirs. A Elbeuf, le maire établit un règlement qui lui réserve le droit de nommer et de révoquer les maîtresses. A Nantes et à Angers, les comités autonomes des salles d'asile poursuivent leurs activités. Le 20 mai 1837, devant l'ampleur d'une crise qui prive les établissements parisiens de toute surveillance maternelle et de tout financement privé, la commission du budget de l'Instruction publique demande au ministre de trouver rapidement une solution[35].

De l'ultime combat des dames à l'ordonnance de 1837

Nommé à la tête de l'Université le 15 avril 1837, le comte Achille de Salvandy était l'homme de la situation. Ancien élève de Pastoret à la Sorbonne, neveu par alliance d'Émilie Mallet et beau-frère d'Amélie de Champlouis, il fréquentait des philanthropes, des catholiques et des protestants. Les dames et leurs alliés reprennent espoir. Le 4 juin 1837, François Delessert, un philanthrope protestant, informé par son épouse et par Mme Mallet, conteste, à la tribune de la Chambre, les prétentions de l'administration sur des établissements chargés de dispenser des soins maternels et une première éducation morale à des bambins. Le 23 juin 1837, Mme Mallet envoie à son neveu un mémoire, cosigné par la comtesse de Bondy et la comtesse de Laborde, respectivement présidente et vice-présidente de l'ancien Comité. « L'instruction, le développement de l'intelligence des enfants, ne fixèrent qu'en seconde ligne l'attention des personnes qui avaient compris qu'il fallait avant tout protéger et secourir de si jeunes et si faibles créatures en leur assurant des soins maternels », affirme-t-elle avant de souligner l'impossibilité d'instruire plus de la moitié des bambins, reçus à moins de quatre ans. La fondatrice du Comité des dames retourne habilement la démonstration du Comité central d'instruction primaire. En insistant sur la vocation d'assistance maternelle de la salle d'asile, elle peut disqualifier les agents et les représentants, tous masculins, de l'administration[36].

Jean-Denys Cochin adopte une attitude beaucoup plus nuancée, qui lui vaut, dès le début de la crise de 1834, d'être désigné par François Guizot pour représenter le ministère aux séances du Comité des dames. Ce notable, qui assume des responsabilités publiques, comprend mieux les exigences de la ville et de l'administration. S'il réclame un traitement spécial pour la salle d'asile, au nom de sa double fonction « de bienfaisance et d'instruction primaire », il n'en est pas moins persuadé que l'intervention des autorités et l'inscription de l'institution au budget municipal sont indispensables à son développement. Ces prises de position choquent Émilie Mallet. Malgré leur sympathie réciproque, le secrétaire du Comité central des écoles et l'ex-secrétaire des dames polémiquent à fleuret moucheté[37].

Pour sortir de l'impasse, Salvandy procède méthodiquement. Après avoir écouté le Conseil royal, le Comité central, le préfet et les dames, il prépare, pendant l'automne 1837, une ordonnance qui demeurera la charte des salles d'asile jusqu'au décret de 1855. Malgré son esprit centralisateur, il juge utile de conserver, pour l'accueil des jeunes enfants, le mélange des autorités publique et maternelle qui est déjà pratiqué, précise-t-il dans son rapport au roi, pour les écoles de filles. L'ordonnance royale du 27 décembre 1837 reconnaît, dès son premier article, la double fonction, hospitalière et pédagogique, des salles d'asile ou « écoles du premier âge », qui sont présentées comme « des établissements charitables, où les enfants des deux sexes peuvent être admis [...] pour recevoir les soins de surveillance maternelle et de première éducation que leur âge réclame ».

La même volonté de compromis détermine la répartition des responsabilités entre plusieurs pouvoirs :
– L'Université définit le fonctionnement général de l'institution ; elle préside à l'attribution du certificat d'aptitude ; elle accorde aux maîtresses l'autorisation, rectorale, de s'installer dans un lieu déterminé ; elle contrôle les établissements par l'intermédiaire des inspecteurs des écoles et de la déléguée générale, nommée par le ministre.
– Les communes assument l'autorité financière et elles sélectionnent les dames inspectrices, proposées à la nomination du préfet.

– Les comités d'instruction primaire exercent les attributions de surveillance générale et de discipline prévues par la loi de 1833.

– Les dames inspectrices bénévoles, désormais nommées par le préfet sur présentation des maires, surveillent les établissements. Elles distribuent les secours et elles suspendent provisoirement les maîtresses fautives ou elles proposent leur révocation. Elles participent, avec voix délibérative, aux séances des comités des écoles consacrées à leurs rapports. Elles composent, sous la présidence d'un membre du conseil académique, la commission départementale d'examen chargée d'attribuer les brevets d'aptitude.

– Une Commission supérieure des salles d'asile est composée de dames placées sous la présidence d'un membre du Conseil royal de l'Instruction publique. Elle rédige les programmes, elle veille à l'uniformité des méthodes et elle sélectionne les livres.

Cette instance nationale aurait-elle vu le jour sans les pressions de Mme Mallet sur son neveu? A une époque où les autorités s'efforcent de réduire le rôle des bénévoles dans les services d'assistance et de répression[38], les pionnières de la salle d'asile ont bénéficié d'un traitement de faveur. Nommées, pour la plupart d'entre elles, à la Commission supérieure ou à la Commission d'examen de la Seine, elles acceptent, finalement, de collaborer avec une administration qui leur a concédé une petite partie de ses prérogatives.

Dans plusieurs villes de province, en revanche, les comités des écoles s'opposent aux associations de dames inspectrices. Le député François Delessert – qui fait aussi inscrire la salle d'asile au budget de l'Instruction publique, le 3 juin 1840, pour une somme de 200 000 francs – rappelle régulièrement ces incidents pour montrer les entraves apportées au «dévouement des dames[39]». Les catholiques ne sont pas plus satisfaits. En 1847, alors que Salvandy, revenu aux affaires, veut intégrer davantage les maîtres dans l'Université, le journal *L'Univers* publie quatre articles véhéments contre l'ordonnance de 1837, qui a permis à «l'empire universitaire de conquérir une autre province» après avoir spolié les dames du fruit de leurs efforts. Le certificat d'aptitude imposé au personnel est présenté comme une formalité «ridicule», puisque ses détenteurs doivent se contenter, «tout bonnement, de tenir propres des enfants de deux ans, de leur donner leur soupe ou leur bouillie et de leur apprendre leurs lettres et leurs prières». L'auteur, inconnu, de cette diatribe ne condamne pas seulement l'intervention de l'État au nom de la liberté des initiatives charitables. Il estime que la simple garde éducative des marmots n'exige aucune formation. *L'Ami de l'Enfance* et *La Démocratie pacifique* lui reprocheront une appréciation étriquée de la première éducation, qui réduit la salle d'asile à une maison de sevrage, et sa maîtresse, à «une bonne d'enfant, munie de certificats suffisants de bonne vie et mœurs[40]». Malgré les critiques dont elle est l'objet, l'ordonnance de 1837 reste en vigueur jusqu'au décret impérial de 1855, qui accroît les prérogatives de l'administration.

Le renforcement du pouvoir administratif sous le Second Empire

La Seconde République débat de la vocation des salles d'asile sans avoir le temps de modifier leur réglementation. Hippolyte Carnot et les autres responsables républicains refusent l'étiquette «d'établissements charitables», trop liée aux idées de misère et d'aumône. Pour souligner la mission éducative de l'institution des jeunes enfants, ils la redéfinissent, par l'arrêté du 25 avril 1848, comme un «établissement d'instruction publique» qui doit désormais porter le nom d'«école maternelle». Mais cette interprétation choque les dames, qui sont attachées à la double finalité, hospitalière et pédagogique, de la salle d'asile. Dès le 22 août 1848, à l'initiative d'Émilie Mallet, ralliée à une tutelle universitaire qui satisfait son goût pour la centralisation, mais toujours soucieuse de préserver l'action charitable, la Commission supérieure demande à Achille de Vaulabelle, le successeur de Carnot, de revenir à l'appellation originale, «mieux appropriée au but de l'œuvre, qui donne un asile à de pauvres enfants qui en manquent[41]». Les républicains modérés de la commission Barthélémy Saint-Hilaire, chargée d'examiner le plan de réforme du ministre déchu, satisfont cette requête sans abandonner toutes les ambitions d'Hippolyte Carnot. «Les salles d'asile ne sont pas des établissements charitables ainsi que les qualifie l'ordonnance de 1837», affirme la proposition de loi déposée le 15 décembre 1848; ce sont de «véritables écoles», dont les enseignements ont pour but de «préparer ceux des écoles primaires». Le projet de la commission – que le nouveau ministre, Hippolyte Fortoul, retire le 4 janvier 1849 – rend aussi la salle d'asile obligatoire dans toutes les communes de plus de 2 000 habitants agglomérés.

Si les hommes de 1848 ont privilégié la fonction pédagogique de l'institution des jeunes enfants, leurs successeurs la traitent plutôt comme un simple refuge. Le ministre Frédéric de Falloux ne l'inclut pas dans le nouveau projet de loi sur l'enseignement déposé le 8 juin 1849. Certains des membres de la Commission d'assistance et de prévoyance, réunie le 13 juillet, la considèrent comme un simple prolongement de la crèche. Les promoteurs de la salle d'asile réagissent à ce retour du balancier en défendant une vocation éducative qui est désormais menacée. Lorsque le maire de Cherbourg, Nicolas Noël-Agnès, par ailleurs partisan d'imposer l'ouverture d'une salle d'asile à toutes les communes de plus de 1 500 habitants agglomérés, propose, en juillet 1849, d'intégrer cet établissement dans la nouvelle loi sur l'enseignement, Émilie Mallet et Camille Jubé de la Pérelle, chef du bureau des écoles de filles et des salles d'asile au ministère, soutiennent son initiative auprès de plusieurs parlementaires. Malgré l'opposition de Jacques Cordier, député conservateur du Calvados, qui voudrait réserver la réglementation des salles d'asile à la Commission d'assistance, l'Assemblée les inclut dans la loi générale sur l'enseignement, votée le 15 mars 1850, mais en les mentionnant seulement parmi les «institutions complémentaires» de l'école[42]. Le législateur a laissé aux responsables de l'Instruction publique le soin de redéfinir, plus précisément, les missions et les activités de l'établissement des moins de six ans. Les changements de régime et de ministres, et la priorité accordée à l'enseignement primaire, retarderont, jusqu'en 1855, la parution du nouveau texte organique.

Hippolyte Fortoul, qui croit aux bienfaits de l'éducation populaire pour l'Empire et pour le pays, tranche en faveur de la vocation pédagogique de l'institution des jeunes enfants, la seule qu'Hippolyte Carnot avait retenue quelques années plus tôt. Les salles d'asile ne sont « pas seulement des refuges. […], elles sont aussi et surtout des établissements d'éducation », affirme la circulaire du 31 octobre 1854 en renversant les priorités établies par l'ordonnance de 1837. Elles constituent « la base de tout notre système d'enseignement primaire », renchérit la circulaire du 18 mai 1855 relative à l'application du nouveau règlement. Mais le ministre n'oublie pas pour autant l'originalité de ces « maisons de première éducation », propagées par « les efforts réunis de la charité publique et de la charité privée », et placées, depuis le 16 mai 1854, sous la protection de l'Impératrice. Dès les premières lignes du rapport introductif au décret organique du 21 mars 1855, il réaffirme la nécessité de leur conserver un régime spécial, seul capable de concilier les bénéfices de l'engagement public avec « cet autre caractère si doux et si attrayant qu'elles tiennent de l'intervention charitable des mères de famille ». Au niveau national, une trentaine de dames de la noblesse et de la bourgeoisie, auxquelles sont adjoints deux représentants du ministère, constituent, sous la présidence de l'archevêque de Paris, un Comité central des salles d'asile, chargé de maintenir les « bons procédés d'éducation », de sélectionner les livres et de distribuer les subventions inscrites au budget. Au niveau de la commune, des inspectrices bénévoles, nommées par le préfet, forment, en compagnie du curé et sous la présidence du maire, un comité local de patronage, chargé de gérer et de contrôler chaque établissement. Malgré les remarques flatteuses de l'introduction du décret de 1855 sur la collaboration salutaire de « l'administration, [de] la religion et [de] la charité maternelle », l'ancien équilibre des pouvoirs n'a pas été préservé. Même si elles conservent le droit de surveiller la salle d'asile, au nom de leur compétence maternelle et de leur situation sociale, les dames perdent une grande partie de leur influence. Minoritaires au sein de la commission d'examen départementale, où deux d'entre elles, seulement, siègent aux côtés d'un ministre des cultes et de trois membres de l'Université, elles ne sont plus autorisées à suspendre les maîtresses, désormais nommées et révoquées par le préfet, sur proposition de l'inspecteur d'académie. Elles doivent, d'autre part, composer avec les représentants, plus nombreux, de l'Université : les inspecteurs des écoles, installés, depuis 1850, dans tous les arrondissements, et les déléguées spéciales, instituées, en 1855, dans chaque académie. Malgré la persistance d'un pouvoir mixte, l'État impérial, qui a déjà renforcé son autorité sur la grande école, impose, en amont, un nouveau recul à l'initiative privée.

*   *

*

La salle d'asile ne reste pas longtemps l'apanage de la bienfaisance privée. Rares dans les petites communes et très sollicités dans les grandes, les bienfaiteurs laïcs n'ont pas toujours les moyens d'ouvrir ou d'entretenir tous les établissements nécessaires. Les congrégations, très actives, nous en reparlerons, à partir du milieu du siècle, sont trop mobilisées en faveur de l'instruction féminine pour prendre entièrement le relais. Les premiers subsides publics sont fournis par les Hospices, les bureaux de bienfaisance et les municipalités, qui soutiennent ou qui relayent l'initiative laïque privée quand ils ne l'ont pas précédée. Les délégués des souscripteurs et les inspectrices bénévoles doivent alors compter avec les représentants, parfois rivaux, des commissions hospitalières, héritières des établissements autonomes de l'Ancien Régime, et des conseils municipaux, jaloux de leur autorité depuis le statut électif accordé en 1831. Invitées par l'État à financer la nouvelle institution, en 1834, puis à sélectionner les candidates aux fonctions de dames inspectrices, les municipalités restent maîtresses du terrain en devenant le principal bailleur de fonds.

Les fondateurs et les protectrices de la salle d'asile ne doivent pas seulement composer avec les gestionnaires locaux des secours publics. A partir de 1836, il leur faut supporter, en plus, la tutelle de l'administration. Le ministère de l'Instruction publique s'appuie sur les ambitions pédagogiques de l'institution des jeunes enfants pour la considérer, avec quelques nuances, comme un établissement scolaire qui sort du champ de compétence des commissions hospitalières. A une époque où l'enseignement populaire devient une «affaire d'État[43]», Guizot, Pelet et Salvandy traitent «l'école la plus élémentaire de toutes», selon l'expression de la circulaire du 4 juillet 1833, comme ils traitent l'école primaire: ils ne veulent pas l'abandonner totalement aux spéculations des particuliers, au zèle, jugé anarchique, des associations, et aux initiatives, partisanes, des Églises et des municipalités.

La réglementation de la salle d'asile puis son inscription au budget de l'instruction primaire, à partir de 1840, ne l'a pas transformée en service public. Les institutions privées de jeunes enfants représentent 54% du total des établissements en 1843, 40% en 1850 et 30%, environ, sous le Second Empire. En 1843, l'État verse 42% des ressources des salles d'asile publiques, les communes, 30%, les départements, 12%, et la bienfaisance privée, au moins 16%. L'État assume alors un vrai rôle «d'impulsion», comme le déclare Salvandy devant la Chambre en 1845[44]. Vingt ans plus tard, l'État fournit seulement 9,5% des revenus des salles d'asile publiques, les départements, 4,5%, et la bienfaisance privée, au moins 5%, alors que la contribution des communes atteint 70,5%. Les dépenses annuelles effectives de l'État en faveur des institutions de jeunes enfants – dont le nombre total s'élève de 1489, en 1843, à 3950 à la fin du Second Empire – représentent en moyenne 215000 francs au cours des années 1840, 353000 francs au moment de la crise du milieu du siècle, puis 270000 francs au cours des années 1860, soit respectivement 10%, 7% puis 3%, environ, des charges totales de l'instruction primaire[45]. Après un réel effort jusqu'au début de l'Empire, l'État se désengage progressivement d'une institution facultative, alors qu'il soutient de plus en plus les écoles de filles, jugées prioritaires et rendues obligatoires, en 1850, dans les communes de plus de huit cents habitants.

Comme le souhaitaient plusieurs philanthropes, les bienfaiteurs ont été invités à continuer de donner du temps et de l'argent à l'intérieur d'un dispositif encadré par les autorités. A une époque où l'administration se méfie des bénévoles, les inspectrices des salles d'asile bénéficient d'un traitement privilégié, puisqu'elles sont intégrées, au prix d'une réduction de leur pouvoir, dans le réseau de surveillance de l'Université. Mais plusieurs donateurs se détournent d'une institution qui passe sous la tutelle de l'administration. Dès 1839, Ambroise Rendu, le président de la Commission supérieure des salles d'asile, déplore la baisse considérable des dons, des souscriptions et des legs, si « abondants » pendant onze ans[46]. Les subsides privés représentent malgré tout des ressources d'appoint utiles, y compris pour les salles d'asile considérées comme des établissements publics quand elles sont partiellement entretenues par les collectivités locales et par l'État. Ils permettent aux établissements de traverser une crise, de financer certains équipements ou d'assurer des distributions de nourriture aux enfants. Et aux dons proprement dits, il faudrait ajouter d'autres formes, non chiffrées, d'aide aux institutions publiques, dirigées trois fois sur quatre par les congrégations à partir de 1863, telles que le prêt d'un bâtiment et surtout la fourniture massive de maîtresses, formées dans les noviciats et toujours moins rémunérées que leurs homologues laïques. Bien des salles d'asile n'auraient pas vu le jour, ni assumé leur mission d'assistance, sans les libéralités des dames d'œuvres et l'intervention des communautés religieuses. Mais plusieurs de ces établissements n'auraient mené qu'une existence médiocre ou éphémère sans les contributions, croissantes et abondantes, des municipalités et les secours, épisodiques, des départements et du ministère. Dès lors que l'État voulait contrôler et diffuser la garde éducative des jeunes enfants, sans lui donner un caractère obligatoire ni la prendre totalement en charge, les différents acteurs, privés et publics, de l'entreprise devenaient plus des partenaires que des concurrents.

La réglementation de la salle d'asile a posé le problème de son identité. On comprendra mieux les rivalités de ses promoteurs, puis leur collaboration sous la tutelle de l'Université, en considérant les deux finalités de l'institution : l'assistance et l'éducation.

– II –

L'assistance et l'éducation

«Trois ou quatre marmots, confiés à la garde d'une fille de sept ans […] se tiennent debout, tout le jour, autour du poêle éteint, immobiles, mornes[1]». Insupportable à Jules Simon, cette scène est banale dans les logis populaires, où, après le nourrisson, l'enfant de deux ans à six ans embarrasse les mères laborieuses. Que faire de ces bambins turbulents lorsqu'il n'est pas possible de les confier à une grand-mère, rare dans les populations urbaines, ou à la sœur aînée, déjà salariée ? Les laisser dans la rue, en compagnie de gamins plus âgés ; les envoyer, à partir de quatre ans ou de cinq ans, à l'école ou à l'atelier, lorsque la situation locale le permet ; les déposer chez une gardienne de quartier. Les promoteurs de la salle d'asile condamnent ces pratiques qui rassemblent les jeunes enfants dans des lieux jugés nocifs et qui les mélangent avec d'autres populations : les tout-petits des maisons de sevrage et des garderies, les écoliers d'âge réglementaire, les adolescents et les adultes des ateliers. Ils dénoncent plus particulièrement la garderie et l'école, qui concurrencent directement la nouvelle institution. Comment les gardiennes pourraient-elles former correctement les jeunes enfants «dans un âge où les impressions commencent et doivent être dirigées vers le bien», demandent, en 1835, des conseillers municipaux de Reims, partisans de construire une «première école de l'enfance», à d'autres édiles, qui jugent suffisant de financer l'accueil des petits indigents dans les refuges traditionnels ? Leurs établissements anarchiques n'offrent pas «les éléments de salubrité, d'utilité et de durée qu'on doit s'attacher à rencontrer dans des asiles communaux, soumis à une organisation sévère, et confiés à des maîtres à la fois amis de l'enfance et capables de diriger sa première éducation corporelle et morale[2]». Femme du peuple, la gardienne est jugée aussi ignorante que ses clientes. La scolarisation anticipée n'est pas mieux acceptée. Les très jeunes écoliers perdent leur temps, assure Jean-Denys Cochin, au début de son manuel ; ils dérangent le maître et ils contractent une grande antipathie pour l'école «tant leur esprit a été rebuté par des enseignements au-dessus de leur portée, par des menaces ou par une fastidieuse immobilité[3]». Pour retirer le jeune enfant de tous les lieux néfastes à son développement, les fondateurs de la salle d'asile ont imaginé un établissement spécialisé d'assistance et d'éducation.

Un établissement d'assistance

Une « œuvre de foi, de charité et d'amour maternel »

« Lorsqu'une mère est enlevée », explique, en 1834, Émilie Mallet, l'instigatrice du Comité des dames parisien, « le père, par son travail, subvient au besoin de ses enfants en bas âge ; mais qui les gardera, qui protégera leur faiblesse, qui les instruira pendant ces années de la vie si importantes pour l'avenir ? Et si le père de famille a succombé, il faut bien que la pauvre veuve travaille [...], mais qui la remplacera près de (ses) orphelins) ? Ah ! Multipliez le nombre de nos asiles ; et qui pourrait dire combien de douleurs seront adoucies, d'accidents prévenus, de misères allégées[4] ! »

La nouvelle institution, précise en 1826 le premier prospectus du Comité des dames, veut combler le vide entre la nourrice et l'école en proposant aux bambins « un abri contre les dangers physiques auxquels leur âge les expose[5] ». Ces lieux d'accueil s'imposent, dans « l'intérêt de ces malheureux enfants », commente la circulaire du 5 mars 1833, puisque les parents laborieux ne peuvent pas les surveiller tout au long de la journée. Ils protègent les marmots contre « les dangers de l'abandon et de l'isolement », répète la circulaire du 20 août 1847. Mais la salle d'asile peut offrir plus qu'un gîte aux enfants négligés : à Lannion, l'établissement modèle ouvert en 1846, à l'initiative du maire, nourrit, habille et blanchit cent cinquante petits nécessiteux[6].

Les prospectus des dames, rédigés par la secrétaire du Comité entre 1826 et 1830, citent plusieurs extraits de l'Écriture et placent la nouvelle institution sous les auspices de Saint-Vincent-de-Paul. Aux yeux de Mme Mallet, l'hospitalité, les soins et l'éducation religieuse offerts à de très jeunes indigents possèdent une valeur éminemment spirituelle. Ils sont un devoir pour tout chrétien riche et respectueux du message de Celui qui a dit : « Laissez venir à moi les petits enfants ». Ils expriment l'amour de Dieu qui « peut seul produire en nous l'accomplissement de ses commandements et nous conduire à aimer notre prochain comme nous-même ». Ils permettent d'arracher la génération naissante au « souffle empoisonné de l'irréligion et de l'immoralité[7] ». Ne négligeons pas « la portion la plus importante de nos engagements », rappelle la responsable parisienne, en 1834, dans un ouvrage destiné aux inspectrices bénévoles ; « ce n'est pas seulement un bien temporel et passager qu'il s'agit d'accomplir, mais un bien moral et éternel, en dirigeant les premières pensées de ces jeunes âmes vers les choses pures et saintes[8] ». Chez le jeune enfant délaissé, cette protestante fervente aperçoit une âme menacée qui peut être sauvée si l'action missionnaire accompagne l'assistance proprement dite. La salle d'asile, écrit-elle, en 1841, dans une lettre officielle aux dames inspectrices, est une « œuvre de foi, de charité » et – nous en reparlerons – « d'amour maternel[9] ».

Les motivations religieuses transparaissent chez d'autres pionniers. Jean-Denys Cochin, issu d'une vieille lignée de bourgeoisie catholique, est marqué par une tradition familiale fidèle à l'idéal janséniste d'un engagement personnel intensif. «La morale chrétienne se renferme dans l'amour de l'humanité porté jusqu'au dévouement par des motifs tout divins», écrit-il, en 1821, à propos de l'un de ses ancêtres. Et la salle d'asile mérite une «bénédiction particulière», puisqu'elle contribue à perfectionner «l'œuvre principale» du Créateur. «Le souverain juge, qui a promis de récompenser celui qui donnerait un verre d'eau en son nom, le fera dans la proportion du bien que vous aurez opéré», écrit, en 1827, le généreux fondateur parisien à Mme Millet[10], partie chercher à Londres une solution aux problèmes des premiers établissements. Étranger à la foi protestante d'Émilie Mallet, cet espoir d'un salut par les œuvres se retrouve chez d'autres responsables catholiques de l'institution des jeunes enfants. «Quelle aumône priera mieux que celle des soins maternels donnés à tant de pauvres petites créatures», interrogent, en 1851, Henriette Doubet, née Rendu, et une dame patronnesse, auteurs d'un livre destiné à susciter des vocations parmi les épouses de notables? Jeune et misérable, le petit indigent de la salle d'asile est considéré comme un intercesseur doublement efficace, et particulièrement – l'argument a de quoi séduire une mère – pour la propre descendance du bienfaiteur. «Si j'ai pu leur faire quelque bien», se réjouit l'une des héroïnes de l'ouvrage, ces pauvres petits prieront pour «mon enfant[11]».

Cette argumentation et l'aide effective apportée aux familles laborieuses conduisent de nombreux observateurs à considérer la salle d'asile comme un établissement charitable. Plusieurs manuels de charité la rangent parmi les institutions de sauvegarde de l'enfance; la *Statistique générale de la France* la classe, jusqu'à la fin des années 1870, parmi les «Établissements divers de bienfaisance[12]». Valorisée comme œuvre de dévotion privilégiée, la nouvelle institution des jeunes enfants occupe aussi une place de choix dans une réflexion économique très éloignée de l'inspiration charitable.

Le calcul économique des philanthropes

Au début du XIXᵉ siècle, la lutte contre l'indigence ne se pense plus seulement en termes de réclusion ou de répression. Héritiers des Lumières et de la Révolution, les bureaux et les associations de bienfaisance essaient de contenir la pauvreté sur son lieu d'émergence en intervenant au domicile même des nécessiteux. Cette forme d'assistance permet de distinguer le pauvre méritant de l'indigent professionnel et d'apprécier exactement ses besoins. Mais malgré leur supériorité sur l'aumône et sur l'enfermement hospitalier, les distributions rationnelles de secours sont accusées, elles aussi, d'entretenir le mal au lieu de le supprimer. Jean-Denys Cochin, collaborateur, depuis 1815, des Hospices parisiens et co-responsable, depuis 1830, des secours à domicile, constate les limites

d'un système incapable d'enrayer la progression des besoins. Effrayé par les montants des aides aux indigents de la Seine et aux enfants trouvés, il juge indispensable de réduire ces charges municipales aussi «démesurées et infinies». La garde publique des jeunes enfants lui semble être le meilleur moyen de diminuer le prix de l'assistance et d'augmenter simultanément son efficacité. Et, pour convaincre les sceptiques, le magistrat parisien compare le coût et les effets de la salle d'asile à ceux des traditionnelles distributions de nourriture :
– don annuel de 4 pains aux 30 000 ménages inscrits sur le rôle des indigents, à raison de 80 centimes le pain de 2 kg : 96 000 francs ;
– dépenses de fonctionnement des vingt-quatre salles d'asile nécessaires à l'accueil de 8 000 enfants de deux à sept ans, à raison de 3 500 francs à 4 000 francs de loyer, de salaires et de chauffage par établissement : 96 000 francs.

Si les deux formules reviennent au même prix, leurs résultats sont très inégaux. Le système traditionnel apporte un simple soulagement épisodique, tandis que la salle d'asile garantit, simultanément, la liberté de travail des femmes pauvres, l'éducation de leurs enfants et la gestion économe des crédits municipaux. Pourquoi les communes continueraient-elles d'aider des familles dont les revenus augmentent grâce au travail des mères ? Pourquoi les parents abandonneraient-ils une progéniture qui n'est plus une charge quotidienne ? En diminuant les effectifs des indigents et des expositions, la salle d'asile restreint les dépenses des secours à domicile et des hospices[13].

Cette argumentation s'inscrit dans le discours économique tenu sur l'assistance, depuis le milieu du XVIIIe siècle, par des observateurs sensibles aux analyses des physiocrates et des ingénieurs des Ponts-et-Chaussées sur la rentabilité de l'entreprise agricole et sur celle des voies de communication[14]. Jean-Denys Cochin est aussi influencé par l'optimisme d'un Jean-Baptiste Say, persuadé des retombées positives du libre jeu du marché, que les secours publics ne doivent pas contrarier. Il considère la pauvreté comme un «accident temporaire», dû à un grand nombre d'enfants et à l'insuffisance du travail ou du salaire. Il juge l'aumône privée ou publique inefficace, et même nuisible, au regard des remèdes curatifs que sont le labeur et l'épargne. En réintroduisant les indigents sur le marché de l'emploi, avec une éducation appropriée, il est convaincu de les faire participer progressivement à l'enrichissement général ou, du moins, de leur permettre d'échapper à la grande pauvreté. En 1829, il participe activement, aux côtés de plusieurs philanthropes, à l'organisation d'un centre parisien d'accueil et de travail pour quatre cents mendiants, contraints d'y résider jusqu'à ce qu'ils aient économisé quelques dizaines de francs[15]. Son plaidoyer en faveur de la salle d'asile se fonde sur le même raisonnement. En «soulageant les parents du fardeau de leurs enfants», écrit-il dans son manuel, cette institution leur procure «le temps de se livrer au travail et de se guérir de l'état de pauvreté» grâce au second salaire rapporté par la mère. Pour donner plus de poids à sa démonstration, il évalue le manque à gagner occasionné par la garde individuelle des jeunes enfants : « si cinquante familles emploient une heure de temps chacune au soin de ses enfants, cinquante heures se prélèvent chaque jour en perte sur le salaire des journaliers ; la salle d'asile […] répand donc tous les jours sur la commune un secours équivalent au salaire de cinquante heures de travail[16] ». L'analyse économique du nouveau refuge de l'enfance rappelle que la garde des marmots possède une valeur marchande au-delà de l'âge de la mise en nourrice.

Les autorités universitaires tentent elles aussi de convaincre les responsables locaux des bienfaits de la liberté de travail rendue aux mères. « Libres des soins qu'exigeaient d'elles leurs jeunes enfants, [elles] peuvent se livrer sans inquiétude au travail et tirer constamment un salaire de leur journée », commente la circulaire du 4 juillet 1833. Les salles d'asile, répète la circulaire du 11 novembre 1846, recueillent les enfants « aux heures où la famille ne peut les surveiller sans renoncer à une partie des travaux qui sont sa seule richesse ». Faut-il s'étonner si une œuvre créditée d'un tel pouvoir suscite un véritable enthousiasme ? « C'est la plus puissante, la plus réelle, la plus efficace, la plus féconde des institutions en matière de secours publics », assure Jean-Denys Cochin en 1833. C'est « l'une de ces assistances fécondes, que j'appellerai volontiers préventives », affirme, en 1855, le chef du cabinet du préfet du Loir-et-Cher[17]. Ces proclamations peuvent sembler utopiques au regard des conditions de vie contemporaines des familles populaires, qui ne sortent pas nécessairement de l'indigence quand elles reçoivent un double salaire. Mais elles ont l'intérêt de proposer une autre définition de la garde éducative publique des jeunes enfants, plus proche des principes de la société bourgeoise que des préoccupations chrétiennes d'Émilie Mallet.

Les deux argumentations ne s'excluent pas l'une et l'autre. Des promoteurs de la salle d'asile inspirés par l'esprit de charité ne méconnaissent pas son utilité économique. Certains prospectus des dames ou l'avant-propos de *L'Ami de l'Enfance*, rédigé en 1835 par Mme Mallet, signalent, avec satisfaction, l'augmentation des ressources populaires grâce au travail des mères. Inversement, Jean-Denys Cochin, qui est réellement sensible au sort des plus démunis, n'ignore pas, nous l'avons vu, la dimension religieuse de ses initiatives. Mais la place et le poids des motivations diffèrent selon les individus. A l'image d'Émilie Mallet, des chrétiens guidés par leur foi privilégient la piété du bienfaiteur et l'édification des enfants. Jean-Denys Cochin, au contraire, n'accorde aucune priorité à la valeur spirituelle du soutien apporté à la salle d'asile ou à l'évangélisation précoce. Lorsqu'il résume les avantages de la nouvelle institution, il cite essentiellement la réduction des dépenses publiques, l'amélioration des conditions de vie des pauvres, l'enrichissement de la société et le perfectionnement des hommes. « Peu de personnes pensent qu'on puisse faire le bien pour le bonheur de le faire et pour répandre sur son existence le délicieux sentiment d'une bonne et grande action[18] », écrit ce catholique libéral, hostile à la tutelle du clergé sur l'enseignement et que ses croyances n'empêchent pas d'accepter, au moins à un moment de sa vie, une vision laïque de la bienfaisance. Là où des dames inspectrices se réjouissent en songeant aux prières de leurs petits protégés, l'administrateur parisien calcule la valeur marchande de la garde maternelle et les économies induites par la création des salles d'asile. Influencé par ses responsabilités publiques, il parle le langage d'un gestionnaire qui apprécie l'acte de bienfaisance en fonction de son coût, de son efficacité et de sa concordance avec les lois du marché. On retrouve cette attitude chez d'autres partisans de la salle d'asile, et en particulier chez le catholique Joseph-Marie de Gérando, le protestant François Delessert ou le spiritualiste Marc-Antoine Jullien, membres de ce courant libéral qui fonde, en 1821, la *Société de la morale chrétienne* sous les doubles auspices de l'Évangile et des Lumières. Jean-Denys Cochin, qui n'est pas affilié aux sociétés emblématiques de la philanthropie sous la Restauration, ne peut pas être qualifié de « philanthrope », au même titre qu'un Gérando. Mais sa réflexion sur l'école enfantine l'éloigne de la pieuse Émilie Mallet, qui lui reproche d'ailleurs de ne pas se référer davantage à la religion[19].

« Nous avons jusqu'ici considéré les salles d'asile comme des institutions principalement hospitalières ; quelques personnes pensent qu'on doit y voir le premier degré de l'instruction primaire », explique, en 1834, le maire de Lyon aux souscripteurs avant d'inviter le nouveau conseil d'administration à rechercher « de quel côté se trouve la plus grande somme d'utilité[20] ». D'autres promoteurs du nouvel établissement associent, dès l'origine, les deux vocations en proposant de commencer l'éducation religieuse et profane des jeunes enfants.

Un établissement d'éducation

La « mère d'adoption »

« La salle d'asile est un établissement […] où, comme dans une école, les enfants reçoivent quelques principes élémentaires de lecture, de calcul, d'écriture même, dont l'esprit et tout l'ensemble différent essentiellement de ce qu'on voit dans les écoles, et qui se rapproche de l'hospice par les soins physiques et tout à fait maternels que ces enfants y reçoivent », explique Amélie Nau de Champlouis en 1833[21]. Vingt ans plus tard, Camille Jubé de la Pérelle, chef du bureau des écoles de filles et des salles d'asile au ministère, estime que l'établissement réservé aux années antérieures à l'âge de raison assume une authentique mission pédagogique, puisqu'il accueille l'enfant à un âge « où se forme le cœur, où se forme l'intelligence », et où il peut recevoir, « sans fatigue, une éducation physique, morale et intellectuelle aussi complète qu'il est possible de le désirer ». Le rôle de la salle d'asile est donc «plus important» que celui de la crèche, limitée à l'hospitalité et aux soins corporels, conclut cet administrateur, membre de la *Société des crèches de la Seine,* mais qui juge impossible d'éduquer le marmot avant l'acquisition du langage[22]. Des philanthropes très attachés à la fonction éducative de l'institution des jeunes enfants contestent d'ailleurs son appellation, sans doute empruntée à l'expression anglaise *infant asylum.* Ce qualificatif masque la fonction de «véritable maison d'éducation primaire» derrière une réputation de «refuge» charitable, proteste en 1835 le magistrat Joseph Rey, promoteur de la salle d'asile à Angers. Jean-Denys Cochin, qui accepte cet intitulé, lui reproche cependant de ne pas souligner «assez nettement» la mission pédagogique d'un lieu «d'hospitalité et d'éducation préparatoire», et dont il rappelle, à plusieurs reprises, la double vocation[23].

Ce projet d'une éducation institutionnalisée des jeunes enfants est une innovation. La société de l'Ancien Régime attribuait aux parents le droit exclusif de garder leurs rejetons près d'eux et le devoir impératif de les éduquer. Le placement chez une nourrice et, plus tard, chez une gardienne ou le recours à une domestique ne remettaient pas en cause ce pouvoir naturel, puisque le «droit de garde», selon l'expression des juristes, qui incluait le droit d'éducation, légitimait sa délégation. L'envoi anticipé des jeunes enfants dans les écoles ou leur rassemblement avec les fillettes et les adolescentes dont s'occupaient les «pieuses filles[24]» étaient tolérés, pour simplifier la vie des familles laborieuses, mais sans être officiellement recommandés. Les interventions des pouvoirs publics dans l'existence des moins de six ans se limitaient au placement des enfants trouvés, orphelins ou retirés à des parents emprisonnés, et à la réglementation municipale partielle de l'industrie nourricière. Jamais les notables ou les autorités n'avaient tenté d'organiser le rassemblement quotidien des bambins au-dessous de l'âge de raison. Assurées par la mère, selon le vœu des Églises et des Lumières, ou déléguées à des mains mercenaires, à l'intérieur ou à l'extérieur du foyer, la garde et l'éducation de ces enfants restaient une affaire privée.

La Révolution française respecte cet usage. A une exception près, tous les projets des Assemblées fixent l'âge de la scolarisation à six ans et attribuent auparavant à l'enfant un seul lieu de vie, sa famille, et une seule éducatrice, sa mère. Malgré son désir d'étendre la «vigilance du législateur» aux premières années, le montagnard Le Peletier, grand admirateur du modèle spartiate, respecte en partie les idées admises en fixant à cinq ans l'admission obligatoire dans les pensionnats d'éducation commune: jusqu'alors, «on ne peut qu'abandonner l'enfance aux soins des mères : c'est le vœu, c'est le besoin de la nature ; trop de détails, des attentions trop minutieuses sont nécessaires à cet âge[25]». Cette opinion reste dominante au siècle suivant. Les chrétiens fidèles au message traditionnel de l'Église, les libéraux scandalisés par le spectacle de l'ouvrière, les leplaisiens soucieux de régénérer la famille populaire et les proudhoniens désireux de maintenir la mère au foyer célèbrent en chœur les vertus de la première éducation maternelle. «L'homme moral est peut-être formé à dix ans ; et s'il ne l'a pas été sur les genoux de sa mère, ce sera toujours un grand malheur», affirme Joseph de Maistre dans les *Soirées de Saint-Pétersbourg*, publié en 1821[26].

L'idée d'une éducation publique heurte cette conviction : on lui reproche de supplanter les parents ou de favoriser leur démission. L'éducation collective avant six ans est encore plus mal perçue, car elle s'adresse à une population qui n'est pas susceptible, sauf exception, de quitter le foyer familial pour aller travailler. En accueillant les enfants des deux sexes à un âge où ils devraient rester auprès de leur mère, la salle d'asile se place «en dehors de la nature», proteste, dans un premier temps, Théodore Barrau, rédacteur en chef du *Manuel général de l'Instruction primaire*, dans un mémoire couronné en 1857 par l'Académie des Sciences morales et politiques[27]. L'origine de cette institution et l'identité de certains de ses adeptes effraient un peu plus les conservateurs. Que pouvait être un établissement inspiré par l'*Infant School* du socialiste Robert Owen, influencé par l'enseignement mutuel et soutenu par les phalanstériens sinon une «institution anti-sociale» et un lieu de formation de «jeunes communistes», destiné à ébranler la société dans sa cellule de base[28] ?

Le rejet de la salle d'asile n'est pas l'apanage des conservateurs. Cet établissement dispense les mères «de vaquer aux soins de cette éducation de la tendre enfance qui est leur premier devoir comme leur premier bonheur», conclut, en avril 1848, la Haute Commission des études instituée par Hippolyte Carnot. Comment avoir imaginé d'élever «les enfants des hommes, comme les petits des animaux, dans une lapinière ?», s'exclame l'année suivante Louis de Cormenin, le célèbre pamphlétaire catholique et républicain, qui voudrait maintenir les mères au foyer en leur distribuant des secours. Et pourquoi accueillir des bambins de moins de trois ans et demi ? Ils sont incapables de participer aux exercices intellectuels dont leurs aînés tirent parti : leurs pleurs, leur somnolence, prouvent que «l'ouvrage de la mère n'est pas terminé, que l'enfant n'a pas assez joui de ses caresses […], il sent qu'il ne peut voler de ses propres ailes». Une meilleure éducation féminine, assure à la même époque le socialiste Hippolyte Magen, permettrait à la mère de «soustraire à la crèche, à la salle d'asile, en un mot à tous ces bandages inventés pour d'antiques infirmités humaines, le doux objet de sa tendresse». Quarante ans plus tard, l'ancien député d'extrême-gauche Martin Nadaud reprendra la même argumentation contre l'école des petits : «la philanthropie a cru faire merveille en ouvrant, à grands coups d'orchestre, des crèches et des salles d'asile. Est-ce que le résultat n'a pas été de chasser la femme de son intérieur et de l'obliger de livrer son enfant aux soins de quelques mercenaires[29] » ? La crèche n'est pas davantage épargnée. Dès son apparition, en 1844, de multiples voix s'élèvent contre cette nouvelle atteinte à l'expression du sentiment maternel[30]. Pour diffuser la prise en charge publique des enfants avant l'âge de raison, ses partisans doivent prouver qu'elle ne supplante pas la sacro-sainte éducation familiale, ni dans son principe ni dans la réalité.

«Le génie des salles d'asile naît, au cœur des bonnes mères, des inspirations intimes de la nature», écrit Jean-Denys Cochin au début de son manuel comme s'il voulait placer la nouvelle institution sous des auspices favorables. Le qualificatif attribué à ces mères de référence – peu nombreuses, précise l'auteur – fournit la première pierre de la démonstration, puisqu'à côté de ces «bonnes» mères, «assez éclairées pour élever leurs enfants selon les meilleurs principes d'éducation», il en existe d'autres, trop occupées pour assumer leurs responsabilités domestiques. Au nom de quels scrupules s'interdirait-on d'accueillir et d'éduquer leur progéniture: «c'est pour suppléer aux soins, aux impressions, aux enseignements, que chaque enfant devrait recevoir de sa mère, qu'il a paru nécessaire d'ouvrir des salles d'hospitalité et d'éducation en faveur du premier âge», conclut le fondateur parisien[31]. L'allusion préalable à la mission naturelle des mères, le recours au conditionnel et l'emploi du verbe *suppléer* étayent la pièce maîtresse du raisonnement: la salle d'asile n'élimine pas la mère, elle compense son absence ou son incapacité. Au début de l'année 1835, Émilie Mallet répond à son tour, dans *L'Ami de l'Enfance*, aux «Objections contre les salles d'asile» en rappelant que les mères laborieuses ne peuvent pas surveiller et instruire «judicieusement» leurs jeunes enfants malgré leur bonne volonté. En 1846, Mgr Giraud, archevêque de Cambrai et très sensible aux retombées sociales de l'industrialisation, justifie lui aussi, dans une *Instruction pastorale*, le recours à la salle d'asile pour «l'enfant de la mère accablée sous le poids des travaux et celui de la mère incapable de former son esprit et son cœur». Le même réalisme conduit les républicains de 1848 à surmonter leurs réticences à l'encontre d'une institution qui ne peut rivaliser avec la mère naturelle: «il faut veiller sur ces établissements; il faut les améliorer, mais les maintenir dans les limites de la nécessité [...]», précise Hippolyte Carnot; «plus il sera permis à la mère d'être mère chez elle, moins l'État devra la suppléer par des soins étrangers». Théodore Barrau, dont nous avons signalé le jugement critique sur la salle d'asile, tient finalement le même raisonnement[32].

Catholiques, protestants ou libres penseurs, les partisans de la salle d'asile, bientôt imités par ceux de la crèche[33], affirment sa légitimité en retournant l'accusation dont elle est l'objet. Comment pourrait-elle désorganiser une famille populaire qui fonctionne mal et qui pervertit parfois ceux-là mêmes qu'elle devrait éduquer? Comment pourrait-elle supplanter une mère absente, indisponible ou incompétente? Loin de détruire le cadre naturel de l'existence et de l'éducation du jeune enfant, elle le recrée. Refuser cette institution, c'est empêcher les enfants pauvres de trouver, selon l'expression de Mgr Giraud, «une mère d'adoption» hors de leur foyer et de recevoir, d'après un curé parisien, les soins des «mères selon la grâce en l'absence des mères selon la nature[34]». Ces soins concernent l'éducation morale, physique et intellectuelle du jeune enfant.

La reconquête religieuse et la régénération des ouvriers

Il suffit «d'examiner les actions des enfants dès l'âge le plus tendre pour se convaincre que le mal existe plus ou moins dans leur cœur», assure, en 1829, le régent de la première école enfantine de Genève. C'est aussi l'opinion d'Émilie Mallet, qui juge «indispensable de mettre [le jeune enfant] en garde contre sa propre faiblesse et contre les penchants vicieux de son être naturel». Catholiques et protestants partagent cette vision pessimiste d'une jeune créature corrompue, dès sa naissance, par le péché originel. La nature perverse de l'enfant se manifeste, entre autres, par les «funestes et déplorables habitudes» que le Dr Cerise, un médecin catholique des salles d'asile, découvre chez des élèves de trois ans «entraînés à des actes tout à fait automatiques». L'intuition d'une sexualité enfantine originelle n'est pas la seule source d'angoisse des éducateurs. Mme Mallet compare l'enfant pauvre à «une jeune fleur sauvage qui germe et croît, battue par les vents». Avant l'âge de raison, déplore un autre promoteur de la salle d'asile, le marmot contracte des «habitudes de vagabondage, des vices, un esprit de rudesse et d'indépendance[35]». L'expérience célèbre, et malheureuse, d'Itard avec Victor, «le sauvage de l'Aveyron», renforçait les préventions contre l'action de la nature. Abandonné à lui-même et aux exemples de ses parents, jugés immoraux et ignorants, l'enfant déshérité fait doublement peur. Être impur et graine de vaurien, il semble condamné à développer sa part d'animalité et ses mauvais penchants.

Comment arracher ce bambin à la vie primitive, assurer son salut éternel et protéger, en même temps, la société? Grâce à une éducation religieuse et morale, assurent les responsables chrétiens de la petite école qui considèrent le jeune enfant, malgré ses défauts, comme une âme pleine de promesses que l'Évangile peut régénérer. Plus cette éducation sera précoce, plus elle tirera parti de la malléabilité des premières années. Robert Owen, l'utopiste de New-Lanark, voulait commencer très tôt la construction du «New moral world» en agissant sur «la plasticité [des enfants], qui... permet de les modeler finalement à l'image même de la raison». Émilie Mallet rappelle l'infuence fondamentale des premières leçons, qui «s'impriment le plus profondément dans l'âme[36]». Le ministère de l'Instruction publique adopte le même raisonnement pour confier à la nouvelle institution le soin «d'inculquer de bonne heure les principes de la religion et de la morale, puisque les sentiments et les principes donnés à la première enfance décident du reste de la vie» (règlement de 1837), et de détruire «les premières instincts lorsqu'ils sont mauvais» (circulaire du 2 octobre 1845). L'argumentation du discours universitaire en faveur de l'ambition éducative de la salle d'asile concerne d'abord l'éducation religieuse et morale. Les préoccupations intellectuelles au sens strict apparaissent une fois le chemin frayé : c'est bien l'âme du petit enfant qui lui vaut d'être officiellement reconnu comme un objet pédagogique.

Le contexte du début du XIXe siècle donne un relief particulier à cette volonté d'évangélisation des classes populaires. Après la crise révolutionnaire et l'arrêt de la vie religieuse, qui ont privé de catéchisme les futurs parents de la Restauration et de la Monarchie de Juillet, le clergé veut récupérer le terrain perdu. La déchristianisation de la classe ouvrière, même si elle est plus limitée que ne l'affirmait l'historiographie traditionnelle[37], ouvre ensuite un deuxième front. Conscientes de la résistance des adultes, façonnés par l'incroyance ou abrutis par leur travail, les Églises concentrent leurs efforts sur la formation, plus féconde, des enfants. La salle d'asile est considérée comme un instrument d'intervention privilégié auprès des catégories les plus malléables : «Sauvons les petits enfants ! Qu'il y ait au moins un âge dans la vie où Dieu soit connu, aimé, béni par sa créature», explique en 1856 aux prêtres de son diocèse le cardinal Donnet, archevêque de Bordeaux et partisan de la nouvelle institution[38]. Installée auprès des ouvriers-artisans, déjà déchristianisés, et des premières vagues du prolétariat moderne, à la fidélité religieuse précaire, l'école des petits doit jouer un rôle stratégique dans la reconquête de la société civile issue de la Révolution. La circulaire du 31 octobre 1854 la charge de dispenser «la première éducation religieuse et intellectuelle partout où la famille ne sait pas, ne peut pas ou ne veut pas la donner»; celle du 15 mars 1856 lui demande de faire «descendre au milieu des familles indigentes l'inestimable bienfait d'une éducation religieuse».

La salle d'asile hérite aussi d'une peur de la dépopulation et de la dégénérescence qui poussait déjà les médecins et les philosophes de la seconde moitié du XVIIIe siècle à se préoccuper de la survie et de la croissance du nourrisson et de l'enfant sevré. La petite taille des conscrits exemptés, la dégradation physique du nouveau prolétariat et l'hypothèse d'un retournement du processus évolutionniste amplifient cette angoisse à partir des années 1830[39]. Malgré la diminution de la mortalité, la fragilité des deux-six ans, dont près de la moitié échappe, en 1840, à la vaccination antivariolique[40], inquiète les observateurs. Abandonnée, dans la rue, aux intempéries, confinée dans des logis insalubres ou emprisonnée dans des garderies sordides, la progéniture des classes populaires devient «languissante, rachitique et scrofuleuse», déplore, en 1835, Pierre-Nicolas Batelle, administrateur des Hospices de Paris et collaborateur de Jean-Denys Cochin à la direction de *L'Ami de l'Enfance*[41]. Ces déficiences physiques précoces présentent un double inconvénient. D'une part, elles empêchent une bonne maturation intellectuelle : « si chaque organe n'atteint pas, aux époques indiquées par la nature, le degré de puissance et d'extension qui lui est propre », assure le secrétaire de la Commission supérieure des salles d'asile en 1848, « le moral en est sensiblement affecté, l'intelligence s'engourdit[42] ». D'autre part, et l'argumentation est prioritaire pour ceux qui privilégient la fonction sociale de la salle d'asile, elles nuisent au bon fonctionnement d'une économie qui réclame de plus en plus de bras valides. Il faut améliorer la relève à l'usine et à la caserne en préparant des « générations saines de corps et d'esprit, actives pour le travail, fortes et disciplinées pour la guerre », explique, en 1846, le maire de Lannion, Émile Depasse, pour justifier sa proposition de créer des salles d'asile nationales et gratuites[43].

Le nouveau refuge de l'enfance n'a pas seulement une fonction humanitaire : il entend contribuer à fortifier et à régénérer le futur ouvrier. L'accueil dans un gîte propre et chauffé, les distributions de soupe et les mouvements de gymnastique veulent favoriser le développement corporel des jeunes enfants. La succession ininterrompue des exercices manuels et intellectuels, parfois présentés sous la forme d'un amusement, cherche à leur donner l'habitude et le goût du travail. Le tricot, la charpie et les autres tâches manuelles visent à développer leur dextérité et à les préparer, précise la circulaire du 15 mars 1856, « à la pratique du travail corporel qui, pour la plupart, sera celui de toute leur vie ». En formant, dès la prime enfance, une main-d'œuvre résistante et consciencieuse, résume la circulaire du 8 août 1845, les autorités espèrent remplacer l'actuelle population ouvrière par des générations « mieux armées pour le travail et la conquête du bien-être dont il est la condition ». Lorsqu'ils étendent la scolarisation vers l'amont, les organisateurs de la salle d'asile restent fidèles à l'un des grands principes de la pensée bourgeoise sur l'éducation : dispenser à chaque individu une formation correspondant aux fonctions auxquelles son origine le prédestine. Instrument de reproduction sociale, la salle d'asile entend préparer, dès le plus jeune âge, les rejetons des familles populaires aux métiers manuels et leur apprendre simultanément à se contenter de cet état. Cette anticipation choque plus l'observateur d'aujourd'hui que les contemporains. Certains théoriciens socialistes approuvent, nous en reparlerons, l'initiation collective précoce au travail manuel, que plusieurs familles populaires utilisent d'ailleurs pour améliorer leur capacité de production. Les jeunes enfants des pêcheurs apprennent, par exemple, à faire des nœuds, à emboîter des pièces de bois et à ramer à sec sur le sable[44]. Jusqu'au début de la Troisième République, le projet professionnel de l'école enfantine n'a rien de prématuré : plusieurs enfants travaillent dès l'âge de cinq ans ou de six ans, puisque la loi de 1841, qui fixe à huit ans l'âge minimum d'admission à l'usine et qui reste longtemps mal appliquée, ne concerne pas les ateliers familiaux et les petites fabriques. Entre la sortie de la salle d'asile, vers six ans, et le début de l'apprentissage ou la pratique d'un métier, l'intervalle est parfois moins long que le séjour du bambin dans la petite école. Les promoteurs de cette institution ne s'intéressent pas seulement au cœur et au corps du jeune enfant. Ils veulent aussi former son esprit et même commencer son instruction.

L'instruction collective avant l'âge de raison
Un objectif controversé

Influencée par la lecture de Rousseau, Mme de Pastoret refuse d'instruire les usagers des chambres de dépôt qu'elle envisage de créer en 1801. Avant l'âge de six ans, elle préfère laisser les enfants «jouer et s'ébattre à leur aise» sans anticiper sur les apprentissages scolaires : «Quoi, me dira-t-on, point de travail? je n'en vois guère l'utilité : de quel travail sont susceptibles des enfants si jeunes? Ne vaut-il pas mieux les laisser jouir en liberté de cet âge de bonheur? N'existe-t-il pas, d'ailleurs, des établissements destinés à leur enseigner la lecture et ne serait-ce pas aller contre l'utile institution des écoles primaires que d'enseigner quelque chose dans ces salles de dépôt?». La pionnière parisienne craint-elle de ne pas être entendue des administrateurs? Pressent-elle l'inévitable influence du modèle scolaire sur un établissement réservé aux moins de six ans? Faute de pouvoir empêcher tout enseignement précoce, elle tente au moins de le limiter : «si le désir de tout faire engageait à faire enseigner la lecture aux plus âgés, puissé-je au moins obtenir en faveur des enfants que les leçons seront courtes, qu'elles ne seront pas trop entourées de l'appareil magistral, qu'on cherchera à exciter les enfants plutôt par l'émulation que par la contrainte[45]». Un autre admirateur de Rousseau, Robert Owen, prévoyait lui aussi d'occuper «principalement» les plus petits usagers de l'*Infant School* à «jouer et s'amuser», mais les attentes des parents l'obligent à faire des concessions. En 1822, Marc-Antoine Jullien découvre à New-Lanark trois classes organisées en fonction de l'apprentissage des rudiments. Dans la première, des bambins de deux à trois ans s'exercent à prononcer correctement les lettres de l'alphabet; dans la seconde, des écoliers de trois à cinq ans commencent à lire sur un tableau puis dans des livres; dans la dernière, les plus grands apprennent à écrire, à compter et à identifier des figures géométriques. «Je blâme cette méthode ordinaire d'enseigner les lettres et les mots avant la connaissance des choses», confie le fondateur au philanthrope français. «Il faut d'abord former, exercer l'intelligence. C'est de dix-huit mois à trois ans qu'un enfant apprend le plus par l'exercice des sens[46]».

Organisées selon le modèle de l'*Infant School*, les premières salles d'asile parisiennes veulent préparer les enfants, «par des exercices proportionnés à leur âge, aux devoirs qui les attendent dans les écoles de degré supérieur», explique l'un des prospectus du Comité des dames[47]. Dépourvues d'expérience et, jusqu'en

1833, d'ouvrages de référence, les maîtresses s'inspirent du seul modèle connu : l'enseignement primaire. Elles tentent d'initier les bambins à l'écriture et au calcul, et de leur apprendre des fables et des poésies. Bon gré mal gré, les responsables tolèrent ces exercices ambitieux au nom de la valeur morale qui leur est prêtée : « on ne peut sûrement prétendre instruire de si jeunes créatures, mais, en ne les perdant pas de vue, en les occupant sans cesse, on les forme à l'obéissance, au bon ordre », commente, dès 1827, le premier rapport des dames. « Le Comité n'approuve pas que les enfants reçoivent des leçons qu'ils ne peuvent comprendre », répète le rapport de 1832, « mais il fallait remplir les heures de la journée, et il a dû accepter ce système défectueux d'instruction tant qu'il ne pouvait en substituer un autre plus convenable ». L'année suivante, Amélie Nau de Champlouis rappelle, au début de son manuel, que les exercices d'instruction sont, avant tout, un moyen d'éducation, utile pour donner aux jeunes enfants « des habitudes d'obéissance, d'ordre et d'application[48] ». L'ingérence de l'administration universitaire renforce les réticences à l'égard d'une instruction trop poussée. « L'institution des salles d'asile est essentiellement maternelle et charitable », affirme Mme Mallet dans le dernier rapport du Comité, rédigé après la démission collective de 1836 ; « ce n'est pas l'instruction qui en est l'objet mais l'enseignement moral et l'exercice de la charité[49] ». Sachons faire la part de la tactique dans cette argumentation très tranchée : refuser toute fonction d'instruction à la salle d'asile, ou la reléguer à l'arrière-plan, permet de bien distinguer cette institution d'un établissement scolaire et donc de mieux contester la volonté de contrôle de l'Université.

Ces réserves n'empêchent pas les pionniers parisiens d'accepter des exercices de première instruction sous certaines conditions. Après la mise en garde déjà citée, Mme de Champlouis donne des conseils pour l'apprentissage de la lecture, les leçons de choses, les récits d'histoire et de géographie. Mme Mallet, qui dénonce le travail intellectuel « forcé », néfaste pour de jeunes enfants, admet la nécessité « d'étendre le cercle de [leurs] connaissances élémentaires » et de développer leurs facultés. Les hommes semblent approuver plus facilement le projet d'instruction précoce, à laquelle ils reconnaissent un statut autonome à côté de la formation morale. « [La] première éducation doit se composer d'inspirations morales, d'impressions religieuses, d'instructions intéressantes ; elle doit être administrée de manière à communiquer aux enfants cette foule de renseignements dont ils sont avides », écrit Jean-Denys Cochin au début de son manuel, dont les derniers chapitres traitent de l'apprentissage des rudiments et des premières connaissances d'histoire, de géographie, d'histoire naturelle et de cosmographie. L'intérêt pour l'instruction anticipée est aussi net chez d'autres promoteurs de la salle d'asile, influencés par l'exemple anglais. Gérando suggère de laisser jouer les plus petits et de commencer, à l'âge de trois ou quatre

ans, «une sorte d'instruction préliminaire, destinée à faire éclore l'intelligence...
[par] les choses et les signes des choses». Marc-Antoine Jullien s'enthousiasme
devant le spectacle des bambins qui «connaissent bien les cinq parties du
monde, les capitales des différents États d'Europe, les chef-lieux des départements[50]».

Quel que soit leur degré d'exigence, les partisans d'un enseignement précoce le justifient par deux arguments: l'aptitude, méconnue, du jeune enfant et
l'utilité d'une propédeutique avant l'entrée à l'école primaire.

« Un animal avide de voir et d'apprendre »

Dès le début de son témoignage sur les *Infant Schools*, publié, en 1828, cinq
ans avant le manuel de Jean-Denys Cochin, Charles de Lasteyrie conteste la
vision négative des années antérieures à l'âge de raison: «ceux qui [n'ont] pas
étendu leurs observations au-delà de l'enceinte des collèges s'imaginent que l'enfant de cet âge est entièrement incapable d'apprendre, ou du moins qu'il n'est
susceptible d'apprendre que des niaiseries». Pour aider ses lecteurs à surmonter
ce réflexe traditionnel, il les invite à découvrir le bambin de deux à six ans:

> *Lorsqu'on examine avec soin la marche et les développements des facultés intellectuelles
> chez les enfants, on s'aperçoit qu'ils ont une merveilleuse aptitude à saisir tout ce qui
> les touche ou tout ce qui les intéresse. Chaque sensation, chaque fait, produit en eux de
> nouvelles idées, de nouvelles comparaisons, de nouveaux jugements, et, peu à peu, leur
> mémoire s'enrichit, leur esprit se développe, leur raisonnement se forme[51].*

Influencé par les philosophes empiristes, Lasteyrie insiste sur le rôle de
l'intelligence sensorielle à l'œuvre avant l'âge de raison. Parmi les promoteurs
français des salles d'asile, il est le premier qui souligne, dans un écrit public, les
capacités intellectuelles du jeune enfant. D'autres théoriciens légitiment eux
aussi l'ambition pédagogique de la nouvelle institution en situant la formation
ou la manifestation des aptitudes intellectuelles à la sortie de l'âge du nourrisson. Jean-Denys Cochin estime que les enfants sont «capables de comprendre,
d'obéir, de discerner et de vouloir» dès qu'ils ont atteint deux ans ou même
dix-huit mois. «Parce que ces jeunes créatures sont presque toujours en mouvement, parce qu'elles rient et pleurent dans la même minute [...]», explique
Mme Mallet en 1836 dans *L'Ami de l'Enfance,* «on ne se représente pas le travail
qui se fait dans leur cœur et dans leur intelligence; on admire le jeu de leurs
fraîches physionomies [...] et l'on ne voit pas celui de leur cerveau». La reconnaissance de ce développement, écrit la même année Marc-Antoine Jullien,
oblige à intervenir avant l'âge de raison: «pendant très longtemps, on n'avait
pas même songé à mettre à profit, pour l'éducation et l'instruction, la première

période de la vie qui s'écoule depuis deux ans jusqu'à sept ou huit ans […] ; les premières années de la vie [...] sont néanmoins les plus précieuses, les plus importantes, celles où l'enfant reçoit les premières impressions, qui laissent des traces profondes[52] ».

Ce discours récurrent sur les prédispositions antérieures à l'âge de raison prouve les réticences persistantes de l'opinion. Malgré ses progrès, l'enfant de deux ans à six ans est « naturellement esclave des impressions sensibles », admet lui-même Gérando ; il ne possède pas les facultés intellectuelles de son aîné[53]. Mais si les promoteurs des écoles enfantines reconnaissent l'incapacité du bambin à corriger ses intuitions perceptives par une pensée abstraite, ils n'en contestent pas moins l'attentisme de la pédagogie traditionnelle.

> « *Nous considérons comme prouvé que les enfants ne peuvent rien apprendre […] au dessous de six ou sept ans ; et, ainsi, nous perdons le temps de la vie le plus éminemment favorable à l'instruction* », regrette *Henri Brougham, l'un des pionniers des Infant Schools, dans un discours prononcé, en 1835, devant la Chambre des Lords, et que* L'Ami de l'Enfance *s'empresse de reproduire. « A cet âge, on est tout activité, recherche, énergie, mouvement. L'enfant est un animal essentiellement avide de voir et d'apprendre […]. A sa première entrée dans le monde, [il] s'occupe, il est vrai, fort peu de ce qui se passe autour de lui, quoique inévitablement, il apprenne toujours quelque chose, même dès le commencement de sa vie ; mais, après une certaine période, son instruction fait de rapides progrès. Sa curiosité devient irrésistible, et sa soif de connaître devient aussi universelle qu'elle est insatiable. De dix-huit mois ou de deux ans jusqu'à six ans, il apprend beaucoup plus sur le monde matériel, sur ses propres facultés, sur la nature des autres corps […] qu'il n'apprendra jamais dans toutes les années de l'enfance, de la jeunesse et de l'âge mûr[54]. »*

Deux traits flatteurs ressortent dans ce portrait du jeune enfant, que son agitation permanente rapproche de l'animal : sa curiosité et son exceptionnelle réceptivité. Justifiée par un désir de savoir jugé « irrésistible » et « insatiable », l'instruction précoce est placée sous les auspices de la nature. Avant deux ans – et l'on notera la vision moins positive du nourrisson que ne partagent pas, au contraire, les partisans des crèches[55] – les connaissances demeurent réduites ; après six ans, elles n'égaleront jamais la masse, la rapidité et la facilité des premières découvertes. Au nom des compétences méconnues des jeunes enfants, l'Abbé Aporti, fondateur, en 1828, de la première *scuola infantile*, condamne lui aussi les scrupules ou la négligence qui empêchent de commencer leur instruction : « [ils] peuvent apprendre dès qu'ils savent parler, et c'est perdre le temps le plus précieux de la vie que de leur permettre de remplir leurs premières années par des bagatelles[56] ». La volonté d'améliorer l'efficacité de l'enseignement élémentaire constitue, en France comme en Grande-Bretagne et en Italie, la seconde motivation des adeptes d'une formation intellectuelle précoce.

Une propédeutique

«Le chemin de l'asile apprend et fait aimer le chemin de l'école primaire», assure, en 1855, le chef de cabinet du préfet du Loir-et-Cher avant d'évoquer les préférences des instituteurs pour «l'enfant dont l'esprit est déjà formé, qui sait écouter, retenir et même réfléchir, qui a pris le goût de l'instruction, la curiosité du savoir et qui, déjà, est tout fier de ses petites connaissances». Ce témoignage enthousiaste résume les deux fonctions de l'établissement des plus petits : éveiller les facultés et donner des connaissances. Tous les théoriciens de la petite école conseillent de privilégier le premier de ces objectifs, bien adapté à l'âge de son public. Pour réussir une éducation intellectuelle, rappelle en 1859 Eugène Rendu, le directeur de *L'Ami de l'Enfance*, il faut cultiver la perception, la mémoire, sans excès, l'imagination, l'attention, puis le jugement et le raisonnement[57]. Mais les conditions de vie des enfants du peuple, qui commencent souvent à travailler avant dix ans, pèsent en faveur d'une anticipation sur l'instruction élémentaire. En 1836, le Dr Cany, secrétaire du comité d'organisation des salles d'asile de Toulouse, rappelle que le raccourcissement fréquent de la scolarité oblige à commencer l'instruction «dès le berceau» si l'on veut permettre à l'élève de suivre un cycle d'études primaires complet. Malgré sa volonté de bien distinguer la salle d'asile de l'école, Mme Mallet juge «indispensable» d'enseigner les premiers éléments partout où les enfants travaillent dès qu'ils en ont la force[58]. Plus explicite encore, l'inspecteur des écoles de Lille présente la salle d'asile, en 1853, comme le meilleur moyen de compenser les méfaits de l'embauche précoce et les insuffisances des écoles des fabriques :

> *Beaucoup d'enfants entreront à huit ans dans les ateliers n'ayant reçu d'autre instruction que celle que l'on est forcé, pour cette raison, d'introduire dans les exercices qui constituent plus spécialement le régime scolaire propre aux salles d'asile [...] ; par conséquent, cette institution n'est pas seulement destinée à préserver l'enfance des accidents extérieurs et à l'initier aux premiers exercices de l'intelligence, mais encore à lui procurer une instruction à l'aide de laquelle les trop courts enseignements donnés aux classes de midi et de catéchisme [...] fructifieront quelque peu[59].*

Sans entrer dans ce débat, les autorités acceptent, dès l'origine, l'objectif d'une formation intellectuelle précoce et, plus précisément, le rôle de propédeutique avant la scolarité élémentaire. «Il ne peut être que fort utile de commencer l'instruction dès l'âge le plus tendre : et tel semble devoir être le but principal des salles d'asile», affirme la circulaire du 5 mars 1833. Quelques mois plus tard, la circulaire du 5 juillet 1833, relative à l'application de la loi Guizot, attribue trois fonctions distinctes au nouvel établissement : l'hospitalité, l'éducation morale et l'acquisition de «notions élémentaires». L'instruction acquise avant six ou sept ans ne cherche pas seulement à compenser la scolarité élémentaire écourtée par la mise au travail ; elle veut permettre aux écoliers plus favorisés de mieux profiter de leurs futures leçons. La circulaire du 5 juillet 1833, favorable aux «premières instructions […] qui préparent à suivre, avec plus de fruit, l'enseignement [des] autres établissements», tient le même langage que le manuel de Jean-Denys Cochin, qui conseille de ne pas imposer aux bambins «un retard préjudiciable à l'éducation du second âge[60]». A une époque où le statut de la salle d'asile reste ambigu, cette foi dans les bienfaits d'un enseignement précoce inscrit déjà sa mission pédagogique dans un cursus scolaire. Les textes officiels de la Monarchie de Juillet continuent de confier à l'établissement des plus petits la mission d'initier aux rudiments et de faire acquérir quelques connaissances tout en recommandant d'éviter les excès, d'entremêler le travail et la récréation, et de donner au travail lui-même la forme d'un amusement. Lorsque le caractère scolaire de la salle d'asile est officiellement proclamé, en 1855, la mission de propédeutique devient un lieu commun du discours officiel. Au début de la Troisième République, Octave Gréard, vice-recteur de l'académie de Paris, voit dans cette institution «une efficace préparation à l'école», et la Commission Levasseur, «le vestibule de l'école primaire[61]».

*   *
*

La salle d'asile est le fruit d'une rencontre entre la charité chrétienne et l'esprit philanthropique. La logique charitable l'intègre au système traditionnel de soulagement et d'évangélisation des nécessiteux, acteurs attitrés de la société chrétienne. Le projet philanthropique, privilégié par le discours officiel, l'inscrit dans le dispositif d'assistance conçu par la société bourgeoise pour diminuer les dépenses publiques, maîtriser l'indigence à sa source et supprimer la formule, jugée moralement et socialement nocive, d'une aide indépendante d'un labeur. En débarrassant d'un souci quotidien les femmes du peuple appauvries par leur nombreuse progéniture, les promoteurs de la salle d'asile veulent les réintégrer dans les circuits productifs où elles pourront monnayer leur force de travail. L'institution des jeunes enfants est le complément de la caisse d'épargne, créée dix ans plus tôt par des philanthropes, au premier rang desquels figure Benjamin Delessert, et qui prétend remédier à la pauvreté en multipliant les fruits du labeur personnel[62]. Elle permet aux familles ouvrières nécessiteuses ou menacées par l'indigence de se procurer un second salaire grâce auquel elles peuvent, en théorie, rééquilibrer leur budget et se constituer un capital. Son principe et sa double efficacité, curative et préventive, ne pouvaient que séduire l'État orléaniste libéral qui conseillait, selon la célèbre formule de François Guizot, de s'enrichir «par le travail et l'épargne» et qui aggravait, à la fin des années 1830, le malthusianisme des secours publics[63].

Les fondateurs de la salle d'asile ne la réduisent pas à un établissement d'hospitalité. Après avoir retiré le jeune enfant de ses lieux de vie habituels, jugés nocifs, ils entreprennent de l'éduquer activement. Les dames charitables veulent commencer l'instruction religieuse et, malgré quelques réserves parfois tactiques, l'instruction profane de leurs petits protégés. Les philanthropes, qui voient dans l'éducation et dans l'instruction un instrument privilégié d'assistance et de promotion personnelle, partagent cette ambition. Cette entreprise insolite choque les défenseurs de la première éducation familiale au nom des droits et des devoirs des parents. Si les garderies et les maisons de sevrage pouvaient, à la rigueur, être tolérées, l'idée d'une école spéciale avant l'âge de raison paraissait déplacée. Les promoteurs de la salle d'asile, eux-mêmes, ne sont d'ailleurs pas toujours d'accord sur ses objectifs prioritaires et sur sa dénomination. Les enjeux institutionnels du vocabulaire utilisé ne sont pas seuls en cause : les embarras, les nuances et les revirements des discours charitables, philanthropiques et réglementaires prouvent les difficultés rencontrées par les contemporains pour situer l'institution des jeunes enfants entre le modèle familial, l'assistance et l'éducation.

Au centre de l'ambition éducative de la salle d'asile, se dresse la figure, positive, du jeune enfant. Dans la réflexion pédagogique des fondateurs, l'image du marmot responsable des difficultés économiques de ses parents s'estompe derrière celle du bambin curieux et loquace. Le regard posé sur le public de la salle d'asile dépasse la vision inquiétante de l'enfant fragile et vicieux pour scruter les prémices du trait distinctif de l'espèce humaine : la pensée. Comme les fondateurs de l'*Infant School* ou de la *Scuole Infantili,* les promoteurs de l'école enfantine française n'attribuent pas seulement une âme et un corps à l'enfant sevré de moins de six ans : ils lui reconnaissent un esprit. Mais si cette représentation du jeune enfant justifie son éducation globale précoce, elle ne légitime pas son envoi dans une école, à l'image de ses aînés. Pour combattre les préjugés, les théoriciens de la première éducation publique pensent leur projet dans des termes compatibles avec l'exaltation des responsabilités familiales : ils inventent la notion d'éducation maternelle collective, qui transforme le nouvel établissement en foyer de rechange, et sa maîtresse en mère de substitution. La salle d'asile veut proposer, en dehors du domicile, les soins affectueux et les rudiments d'instruction religieuse et profane que toute bonne mère dispense chez elle à ses enfants. On comprendra mieux les motivations de ses fondateurs en considérant l'ensemble des publics auxquels ils prétendent s'adresser.

– III –

Les publics visés

Un public prioritaire : l'enfant du peuple

La salle d'asile, fille de la manufacture ou fille de la pauvreté ?

Plusieurs promoteurs de la salle d'asile établissent un lien entre leur initiative et l'essor de l'industrie. Au début de son manuel, publié en 1833, Jean-Denys Cochin évoque le triste « sort des enfants pauvres dans les grandes villes et dans le voisinage des manufactures ». La même année, l'éditeur Delalain propose d'ouvrir une salle d'asile dans « tous les lieux où l'on compte de soixante à cent enfants de deux à six ans appartenant à des familles qui vivent de leur travail, et là principalement où il existe de grandes manufactures ». Dix ans plus tard, Émilie Mallet estime que la fondation de cette institution est d'une « extrême urgence » dans les communes manufacturières[1]. Née à Jouy-en-Josas, où son père, Christophe Oberkampf, figure emblématique de la première industrialisation française, emploie un millier d'ouvriers, dont un tiers de femmes, dans sa manufacture d'indiennes[2], cette pionnière de l'asile parisien était bien placée pour découvrir les effets des nouvelles formes de travail salarié. Les premiers observateurs des retombées perverses de l'industrialisation voient, eux aussi, dans la salle d'asile l'une des solutions aux problèmes domestiques des familles ouvrières. A l'issue de sa tournée dans les manufactures textiles, entre 1835 et 1837, le docteur Villermé juge que cette « admirable institution » est indispensable « dans les villes de fabriques, où les travaux de l'atelier absorbent complètement le temps des mères », en particulier car elle commence « l'éducation morale [des enfants], avec leur instruction, à un âge où les parents n'y songent pas encore ». A la même époque, Alban de Villeneuve-Bargemont, précurseur du catholicisme social conservateur, propose d'organiser dans toute ville manufacturière, et à côté d'un système d'assistance aux nourrissons, des salles d'asile, grâce auxquelles les rejetons des ouvriers seraient, « dès leurs premières années », mieux nourris et disciplinés[3].

Quelques agents du développement industriel s'intéressent vite à l'école des plus petits. En dehors de la capitale, les premières initiatives apparaissent à Mulhouse, où fonctionnent quelques-unes des premières usines textiles françaises, qui emploient plusieurs centaines de femmes. En 1828, le Dr Penot propose à la

Société industrielle de cette ville, où s'élabore la politique sociale du patronat, d'instituer des établissements semblables à ceux de New-Lanark. L'année suivante, le fabricant de coton Daniel Meyer-Dollfus défend ce projet devant la loge maçonnique de la cité[4]. L'industrie mécanisée, qui doit recruter une main-d'œuvre nombreuse et bon marché, n'est-elle pas la grande bénéficiaire d'une institution qui ouvre aux femmes, en permanence, la porte de l'atelier? Simple rouage de la Révolution industrielle, la salle d'asile serait-elle, d'abord, fille de la manufacture? L'hypothèse est d'autant plus séduisante qu'elle permet d'expliquer, simultanément, le projet pédagogique de l'école enfantine par la volonté bourgeoise de domestiquer le prolétariat. Attentif à la chronologie et à la diversité des témoignages, l'historien confrontera cette équation à l'état de l'industrie française dans la première moitié du siècle, à l'ensemble des discours des promoteurs de la salle d'asile et à sa diffusion.

Les transformations de l'industrie ne sont ni brutales ni générales. Le travail à domicile, intégré au mode industriel dans le système de la fabrique, le petit atelier, citadin ou rural, et la manufacture, encore exceptionnelle jusqu'aux années 1840, se développent parfois au sein de chaque branche. Des concentrations ouvrières modernes, avec leurs formes spécifiques de misère, existent, bien sûr, avant 1830, et notamment dans le Nord, le Haut-Rhin ou la Normandie. De même, un petit nombre de villes industrielles enregistrent-elles une forte croissance sous la Monarchie de Juillet. Mais ces phénomènes demeurent minoritaires. Jusqu'au milieu du siècle, l'industrialisation ne modifie pas considérablement la répartition de la population, car le secteur qui offre le plus d'emploi – le textile – reste largement dispersé et implanté dans les campagnes. Si la main-d'œuvre des manufactures augmente, alors, en nombre absolu et en importance relative, elle est largement dépassée par les travailleurs à domicile, les artisans, aidés parfois de quelques compagnons, et par le personnel de la petite entreprise, qui continuent de donner le ton au mouvement ouvrier. La main-d'œuvre féminine n'est pas plus homogène. L'emploi industriel des femmes, expliquent Louise A. Tilly et Joan W. Scott, est «plus varié et moins spectaculaire» que le laisse croire l'image, très impressionnante pour les contemporains, de l'ouvrière de filature. La grosse majorité des travailleuses du textile exercent dans des petits ateliers ou à leur domicile; et bien d'autres citadines laborieuses travaillent dans la domesticité et les services non qualifiés, déjà présents dans l'économie urbaine traditionnelle[5].

Ce coup d'œil sur l'économie et sur la société contemporaines des premières salles d'asile inspire plusieurs interrogations sur le projet de garde publique du jeune enfant. Comme le prouve, entre autres, l'exemple mulhousien, ce dessein n'est pas sans rapport avec l'entrée des femmes dans les nouvelles usines. La relation de causalité est-elle, pour autant, privilégiée, voire exclusive ? Les promoteurs de la salle d'asile ont-ils réagi d'abord, ou seulement, à l'apparition encore sporadique de la grande entreprise ? Songent-ils en priorité, ou uniquement, au prolétariat féminin de type capitaliste ? En analysant l'ensemble de leurs discours, on est plutôt frappé par la diversité des clientèles visées. A qui s'adresse l'institution des jeunes enfants ? Aux « familles pauvres et laborieuses », aux classes « pauvres [et] ouvrières », au « père de famille indigent et [à] l'ouvrier laborieux », répondent, en chœur, les publications charitables ou philanthropiques et les textes officiels des années 1830. Ne nous méprenons pas sur l'usage du mot *ouvrier* : il désigne ici l'ensemble des travailleurs manuels, citadins ou ruraux, concentrés ou dispersés. Jean-Denys Cochin et, après lui, Émillie Mallet évoquent les avantages de la salle d'asile pour les habitants des communes rurales. La municipalité de Lyon, où le tissage familial de la soie reste dominant, souligne, en 1832, l'intérêt de cet établissement pour tous les ouvriers à domicile, qui, « délivrés des demandes continuelles de leurs enfants, [...] rempliront plus utilement leurs journées[6] ». En 1844, le maire de Lannion, le notaire Émile Depasse, préfère réserver l'institution des jeunes enfants aux plus nécessiteux. Qui mérite ce qualificatif dans une ville bretonne de 5 600 habitants, dépourvue de manufactures ? Les artisans et leurs compagnons ? les pêcheurs ? Non, assure le magistrat, car « l'ouvrier » – on notera l'emploi du mot – « qui a une profession régulière est rarement indigne du nom d'époux et de père » ; mais, « au-dessous, il est une classe nombreuse, qui semble frappée de réprobation » : celle des « pauvres », des « prolétaires », en l'occurrence, les portefaix du port, au travail incertain, mal rémunéré, et dont la « progéniture porte en naissant la peine de leurs vices et de leurs débauches ». C'est à ces « malheureuses victimes de la fatalité » que la salle d'asile doit surtout s'adresser[7]. La frontière reste cependant très perméable entre le monde des « ouvriers laborieux », menacés par la faiblesse des salaires, le chômage et la maladie, et celui des « indigents », qui ne sont pas tous concentrés dans les cités manufacturières. La précarité de l'existence populaire est autant liée à la rupture avec les solidarités rurales et à la concentration urbaine qu'à la présence de la grande industrie. Toujours nombreux dans les grosses villes, les nécessiteux abondent dans les cités de commerce et de fabrique à base artisanale comme dans les centres industriels[8].

La plupart des pionniers parisiens de la salle d'asile ne connaissent directement que le premier de ces univers, celui des ateliers, du travail à domicile et des petits métiers non qualifiés. Ville de producteurs atomisés et de petite entreprise, au moins jusqu'aux années 1860, la capitale fourmille d'artisans et de petits commerçants, aidés par leurs épouses, de travailleurs en chambre, de domestiques, de lingères et de vendeuses ambulantes, parfois accompagnées de leurs enfants. Centre privilégié d'immigration, elle passe de 546 000 habitants, en

1801, à 800 000, trente ans plus tard. Ni les structures économiques, ni le cadre immobilier, ni les dispositifs d'assistance, limités par la gestion malthusienne des secours à domicile, ne peuvent faire face à cet afflux. Catherine Duprat estime aux deux tiers des Parisiens, à l'époque de la Restauration, l'effectif total des «pauvres», à l'autonomie précaire, et des «indigents», incapables de subsister sans aide. Reléguées dans les professions malsaines ou les moins lucratives, les femmes sont majoritaires parmi les catégories les plus vulnérables : les ouvrières à l'aiguille, qui représentent près de la moitié des indigentes chefs de ménage assistées en 1829, les revendeuses, les femmes de ménage, les portières et les blanchisseuses[9].

Pour découvrir l'existence difficile des citadins laborieux, les fondateurs de la capitale n'avaient pas besoin de considérer la situation des rares régions manufacturières. Il leur suffisait d'observer, autour d'eux, la foule des nécessiteux qui ne cessent de se concentrer dans un cadre urbain inadapté et qui pâtissent, depuis l'automne 1826, de l'augmentation du chômage et de la hausse du prix du pain. Installée à Paris en 1821, Mme Jules Mallet est impressionnée par l'ampleur d'un phénomène qui dépasse tout ce qu'elle avait entrevu dans la petite agglomération de Jouy, peuplée de 1 600 habitants et où la bienfaisance patronale atténuait, partiellement, l'expression de la pauvreté. De qui parle-t-elle dans les prospectus du comité des dames qu'elle rédige à partir de 1828 ? De la main-d'œuvre des fabriques, comme elle le fera, vingt ans plus tard, dans l'appendice au manuel Cochin ? Non, simplement des mères «laborieuses» et «indigentes». L'autre promoteur de la salle d'asile parisienne est le maire du XIIᵉ arrondissement, l'un des plus industriels de la capitale grâce à la manufacture des Gobelins et à ses nombreuses tanneries et brasseries. D'après la proportion élevée de ses habitants assistés – 15 % en 1829 – c'est aussi le plus pauvre[10]. Or, où travaille le père des trois marmots déguenillés, et orphelins de mère, dont la vue aurait décidé le magistrat à agir en 1827 ? Dans l'une des rares usines de la cité ? Dans l'un des ateliers des faubourgs Saint-Jacques ou Saint-Marcel ? Non, dans un secteur typique de l'économie urbaine traditionnelle : l'entretien du parc du Luxembourg. L'allusion, déjà citée, du manuel des salles d'asile, publié en 1833, au sort des enfants pauvres dans les «grandes villes et dans le voisinage des manufactures» ne prouve pas que ces deux contextes ont déterminé, au même degré, la réflexion initiale de l'auteur. Associé, depuis quinze ans, à la gestion des hospices de la capitale, Jean-Denys Cochin analyse en détail, nous l'avons vu, l'inflation des dépenses d'assistance de la Seine pour démontrer la supériorité de la nouvelle institution des jeunes enfants. Avant les retombées sociales de la grande industrie naissante, ce sont les problèmes de Paris, «grande ville» par excellence, qui préoccupent ce représentant d'une vieille bourgeoisie enrichie par le barreau et par la rente foncière.

Les pionniers de la salle d'asile ne songent pas principalement aux ouvriers de la grande industrie. Ils s'adressent à l'ensemble des milieux populaires, séparés en deux populations qui communiquent l'une avec l'autre : celle des travailleurs manuels, de la rue, des ateliers, familiaux ou artisanaux, des fabriques ou des champs, qui vivent, plus ou moins chichement, de leur labeur avec des aides épisodiques, et celle des sans-travail et des autres marginaux, entretenus par la bienfaisance publique et privée. La mission politique confiée à la petite école confirme sa vocation à recevoir le plus grand nombre possible d'enfants des couches populaires.

De la peur sociale au rapt de la progéniture populaire

«Le moyen le plus assuré de rétablir l'ordre et de le fonder solidement», explique, en 1831, la commission municipale chargée, peu avant la révolte des canuts, d'organiser des salles d'asile à Lyon, «c'est de s'emparer de bonne heure de l'éducation des enfants, de la rendre morale et religieuse, d'inculquer de bonne heure les idées d'économie et les habitudes de travail[11]». Lieu d'éducation précoce de la progéniture populaire, la salle d'asile veut contribuer à la défense de l'ordre social en commençant à former, très tôt, des travailleurs consciencieux et dociles. Pour certains de ses partisans, c'est même là sa principale fonction.

Nous sommes appelés à prendre une part active à la régénération des mœurs populaires ; c'est dans l'institution des salles d'asile que cette rénovation a son berceau... On peut prévoir, dès aujourd'hui, que le bas peuple perdra insensiblement sa hideuse empreinte d'abjection sous l'influence d'une éducation appropriée à la vie laborieuse [...]. Ceux-là mêmes qui composent la fraction redoutable, si inquiétante dans les temps de troubles [...], et que nous désignons par l'étiquette de populace, se transformeront en travailleurs paisibles et religieux.

Qui parle ainsi, en 1840, dans les colonnes de *L'Ami de l'Enfance* alors que la crise économique relance les grèves et l'agitation populaire ? Une protectrice anonyme des salles d'asile, qui étaye sa démonstration en évoquant «les dégoûtantes saturnales, les scènes atroces, les dévastations, les horribles impiétés occasionnées par nos troubles civils, c'est-à-dire les terribles enseignements de notre trop longue révolution[12]». Rien, dans son propos, ne permet de réserver le statut de «populace» dangereuse à la petite minorité de prolétaires, agglutinés autour des mines et des manufactures. Au milieu de la Monarchie de Juillet, ce sont plutôt les vieux métiers de l'artisanat et du bâtiment, malmenés par l'évolution économique et sensibles aux propagandes républicaines et socialistes, qui fournissent l'essentiel de ses troupes au mouvement ouvrier naissant. Ces métiers sont bien représentés dans les grandes villes et, particulièrement, à

Paris, dont la forte expansion démographique angoisse certains observateurs. Perceptible dès la fin de la Restauration, lorsque les descriptions de la capitale s'assombrissent, le sentiment général de malaise augmente après la révolution des Trois Glorieuses et le sac de l'Archevêché, en février 1831. Ville malsaine, ville agitée, Paris fait peur. Après la révolte des canuts lyonnais, en novembre 1831, après les émeutes républicaines et les troubles consécutifs au choléra de 1832, les vagues successives de grèves, dans la capitale et en province, continuent d'alimenter l'inquiétude des possédants. Louis Chevalier a montré comment cette inquiétude s'exprime, à partir de 1840, dans les nouvelles enquêtes qui posent la question sociale devant l'opinion en cessant de confondre ouvriers indigents et mendiants[13]. Bien avant la grave crise de 1846-1848 et les nombreuses grèves, ultérieures, du Second Empire, dont les gros effectifs sont fournis par la grande industrie, la contestation politique, l'épidémie et l'agitation des vieux métiers suffisent à provoquer et à entretenir l'angoisse des classes privilégiées.

Les enfants du peuple, eux-mêmes, font peur. L'Ancien Régime avait tenté de les discipliner en les accueillant dans les écoles de charité et en reléguant les plus turbulents d'entre eux dans les hôpitaux. Certains philanthropes du début du XIXe siècle tiennent malgré tout un discours relativement indulgent sur les jeunes vagabonds, privés de soins ou poussés par le goût de l'aventure. Le ton change, sous la monarchie de Juillet, lorsque le pullulement des gamins errants dans les grandes villes et leur participation aux troubles alarment une opinion prompte à dénoncer la fécondité et les déficiences des familles populaires. Malgré la stabilité de la délinquance juvénile, l'image de l'enfant coupable et dangereux l'emporte sur celle du sujet abandonné ou trop indépendant[14]. La salle d'asile vient à point nommé pour extirper la graine d'émeutiers. «Si les garçons de deux à cinq ans, au lieu d'être abandonnés dans les rues avec les plus grands, déjà vicieux, eussent été recueillis dans des salles d'asile, on n'aurait pas trouvé, au service des factions, cette foule de jeunes garçons que l'on a nommé gamins», note, en 1837, le visiteur d'un établissement parisien[15].

Le maire de Lannion, Émile Depasse, organisateur, en 1844, d'une salle d'asile municipale, fonde, lui aussi, beaucoup d'espoir sur une institution chargée de rappeler quotidiennement à l'enfant du prolétaire «que, pour ennoblir la pénible carrière qu'il est destiné à parcourir, il doit s'armer de résignation, de courage et de patience». Les textes officiels des années 1840 sanctionnent cette attente en invitant la salle d'asile à former des générations «plus pénétrées des principes d'ordre et de discipline» (circulaire du 9 août 1845), «mieux préparées à [leur] rude condition», et qui, grâce à des «principes certains de religion inculqués depuis la plus tendre enfance» accompliront à l'âge adulte, «consciencieusement et sans efforts, tous les devoirs que leur imposeront la société et la famille» (circulaire du 11 septembre 1846). Les événements de juin 1848 poussent ce calcul à son paroxysme. Dès le 16 septembre, Émile Depasse, devenu député des Côtes-du-Nord, propose à l'Assemblée nationale la création immédiate de cinquante nouvelles écoles enfantines[16]. Quelques mois plus tard, Camille Jubé de la Pérelle, chef du bureau des salles d'asile au ministère et secrétaire adjoint de la *Société des crèches de la Seine,* publie un article dans lequel il relie ses responsabilités dans l'éducation publique des petits enfants du peuple et son engagement de garde national contre les ouvriers parisiens :

> *C'était au nom de la famille et de la propriété attaquée que, fusil sur l'épaule et giberne garnie, nous étions descendus dans la rue [...] au mois de juin de l'année dernière [...]. Les dangers de l'avenir peuvent être beaucoup plus graves que les dangers du présent, si l'on ne prend soin d'élever tous ces enfants, [et de] leur mettre au cœur des sentiments de bienveillance réciproque et de confiance avant que la haine et la défiance n'y aient pris place [...], tout en leur donnant l'amour du travail, le dévouement au devoir[17].*

La répression des parents et le dressage des enfants sont les deux volets, complémentaires, d'une même politique qui attribue à la question sociale une origine morale. La formation précoce de travailleurs soumis devient un leitmotiv des plaidoyers en faveur de l'école enfantine : «les germes tombés dans l'âme de l'enfant aux premiers jours [...] y poussent des racines que rien ne peut détruire», assure, en 1855, le chef de cabinet du préfet du Loir-et-Cher. «Ainsi, par l'école maternelle, vous aurez des ouvriers honnêtes, rangés, amis de l'ordre, pleins de respect pour la propriété, dévoués à leur famille et, par conséquent, à leurs maîtres[18]». L'efficacité de l'entreprise exige d'abord le retrait quotidien du jeune enfant hors de son foyer, perçu comme le lieu d'émergence des vices menaçants pour la paix sociale. Déjà utilisée pour justifier la scolarisation massive au-delà de l'âge de raison voulue par les deux Réformes, la théorie de l'immoralité populaire inspire, au XIXᵉ siècle, une offensive encore plus vaste contre la progéniture des classes inférieures. «Le jeune enfant qui dort neuf ou dix heures, et qui en passe autant à l'asile sous une pieuse surveillance, est dans les circonstances les plus favorables pour échapper à l'immoralité du milieu dans lequel il vit», se réjouit, en 1847, le fondateur d'une salle d'asile[19]. Pour atteindre cet objectif, certains notables n'hésitent pas à utiliser la coercition. Avec la bonne conscience du bienfaiteur persuadé d'agir dans l'intérêt de tous, le maire de Lannion menace les familles réfractaires de leur supprimer les secours municipaux[20]. La priorité accordée au dressage conduit d'autres responsables à refuser l'atmosphère de «joie» et de «tendresse» – selon les termes de Gérando – que les théoriciens de la salle d'asile veulent instaurer dans une école destinée à de très jeunes enfants.

« *Permettez que je dise un peu ma pensée sur l'éducation molle et doucereuse qui s'in-troduit dans les écoles destinées aux enfants des classes indigentes* », écrit, en 1837, la *présidente des asiles catholiques de Strasbourg. « Est-il bien sûr que les caresses, les flat-teries, jointes à une continuelle application de la maîtresse à bien amuser ses élèves, soient les meilleurs moyens pour former de bons sujets dans la classe qui nous occupe. Est-ce ainsi qu'on les rendra forts de cœur, énergiques de caractère, soumis et disciplinés*[21] ? »

Au nom du rôle de reproduction et de conservation sociales attribué à la petite école, cette dame de la haute bourgeoisie dénonce les emprunts à l'éduca-tion familiale, que recommandent Émilie Mallet, Amélie Nau de Champlouis et Jean-Denys Cochin. A ses yeux, le centre d'accueil de la progéniture populaire doit être moins un foyer de substitution qu'un lieu d'apprentissage précoce des qualités nécessaires pour assumer le destin de prolétaire.

Ce réflexe de classe ne se retrouve pas chez la plupart des pionniers de la salle d'asile, qui défendent, au contraire, le principe d'une éducation maternelle col-lective. Dans leurs prospectus diffusés entre 1826 et 1830, les dames parisiennes se contentent d'évoquer, une fois, « l'intérêt général de la société ». Plus bavard sur l'in-fluence sociale lointaine du nouvel établissement, Charles de Lasteyrie mentionne seulement, dans ses articles publiés en 1828 et en 1829, le perfectionnement de l'homme, la promotion du peuple et le recul de l'immoralité. Jean-Denys Cochin ne propose aucun programme de domestication du peuple dans son manuel. Amélie de Champlouis rappelle simplement, et rapidement, que la découverte pré-coce de l'amour de Dieu et de ses bienfaits peut réduire « l'amertume » et « l'im-pression d'isolement » ressenties par les pauvres[22]. Aucun de ces théoriciens n'as-socie explicitement et systématiquement l'ouverture des salles d'asile et la défense de l'ordre social. Diversifiés, mesurés et allusifs, leurs propos tranchent avec d'autres déclarations, catégoriques, inquiètes et vindicatives, faites après 1830 et, plus encore, après 1840, lorsque la salle d'asile, créée pour soulager, fortifier, caté-chiser et instruire les classes inférieures, est surtout invitée à les neutraliser.

Le discours d'Émilie Mallet, le seul qui puisse être étudié jusqu'au milieu du siècle, prouve cependant que les motivations des pionniers peuvent évoluer, au moins partiellement, sous l'influence du contexte politique. Dans son ouvrage *De la direction morale des salles d'asile,* paru en 1834, la secrétaire du Comité des dames développe un argument absent des prospectus qu'elle rédigeait quelques années plus tôt. « Tel être dont le cœur est ulcéré par les souffrances et la misère, dont l'âme est remplie d'un fiel amer qu'il exhale en paroles d'envie contre le riche [...], était d'abord surpris, puis attendri et subjugué par la manifestation d'un genre d'intérêt si nouveau pour lui [...]. Il ne peut méconnaître un senti-ment de compassion véritable ; on vient à lui, on le plaint ; il cesse d'être hostile », explique-t-elle à ses lectrices après les avoir invitées à visiter les petits élèves malades pour aider et consoler les parents. Dans le même ouvrage, elle déconseille les distributions de friandises aux usagers des salles d'asile pour leur apprendre la frugalité, gage d'économie, et pour les préparer à « gagner péniblement, par le travail, leur pain de chaque jour […], arrosé de bien des sueurs et des larmes de souffrance[23] ». En 1835, dans l'avant-propos de *L'Ami de l'Enfance,* elle reprend à son compte les déclarations d'un prêtre parisien sur les bienfaits d'une institution qui empêche les enfants déshérités de devenir, un jour, « menaçants pour la société ». Dix ans plus tard, alors que les tensions sociales se sont accrues, elle présente le « patronage tout bienveillant » des indigents comme l'un des meilleurs moyens de supprimer « l'esprit d'hostilité qui est la plaie de notre époque[24] ». Pour atténuer l'amertume populaire, génératrice de révolte, l'épouse du banquier Jules Mallet demande à l'école enfantine de préparer les rejetons du peuple à mieux supporter l'existence déjà imposée à leurs ascendants et d'anesthésier, par l'intermédiaire de ses bienfaitrices, l'esprit de contestation des parents. La première instigatrice de la salle d'asile française aurait-elle surtout voulu défendre les privilèges de sa classe ? On ne peut pas le prétendre quand on examine l'ensemble de ses écrits qui nous sont parvenus. Ni dans les prospectus diffusés entre 1826 et 1830, ni dans son journal intime, ni dans sa correspondance, Mme Mallet ne présente la salle d'asile comme un instrument privilégié d'apaisement des tensions sociales. Apparu sous sa plume en 1834, après les sombres débuts de la Monarchie de Juillet, ce raisonnement reste marginal, même dans les « Lettres aux dames inspectrices », publiées, en 1846, par *L'Ami de l'Enfance.* La dame patronnesse qui épanche, en 1840, sa peur de la « populace » dans un article déjà cité est beaucoup plus loquace sur le sujet que Mme Mallet dans l'ensemble de ses écrits publics ou privés. Argument tardif et ponctuel, la contribution de la salle d'asile à la défense de l'ordre social occupe une place secondaire dans son plaidoyer, qui s'intéresse davantage au soulagement des familles pauvres et, plus encore, à l'évangélisation précoce de leurs enfants. Contrairement à certains membres de sa classe, gagnés à la salle d'asile par un réflexe de peur sociale, Émilie Mallet n'a jamais été obsédée par le dressage précoce de la progéniture populaire ; ni après 1830, ni *a fortiori* avant.

Quelle que soit la hiérarchie de leurs motivations, les partisans de l'école enfantine veulent utiliser ses maîtresses, ses dames inspectrices et ses petits élèves pour étendre son action éducative jusqu'aux parents.

La rééducation des parents

L'idée de l'enfant rééducateur de ceux qui lui ont donné le jour n'est pas nouvelle. Une fois encore, la Contre-Réforme a frayé le chemin en considérant ses petites écoles comme des centres de formation de jeunes missionnaires, chargés de répéter quotidiennement à leur entourage le catéchisme et les prières. Au

XIXe siècle, les partisans de l'instruction populaire placent à nouveau beaucoup d'espoirs dans la capacité des enfants à importer dans leurs familles des principes et des comportements jugés convenables. Correctement élevé, le petit usager de la crèche exerce déjà une bonne influence sur les siens : « quand il prie pour sa mère, pour son père et pour ses bienfaiteurs », commente Firmin Marbeau, « n'est-il pas un ange moralisateur, un ange consolateur, qui apporte le courage et la résignation » ? Grâce à la salle d'asile, son aîné poursuit cette œuvre de moralisation : « l'éducation remonte alors du descendant à l'ascendant », se réjouit Camille Jubé, le secrétaire de la Commission Supérieure ; « et c'est un enfant de six ans qui, par une simple parole, fera rougir son père de l'obscénité de son langage et de son intempérance[25] ». Tandis que *L'Ami de l'Enfance* et la littérature philanthropique multiplient les anecdotes édifiantes, les textes officiels présentent la petite école comme un merveilleux instrument de régénération du peuple. Grâce à l'action des petits élèves, qui introduisent « sous le toit paternel leurs habitudes d'ordre, de propreté, de respect » (ordonnance de 1837), les communes pourront « transformer leurs populations, les instruire..., et remplacer chez elles les mauvais penchants par des principes de saine morale » (circulaire du 9 août 1845).

La salle d'asile veut encore agir sur les familles par l'intermédiaire de ses maîtresses, auxquelles l'arrêté du 24 avril 1838 demande de « convertir » les mères à de bonnes habitudes, en particulier à la propreté, et de profiter des visites aux élèves malades pour s'entretenir avec les parents « du caractère et de la conduite de leurs enfants, des défauts et des fautes qui méritent une attention particulière ». L'intervention des inspectrices bénévoles complète le dispositif. L'arrêté du 24 avril 1838 et celui du 21 mars 1855 les invitent à se rendre au domicile des usagers pour apprécier leur degré d'indigence, vérifier l'utilisation des secours distribués et s'enquérir du sort des enfants absents. La salle d'asile peut ainsi participer au patronage national des indigents par les classes fortunées, grâce auquel Gérando espère, dès 1820, rationaliser l'assistance, modifier le comportement des bénéficiaires et améliorer simultanément les bienfaiteurs[26].

Certains théoriciens de la salle d'asile espèrent associer la famille populaire, désormais contrôlée et régénérée, à la lutte contre la dépravation supposée des mœurs. Mais la stratégie semble, à première vue, contradictoire. Peut-on reconstituer la famille sur de meilleures bases en séparant quotidiennement les parents et les plus jeunes de leurs enfants ? Oui, assure le Dr Cany, secrétaire du comité des souscripteurs toulousains, car des adultes laborieux se montrent souvent impatients et sévères à l'égard des marmots, embarrassants, de deux ans à six ans. Après l'ouverture d'un lieu de garde, ils peuvent, au contraire, « profiter de leur liberté pour se livrer assidûment aux travaux lucratifs [...], et, le soir, en revoyant leurs fils dont ils ont été séparés pendant la journée, ils leur prodiguent des caresses que l'absence a rendues plus nécessaires[27] ». Mme de

Champlouis, co-fondatrice des premières salles d'asile parisiennes, se réjouit, elle aussi, du resserrement immédiat des relations familiales que doit provoquer la nouvelle institution : « les parents, éloignés de leurs enfants pendant tout le jour, délivrés de leurs petites exigences, de l'ennui que leurs importunités leur causent, et rassurés par le travail sur les moyens de subvenir aux besoins de la famille, les retrouvent avec plus de plaisir et remplacent par des caresses les traitements rudes que les pauvres petits avaient à redouter[28] ». Les fondateurs de la salle d'asile rêvent de concilier les obligations professionnelles et le rôle affectif de la famille populaire en favorisant l'émergence ou l'expression d'un sentiment de tendresse à l'égard d'un jeune enfant considéré comme un personnage encombrant. L'éloignement temporaire de ce bambin veut supprimer les réactions d'agacement dont il est victime et recréer quotidiennement l'intimité familiale, à l'occasion du retour de chacun au domicile, dans un univers domestique replié sur le foyer.

Les objectifs de la salle d'asile la destinent particulièrement aux classes populaires. Disponibles et instruites, les mères de famille riches ne semblent pas concernées. Et pourtant, dès leurs premières déclarations publiques, les pionniers de la nouvelle institution vantent ses bienfaits pour les enfants aisés.

La salle d'asile au secours des enfants riches ?

Dès 1828, Charles de Lasteyrie proclame la supériorité des *Infant Schools* sur les parents les « plus instruits et les plus riches », car, malgré leur bonne volonté et leurs nombreux domestiques, ces parents ne pourront jamais offrir à leur progéniture tout ce qu'elle trouve dans sa petite école : la compagnie d'autres enfants du même âge, des exercices physiques réguliers, des objets et des dialogues qui sollicitent habilement sa curiosité et sa mémoire[29]. Jean-Denys Cochin est encore plus sévère. Après avoir célébré la « bonne mère », dont l'exemple inspire la salle d'asile, il dénonce la tendance des femmes aisées, accaparées par leurs obligations mondaines ou professionnelles, à dispenser des soins « plus affectueux qu'éclairés » ou à se décharger de leurs responsabilités sur des domestiques incapables. Les petits « privilégiés » connaissent, alors, tous les inconvénients d'une vie opulente. Ils sont « retenus dans des appartements encombrés de meubles [...] ; accablés par le poids des vêtements dont ils sont couverts ; rarement exposés à l'influence de l'air extérieur [...] ; gorgés de nourriture [...] ; endormis dans la paresse, excusés dans la colère, excités au mensonge, gonflés de vanité ». Le seul remède à cette situation, jugée « critique », c'est la salle d'asile, qui éloigne les bambins des « complaisances ou des faiblesses [de] la maison paternelle ». Après Lasteyrie, Cochin franchit le Rubicon : il prêche aux familles bourgeoises l'éducation publique de leurs jeunes enfants. Conscient de son audace, il multiplie les justifications. Comment la salle d'asile pourrait-elle «soustraire» les enfants à l'affection de leurs proches, puisqu'elle fonctionne seulement quelques heures par jour ? Pourquoi des parents, qui confient chez eux leur progéniture à des mains mercenaires et maladroites, ne «délégueraient-ils pas» momentanément cette responsabilité, hors du domicile, à une «personne éprouvée dans l'art de diriger les premiers pas de l'enfance[30]» ? Émilie Mallet défend cette solution dans l'appendice de la réédition du manuel Cochin, en 1845, après avoir rappelé les «soins peu judicieux» – on appréciera l'euphémisme – dispensés par certaines mères des «classes opulentes», incapables de comprendre «le poids immense de [leurs] responsabilités». La pionnière parisienne accepte peut-être d'autant mieux le principe d'une garde publique irrégulière des enfants aisés qu'elle est obligée de confier les siens, par intermittence, à des domestiques – soigneusement sélectionnés – pour trouver le temps d'assumer ses responsabilités charitables. En 1846, et tout en reconnaissant la supériorité de l'éducation domestique, Mgr Giraud admet, lui aussi, l'utilisation de la salle d'asile par deux catégories de mères extérieures aux milieux populaires : celles de la bonne société, absorbées par leurs obligations mondaines, et celles de la petite et de la moyenne bourgeoisie, associées aux affaires de leur mari. A la même époque, Camille Jubé défend l'idée d'une préscolarisation des «classes intermédiaires et des classes riches», qui offrirait aux enfants aisés le plaisir de bouger et de partager, avec d'autres bambins, des travaux et des jeux au cours desquels ils prendraient des «habitudes de bienveillance et de sociabilité[31]». L'institution des petits, précisent Cochin puis Jubé, rendra en plus service aux parents, qui pourront se consacrer à leurs affaires sans s'inquiéter du sort de leur progéniture et en réduisant leur domesticité.

La volonté répétée des fondateurs de la salle d'asile d'accueillir les enfants aisés interdit d'interpréter leurs motivations en fonction de la seule clientèle populaire, prédominante dans les établissements. Au niveau des principes, et à l'exception de Lasteyrie, ils s'accordent tous sur l'excellence et sur la supériorité d'une éducation maternelle *de qualité*. La nuance, fondamentale, révèle l'ambition d'une entreprise qui vise simultanément la mère indisponible et la mère jugée incompétente. Or, la mère aristocrate ou bourgeoise peut être absente de deux manières : physiquement, si ses obligations mondaines ou professionnelles la retiennent hors de son domicile ou l'accaparent à l'intérieur, et moralement si, malgré sa présence et sa disponibilité, elle néglige sa progéniture ou si elle s'en occupe incorrectement. L'abandon des jeunes enfants aux mains de domestiques ignorants permet de tirer argument d'un transfert antérieur des responsabilités familiales pour proposer une meilleure formule de délégation du droit d'éducation reconnu aux parents. Mais ce qui est en cause, dès l'origine, c'est bien l'incapacité ou l'insouciance de plusieurs femmes des milieux aisés.

Comment ont été éduquées les aristocrates et les bourgeoises parmi lesquelles Jean-Denys Cochin se désole de trouver un si petit nombre de mères informées des « bons principes » ? Après avoir reçu une instruction élémentaire, partielle ou complète, avec leur mère ou leur gouvernante, certaines d'entre elles ont fréquenté une pension ou un couvent sous l'Empire, sous la Restauration ou au début de la Monarchie de Juillet, c'est-à-dire à une époque ou le niveau de l'enseignement post-élémentaire féminin, laïc ou congréganiste, reste globalement médiocre. Gâtées ou négligées par leurs parents, élevées dans des établissements indifférents aux soins du corps, instruites des principes de la religion et des usages du monde, et dotées, selon la formule de Françoise Mayeur, d'un « bagage varié d'arts d'agréments et de connaissances surtout littéraires[32] », plusieurs de ces femmes ne sont pas préparées à leurs responsabilités de mère. Les exigeants pionniers de la salle d'asile les jugent incapables de traiter leur bambin avec la fermeté convenable, de veiller soigneusement à son développement physique et de répondre à ses multiples questions.

Les atouts prêtés à la salle d'asile persuadent un peu plus ses promoteurs de ne pas la réserver aux seules classes populaires. Dès que les familles aisées constateront les progrès réalisés par les enfants du peuple, assure le comte de Lasteyrie, elles multiplieront les fondations pour leur propre usage. Les futurs dirigeants de la société, explique Mme Mallet, doivent, eux-mêmes, profiter de la bonne éducation proposée aux enfants des classes inférieures. Mais le degré d'urgence n'est pas le même pour tous. Après avoir regretté, en 1848, le handicap des bambins des classes aisées, restés à l'écart de la nouvelle institution, Jubé de la Perelle rappelle le caractère prioritaire de l'accueil des enfants du peuple, tentés, plus que les autres, par « les idées criminelles que peuvent leur suggérer la misère et sa triste compagne, la faim[33] ». La formation collective précoce de la progéniture populaire n'est pas, pour autant, le projet exclusif des tenants de l'ordre établi : plusieurs théoriciens socialistes veulent, eux aussi, l'organiser dans l'intérêt de l'enfant et de la nouvelle société.

La salle d'asile, rouage de la cité socialiste

Les adeptes de la salle d'asile se recrutent principalement parmi certains bucheziens, chez les fouriéristes et les instituteurs socialistes, et, exceptionnellement, chez des militants ouvriers. Le tisserand rouennais Charles Noiret, qui dénonce les abus de pouvoir du patronat local, réclame, en 1837, le rassemblement cœrcitif des petits indigents dans les salles d'asile au nom de l'intérêt de la collectivité : « les pères et mères ne sont que les dépositaires de leurs enfants ; ils en sont comptables envers la société ; et ils n'ont pas le droit de les élever selon leur caprice ou selon les errements de leur ignorance[34] ».

Les bucheziens

Tout en proclamant son respect de la famille, le Dr Laurent Cerise (1809-1869), collaborateur et ami de Philippe Buchez, avec lequel il fonde les *Annales médico-psychologiques,* attribue à la société et à l'État le droit de « protéger l'avenir [de] l'enfant contre le mauvais vouloir, les mauvais sentiments et la misère des parents », et le devoir de le « placer dans des conditions qui lui permettent d'exercer un jour ses aptitudes naturelles avec liberté, moralité, énergie, et d'être un membre utile à la société[35] ». Ce grand ami de Mme Mallet estime que les salles d'asile, pour lesquelles il rédige, en 1836, un manuel d'hygiène, constituent un lieu irremplaçable d'observation – nous en reparlerons – et de formation des moins de six ans.

Les fourieristes

Charles Fourier (1772-1837) et son vulgarisateur Victor Considérant (1808-1893) accusent la famille et l'école de pervertir un enfant naturellement bon. Dans les foyers populaires, le bambin est abandonné sans surveillance ; dans les foyers riches, il sert de jouet à des mères désœuvrées. La salle d'asile, que Victor Considérant découvre, à Paris, avec une « douce émotion », représente une bonne institution de transition entre la civilisation capitaliste et la « société harmonienne ». Chaque phalanstère possédera un *quartier de la basse enfance,* où des nourrices et des bonnes, correctement formées, s'occuperont des nourrissons (de la naissance au sevrage), des *poupons* (du sevrage à deux ans), des *lutins* (de deux ans à trois ans) et des *bambins* (dernière catégorie de la basse enfance, de trois ans à quatre ans et demi). Commencée avec l'entrée dans la tribu des *chérubins,* à quatre ans et demi, l'éducation de la moyenne enfance s'achèvera, vers neuf ans, chez les *séraphins.* Pour rattacher la formation de l'enfant à l'activité économique, l'éducation harmonienne fait alterner les exercices corporels, les activités manuelles et les travaux de l'esprit. Lorsqu'ils savent marcher, les *lutins* sont conduits aux ateliers miniatures ; dès l'âge de trois ans, les *bambins* peuvent rendre de menus services, à la cuisine, dans le jardin et à l'étable ; de quatre ans et demi à neuf ans, l'éducation de la moyenne enfance cherche à favoriser l'éclosion des vocations en proposant quotidiennement à l'enfant des outils adaptés à son âge et des occupations susceptibles de révéler ses goûts, pour le « furetage », l'industrie miniature ou les travaux bruyants[36]. Et l'instruction scolaire proprement dite ? Considérant n'en parle pas. On sait seulement qu'il approuve les chants, les évolutions et les exercices intellectuels, qui introduisent, dans le programme de la salle d'asile, une variété que Fourier recommandait déjà dans l'organisation du travail[37]. Au-delà de ses principes libéraux, la cité de l'*Harmonie* impose un système de garde éducative obligatoire qui place le jeune enfant, hors du domicile familial, dans des conditions jugées propices au développement de ses facultés et de ses vocations. Si ses parents peuvent venir le voir et lui témoigner de la tendresse, ils n'interviennent pas dans son éducation, confiée à un corps d'éducateurs spécialisés et à ses pairs.

Victor Considérant fait approuver par le Conseil général de la Seine le projet de «colonie maternelle» rurale présenté, en 1847, par A. Savardan et Désiré Laverdant, un médecin et un instituteur fouriéristes. Destiné à des enfants de moins de sept ans, adoptés ou conçus par les militants sociétaires, cet établissement expérimental, qui ne sera jamais créé, voulait combiner en les améliorant la crèche et la salle d'asile, «vagues esquisses harmoniques ébauchées par l'instinct de quelques bonnes âmes[38]». La même année, nous l'avons vu, *La Démocratie pacifique* défend, contre *L'Univers,* la mission éducative de la salle d'asile, «germe de l'éducation harmonienne qui doit émanciper le peuple et faire le bonheur de tous les enfants». Au cours des années suivantes, la *Revue de l'Éducation nouvelle,* dirigée par Jules Delbrück, un fouriériste protestant, et à laquelle collaborent plusieurs responsables des salles d'asile, tient une chronique de cette institution et propose plusieurs modèles de leçons pour les jeunes enfants. Moins sévère que Victor Considérant sur l'attitude des parents riches, dont l'affection «peut porter ses fruits durant la première enfance», Jules Delbrück voudrait réserver l'asile à l'enfant pauvre, totalement démuni pendant la journée de travail de sa mère. En 1855, l'architecte Victor Callant, fouriériste et catholique, refuse, au contraire, de limiter les bienfaits de la première éducation publique aux indigents. Son projet d'un «palais de famille», composé de cent soixante appartements de «maîtres», associe au restaurant et au café communautaires une salle d'asile et un jardin de jeu pour les jeunes enfants. La seule réalisation sera celle de Jean-Baptiste Godin, l'industriel fouriériste, qui organise, dans son Familistère de Guize, ouvert en 1865, un «bambinat» où sont accueillis et formés les enfants qui sortent de la «nourricerie[39]».

L'Association fraternelle des instituteurs socialistes français

Fondée en 1849, à l'initiative de Jeanne Deroin et de Pauline Roland, et dirigée par Gustave Lefrançais, un jeune instituteur révoqué pour ses idées politiques, cette association approuve la première éducation collective. Son programme d'enseignement, rédigé, semble-t-il, par le député saint-simonien Pierre Leroux, propose de «saisir l'homme, dès l'heure de la naissance», pour le former jusqu'à sa majorité légale. De la naissance à trois ans, le marmot est obligatoirement déposé, huit heures par jour, dans une crèche, tenue par des mères nourrices et des pères délégués, mais où sa mère vient l'allaiter. De trois ans à six ans, l'enfant fréquente l'école maternelle. Il y pratique une gymnastique destinée à développer «les aptitudes industrielles propres à [chacun] et qui peuvent, de bonne heure, s'appliquer par l'apprentissage», et il y reçoit un premier enseignement élémentaire, étendu, à partir de cinq ans, à la lecture, à la numération, à la géographie et à l'histoire naturelle[40].

Ces prises de position favorables ne doivent pas masquer les silences d'autres théoriciens socialistes ou leur opposition à l'éducation publique du jeune enfant.

Étienne Cabet (1786-1856)

Il est inutile de chercher des allusions à la crèche ou à la salle d'asile dans les projets communautaires de ce grand partisan de l'éducation populaire. Dans la société icarienne qu'il décrit en 1840, alors que la France compte un millier de salles d'asile, l'éducation domestique est la règle jusqu'à l'âge de cinq ans. La République communiste se préoccupe uniquement du développement physique des tout petits : elle instruit les jeunes époux sur la procréation et sur l'élevage du nourrisson. A cinq ans, et après la célébration officielle de leur «naissance scolaire», les enfants fréquentent l'école tout en continuant de profiter de l'éducation familiale. Étienne Cabet va-t-il s'informer sur les salles d'asile ? S'inspirer des réalisations de Robert Owen, qu'il découvre pendant un séjour en Angleterre ? Ou tenir compte des contraintes professionnelles des colons icariens de Nauvoo, dans l'Illinois, où il arrive le 19 janvier 1849 ? Gestionnaire d'une communauté en crise, il s'écarte des principes définis dix ans plus tôt et il crée, à côté de l'école, une salle d'asile où les enfants de trois ans à cinq ans viennent, toute la journée, jouer et s'habituer à la vie sociale sous l'autorité d'une citoyenne[41].

Joseph Proudhon (1809-1865)

Joseph Proudhon, qui vénère le rôle éducatif de la famille, prévoit malgré tout, avant le début de la «polytechnie de l'apprentissage», vers sept-huit ans, un «temps d'écolage» au cours duquel un maître rétribué enseigne les rudiments. Comment sera organisée cette première éducation publique, parallèle à l'éducation domestique ? Conscient de son inexpérience de l'enseignement primaire et plus intéressé par la formation technique de l'adolescent, Proudhon ne fournit aucune précision[42].

Les militants ouvriers

Plusieurs d'entre eux ne se prononcent pas sur l'éducation du jeune enfant, car ils considèrent la famille comme le meilleur cadre de vie possible. D'autres refusent explicitement la crèche et la salle d'asile, au nom des droits naturels de la mère. En 1849, le socialiste Hippolyte Magen condamne un dispositif qui soustrait le bambin à la tendresse maternelle. La même année, le député Henri Peupin, ancien ouvrier horloger et co-fondateur de *L'Atelier,* le journal des bucheziens radicaux hostiles aux initiatives charitables, tient un raisonnement identique devant la Commission d'instruction primaire de l'Assemblée. Le typographe Henri Leneuveux, gérant de ce journal, espère que la disparition du travail des femmes dans les manufactures rendra superflue une institution dont il admet l'utilité actuelle pour les mères laborieuses[43].

Les socialistes partisans de la salle d'asile évoquent, comme les notables, le sort misérable du jeune enfant, l'incompétence des familles ouvrières et la nécessité d'une formation morale et professionnelle précoce. Les uns et les autres veulent préparer le bambin à son rôle de producteur. Seuls changent les bénéficiaires de l'entreprise : ici, des classes dirigeantes, soucieuses de disposer d'une main-d'œuvre plus habile et satisfaite de son état, là, une société communautaire aussi exigeante sur la qualité de ses travailleurs, mais qui prévoit d'éviter à ses apprentis le triste sort que la société capitaliste naissante réserve à son jeune prolétariat.

*   *

*

Les promoteurs de la salle d'asile sont persuadés d'avoir forgé une pièce stratégique du système social parfait grâce aux bienfaits, combinés, de l'assistance par le travail, de l'éducation du jeune enfant et de la moralisation de ses parents. Les vertus prêtées à la nouvelle institution expliquent son ambitieux projet d'accueillir tous les enfants du peuple sans exception. Aux côtés des Églises, des associations de bienfaisance, du corps médical et des diverses formes de scolarisation, l'école enfantine veut participer à la régénération des classes inférieures, qui obsède tant les dirigeants du siècle dernier. Sa création, puis celle de la crèche, en 1844, assurent la continuité de l'encadrement des milieux populaires, depuis l'intervention des sociétés de charité maternelle jusqu'à celle des classes d'adultes. L'accroissement de la peur sociale sous la Monarchie de Juillet et, plus encore, après les événements de 1848 inscrit l'éducation collective des jeunes enfants dans une logique de défense de la société bourgeoise. La frimousse du bambin fragile, victime du péché originel et curieux s'estompe derrière la mine inquiétante du futur prolétaire séditieux. Les soins physiques, l'évangélisation et l'instruction anticipée paraissent subordonnés à la formation précoce d'un travailleur résigné. La mission confiée à la salle d'asile n'a pas échappé à cette «dérive de l'assistance au patronage, et du patronage au contrôle social», que Catherine Duprat repère, à partir des années 1830, dans les enjeux et les actions philanthropiques[44].

L'attention portée aux enfants du peuple, et aux avantages politiques de leur dressage précoce, ne résume pas l'ambition éducative d'une institution que ses créateurs veulent ouvrir à la progéniture des classes aisées et que plusieurs théoriciens socialistes installent dans la nouvelle société. La chronologie de la salle d'asile et sa vocation universelle interdisent de la réduire à une entreprise bourgeoise de domestication du prolétariat ou même des classes laborieuses traditionnelles. Son projet pédagogique empiète sur l'autorité des mères de toutes les classes sociales, disponibles ou non, qui sont jugées – sauf exception – incompétentes ou maladroites. Cette intervention sur le territoire des prérogatives domestiques est justifiée par deux arguments, peu répandus, estime Catherine Rollet, avant les débats des années 1870 et 1880 sur les lois protectrices de l'enfance[45] : l'intérêt général et l'intérêt personnel de l'enfant. D'une part, l'éducation précoce de la progéniture populaire est jugée nécessaire au bon fonctionnement de la cité, réelle ou rêvée, car elle produit des travailleurs efficaces et elle prévient la marginalité. D'autre part, le regroupement des jeunes enfants sous une direction expérimentée est considéré comme le meilleur moyen de leur procurer les soins dont ils ont besoin. Grâce à la salle d'asile, l'enfant du peuple échappe au délaissement, aux mauvais traitements et aux influences, prétendues néfastes, de son milieu ; grâce à la salle d'asile, encore, l'enfant riche évite le confinement dans l'appartement familial, les caprices de sa mère ou les complaisances des domestiques. Aux uns et aux autres, la petite école propose, dans une atmosphère de gaieté, la compagnie d'enfants du même âge, une surveillance qualifiée, une gymnastique, une discipline et une instruction appropriées. Les pionniers de l'éducation collective précoce font passer les exigences du bon développement physique, moral et intellectuel de ses destinataires, tel qu'ils le conçoivent, avant les prérogatives de la famille, même dans les milieux privilégiés.

L'image de la première éducation domestique n'en reste pas moins omniprésente dans un projet pédagogique construit sur le modèle de la «bonne mère», celle qui existe parfois dans les classes aisées. La salle d'asile, rappelle Émilie Mallet en 1841, est «une œuvre d'amour maternel[46]». Sans cette inspiration, l'école enfantine autonome aurait-elle vu le jour aux côtés de l'accueil traditionnel – et plus économique – des moins de six ans dans les écoles primaires et dans les simples garderies ? Les fondateurs d'un établissement qui prétend éduquer le jeune enfant en respectant sa spécificité n'auraient-ils pas agi, aussi, en fonction de leur expérience de parents ?

DEUXIÈME PARTIE

LA PREMIÈRE
ÉDUCATION DOMESTIQUE
DES CLASSES PRIVILÉGIÉES

– IV –

Représentations
et programmes d'éducation
du jeune enfant

L'héritage

Les hommes et les femmes de la première moitié du XIXe siècle héritent d'une très vieille représentation du jeune enfant et de son éducation. Dans la Grèce archaïque et classique, la division de la vie en fonction du nombre sept, défendue par Pythagore et par Hippocrate, distinguait la *petite enfance,* achevée à sept ans avec la chute des premières dents, et l'*enfance,* terminée à quatorze ans par la puberté. A la fin de la République romaine, le terme d'*infantia* commençait à désigner l'enfance jusqu'à sept ans par opposition à celui de *pueritia,* réservé à la période scolaire entre sept ans et le port de la toge virile. La priorité accordée à la cohérence du langage sur l'élocution expliquait, selon Varron, cette extension de sens contraire à l'étymologie : l'*infans,* le «non-parlant», n'était pas le tout-petit, privé de parole, mais l'enfant incapable de comprendre, jusqu'à l'éveil de son intelligence, les formules religieuses, juridiques ou scolaires[1]. Le code Justinien et le droit canon introduisirent la notion de première enfance et celle de l'âge de raison dans la culture occidentale sans que la limite du septième anniversaire ne déterminât immédiatement l'époque des premiers sacrements postérieurs au baptême. Après le concile de Latran, en 1215, qui autorisait la première communion lorsque l'enfant était jugé capable de distinguer le pain eucharistique du pain ordinaire, et le bien du mal, d'autres conciles placèrent ce sacrement à des dates variables, entre la huitième et la seizième année. Dans le culte catholique français, ce furent finalement les pratiques communautaires des petites écoles qui contribuèrent à fixer l'âge de la confession à sept ans. La plupart des statuts synodaux et des catéchismes diocésains de la seconde moitié du XVIIe siècle situèrent explicitement le début de l'âge de raison au septième anniversaire, malgré les protestations de certains ecclésiastiques, partisans d'avancer cette limite d'un an ou de la retarder[2].

Dès l'Antiquité, encore, les perceptions savantes et communes de l'enfance esquissaient des subdivisions avant l'étape des sept ans. Hippocrate distinguait les maladies antérieures à la poussée des dents, celles de la première dentition et celles qui surviennent après deux ans. Les Romains identifiaient les plus petits par des termes affectueux, comme *pupus* (poupon) et *puerculus* (petit enfant), ou par d'autres diminutifs, construits avec les adjectifs désignant l'âge, depuis *anniculus* (un an) et *bimulus* (deux ans) jusqu'à *septuennis* (sept ans). Au Moyen Age, et tandis que la langue courante continuait de distinguer les nourrissons et les jeunes enfants de leurs aînés par des diminutifs (tels *putto* ou *bambolino* dans la Toscane du XVe siècle), des médecins et des moralistes établissaient, en deçà de l'âge de raison, une première limite vers deux ans, à l'époque de la marche, de la parole et de la première dentition[3]. Simon de Vallambert, auteur, en 1565, du premier traité de médecine infantile en français, restait fidèle à cet usage. Il repérait une première période, de la naissance au début de la dentition (vers sept mois), une seconde phase, de sept mois à deux ans, et une troisième étape, de deux ans à sept ans[4].

Plusieurs coutumes marquaient les deux caps reconnus entre la naissance et la puberté. Autour de deux ans, intervenaient le redoutable sevrage, le remplacement, si ce n'était déjà fait, du maillot par la robe, la substitution d'une coiffure colorée au bonnet du nourrisson, la première coupe de cheveux et les premiers pas, symboliques, dans le cimetière ou à l'église, au moment de l'élévation. Quelques années plus tard, d'autres rites de passage précédaient ou accompagnaient l'âge de raison : le port de la culotte par le garçon de cinq ans ou de six ans, l'accès des enfants des deux sexes aux écoles, lorsqu'elles étaient fermées aux moins de six ans, et au catéchisme paroissial, la première confession, l'initiation au maniement des instruments aratoires et, dans les familles de la haute société, le transfert des garçons des mains de la gouvernante à celles du gouverneur ou du précepteur[5]. Les droits et les devoirs reconnus à l'enfant qui atteignait l'âge de raison faisaient ressortir, par opposition, l'infériorité des années antérieures. A Rome, où l'*infantia* était assimilée au « temps des jeux », l'*infans* restait confiné au foyer, sous la surveillance des femmes, à la différence du *puer*, capable de suivre les cours d'un maître de grammaire. Le même terme, *infirmitas,* désignait sa faiblesse physique et sa faiblesse intellectuelle. Au VIIe siècle, l'évêque Isidore de Séville imputait le délire du vieillard à son excès d'âge, et celui du jeune enfant à sa nature ; au XVIIIe siècle, Furetière définissait l'enfance comme « le bas-âge de l'homme, jusqu'à ce qu'il ait l'usage de la raison[6] ».

Une autre représentation du jeune enfant, plus optimiste mais très minoritaire, incitait, au contraire, à commencer sa formation intellectuelle. Au premier siècle, Quintilien mentionnait, dans son *Traité de l'institution oratoire,* les capacités des moins de sept ans et notamment leur mémoire. Pour exploiter ces aptitudes, il proposait d'éveiller l'intelligence, dès l'âge de trois ans, par des petites histoires et des dialogues, et de commencer simultanément l'étude de la lecture et de l'écriture dans une atmosphère de jeu et de compétition. Ces premières acquisitions, même modestes, constitueraient une « avance », un « petit gain », favorables à la scolarité ultérieure. Au IVe siècle, dans la *Lettre à Laeta,* adressée à la mère, chrétienne, d'une fillette de cinq ou six ans, saint Jérôme recommandait l'apprentissage des prières et des cantiques, et quelques exercices d'instruction empruntés au programme de Quintilien. Au Moyen Age, à une époque où les bambins n'étaient jamais instruits systématiquement, à l'exception des futurs religieux, placés très jeunes dans les monastères, quelques pédagogues conseillaient de former le jeune enfant avec des jeux, des récits et des chants, tandis que d'autres le jugeaient trop fragile et trop puéril pour recevoir une quelconque instruction[7].

Mais pour lire un discours favorable à l'éducation précoce, les contemporains de la Restauration et de la Monarchie de Juillet n'avaient pas besoin de consulter des écrits aussi anciens : plusieurs auteurs célèbres des XVIIe et XVIIIe siècles défendaient vivement ce projet[8]. Comenius, Fleury, Fénelon, Locke, Rousseau, Basedow, Pestalozzi, Louise d'Épinay ou Marie Edgeworth, pour ne citer qu'eux, prescrivaient tous aux parents, et, en priorité, aux mères, de garder leur jeune enfant près d'eux, pour étudier son tempérament et se consacrer à sa formation, au lieu de l'abandonner à des mains mercenaires et de s'amuser épisodiquement avec ses gamineries. Au-delà des indispensables soins physiques, cette première éducation doit s'étendre au cœur et à l'esprit, surtout après l'acquisition de la parole, perçue comme une étape déterminante qui distingue le jeune enfant du tout-petit. «L'enfant apprend à parler, à manger, à marcher à peu près dans le même temps. C'est ici, proprement, la première époque de sa vie. Auparavant, il n'est rien de plus que ce qu'il était dans le sein de sa mère ; il n'a nul sentiment, nulle idée, à peine a-t-il des sensations» affirme Jean-Jacques Rousseau[9], soucieux de favoriser le développement physique du nourrisson, mais plus sensible aux aptitudes qui apparaissent à partir de deux ans.

Plusieurs représentations de l'enfance et de l'homme justifient et orientent ce projet d'une formation religieuse, morale et intellectuelle précoce. La pensée catholique romaine véhicule deux images contradictoires de l'enfant avant l'âge du discernement : celle de la créature imparfaite, pervertie par la faute originelle, et dont tous les instincts doivent être réprimés, conformément à la tradition augustinienne, et celle du pécheur innocent, du «fruit plein de promesses», de la «cire molle», que l'évangélisation affectueuse, recommandée par des pédagogues du XVIe et du XVIIe siècles, pourra régénérer. La philosophie empiriste voit dans le jeune enfant un adulte en miniature, dépourvu de règles et de connaissances, mais capable de raisonner, grâce à la transformation de ses sensations externes, dès qu'il commence à parler et totalement ouvert, telle une «table rase», aux influences extérieures. Rousseau prend le contre-pied de ces représentations. Il postule une nature enfantine spécifique, prédisposée à la vertu, douée d'une activité intellectuelle autonome, mais encore incapable de raisonner.

Ces conceptions de l'enfance inspirent des démarches pédagogiques divergentes. L'initiation précoce à la prière et au petit catéchisme veut faire apprendre à un bambin très réceptif des gestes et des paroles qu'il comprendra plus tard. La pédagogie empiriste, très répandue chez les réformateurs de la fin du XVIIIe siècle, cherche à lui inculquer des habitudes et des savoirs en utilisant des méthodes récréatives qui associent le badinage, les jeux éducatifs, les images et les supports concrets. Rousseau, au contraire, refuse d'anticiper sur l'assimilation des notions religieuses ou sur l'acquisition de la culture encyclopédique des Lumières. Il propose, d'abord, une éducation « négative », qui garantit la maturation des instruments corporels de l'intelligence et qui place l'enfant dans des situations propices à l'éveil graduel de ses virtualités. Les jeux, les objets, l'environnement, ne servent plus seulement à la détente et à l'observation ; ils invitent à la manipulation et à l'expérimentation[10].

L'apport du XVIIe et du XVIIIe siècles à la théorie de la première éducation déborde cependant l'opposition, traditionnelle, entre le dressage et l'instruction, par la réceptivité, et le développement par l'activité. En matière de formation intellectuelle, le projet le plus novateur au regard du comportement habituel envers le jeune enfant, certains auteurs proposent des programmes moins systématiques que le laissaient croire leurs préférences philosophiques. Des partisans d'une instruction précoce refusent d'initier les moins de six ans à la lecture (Fleury et Fénelon), d'abuser de cet apprentissage (Stéphanie de Genlis) ou, s'ils l'acceptent, d'anticiper sur les autres rudiments (Locke). Inversement, des disciples de Rousseau, soucieux de garantir le bon développement physique, psychomoteur et moral, renoncent à plusieurs principes de l'éducation « négative » pour commencer, avant six ans, l'apprentissage de la lecture (Basedow), de la lecture et de l'écriture (Louise d'Épinay et Marie Edgeworth), du vocabulaire, du calcul et de la géométrie (Marie Edgeworth et Pestalozzi). En considérant simultanément les objectifs, les contenus et les méthodes, on peut repérer, dans l'héritage des deux siècles antérieurs à l'apparition des salles d'asile, cinq projets de formation intellectuelle du jeune enfant, présentés ici selon l'ampleur croissante des connaissances visées :
– L'archétype rousseauiste, ou l'éveil progressif et privilégié des facultés par des exercices corporels et sensoriels qui sollicitent l'activité du sujet. C'est le programme du philosophe genevois lui-même et de quelques-uns de ses disciples les plus fidèles, dont certains proposent même d'installer à la campagne des « berceaux de la Nation » ou des « jardins de l'enfance » pour étendre jusqu'au nourrisson le système d'éducation publique inspiré par l'*Émile* et par *La Nouvelle Héloïse*[11].
– Une instruction modeste, sur les objets de la vie quotidienne et sur les animaux, par l'observation, la causerie et le jeu, sans mémorisation systématique

ni apprentissage des rudiments. C'est le choix de Claude Fleury et de François de Fénelon, encore fidèles à l'attente, traditionnelle, de l'âge de raison, et de certains auteurs du XVIIIe siècle, influencés, comme Marie Leprince de Beaumont et Mme Le Rebours, par le refus rousseauiste des connaissances anticipées.

– Une découverte, toujours récréative, de l'univers familier ou lointain, assortie de l'apprentissage du premier, au moins, des rudiments, que l'abbé Berthaud prétend enseigner, dès trois ans et demi, et sans épellation, grâce au célèbre *Quadrille des enfants,* lancé en 1743[12]. C'est la formule de John Locke, qui approuve aussi la mémorisation, par un bambin de moins de six ans, des noms des provinces anglaises, de quelques pays et des grands fleuves, de Jean-Bernard Basedow et de Louise d'Épinay, opposée, en revanche, à la mémorisation, par une fillette de cinq ans, de définitions d'histoire naturelle qu'elle ne peut comprendre.

– Une initiation aux rudiments, ou, au moins à deux d'entre eux, et à de nouvelles connaissances (des figures géométriques et des localisations géographiques) par un mélange, diversement dosé selon les auteurs, d'exercices récréatifs, de leçons de choses et de dialogues, d'inspiration sensualiste, et de manipulations, d'expériences et d'exercices pratiques, d'inspiration rousseauiste. Cette démarche est proposée par Coménius, plus d'un siècle avant la parution de l'*Émile,* dans l'*École de l'enfance* (1628) et *Le Monde sensible illustré* (1658), qui influencent plusieurs pédagogues ultérieurs. On la retrouve chez Stéphanie de Genlis, Marie Edgeworth et Henri Pestalozzi, qui empruntent à l'*Émile* le principe de l'activité de l'enfant et le souci de son développement physique, sans refuser, pour autant, son instruction précoce.

– Une propédeutique, plus ou moins complète, surtout fondée sur la parole de l'adulte, le livre, l'illustration et les capacités de mémorisation de l'enfant. C'est la stratégie de Charles Rollin, soucieux, à la différence de Rousseau, de faire gagner du temps au futur écolier.

Au-delà des divergences, la réflexion de certains pédagogues du XVIIe et du XVIIIe siècles pousse l'adulte à voir dans le jeune enfant un interlocuteur dont le développement, la curiosité et les apprentissages sont dignes d'intérêt. Pour savoir comment les contemporains des salles d'asile considèrent les années qui séparent le sevrage de l'âge de raison, nous avons d'abord recueilli le témoignage des médecins, qui ont contribué, dans la seconde moitié du XVIIIe siècle, à un regain d'intérêt pour l'enfant en multipliant les ouvrages sur l'allaitement maternel, l'hygiène corporelle et l'inoculation. L'enquête a été conduite à travers deux cent soixante-dix articles et ouvrages relatifs aux âges de la vie, à l'enfance, à sa formation et à ses maladies, publiés par deux cent quarante praticiens entre le milieu du XVIIIe siècle et la fin du siècle suivant[13].

Tableau 1. Dénomination des périodes de l'enfance dans les publications médicales

	1760 1780	1780 1800	1800 1820	1820 1840	1840 1860	1860 1880	1880 1900
0-7 ans: *infantia* 7-14 ans: *pueritia*		2	1	2			
0-7 ans: première enfance (ou premier âge) 7-14 ans: seconde enfance (ou deuxième âge)	1		10	9	3	3	2
0-2 ans: première enfance				2	3	23	32
0-2 ans: première enfance 2-plus de 7 ans[a]: deuxième enfance				1	2	4	1
0-2 ans: première enfance 2-6/7 ans: deuxième enfance					1	4	9
Total (115)[b]	1	2	11	14	9	34	44

a. Par exemple de 3 à 9 ans ou à la puberté.

b. Sur les 270 ouvrages consultés, 115 donnent aux périodes de l'enfance des dénominations particulières.

La naissance de la «seconde enfance»?

Un nouveau concept médical

Au début du XIX[e] siècle, la tradition hippocratique, complétée par Galien, détermine encore partiellement la classification médicale des âges de la vie: la plupart des auteurs consultés adoptent le système «hebdomadaire»[14], qui distingue, dans sa version originelle, la *petite enfance* ou *première enfance* (0-7 ans), *l'enfance* (7-14 ans) et *l'adolescence* (14-21 ans). Huit fois sur dix, l'étape intermédiaire entre la naissance et la puberté est définie, au moins, par un nombre d'années (six ans, dans 30% des cas, et sept ans, dans 48%), une fois sur deux, par le début de la seconde dentition et, dans 7% des cas, seulement, par la notion d'âge de raison. A partir des années 1840, quelques ouvrages évoquent aussi l'évolution du système osseux ou celle du cerveau. Les allusions au développement moral de l'individu restent, en revanche, assez rares. Plusieurs auteurs donnent un nom aux deux périodes séparées par l'étape de six-sept ans (tableau 1).

Cinq d'entre eux, qui écrivent avant 1840 et qui reprennent la terminologie latine, conservée dans les traités médiévaux, parlent successivement d'*infantia* (de la naissance à 7 ans) et de *pueritia* (de 7 à 14 ans) ; d'autres distinguent un *premier* et un *second âge* ; mais les expressions les plus usitées, dès la fin du XVIIIe siècle et pendant la première moitié du siècle suivant, sont celles de *première enfance* (de la naissance à 7 ans) et de *seconde enfance* (de 7 à 14 ans).

Ce regroupement des sept premières années de la vie ne satisfait pas tous les esprits, puisque l'enfant franchit, au cours de cette période, des étapes redoutables pour sa survie, comme le sevrage et la première dentition, et fondamentales pour son développement, comme les acquisitions de la marche et de la parole. La tradition hippocratique et certains médecins médiévaux n'ignoraient, nous l'avons dit, cette chronologie ; mais il faut attendre la fin du XVIIIe siècle pour que la vision indifférenciée des premières années de l'existence cède de plus en plus la place à un repérage de périodes successives, souvent délimitées par les étapes de deux ans et de six ou sept ans[15]. Sur les deux cent soixante-dix publications consultées, quatre-vingt-dix-huit (rédigées, une fois sur trois, par des praticiens hospitaliers ou par des enseignants des facultés) évoquent, à des degrés divers, la tranche d'âge des deux-sept ans[16]. Le XIXe siècle retient surtout la classification proposée, en 1787, dans l'*Encyclopédie méthodique de la médecine*, par Jean-Noël Hallé, bientôt nommé à la première chaire d'hygiène publique créée à Paris en 1794 :

1. Premier âge de l'homme : *enfance proprement dite* ou *infantia* des Anciens :
– de la naissance à la poussée des dents, vers 6-7 mois,
– la dentition, «une époque orageuse», de 7 à 24-28 mois,
– une période «plus calme», de 24-28 mois à 7 ans.
2. Deuxième âge de l'homme : la *deuxième enfance* ou *pueritia*, jusqu'à 12-13 ans, pour les filles, et jusqu'à 14 ans pour les garçons[17].

A partir du milieu du siècle, cette périodisation ou la division voisine en deux phases (0-2 ans et 2-6/7 ans) l'emportent sur la vision globale habituelle (tableau 2).

Avant 1840, un tiers des ouvrages retenus regroupent les six ou sept premières années de la vie, 48 % les divisent en deux ou trois périodes ; après cette date, 6 % seulement des publications restent fidèles à la vision globale, 69 % adoptent, principalement dans sa forme binaire, la nouvelle périodisation. Cette vision plus précise de l'enfance exige une étape supplémentaire entre la naissance et six-sept ans. Les deux tiers des ouvrages étudiés l'identifient, au moins, par l'âge de deux ans accomplis ; la moitié mentionnent la fin de la première dentition, un tiers, le sevrage, et un cinquième, des indices du développement moteur ou psychologique comme la maîtrise de la marche, l'acquisition du langage ou l'essor des facultés sensorielles et intellectuelles.

La période distinguée entre deux ans et six ou sept ans ne reçoit pas tout de suite une dénomination particulière, car Hallé et ses successeurs immédiats

Tableau 2.
Périodisation de l'enfance, jusqu'à l'âge de 7 ans, dans les publications médicales

	1740 1760	1760 1780	1780 1800	1800 1820	1820 1840	1840 1860	1860 1880	1880 1900
Une période : 0-6/7 ans	2	1	1	7	4	1	2	
Deux périodes : 0-2 ans[a] 2-6/7 ans	1	3	4	2	1	6	7	13
Trois périodes : 0-6/7 mois 7 mois-2 ans[a] 2-6/7 ans			1	2	6	1	2	1
Deux périodes : 0-2 ans[a] 2-plus de 7 ans[b]	1		1		1	2	3	
Aucune périodisation nette[c]	1	1	1	1	5	7	1	3
Divers								2
Total (98)[d]	5	5	8	12	17	17	15	19

a. Les deux tiers des ouvrages situent à l'âge de 2 ans l'étape principale entre 0 et 7 ans. Pour réaliser ce tableau, nous avons assimilé à cet âge les limites voisines proposées dans d'autres publications, comme le sevrage ou la première dentition.

b. Par exemple, de 2 ans à 9 ans ou à la puberté.

c. Ces ouvrages contiennent, entre autres, des recommandations destinées à un enfant dont l'âge se situe entre 2 ans et 6 ou 7 ans, mais sans que cette période soit explicitement délimitée.

d. Sur les 270 ouvrages consultés, 98 mentionnent, à des degrés divers, les années qui s'écoulent entre 2 ans et 6 ou 7 ans, soit en distinguant explicitement cette période, soit en évoquant les traits ou l'éducation d'un enfant dont l'âge est situé dans cet intervalle.

l'appellent simplement la *troisième époque* de la *première enfance*. Lorsque l'accroissement de la mortalité infantile et l'angoisse de la dépopulation suscitent, à partir des années 1860, un regain d'intérêt et de publications autour du nourrisson, les expressions de *premier âge* ou de *première enfance* sont de plus en plus réservées au temps qui sépare la naissance du sevrage ou de la fin de la première dentition. En 1874, l'intitulé de la loi Roussel, relative à la «protection des enfants du premier âge», c'est-à-dire aux moins de deux ans placés en nourrice, illustre ce nouvel usage et contribue à sa diffusion. Corrélativement, la période de deux ans à six-sept ans est baptisée *seconde enfance* ou *deuxième enfance*. Dans notre corpus, où treize des quatorze ouvrages qui utilisent ces formules sont publiés après 1860, et neuf après 1880, les deux premiers livres entièrement consacrés, sous ce libellé, à cette tranche d'âge[18] paraissent en 1882 – qui est aussi l'année de naissance de l'école maternelle républicaine. La période de l'existence entre deux ans et six-sept ans a reçu, à partir du milieu du XIXe siècle, le nom qui lui est encore attribué, aujourd'hui, dans certains ouvrages de médecine et de psychologie. Comment était-elle considérée par les premiers médecins qui s'y sont intéressés ?

Un corps parvenu à « un plus haut degré de conformation »

Fidèles à la théorie hippocratique des humeurs, qui situe la perfection chez l'adulte mâle, froid et sec, certains auteurs de la fin du XVIIIe siècle et de la première moitié du siècle suivant attribuent au jeune enfant, comme au nourrisson, une nature chaude et humide, propice aux dérèglements. D'autres médecins, influencés par les conceptions mécano-dynamiques des XVIIe et XVIIIe siècles, ont une vision tout aussi pessimiste de ce bambin dont les parties solides, constituées de fibres trop délicates, poussent difficilement les éléments liquides[19]. Quel que soit le système de référence, la *seconde enfance* semble vouée aux spasmes et aux engorgements, qui provoquent les fièvres éruptives, les affections cérébrales, les convulsions nerveuses et les scrofules, fréquentes à cet âge de la vie.

A partir des années 1760, certains observateurs s'écartent de la tradition hippocratico-galénique grâce aux autopsies réalisées dans les hôpitaux d'enfants trouvés. Mais, s'ils commencent à définir une norme de l'enfance et une étiologie de ses maladies, ils ne distinguent pas obligatoirement, ou très clairement, une période entre deux ans et six ou sept ans. Une seconde étape, plus importante, est franchie, en 1828, par Charles-Marie Billard, ancien interne à l'hospice des enfants trouvés. Après avoir comparé les comportements des nourrissons sains, les symptômes morbides des petits malades et les lésions organiques des corps autopsiés, ce jeune élève des vitalistes Philippe Pinel et Xavier Bichat ne définit plus la maladie infantile par référence à l'âge adulte, mais par rapport à « l'organisation » de l'enfant en bonne santé. L'équilibre n'est plus le privilège de l'homme fait : l'enfance possède, elle aussi, sa normalité. Avec cette découverte, commente Jacques Ulmann, « la préhistoire de la médecine infantile est terminée ». Charles-Marie Billard a seulement étudié « les enfants nouveaux-nés et à la mamelle ». Dix ans plus tard, en 1838, Ernest Barthez et Frédéric Rilliet appliquent le même raisonnement aux maladies qui surviennent entre la fin de la première année et la puberté. « Nous n'avons jamais dû conclure de ce qui est chez l'adulte à ce qui doit être chez l'enfant », affirment ces deux anciens internes de l'hôpital des enfants malades qui tentent d'apprécier la gravité des pathologies à chaque phase de l'enfance et qui repèrent, après une « division secondaire » à la fin de la dentition, dans la troisième année, une « séparation assez tranchée » à partir de six ans[20]. Plusieurs influences déterminent la nouvelle précision du discours médical à partir de la fin du XVIIIe siècle : la crise de l'hippocratisme, l'audience du vitalisme, qui croit à la valeur propre de la dynamique interne aux différents âges de la vie, l'émergence de la méthode anatomo-clinique et, à l'extérieur de la Faculté, la proclamation rousseauiste d'une nature enfantine originale et équilibrée[21].

Les conclusions de Barthez et de Rilliet enrichissent le regard nosologique de la médecine enfantine. Avant leur travail, les praticiens reproduisaient souvent la classification grossière d'Hippocrate, qui regroupe toutes les maladies postérieures à l'âge de 2 ans, ou ils avouaient leur impuissance à proposer des distinctions plus précises. Ensuite, et grâce au traité de 1838, encore réédité à la fin du siècle, la spécificité morbide de la seconde enfance et celle des périodes suivantes sont mieux reconnues. Dans les années 1870, les cours de Jean-Baptiste Fonssagrives à la faculté de Montpellier témoignent du chemin parcouru depuis le début du XIXᵉ siècle. Avant d'évoquer les différentes maladies de l'enfance, le célèbre hygiéniste, qui cite à l'occasion Barthez et Rilliet, souligne la nécessité d'une typologie chronologique précise :

L'enfant ne fonctionne donc pas comme l'adulte ; ce n'est pas un diminutif de celui-ci, un homunculus, *c'est un type physiologique très tranché [...]. Si l'enfant ne vit pas comme l'adulte, il n'est pas non plus malade comme lui. Ses maladies ne sont pas dans la même proportion ; il a, en un mot, sa morbidité propre [...]. Mais l'enfant n'est pas un type physiologique indivisible ; il se compose d'autant d'êtres superposés qu'il y a de périodes naturelles dans l'enfance, et, bien que les aptitudes morbides qu'offrent chacune d'elles diffèrent beaucoup moins que ne diffèrent les aptitudes de l'enfant et de l'adulte, chacune de ces périodes a vraiment quelque chose de spécial sous ce rapport* [22].

Les médecins ne se contentent pas de relever, avec plus de précision, les caractéristiques pathologiques de la seconde enfance : le bambin de plus de deux ans les rassure par sa meilleure espérance de vie. Dès la fin du XVIIIᵉ siècle, plusieurs ouvrages proclament la chance des survivants, qui ont dépassé les phases critiques du sevrage et de la dentition. « Après cette étape », estime Jean-Noël Hallé en 1787, l'enfant entre dans « une période de vie plus calme [...] pendant laquelle il commence à se former » ; désormais, n'hésite pas à écrire le professeur Eugène Bouchut, en 1845, sa vie est assurée[23]. Cet avantage résulte, en partie, de la maturation physique de l'individu. Une vingtaine d'auteurs signalent le développement, au-delà de deux ans, des fonctions organiques et des systèmes osseux et musculaire ; quelques-uns esquissent même, après 1830, une chronologie de la croissance en indiquant les tailles et les poids correspondant à chaque année d'âge[24]. Plus de la moitié des publications soulignent aussi les progrès des sens, qui constituent, à cette période de la vie, les « sentinelles avancées du principe de l'intelligence[25] ». Hérité de Condillac, ce sensualisme détermine largement la vision des praticiens jusqu'à la fin du siècle.

Au lieu de souligner l'inachèvement et les imperfections du jeune enfant en le comparant à l'adulte, point d'aboutissement de la croissance, certains médecins le rapprochent du nourrisson. Quels sont les promoteurs de ce nouveau regard ? Vingt-trois praticiens, qui publient, pour les deux tiers d'entre eux, après 1850, et dont les ouvrages représentent le sixième du corpus avant cette date et le tiers après. Sont-ils plus sensibles à la spécificité de cette période de la vie, mieux identifiée dans la seconde moitié du siècle ? Une quinzaine d'entre eux – dont dix écrivent après 1850 – font nettement ressortir les transformations physiques qui différencient, à partir de deux ans, le jeune enfant du nourrisson.

« Par le jeu de ses fonctions, par les changements anatomiques qui ont eu lieu dans ses tissus, l'enfant de trois à quatre ans diffère infiniment du nouveau-né. La vie végétative a cessé pour lui, la vie animale commence », assure Achille Samson, en 1857, pour expliquer le « changement des aptitudes morbides ».

On retrouve ce constat chez Jacob Weill, qui publie, en 1882, l'un des premiers ouvrages exclusivement consacrés à la période de deux ans à six ans : « Vers la fin de la deuxième année, l'enfant touche à la limite de cette période de transition qui marque le passage d'une vie parasitaire à une vie complètement indépendante : ses vingt dents qui sont sorties, et son appareil digestif qui s'est perfectionné, permettent de l'habituer peu à peu à la nourriture commune. Le système nerveux plus solide, les muscles plus fermes et les tendons plus résistants, permettent à l'enfant de marcher seul. Le système osseux et les organes des sens se perfectionnent ; l'intelligence se révèle par la parole : l'enfant dit quelques mots et commence la phrase [26]. »

Rapportée à l'âge antérieur, la seconde enfance n'est plus automatiquement synonyme de lacunes ou d'insuffisances : elle inscrit à son actif des suppléments et des améliorations. Les particularités de l'enfant qui sort de l'existence « végétative » et « parasitaire » du nourrisson prennent des allures de performances. Chez certains médecins – et nous retrouverons cette attitude à propos du développement intellectuel – la perception valorisante de la seconde enfance s'accompagne même d'une vision dépréciative du tout-petit :

« Quelle distance entre ce nouveau-né sanguinolent, que nous avons vu presque inerte », s'exclame, en 1873, A. Siry, un médecin des crèches et des asiles, en évoquant l'enfant de cinq ans, *« et ce charmant enfant blond, un peu lymphatique ou un peu sanguin, mais toujours très nerveux, vif, souple et gai, dont les formes, les mouvements, le babil, ont un je ne sais quoi de gracieux et de naïf qui est rempli de séduction [27] ».*

Ce corps mieux formé est-il déjà sexué ? Contrairement au docteur Tissot, dont l'ouvrage sert encore de référence au XIXᵉ siècle, une vingtaine de médecins évoquent le risque de l'onanisme précoce, mais sans attribuer au jeune enfant la responsabilité de son acte. Les vrais fautifs seraient l'oisiveté, les culottes trop serrées et, surtout, les nourrices, qui excitent la sensibilité du bambin en chatouillant son bas-ventre pour l'endormir ou pour l'amuser. Seules des interventions extérieures détermineraient, pendant la *seconde enfance*, les manifestations anticipées d'une sexualité enfantine naturellement tardive. Cette vision rassurante des choses ne convainc pas tous les auteurs. Sans nier le rôle néfaste des nourrices, ni les apprentissages effectués en compagnie de camarades plus âgés, A. Delacoux estime, en 1829, que les parties génitales sont douées, dès l'âge le plus tendre, « d'une sorte de sensibilité spéciale pour solliciter l'enfant à des actes tout à fait automatiques ». Laurent Cerise, un médecin des salles d'asile, aboutit à la même conclusion en observant, chez des enfants de deux ans et de trois ans, des gestes automatiques qui «sembleraient annoncer une sensibilité spéciale», jusque-là négligée. Le professeur Fonssagrives, de Montpellier, admet, en 1869, parmi les causes de l'onanisme prématuré, la «génération spontanée» et «l'excitabilité génésique d'une précocité anormale, révélée à l'enfant par des provocations fortuites et inconscientes». Avant que Freud ne signale, au début du XXe siècle, l'existence et la normalité des pratiques auto-érogènes chez le nourrisson et chez le jeune enfant, cette reconnaissance, encore floue, d'une sexualité originelle inscrite dans le corps du bambin constitue une innovation[28].

Dès la fin du XVIIIe siècle, plusieurs médecins mettent aussi l'accent sur les acquisitions intellectuelles du jeune enfant qui progresse dans la pratique du langage après avoir maîtrisé, entre quinze mois et vingt-quatre mois, la marche indépendante.

> *« Au bout de deux ans ou environ, il se fait un changement assez sensible dans l'enfant »,* *affirme, en 1762, J. Ballexserd, qui isole la période entre le sevrage et l'âge de* *cinq-six ans ; « il s'attache à ses parents, retient et répète ce qu'il entend dire... ; ses sens* *sont visiblement frappés des objets qui se présentent à lui et les portent à l'âme, qui* *commence à exercer ses facultés, par exemple, celle de retenir, concevoir et réfléchir[29]. »*

Une fois encore, la découverte de ces performances peut s'accompagner d'une vision moins favorable, voire négative, du nourrisson.

> *« De la première à la seconde année, les progrès du corps semblent l'emporter sur ceux* *de l'esprit ; mais de la seconde à la troisième, l'esprit se rend de niveau avec le corps.* *La plupart des enfants de cet âge [...], annoncent les plus heureuses dispositions, un* *grand discernement, une curiosité réfléchie, une conception prompte, une mémoire facile »,* *explique, en 1786, le Dr Daignan, un ancien médecin militaire, né en 1732, et très* *influencé par Rousseau, avant de préciser, en conclusion : « dans le cours de la seconde* *année [l'enfant] commence à marcher, à parler ; à trois ans, [il] devient intéressant. »*

Au milieu du XIXe siècle, le professeur Becquerel situe, lui aussi, l'apparition de l'intelligence à la fin de la deuxième année, puisqu'auparavant, cette fonction était «obtuse et bornée à peu près aux instincts». Trente ans plus tard, les deux premiers ouvrages entièrement consacrés à la *seconde enfance* associent toujours «l'éveil de l'intelligence» à la marche et à la capacité de parler[30].

L'affectivité n'est pas absente de ces descriptions : le jeune enfant charme plusieurs de ses interlocuteurs, et particulièrement le Dr Daignan. La *seconde enfance* ne réconforte pas simplement les médecins par sa résistance ; elle les séduit par sa personnalité. On entrevoit cette prédilection en analysant l'ensemble des comparaisons faites entre le bambin et le nourrisson : les vingt-trois ouvrages qui différencient l'enfant de deux-six ans du tout-petit accordent la même importance aux critères physiques et moraux, mais les dix-sept publications qui proposent explicitement une vision valorisante de la *seconde enfance* citent deux fois plus souvent des traits psychologiques ou des comportements.

> *« L'indifférence que beaucoup de parents ont pour leurs enfants provient très souvent de ce qu'ils se privent du plaisir de les avoir avec eux à cette époque intéressante de la vie »*, constate un médecin anglais à la fin du XVIIIe siècle. *« C'est un plaisir bien enivrant, même pour une personne qui n'y a aucun intérêt, que le spectacle journalier du développement des facultés intellectuelles d'un enfant. »* Un siècle plus tard, A. Siry, médecin des salles d'asile, éprouve la même fascination pour *« ce petit enfant, ardent à vivre et à sentir […], [qui] veut toucher et examiner tout ce qui est à la portée de ses regards »*, et qui pose *« un déluge de questions[31]. »*

Traumatisés par l'hécatombe des nourrissons, certains médecins considèrent, avec soulagement, la *seconde enfance* comme une période privilégiée de progrès physiques et intellectuels. Les autres spécialistes de l'enfant portent-ils le même regard, précis et positif, sur la tranche d'âge entre deux ans et six ans ? Pour le savoir, nous avons interrogé soixante-seize hommes (dont quatorze ecclésiastiques) et quarante-huit femmes, qui ont publié, tout au long du XIXe siècle, cent quatre-vingt-dix-neuf ouvrages sur l'enfant, la femme, la famille et l'éducation[32].

La sollicitude des moralistes et des premiers psychologues

La majorité des auteurs non médecins portent un regard assez flou sur les années antérieures à l'âge de raison. Mme de Rémusat mentionne, en 1824, les soins physiques de la «première enfance», puis, sans autre précision, le moment où «la vie morale vient poindre». Louis Aimé-Martin, élève et rival de Bernardin de Saint-Pierre, ne dit rien, en 1834, des différents âges de l'enfance. Pierre Laurentie, inspecteur général des études de 1824 à 1826, puis journaliste légitimiste, parle, en 1835, du «premier âge» antérieur à l'âge de raison. Mme Tastu publie, en 1836, une série de leçons pour les quatre-neuf ans sans adapter explicitement son programme aux âges successifs. Mgr Dupanloup étend, en 1850, le «premier âge» aux «huit ou dix premières années de la vie». A la fin du siècle, à une époque où les médecins isolent largement, et avec une dénomination particulière, la période entre deux ans et six ans, la baronne Staffe évoque seulement, dans l'un de ses ouvrages d'éducation domestique, les moments successifs où l'enfant sort des langes, se roule sur le tapis et «peut comprendre». Un peu plus précis, Ferdinand Buisson repère simplement, dans le *Dictionnaire pédagogique*, paru en 1882, «une première enfance n'embrassant que les trois ou quatre premières années, qu'on pourrait appeler le domaine propre de l'éducation maternelle», et une «seconde enfance […], période normale de l'éducation et de l'instruction[33]».

A l'image de quelques médecins et de quelques pédagogues des siècles précédents, certains moralistes du début du XIXe siècle distinguent cependant la
période de deux ans à six-sept ans. Deux ouvrages, contemporains de la première
salle d'asile, illustrent bien cette démarche. Dans son traité *De l'Éducation,* publié
en 1824, Jeanne Campan juge «essentiel» d'observer «les époques bien combi-
nées, bien graduées, pour conduire un enfant depuis ses premières idées jusqu'au
moment où l'on exige de lui une attention soutenue». L'ancienne directrice des
établissements de Saint-Germain et d'Écouen consacre le livre I de son ouvrage
aux soins physiques du nourrisson, et les livres II à IV à l'éducation religieuse,
morale, physique et intellectuelle des enfants «depuis trois ans jusqu'à sept», âge
auquel le petit garçon passe entre les mains des hommes, tandis que sa sœur reste
avec sa mère ou part en pension[34]. Adrienne Necker de Saussure est encore plus
précise dans l'*Éducation progressive,* dont le premier tome paraît en 1828, et le
second en 1838. Elle envisage les «deux premières années de la vie» (livre
deuxième), la période de trois ans à cinq ans (livre troisième), puis celle de cinq
ans à sept ans (livres quatrième et cinquième), et elle consacre, à l'intérieur de ce
classement, des chapitres particuliers aux habitudes à *deux ans,* à l'activité, à la
vérité et à l'imagination à *trois ans,* et à la conscience avant *quatre ans.* La fin de la
seconde année et le début de la troisième représentent, à ses yeux, une étape
essentielle, qui marque le début d'un «développement remarquable», dont elle
analyse les multiples manifestations. A partir de ce moment, l'enfant est plus
«décidé», même s'il s'efforce d'imiter l'adulte ; son imagination, déjà présente
chez le nourrisson, devient beaucoup plus «saillante» et recherche systématiquement les causes en personnifiant les choses ; son intelligence se développe en relation avec les progrès de son langage.

> *Rien ne peut être plus intéressant que de voir l'intelligence sortir, peu à peu, du nuage*
> *qui l'enveloppait [et] prendre un premier essor chaque fois qu'elle découvre une expres-*
> *sion nouvelle [...]. L'enfant, encore étranger dans le monde des choses qu'il connaît à*
> *peine, sent bientôt le besoin d'entrer dans le monde des mots qui y correspond et qui*
> *fournira bientôt des instruments à sa pensée. Alors, commence pour lui une existence*
> *plus intellectuelle*[35]*...*

Ces progrès rapides dans l'usage des mots ne prouvent pas que le tout jeune
enfant maîtrise déjà les idées abstraites. Aussi développé soit-il, le bambin de moins
de cinq ans n'est pas encore sorti de la «vie toute sensitive» : la «première enfance»
– expression utilisée par Mme Necker pour définir cette période – reste l'âge de
l'imagination et de la sympathie, cette «faculté presque divinatoire qui tient [l'en-
fant] au courant de ce que nous éprouvons». Une deuxième étape fondamentale
est ensuite franchie, pendant la «seconde période de l'enfance», entre cinq ans et
sept ans, lorsque «les instincts primitifs [se] joignent à la raison naissante», de telle
sorte que «l'enfant qui s'en va s'y rencontre avec l'homme qui arrive». A cette

époque, si l'enfant «n'a pas ordinairement l'habitude de la réflexion, il n'en est point incapable[36]». Mme Necker est l'un des premiers auteurs non médecins qui se soient autant intéressés à la tranche d'âge visée par la salle d'asile, en formulant plusieurs remarques pertinentes sur la crise d'opposition des trois ans, l'anthropomorphisme de la pensée enfantine et les limites des premiers progrès linguistiques. Ni Comenius, ni Basedow, ni, *a fortiori,* Rousseau, qui n'isole pas la seconde enfance, n'avaient étudié et décrit avec autant de soin l'enfant entre deux ans et six-sept ans.

Des auteurs moins célèbres repèrent, eux aussi, cette période en notant certaines de ses caractéristiques. Dans un manuel d'éducation maternelle publié en 1840, Augustin-François Théry oppose à la «première enfance, obscure et confuse», les «années qui précèdent l'éducation élémentaire» (entre deux ans et quatre-cinq ans), pendant lesquelles «le progrès est sensible, rapide même», d'abord dans le langage, mais aussi, à une époque où l'instinct domine toujours, dans les «facultés supérieures» comme l'imagination, la mémoire et les prémices du jugement[37]. D'autres moralistes témoignent un intérêt réel à l'enfant au-dessous de l'âge de raison, mais sans isoler la tranche des deux-six ans. En 1844, et tout en rappelant le «retard» de l'intelligence avant sept ans, le père Girard souligne le «développement intellectuel très remarquable» des sept premières années, depuis l'âge du berceau où l'esprit était une simple «table rase». En 1855, le philosophe spiritualiste Paul Janet, qui conseille déjà de ne pas dédaigner le nourrisson, «cette première ébauche de l'humanité», présente son aîné comme une «créature vive, légère, passionnée, riche et puissante», dans laquelle seuls des «observateurs chagrins veulent déjà voir la méchanceté humaine». En 1869, le rousseauiste Alphonse Esquiros juge «injuste de croire qu'à deux ou trois ans, les bambins [n'ont] pas de pensées», alors que l'originalité de ces pensées impose aux adultes de les respecter[38].

Les pionniers de la psychologie enfantine, dont l'histoire reste mal connue[39], commencent à publier un demi-siècle après l'ouverture des premières salles d'asile[40]. L'enfance retient d'abord leur attention comme un modèle spéculatif, précieux pour comprendre le processus de formation de l'espèce. Cette inspiration darwinienne privilégie l'étude du tout-petit, maillon le plus proche de l'homme primitif et terrain d'enquête indispensable sur les premiers développements. Hippolyte Taine observe, entre 1873 et 1875, deux bambins jusqu'à vingt et un mois et trois ans. Charles Darwin publie, en 1877, les notes prises, quarante ans plus tôt, sur le comportement de sa fille entre sa naissance et trois ans. Bernard Pérez publie, en 1878, un ouvrage consacré à l'enfant, de sa naissance à trois ans. William Preyer étudie, en 1878 et en 1879, la maturation de son fils jusqu'à deux ans et neuf mois. Guidés par des préoccupations pédagogiques, certains observateurs poussent cependant leurs investigations au-delà de la période «décisive» – selon la formule du psychologue américain James Sully – des deux ou trois premières années. Émile Egger étudie particulièrement, en 1870, le «premier âge», celui de la mémoire et de l'attention, avant cinq ou six ans. Stanley Hall interroge, en 1880, deux cents écoliers de Boston, dont les deux tiers ont entre quatre et six ans ; Bernard Pérez consacre, en 1886, un ouvrage entier – et sans doute le premier – à l'enfant de trois ans à sept ans, «période plus typique d'évolution que [celle] de trois à six ou huit ans», précise-t-il sans dire vraiment pourquoi. Gabriel Compayré décrit, en 1893, l'état des aptitudes pendant la quatrième année, âge de maturité et fin de la «première enfance» selon la périodisation déjà adoptée, nous l'avons vu, par Ferdinand Buisson[41]. A la fin du XIXᵉ siècle, la «seconde enfance», telle que l'ont déjà distinguée les médecins, émerge à peine dans les investigations des psychologues scientifiques.

Les nouveaux spécialistes de l'enfant n'en portent pas moins un regard beaucoup plus précis que les moralistes sur les années antérieures à l'âge de raison. Ils réalisent des enquêtes diachroniques systématiques, y compris, chez Preyer, sur la forme du baiser, pour repérer les étapes de la maturation affective et intellectuelle[42]. Ils essaient d'évaluer l'intérêt du bambin pour les objets en l'interrogeant sur leurs particularités et sur leurs usages[43]. Ils étendent leurs investigations, au-delà des facultés traditionnelles et du langage, aux instincts et aux émotions, héritages d'une animalité désormais mieux acceptée. Ils contestent parfois, en s'appuyant sur des observations détaillées, l'assimilation du jeune enfant à une table rase ou à un être dépourvu de toute forme d'intelligence. «J'ai rencontré des exemples [...] d'attention, de mémoire et d'intelligence, pendant la troisième année, là où l'on ne soupçonnait aucunement l'existence de ces facultés», note William Preyer, pour lequel l'intelligence enfantine, transmise par hérédité et déjà à l'œuvre dans les fonctions logiques «muettes» du nouveau-né, est antérieure aux expériences sensitives et au langage. Gabriel Compayré y voit l'un des traits de l'espèce qui permet au bambin de quatre ans de posséder «tous les attributs distinctifs de la nature humaine […], mais dans des formes réduites». Les «infirmités intellectuelles» du marmot ne sont plus des «vices intrinsèques», poursuit cet auteur, mais des défauts provisoires, des tâtonnements inévitables, que l'on accepte mieux en songeant à la parenté de l'enfance de l'individu avec celle des peuples[44].

Les moralistes qui publient à l'époque de la fondation des premières salles d'asile soulignent plutôt – comme le faisaient déjà leurs prédécesseurs – la grande malléabilité du jeune enfant, ses acquisitions sensorielles et, surtout, ses nouvelles aptitudes linguistiques, interprétées comme la preuve du développement de la pensée. «Dès que les enfants ont acquis l'usage de la parole, le nombre de leurs idées s'accroît avec une rapidité étonnante», affirme la pédagogue anglaise Élisabeth Hamilton, dans un ouvrage traduit en 1804, avant de recenser les facultés nécessaires à l'acquisition de chaque mot, signe d'une idée distincte. En 1854, Louis Gauthey, le directeur de l'école normale protestante de Courbevoie, distingue deux principales périodes dans le développement intellectuel : celle des «premières représentations sensibles» et celle du «développement simultané du langage et de la pensée». Plus lyrique, Charles-Louis Philippe oppose, à la fin du siècle, le nourrisson, «petit morceau de chaos [qui] vagissait parce qu'une bête crie quant elle a faim» et l'apprenti-parleur, qui «parle, et c'est charmant»[45]. Les prédispositions et les aptitudes prêtées au bambin de deux ans à six ans rendent coupable toute négligence pédagogique à son égard. «On n'a pas donné […] beaucoup d'attention à cette époque de la vie, où la connaissance acquise par les sens commence à se communiquer à l'esprit […]. [Comme] nous ne nous souvenons point de nos premières conceptions, nous regardons [les] premières années comme nulles dans notre existence, et nous en faisons de même à l'égard de nos enfants», proteste, à la fin du XVIIIe siècle, Élisabeth Hamilton, qui juge «absurde» de ne pas s'intéresser à la période, essentielle, des progrès du langage[46]. Ces exhortations figurent en bonne place dans les ouvrages que trois célèbres femmes pédagogues publient à l'époque d'ouverture des premières salles d'asile. Jeanne Campan blâme la «folle idée [selon laquelle les] premières années sont de peu d'importance». Pauline Guizot désapprouve l'opinion des personnes âgées, persuadées qu'il suffit «d'envoyer coucher [les jeunes enfants] quand ils font trop de bruit, ou de les débarbouiller quand ils sont malpropres». Adrienne Necker de Saussure condamne le mépris des adultes à l'égard du jeune enfant ou la réduction de son éducation aux seuls soins physiques : «Il semble qu'on cherche à fermer les yeux sur l'importance des premières années, on parle de ce temps avec dédain. De ce qu'un petit enfant ne comprend pas nos grands discours, de ce qu'il n'est pas susceptible d'une instruction régulière, on conclut que c'est un être sans conséquence, qu'on ne peut soigner que physiquement[47]». En réaction contre cette attitude, des médecins et des moralistes proposent un programme d'éducation globale de l'enfance avant l'âge de raison.

Une éducation nécessaire avant l'âge de raison
« Jeter les bases d'une solide constitution »

Les médecins sont très prolixes sur l'éducation physique, jugée prioritaire à une époque de la vie où la mortalité, malgré sa diminution, reste supérieure à celle des années suivantes : 15 % des enfants nés vivants dans le Rhône en 1865 meurent avant un an, 10 %, encore, entre deux et cinq ans, 3 % entre six et dix ans[48]. Autant de «chiffres dramatiques», explique le professeur Fonssagrives à ses étudiants de Montpellier, sous le Second Empire, et qui rappellent à la médecine enfantine «l'importance et l'étendue de [sa] tâche». Il faut «continuer l'œuvre», insiste Jacob Weill, dans l'*Hygiène de la seconde enfance,* paru en 1882, «chercher à conserver, à accroître et à perfectionner ce jeune organisme afin de jeter les bases d'une solide constitution[49].»

L'éducation physique imaginée pour la *seconde enfance* comporte une hygiène de vie, des activités corporelles et des exercices de développement sensoriel. Les médecins proposent un véritable mode d'emploi du jeune enfant : ils réglementent l'horaire et le contenu de ses repas, son habillement et sa coiffure, l'aménagement de sa chambre personnelle, qui sera bien ventilée, peinte à l'huile, éclairée, de préférence, à la bougie et chauffée par une cheminée, et la constitution de son lit, simple, dur et pourvu de bas-côtés pour prévenir les chutes. Plusieurs d'entre eux distinguent nettement l'hygiène de la *seconde enfance* des soins destinés au nourrisson ou à l'enfant plus âgé. Ils désapprouvent le sommeil diurne au-delà de deux ans ou de trois ans ; ils refusent, contrairement à Simon de Vallambert, l'alimentation immédiatement carnée de l'enfant sevré, pour lequel ils prévoient un régime de transition, à base de soupes ; ils condamnent les corsets et ils recommandent, y compris pour les garçons, des chemises et des robes, amples et confortables, à la place des vêtements d'adolescents, courts et étroits[50].

L'hygiène corporelle occupe une place importante dans ce programme. Les hommes de l'art conseillent le nettoyage fréquent du corps, des mains, de la tête (bouche et nez compris) et l'usage des bains réguliers, sauf dans les rivières, où ne doivent aller que des enfants âgés de plus de six ans, mais sans partager l'enthousiasme de Locke, de Rousseau et de leurs confrères du XVIIIe siècle pour les bains froids, que certains jugent nocifs pour un organisme moins résistant que celui d'un adolescent[51]. Ils prescrivent un apprentissage de la régularité et de la maîtrise des déjections en conseillant de remplacer les «ridicules» recettes populaires par l'installation rituelle du bambin sur le siège avant de le coucher. La découverte de la *seconde enfance* comme un âge potentiellement sexué conduit certains d'entre eux à proposer des mesures de prévention précoces comme l'occupation permanente, pour interdire l'éveil de l'instinct sexuel, l'hygiène quotidienne des «parties intimes», pour empêcher les démangeaisons, et, dans les cas extrêmes, la fixation des mains sur la poitrine avec des mitaines[52].

L'hygiène corporelle est insuffisante si elle ne s'accompagne pas d'une activité physique. Dès le milieu du XVIIIe siècle, et après avoir reconnu chez le nourrisson un besoin naturel de remuer, la médecine savante condamnait le maillot. Elle manifeste la même sollicitude envers l'enfant plus âgé. Plus de trente ouvrages recommandent de respecter son goût pour le mouvement et de le satisfaire par une promenade quotidienne et de libres ébats en plein air. «L'enfant demande sans cesse à courir en liberté [...]. Il est rouge, il a chaud, une sueur abondante mouille son front ; ne vous inquiétez pas, c'est un signe de santé ; n'accourez point, tremblante, avec des châles, n'interrompez-pas le jeu», conseille à ses lectrices le moraliste catholique Henri Nadault de Buffon, qui tient, comme Louis Gauthey, un ami de Pestalozzi, un discours semblable à celui des praticiens. Le jeu constitue l'activité privilégiée du jeune enfant. Il fortifie son corps, il exerce ses sens, il développe ses facultés. Certains auteurs proposent de laisser le bambin choisir ses activités, car il y prendra plus de goût et sa mère découvrira mieux ses inclinations. D'autres conseillent de lui imposer des jeux qui exigent un effort physique – comme le volant, les barres, les boules, le tambour, la danse et les mouvements des bras – afin de développer, y compris chez les filles, les organes locomoteurs, la force musculaire et la cage thoracique[53]. Les particularités de la *seconde enfance,* et notamment sa faiblesse, seraient-elles oubliées ? Non, car plusieurs praticiens condamnent, surtout après 1880, la gymnastique imposée dans les établissements scolaires, parfois avec des appareils, aux élèves de moins de sept ans[54]. L'hygiène et l'éducation des sens, considérés comme des instruments essentiels de l'éveil intellectuel, constituent le troisième sujet de préoccupation des médecins. Pour améliorer les sensations, ils recommandent de maintenir les organes concernés dans une parfaite propreté, de leur éviter les stimuli excessifs et d'entreprendre leur éducation par des exercices d'observation et de manipulation des couleurs et des objets, par le jeu de colin-maillard, la musique et le chant.

L'intérêt primordial porté à l'éducation physique peut atténuer ou exclure les autres préoccupations éducatives. En 1807, le Dr Gardien, un médecin accoucheur, estime que «toute l'enfance doit se passer à sauter [et] à folâtrer». D'autres praticiens refusent, au contraire, de réduire le bambin à un corps. «Ce n'est plus une simple organisation que vous avez à perfectionner», déclare, en 1786, le rousseauiste Guillaume Daignan, en s'adressant aux parents ; «ce n'est plus une plante que vous avez à arroser et à veiller pour la mettre à l'abri des intempéries et des injures du temps […]. C'est lorsque votre enfant pense, c'est lorsqu'il sent, c'est lorsqu'il annonce du discernement, de la volonté et des désirs qu'il commence à juger ; c'est alors que vous devez […] le suivre pas à pas pour former vous-même son jugement et sa raison». Aussi catégorique, le Dr Jules Virey blâme, en 1815, dans le *Dictionnaire des sciences médicales,* «les auteurs qui prétendent qu'on ne doit absolument songer, dans le premier âge, qu'à développer les organes corporels» et qui oublient que «l'âme a besoin d'exercer aussi ses ressorts[55]».

La première éducation morale et religieuse

«Le petit enfant […] a des lueurs de moralité sans être encore un être moral», remarque Adrienne Necker de Saussure, «mais nous ne pouvons […] croire qu'il ait autant que nous la responsabilité de sa conduite […]. Aucune inclination vicieuse ne règne chez [les enfants] nécessairement, mais, comme le germe existe dans le cœur, il en est toujours quelqu'une qui se manifeste[56]». Fidèle à la vision chrétienne ambivalente de l'enfance, la pédagogue protestante associe l'image de la corruption originelle, que prouvent à ses yeux l'égoïsme du bambin ou sa cruauté envers les animaux, et celle de l'innocence des années antérieures à l'âge de raison. Les pédagogues laïques évoluent, eux aussi, entre deux regards opposés. Des rousseauistes ou des romantiques, emportés par l'idéalisation nostalgique de l'enfance, célèbrent, avec Victor Hugo, la vertu naturelle du marmot. Les autres rappellent les risques de l'hérédité et le poids des vices innés. Dans un ouvrage consacré, en 1882, aux «trois premières années», Bernard Pérez estime que les enfants sont, de façon innée, coléreux, jaloux et menteurs. Édouard Grimard, très influencé par Spencer, présente, en 1889, les «marmots […] [comme] de véritables petits sauvages, qui, abusant des tolérances de l'atavisme, ont conservé une part absolument excessive de la violence des races primitives». En 1893, Gabriel Compayré juge les bambins «naturellement pervers», tout en reconnaissant la responsabilité de l'ignorance et des carences éducatives dans certaines de leurs fautes[57].

Potentiels ou acquis, les défauts les plus souvent cités construisent l'image d'un polisson jaloux, égoïste, capricieux et orgueilleux, qui cadre assez bien avec la description scientifique ultérieure du stade du personnalisme et du stade phallique, au cours duquel le bambin de deux ans à six ans se distingue des autres, prend conscience de son propre sexe et consolide sa personnalité naissante en affirmant sa volonté contre l'adulte et contre ses frères et ses sœurs. Le jeune enfant corrigé par l'éducation ou préservé des influences pernicieuses se montre, au contraire, docile – la qualité la plus appréciée – généreux et déjà capable de respecter certaines règles de civilités, comme la déférence envers les aînés et la bonne tenue à table, qui s'imposent, depuis l'Ancien Régime, à des êtres de plus en plus jeunes[58].

Quelle que soit leur vision de l'enfance, nos interlocuteurs veulent agir tôt, soit pour empêcher l'éclosion des vices, soit pour contrebalancer les mauvais exemples. La formation morale du marmot doit commencer dès le berceau, répètent plusieurs auteurs, en s'appuyant sur une tradition qui remonte à l'Antiquité, ou, au pire, avec les premières paroles. «S'en remettre entièrement à la nature, c'est laisser grandir au hasard tout ce qu'elle a semé entre ses mains […]. Dès la plus tendre enfance, on peut favoriser les dispositions qui s'opposent au développement des inclinations dangereuses», assure Mme Necker en dénonçant les inconvénients de l'éducation négative prônée par Rousseau. «L'âge critique» de l'éducation morale se situe entre deux ans et sept ans, affirme le catholique Henri Nadault après avoir souligné «l'imbécillité» et la perfectibilité de la «première période de la vie». Le même empressement se retrouve chez d'autres moralistes, éloignés de la pensée chrétienne, mais opposés à la méthode rousseauiste qu'ils interprètent comme une perte de temps[59]. Contrairement à Locke, persuadé de pouvoir raisonner avec le gamin de moins de sept ans, la plupart des auteurs interventionnistes restent fidèles à l'image d'un bambin soumis à «l'empire des sensations» et pourvu d'un «sens moral trop borné». La mère doit se souvenir que «la raison a différents degrés, comme l'enfant a différents âges […], et qu'elle parle à un enfant ignorant», rappelle Henri Nadault[60]. Le message de la religion permet, malgré tout, de commencer à former ce petit garnement.

À l'exception des médecins, volontiers agnostiques et anticléricaux, la plupart des adeptes d'une formation précoce placent la première éducation religieuse en tête de leur programme. Elle n'est jamais stérile, assure Céline Fallet, car l'enfant comprendra plus tard les leçons «imprimées» dans son esprit. Tout au long du siècle, les conciles provinciaux français reprochent aux parents chrétiens de manquer à l'un de leurs principaux devoirs en négligeant la «santé de l'âme» pendant les années antérieures à l'âge de raison. La spécificité du jeune enfant fait ici sa force. Il est capable de sentir la religion avec son cœur, et donc «d'aimer Dieu avant de le raisonner», résume Henri Nadault. Sa mère doit intervenir très tôt : dès qu'il commence à «balbutier le nom de son père terrestre» ou, au moins, conseille Mme Necker, dès la troisième année[61]. Certains auteurs du XIXe siècle définissent les étapes et les modalités de la première éducation religieuse avec plus de précision que leurs prédécesseurs. En 1828, Mme Necker suggère d'associer l'idée de Dieu à un «plaisir inattendu», donné par un adulte ou par la nature, comme la dégustation de fraises, et d'apprendre simultanément un acte de reconnaissance au bambin. Elle recommande aussi de le faire prier tôt, avec de courtes formules («O mon Dieu, je t'aime, toi qui est si bon ; je te demande de m'aimer aussi»), puis, vers trois ans, avec des textes plus élaborés, de lui faire apprendre des petits cantiques, appropriés à son âge et imités de ceux des *Infant Schools*, et de lui raconter, de préférence à la «doctrine sèche des catéchismes», de courts extraits de l'Histoire sainte, illustrés par des images. L'abbé Tridon, le directeur de l'*Association des mères chrétiennes* de Troyes, propose, en 1852, un cursus en quatre étapes. Au départ, la mère prie pour son bébé. Lorsqu'il commence à bégayer, elle lui apprend le signe de croix, les noms de *Jésus* et de *Marie*, et un petit dialogue édifiant. Lorsqu'il «parle librement», elle le fait prier matin et soir sur ses genoux, en ajoutant à sa prière quelques réflexions pieuses. À partir de quatre ans ou de cinq ans, elle le fait prier à genoux ou debout, puis elle lui apprend de courtes réponses qui résument les rudiments du dogme. Ce prêtre exigeant, qui a lui-même fait prier pendant huit jours un bambin de deux à trois ans, connaît-il, par expérience, les réticences du jeune enfant ? Il conseille de faire dépendre le déjeuner de la prière afin de les «faire goûter l'un et l'autre[62]» ! Grâce à un apprentissage progressif, l'enfant peut participer aux offices avant l'âge de raison. Elisabeth Celnart, épouse d'un magistrat et auteur de nombreux ouvrages d'éducation féminine, suggère, en 1834, de parler au bambin de trois ans des cloches, des cantiques et des cierges, et de les conduire une fois à l'église, devant une image riante, tout en lui annonçant que le sens de la croix est «au-dessus de son âge». Plus ambitieux encore, l'abbé Tridon conseille de porter épisodiquement les jeunes enfants à l'office et d'y emmener régulièrement «ceux qui ont quelques lueurs d'intelligence et qui sont tranquilles dans un lieu saint». En revanche, le pasteur Louis Gauthey, qui tolère la présence des gamins de cinq ans au culte domestique, demande de ne pas les conduire au culte public avant sept ans[63].

Les partisans d'une éducation religieuse précoce y voient un excellent instrument de formation morale. Après la prière, Élisabeth Celnart invite le jeune enfant à ne pas se salir ni battre le chat, pour «ne pas contrarier Dieu». Le pasteur Louis Gauthey suggère de laisser se développer la «conviction du péché» envers un Dieu qui voit tout avant de rassurer le petit fautif en lui parlant du Sauveur et de la miséricorde divine. Mais les moralistes chrétiens n'ignorent pas les limites de l'évocation d'un «Dieu ami» ou, selon une autre expression – critique – de Mme Necker, de «l'épouvantail». Ils proposent simultanément de gouverner les bambins des deux sexes par l'autorité, l'habitude et la sympathie[64]. Les enfants doivent obéir à plusieurs préceptes avant d'en «comprendre la base», explique, en 1826, Pauline Guizot, dont les héroïnes empêchent leurs marmots, âgés de trois ans et demi, cinq ans et sept ans, d'accaparer leur boîte à ouvrages sans gloser sur le respect de la propriété et sans hésiter à employer la force contre les récalcitrants. Le Dr Alfred Donné, chef de clinique à Paris, refuse encore plus catégoriquement de discuter avec un être qu'il ne juge pas encore raisonnable : «jusqu'à l'âge de six ou sept ans, il y a toute espèce d'avantage à ne s'adresser qu'au sentiment de l'obéissance», écrit-il dans ses *Conseils aux mères,* publié en 1842. Appliquée avec rigueur, cette pédagogie multiplie les interventions répressives. «A la moindre résistance calculée, punir avec une vraie sévérité ; là est le vrai secret de l'autorité», assure, en 1890, un avocat de Paris, Jean-François Nicolay, persuadé que la peur de souffrir est le seul instinct fondamental de l'enfance. Entre deux ans et quatre ans, à une «époque décisive» pour la formation du caractère, il faut «mater» le bambin et réprimer toute «tentative de rébellion», au besoin par des corrections manuelles[65]. L'identification du marmot comme un être sensitif et encore incapable de comprendre la notion de règle justifie son dressage par la douleur et par l'activité réflexe. Mais ce procédé reste exceptionnel chez les auteurs consultés, qui prescrivent plutôt aux parents et aux maîtresses de ne pas frapper le jeune enfant et qui blâment ceux qui le font. La méthode Nicolay n'est pas, pour autant, la dernière manifestation, tardive, d'une violence éducative héritée des siècles antérieurs. Plusieurs revues de l'Entre-deux guerres, dont le propre Bulletin de l'*Association des mères chrétiennes,* conseillent aux parents d'employer des châtiments corporels avec le seul bambin de deux ans à six ans, qui est toujours identifié comme un petit animal sensible aux «impressions cutanées[66]».

Cette fermeté n'est pas sans limites ni sans nuances. Une vingtaine de moralistes et de médecins, dont les ouvrages paraissent tout au long du siècle, recommandent, simultanément, de résister aux caprices du jeune enfant et de se montrer patient. «Respectez cet aimable enfant, que caractérisent la faiblesse, la naïveté et l'innocence», s'exclame le Dr Esparron, en 1803, lorsqu'il évoque les années qui s'écoulent entre la marche et l'école. Il faut gouverner les bambins par «l'affection», explique, en 1843, le Dr Alfred Bujeon; l'autorité est insuffisante, et le raisonnement prématuré. L'image du bambin ingénu et rieur, qui échappe, pour quelque temps encore, aux obligations familiales et scolaires de l'âge de raison, inspire la même indulgence à des moralistes chrétiens peu suspects de laxisme pédagogique. Pauline Guizot invite les mères à pardonner beaucoup; Mgr Dupanloup conseille d'adoucir «l'autorité grave et forte du pédagogue» au nom du respect – «religieux», écrit-il – dû à la nature et à l'individualité d'une «aimable créature», dont «la candeur et la simplicité naïve» le séduisent[67]. Les pédagogues hostiles à une première éducation trop répressive se méfient des punitions systématiques et des menaces fondées sur l'intervention des ogres ou d'autres personnages fantastiques. Pour aider les mères à tempérer leurs actes d'autorité, certains auteurs leur recommandent de tirer parti des facultés de sympathie et d'imitation d'un bambin guidé par «l'impressionnabilité de son système nerveux[68]». Mme Necker, que plusieurs pédagogues citent tout au long du siècle, attache beaucoup d'importance à cette «compréhension sympathique» qui permet de gouverner l'enfant de moins de cinq ans, sans recourir à la force, en lui inspirant le désir d'imiter et de satisfaire l'adulte. Les premières habitudes acquises pendant cette «saison favorable de la sympathie» constituent le fondement de l'idée du devoir, progressivement utilisée, entre cinq ans et sept ans, lorsque l'enfant devient plus volontaire, plus indépendant et donc plus responsable[69].

Plusieurs auteurs se contentent d'une première formation physique et morale, complétée par des jeux. A partir des années 1860, certains d'entre eux, influencés par la méthode Fröbel[70], présentent les jeux de construction, de découpage ou de modelage comme un instrument d'éducation intellectuelle[71]. D'autres pédagogues jugent ce programme insuffisant : ils proposent, en plus, de commencer à instruire le jeune enfant.

La tentation de l'instruction anticipée

Tout au long du siècle, plusieurs auteurs blâment ce projet. Dans un ouvrage traduit en 1804, Élisabeth Hamilton plaint les marmots que des maîtres obligent, dès qu'ils savent parler, à «répéter les idées des autres». En 1857, Zélia Long refuse d'imposer au très jeune enfant de «concentrer son attention sur un alphabet, afin, qu'après des efforts inouïs d'application et de mémoire, il parvienne à comprendre qu'on appelle *o* un petit cercle, et *i* une barre surmontée d'un point». En 1882, Édouard Grimard rappelle les réserves d'Herbert Spencer à l'égard des leçons régulières avant huit ans. En 1890, Marie Chambon déconseille d'apprendre à lire avant cinq ans, d'initier très tôt à une langue étrangère et d'exercer la mémoire avant six ans par des récitations non comprises. Plusieurs médecins, dont les ouvrages n'obéissent à aucune chronologie particulière, reprochent à l'instruction anticipée de favoriser les maladies nerveuses et de perturber la croissance en surexcitant un système cérébral déjà enclin aux dérèglements. Les moralistes répètent cette mise en garde ou ils rappellent, avec des accents rousseauistes, le respect dû à la maturation de l'enfant[72].

Certains des auteurs réticents à l'égard de l'instruction précoce n'en conseillent pas moins de poursuivre, avec le jeune enfant, l'apprentissage du langage commencé avec le tout-petit et de développer sa faculté d'observation et sa mémoire en satisfaisant sa curiosité. Une trentaine de médecins – mieux représentés dans notre corpus après 1860[73] – répugnent, eux aussi, à ne pas profiter des prédispositions du bambin pour commencer, avec des précautions, son éducation intellectuelle : «un enfant délicat a quand même besoin de savoir ; il est curieux, il interroge, il faut lui répondre», affirme, en 1888, le Dr Périer ; «on se bornera à peu de choses, mais on se gardera de penser seulement au corps[74]». Deux activités – qu'un tout-petit nombre d'auteurs, et notamment Marc-Antoine Jullien, recommandent déjà d'employer avec les moins de deux ans[75] – conviennent à ce premier enseignement : la causerie et la leçon de choses. Stéphanie de Genlis, opposée aux études abstraites, qui transforment les jeunes enfants en «perroquets», conseille, en 1801, de leur enseigner «tout ce qu'ils peuvent apprendre avec agrément et facilité», et, par exemple, des notions d'histoire sainte, d'histoire et de géographie avec des récits et une lanterne magique. Élisabeth Hamilton préconise de continuer l'apprentissage des couleurs et de la distance, commencé à l'âge de deux mois, et d'y ajouter la découverte progressive de la nature et des objets de la vie quotidienne. Louis Gauthey propose, en 1854, de développer le langage du jeune enfant avec des «exercices intuitifs» et des «explications verbales» sur des objets familiers, rencontrés au cours des promenades ou, pour les gamins de plus de quatre ans, observés sur des gravures[76]. Ces dialogues improvisés, déjà recommandés au cours des siècles précédents, associent la découverte intuitive du monde, chère à Rousseau et à Pestalozzi, auxquels se réfèrent certains auteurs, et l'intervention de l'adulte, dispensateur de vocabulaire et d'informations supplémentaires. Mais, pour satisfaire l'entrain et la curiosité des jeunes enfants, ils doivent se distinguer d'un enseignement régulier. «Si vous les asservissez à une étude méthodique, vous leur ôterez l'envie de s'instruire en vous questionnant, qui est le seul mode convenable à cet âge, et vous leur ferez perdre la gaîté si nécessaire au développement des facultés physiques», explique, en 1809, le Dr Jaques-André Millot à ses lectrices. «Égayez vos instructions, qu'une légère récompense […], un baiser, une caresse, soient le fruit [de tout] progrès ; bientôt, ils y prendront goût si vous vous tenez à leur portée ; ils vous agaceront et la curiosité, si naturelle à l'enfance, secondera vos désirs ». Déjà chargée, depuis la naissance, de « l'éducation de la caresse et des jouets », la bonne mère apporte l'esprit de mesure et la tendresse indispensables à cette « éducation de la causerie », que le Dr Élie Périer, dont l'ouvrage sur l'hygiène de la *seconde enfance* paraît en 1882, réserve à l'enfant sevré[77].

Tous les auteurs opposés aux excès de l'instruction précoce ne se satisfont pas de ce programme minimum. Stéphanie de Genlis, impressionnée par « l'étonnante intelligence des enfants », estime qu'ils doivent savoir lire à cinq ans ou à six ans. Mme Long, hostile aux leçons de lecture avant six ans, propose la mémorisation de poésies dont les mots seront compris plus tard. Le Dr Pilloy-André, choqué par les parents qui « tourmentent » le bambin pour lui faire retenir des fables, suggère de commencer l'étude de la lecture avant six ans. Henri Nadault préconise d'apprendre à lire au petit parleur, sans attendre « l'âge de l'enseignement intellectuel », et de lui apprendre à écrire dès qu'il en manifeste le désir[78].

Les trois femmes pédagogues dont les ouvrages paraissent à l'époque d'ouverture des premières salles d'asile proposent, elles aussi, d'instruire le jeune enfant. Adrienne Necker, surtout intéressée par la formation morale, n'en conseille pas moins de dispenser, dès l'âge de deux ou trois ans, de courtes « leçons » deux à trois fois par jour et à heures fixes. L'enfant devra d'abord imiter des cris d'animaux, prononcer des mots, distinguer des couleurs, décrire des objets et des estampes d'histoire naturelle et énumérer des nombres. A partir de cinq ans, et après avoir été initié à la lecture, il lui faudra placer des noms sous des images, classer des mots mêlés, copier des lettres, mesurer un meuble et une pièce. Grâce à ce mélange d'exercices intellectuels et manuels, Mme Necker espère dissiper la répugnance du bambin pour tout enseignement régulier. Jusqu'à la fin de sa cinquième année, Just, le petit héros de Pauline Guizot, reçoit des leçons de lecture puis d'écriture dans les « intervalles du jeu » ; il mémorise aussi quelques vers et il écoute « deux ou trois petites leçons à réciter ». Le lendemain de ses six ans, son père lui donne une grammaire allemande et il commence à lui apprendre les déclinaisons et les conjugaisons. Jeanne Campan est encore plus ambitieuse, puisqu'elle place le début de la lecture, à l'aide de lettres et de mots imprimés sur des cartes, à trois ans et sept mois, l'initiation au calcul, à quatre ans ou à cinq ans, et la lecture courante – dans les *Lectures graduées*, de l'abbé Gaultier, et *Le Magasin des enfants*, de Mme Leprince de Beaumont – et l'apprentissage de l'écriture sur une ardoise tracée, à cinq ans. « Quand un enfant de six ans sait parfaitement lire […], quand il sait et répète avec intelligence vingt ou trente fables, et [des] quatrains moraux, quand il écrit très bien pour son âge, qu'il fait déjà de petites dictées choisies dans les livres qu'il a lus, qu'il sait compter, tracer les chiffres. [...] et fait bien l'addition et la soustraction, il a parfaitement employé ses premières années», conclut l'ancienne directrice de la Maison de la Légion d'honneur[79]. Tout au long du siècle, d'autres auteurs se montrent aussi exigeants en ajoutant aux causeries traditionnelles la mémorisation de fables et de maximes, l'apprentissage de la lecture, poussé jusqu'à la lecture courante à cinq ans, celui de l'écriture et du calcul, la pratique du dessin linéaire, l'initiation à une langue étrangère et la découverte systématique des noms des parties du monde, des royaumes et des capitales[80].

Ces adeptes d'une instruction domestique précoce ont-ils oublié l'âge et les limites intellectuelles de leur public ? Pas forcément, car plusieurs d'entre eux sont persuadés, à l'image de Jeanne Campan, de pouvoir appliquer leur programme sans fatiguer les bambins par des «efforts prématurés», mais en tirant parti de leurs capacités à l'aide d'une pédagogie adaptée. «C'est le moment de faire apprendre, il ne faut pas perdre un temps précieux», affirme, en 1863, Mme Colbrant-Micheneau, un auteur de plusieurs ouvrages d'éducation, après avoir souligné la prodigieuse mémoire de l'enfant de quatre ans[81]. La tendresse et la patience maternelles devront guider ces premiers apprentissages, qui resteront concrets, intuitifs et amusants pour respecter l'intelligence sensorielle et la gaîté du jeune enfant. La lecture sera apprise «sur les genoux de la mère», avec des lettres en bois, sculptées sur des boules, imprimées sur des cartes ou dessinées sur le sable, puis avec les fiches du bureau typographique inventé en 1733 ; le calcul sera enseigné avec des jetons, un jeu de loto ou des tableaux de traits[82]. Mais que faire si le bambin répugne à des activités qui interrompent ses jeux ? Choisir les moments où il est «disposé», assurent certains auteurs, comme Caroline Colbrant, Marie Chambon et Céline Fallet, puis le séduire par la promesse d'une récompense et les agréments d'un exercice qui lui permet de s'instruire «en jouant». Pas du tout, rétorquent d'autres pédagogues, parmi lesquels figurent Jeanne Campan, hostile aux jeux éducatifs, qui éloignent le marmot de «l'application», Adrienne Necker et Augustin-François Théry, opposés aux «dispositions capricieuses» du jeune élève. Il faut donner l'habitude du travail régulier à l'enfant récalcitrant en lui imposant, avec des encouragements affectueux, des leçons à heures fixes et sans perspective de récompense[83].

Plusieurs de ces consignes figuraient déjà dans les ouvrages des deux siècles précédents. C'est dire que les partisans de l'instruction précoce au XIXᵉ siècle réagissent encore largement comme leurs prédécesseurs. Leur ambition s'enracine dans la même volonté de profiter de la réceptivité du jeune enfant. Leurs programmes associent les mêmes exercices, de la répétition de quelques vers à la mémorisation d'une trentaine de fables, et du badinage instructif sur des objets à l'étude des rudiments. Leur préférence pour un enseignement concret, intuitif et distrayant, qui sollicite assez peu l'activité, obéit à la même logique empiriste. Mais leurs projets présentent aussi des traits originaux ou plus accusés. Les programmes d'étude, qui incluent généralement la lecture, l'écriture et la mémorisation de mots encore inintelligibles, sont devenus plus ambitieux. La leçon scolaire à heures fixes l'emporte sur la causerie enjouée et improvisée, sans que la majorité des auteurs ne se préoccupent de définir des étapes adaptées à la maturité présumée du petit élève[84]. Même si l'hétérogénéité des corpus interdit une comparaison chiffrée, on a l'impression que plusieurs auteurs du XIXe siècle se distinguent de leurs prédécesseurs en considérant davantage le jeune enfant comme un être capable de commencer des apprentissages réservés à ses aînés et en élaborant un système d'enseignement plus formel et plus contraignant.

Quel que soit le sexe du bambin, les moralistes et les médecins jugent indispensable l'action éducative de la mère, guidée par son instinct. Indispensable, mais pas toujours suffisante, estiment certains d'entre eux, qui prescrivent aux femmes d'observer attentivement le jeune enfant, de se mettre à l'école de la science et de laisser les hommes intervenir, eux aussi, dans la première éducation.

Les responsabilités pédagogiques des deux parents
Le journal d'observation du jeune enfant

Le devoir maternel n'admet aucun compromis. Tout au long du siècle, les pédagogues, les médecins et les ecclésiatiques dénoncent les femmes qui négligent, même temporairement, leur mission d'éducatrice en abandonnant leur bambin à des bonnes incompétentes. La vraie mère doit être toujours présente, car, pour éduquer un jeune enfant, il faut d'abord l'observer soigneusement.

> *« Il est étonnant que, tandis qu'on a porté dans les sciences d'observation une constance si admirable, on n'ait jamais étudié l'enfance méthodiquement [...]. Quelle source inépuisable de connaissances ne trouverait-on pas dans l'étude des petits enfants »*, *affirme Mme Necker, dès le début de son ouvrage, en précisant qu'elle a voulu décrire « aussi exactement [que] possible, la constitution morale de l'enfant à ses différents âges "et tirer" les résultats pratiques qu'offrent ces observations[85]. »*

Déjà préconisée par Fleury, Fénelon, Locke et, surtout, Rousseau, cette démarche séduit certains auteurs du début du XIXe siècle, qui proposent à leurs lectrices un mode d'observation exigeant du moins de six ans.

> *« J'exhorte vivement les jeunes mères à tenir un journal exact du développement de leurs enfants »*, *poursuit Mme Necker. « Il donnera de l'ensemble à leurs idées, de la fixité à leurs projets [...]. Je voudrais un journal véritable, où l'on prît acte de chaque progrès, où toutes les vicissitudes de la santé physique et morale fussent marquées, et où l'on trouvât, par ordre de date, la mesure d'un enfant dans tous les sens. Les mots, les idées, les connaissances, les sentiments, tout ce qui s'acquiert ou se développe serait consigné dans cet écrit[86]. »*

A la même époque, le pasteur Abbott, convaincu de l'importance des cinq ou des six premières années de la vie, invite les mères de famille à faire le même effort en relevant quotidiennement les traits du caractère de l'enfant, ses thèmes d'intérêt et les effets des leçons de morale et de piété. Des médecins étendent cette vigilance à l'hygiène : en 1869, le professeur Fonssagrives, conscient, nous l'avons dit, de la spécificité de chaque période de l'enfance, publie un *Livret maternel pour prendre des notes sur la santé des enfants*[87].

Plusieurs pédagogues conçoivent leur programme en suivant, à des degrés divers, la démarche qu'ils recommandent à leurs lectrices. Louis Jauffret, un auteur de littérature enfantine, place au début de son manuel, publié en 1806, le journal des attitudes, des réactions et des progrès de son fils, Adolphe, à un an, dix-huit mois, deux ans, deux ans et demi, trois ans, quatre ans, cinq ans et six ans. Pauline Guizot, dont le fils unique a onze ans lors de la parution de son ouvrage, en 1826, annonce, dans son introduction, un « inventaire [...] de quelques types d'éducation constatés » et plusieurs « idées » nées de l'observation[88]. Adrienne Necker, âgée de plus de soixante ans et atteinte de surdité lorsqu'elle rédige son premier volume, publié en 1828, se procure, auprès de ses amies plus jeunes, des informations dont elle souligne plusieurs fois l'authenticité. Grâce au témoignage de la duchesse de Broglie, nous pouvons imaginer le déroulement de l'enquête collective lancée par la pédagogue suisse :

> « *Je veux te demander de me rassembler toutes les observations que tu feras sur tes enfants, de m'écrire leurs petits progrès et tout ce que tu remarques* », écrit *Albertine de Broglie, le 3 novembre 1824, à son amie, Sophie Anisson-Duperron. « Je te dirai pourquoi. Madame Necker s'occupe d'écrire sur l'éducation (mais ceci est entre nous), je ne sais si elle imprimera jamais ; mais elle voudrait réunir beaucoup de détails sur les petits enfants [...] ; je suis sûre que tu nous en fournirais beaucoup, cela pourrait aussi t'amuser et être utile ; fais un journal de leurs petites actions, de leurs petits progrès*[89]. »

Ces deux jeunes femmes, mères de plusieurs enfants de moins de huit ans, sont des auxiliaires précieuses pour Mme Necker. « Je suis bien aise que tu prennes de l'intérêt à nous faire des recherches sur l'éducation, cela nous sera fort utile [...] ; nous en causerons beaucoup », écrit, quelque temps plus tard, Mme de Broglie à son amie, future co-fondatrice de la première salle d'asile parisienne, et qui trouve dans ce travail l'occasion d'utiliser une sollicitude maternelle aiguisée par la disparition, un an plus tôt, de son fils cadet.

L'intérêt de certains pédagogues du début du siècle pour l'observation du jeune enfant est très antérieur au mouvement des monographies biographiques, qui se multiplient surtout, à partir des années 1870, dans le sillage de la psychologie enfantine savante. Avant cette date, les monographies d'enfants sont très rares. Les observations de l'allemand Tiedemann, en 1782, sur son fils jusqu'à deux ans et demi sont publiées en 1787, mais seulement traduites en 1863. L'enquête d'Itard sur Victor, l'enfant sauvage, paraît en 1791. Le journal tenu par Pestalozzi, en 1772, sur son fils de trois ans et demi, est publié en 1828. La première biographie d'un tout-petit, en langue anglaise, réalisée par Emma Willard, paraît, en 1835, en annexe d'une traduction de l'ouvrage de Mme Necker. Le journal du Dr Héroard sur le petit Louis XIII est seulement édité, partiellement, en 1868. Les observations de Taine sur deux bambins de moins de trois ans sont publiées en 1876 ; celles que Darwin réalise, avant 1840, sur son fils jusqu'à trois ans, paraissent seulement en 1877[90]. Lorsqu'ils recommandent, cinquante ans plus tôt, de noter les progrès de l'enfant, y compris avant l'âge de raison, Louis Jauffret, Pauline Guizot ou Mme Necker obéissent à un réflexe de curiosité scientifique, hérité du XVIIIe siècle, pour la nature enfantine. Mais on peut supposer qu'ils réagissent aussi avec une sensibilité de parents ou de grands-parents, convaincus, par expérience, de l'intérêt de la seconde enfance. L'importance attribuée à cette période de la vie et à son étude conduit certains auteurs à juger insuffisants l'affection, la patience et le dévouement des mères.

Les contributions de la science et du père éducateur

Les hommes de l'art, de plus en plus mobilisés, depuis le milieu du XVIIIe siècle, contre les pratiques domestiques, ont pris les premiers l'offensive. Comme l'élevage du nouveau-né, l'éducation physique et morale de la *seconde enfance* exige, à leurs yeux, un apprentissage savant. Pour se poser en conseiller d'éducation familiale, ils s'adressent directement aux mères, auxquelles sont destinées, trois fois sur quatre, les ouvrages que nous avons recensés. Les moralistes sont longtemps restés plus nuancés. «La nature parle si haut chez les mères qu'il suffit [de] la seconder», explique Claire de Rémusat, en 1824, avant de suggérer simplement à ses lectrices de chercher quelques «détails pratiques» dans les ouvrages de Marie Edgeworth ou d'Élisabeth Hamilton[91]. Cinquante ans plus tard, lorsque la peur de la dépopulation, la révolution pastorienne et les exigences méthodologiques de la psychologie enfantine ont renforcé la volonté de diriger l'action maternelle, certains moralistes s'adressent aux femmes – et y compris à celles des milieux aisés – sur un tout autre ton. Dans un ouvrage intitulé *La Science de la jeune mère,* Julie Fertiault estime, en 1878, que les jeunes femmes aimantes et dévouées n'ont pas du tout été «préparées» à l'éducation de leurs enfants. Édouard Grimard, qui se réfère à Charles Darwin, à William Preyer et à Bernard Pérez pour expliquer l'intelligence enfantine et justifier les exercices fröbeliens, constate avec satisfaction, en 1889, que les «investigations des psychologues» viennent heureusement compléter la «divination des mères». Augusta Moll-Weiss, qui fonde à Bordeaux, en 1897, l'École des mères, rappelle, la même année, le réquisitoire d'Herbert Spencer contre «les suggestions des nourrices ignorantes [et] les préjugés des grands-mères». Dans un autre ouvrage, publié en 1909, elle se réfère aux *Études sur l'enfance,* de James Sully, pour prouver la nécessité d'apprendre très tôt à bien observer les bambins. Anna Lamperrière, la future secrétaire de la *Société d'éducation sociale,* présente, en 1898, comme une «coutume désastreuse» l'éducation selon la «voix du cœur». Mme Piffault, une directrice d'école normale qui dénonce le «préjugé de compétence» dont bénéficie les femmes, inclut, en 1908, tout ce qui concerne l'alimentation, les vêtements et la médecine du jeune enfant dans l'enseignement ménager[92]. Pour remédier aux carences et aux défauts des comportements spontanés, ces nouveaux théoriciens vulgarisent des principes d'hygiène, de psychologie et de pédagogie relatifs à l'éducation de la *seconde enfance,* qui reste cependant moins codifiée que l'élevage du tout-petit, soumis aux règles de la puériculture. L'idée se répand que l'éducation entre le sevrage et l'âge de raison ne relève plus seulement de l'instinct ou d'une vertu naturelle : elle exige, selon la formule de Julie Fertiault, «une longue expérience, secondée par l'étude et la réflexion[93]».

Concurrencée par les spécialistes, la mère affectueuse et vigilante le sera-t-elle également par son époux ? Les moralistes du Moyen Age considéraient le père du jeune enfant comme son nourricier et son protecteur et non comme son éducateur. Avec le même raisonnement, plusieurs auteurs du XIXe siècle écartent l'homme de la première éducation. Mme Campan, Mme de Gasparin ou Henri Nadault estiment, par exemple, que ses affaires l'accaparent trop à l'extérieur du domicile et qu'il est, de toute façon, dépourvu des qualités nécessaires. Jusqu'à l'âge de raison, conclut Henri Nadault, le père reste «passif» ; ensuite, il dirige ses enfants. C'est aussi l'opinion de Paul Janet, qui juge, en 1864, la parole paternelle «trop rude» et «trop grave» pour l'âge tendre, ou celle d'Ernest Legouvé, qui donne seulement au père, en 1869, un «rôle d'éducateur» lorsque l'enfant atteint sa septième année[94]. Certains pédagogues du XVIIe siècle invitaient, au contraire, l'homme à ne pas attendre l'âge de raison pour s'intéresser à sa progéniture. Cette interpellation du père s'amplifie à l'époque des Lumières, lorsque l'amour paternel, déjà présent, trouve sa «liberté d'expression», du moins à l'égard des grands enfants[95]. Par méfiance à l'égard des femmes, Rousseau exalte l'intervention du père, «véritable précepteur», ou, à défaut, celle du gouverneur, chargés l'un ou l'autre de contrôler la nourrice et la mère, et de tenir le rôle attrayant d'éveilleur des sens et de l'intelligence. On retrouve les mêmes recommandations au siècle suivant. Une dizaine de médecins, dont les ouvrages paraissent entre 1780 et 1810, puis entre 1870 et 1880, demandent au père de partager avec son épouse les joies et les soucis de la première éducation. En 1797, le Dr Jean-Marie Caillau abandonne aux femmes les soins physiques, mais il confie la formation morale aux deux conjoints. Mme d'Attily, l'héroïne de Pauline Guizot, adresse le journal de l'éducation de ses deux fillettes à son époux, un diplomate en poste à l'étranger, qui lui envoie, en retour, des remarques et des conseils. Le professeur Jean-Baptiste Fonssagrives, adepte de l'éducation par la causerie, insiste, en 1870, pour que l'homme complète l'action de son épouse dans cette «sorte de génération de l'esprit à laquelle elle ne peut longtemps suffire». A la fin du siècle, Édouard Grimard célèbre avec émotion les petits dialogues instructifs d'un père qui se promène, main dans la main, avec son bambin de cinq ans ou six ans[96].

L'intervention du père dans la première éducation obéit à la vision stéréotypée des rôles masculin et féminin. Pauline Guizot confie à l'homme la «portion virile» de l'éducation du jeune garçon, qui apprendra ainsi à grimper aux arbres sans danger. Paul Janet, malgré ses réserves, lui demande d'enseigner les aspects sévères et solennels de la religion, mais sans se départir de la bonté nécessaire au jeune âge. Théodore Braun lui conseille d'utiliser sa «fermeté» pour faire «contrepoids» à une tendresse maternelle souvent aveugle devant les fantaisies des enfants[97].

Les partisans d'une intervention paternelle dans la première éducation n'évoquent presque jamais ses effets sur le processus d'identification, qui peut commencer, avant six ans, au début de la résolution de l'Œdipe. Seule, Pauline Guizot décrit explicitement les aspirations du petit garçon à «égaler» cette «force supérieure» et à «[s'honorer] lui-même dans son père». A l'opposé, un auteur masculin considère seulement, en 1872, le plaisir de ses congénères, qu'il invite à jouer avec leurs enfants pour se détendre et pour se livrer à une gymnastique plus attrayante que la simple manipulation des boudins d'acier[98]!

Les recommandations des médecins et des moralistes représentent les pièces du puzzle le plus facile à reconstituer. Au-delà de ces discours normatifs, que peut-on entrevoir des comportements des adultes des classes aisées à l'égard du jeune enfant?

– V –

« Monsieur, Madame et Bébé »

Pour reconstituer la vie quotidienne du jeune enfant et apprécier les attitudes des adultes à son égard, il faudrait connaître le cadre de son existence, les personnes qui le prennent en charge, son emploi du temps, ses vêtements, son alimentation, les soins d'hygiène qui lui sont réservés et les réactions de son entourage devant sa maladie et sa mort. On ne pourra pas satisfaire une curiosité aussi poussée sans entreprendre une recherche autonome, et de grande ampleur, dans les mémoires, les journaux intimes, les correspondances privées, les inventaires après décès, les archives judiciaires, le courrier des lectrices de la presse d'éducation, la littérature et les arts plastiques et sur les objets usuels, les jouets et les publications destinés aux bambins de deux à six ans. Pour essayer de mieux comprendre les motivations des promoteurs de la salle d'asile, nous nous contenterons de brosser ici quelques grands traits de l'éducation dispensée aux jeunes enfants de l'aristocratie et de la bourgeoisie en complétant les témoignages des autobiographies, des journaux intimes, des correspondances et de la littérature enfantine par les conclusions d'autres travaux sur la presse pédagogique, les jouets et les représentations de l'enfant dans la littérature et la peinture.

« Messieurs » les jeunes enfants ?

« Nos mœurs ont subi un grand changement. Dans la plupart des familles aisées, l'enfant, autrefois nourri loin de ses parents, l'est aujourd'hui sous leurs yeux. [...] Je ne prétendrai assurément pas que les pères et les mères d'autrefois n'aimassent pas leurs enfants [...] ; mais ils les ont aimés autrement, et ont ignoré un grand nombre de ces sympathies que révèle la société du père et de l'enfant », assure Mme Guizot, en 1826. « [...] L'enfant élevé entre eux, but unique de toutes leurs pensées, recevra nécessairement et de très bonne heure toutes les impressions qu'il sera possible de lui communiquer. On occupera son attention : les premières lueurs de son intelligence seront mises à profit[1]. »

Pauline Guizot n'est pas la seule à penser que la pratique, nouvelle ou plus fréquente, de l'allaitement maternel ou le retour immédiat de l'enfant sevré permettent à certains parents de s'intéresser davantage au développement du nourrisson et du bambin qu'ils voient grandir sous leurs yeux. C'est aussi l'opinion, en 1808, de Jacques-Joseph Juge Saint-Martin, un ancien professeur d'histoire naturelle, retiré à Limoges, et qui oppose l'enfance des hommes de sa génération, envoyés en nourrice jusqu'à trois ans puis confiés à une domestique, à celle des marmots contemporains, nourris, « égayés et caressés » par leur mère. Même s'il faut nuancer les assertions d'un grand-père très sensible au charme et aux caresses des « aimables » gamins de trois ou quatre ans, le changement semble évident. D'autres témoignages ultérieurs accréditent l'idée d'une évolution dans l'accueil réservé au moins de six ans. En 1860, les Goncourt notent, dans leur journal, la promotion de l'enfant, exhibé tout « bambin » par des hommes, fiers de montrer leur progéniture. En 1863, Mme Colbrant-Micheneau, un auteur de plusieurs ouvrages d'éducation, affirme que la « mode » a « fixé » les enfants dans la famille pendant leurs premières années. En 1869, l'écrivain Ernest Legouvé résume par l'exclamation « Messieurs les enfants » la place grandissante prise, dès trois ou quatre ans, par des petits personnages que leurs parents tutoient et pleurent publiquement en cas de décès[2].

Les médecins n'ignorent pas ces sentiments. En 1786, Guillaume Daignan estime que l'enfant devient « intéressant » à partir de trois ans. En 1880, Jacques Bertillon signale la réduction de la mortalité entre un an et cinq ans, à « cet âge charmant, où tout est gracieux et naïf chez l'enfant, et où l'âge ingrat est loin encore ». A la même époque, le Dr Motais, professeur d'anatomie à l'École d'Angers, s'amuse du spectacle du bambin prématurément revêtu de sa culotte avant d'évoquer avec enthousiasme son comportement : « il est extrêmement intéressant de voir ces petits êtres [...] s'éveiller à la vie, d'observer leur curiosité sans cesse en mouvement, leur naïve surprise lorsqu'une impression nouvelle arrive à leur cerveau, leur façon si imprévue et toujours charmante d'exprimer des idées naissantes[3] ». Est-ce toujours l'homme de science qui parle ici ? Ou le père, ému par son jeune enfant ? En filigrane de ces déclarations, on entrevoit un véritable attendrissement devant un petit personnage dont les comportements diffèrent de ceux du nourrisson – qui suscite déjà la sympathie de certains praticiens – sans ressembler à ceux de l'enfant plus âgé.

La lecture en creux des critiques adressées aux parents apporte de nouvelles preuves de l'intérêt, parfois empreint de mignotage, porté au jeune enfant. Les médecins et les moralistes condamnent d'abord la sensibilité excessive au charme du marmot et la complaisance pour ses caprices. Après Jacques-Joseph Juge Saint-Martin, choqué par « l'ascendant » des bambins et « l'affection exaltée » des mères, Ernest Legouvé dénonce les « petits êtres de trois ou quatre ans, énervés par les soins et les gâteries » et « les petits bonshommes de sept ans, égoïstes [et] despotes[4] ». L'utilisation du marmot comme moyen de distraction irrite aussi les pédagogues, qui blâment « l'admiration ridicule » de certaines femmes pour les « petits parleurs » et la métamorphose des jeunes enfants, habillés selon la mode des adultes, en « bibelots curieux » que des mères vaniteuses exhibent dans leur salon[5].

Ces bambins gâtés et admirés sont-ils des consommateurs privilégiés des jouets, plus répandus à la fin du XVIIIᵉ siècle que le laisse supposer le silence de la littérature enfantine, et qui entrent, à partir des années 1850, dans la phase industrielle de leur histoire ? En attendant l'aboutissement des recherches de Michel Manson, on peut simplement noter une promotion de la poupée, dès le début du siècle et plus encore après 1860, dans la littérature enfantine et dans les traités d'éducation, et une diffusion, à partir de la fin des années 1870, des premiers animaux en peluche, très prisés par les plus petits[6].

Bien que ses conclusions soient largement déterminées par l'intérêt porté au seul nourrisson, l'étude de Pierre Caspard sur la volumineuse presse d'éducation fournit un autre éclairage utile. Les revues médicales et philanthropiques, qui cherchent à transformer les pratiques domestiques par l'action des pouvoirs publics et des associations, comme *Le Bulletin des crèches,* publié entre 1846 et 1859, connaissent «une brusque floraison» dans les années 1860-1870, à une époque où le nombre d'ouvrages d'hygiène infantile augmente lui aussi nettement. En revanche, les titres plus particulièrement destinés aux mères de familles, comme *Le Journal des jeunes mères et de leurs bébés,* paru entre 1873 et 1893, se multiplient seulement à partir des années 1880[7].

La peinture constitue une autre source d'information, même si, comme la littérature, elle ne reflète pas fidèlement le vécu d'une société. Louis Hautecœur remarque une «attention plus tendre [pour] les enfants», dès le début du XVIIIe siècle, dans certains tableaux de Nicolas Lancret (1690-1743) ou de Jean-Baptiste Chardin (1699-1779), puis dans ceux de Jean-Baptiste Greuze (1725-1805) ou de Mme Vigée-Lebrun (1755-1842), qui représentent des couples accompagnés de leur progéniture (y compris les plus petits, présents à la table familiale) et des mères, posant en compagnie de leurs bambins, jouant avec eux ou leur donnant des soins d'hygiène et des leçons de lecture ou de couture[8]. Au XIXe siècle, à côté des grandes œuvres, romantiques, réalistes et naturalistes, assez peu accueillantes à l'enfance, la tradition des tableaux de famille et des scènes enfantines se maintient aux Salons annuels des artistes grâce aux aquarelles et aux auteurs mineurs. «Suivez les Salons depuis 1816, depuis 1830, surtout, vous ne verrez que mères berçant leur enfant, jouant avec leur enfant, habillant leur enfant», assure un ouvrage paru en 1893 et qui date de la Monarchie de Juillet l'invasion du «petit être» et de la «grande poupée vivante», sans préciser dans quelle mesure le phénomène concerne le bébé et le jeune enfant[9]. En analysant les catalogues – non illustrés – de cette bourse de l'offre picturale que sont les Salons, Serge Chassagne a repéré, entre 1819 et 1902, deux mille œuvres relatives à l'éducation, du berceau à l'université. Quatre thèmes majeurs fournissent chacun plus de cent tableaux, soit plus de 5 % du corpus : le *jeu,* reconnu comme une activité spécifique de l'enfance, la *mère,* valorisée depuis le XVIIIe siècle, les *orphelins* et les *grands-parents,* symboles de la disparition possible des parents et du rôle de substitution des autres ascendants. Parmi les thèmes qui réunissent vingt à quatre-vingts tableaux, figurent le *nouveau-né* ou le *bébé* (74 occurrences), la *leçon de lecture* (51) et les *premiers pas* (24). On remarque la prédominance de l'éducation familiale, propre à séduire les acheteuses, un intérêt pour la singularité de l'enfant depuis sa naissance et pour ses premiers apprentissages, et la place réduite du père, mentionné seulement sur dix tableaux. L'homme figure davantage sur les gravures, les illustrations des ouvrages littéraires et les images de publicité, qui représentent souvent le bambin, ou auparavant le nourrisson, élevé à bout de bras par son père, debout auprès de son épouse. Inspirée par le tableau de Jean-Baptiste Huet, peint au siècle précédent, cette scène exprime à la fois la fierté de l'homme qui assume sa paternité dès les premières années de son rejeton et la confiance d'une famille nucléaire qui se projette dans l'avenir[10]. La même atmosphère imprègne des cartes postales du début du XXe siècle qui montrent des couples et un enfant unique, objet de soins attentifs[11].

Malgré leurs limites, les témoignages de la littérature ne doivent pas être davantage être négligés. L'enfant y « émerge » au-dessus du rôle traditionnel de comparse pittoresque ou pitoyable, constatent les spécialistes d'histoire littéraire. Introduit surtout par le Romantisme, qui en fait le symbole d'une humanité authentique, il s'affirme ensuite, avec Cosette et Gavroche, comme un nouveau personnage, parfois essentiel. A partir de la fin du siècle, des romanciers mineurs, comme Paul et Victor Margueritte, auteurs de *Poum, histoire d'un petit garçon,* publié en 1897, obtiennent un grand succès avec le nouveau genre des « scènes enfantines », qui racontent les faits et gestes d'un ou de plusieurs gamins dans un style pittoresque ou pathétique[12]. Ces conclusions éparses ne distinguent pas le cas du jeune enfant proprement dit. Faut-il supposer qu'il occupe obligatoirement une place très secondaire ? La comtesse de Ségur, qui crée plusieurs personnages de six à huit ans, dans lesquels peuvent se reconnaître ses plus jeunes lecteurs, n'accorde qu'une seule fois – dans *Les Malheurs de Sophie* – le statut de héros à leurs cadets[13]. D'après les exemples cités dans les ouvrages d'histoire littéraire, il faut attendre le début du XXe siècle pour voir des auteurs mettre en scène le jeune enfant et analyser sa découverte du monde à l'aide de leurs souvenirs personnels, d'observations et des conclusions de la psychologie enfantine[14]. Mais le moins de six ans avait déjà retenu indirectement l'attention de certains écrivains par le biais des relations que les adultes entretiennent avec lui. Deux ouvrages illustrent cette démarche : *Les Mémoires de deux jeunes mariées,* publié en 1842 par Balzac, et *Monsieur, Madame et Bébé*, publié en 1866 par Gustave Droz.

Balzac raconte l'expérience maternelle de la vicomtesse de l'Estorade, mariée par convenance et mère de trois enfants. D'abord effrayée par le « petit singe » qu'elle vient de mettre au monde – mais est-ce bien une mère qui parle ici ou l'homme qui tient la plume ? – Renée de l'Estorade découvre les «jouissances» de la maternité dès le premier sourire et la première tétée. Cinq mois après, le petit monstre s'est métamorphosé en «jolie créature»; un peu plus tard, les premiers pas et quelques «petits gestes gracieux» assurent une nouvelle promotion du marmot, qui n'est «plus seulement un organe qui tète, une vie brutale, mais une âme». A treize mois, après les premiers mots et une crise de convulsions, Armand est devenu une «idole»! Après deux autres maternités rapprochées, Renée de l'Estorade se dévoue, du matin au soir, au service de ces «rois absolus». Elle lave ses bambins, en les amusant pour mieux les nettoyer; elle les habille avec des vêtements amples et elle vérifie leur soupe; elle joue avec eux dès le réveil, lorsqu'ils montent sur son lit, et elle leur raconte des histoires; elle les embrasse, elle les promène, elle les endort, elle apaise leurs cauchemars et elle surveille leur santé. Mondanités et occupations personnelles sont devenues secondaires : «ma toilette dépend de leur humeur», écrit-elle à son amie, Louise de Macumer, qui préfère la galanterie à la maternité; «mes jours se ressemblent tous et se réduisent à deux événements : les enfants souffrent ou les enfants ne souffrent pas». Ce tableau des responsabilités maternelles montre aussi les occupations d'un garçonnet de quatre ans et demi et d'une fillette de trois ans :

Pour avoir un moment à moi [...], il faut qu'ils découpent les images de mes romances, qu'ils fassent des châteaux avec des livres, avec des échecs ou des jetons de nacre, que Naïs dévide mes soies ou mes laines à sa manière [...]. Mes deux enfants sont robustes, libres [...], il leur faut plutôt une liberté surveillée que des joujoux. Quelques cailloux [...], de petits coquillages, les merveilles du sable font leur bonheur [...]. J'examine Armand, il parle aux fleurs, aux mouches, aux poules, il les imite [...] ; [il] commence à demander le pourquoi de toute chose[15].

Mme Guizot dissertait sur les nouveaux liens tissés entre la mère et l'enfant; Balzac les met en scène et raconte leur vie quotidienne. Après le nourrisson, dont le charme est finalement reconnu, le bambin mobile et loquace est le second bénéficiaire d'une affection et d'une sollicitude, inspirée ici par l'éducation hygiénique, libérale et concrète chère à Rousseau et à d'autres auteurs des Lumières. Ni mari, ni père, à quarante-trois ans, Balzac a-t-il voulu compenser par l'écriture sa frustration personnelle d'enfant délaissé ? Une figure reste secondaire dans l'univers familial du roman : celle du père, qui s'émerveille, des heures durant, devant le spectacle de son héritier, mais qui n'intervient pas dans sa première éducation. Vingt-cinq ans plus tard, l'homme occupe un rôle de premier plan dans l'ouvrage de Gustave Droz, dont le titre sonne comme un manifeste en faveur de l'enfant unique : *Monsieur, Madame et Bébé*[16].

Contrairement à l'amour maternel, «sentiment inné», l'amour paternel serait un «calcul» inconscient, «résultat des circonstances». Si le nourrisson enthousiasme l'héroïne de Gustave Droz, aussi affectueuse que Renée de l'Estorade, il embarrasse le père par ses vagissements. Deux étapes permettent à l'homme de réussir son «apprentissage du métier de papa»: les premiers mots, «ce pa...pa» capable d'attendrir son destinataire, et surtout les transformations de la troisième ou de la quatrième année, lorsque «l'enfant devient un miroir dans lequel on reconnaît ses traits». Plus que le nourrisson ou le petiot de deux ans, c'est bien le jeune enfant, toujours dénommé «bébé», qui séduit et qui intéresse l'époux:

> *Lorsque le bébé atteint trois ou quatre ans, que son sexe apparaît dans ses gestes, dans ses goûts, qu'il fracasse ses chevaux de bois, éventre ses tambours [...], – qu'en un mot il est un homme – c'est alors que l'affection du père pour son fils devient véritablement de l'amour [...].*
> *Crottés, déguenillés ou pomponnés avec recherche; courant au grand soleil sur la route, et se vautrant dans la poussière, ou sautant à la corde au milieu des Tuileries, barbotant parmi les canetons déplumés qui font koui, koui [...], les bébés sont adorables [...]. Le bébé n'est point un être incomplet, une ébauche inachevée, – c'est un homme. Observez-le de près, suivez chacun de ses mouvements; ils vous révéleront une marche logique dans les idées, une merveilleuse puissance d'imagination qu'on ne retrouvera à aucun âge de la vie [...]. Quel travail immense ne font-ils pas en quelques mois! Percevoir les bruits, les classer entre eux, comprendre que certains de ces bruits sont des paroles [...].*
> *Ne riez pas trop des hésitations, des tâtonnements, des folies impossibles de cet esprit vierge, qu'un papillon emporte dans les nuages [...], qui comprend le gazouillement des oiseaux, prête des pensées aux fleurs et une âme aux poupées [...]. Sa vie est un rêve, et ses erreurs s'appellent poésie[17].*

Le sentiment paternel exprimé par Droz s'alimente à plusieurs racines: un réflexe d'orgueil devant une ressemblance physique et morale, une émotion devant le mimétisme d'un petit personnage qui veut faire «tomme papa» [sic], une admiration pour l'acquisition du langage et le développement intellectuel antérieur à l'âge de raison, un émerveillement devant le charme d'un bambin, ludique et animiste, reconnu dans sa particularité malgré les deux allusions à l'image de l'homme adulte. Le héros de Droz ne se contente pas d'admirer sa progéniture: il assume sa paternité au quotidien. Il réveille lui-même son «chéri» (la scène occupe une page), pour s'entendre murmurer «bonzou, petit pé»; il prépare la «bonne petite panade avec beaucoup de beurre dedans»; il raconte des histoires, il imite le coq et le chien, il joue au cheval, comme le feront Mauperin et Monsieur Parent, les héros respectifs des ouvrages des frères Goncourt (1864) et de Maupassant (1886); il répond, sans se lasser, à «mille questions impossibles»; il fait chauffer le soir la chemise de nuit du marmot devant le feu, il coupe ses ongles, il embrasse ses «chers petons». Et, comme cette intimité s'accommoderait mal de la sévérité paternelle, le père modèle s'efforce de gagner très vite l'affection de son rejeton pour obtenir sa soumission par la reconnaissance et par le sentiment[18]. Sans sous-estimer la fibre paternelle de l'auteur, on peut supposer qu'il force le trait en excluant la mère, quasiment reléguée dans un seul chapitre, des relations entre le père et le jeune enfant, et en attribuant à l'homme des gestes traditionnellement accomplis, et pour longtemps encore, par la femme. Cette sollicitude masculine est d'ailleurs ambiguë, puisque Gustave Droz s'adresse, avec une fierté explicite, à un enfant du même sexe sans que le cas de la fillette ne soit jamais envisagé. Son témoignage-fiction n'en reste pas moins intéressant, car, même si le père-auteur de trente-quatre ans applaudit à la première culotte du marmot, symbole de sa future maturité, et même s'il évoque avec complaisance l'image de l'adolescent ou du jeune adulte, il n'est jamais aussi prolixe ni aussi ému que lorsqu'il décrit ses tête-à-tête avec le bambin de trois ans à six ans. Sans lui attribuer un nom particulier, Droz présente la seconde enfance comme le premier terrain de rencontre privilégié de l'homme avec sa progéniture. Son ouvrage, qui ne met pas seulement en scène le jeune enfant, répondait à la sensibilité de son époque : publié en 1866, il atteint sa trente-cinquième réimpression vingt ans plus tard.

Le tableau serait incomplet si l'on n'écoutait pas les voix dissonantes, celles qui décrivent l'indifférence ou la relative négligence des adultes à l'égard de l'enfant au-dessous de l'âge de raison. «Si [les mères] tiennent [l'enfant] dans leurs bras, si elles le promènent, c'est avec le calme, le silence de la résignation à leurs devoirs ; les servantes, les mères, les remplissent, ces devoirs, avec exactitude, mais elles ne vont pas au-delà», assure un médecin de Laval, en 1808 ; «elles ne chantent pas, elles ne parlent pas à l'enfant [...] ; elles n'ambitionnent pas de développer ses sensations [...] par les agaceries de la tendresse maternelle[19]». Contemporaines des mères de Limoges, décrites par Jacques-Joseph Juge Saint-Martin, et des parents mis en scène par Pauline Guizot, ces femmes du Centre-Ouest affichent une autre conduite, qui n'associe pas une sollicitude pédagogique aux indispensables soins physiques. Certaines grandes bourgeoises du Nord offrent, à la même époque, l'image extrême de ce comportement : accaparées par leur travail dans l'entreprise familiale, elles se débarrassent de leurs responsabilités maternelles sur les nourrices rurales, puis sur les domestiques, enfin sur l'internat[20]. Si l'on en croit de multiples témoignages, cette attitude persiste tout au long du siècle. En 1850, Mgr Dupanloup dénonce ces familles aisées, «même chrétiennes», qui sacrifient leur «sainte mission» pour répondre à «la voix du monde». Quinze ans plus tard, à l'époque ou Ernest Legouvé note la nouvelle considération accordée aux enfants, le comte de Gasparin blâme ces «familles opulentes» où le mari est si absorbé par ses affaires, et la femme, par ses visites, qu'ils négligent leurs devoirs de parents. En 1889, et après avoir célébré les promenades instructives du «vrai papa» avec son bambin, Édouard Grimard déplore la rareté d'un geste que trop d'hommes négligent, par manque de temps et par incompréhension des capacités intellectuelles du jeune enfant[21]. En consultant à nouveau les sources littéraires, on pourrait citer à la barre Mme de Réan, incapable de prendre en considération le jeune âge de Sophie (1859), Mme des Ormes, la mauvaise mère mise en scène dans *François le bossu* (1887), le héros borné d'Octave Mirbeau, qui refuse de répondre aux questions de son marmot sous prétexte qu'il est «trop petit» (1887), et la mère coquette des *Images sentimentales* (1897), qui dispense de «rapides caresses» à son garçonnet[22].

Au-delà des généralisations discordantes, celles des contemporains comme celles des historiens, les attitudes des adultes à l'égard du jeune enfant doivent être appréciées au niveau des vécus individuels. Hommes ou femmes, les aristocrates et les bourgeois ne réagissent pas simplement comme des personnages sociaux : leur histoire personnelle, leur destin d'adulte, leur inconscient, déterminent leurs comportements. Pour diversifier les exemples, nous avons d'abord consulté soixante-quinze autobiographies, une source très accessible mais toujours élaborée *a posteriori* et gâtée, quelquefois, par l'autocensure, l'oubli ou l'excès d'imagination[23]. Nous avons complété ces récits avec sept journaux intimes[24] et quatre correspondances, des témoignages plus rares mais plus spontanés et plus proches du quotidien. Vingt-sept des interlocuteurs retenus appartiennent à la noblesse, huit – avec les réserves qu'impose toute classification socio-professionnelle fondée sur la seule identité du mari – à la grande bourgeoisie, vingt-trois, à la moyenne bourgeoisie et vingt-quatre, à la petite bourgeoisie. Leurs écrits concernent, à des degrés divers, cent neuf enfants, dont trois sont nés entre 1715 et 1750, trente-cinq entre 1750 et 1800, cinquante-cinq entre 1800 et 1850, et seize entre 1850 et 1914.

Entre le monde des tout-petits et l'univers des grands

Les témoignages abondent sur les absences de la mère et, plus encore, sur celles du père dans l'existence du bambin. Talleyrand, né en 1754, est laissé chez sa nourrice, dans un faubourg de la capitale, jusqu'à l'âge de quatre ans, envoyé chez sa bisaïeule jusqu'à huit ans, puis ramené à Paris et installé au collège de Harcourt sans être conduit chez ses parents. Chateaubriand, né en 1768, est placé en nourrice jusqu'à trois ans, puis «abandonné aux mains des gens». Ce comportement aristocratique traditionnel voit plus dans l'enfant le continuateur d'une lignée qu'un objet d'affection. «Des soins trop multipliés auraient paru de la pédanterie ; une tendresse trop exprimée aurait paru quelque chose de nouveau, et, par conséquent, de ridicule», commentera ultérieurement Talleyrand pour expliquer les choix de ses jeunes parents, installés à Versailles[25].

Cette attitude distante existe au XIXe siècle, y compris en dehors de l'aristocratie. Il faut dire que certaines femmes de la bonne bourgeoisie, que la baronne

Staffe compare, en 1896, à des «locomotives sous pression», sont très occupées. L'administration de leur maison, les déplacements chez les fournisseurs, les multiples visites, le courrier et les dîners leur laissent peu de temps – et d'énergie – pour s'occuper personnellement et attentivement des jeunes enfants qu'elles ont confiés à des domestiques. Les plus fortunées engagent une bonne spécialisée, qui n'est autre, parfois, que l'ancienne nourrice sur lieu, ou une nurse anglaise, auxquelles succède, lorsque le bambin atteint quatre ou cinq ans, une institutrice à demeure qui commence son instruction[26]. Certains pères entretiennent des relations très épisodiques avec leur jeune enfant. Edgar Quinet, né en 1803 et fils aîné d'un commissaire des guerres, ne reçoit aucune marque de tendresse de son père, agacé par le bruit, et qui l'envoie passer l'hiver, à l'âge de quatre à sept ans, chez un professeur de mathématiques. Jules Simon, né en 1814, et la future comtesse d'Armaillé, née en 1830, font des expériences voisines dans des milieux sociaux différents. Le premier, dernier-né d'un commerçant breton installé à la campagne après de mauvaises affaires, souffre de la «taciturnité» d'un père qui le prend quelquefois sur ses genoux, mais qui le repose silencieusement à terre dès qu'il lui pose une question. La seconde, fille de Philippe de Ségur, un ancien général d'Empire très absorbé par son travail d'historien, doit attendre les repas pour rencontrer un père qui regarde ses enfants «un instant» et qui les fait parfois jouer, mais sans les embrasser en dehors des «grandes occasions». Une bourgeoise parisienne, née à la fin du siècle, éclaire peut-être ce comportement masculin en expliquant que son mari ne s'était pas intéressé à ses sept enfants avant de les «découvrir» à leur onzième ou à leur douzième anniversaire et de nouer alors avec eux des rapports d'adulte[27].

Le recours à des mains mercenaires ou, s'ils existent encore, aux grands-parents, ne prouve pas obligatoirement une indifférence à l'égard du jeune enfant. Les douze dames de la bourgeoisie parisienne, nées entre 1876 et 1907, et interrogées par Anne Martin-Fugier, précisent que leurs domestiques les aidaient sans les remplacer. Ces femmes, qui n'étaient pas des bourgeoises mondaines, à proprement parler, s'occupaient personnellement de leur bébé, qu'elles l'aient ou non allaité, puis de leur jeune enfant[28]. Parfois, c'est le destin ou la force des choses qui imposent la séparation des parents et de leur bambin. Orphelin de mère à deux ans et de père, un professeur du Collège de France, à cinq ans, Ernest Legouvé, né en 1807, est élevé avec tendresse par sa grand-mère maternelle, qui s'efforce d'associer le souvenir des deux défunts à ses leçons de morale. Georges Haussmann, né en 1809, est le fils d'un commissaire des guerres qui habite dans le faubourg Saint-Honoré. La constitution fragile du bambin inquiète ses parents, qui le placent, jusqu'à sept ans, chez ses grands-parents, installés à Chaville, pour lui permettre de profiter de l'air de la campagne[29].

Dans d'autres circonstances, plusieurs personnes se partagent, avec les parents, l'éducation du jeune enfant. Augustin de Rémusat, un ancien magistrat nommé préfet du Palais en 1802, se contente de distraire un peu son fils aîné : « il ne me parlait guère, mais me faisait sauter de toutes les manières, et m'amusait sans beaucoup m'occuper de lui », rapporte Charles, né en 1797, lorsqu'il raconte sa quatrième année. Âgée de dix-sept ans à sa première maternité, la mère intervient davantage dans la formation du bambin : elle lui donne une première éducation religieuse simplifiée, en composant une prière pour son usage, elle lui enseigne la lecture dès quatre ans, elle lui raconte la guerre de Troie et elle lui apprend des fables et des vers de Racine. Aggravé par la naissance, en 1801, d'un enfant mal conformé, le tempérament dépressif de Mme de Rémusat perturbe ensuite ses relations avec son fils aîné : « malgré sa tendresse, conclut ce dernier, elle m'intimidait ». Finalement, c'est avec sa bonne et les autres domestiques, qui lui racontent la vie de sa famille sous l'Ancien Régime, et, surtout, avec sa grand-mère maternelle que le tout jeune Charles se sent le plus à l'aise. D'une humeur très gaie, malgré l'exécution de son mari sous la Terreur, cette grand-mère railleuse et sceptique amuse et gâte son petit-fils de moins de six ans, au grand regret de sa propre fille, mais sans négliger la formation de son caractère : « tout en me disant mille folies, elle me parlait raison, me disait des choses au-dessus de mon âge, pour voir comment je répondrais, et je saisis d'assez bonne heure ces distinctions entre un excès et un autre[30] ».

Pauline Roland fournit un autre exemple de sollicitude maternelle à l'égard du gamin sevré qui n'a pas encore atteint l'âge de raison. Née en 1754, d'un père graveur parisien, Pauline Phlipon acquiert une culture étendue dès la seconde enfance, auprès de ses parents et de maîtres privés, puis grâce à ses lectures et à la fréquentation assidue de ses amis médecins. D'après son témoignage, sans doute un peu exagéré, elle savait lire à quatre ans, elle recevait, dès cinq ans, des leçons d'écriture, de géographie, d'histoire et de dessin, et elle « dévorait », après sept ans, tous les livres qu'elle trouvait. Mariée, en 1780, à Jean-Marie Roland, inspecteur des manufactures, elle accouche, le 4 octobre 1781, d'une fille baptisée Eudora, qu'elle allaite et qu'elle soigne elle-même en utilisant son bon sens pour sélectionner les préceptes de Rousseau et ceux des médecins[31]. Les nombreuses lettres qu'elle envoie à son époux, pendant ses tournées d'inspection, et à leur ami commun, le naturaliste Bosc d'Antic, révèlent son attitude à l'égard de sa fillette entre deux et six ans[32]. Pauline Roland adore son « petit poussin », son « diablotin », son « petit loup ». Elle supporte mal les séparations imposées par ses voyages et elle souffre de ne pas être reconnue, dès son retour, par une gamine de trois ans. Cette tendresse inquiète se reporte sur la santé de l'enfant. Persuadée des bienfaits de l'hygiène, Mme Roland surveille la mine, la digestion et l'apparition des vers. Elle traite les petits maux avec son propre savoir médical, car elle redoute les traitements que les hommes de l'art imposent sans nuances aux adultes et aux enfants. Au-delà du corps, sa sollicitude possessive entreprend de former le cœur et l'esprit :

« Sachez qu'Eudora [alors âgée de cinq ans et six semaines] lit bien », proclame, le *10 novembre 1786, la mère à son ami Bosc ; « [qu'elle] commence à ne plus connaître d'autres joujoux que l'aiguille, s'amuse à faire des figures de géométrie [...], se croit belle quand on lui dit qu'on est sage et qu'elle a une robe bien blanche [...] ; qu'elle trouve sa suprême récompense dans un bonbon donné avec des caresses, que ses caprices deviennent plus rares et moins longs, qu'elle marche dans l'ombre comme au grand jour, n'a peur de rien et n'imagine pas qu'il vaille la peine de mentir sur quoi que ce soit...*[33]* »*

Portrait effrayant que celui de cet enfant parfait que Pauline Roland a voulu fabriquer en commençant à enseigner à sa fillette l'alphabet à trois ans, les chiffres à quatre ans, le solfège, le piano et la botanique à quatre ans et demi. Portrait effrayant mais inexact, car, comme l'avoue l'orgueilleuse mère lorsqu'elle ne veut pas impressionner son correspondant, la vraie Eudora ne correspond pas au modèle. Elle « baille » sur tous les livres à trois ans et demi et, plus tard encore, sur le clavecin ; elle lit mécaniquement et sans enthousiasme à six ans ; elle se conduit avec effronterie et elle préfère courir dans le jardin au lieu de demeurer « bien blanche et bien droite » au salon. Ni le pain sec ni la prison, utilisés dès l'âge de trois ans et demi, ni le fouet, donné dès la cinquième année, n'ont d'effets sur la gamine, si ce n'est de lui faire préférer, dit-elle à cinq ans, un père jugé plus caressant et plus conciliant[34] !

L'héritière des Roland était-elle particulièrement difficile ? En prenant du recul sur les doléances maternelles, nous découvrons une fillette moyennement intelligente et trop pétulante pour supporter l'atmosphère studieuse qui lui est imposée. C'est chez les parents d'Eudora – et surtout chez la mère – que se trouve la cause des problèmes posés par l'éducation de l'enfant. Dépourvus, l'un et l'autre, de neveux vivants, Mme Roland, mère à vingt-sept ans, et son époux, père à quarante-sept ans, ne fréquentent pas d'autres enfants en dehors de cette fille *unique*. Or Pauline Roland n'est pas une femme ordinaire. Intelligente, cultivée et ambitieuse, elle ne peut pas s'affirmer socialement, à cause de son sexe, en pratiquant la médecine dont elle connaît plusieurs principes, et elle ne réussit pas davantage à obtenir des lettres d'anoblissement pour son époux. En cristallisant ses aspirations et ses frustrations sur sa fillette, elle parasite l'image réelle d'une gamine de deux à six ans par l'image fantasmatique d'un adulte en miniature, paré de tous les talents. Malgré sa tendresse, elle nie l'enfance de sa jeune enfant. Plus réaliste et plus indulgent, Jean-Marie Roland reste trop soumis à son épouse pour apporter un contrepoids suffisant. Les contraintes de l'éducation maternelle sont une autre source de difficultés pour une femme qui a voulu reprendre ses occupations intellectuelles, « agréables et chères », aussitôt après le sevrage.

« Tous ceux qui ont fait des traités d'éducation n'ont jamais considéré l'homme de cabinet ou de telle profession, mais le père ou la mère sous les seuls rapports de ce titre et uniquement occupés à en suivre les devoirs [...] », écrit-elle à son mari le

1er décembre 1787. «Mais il faut particulariser les cas : tu as des travaux à suivre, et je suis trop heureuse de pouvoir t'aider en cela, car je suis épouse autant que mère, et avant de l'être devenue». L'épouse disponible n'en reconnaît pas moins les inconvénients du dispositif destiné à garantir la tranquillité des deux parents : «Dans un cabinet, entre deux bureaux où règnent l'application sévère, le silence absolu, il est tout simple que l'enfant s'ennuie, surtout si, lui défendant jusqu'au chant ou à un petit babillage, par lequel il cherche à se dédommager de ne pouvoir adresser la parole à personne, on le contraint encore à faire telle ou telle chose qui demande quelque attention[35].»

Inspirée par la relecture de *La Nouvelle Héloïse* et par la conscience d'un échec pédagogique, cette très belle lettre est, selon le propre mot de l'auteur, un véritable «*mea culpa*». Mme Roland se reproche sa rudesse, son désir d'instruction anticipée et son incapacité à éveiller la sensibilité d'Eudora. Regrets sincères, regrets tardifs, regrets fragiles... Quelques mois plus tard, la mère pointilleuse clame son amertume et demande à l'un de ses correspondants de l'aider à «vaincre [...], le caractère indocile [et] la trempe insouciante[36]» de son enfant. Lorsque sa lucidité l'emporte, Pauline Roland comprend qu'il est impossible de transformer une gamine de six ans en adulte studieuse et d'appliquer certaines théories pédagogiques sans être soi-même totalement disponible. Elle vit une contradiction insurmontable entre son exigeant projet d'éducation maternelle, qui l'empêche de trop se reposer sur ses domestiques, et son goût de femme des Lumières pour des activités intellectuelles qui ne s'accommodent pas de la présence et des besoins d'un jeune enfant. Après le placement d'Eudora, à huit ans, chez un pasteur puis chez les Visitandines, la Révolution fournira à l'égérie des Girondins l'occasion de satisfaire momentanément ses ambitions, mais, cette fois, sur un terrain personnel et public.

Lectrice passionnée de Rousseau et de l'Évangile, Mme Jullien, épouse de l'ancien gouverneur du fils aîné du duc de Rohan, devenu propriétaire dans la Drôme, se sépare elle aussi de son premier modèle en valorisant l'instruction précoce. Elle tient un journal des activités et des progrès de ses deux enfants (Marc-Antoine, né en 1775, et Auguste, né en 1779), dont elle s'efforce de développer, bien avant l'âge de six ans, la force morale et, nous en reparlerons, les connaissances scolaires[37].

Sans négliger l'instruction de ses quatre filles, Mme de Lamartine (1767-1830) ne lui attribue pas les mêmes enjeux, car son beau-frère, l'héritier célibataire de la fortune familiale, doit laisser de belles dots à ses nièces. Fille de l'intendant du duc d'Orléans et de la sous-gouvernante des jeunes princes, elle a épousé un cadet peu fortuné et donné naissance, entre 1790 et 1802, à six enfants (dont le futur écrivain Alphonse, né en 1790), qu'elle nourrit elle-même. En 1801, et pour mieux assurer l'éducation de ses bambins, alors âgés de neuf mois, deux ans, cinq ans et demi et sept ans, elle décide de lire des ouvrages de

Mme de Genlis et de s'adresser, pendant l'hiver, à des maîtres privés de Mâcon. Grâce à son journal intime, on peut l'imaginer, pendant la belle saison, accaparée par sa petite famille dans sa maison de Milly ou au château de Saint-Point. Elle conduit ses enfants à la messe et à des visites charitables ; elle les promène à travers la campagne, dont elle commente le paysage ; elle raconte des histoires édifiantes aux plus petits et elle leur apprend l'alphabet et les fables de La Fontaine[38].

Ce sens des responsabilités maternelles se retrouve chez la duchesse de Broglie, née Albertine de Staël (1797-1838), épouse d'un ministre important de la Monarchie de Juillet. Grande amie d'Émilie Mallet et de Sophie Anisson-Duperron, cette autre représentante de la haute société protestante s'est intéressée à la fondation des premières salles d'asile. Mariée en 1816, à dix-huit ans, elle donne naissance, entre 1817 et 1834, à cinq enfants dont trois survivront. Ses lettres révèlent son admiration pour la beauté de sa progéniture et sa prédilection pour le bambin qui succède au nourrisson : «tu seras fortement reprise par la grâce de l'enfance à l'âge de deux ans» écrit-elle, en automne 1824, à Sophie Anisson-Duperron, mère pour la troisième fois, «mon petit Albert devient bien gentil ; cet âge de deux ans a une grâce ravissante qui ne se retrouve plus après ; tous les mouvements, toutes les paroles, ont un charme indéfinissable». Cette tentation du mignotage n'exclut pas les préoccupations pédagogiques. Malgré ses obligations mondaines, qui l'obligent à utiliser des mains mercenaires, Albertine de Broglie tient à s'occuper de sa progéniture et de son jeune frère, Alphonse, par affection, par sens du devoir et pour lutter contre un tempérament dépressif antérieur à la disparition, en 1831, de sa fille aînée, Pauline, à l'âge de quatorze ans. Elle observe attentivement ses enfants et elle commence, en 1821, un journal de l'éducation du petit Albert ; elle participe, en 1824, à l'enquête déjà citée de Mme Necker sur les comportements enfantins ; elle complète son instruction et elle cherche des conseils chez Fénelon, Bernardin de Saint-Pierre ou Mme d'Épinay[39].

C'est parfois la cruauté du destin qui suscite ou qui renforce l'intérêt de la mère pour sa progéniture. Après sa promenade dans le bois de Boulogne, le troisième descendant de la duchesse de Galliera (1812-1888) est systématiquement introduit dans le salon familial :

> *Le gros enfant traversait ce cercle, conduit par une bonne anglaise qui lui disait, sans être trop écoutée, «mind say good morning to M. Thiers or to M. Mignet». Puis, on voyait sa mère [...] se diriger vers une petite table [...]. Il fallait la voir tourner, retourner, réchauffer, une soupe particulière, une espèce de panade dont elle ne donnait pas volontiers le secret, et qu'elle servait de sa main à son fils, qui la dévorait avec un extrême empressement, et disparaissait ensuite par une porte dérobée avec sa gouvernante[40].*

Mariée très jeune, Mme de Galliera a perdu ses deux premiers héritiers avant la fin de leur adolescence. La santé de son troisième enfant, né en 1850, devient l'obsession de cette femme de trente-huit ans, qui cherche à fortifier cet unique rejeton par des sorties quotidiennes au grand air et par une alimentation spéciale.

Les mères ne sont pas les seules à se préoccuper du sort et de l'éducation des bambins. L'existence du petit Lucien Biard, né en 1827 à Versailles, montre l'intervention des deux parents, aisés et cultivés, dans l'éducation du jeune enfant. En 1831, Lucien est ramené au domicile familial après être resté quatre ans chez une nourrice normande, choisie, par précaution, dans le village de sa grand-mère maternelle. Pendant ce séjour à la campagne, prolongé à la demande de l'aïeule, ses parents lui rendaient visite tous les trois mois. Sa cadette d'un an et demi connaît le même destin. Après avoir été élevée, jusqu'à trois ans, dans le village de sa grand-mère paternelle, en Picardie, elle revient à Versailles six mois après son frère. Disponibles et affectueux, les deux parents, âgés de vingt-six ans et de vingt ans, se montrent d'abord très maladroits avec un marmot pleurni- chard qui réclame sa nourrice et qui se tait quand son patois normand déclenche l'hilarité. Caresses, joujoux ou menaces ne peuvent en venir à bout. C'est finale- ment la jeune bonne de dix-huit ans, forte de l'expérience acquise auprès de ses frères et de ses sœurs, qui apprivoise le sauvageon et qui lui fait accepter sa famille naturelle en le promenant tous les jours dans les jardins publics. Élevés dans l'intimité d'un père et d'une mère qui s'occupent beaucoup d'eux, Lucien et sa sœur se transforment en bambins proprets, aux ongles courts, capables d'utiliser une fourchette ou un mouchoir et de s'exprimer en français. Professeur de civilités, Mme Biard emmène son fils en visite, dès qu'il est présentable, et elle lui apprend, avec la lecture, des compliments pour la fête de son père et pour la cérémonie du jour de l'an. Dispensateur de savoir et autorité suprême, M. Biard cherche à développer le courage du bambin ; il répond à ses interminables ques- tions pendant leurs promenades en tête-à-tête, et il le fouette lorsqu'il découpe, à six ans, les rideaux du salon[41]. Le destin du petit Lucien illustre l'un des itiné- raires d'une première éducation bourgeoise. Pendant les deux ou trois premières années de la vie, la formation physique, jugée prioritaire, est confiée sous sur- veillance à des mains campagnardes et mercenaires. Ensuite, les parents assurent eux-mêmes l'acculturation au mode de vie bourgeois et la première instruction jusqu'à ce que les nouveaux besoins, moraux et intellectuels, de l'âge de raison ne les incitent à placer le garçon en pension.

L'affection et la sollicitude du père se retrouvent chez le général Junot, marié, en 1800, à vingt-neuf ans, et père, entre 1802 et 1810, de quatre enfants vivants. «J'envie les heures du jour où tu peux voir, soigner et embrasser tes enfants», écrit- il à sa femme, en 1812, de son quartier général de Russie. Dans ses lettres poignantes, l'officier s'inquiète du sevrage et de la dentition d'Alfred ; il interroge son épouse sur la croissance des deux filles ; il exprime sa joie devant le portrait, en lancier polonais, de son fils aîné âgé de cinq ans. Quelques mois avant la crise de folie qui le poussera au suicide, en 1813, le duc d'Abrantès peut enfin revoir sa progéniture : ses enfants l'entouraient, raconte son épouse, «l'embrassant, lui baisant les mains, lui grimpant sur les épaules». Même si l'emphase et le lyrisme de Laure Junot la conduisent à forcer un peu le trait, on peut imaginer l'émotion de ce militaire, affligé par ses blessures et heureux de se retrouver parmi les siens[42]. Deux autres officiers, le père d'Alexandre Dumas (né en 1802) ou celui d'Aurore Dupin, la future George Sand (née en 1804), témoignent eux aussi une grande inclination pour leurs bambins. Ravi de la naissance d'un fils, neuf ans après celle d'une fille, le général Dumas, venu consulter Corvisart pour une grave maladie, emmène son rejeton de trois ans dans ses promenades et ses visites. Pendant ses rares permissions, l'aide de camp de Murat encourage, au grand regret de son épouse, les caprices de sa fillette Aurore, âgée de trois ans puis de quatre ans ; il lui fabrique des pantins avec sa serviette et il la porte, «sans honte», dans ses bras sur les boulevards[43].

Victor Hugo offre un autre exemple de tendresse masculine pour le jeune enfant. Après la naissance de son petit-fils, Georges, le 16 août 1868, et de sa petite-fille, Jeanne, le 29 septembre de l'année suivante, le célèbre écrivain devient une véritable «bonne d'enfants», selon ses propres termes, et l'historiographe fidèle des deux marmots. Il note leurs premiers mots et leurs premiers pas ; il s'inquiète de leurs moindres indispositions ; il joue avec eux ; il leur invente des histoires ; il leur montre des ombres chinoises ; il les conduit au Jardin des Plantes et il leur donne leurs premières leçons. Sensible dès les premiers mois, cet intérêt affectueux augmente lorsque la disparition des deux pères (Charles, en 1871, et François, en 1873), trente ans après celle de Léopoldine, ne laisse au vieil homme de soixante-dix ans que ses deux «chers petits». Publié en 1877, *L'Art d'être grand-père* exprime à la fois l'amour nostalgique d'un père pour l'image de ses deux fils disparus et l'attendrissement du patriarche devant les «marmots triomphants» qui le rattachent à la vie[44].

On n'en aurait pas moins tort de réduire la sollicitude masculine à l'égard du jeune enfant au réflexe d'un vieillard éprouvé ou à la consolation d'un militaire expatrié : cette attitude existe chez des hommes plus jeunes et vivant à leur foyer. En 1784, pendant un voyage de sa femme à Paris, Jean-Marie Roland, âgé de cinquante ans, se comporte comme une vraie mère avec sa fille de deux ans et demi. Il la promène, la distrait, la câline, l'installe à sa table et tente, sans grand succès, de la rendre propre pendant la nuit. Pendant les maladies du petit Jules Michelet, né en 1798, son père, un imprimeur obligé d'aller chaque jour à son travail, relaie sa femme, la nuit, pour alimenter l'enfant ; il le place dans le lit conjugal, le matin, pour l'apaiser et il lui compose des chansons. Au début des années 1880, Eugène Boileau, un jeune bourgeois républicain et libre-penseur, accueille lui aussi dans le lit conjugal ses fillettes, dont la plus jeune n'a pas encore trois ans, venues chercher les caresses de leurs parents[45].

Même s'ils ne négligent pas le tout-petit, certains hommes s'intéressent davantage à l'enfant plus grand, mieux formé et qui commence à parler. Ancien polytechnicien et administrateur des Ponts-et-Chaussées, Ernest de Franqueville (1809-1876) consacre ses rares loisirs à son épouse et à son fils unique, Charles, né en 1840, dont il surveille la santé et dont il apprécie la gaîté, puis, à partir de la troisième année, les «idées originales [...] et, surtout, les tours de phrase». Le grand-père Hugo s'émerveille devant *Petite Jeanne,* apte à «jaboter» dès quatorze mois et «de plus en plus adorable» trois mois plus tard, et devant *Petit Georges,* bavard, «beau, puissant et charmant» après le développement «prodigieux» accompli entre deux ans et trois ans[46]. A la même époque, le médecin Paul Lafargue, âgé de vingt-huit ans, est encore plus enthousiaste lorsqu'il décrit à son beau-père, Karl Marx, son fils aîné Étienne, dit *Schnaps,* proche de ses deux ans :

> «*On ne saurait imaginer quel changement s'est produit dans le petit bonhomme depuis ces quelques jours ; il est rond, gras, il se remue comme un vers coupé, il se fourre dans l'eau, barbote dans la poussière, lèche la terre [...]. Pendant toute la durée de ces exercices plus ou moins malpropres, mais dans lesquels il met toute sa joie, il s'accompagne de chants, de cris, les uns plus charmants que les autres : tata, mama, baba, gragrakaka, gaga, maniloula, à r'voir, à boire, nanan !» (juillet 1870).*
> «*Le petit Schnaps est plus gai et plus gentil que jamais. Je voudrais que vous le vissiez, vous en seriez fou. Il commence déjà à mentir ; l'autre jour, on lui avait donné du pain et on lui avait défendu de le donner au chien, ce qu'il s'est empressé de faire ; et quand on lui demandait ce qu'il en avait fait, il répondait : mangé, mangé» (janvier 1871)*[47].

Envoûtement du père par son fils aîné, joyeux et vigoureux ? Grande complaisance à l'égard d'un enfant unique après le décès de la cadette en 1870 ? Choix délibéré d'une première éducation très libérale en réaction contre l'austérité bourgeoise ? La tolérance de Lafargue pour la malpropreté et pour les mensonges du marmot tranche avec le discours dominant des membres de sa profession et de sa classe.

L'emploi du temps du jeune enfant est une autre source de renseignements sur les attitudes des adultes à son égard. Le témoignage précis de la comtesse Célestine d'Armaillé, fille de l'ancien général de Ségur et de la comtesse Greffulhe, remariés après leurs veuvages respectifs, permet d'entrevoir le déroulement des journées de deux jeunes aristocrates parisiennes sous la Monarchie de Juillet : Célestine, née en 1830, alors que le premier enfant du couple, un garçon, vient de mourir à l'âge de quatre ans, et sa cadette, Laure, née en 1832. Élevées dans la même chambre, près de l'appartement de leur mère, âgée, en 1830, de quarante-trois ans, les deux fillettes sont réveillées à huit heures du matin. Après avoir dit leurs prières, en anglais lorsqu'elles commencent à l'apprendre, elles revêtent leurs robes blanches sans manches, selon la mode anglaise, elles déjeunent, puis elles jouent dans le jardin ou, s'il fait mauvais temps, à l'intérieur avec des ménageries et des poupées. A partir de quatre ans, elles commencent l'étude de la lecture puis celle de l'écriture, peut-être sous la direction de leur mère. A onze heures, Philippe de Ségur, plongé dans ses livres depuis quatre heures du matin, son épouse, les enfants et le précepteur des garçons dînent ensemble dans une petite pièce, puis ils passent tous dans la bibliothèque où les rejoignent quelques proches. Les fillettes restent avec les adultes jusqu'à l'arrivée de leur tante, la baronne de Girardin, qui n'a pas d'enfants et qui ne goûte guère leur présence. Quel que soit le temps, elles partent ensuite se promener aux Champs-Élysées ou aux Tuileries – un usage hérité de Rousseau, précise la comtesse – sous la surveillance de la bonne et d'un valet de pied. A seize heures, toute la famille se retrouve pour le souper. Quelques distractions spéciales s'ajoutent à ce programme : une séance de théâtre à domicile, à laquelle Mme de Ségur invite ses neveux et ses nièces, un goûter et des jeux chez l'une de ses amies, un bal d'enfants, chez des aristocrates ou aux Tuileries, et auquel les deux fillettes assistent, somptueusement vêtues, avant même de savoir danser[48]. Nous sommes moins bien renseignés, hélas, sur les occupations d'autres enfants de moins de six ans, qui appartiennent à d'autres strates des classes aisées. Le petit Charles de Rémusat, né en 1797, découpe des images des généraux d'Empire. Aurore Dupin, née en 1804, et sa cousine, élevées dans un château à la campagne, organisent dans les champs des combats avec des « coursiers imaginaires et des sabres invisibles ». Ernest Lavisse, né en 1842 et fils d'un ancien clerc de notaire devenu marchand de nouveautés dans une ville de l'Aisne, s'amuse dans les rues et dérobe des pommes. André Siegfried, né en 1875, et dont le père, un riche négociant, est élu maire du Havre en 1878, dispose d'une grande « chambre à jouer », précédée d'un couloir propice aux glissades. Jacques Chastenet, né en 1893, passe beaucoup de temps avec ses soldats de plomb[49]. L'existence de ces bambins associe les jeux, les promenades, les premières leçons et les premières formes d'initiation à la vie sociale. Elle fait alterner les replis sur la chambre d'enfant, qui se diffuse lentement en France dans la seconde moitié du siècle[50], ou sur le jardin et les ouvertures sur le monde extérieur grâce aux promenades, aux goûters et aux soirées. La place réservée au jeune enfant dans certains rites familiaux et sociaux apporte quelques touches supplémentaires à ce tableau.

La consécration publique du marmot ?

Symbole d'une autonomie relative, mais réelle par rapport à l'état du nourrisson, la présence du jeune enfant à la table de famille ne fait pas l'unanimité.

On la refuse au nom de sa maladresse, de ses cris et de ses trépignements, constate, en 1880, le philosophe Bernard Pérez, qui invite, au contraire, les parents à bousculer leurs habitudes et à retirer leur progéniture de la table des domestiques pour profiter de sa présence et continuer son éducation morale pendant un moment privilégié de l'intimité familiale : le repas[51]. Des familles bourgeoises sans obligations mondaines – comme ces milieux intellectuels mis en scène par Pérez – seraient-elles les mieux placées pour adopter ce comportement, représenté, nous l'avons dit, par certains peintres ? Les époux Roland, Louis Jauffret, ancien bibliothécaire de l'Académie de Marseille, le père de Lucien Biard, l'écrivain Ernest Legouvé (père d'une petite fille à la fin des années 1830) et Victor Hugo installent, plus ou moins régulièrement, les bambins à leur table – le jour même de son deuxième anniversaire pour le petit Jauffret. *Le Déjeuner* de Claude Monet (1868) montre un gamin de quatre ans, assis, à côté de sa mère, devant une assiette avec une serviette autour du cou et une cuillère à la main. Le repas n'a pas encore commencé, peut-être en raison de l'absence du père, dont la chaise reste vide. Les regards de la mère et de son amie convergent vers le marmot éveillé dont les propos semblent retenir l'attention[52]. Les convenances l'emportent cependant sur le plaisir procuré par la présence de l'enfant : pendant les «repas de cérémonie», précise Pauline Roland, Eudora est reléguée jusqu'à la fin du dessert avec sa bonne pour ne pas «embarrasser» les invités[53]. Les responsabilités mondaines ou la retenue affective de certains grands aristocrates ou de certains grands bourgeois les conduisent-elles à généraliser ce que Pauline Roland présente comme une exception ? Au début des années 1820, les six princes et les trois princesses d'Orléans, dont certains ont moins de six ans, ne dînent que le dimanche soir avec leurs parents, «absorbés par leur vie mondaine et [qui laissent] toute initiative aux précepteurs», écrira le prince de Joinville dans ses mémoires. A la fin du siècle, dans les familles étudiées par Éric Mension-Rigau, les enfants ne sont pas acceptés à la «grande table» des parents avant l'âge de sept ans. Auparavant, ils mangent avec la nurse et avec l'institutrice à la «petite table», souvent dressée dans la même salle à manger. Au début des années 1880, le petit André Siegfried, admis à la table familiale depuis le jour de sa sixième année, fêtée avec éclat, apparaît seulement, pendant les «grands dîners», pour aider à servir le café[54].

Le salon est le second territoire de consécration familiale et publique du bambin. Une dame de la bourgeoisie parisienne, née au début de ce siècle, date de sa sixième année le début de sa «corvée» aux lundis de sa mère. Mais avant cet âge, d'autres jeunes enfants restent, au moins temporairement, avec les invités de la famille. C'est le cas de Guillaume de Barante, né en 1782, fils d'un magistrat, et dont les deux parents veillent particulièrement à la formation intellectuelle, des deux fillettes Ségur et de Robert Debré, né en 1882, fils d'un rabbin aisé, et qui est obligé, à son «grand ennui», de comparaître, bien habillé, avec ses frères et ses sœurs pendant le «jour» de sa mère[55].

La présence du jeune enfant dans l'univers des adultes peut obéir au traditionnel réflexe de «mignotage». Les premières années de Charlotte d'Osmond, élevée à la Cour de Versailles à une époque où «un enfant était un animal [...] rare dans un salon», en offrent un exemple célèbre et caricatural. Née en 1781, allaitée par sa mère, une dame d'honneur anglaise de Madame Adélaïde, et gavée de connaissances par son père, un officier, la petite prodige est vite devenue la «poupée des princes», distraits par cette gamine, belle, espiègle et capable, à trois ans, de débiter des vers de Racine. Objet d'amusement ou d'émerveillement pour les relations de la famille, le jeune enfant flatte l'amour-propre de ses parents. Mme de Rémusat demande au petit Charles, âgé de cinq ans, de lui donner la réplique, dans un extrait d'Iphigénie, devant Joséphine Bonaparte au palais de Saint-Cloud. La duchesse d'Abrantès soigne particulièrement la toilette de sa fillette Joséphine, née en 1802, avant de la conduire aux Tuileries ; elle se fait accompagner dans les mondanités d'Aix-les-Bains par son gamin de quatre ans et demi, un «amour d'ange», que l'Empereur lui-même aurait remarqué[56].

Mais certains des parents qui introduisent leur bambin dans la vie sociale peuvent rester conscients de ses besoins et de sa particularité. «Ils n'en peuvent plus», commente la belle-sœur de François Guizot en parlant de ses trois neveux : «quatre bals dans la même semaine, c'est trop»! Le comte et la comtesse de Ségur, qui se soucient plus de préserver la santé de leurs fillettes que de tenir leur rang, règlent le problème en supprimant cette sortie mondaine. Ernest Legouvé, marié en 1834, dépasse lui aussi le réflexe d'amour-propre et d'amusement que lui inspirent les réparties et la frimousse coquette de sa gamine de deux ans, juchée pendant le repas sur «sa petite chaise haute», pour s'occuper activement, ensuite, de son éducation[57]. La même ambiguïté et les mêmes nuances se retrouvent sur un autre terrain de rencontre des adultes et du jeune enfant : l'instruction anticipée.

L'idéal du petit prodige

Certains enfants ne reçoivent quasiment pas de leçons avant le début de l'âge de raison. Avant d'être envoyé, tardivement, à l'école, Béranger, né en 1780, s'occupe, pendant des journées entières, à faire des découpages, des dessins et des petits paniers auprès de ses grands-parents. Ernest Lavisse, né en 1842 et scolarisé à cinq ans et neuf mois, passe la plupart de son temps à jouer dans la rue de la petite ville où ses parents tiennent une boutique de nouveautés[58]. D'autres parents s'efforcent, au contraire, d'instruire très tôt leur rejeton.

Un fils « savant jusqu'aux dents »

La découverte orale d'un vocabulaire et les leçons de choses constituent le premier degré de l'instruction du bambin. Jusqu'à la sixième année de son fils

Adolphe, né le 31 janvier 1796, Louis Jauffret (1770-1850) se limite à cette éducation de la causerie, chère à plusieurs pédagogues des Lumières. Instituteur prudent, cet ancien secrétaire de la Faculté de droit d'Aix, devenu un auteur spécialisé dans la littérature enfantine, est aussi un éducateur méthodique. Il tient le journal des progrès de son fils entre dix-huit mois et cinq ans, et en particulier ceux de son langage, notés dans un recueil spécial, intitulé «La langue d'Adolphe». Dès dix-huit mois, Adolphe réclame les gravures des volumes de Buffon et il imite le cri des animaux reconnus. A partir de deux ans, alors que son langage «articulé» le rend «si intéressant» (mais il l'était déjà, précise le père, lorsqu'il s'exprimait seulement par gestes), il prend beaucoup de plaisir à observer et à commenter des images d'objets et d'animaux familiers. Au-delà de trois ans, il découvre des mots nouveaux par analogie. A quatre ans, et tandis que sa langue se développe, il multiplie les «pourquoi»; à cinq ans, il cherche à satisfaire sa curiosité grandissante en posant de nombreuses questions «embarrassantes» sur son environnement[59].

L'apprentissage de la lecture, éventuellement complété par des causeries et par la mémorisation de vers, représente le second degré de l'entreprise d'instruction précoce. C'est le programme d'étude de Charlotte d'Osmond, née en 1781, et à laquelle son père apprend, dès l'âge de trois ans, la lecture et des tirades de Racine, de Guillaume de Barante, né en 1782, et pour lequel son père, magistrat à Riom, et sa mère composent des manuels de grammaire, de géographie et des contes, ou encore d'Aurore Dupin, née en 1804, qui lit, dès quatre ans, avec sa mère et qui découvre la mythologie sur les gravures d'un vieil imprimé[60].

A un degré supérieur, le bambin est initié, en plus, à l'écriture et parfois au calcul. L'étude des deux premiers rudiments avant six ans se pratique dans des milieux différents. Chateaubriand, un cadet de vieille noblesse né en 1768, apprend la lecture avec deux vieilles gardeuses et l'écriture avec un maître privé. Héritier d'un jeune bourgeois provincial, adepte des Lumières, Marc-Antoine Jullien, né en 1775, écrit, à quatre ans et dix mois, sa première lettre à son père avec l'aide de sa mère et la promesse de six châtaignes. Alexandre Dumas, né en 1802 et descendant d'un général d'Empire, apprend à lire avec sa mère et à écrire avec sa sœur, son aînée de neuf ans. Georges Haussmann, né en 1809 et placé chez ses grands-parents, à Chaville, pour fortifier sa santé, apprend à lire dans une classe enfantine privée puis à écrire chez l'instituteur de Ville-d'Avray, où le conduit le fils du jardinier. Henri Lavedan, né en 1859 et fils d'un journaliste parisien, apprend avant sept ans les rudiments – lire, écrire, compter jusqu'à mille et faire les quatre règles – avec sa mère et avec la maîtresse d'une institution privée qui «prenait des petits» l'après-midi ou toute la matinée. Georges Hugo, né en 1868, reçoit, à partir de deux ans et huit mois des leçons de «lecture et d'écriture mêlées», données par son grand-père. A six ans et sept mois, il écrit seul sa première lettre. André Gide, né en 1869 et fils d'un professeur de droit à Paris, apprend à lire et à écrire, dès l'âge de quatre ans, dans un «cours enfantin» organisé par une demoiselle à côté d'une classe privée de filles. André Siegfried, né en 1875 et fils d'un grand bourgeois républicain, est envoyé, dès quatre ans, dans une classe enfantine privée où il apprend à lire et à écrire. Certains bambins étudient, en plus, le calcul. Edgar Quinet, né en 1803, reçoit l'enseignement du professeur de mathématiques chez lequel son père le met en pension l'hiver. Jules Simon, né en 1814, découvre les opérations avec sa mère et un vieil officier. Jacques Chastenet, né en 1893, apprend à compter grâce aux leçons de sa mère, aidée de «sa patience et de quelques gifles[61]».

L'initiation à une langue étrangère complète parfois ce premier apprentissage des rudiments. En 1824, Mme de Broglie se «remet» à l'anglais pour l'enseigner – sans succès – à ses fillettes, dont la petite Louise qui achève sa cinquième année. Mariés en 1804, le colonel parisien Bocher, né en 1771 et formé au collège d'Harcourt, et son épouse, une ancienne élève du pensionnat de Mme Campan, préfèrent utiliser les services d'une gouvernante britannique. Le père de Joseph Caillaux, un ancien polytechnicien marié en 1860, adopte la même solution. Certains parents ajoutent une première formation artistique à ces apprentissages intellectuels. A la fin des années 1840, Jules Allard, un riche ébéniste du Marais, et son épouse, une femme de lettres, qui reçoivent de nombreuses artistes dans leur salon, inscrivent leur fillette de moins de six ans – la future Mme Daudet – dans une école de danse. Georges Haussmann, né en 1809, est initié au solfège et au piano avant l'âge de cinq ans et demi. André Siegfried, né en 1875, prend des leçons de musique chez une maîtresse privée en compagnie de nombreux «petits enfants» de la bonne société protestante du Havre[62].

A son niveau le plus élevé, l'entreprise d'instruction précoce devient une véritable anticipation sur une partie du savoir traditionnellement abordé à partir de l'âge de raison. Eudora Roland (née en 1781), Charles de Rémusat (né en 1797) ou la fille d'Henri Duval (née avant 1840) en font tous les trois l'expérience à des degrés divers. Pauline Roland ne perd pas de temps. Elle apprend l'alphabet à sa fillette vers la fin de sa troisième année, puis elle lui enseigne, parfois dès le réveil, l'assemblage des mots avec le secours de quelques gourmandises. A quatre ans et demi, l'enfant lit passablement, compte jusqu'à douze, débite de petits vers, dessine des circonférences et des diamètres, «étudie», sous la conduite maternelle, les «liliacées et les crucifères», et chante la gamme. A la fin de sa cinquième année, du moins si l'on en croit l'emploi du temps transmis à Jean-Marie Roland, Eudora, levée à six heures, comme sa mère, et couchée à vingt heures, lit ou suit des leçons d'instruction, de catéchisme et de musique, quatre heures par jour, coud ou tricote pendant deux à trois heures et joue – tout de même – pendant trois autres heures. A quatre ans, Charles de Rémusat est initié à la lecture par sa mère, qui lui fait aussi mémoriser des extraits des tragédies de Racine avant qu'il ne soit capable de les lire. Il reçoit ensuite ses premières notions d'histoire sainte et, grâce aux livres de l'abbé Gaultier, de géographie. A partir de cinq ans, il commence à être conduit au musée, pour voir des tableaux mythologiques, et au théâtre, que ses parents apprécient, notamment pour écouter Molière. A partir de quatre ans, encore, la fille d'Henri Duval, un professeur de lettres et d'histoire, apprend la lecture puis les chiffres, avec des mots imprimés et le jeu du loto, le premier vocabulaire de géographie et d'histoire (composé des noms des mois, des saisons, des parties du monde, des royaumes et des capitales), et, grâce aux réponses de son père, quelques notions sur la croissance des plantes et la fabrication des objets courants. A la fin de sa cinquième année, elle commence à recevoir des leçons d'écriture, auxquelles s'ajoutent, quelques mois plus tard, des leçons d'orthographe et de musique[63].

Quels que soient leurs calendriers et leur contenu, ces programmes, et ceux que nous avons placés au troisième niveau de notre inventaire, présentent deux points communs qui les distinguent des petites leçons données dans certaines familles privilégiées ou populaires : leur étendue et leur caractère systématique. Lire couramment, commencer à écrire et parfois à compter, apprendre l'anglais, étudier la géographie dans un livre, mémoriser un vocabulaire technique et de longues tirades : tous ces apprentissages dépassent, et de beaucoup, la simple initiation à la lecture et les causeries familières épisodiques sur le monde quotidien ou sur des images. Au-delà des exercices intuitifs, inspirés par la philosophie empiriste, des parents engagent leur bambin dans une véritable propédeutique qui détermine l'esprit et la démarche du premier enseignement. Pauline Roland fait dessiner sa gamine pour la familiariser avec les formes géométriques ; elle lui montre des fleurs pour lui apprendre les classifications de la botanique ; dès l'âge de cinq ans, elle l'oblige à travailler à heures fixes. Lorsque sa fille Césarée, née en 1802 et orpheline de mère à quatre ans, atteint sa cinquième année, le Dr Gensollen, un ancien médecin militaire alors âgé d'une cinquantaine d'années, lui fait enseigner la lecture et l'écriture. Six mois plus tard, devant les progrès de l'enfant, il lui supprime les poupées et les autres «futilités», il commence à l'initier au latin, malgré son ennui, et il l'emmène en promenade pour lui parler de mythologie, de géométrie, de minéralogie et d'astronomie[64]. Les jeux disparaissent ou ils servent aux besoins de l'étude. Dans sa version extrême, l'instruction du marmot s'écarte de l'imprégnation intermittente pour se transformer en enseignement régulier et contraignant.

Plusieurs raisons, plus ou moins déterminantes selon les milieux et les individus, poussent certains parents à ne pas se contenter d'une initiation rudimentaire à la lecture avant l'âge de six ans. La sollicitude des époux Barante ou des époux Rémusat pour leur jeune héritier montre que des adultes cultivés peuvent éprouver du plaisir et de l'intérêt à instruire un jeune enfant intelligent et curieux – même si les autobiographes sont tentés d'exagérer ces deux qualités. L'orgueil l'emporte parfois sur le plaisir. «Mon fils n'a pas la moindre grâce, mais il est savant jusqu'aux dents comme le rat de La Fontaine », s'exclame, en 1779, Rosalie Jullien, mariée à l'ancien gouverneur de l'héritier des Rohan, en parlant d'un bambin de quatre ans bientôt capable de recopier « sa » première lettre à son père. Un siècle plus tard, le père de Jules Romains, né en 1885, éprouve, lui aussi, une grande fierté quand il constate que son fils sait lire couramment à six ans[65].

La valorisation du savoir par des parents qui doivent leur propre ascension à l'éducation confère une autre fonction, sociale, à l'instruction précoce : celle de confirmer le statut de la famille et de contribuer à la promotion de l'enfant. Dans les années 1780, cette motivation conduit le père du futur amiral Pierre-Roch Jurien de la Gravière, un commis de la marine à Rochefort, à donner chaque soir des leçons à ses six enfants en essayant de les adapter à leurs âges respectifs. En 1864, nous en reparlerons, la même stratégie pousse le chef de gare de Busigny à vouloir que son fils sache lire et écrire avant six ans pour qu'il ne prenne aucun retard dans la préparation de l'École navale. On retrouve cette ambition, à la fin du siècle, chez Marie Roux-Poujol et chez ses beaux-parents, tous les trois anciens instituteurs, qui attendent, dès la classe enfantine, des résultats scolaires parfaits d'un bambin dopé à l'huile de foie de morue, à l'iode et au fer. Née en 1852 et mariée à un technicien supérieur des Chemins de fer, Marie appartient au milieu des protestants cévenols venus dans la capitale pour faire carrière dans le tertiaire. Elle donne naissance à trois enfants : Charles, qui meurt à trois ans, en 1884, Léa, à qui ses grands-parents apprennent la lecture, les tables de multiplication et des rudiments d'histoire avant l'âge de six ans, et Pierre, né en 1889, et qu'elle allaite pendant quinze mois. Selon les conseils du professeur Henri Marion, dont elle suit, en 1889, le cours public de psychologie à La Sorbonne, elle tient le journal des progrès de son dernier-né. La mort de Léa, en 1893, à l'âge de sept ans, renforce la sollicitude de la famille pour la santé et pour la réussite scolaire de son frère, qui obtiendra, plus tard, l'agrégation de lettres. Couvé et stimulé, le jeune enfant doit acquérir l'avance qui garantit ses futurs lauriers. Dans *L'Éducation homicide,* parue à la fin du Second Empire, Victor de Laprade dénonce l'engouement pour les « études précoces », imposées aux dépens de la joie et de la santé de l'enfant que l'on veut faire entrer, coûte que coûte, dans une grande école. Vingt ans plus tard, le républicain Édouard Grimard dénonce, à son tour, les parents aisés qui « aiguillonnent les organisations précoces » pour fabriquer des petits prodiges avec de « pauvres enfants surmenés[66] ». L'anticipation sur les apprentissages scolaires semble encore plus nécessaire pour les fillettes, dont la société ne favorise pas les futures ambitions. Pauline Roland, déçue par le niveau intellectuel de ses semblables, veut que son enfant soit mieux armée que les autres jeunes bourgeoises pour assumer son rôle privé et public de femme. Le Dr Gensollen, partisan, lui aussi, de la promotion des personnes du sexe, justifie le programme imposé à sa fille, en 1802, par la nécessité d'en faire une « femme instruite [et] forte[67] ».

Le premier des rudiments occupe une place de choix dans la plupart des programmes d'instruction précoce. Quels sont les ouvrages mis à la disposition de ces bambins que des moralistes et des parents veulent initier à la lecture courante avant six ans ?

La nouvelle littérature des jeunes enfants

Publiés dès les débuts de l'imprimerie, les abécédaires traditionnels et les petits manuels de civilités, qui figurent dans le fonds des éditeurs de colportage, actifs jusque sous la monarchie de Juillet, demeurent des instruments d'alphabétisation très répandus. Mais tous les parents pédagogues ne se satisfont pas de ces ouvrages succincts, austères et ennuyeux pour l'enfant qui sait déchiffrer les mots. Louis Jauffret et les familiers de Mme Dumas préfèrent donner au bambin des livres d'adultes illustrés, comme l'*Histoire naturelle* de Buffon ou *La Bible,* dont les gravures auraient inspiré au petit Alexandre l'envie d'apprendre à lire. D'autres éducateurs préféreraient disposer, et d'abord pour les raconter, de textes spécialement conçus pour les jeunes enfants. « Je n'en trouve aucun à sa portée dans les ouvrages que j'ai pour l'enfance », se plaint, en 1784, Mme Roland, qui compose elle-même des historiettes pour sa gamine, âgée de trois ans. En 1801, Stéphanie de Genlis estime qu'il n'existe « pas un ouvrage, pas un seul petit conte, pas un dialogue, qu'un enfant de six ans puisse entendre d'un bout à l'autre », car son vocabulaire est trop « borné ». Trente ans plus tard, Émilie Mallet regrette à son tour l'absence, en France, de livres « véritablement à la portée des petits enfants[68] ».

La nouvelle littérature d'enfance qui se développe à partir de la seconde moitié du XVIIIe siècle en « décollant », selon l'expression de Michel Manson, sous la Révolution, commence-t-elle à combler cette lacune ? Oui, si l'on considère qu'elle s'adresse, mais dans une proportion inconnue, aux enfants de moins de six ans. Dans son corpus de cent soixante-quatre ouvrages français parus, entre 1750 et 1830, à l'intention des filles, Isabelle Havelange repère une dizaine de livres destinés à la « petite enfance » et tous publiés, sauf un, dans les années 1800-1820. Ganna Ottevaere-Van Praag remarque cependant le retard de la France, par rapport à l'Allemagne et à l'Angleterre, pour la production d'œuvres « à la portée de très jeunes lecteurs » dans les trente premières années du siècle[69]. C'est d'ailleurs un exemple anglais qui inspire aux auteurs français une « remontée » des publications – la formule est de Ségolène Le Men – « vers la petite enfance[70] ». Épouse d'un directeur d'école, Mme Barbaud (1743-1825) publie, à partir de 1781, des *Early Lessons* puis des *Lessons for Children,* dont le premier volume est destiné aux deux-trois ans, les deux suivants, aux enfants de trois ans, et le dernier, à ceux de quatre ans. Arnaud Berquin (1749-1791) lui emprunte plusieurs des historiettes qu'il publie, à côté de nombreuses traductions de contes allemands, dans son célèbre périodique

L'Ami des enfants, paru en 1782 et en 1783. En 1786, l'abbé Louis Gaultier (1746-1818), qui n'est pas encore un pédagogue connu, traduit ou adapte à son tour plusieurs récits de l'écrivain anglais dans un *Petit Livre des enfants de trois ans,* bien accueilli par le public, précise-t-il ultérieurement, car c'était le premier livre français «qui montrait l'art de parler aux enfants du premier âge[71]». On pourrait multiplier ces exemples, car les histoires pour jeunes enfants de Mme Barbaud ou d'autres auteurs étrangers de la même veine continuent à être traduites et imitées en France tout au long du XIXᵉ siècle. Sans prétendre épuiser un sujet qui mériterait une recherche autonome, nous nous intéresserons ici à trois indices de l'intérêt des auteurs et des éditeurs pour les besoins des apprentis lecteurs précoces : la production de nouvelles catégories d'abécédaires, la publication d'autres ouvrages et de périodiques destinés aux moins de six ans et la volonté de séduire ce très jeune public.

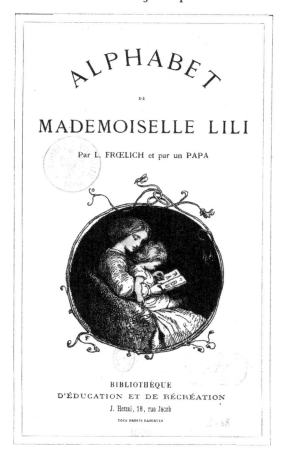

1. Alphabet de Mademoiselle Lili, par L. Froelich et par un papa (1865).

Dans le sillage des expériences pédagogiques du XVIIIᵉ siècle, les libraires d'éducation parisiens et lyonnais lancent, dès le début de l'Empire, un type d'abécédaire plus soigné, mieux illustré et plus ambitieux dans son contenu que les modèles traditionnels. A partir de 1850, ces imprimés sont relayés par des ouvrages plus grands et de belle qualité, où l'illustration laisse peu de place au texte, comme l'*Alphabet de Mademoiselle Lili,* publié, en 1865, par Pierre-Jules Hetzel (illustration 1), ou *Bébé saura bientôt lire, nouvel alphabet en images,* publié, en 1871, par Théodore Lefèvre et suivi, cinq ans plus tard, de *Bébé sait lire* (illustration 2)[72]. A côté de ces abécédaires, que leur contenu parfois encyclopédique interdit de considérer systématiquement comme des livres réservés aux moins de six ans, nous avons repéré, dans un corpus de cent quarante-deux ouvrages, quarante-sept publications que leurs auteurs, si l'on en croit les intitulés et les contenus[73], destinent au moins partiellement aux jeunes enfants.

2. Mme Doudet, Bébé sait lire (1876).

Les albums illustrés, qui s'imposent en France entre 1820 et 1850[74], sont les meilleurs exemples de ces nouveaux ouvrages destinés à des marmots auxquels on veut donner envie d'apprendre à lire et aux petits lecteurs maladroits qui doivent être encouragés. Les albums à colorier et à découper, qui se métamorphosent parfois en jouets de papier, sont les mieux adaptés aux capacités des bambins illettrés, mais on connaît mal l'histoire de leur production et de leur consommation croissantes au siècle dernier[75]. Les autres albums combinent des textes et des images dans des proportions variables. *Les Jeux de la poupée,* publié en 1806 et dédié aux fillettes de Joseph Bonaparte, âgées de quatre ans et de cinq ans, associe sept gravures et sept poèmes d'une dizaine de vers chacun. Redécouvert par Michel Manson, qui y voit l'un des premiers albums de la littérature enfantine française, cet ouvrage, maintes fois réédité au XIXᵉ siècle, met en scène, dans une atmosphère de tendresse et de gaîté, les jeux de deux gamines avec une poupée à laquelle l'auteur a donné la parole pour satisfaire, précise-t-il, la logique anthropomorphique des enfants[76].

Deux nouvelles collections, lancées au début des années 1860, contribuent à l'émergence d'une littérature autonome pour la *seconde enfance.* La Librairie Hachette, engagées, depuis 1833, dans la fabrication d'images, de tableaux éducatifs et d'objets pour les salles d'asile, commencent alors à publier les *Albums Trim pour les enfants de trois à six ans.* Certains de ces albums, comme *Le Bon Toto et le méchant Tom, ou la journée de deux petits garçons,* présentent, sur les pages de gauche, une histoire en vers, très aérés et régulièrement entrecoupés par des silhouettes en noir, et, sur les pages de droite, un ou deux dessins en couleur. En 1862, Pierre-Jules Hetzel publie *La Journée de Mademoiselle Lili,* qui propose, sur chaque page, un à quatre dessins de Lorentz Froelich (illustration 3), et dont le succès est à l'origine des *Albums Stahl,* d'après le pseudonyme de l'éditeur, regroupés dans la *Bibliothèque de Mademoiselle Lili et de son cousin Lucien*[77].

En appliquant la même démarche à vingt-huit périodiques pour enfants publiés entre la fin du XVIIIᵉ siècle et la fin du siècle suivant, nous avons repéré dix publications qui s'adressent à des utilisateurs de plus et de moins de sept ans, en proposant parfois des modes d'emploi spécifiques pour les plus petits[78], et deux journaux qui prétendent se limiter à la catégorie des moins de sept ans. Publié en décembre 1864, *Le Baby* propose, deux fois par mois, au «peuple baby […], d'un jour à sept ans», un «roman-feuilleton», des conseils d'hygiène et de mode, le programme des spectacles pour enfants et des leçons, dont les abonnés qui ne savent pas lire prendront connaissance par l'intermédiaire de la «douce voix» des mamans. Si l'on en juge d'après le contenu du journal, le titre anglais, couramment utilisé de préférence au mot *bébé* jusqu'aux années 1870, ne reflète pas un intérêt particulier pour les expériences éducatives étrangères. L'aristocratie parisienne réserve-t-elle un bon accueil à la nouvelle revue, comme le prétend sa directrice ? L'absence de statistiques sur les tirages des journaux

3. P.-J. Stahl, *La Journée de Mademoiselle Lili* (XIII, 1862)

*«Mademoiselle Lili a bien dîné. Elle a sommeil. Elle est déjà
un peu déshabillée. Les poupées sont déjà couchées. Il ne lui reste plus
à endormir que M. Polichinelle qui veut dormir les yeux ouverts.»*

d'enfants à cette époque interdit toute estimation précise et toute comparaison. On sait seulement que le *Baby* cesse de paraître, en décembre 1865, lorsque la rédactrice en chef tombe gravement malade[79]. Lancé en janvier 1878, pour réagir contre l'attitude des éditeurs qui n'ont «guère songé» qu'aux parents, aux «grands frères [et] aux grandes sœurs», *Le Petit Monde. Publication mensuelle illustrée pour les enfants de trois à sept ans* destine ses causeries morales, ses récits d'histoire sainte, ses histoires d'animaux et ses poésies à «monsieur Bébé [et] à mademoiselle Lili» (illustration 4)[80]. Cette jeune clientèle serait-elle trop réduite? *Le Petit Monde* disparaît au bout de deux ans, non sans avoir tenté, dès le deuxième mois, d'étendre son public jusqu'aux enfants de dix ans en publiant des textes instructifs et en organisant des concours de composition littéraire. La courte existence de ces deux journaux (ou celle de *Paris-Bébé*, publié, entre juin et décembre 1884, à l'intention des enfants de plus et de moins de sept ans) et la métamorphose partielle du second prouvent l'impossibilité

4. *« Jouez, enfants ! »*, *Le Petit Monde* (juin 1879).

de mobiliser une clientèle suffisante autour de l'éducation du jeune enfant. Sans doute la grosse majorité des parents pédagogues jugent-ils plus simple et moins onéreux d'utiliser, avec les cadets, les périodiques déjà achetés pour les aînés. Mais la classe d'âge visée n'est pas seule en cause : dans la seconde moitié du XIXe siècle, âge d'or des journaux d'enfants, comme dans les décennies précédentes, bien des titres qui s'adressent à un public plus âgé cessent, eux aussi, de paraître après un an ou deux, victimes de la concurrence des revues publiées par les grands éditeurs[81].

L'audience parfois limitée des livres et des périodiques destinés aux jeunes enfants ne doit pas masquer les efforts d'adaptation des fabricants aux capacités présumées d'attention et de compréhension des publics de la « seconde enfance » : petits barbouilleurs de deux ans et de trois ans, apprentis lecteurs de quatre ans, surtout sensibles aux images, lecteurs plus confirmés de cinq ans. L'intitulé complet de certains *Albums Stahl,* conçus par « L. Froelich et par un papa », rappelle que des auteurs

ont d'abord préparé leurs textes et leurs dessins pour leurs propres enfants ou en songeant à leur expérience de parent. Pierre-Jules Hetzel, l'éditeur auteur, est un «papa»,
qui met souvent en scène la tendre relation d'un père avec ses jeunes enfants (illustration 5) ; son illustrateur, Lorentz Froelich, s'inspire des poses et des gestes de sa
fille, Elsa, pour réaliser ses dessins. Louis Ratisbonne, employé par Hachette sous le
pseudonyme de Trim, a rassemblé dans *La Comédie enfantine*, paru en 1860, des contes
et des poèmes écrits pour ses quatre fillettes, âgées de trois ans et demi à six ans[82].

Le souci de plaire à un jeune public est d'abord sensible dans la facture,
l'écriture et l'illustration des ouvrages. Les formats extrêmes, très petits ou très
grands, utilisés pour certains albums et le papier de trois couleurs sur lequel est
imprimé *Le Baby* veulent attirer le bambin. Le petit nombre de pages, la fragmen-
tation des mots, empruntée aux abécédaires, et l'emploi de phrases courtes, imprimées, au début du livre, dans un corps élevé de caractères et avec des lettres espa-
cées, visent à éviter de rebuter l'apprenti lecteur. L'image, dont la lithographie favorise la reproduction, joue un rôle central dans ce dispositif. Certains artistes étrangers, comme le Danois Lorentz Froelich, rejettent le style monumental et mouve-
menté d'un Gustave Doré ou le réalisme minutieux des illustrateurs de Jules Verne
pour élaborer un dessin simplifié et à la portée des jeunes enfants. De la vignette à
l'illustration en pleine page, l'image s'adresse à l'intelligence sensorielle prêtée à un
utilisateur de moins de six ans qui ne saisit pas toute la continuité d'un récit écrit.
Elle veut séduire le plus petit, le familiariser avec le livre et lui donner envie de
déchiffrer la légende (illustration 6) ; elle cherche à relancer l'intérêt du lecteur
débutant et à satisfaire, par le biais du coloriage et du découpage, le goût de l'enfant pour l'imitation et la création. Sur un registre opposé, l'ouvrage «indéchirable
sur toile», dont l'éditeur Cavendu se fait une spécialité à la fin du XIXe siècle,
confirme le désir d'adapter l'édition à une clientèle qui s'approprie d'abord le livre,
sans ménagement, par la manipulation[83]. Mais cette stratégie n'est pas systématique. Certains des ouvrages destinés à de jeunes enfants, y compris les récits de
Mme Barbaud, sont imprimés en petits caractères et sans illustrations ; d'autres,
même parmi les *Album Stahl,* qui s'adressent aussi aux plus de six ans, proposent,
au fil des pages, des textes de plus en plus longs.

La tradition et l'innovation coexistent aussi dans le contenu des publications.
Les auteurs adoptent les genres qu'ils jugent les mieux adaptés à des bambins réticents
ou distraits. Le dialogue, employé dès l'origine par Mme Barbaud, se prête à une utilisation conjointe du livre par l'apprenti lecteur et par sa mère : «Venez, Charles, venez
auprès de Maman. Dépêchez-vous. Asseyez-vous sur les genoux de Maman.
Maintenant, lisez votre livre. Où est l'épingle pour montrer les lettres ?[84]». La fable et
le conte satisfont le goût du jeune enfant pour les histoires. Mais la veine fantastique,
omniprésente dans la littérature orale et bien adaptée – E.T.A. Hoffmann l'a compris
dès le début du siècle – à l'esprit animiste du jeune enfant, reste longtemps marginale

dans les productions françaises destinées aux lecteurs débutants. Chrétiens ou rationalistes, la plupart des auteurs rejettent les héros fantaisistes, qui s'intègrent mal dans un programme moralisateur et utilitaire. Pierre-Jules Hetzel, qui présente, dès 1844, les fées comme les interlocutrices «parfaites des petits enfants[85]», demeure longtemps isolé. Et si certains des contes fantastiques qu'il publie, entre 1843 et 1850, dans le *Nouveau Magasin des enfants,* comme *Casse-Noisette* d'Alexandre Dumas ou *Trésor des Fèves et Fleur des Pois* de Charles Nodier, sont à la portée des moins de six ans par leurs sujets et leurs illustrations, leur langue et leur philosophie sont seulement accessibles à des lecteurs plus grands. Il faut attendre le renouvellement de la littérature de jeunesse dans les années 1860, en particulier grâce à Hetzel, pour rencontrer plus souvent les héros fantastiques dans les récits et dans les images. *Le Baby* publie des contes de fées dans son second numéro, celui du 1er mars 1865 ; *Le Moniteur des enfants* propose, en 1874, des personnages fantastiques à colorier[86].

La plupart des récits destinés aux jeunes enfants s'inscrivent dans le courant conformiste hérité du siècle précédent. C'est le cas notamment des *Conversations d'une petite fille avec sa poupée* (1813) de Sophie de Renneville, qui limite la fiction aux échanges verbaux entre la petite mère modèle et sa poupée, ou des *Contes à Henriette pour les enfants de quatre et de cinq ans* (1822) d'Abel Dufresne, un ancien magistrat reconverti dans la littérature pédagogique après sa révocation en 1815[87]. Les auteurs et les illustrateurs cherchent à intéresser les bambins en leur racontant les aventures d'une poupée, de plus en plus présente, nous l'avons rappelé, à partir de 1860, et élevée par une petite mère modèle, ou des épisodes de la vie d'un ou de plusieurs enfants de leur âge ou légèrement plus agés, et auxquels ils peuvent s'identifier. Les deux thèmes se prêtent au même discours moralisateur : les enfants sages sont récompensés, les autres sont punis par leur faute. La première page de la traduction française de *Pierre l'ébouriffé, Joyeuses histoires et images drôlatiques pour les enfants de trois à six ans,* rédigé, en 1845, par un médecin allemand pour son petit garçon, montre un enfant sage qui mange toute son assiette et qui reçoit beaucoup de jouets. Les histoires suivantes racontent les mésaventures de Pierre, l'enfant sale, du «méchant» Frédéric, qui tue les animaux, et de la malheureuse Pauline, qui meurt brûlée en jouant avec des allumettes. L'*Alphabet de Mademoiselle Lili* montre l'obéissante petite Suzanne qui avale un médicament amer (illustration 7). *Le Petit Monde* présente, en première page, une partie de cache-cache autour d'un canapé (illustration 4), un bambin qui laisse le chien manger sa tartine car il a préférer sucer la semelle de son soulier (illustration 8), un petiot de trois ans qui s'est sali les mains en touchant au fourneau (illustration 9) et le sommeil d'un enfant sage, protégé par des anges (illustration 10)[88].

Certaines publications affichent une ambition didactique explicite. C'est le cas des livres de première éducation religieuse, comme *La Religion enseignée aux petits enfants* (1857) de Mgr de Ségur, et des livres ou des articles de première instruction profane, qui proposent, non sans graduer parfois les difficultés, une initiation aux

5. P.-J. Stahl, Le Premier Cheval et la première voiture (1874)

6. P.-J. Stahl, La Journée de Mademoiselle Lili (XI, 1862).

7. Alphabet de Mademoiselle Lili (1865)

8. Le Petit Monde (août 1878).

«*Quel bon goût doit avoir ce soulier ! semblait se dire le chien de Monsieur Bébé...*»

9. *«Les mains sales», Le Petit Monde (février 1878).*

rudiments et un apprentissage des premières connaissances. En 1800, le *Recueil ency-clopédique, instructif et amusant, mis à la portée du premier et du second âge* met en scène des bambins particulièrement doués et dont les réponses doivent «piquer l'amour-propre» des apprentis lecteurs. Dans la collection des albums Trim, *Le Calcul amusant. La table de Pythagore servie aux petits enfants* apprend l'arithmétique à l'aide d'images et d'exercices de pure mémorisation que l'on croirait empruntés aux salles d'asile : «un habit tout neuf. Trois fois trois font neuf [...]. Toute la classe ignorante. Quatre fois dix font quarante». *Le Petit Monde*, lancé en 1878, n'est pas en reste, puisqu'il propose des causeries scientifiques ou géographiques, intitulées «Ce que Petit Monde doit savoir» et des récits histoire sainte, appelés «La leçon de Maman». Les poupées et les rares héros fantastiques sont parfois mobilisés au service de cette première ins-truction. La Fée du travail, mise en scène dans *Le Baby*, propose des leçons de cinq

10. «Petit enfant», Le Petit Monde (1878).

minutes sur les rudiments, le dessin et la musique ; les histoires racontées au Petit Poucet dans le même journal inaugurent un enseignement de la géographie «sans avoir l'air d'y toucher[89]». Les publications destinées aux bambins ne se contentent pas, ici, de les initier au maniement et à la structure du livre ou de les distraire avec des images : elles démarquent les ouvrages didactiques destinés aux enfants de plus de six ans.

Les scènes d'instruction précoce sont cependant ambivalentes. Installés sur les genoux ou entre les bras de leurs mères, certains enfants s'intéressent vraiment au livre que leur montre l'adulte (illustrations 1 et 12)[90]. Sur la couverture de *Bébé sait lire*, un marmot exhibe fièrement l'ouvrage qui lui est destiné (illustration 2). Mais les dessinateurs, peut-être marqués par le souvenir de leurs propres apprentissages, n'hésitent pas à représenter des attitudes de réticence,

11. «*La leçon paternelle de lecture*», *Alphabet de Mademoiselle Lili (1865)*.

12. «*La leçon de maman*», *Le Petit Monde (janvier 1879)*.

13. «Puisque Bébé sait lire, il faut maintenant lui apprendre à écrire»,
Bébé sait lire (1876).

voire de refus. Ici, un père montre autoritairement un alphabet mural à une gamine de quatre ans environ, enlevée à ses jeux, tandis qu'un garçonnet un peu plus jeune préfère regarder, derrière, le chariot de sa sœur (illustration 11). Là, un bambin de cinq à six ans, la tête avachie sur le bras, contemple sans conviction l'ardoise sur laquelle sa mère l'oblige à écrire en déplorant qu'après la lecture, il y ait «toujours quelque chose à apprendre[91]» (illustration 13). A la différence des récits, toujours très édifiants, l'image associe l'artifice et la vraisemblance.

*   *

*

Les hommes et les femmes de la Restauration et de la Monarchie de Juillet qui s'intéressent au jeune enfant et à son éducation ne répètent-ils pas, simplement, les sentiments et les gestes des siècles précédents ? On ne peut pas répondre à cette question sans évoquer d'abord les conclusions de Philippe Ariès, qui situe la «découverte» de l'enfance, à partir du XVIIᵉ siècle, dans certaines familles, plus restreintes, de la bourgeoisie et de la noblesse éclairée où l'enfant n'est pas «mignoté» comme un petit animal, mais aimé pour lui-même et mieux éduqué[92]. Cette interprétation féconde a été longtemps exploitée, en toute quiétude, jusqu'à sa remise en cause par des spécialistes des périodes antérieures. Les médiévistes sont les plus combatifs :

Philippe Ariès n'avait-il pas conclu à l'indifférence de l'époque médiévale pour l'enfance ? Or, depuis une quinzaine d'années, plusieurs études, passionnées et passionnantes, démontrent la sollicitude affectueuse de certains pédagogues et de certains parents du Moyen Age pour les nourrissons et pour les jeunes enfants. L'éducation débutait «parfois fort tôt, à l'âge des bouillies», explique Danièle Alexandre-Bidon, qui présente l'apprentissage précoce de la lecture comme un modèle accepté dès le XIIIe siècle. Les lettres-gâteaux, les bols à décor d'alphabet ou les tablettes-abécédaires accrochées aux vêtements permettaient une «imprégnation lente» des enfants, y compris des tout-petits, même en dehors de la frange très fortunée de la population qui disposait, pour les cinq-huit ans, d'abécédaires figurés et de livres de prières particuliers[93]. Les spécialistes de l'Antiquité ne sont pas moins vigilants, puisqu'ils repèrent, à partir du milieu du Ier siècle avant Jésus-Christ, «un sentiment de l'enfance nouveau à Rome», après l'ébranlement du système familial traditionnel par l'individualisme de la civilisation hellénistique[94].

Faut-il alors admettre que le sentiment de l'enfance s'est imposé, une fois pour toutes, à partir du XIIe siècle, lorsque se répand le culte de l'Enfant-Jésus, ou même dès le premier siècle de notre ère ? Cette «obsession d'établir une date de naissance» n'est guère utile, remarquait Jean-Louis Flandrin, en 1964, car elle repousse la «découverte» de l'enfant vers des périodes de plus en plus reculées[95]. Il s'agit d'ailleurs d'un «faux débat», constate Marie-France Morel dans la conclusion d'un panorama bibliographique paru en 1990, car aucune société ne pourrait survivre sans dispenser des soins et de l'affection à ses enfants selon les principes et les usages qui lui sont propres[96]. C'est aussi l'opinion de certains psychanalystes que résume, en 1940, une déclaration du Dr Winnicott, elle-même inspirée par une remarque de Freud : «J'ai dit un jour : cette chose qu'on appelle un nourrisson n'existe pas. J'entendais par là que, chaque fois qu'il y a un nourrisson, on trouve des soins maternels, et que, sans soins maternels, il n'y aurait pas de nourrisson[97]». En abandonnant la «tentation de l'origine absolue», selon le propre conseil d'Ariès dans la préface à la seconde édition de son livre[98], les historiens ont mieux compris l'ambivalence des représentations de l'enfant et des comportements des adultes à son égard. La sollicitude publique ou privée, dont les sources ne gardent pas toujours la trace, la retenue, que notre mentalité actuelle assimile à l'insensibilité, coexistent, au sein d'une même société, avec l'indifférence et la brutalité. L'histoire plus nuancée du sentiment de l'enfance écarte, par ailleurs, l'idée d'un développement continu comme celle d'une mutation précipitée. Ce sentiment dépend trop des évolutions économiques, démographiques, sociales et culturelles pour suivre une trajectoire linéaire et ascendante. Selon les époques, les lieux et les catégories sociales, il rencontre des résistances, il connaît des hésitations, il enregistre des régressions et des accélérations[99]. Les mœurs, d'ailleurs, ne changent pas brutalement. Entre la manifestation d'une nouvelle manière d'agir à l'égard des enfants chez quelques individus, puis dans certains milieux, et sa diffusion dans le corps social, un temps très long peut s'écouler. Des comportements introduits ou valorisés par les changements de la société, et plus vite adoptés par certaines personnalités, cohabitent avec les discours et les gestes hérités du passé.

Ce détour historiographique s'imposait pour interpréter les regards et les attitudes des contemporains de la salle d'asile en échappant à la double illusion du point de départ absolu ou de l'éternelle répétition. L'intérêt témoigné aux jeunes enfants avant le XIXᵉ siècle n'interdit pas de rechercher les particularités d'une époque marquée, entre autres, par l'urbanisation, la Révolution industrielle, le triomphe de la société bourgeoise, la propagation du malthusianisme, la baisse de la mortalité infantile et enfantine, le Romantisme, la diffusion de l'indifférence religieuse et l'amélioration, à la fin de la période, des conditions de vie des classes populaires. La sensibilité et les gestes de cette époque à l'égard du jeune enfant s'inscrivent dans une plus longue durée, que les conclusions de Philippe Ariès, nuancées et précisées par les travaux d'autres historiens, permettent de reconstituer. L'émergence progressive de la famille conjugale depuis la Renaissance paraît ici déterminante : la substitution de l'intimité domestique à l'imaginaire de la lignée et de la communauté rend possible cette «individualisation» de l'enfant, indispensable, remarque Jacques Gélis, à la valorisation de sa personnalité[100]. Le XVIIIᵉ siècle apporte une contribution fondamentale à cette évolution. La mortalité infantile commence à baisser, d'abord irrégulièrement, à partir de 1750. La contraception, utilisée par les hautes classes de la société, se diffuse plus largement dans les deux dernières décennies. Au cours de la seconde moitié du siècle, une campagne d'opinion inaccoutumée se développe, dans une partie de l'élite cultivée, sur le thème de l'enfance, de sa survie et de son éducation[101]. L'essor momentané de l'allaitement maternel chez des adeptes de Rousseau a-t-il favorisé une «cristallisation» de l'amour des parents[102], selon l'expression de Jean-Louis Flandrin, dont les enfants sevrés auraient bénéficié ? La publication de quelques ouvrages destinés aux moins de six ans à côté des abécédaires traditionnels illustrerait peut-être ce regain d'intérêt.

Au début du XIXᵉ siècle, alors que l'allaitement maternel est passé de mode et que les moralistes conseillent aux mères d'être plus éducatrices que nourricières, des éditeurs continuent de s'intéresser au public des bambins, ramenés plus souvent au foyer familial dès la fin du sevrage[103]. La multiplication des couples malthusiens, majoritaires dès les années 1850 et plus fréquents dans les milieux bourgeois, sauf aux niveaux les plus élevés[104], crée, par ailleurs, des conditions favorables à une concentration affective sur des jeunes enfants désirés et plus rares. D'après l'opinion commune, la période antérieure au sixième ou au septième anniversaire reste surtout un prolongement de l'âge du nourrisson, une *phase d'attente* avant l'époque importante : l'âge de raison. Des soins corporels, des jeux et, à la rigueur, une première formation morale suffisent à une créature inachevée, fragile et imparfaite. Mais le repli du couple autour d'une progéniture réduite et le maintien, ou le retour précoce, du tout-petit au domicile familial peuvent modifier la représentation du bambin que les parents voient grandir sous leurs yeux. Plus proche de son jeune enfant, dont elle s'occupe parfois depuis sa naissance, la mère comprend mieux sa particularité : elle s'occupe personnellement de son éducation ou elle la surveille plus attentivement. La même sollicitude se retrouve chez certains pères, séduits, comme plusieurs des médecins interrogés, par un petit personnage qui trotte dans leurs jambes, qui les interroge et qui leur répond. La représentation valorisante du bambin met l'accent sur l'évolution physique et psychologique qui le différencie, à partir de deux ans, du tout-petit, dont l'existence reste menacée. Des parents, des moralistes et des médecins, dont les ouvrages paraissent surtout après 1850, observent chez l'enfant sevré de moins de six ans une vitalité, un charme et une intelligence qui manquent, selon eux, au nourrisson. Dans cette perspective, l'intervalle entre deux ans et six-sept ans est perçu comme une époque importante, une *période de révélation,* préparatoire à l'âge de raison.

La remontée momentanée de la mortalité infantile dans les années 1860-1870 et l'observation inquiète, au lendemain de la défaite, de la chute de la fécondité valorisent un peu plus l'image et l'existence des petits survivants. L'offensive des médecins en faveur de l'hygiène des nourrissons provoque une prise de conscience dont témoignent la nouvelle expansion de l'allaitement maternel dans les classes moyennes et supérieures, la plus forte demande de nourrices sur lieu dans la bonne société, le vote, en 1874, de la loi Roussel sur la protection des enfants de moins de deux ans placés en nourrice et l'essor des publications médicales et philanthropiques relatives à l'enfance[105]. Comme le remarquent certains contemporains, l'enfant sevré a eu sa part de ce regain d'intérêt. Louis Hachette et Pierre-Jules Hetzel publient des collections pour les moins de six ans au début des années 1860 ; les deux périodiques de notre corpus exclusivement destinés aux moins de sept ans sont lancés en 1864 et en 1878 ; les deux premiers ouvrages médicaux consacrés aux années qui séparent le sevrage de l'âge de raison paraissent en 1882.

L'intérêt parfois témoigné à cette période de la vie depuis l'Antiquité n'enlève rien à l'originalité des regards et des gestes observés dans la seconde moitié du XVIIIᵉ siècle et au cours du siècle suivant. La distinction de l'*infantia* par les Romains et sa subdivision par certains praticiens médiévaux ne sont pas comparables à la généralisation du repérage médical de la « seconde enfance », au détriment d'une autre vision, indifférenciée, héritée de l'Antiquité, ni à la première étude nosologique de cette époque de la vie en 1838. Les remarques d'un Quintilien, de quelques auteurs médiévaux ou d'un Comenius ne doivent pas non plus masquer la curiosité et la précision inhabituelles du regard porté sur le jeune enfant par Louis Jauffret, Jeanne Campan, Pauline Guizot et Adrienne Necker de Saussure, ni l'ambition des programmes de son éducation, en particulier intellectuelle. L'entreprise systématique d'instruction qui accompagne parfois la représentation positive du bambin est sans doute l'un des traits originaux des projets et des pratiques domestiques d'une partie de l'élite à partir de la fin du XVIIIe siècle. Car on ne saurait plus parler, désormais, d'une «imprégnation lente», repérée dans la société médiévale et que les familles populaires du XIXe siècle continuent de pratiquer[106], ni même de la pédagogie du badinage, conseillée depuis la fin du XVIIe siècle aux mères éducatrices. Plusieurs des théoriciens et des parents aisés qui veulent instruire le jeune enfant innovent alors par l'ambition, la fréquence et le caractère scolaire des premières leçons. Le modèle d'instruction précoce poussée, suivi parfois pour la formation des jeunes princes[107], commence à se diffuser dans une partie de la société.

Cette observation conduit à se demander si l'intérêt témoigné à la *seconde enfance* s'accompagne du sentiment de sa particularité? Oui, chez certains adultes, qui distinguent le bambin de l'enfant doué de raison et du tout-petit, et qui proposent de lui réserver des traitements particuliers. Des médecins lui destinent des soins spécifiques; des moralistes et des praticiens condamnent son insertion sociale anticipée par les études, l'école ou les mondanités; des écrivains et des éditeurs essaient de se mettre à sa portée en publiant des ouvrages dont le contenu et la présentation sont adaptés à ses capacités et à ses goûts supposés. D'autres regards et d'autres attitudes sont ambigus. Comme son aîné, le moins de six ans reçoit parfois des leçons; il consulte des ouvrages destinés à des écoliers; il fréquente des bals d'enfants; il mange à la table familiale et il reste au salon, où son babillage flatte l'amour-propre de ses parents. Réflexe traditionnel de «mignotage»? Incapacité d'identifier les bambins de quatre ans et de cinq ans derrière l'image, parasite, de l'enfant raisonnable? Déjà présentes dans les admonestations des médecins et des moralistes du siècle dernier, ces deux assertions négligent certains des mécanismes psychologiques qui rapprochent les adultes des moins de six ans. D'une part, le mignotage peut être une étape nécessaire. D'autre part, la distinction établie entre le jeune enfant et son cadet contribue, nous l'avons vu, à le valoriser. Le bambin agile et loquace qui a survécu au sevrage et à la première dentition est suffisamment éloigné de l'adulte pour l'attendrir et assez proche pour l'intéresser.

L'attention parfois prêtée à ce jeune enfant ne doit pas masquer l'indifférence relative d'autres parents qui continuent de l'abandonner aux mains des domestiques. Toutes les familles des classes privilégiées ne se sont pas engagées au même moment, et de la même manière, dans le processus d'approfondissement du sentiment de l'enfance. Dans le sillage de Philippe Ariès, les historiens ont tendance à situer l'intérêt porté à «l'enfant», sans précision, dans des familles bourgeoises que leur besoin d'identité et leur désir de promotion resserrent autour d'une progéniture moins nombreuse. Les mères les plus empressées seraient des femmes assez aisées pour ne pas être absorbées par l'entreprise familiale ou par les tâches ménagères, et assez éloignées de la vie mondaine et intellectuelle pour rester disponibles[108]. Les témoignages recueillis à propos du jeune enfant ont aussi montré le poids des facteurs personnels, liés à l'histoire affective des individus, et la conscience maternelle de certaines femmes – bourgeoises ou aristocrates – de la haute société, capables, grâce à leurs domestiques, de concilier leurs responsabilités publiques et privées. Lorsqu'elle tentait d'identifier le profil des pères pédagogues à la fin du XVIIIᵉ siècle, Martine Sonnet estimait déjà qu'ils ne se recrutaient pas dans un «groupe social et culturel homogène», mais dans la «frange alphabétisée» de la population qui rassemblait des membres de la noblesse et de la bourgeoisie, grande ou petite, des affaires et des professions intellectuelles[109]. Ce milieu hétérogène est aussi celui des dames patronnesses des salles d'asile, interlocutrices privilégiées de toute enquête sur les relations entre les représentations du jeune enfant et la création de la première institution qui lui est réservée.

– VI –

De la vocation maternelle
à l'ambition féminine

Les responsables de l'Instruction publique maintiennent les dames patronnesses parmi les gestionnaires des salles d'asile. La circulaire du 9 avril 1836 prévoit d'associer aux comités d'enseignement primaire, «comme auxiliaires indispensables», quelques «dames habituées à s'occuper des besoins de l'enfance»; l'ordonnance de 1837 institue des «dames inspectrices», nommées par le préfet et assistées de «dames déléguées», recrutées par leurs soins; le décret de 1855 organise, dans chaque commune, un «comité local de patronage», nommé par le préfet et présidé par le maire. Au niveau national, des aristocrates et des bourgeoises, nommées par le ministre, constituent une Commission supérieure, qui se réunit entre 1837 et 1854, et à laquelle succède, de 1855 à 1871, un Comité central de patronage. L'ordonnance de 1837 charge la Commission supérieure de rédiger le programme des établissements et celui des examens d'aptitude, de donner son avis sur les livres et de «préparer toutes les instructions propres à propager l'institution, à assurer l'uniformité des méthodes et à fournir des directrices». Le décret du 16 mai 1854 invite le Comité central à veiller, entre autres, «au maintien des bons procédés d'éducation et de premier enseignement» dans les salles d'asile et à proposer «les mesures propres à en améliorer le régime».

Les protectrices nationales de la salle d'asile
La Commission supérieure et le Comité central de patronage des salles d'asile

Entre 1826 et 1837, les dames patronnesses de la capitale étaient des épouses de députés (17 %), d'officiers (14 %), d'hommes d'affaires (14 %), d'administrateurs (10 %), de personnalités intellectuelles (10 %) ou de membres des professions libérales (10 %)[1]. L'indépendance du premier comité de patronage et l'usage de la cooptation garantissaient cette hétérogénéité. Les liens personnels et familiaux, l'engagement commun dans les œuvres et l'identité des convictions religieuses constituaient des critères de sélection plus importants que les fonctions des époux. Les protectrices de la salle d'asile étaient d'abord choisies pour ce qu'elles étaient et pour ce qu'elles faisaient.

L'intervention du ministère modifie l'esprit du recrutement. Les dames de la Commission supérieure et du Comité central appartiennent toujours aux classes dirigeantes et, en particulier, à l'aristocratie, celle des vieilles familles et celles des deux Empires, qui fournit 62 % de ses membres au comité parisien, 67 % à la Commission supérieure, et 51 %, seulement, au Comité central. Mais le mode traditionnel de sélection en fonction des liens personnels régresse au profit de la désignation des épouses de serviteurs importants de l'État. Les femmes d'administrateurs (ministres, conseillers d'État, préfets, magistrats), de pairs, de sénateurs et de députés, et les dames du palais, qui fournissaient 27 % de ses effectifs au comité parisien, représentent 52 % des membres de la Commission supérieure, où quatorze pionnières parisiennes siègent, malgré tout, sur un total de trente-trois personnes, et 62 % de ceux du Comité central. Le nouveau profil est plus marqué dans cette seconde assemblée, où ne subsistent plus que six membres de l'instance précédente. « J'ai eu le cœur serré [de] trouver exclus les noms de quinze de nos anciennes dames et des meilleures », note, en 1854, Émilie Mallet, qui refuse – malgré les pressions du ministère et de l'impératrice – de siéger dans une assemblée « dont on expulse une grande partie de [ses] anciennes compagnes[2] ». Les épouses des médecins, des hommes de loi et des industriels, trop éloignés du pouvoir, ont dû s'effacer devant les dames de la Cour et devant les conjointes des grands serviteurs de l'État au premier rang desquelles figurent les femmes des chefs de l'Instruction publique et d'autres ministres, comme MM. Baroche, Persigny, Fould, Magne, Billault, Delangle et Ollivier. L'Empire pousse à l'extrême la tendance esquissée sous la Monarchie de Juillet. Le patronage national des salles d'asile, placées sous la protection de l'impératrice par le décret du 16 mai 1854, est devenu une charge, liée à certaines fonctions publiques, ou un honneur, que les souverains confèrent à des proches et à des serviteurs zélés.

Après le 4 septembre 1870, les nouveaux responsables de l'Instruction publique critiquent vivement un organisme qui symbolise, à leurs yeux, les pratiques du régime déchu : « le Comité, dont la composition a été successivement modifiée, ne tarda pas à se transformer en une institution purement politique », explique une note de la direction de l'enseignement primaire en avril 1871 ; « parmi les membres qui en font actuellement partie, on ne compte guère que des dames du palais, des femmes de ministres et de sénateurs de l'Empire, qui n'ont aucune idée des procédés et des méthodes d'enseignement des salles d'asile[3] ». Le changement politique fournit aussi un bon prétexte à une administration centrale soucieuse, depuis 1837, de concentrer entre ses mains le maximum de pouvoir. L'instance consultative héritée de la Monarchie de Juillet et de l'Empire ne sera pas repeuplée avec les épouses des notables républicains : le 7 juillet 1871, un décret d'Adolphe Thiers dissout purement et simplement le Comité central des salles d'asile.

Le recrutement dans les allées du pouvoir n'est pas le seul moyen de contrôle dont dispose l'administration. Les discussions des dames sont placées sous la houlette d'une poignée d'hommes qui représentent l'État, l'Université et l'Église catholique. L'inspecteur général Ambroise Rendu, qui reste en fonction jusqu'en 1850, est le premier, et l'unique, président de la Commission supérieure. Spécialisé, depuis 1820, dans les questions d'enseignement primaire au sein du Conseil royal de l'Instruction publique, ce grand défenseur de l'éducation populaire voulait réconcilier la religion et la science, l'Église et l'Université. Il est secondé par un vice-président (la comtesse de Bondy, puis, après 1848, M. Poulain de Bossy, proviseur du collège Saint-Louis et président de la Commission d'examen de la Seine) et par un bureau, composé, à la fin de la Monarchie de Juillet, d'un secrétaire (Joseph Delebecque, chef de la première division au ministère et député du Pas-de-Calais, de 1834 à 1848), d'un secrétaire adjoint (Camille Jubé de la Perelle, chef du bureau des écoles de filles et des salles d'asile) et d'une vice-secrétaire (Mme Mallet). Lorsque la Révolution de 1848 conduit Mme de Bondy et Mme Mallet à abandonner leurs fonctions, le bureau de la Commission passe entièrement aux mains des hommes. La République nomme aux postes de secrétaire et de secrétaire-adjoint Eugène Rendu, fils d'Ambroise et chef du personnel de l'enseignement primaire, et Pierre Doubet, vérificateur au ministère des Finances et marié à Henriette Rendu, fille d'Ambroise et déléguée générale depuis 1847. Le renforcement de l'autorité universitaire sous le Second Empire préserve cette primauté masculine, mais l'alliance du trône et de l'autel, et le rôle prédominant des congrégations, conduisent le régime impérial à choisir le président du Comité central parmi des prélats. Le cardinal Morlot, ami d'Ambroise Rendu, archevêque de Tours puis archevêque de Paris, et Mgr Darboy, son successeur à l'archevêché de la capitale, l'un et l'autre grands aumôniers de l'Empereur et membres du Sénat, assument successivement cette responsabilité. Deux sénateurs, Amédée Thayer, puis le duc de Padoue, occupent la vice-présidence, tandis que des responsables de l'Université assurent le secrétariat : Gustave Pillet, chef de la division de l'enseignement primaire au ministère, assisté de Pierre Doubet, auquel succèdent A. Bouin, chef de bureau, puis, en 1869, l'inspecteur général Jean-Jacques Rapet.

La simple identification des dames par les fonctions de leur époux ne nous apprend rien sur leur prédisposition à s'intéresser au sort des jeunes enfants ni sur le degré de leur motivation. Faute de pouvoir connaître leurs responsabilités maternelles, nous apporterons quelques touches supplémentaires au tableau en estimant leur âge à partir de celui de leur mari et en considérant leur assiduité aux réunions. Si toutes les épouses avaient cinq ans de moins que leur conjoint[4], la barre des cinquante ans serait dépassée par le cinquième de l'échantillon en 1830, par les trois quarts, au moins, en 1837, lors de la nomination de la

Commission, et à nouveau en 1847, par 94 % en 1853, par près de la moitié en 1854, à l'époque de la nomination du Comité central, et par les trois quarts en 1869. Dès lors que l'appartenance aux cercles étroits du pouvoir est devenu le principal critère de recrutement, les jeunes femmes de l'aristocratie et de la bourgeoisie, qui ne disposent pas encore d'un capital social suffisant, ont moins de chances d'être désignées. L'influence accordée aux femmes sur l'administration centrale est surtout exercée par des mères qui ont eu le temps d'assumer leurs responsabilités familiales et qui possèdent déjà, pour une partie d'entre elle, le statut de grand-mère, puisque, selon l'hypothèse retenue, 53 % des membres de l'échantillon dépasseraient 60 ans en 1853 et 40 % en 1869.

Entre son installation, le 14 janvier 1838, et la fin de l'année 1849, la Commission supérieure se réunit en moyenne près de dix fois par an, mais jamais pendant le séjour estival des dames à la campagne. Elle siège ensuite cinq fois par an, entre 1850 et 1852, après le départ en retraite du président Rendu et à une époque où l'administration centrale se soucie moins d'une institution sur laquelle la loi Falloux s'est à peine prononcée. Le Comité central, dont l'activité cesse généralement à la fin du premier semestre, se réunit environ six fois par an. La plupart des dames assument scrupuleusement leur mission. Les trois quarts d'entre elles assistent à plus de la moitié des réunions ; le tiers, dans la Commission supérieure, et 44 %, dans le Comité central, à deux réunions sur trois[5]. Les membres les plus assidus de la Commission supérieure se recrutent, à partir du milieu des années 1840, parmi les pionnières du comité parisien : Mme Mallet (66 présences pour 71 réunions, soit un taux de fréquentation de 93 %), Mme de Varaignes (89 %), Mme de Bondy, l'ancienne présidente du Comité (74 %), Mme de Champlouis (66 %, en 1848, après son retour à Paris), Mme Caussin de Perceval, épouse d'un professeur au Collège de France (60 %), auxquelles on peut ajouter Mme de Salvandy (74 %), Mme Hanriat-Valdruche (70 %) et Mme Poulain de Bossy (66 %). Au sein du Comité central, le cercle des fidèles regroupe cinq membres de l'ancienne Commission (Mmes de Bar, de Mackau et de Parieu, créditées d'un taux de fréquentation proche de 90 %, Mme Caussin de Perceval, 76 %, Mme de Varaignes, 70 %), deux dames d'honneur de l'impératrice (la duchesse de Bassano et la princesse d'Essling, 66 %) et Mmes Rouland, Delangle, Cornu, de La Grange et Augustin Cochin (54 %). A l'image d'Émilie Mallet et des autres pionnières des années 1820, plusieurs dames, intéressées par l'institution des jeunes enfants, veulent exercer le pouvoir concédé par l'administration. La volonté de tenir son rang, la quête de subventions pour des communes ou pour des congrégations protégées et le simple plaisir de retrouver des relations déterminent aussi l'assiduité aux réunions. Inversement, les événements politiques, la maladie ou l'absence d'intérêt profond pour la salle d'asile entraînent des défections et des abandons. Le poids du clientélisme a-t-il réduit, sous le Second Empire, la proportion de dames réellement motivées par leurs fonctions ? Une courte note du ministère, vraisemblablement rédigée sous l'Empire libéral, semble le suggérer en conseillant d'ajouter aux épouses des personnalités des « femmes dévouées à la salle d'asile et aux soins à l'enfance ». Les républicains, qui suppriment, nous l'avons dit, le Comité central, seront encore plus sévères. En avril 1871, la nouvelle direction de l'enseignement primaire reproche aux représentantes du régime déchu d'ignorer la méthode des salles d'asile et d'agir selon « des considérations politiques ou des convenances personnelles[6] ». Au-delà du réflexe partisan d'une administration centrale opposée à une instance consultative féminine, essayons d'en savoir plus sur le rôle des protectrices nationales de l'institution des jeunes enfants.

Les garantes de la vocation maternelle de la salle d'asile

Les membres les plus actifs de la Commission supérieure et du Comité central estiment que la défense de cette vocation exige la promotion du patronage féminin et le respect de la méthode officielle. Pour préserver l'influence des femmes, les dames de l'ancien comité parisien nommées dans la Commission supérieure cherchent à nouer, en marge des réseaux administratifs, des liens privilégiés avec les inspectrices bénévoles locales. Émilie Mallet n'est pas la dernière à intervenir. Principale collaboratrice d'Ambroise Rendu, elle réussit à le convaincre de l'utilité d'une correspondance directe et à obtenir, avec son aide, la diffusion nationale, en juillet 1841, d'une lettre circulaire rédigée par ses soins[7] :

> C'est avec une joie bien vive que la Commission a l'honneur de vous écrire pour la première fois. S'il est une œuvre qui exige l'union des pensées et des efforts, qui fasse naître des sentiments d'affectueuse bienveillance et de douce fraternité, c'est l'œuvre à laquelle il nous est donné de participer. [...] Il y a, dans l'œuvre des salles d'asile, des détails minutieux et tout maternels, que des femmes seules peuvent saisir et savent faire comprendre à d'autres femmes[8].

C'est bien une femme qui s'adresse ici à ses semblables, et avec conviction, pour les conforter dans leur vocation de protectrice naturelle d'une institution qu'elle qualifie, quelques lignes plus loin, d'œuvre « d'amour maternel ». Elle propose ensuite à ses interlocutrices de « fréquentes communications » et une « correspondance intime et confiante », sans caractère officiel, avec la Commission supérieure. Que cherche-t-elle, à la faveur de ces relations épistolaires officieuses, sinon à développer, dans les coulisses même de l'Université, un pouvoir féminin autonome qui garantirait notamment la mission religieuse de l'institution des jeunes enfants. Au même moment, elle s'emploie à limiter l'influence des agents de l'État sur les salles d'asile en essayant de convaincre Ambroise Rendu de la nécessité d'interdire aux inspecteurs des écoles d'y pénétrer. Cette tactique n'échappe pas à l'administration centrale. Le ministre approuve votre projet de lettre circulaire, lui écrit le président de la Commission supérieure, le 9 juillet 1841, mais il pense que «ces communications si utiles n'ont pas besoin d'être annoncées[9]». Elles le seront, pourtant, dans le texte expédié peu après, car le dévouement de Mme Mallet est apprécié, et l'emprise universitaire n'exclut pas encore les concessions propres à préserver le zèle des dames charitables. En mars 1842, une seconde circulaire remercie les dames d'avoir «accueilli avec tant de bienveillance» la première missive et garantit des réponses à toutes les nouvelles lettres reçues. Le ministère décide-t-il, ensuite, de ne plus partager ses prérogatives? Ou juge-t-il suffisantes les enquêtes régulières confiées aux inspecteurs? La Commission nationale n'écrira plus collectivement aux protectrices locales des établissements.

Le Comité central des salles d'asile envoie deux messages officiels aux comités, celui du 23 février 1856, très court, pour recommander l'abonnement à l'*Ami de L'Enfance,* et celui du 15 mars de la même année, très détaillé, pour énumérer les devoirs des dames patronnesses. Mais le ton a bien changé. Ce n'est plus un groupe d'aristocrates et de bourgeoises parisiennes qui s'adressent chaleureusement, par la plume de l'une d'entre elles, à leurs homologues provinciales; c'est l'archevêque-président qui signe une lettre rédigée dans le style administratif habituel et destinée aux maires, nouveaux responsables des comités de patronage. Après la réforme de 1855, qui prive les dames de plusieurs responsabilités, l'apologie de l'influence maternelle serait déplacée. Dès les premières lignes, le rédacteur de la lettre du 15 mars 1856 juge nécessaire de rappeler le caractère «mixte» des comités locaux, «où la religion, l'administration et la famille ont leurs représentants naturels». L'instance nationale des salles d'asile abandonne le flambeau que les pionnières des années 1830 lui avaient légué: à l'exaltation appuyée d'une autorité féminine, succèdent un hommage discret et le rappel du nouveau cadre réglementaire.

Ces tensions ne doivent pas masquer l'accord des dames et des administrateurs sur la centralisation de l'institution de jeunes enfants. Les uns et les autres veulent sauvegarder la particularité de la salle d'asile, telle qu'ils la conçoivent, en imposant un modèle unique, élaboré dans le creuset parisien. Dès le mois de mai 1838, et après avoir suggéré d'adresser à tous les établissements l'arrêté organique du 24 avril, préparé par ses soins, la Commission supérieure souhaite la communication de tous les règlements locaux afin d'entreprendre leur «correction[10]». La même volonté de contrôle transparaît dans l'envoi des deux circulaires de 1841 et de 1842, rédigées par Mme Mallet. Au nom de la supériorité de la méthode réglementaire, la lettre de juillet 1841 réclame, non sans quelques précautions de langage, un tableau détaillé du fonctionnement de chaque établissement. Plus directive encore, la lettre de mars 1842 cherche à mobiliser les dames inspectrices en faveur des seuls procédés officiels. «Les méthodes adoptées dans les asiles bien organisés de Paris et des départements sont le fruit de l'expérience et d'une étude approfondie des dispositions et des besoins de l'enfance. On ne saurait les négliger sans qu'il en résultât de graves inconvénients [...]. Nous ne saurions trop vous engager, Mesdames, à redoubler de vigilance et de soins pour qu'on [les] conserve». Le Comité central adopte la même attitude. «Les traditions de la salle d'asile», explique le rapport de sa commission des méthodes sur l'année 1857, «se retrouvent encore dans les livres spéciaux, dans l'expérience des directrices, des dames inspectrices et surtout des membres du Comité central [...] ; ces traditions sont le trésor confié à la garde, à la surveillance de cette assemblée[11]». Selon la nature du problème, les deux instances nationales utilisent des voies différentes pour faire cesser les irrégularités. Elles peuvent adresser un avis au maire ou aux dames patronnesses, signaler le problème aux déléguées ou prier le ministère d'agir, par l'intermédiaire des recteurs et des préfets. Leur intervention dans l'attribution des subventions, des médailles et du titre de salle d'asile modèle donne du poids à leurs reproches et à leurs recommandations.

La volonté commune des dames et des administrateurs de défendre la spécificité de la salle d'asile n'exclut pas les divergences d'interprétation. La crise qui éclate au milieu du Second Empire, à propos de l'application du programme de 1855, fournit aux protectrices nationales, et d'abord à la première d'entre elles, l'occasion de jouer à nouveau un rôle prédominant dans l'orientation de l'institution des jeunes enfants.

La mère du Prince impérial contre l'administration

Le 16 mai 1854, nous l'avons vu, Napoléon III avait placé l'œuvre des salles d'asile sous la tutelle de son épouse pour lui donner une preuve particulière de son affection. Le nouveau Comité central, créé le même jour, était invité à présenter chaque année à l'impératrice un rapport sur le fonctionnement et les besoins des établissements. Au début de son règne, Eugénie n'utilise pas l'autorité que lui confère son statut officiel, car le métier de souveraine ne s'improvise pas. En 1854, l'audience qu'elle accorde sans la présence de l'Empereur à la *Société de la charité maternelle* est un fiasco. Lorsqu'une dame de compagnie, agacée par les bredouillements du président de l'association, Mgr Morlot, lance «un sonore bravo dans cette assemblée ahurie», raconte la princesse de Metternich, l'impératrice, qui n'avait pas su mettre le prélat à l'aise, éclate en sanglots et abandonne la cérémonie. La salle d'asile pouvait lui offrir l'occasion de mieux assumer ses responsabilités. «Sera-t-il permis de critiquer», demande-t-elle au ministre de l'Instruction publique qui la prie d'accueillir le Comité central pour prendre connaissance du nouveau règlement organique ? Cette velléité reste sans effet. Le 22 mars 1855, après avoir écouté une allocution du ministre, la lecture du règlement et un compliment, besogneux, du cardinal Morlot, l'impératrice «fait deux belles révérences et se retire, fort émue», précise Hippolyte Fortoul, «dans ses appartements[12]». Mais avec le temps et l'expérience, importante à ses yeux, de la maternité, la jeune épouse bientôt désenchantée prend de l'assurance. Lors de la nouvelle audience accordée au Comité central, le 21 février 1858, deux ans après la naissance du Prince impérial, elle multiplie les critiques et les recommandations à propos du sort réservé aux usagers de la salle d'asile, que les textes de 1855 ont redéfini comme «la base de l'enseignement primaire». L'instruction anticipée, à laquelle le programme officiel accorde une grande place? C'est un obstacle au développement physique si les enfants sont «retenus, chaque jour trop longtemps dans la classe au détriment de leur santé et appliqués à acquérir des connaissances qui ne sont point encore à la portée de leur intelligence». Le chauffage excessif de l'établissement? Il produit un air vicié qui favorise les refroidissements. Les récompenses distribuées aux directrices? Elles devraient tenir compte de «l'état général de la santé de l'enfant». Qui s'exprime ainsi, dans le célèbre salon bleu du palais des Tuileries? L'impératrice des Français, bien sûr, protectrice officielle des salles d'asile et légitime interlocutrice, à ce titre, du chef de l'Université, comme le souligne la visite de l'Empereur au cours de l'audience. Mais, derrière la souveraine, c'est aussi une mère qui parle, une mère heureuse et consciencieuse, qui a tenu à présenter aux membres du Comité le petit Louis, alors âgé de deux ans et dont elle s'occupe personnellement[13].

Le nouveau chef de l'Instruction publique, Gustave Rouland, et ses collaborateurs sous-estiment-ils la sollicitude maternelle d'Eugénie? Croient-ils la satisfaire par une stricte application des instructions de 1855? Le programme officiel «ne prescrit que ce qu'il faut en matière d'instruction la plus élémentaire», déclare le ministre devant le Comité central, le 28 février 1859; «les limites de cette instruction y sont sagement tracées et l'on y recommande surtout tout ce qui concerne l'éducation des jeunes enfants et les soins physiques à leur donner». Dès lors, poursuit le responsable de l'Université, il suffit d'inviter les déléguées à mieux contrôler l'application des consignes réglementaires pour garantir le bon fonctionnement des établissements[14]. Trois mois plus tard, au début de l'audience accordée par la souveraine au Comité central, le 29 mai 1859, il annonce, à titre de précaution supplémentaire, l'envoi imminent d'une circulaire qui rappellera aux directrices qu'elles doivent respecter le programme officiel. L'impératrice prend aussitôt la parole pour refuser cette solution :

> «*Sa Majesté exprime l'avis que les recommandations n'atteindront pas le but qu'on se propose, que l'esprit et la lettre du règlement seront toujours mal compris et que c'est le règlement même qu'il convient de réformer*», rapporte le compte-rendu. «*La part faite à l'instruction y est encore trop large et il faut la restreindre. Ce qui convient avant tout aux enfants, c'est l'air, la propreté et l'action. Les trois quarts du temps qu'ils passent dans les salles d'asile doivent être employés en exercices et en soins hygiéniques; le reste serait consacré à l'éducation morale et religieuse. L'instruction proprement dite serait réduite aux choses les plus simples[15].*»

Le ministre, cette fois, a bien compris : il s'incline et il annonce la préparation d'un nouveau règlement. Les tâtonnements inévitables de la pédagogie préscolaire ont fourni aux dames une nouvelle occasion d'exercer leurs responsabilités. Le pluriel s'impose ici, car, de toute évidence, Eugénie n'a pas agi seule. Que sait-elle de la salle d'asile ? Ce qu'elle voit pendant les visites officielles, au cours desquelles elle donne des conseils sur l'aménagement des locaux ; ce qu'elle lit dans les rapports annuels du Comité central et, surtout, ce que lui racontent les personnes de son entourage qui assistent régulièrement aux réunions de cette instance : l'énergique princesse d'Essling, surnommée « Madame Caporal », présidente de la Commission des secours, la duchesse de Bassano et la duchesse de Cambacérès. Ses informatrices lui rapportent les plaintes des déléguées et des dames patronnesses contre l'influence grandissante de l'enseignement primaire. En leur compagnie, elle a réfléchi aux causes du mal et aux remèdes nécessaires. Le printemps de l'année 1859 est un moment favorable pour agir, puisque, depuis le départ de l'Empereur pour la campagne d'Italie, quelques semaines plus tôt, l'autoritaire Eugénie occupe seule le trône. Le compte-rendu, feutré, de l'audience du 29 mai 1859 permet d'imaginer l'aboutissement du complot. La régente, comme il se doit, ouvre la première les hostilités contre le projet ministériel. Ensuite, les autres conjurées interviennent. « Quelques dames approuvent », rapporte le compte-rendu ; elles condamnent l'oubli du modèle familial et le niveau de connaissances trop élevé exigé des maîtresses. Que peut faire le ministre devant une rébellion conduite par l'impératrice en personne ? Se résigner à la réforme générale du règlement qu'il refusait un an plus tôt. A-t-il été prié de faire diligence ? Le 5 août 1859, soit deux mois après l'audience mémorable, il présente à la régente un nouveau programme destiné, selon les termes de l'introduction, à réduire « un enseignement scolaire qui n'est pas toujours en rapport avec l'âge et la destination des élèves » et à développer « des exercices physiques si nécessaires au libre développement de l'enfance ». Vingt ans après la première offensive universitaire sur la salle d'asile, qui avait restreint l'influence de Mme Mallet et de ses compagnes, les dames prennent leur revanche. La tutelle de l'administration n'a pas résisté aux convictions d'une souveraine de trente-trois ans, décidée à défendre une autorité maternelle dont elle faisait personnellement l'expérience.

La vigilance du Comité central s'exerce ensuite au profit du dispositif imposé par l'impératrice. En 1863, devant les négligences de certaines maîtresses, « plusieurs dames » réclament l'envoi d'une circulaire aux déléguées spéciales. Le 24 mai 1866, une délégation présente à la souveraine les résultats, jugés encore insuffisants, de la réforme de 1859. Deux ans plus tard, et alors que les déviations persistent, le Comité souhaite officiellement – « sur la demande d'une dame » – une nouvelle expédition du règlement de 1859 aux comités locaux[16].

Cette persévérance finit par porter ses fruits : le 10 mai 1869, Victor Duruy invite les déléguées à rappeler aux maîtresses les nécessaires limites de leur enseignement.

Jusqu'au milieu du siècle, le nom de l'une des protectrices nationales de la salle d'asile a été associé à toutes les grandes étapes de son histoire. Responsable d'associations, fondatrice d'établissements et membre des instances officielles, Mme Jules Mallet intervient, le plus souvent en première ligne, sur tous les fronts. Son exemple éclaire la mobilisation de centaines d'autres femmes au service de l'institution des jeunes enfants.

L'engagement d'Émilie Mallet
Une privilégiée responsable

Inspiratrice et secrétaire du Comité des dames, Émilie Mallet est l'une des principales pionnières des salles d'asile parisiennes. Après avoir essayé de conserver l'essentiel du pouvoir aux dames d'œuvres, elle accepte, en 1837, une fois surmontée la première réaction d'amertume, de collaborer avec les autorités. Secrétaire-adjointe de la Commission supérieure, jusqu'en 1848, elle devient vite la principale collaboratrice du président Ambroise Rendu et du ministère, dont elle partage la volonté centralisatrice, sans renoncer à défendre l'influence des dames patronnesses sur les établissements. Vice-présidente de la Commission d'examen de la Seine et présidente fondatrice, en 1843, d'une association de dames charitables dévouées aux salles d'asile, elle continue de jouer un rôle important dans l'essor et dans le fonctionnement des établissements parisiens. A partir de 1846, elle surveille l'installation de la nouvelle école normale des salles d'asile, dont elle a préparé le règlement. En 1847 et en 1848, elle ouvre plusieurs établissements privés avec ses propres deniers et des avances de la banque Mallet. En 1853 et en 1854, elle organise, avec l'appui moral et matériel de la *Société pour l'encouragement de l'instruction primaire parmi les protestants*, les salles d'asile et l'école normale protestantes du Faubourg Saint-Marcel. Malgré ses multiples responsabilités, elle visite régulièrement plusieurs établissements parisiens et elle gère la salle d'asile de Jouy-en-Josas, installée, en 1835, dans l'ancienne petite maison de son père qu'elle a rachetée en vendant ses diamants.

Émilie Mallet met aussi sa plume au service de l'éducation publique des jeunes enfants. Elle collabore régulièrement à *L'Ami de l'Enfance* ; elle publie des ouvrages de référence pour les maîtresses et les dames patronnesses ; elle écrit, en 1847, aux conseils généraux pour les inviter à soutenir davantage les salles d'asile. Propagandiste infatigable, elle accueille des visiteurs étrangers dans les établissements parisiens et elle correspond avec plusieurs pionniers européens, dont elle raconte parfois les efforts dans *L'Ami de l'Enfance*. Grâce à ses liens privilégiés avec les fondateurs des *Scuole Infantili,* elle est sans doute la première lectrice française du *Manuale di educazione ed ammaestramento per le Scuole Infantili,* publié en 1833 par l'abbé Aporti, et qu'elle essaie, sans succès, de faire éditer en France. En 1836, elle visite plusieurs *Infant Schools* anglaises et elle ramène avec elle les manuels et les séries d'images utilisées dans ces établissements. Jusqu'à sa mort, en 1856, elle crée, elle encourage, elle inspecte, elle sollicite. Elle n'est pas la seule, bien-sûr, à s'intéresser aux institutions des jeunes enfants, mais sa personnalité, ses responsabilités et la durée de son engagement – près de trente ans – lui confèrent une place prédominante parmi tous les promoteurs de la salle d'asile française[17].

Son dévouement pour l'éducation publique des jeunes enfants ne l'empêche pas de s'engager dans d'autres entreprises charitables. En 1832, et tandis qu'une partie de la haute société de la capitale fuit l'épidémie de choléra, elle quitte son château de Jouy, en compagnie de sa fille aînée, âgée de dix-neuf ans, pour venir organiser, à Paris, un hôpital privé provisoire dont le personnel est fourni par les Filles de la Charité. En 1838 et en 1839, elle accueille Mrs Fry, la célèbre inspectrice bénévole des prisons anglaises, et elle joue un rôle important dans l'organisation d'un comité de visiteuses protestantes des détenues de Saint-Lazare. En 1841, elle participe à la fondation de l'*Œuvre des diaconesses*, les sœurs de charité protestantes, et du refuge de la rue de Reuilly. Après les journées de février 1848, elle aide Mme Lechevallier, l'inspectrice générale des prisons, à convaincre le gouvernement provisoire d'ouvrir des ateliers nationaux de femmes et elle soutient l'œuvre du *Bon Secours*, créée par la républicaine Eugénie Foa pour procurer du travail à des ouvrières au chômage. Lorsqu'une nouvelle épidémie de choléra éclate, l'année suivante, elle fonde un orphelinat de jeunes enfants, dont elle assume seule, au début, l'entière responsabilité et la plupart des dépenses. A toutes ces entreprises, il faut encore ajouter des distributions de pain, de médicaments et de vêtements à la population de Jouy et de multiples interventions en faveur de personnes indigentes : « chaque jour, les affaires me pleuvent à chaque arrivée de la poste », écrit-elle le 29 juin 1850, « [et], comme la plupart sont pressantes et concernent la situation ou les moyens d'existence de ceux qui m'écrivent, répondre sans délai ou faire les démarches est un devoir d'urgence[18] ».

Ce rapide inventaire prouve la volonté d'Émilie Mallet de remédier aux maux de la société et, notamment, à ceux qui touchent les femmes et les enfants. Ouverte à certaines idées nouvelles, répandues parmi ses coreligionnaires, mais marquée par les souvenirs de la Révolution, cette fille d'industriel, mariée à un banquier, partage le désir de stabilité sociale du courant libéral conservateur qui triomphe sous la Monarchie de Juillet. Elle lit Fourier « avec crainte » et elle juge le projet socialiste utopique. Aux yeux de cette femme pieuse, instruite et fortunée, la misère ouvrière est, d'abord, le résultat du « vice, [de] l'oubli des lois morales, [du] manque d'idées religieuses ». Mais si elle juge impossible « l'égalité parfaite», elle n'en croit pas nécessaire de «rapprocher les distances» par «la charité et la fraternité»: au lieu de jouir égoïstement de leur fortune, les privilégiés doivent aider les indigents et les éduquer[19].

Plusieurs influences ont renforcé chez Émilie Mallet le sentiment d'une mission personnelle à l'égard de la classe «ignorante et pauvre»: son éducation chrétienne, les exemples de son père, chéri et admiré, qui fait vacciner et soigner ses ouvriers, de sa mère et de son frère, qui organisent une école gratuite à Jouy et une distribution de soupe pour les indigents, enfin, le paternalisme original de la banque Mallet, qui réserve une part de ses bénéfices aux aumônes et qui prend en charge les frais médicaux de ses employés et la constitution de rentes viagères, réversibles aux veuves[20]. Mais la conscience d'un devoir social suffit-elle à expliquer l'engagement de cette pionnière de la salle d'asile qui voudrait ouvrir cette institution aux descendants de la «classe opulente»? Bien d'autres notables cherchent à régénérer les classes populaires sans s'intéresser à la première éducation de leur progéniture. En choisissant d'intervenir dans le destin des jeunes enfants, pauvres ou aisés, Émilie Mallet ne réagit-elle pas plus en mère de famille qu'en épouse de banquier?

Une mère de famille

Écoutons-la exhorter les responsables des salles d'asile à témoigner «une sollicitude toute maternelle» à leurs «enfants adoptifs». Quelques inspectrices répugnent-elles à étudier les petits êtres placés sous leur protection? Elle vante le «charme puissant et irrésistible [qui] entoure l'enfance et lui donne tant d'attrait». Les usagers de l'asile de la Bienfaisance lui paraissent-ils rachitiques ou malades? Elle demande à son ami, le Dr Cerise, de venir les examiner. L'hiver s'approche-t-il? Elle conseille de distribuer des vêtements et des aliments, avec des précisions sur la nature des tissus, les recettes des soupes et la fréquence des repas que l'on chercherait en vain sous la plume d'un Jean-Denys Cochin. Certains responsables sont-ils embarrassés par la présence des plus petits avant l'entrée en classe? Elle propose de distribuer des jouets simples, comme les poupées, les cahiers d'images, les morceaux de bois taillés en briques, en arguant de la disposition enfantine à «jouer tous les jours avec le même objet». Des maîtresses ont-elle tendance à relâcher la surveillance pendant les récréations? Elle leur enjoint de diriger les jeux, «selon la température et les heures de la journée», en évitant les expositions au soleil brûlant, les mouvements intensifs – cause de refroidissement – et les stations assises sur un sol mouillé[21].

Rien ne semble échapper à une vigilance trop minutieuse pour ne pas être le fruit de l'expérience. Mariée, en 1812, à Jules Mallet, Émilie donne naissance à Natalie (1813), Charles (1815), Louise (1820) et Henri (1824). D'autres enfants peuplent son univers quotidien, dans l'hôtel Mallet, rue de la Chaussée d'Antin, comme dans son château du Montcel, à Jouy : ceux de son frère Émile (marié en 1813 et installé à Jouy jusqu'en 1821), ceux de sa sœur Laure (mariée, en 1818, à son beau-frère, James Mallet, et logée à l'hôtel Mallet de Paris et au château de Jouy, voisin du celui du Montcel), ceux de ses neveux et de ses nièces, et notamment d'Amélie de Champlouis, invités à Jouy pendant la belle saison. En 1826, et si l'on s'en tient à la seule descendance de Christophe Oberkampf et de sa deuxième femme, Élisabeth Massieu, la pionnière de la salle d'asile française, mère d'un garçonnet de deux ans et d'une fillette de six ans, fréquente au moins sept autres enfants dans la tranche d'âge visée par la nouvelle institution. Lorsque Natalie puis l'épouse de Charles deviennent mères à leur tour, en 1840, 1842 et 1845, Mme Mallet acquiert le statut de grand-mère. Et, à ces trois premiers petits-enfants, s'ajoutent ceux d'Émile, de Laure et de Marie-Julie, la fille de Christophe Oberkampf et de sa première femme, mariée à Louis Feray. A la fin de la monarchie de Juillet, à l'époque où elle rédige «l'Appendice» au manuel Cochin, ses «Lettres aux dames inspectrices» et le règlement de l'école normale des salles d'asile, Mme Mallet fréquente, à nouveau, de nombreux bambins entre deux ans et six ans. De la naissance de sa première fille, en 1813, à sa mort, en 1856, elle rencontre constamment, dans son entourage familial, la tranche d'âge dont elle organise l'éducation publique.

Pour savoir si elle a profité de ces opportunités répétées, observons-la, chez elle, au milieu de ses proches. Émilie Oberkampf aime la vie de famille, celle de son enfance et celle qui succède à son mariage – d'inclination – avec Jules Mallet. Les enfants sont des acteurs importants de cette intimité. Dès leur plus jeune âge, ils retiennent l'attention des adultes. Après avoir juché les plus petits sur un âne, Émilie aime se promener avec eux dans le parc du Montcel. Natalie, alors dans sa troisième année, «m'apprend à parler et à chanter», écrit-elle, en 1816, à son mari ; Charles, un an et demi, «si joli qu'il est à croquer, fait des airs gracieux, chante, danse, tape du pied» ; Louis, le fils d'Émile, âgé de deux ans, «bavarde comme une vraie pie[22]». Au-delà de ces réflexes de mignotage, comment la jeune mère de vingt ans élève-t-elle sa progéniture ? Allaitée par sa propre mère, elle allaite sa première fille, mais elle doit renoncer, pour des raisons de santé, à nourrir ses autres enfants. Pour concilier sa vie mondaine, importante dans les années qui suivent son mariage, ses activités charitables et ses responsabilités maternelles, elle emploie une nourrice sur lieu, une bonne, puis, lorsque ses trois premiers enfants atteignent six ou sept ans, une gouvernante ou un précepteur[23]. Vers trente ans, une crise de conscience religieuse, dont nous reparlerons, l'amène à penser qu'elle assume mal son rôle de mère. Obligée d'accompagner son mari en cure, pendant l'été 1826, elle s'inquiète à l'idée de quitter ses deux derniers bambins, âgés de deux ans et de six ans. L'année suivante, elle annonce son intention de «s'occuper de [ses] enfants avec autant d'intelligence, de douceur, de fermeté», que sa belle-sœur, Julie. «Je tâche de prendre plus d'intérêt et de donner plus d'attention à leur éducation et à leur surveillance», écrit-elle encore, deux ans plus tard. Né en 1824, Henri est le plus jeune bénéficiaire de ces résolutions. «J'ai commencé à le faire lire régulièrement, note-t-elle en 1830; c'est un impérieux devoir de m'occuper de lui; son intelligence a besoin d'être développée; je ne puis me décharger sur personne de ce soin[24]». Ne nous méprenons pas sur ces aveux. Émilie Mallet n'a pas attendu la maturité de la trentaine, ni l'âge de raison de son dernier-né, pour se préoccuper de sa progéniture. Elle sélectionne avec soin ses auxiliaires, dont certains, comme la bonne Cresson ou le précepteur Darbet, font quasiment partie de la famille; elle contrôle leur action et elle participe à l'œuvre d'éducation. Mais il n'en est pas moins vrai que son évolution intérieure lui inspire, à la fin des années 1820, donc à l'époque de son engagement en faveur des salles d'asile, une conception plus exigeante du devoir maternel qui la pousse à intervenir davantage dans la formation de ses enfants.

Surprenons-la, un matin de janvier 1829, en tête-à-tête avec son dernier fils, âgé de cinq ans: «Henri est charmant; il est venu s'asseoir sur mon lit et nous avons répété ensemble l'oraison dominicale que je lui ai expliquée. Il est allé chercher son livre pour m'y lire des phrases, puis je lui ai raconté une histoire[25]». Lorsqu'elle se fait éducatrice, Émilie Mallet s'intéresse à la fois à l'âme, à l'esprit et au corps. Pour amender le plus tôt possible une nature jugée corrompue, elle apprend des prières à ses enfants, à partir de quatre ans, et elle leur en explique le sens. Avant l'âge de raison, encore, elle les associe au culte de famille qu'elle organise quotidiennement à Jouy. La première éducation intellectuelle n'est pas plus tardive. Avant cinq ans, les héritiers de la famille Mallet commencent à apprendre des poèmes, la lecture, avec leur mère, leur grand-mère ou leur père, et l'écriture, avec le précepteur des aînés. Doté d'une excellente mémoire, Charles récite, dès sa quatrième année, des vers, des fables et des chansons, «avec une verve et un entrain qui faisaient l'amusement général». Au cours d'un voyage en Belgique, à la fin de sa septième année, il tient un petit journal qu'il recopie, «d'une superbe écriture», pour l'offrir à sa grand-mère. En 1855, mais cette fois à l'intention de ses derniers petits-enfants, Émilie Mallet ajoute à l'initiation aux rudiments les exercices Fröbel, qu'elle s'efforce, simultanément, de diffuser dans les salles d'asile parisiennes. «Hier, notre petit Étienne apportait en triomphe à son grand-père un charmant petit carton fait par ses doigts de trois ans», écrit-elle, le 13 mars 1856, à son amie Sophie Pelet, en louant les travaux de pliage, de tissage et de classement, qui «amusent tant les enfants et les rendent si adroits[26]». Élevée dans un milieu ouvert à la médecine des Lumières[27], et familiarisée avec l'usage du bain, Mme Mallet ne néglige pas les problèmes du corps. Son jeune fils est-il tourmenté par un accès de fièvre ? Elle lui fait boire, « de son autorité privée », de l'eau d'orge miellée et elle l'installe dans sa chambre. Son neveu, Arthur, se plaint-il de la gorge ? Elle aide sa sœur à lui appliquer des sangsues. Son petit-fils, Alfred, est-il très souffrant au cours de sa deuxième année ? Elle remplace sa fille Natalie, enceinte, auprès du petit malade ; elle lui administre des tisanes, des cataplasmes et des bains de son, et elle couche dans sa chambre pendant plusieurs semaines[28].

L'expérience maternelle d'Émilie Mallet a forcément pesé sur ses réactions au spectacle de l'enfance délaissée ou malmenée. Sans dénier, *a priori*, toute qualité de cœur et d'esprit aux parents pauvres, elle les juge, pour la plupart, incapables d'élever correctement leurs enfants, faute de temps, d'instruction et de convictions morales. Mais son existence momentanée de jeune mondaine lui inspire aussi des réserves à l'égard de certaines pratiques éducatives des familles aisées. Comme le comte de Lasteyrie et Jean-Denys Cochin, elle accepte l'idée d'une formation extra-familiale de la progéniture bourgeoise, qui présente selon elle, « à peu de choses près, les mêmes traits de physionomie morale » que l'enfant pauvre et qui reçoit une mauvaise éducation quand elle est « comblé(e) de soins parfois peu judicieux [...], [et] exposé(e) aux effets d'une tendresse aveugle ». Pour remédier à ces inconvénients, elle préconise l'ouverture d'établissements spéciaux où les jeunes enfants riches viendraient passer quelques heures par jour à partir de leur quatrième année[29]. La salle d'asile, telle qu'elle l'imagine, veut compenser les carences de toute femme occupée, négligente ou inexpérimentée : elle s'adresse à la fois aux mères pauvres et aux mères fortunées. Mais la similitude n'est pas parfaite, car, à l'instar des autres promoteurs de l'école enfantine, Mme Mallet estime que les femmes aisées, mieux éduquées et plus disponibles, sont des mères potentiellement compétentes et zélées. Lorsqu'elle s'adresse aux dames inspectrices, elle les renvoie à leur pratique personnelle d'éducatrice. Hésitent-elles sur les limites du premier enseignement ? « Qu'elles se demandent comment elles instruiraient leurs propres enfants ». S'interrogent-elles sur l'ampleur de l'initiation religieuse ? Qu'elles se réfèrent à leur expérience, qui leur fait « connaître ce que les petits enfants peuvent ou non comprendre et retenir dans leur cœur ». Se demandent-elles comment s'adresser aux petits élèves en leur inspirant « une affection mêlée de respect » ? Qu'elles leur causent comme elles le font avec leurs bambins, sans exciter « leur babil, mais [en provoquant] par leurs réponses un besoin d'expansion qui, plus tard, produira la confiance[30] ». C'est bien une mère qui parle ici à d'autres mères avec, en plus, l'autorité et la conviction d'une personnalité entreprenante.

Une femme d'action

« C'est un prodige que Madame Jules Mallet », s'exclame, en 1816, un vieil ami de la famille ; *« elle écrit, elle dessine, elle fait des bourses, elle veille sur sa petite famille, elle tient maison, elle fait bâtir, elle corrige des plans, elle conduit des ouvriers, elle court entendre Paër à Paris, chez sa belle-mère, elle revient assister à une revue, elle donne à dîner à un duc et pair, elle revole à Paris pour voir Œdipe ou plutôt pour y conduire une amie[31].»*

A vingt-deux ans, Émilie Mallet est déjà la femme active qui émerveillera Mme de Pastoret, dix années plus tard. La charité lui fournit un terrain d'action privilégié. Non contente d'ouvrir sa bourse, elle imagine, elle crée, elle administre, sans reculer devant les entreprises les plus hardies. Le 26 février 1848, soit le lendemain de la chute de la monarchie, un imposant cortège de protectrices et d'employées des crèches et des asiles, accompagnées de jeunes enfants, traverse l'actuel premier arrondissement pour se rendre jusqu'à l'Hôtel de ville par la rue de Rivoli :

« Le cortège, entouré par des ouvriers en armes et des gardes nationaux, a été l'objet des démonstrations les plus éclatantes de respect et de sympathie », écrit le journal buchezien La Démocratie pacifique, *qui avait appelé, la veille, à la manifestation.* *« Partout la foule s'est rangée avec vénération en saluant le drapeau de la République et les bannières sur lesquelles on lisait : Éducation pour tous les enfants du peuple ; Crèches, salles d'asile, écoles, apprentissage ; Principe sacré de la famille ; Laissez-venir à moi les petits enfants ; Union des cultes. Fraternité universelle[32].»*

En tête du cortège, auquel s'était joint, dans le premier élan d'enthousiasme qui accompagna l'avènement de la République, un prêtre, un pasteur et un rabbin, marchaient Émilie Mallet, dont le domicile avait servi de lieu de rassemblement, et Mme de Lamartine, l'épouse du chef réel du gouvernement provisoire. Pour sauvegarder les institutions de l'enfance au milieu des bouleversements politiques, la pionnière de la salle d'asile n'a pas hésité à frapper l'opinion et les nouveaux dirigeants par cette manifestation inaccoutumée.

Ses multiples engagements charitables ne lui laissent guère le temps de céder à la langueur dont se plaignent tant d'aristocrates et de bourgeoises désœuvrées. Elle est poussée, au contraire, par le désir de ne pas se limiter aux responsabilités, domestiques, familiales et mondaines, dévolues aux personnes de son sexe. Elle ressent le besoin d'intervenir, et de faire intervenir d'autres femmes, dans les affaires de la cité.

« Au foyer de la famille [...], les femmes ont plus de temps pour penser, et plus de moyens de s'instruire des choses positives de la vie que les hommes [...], si leur cœur est sous l'influence de sentiments assez puissants pour [...] [les porter] vers l'étude attentive des faits qui révèlent l'état réel de la société et surtout les misères des classes inférieures », explique-t-elle, en 1847. *« Ne sommes-nous pas sans cesse en rapport avec ceux*

qui en sont les témoins ou les victimes ? [...] Il suffit d'un mot d'intérêt bienveillant, d'une question affectueusement posée, pour amener l'expansion de la mère de famille ou du pauvre ouvrier dont le cœur est accablé de soucis[33].»

Grâce à leur double expérience, maternelle et charitable, les femmes aisées posséderaient trois avantages sur leurs époux : une connaissance directe de la pauvreté, une sensibilité indispensable aux relations fécondes avec les indigents et le temps de la réflexion. Intimement persuadée de cette compétence féminine, Mme Mallet n'hésite pas à s'adresser, en 1848, au ministre de l'Intérieur et au maire de Paris, responsables des secours publics de la capitale, et à Thiers, rapporteur du projet de loi sur l'assistance :

«Mises en contact avec les classes indigentes par les devoirs de la charité, les femmes observent, aussi ; et, pour elles, l'instruction naît d'impressions profondes et souvent très douloureuses», écrit-elle à ce dernier. «Elles peuvent donc révéler, en vue de l'intérêt des pauvres, les faits qu'elles ont pu constater, mais il ne leur appartient pas de traiter les questions administratives ; et, si elles le font, ce ne peut-être qu'éclairées par des lumières dont elles reçoivent les reflets[34].»

Démarche audacieuse, car, quelle que soit sa position, Mme Mallet a bien conscience de s'aventurer hors du terrain d'action concédé aux femmes charitables. Démarche audacieuse et qui prouve bien sa volonté d'introduire les dames d'œuvres dans la gestion de certaines affaires publiques, au besoin en bousculant les usages. Car que déclare-t-elle à Adolphe Thiers, au-delà de ses protestations de modestie et de ses prudences de langage ? Que les femmes agissent et pensent, et qu'elles ont leur mot à dire dans la conception de la politique d'assistance. Elle ne s'en prive pas, d'ailleurs, puisqu'après avoir critiqué les lacunes du dispositif parisien, elle propose une organisation centralisée des secours à domicile, contrôlés par des bénévoles, la suppression des agents salariés, incapables, à ses yeux, d'assumer une mission moralisatrice, et l'adoption des familles indigentes par des protecteurs vigilants. Un dernier trait, essentiel, détermine et unifie la personnalité et l'action de la première créatrice des salles d'asile françaises : sa foi.

Une « chrétienne d'impulsion »

De son propre aveu, trois événements ont renforcé sa ferveur religieuse : la mort de son père, en 1815, le décès de sa mère, en 1816, et une expérience spirituelle personnelle qui lui fait découvrir, en février 1826, à la lecture du chapitre 53 d'Isaïe, «le prix des souffrances de notre adorable Sauveur». Ce troisième épisode, contemporain de la fondation du Comité des dames, se produit au cours d'une étape importante dans la vie d'Émilie Mallet, alors âgée de trente-deux ans. Son journal, commencé en mars 1825, révèle une quête angoissée des voies du salut. Depuis son installation à Paris, quatre ans plus tôt, elle va souvent écouter l'un des principaux représentants du Réveil protestant, le pasteur Frédéric Monod. Elle participe activement aux travaux de la *Société biblique*, de la *Société des traités* et de la *Société de la Morale chrétienne*, et elle se lie d'amitié avec deux grandes figures féminines du mouvement évangélique : Albertine de Broglie et Sophie Pelet de la Lozère[35]. Lorsqu'elle comprend, le 19 février 1826, le message d'amour et d'espoir apporté par le Christ, elle a le sentiment d'être, enfin, libérée « du voile épais qui couvrait [ses] yeux » et d'accéder à « la nouvelle vie qui est la seule véritable ». Cette expérience spirituelle – ce « réveil » – s'accompagne d'un examen de conscience qui lui fait découvrir ses torts et ses devoirs à la lumière des enseignements de la Bible. Entre 1825 et 1827, c'est-à-dire à l'époque où elle s'emploie à fonder le Comité des dames et les premières salles d'asile, elle note, dans son journal, sa décision de se détacher de la vie mondaine et de mieux s'occuper de sa maison et de ses enfants[36].

Cette foi protestante intense, qui associe la conscience tragique du péché, l'allégresse du croyant « réveillé » et la volonté d'action, influence l'engagement charitable de cette « chrétienne d'impulsion », comme on l'appelle aux diaconnesses[37]. Lectrice attentive des Écritures, Émilie Mallet connaît les propos bienveillants du Christ à l'égard du petit indigent, auquel il a, par humilité, emprunté ses premiers traits : ils figurent en bonne place parmi les extraits qu'elle a pris la peine de recopier. En ouvrant des lieux d'hospitalité et de première éducation, elle cherche à remplir son devoir de chrétienne en travaillant à évangéliser de jeunes créatures marquées – c'est l'une des obsessions des évangélistes – par la corruption naturelle, mais capables de s'élever jusqu'à « la connaissance et à l'amour du Seigneur », grâce à la volonté de Dieu et à une éducation appropriée[38].

La chrétienne qui inspire la mère éducatrice dirige aussi la femme d'action. « J'ai beaucoup travaillé pour les salles d'asile et le journal. Quelque désir que j'aie de partager mon temps et mes efforts entre cette œuvre et d'autres bien utiles aussi, elle est toujours ramenée en tête par la force des circonstances », écrit-elle, à l'automne 1835, à une époque où elle assume le secrétariat du Comité des dames, qui gère encore les établissements ; « qu'en dois-je conclure, mon Dieu ? Que c'est ta volonté qui me donne cette œuvre à faire ». Mais, grâce à son journal, nous savons qu'il lui arrive aussi de vivre ses responsabilités charitables comme une lourde contrainte dont elle aimerait se libérer : « je m'en retourne à mon travail, à ma vie d'action et, il faut le dire, cela me coûte beaucoup. J'éprouve une grande répugnance à reprendre ma chaîne de devoirs », écrit-elle, en septembre 1835, après un séjour en Suisse, avant de demander à Dieu de lui rendre les forces dont elle aura besoin. Quinze ans plus tard, lorsqu'elle organise seule, à cinquante-six ans, un centre d'accueil pour les orphelins du choléra, elle se considère toujours comme le simple instrument d'une volonté supérieure : « Si l'on m'avait annoncé à l'avance que j'allais travailler à une telle œuvre, j'aurais reculé avec effroi [...]. Mais, chaque jour, à chaque heure, la volonté de Dieu se manifestait de telle sorte qu'il fallait l'accomplir[39] ». Cette conviction lui permet d'affronter l'inertie administrative et de surmonter la lassitude ou le désenchantement.

> « L'année dernière [...], je souffrais beaucoup d'âme et de cœur tandis qu'au contact avec tant de misères, je m'épuisais en efforts pour arriver à y faire porter remède », écrit-elle en avril 1849. « En décembre, j'ai commencé à entrer dans une vie nouvelle ; navrée de trouver les cœurs et les oreilles fermées, de ne rien obtenir du pouvoir, j'ai senti la vive impulsion de travailler seule à ce qui était de ma compétence et à ma portée. Je l'ai fait en esprit de sacrifice [...], demandant au Seigneur de me diriger en toutes choses et de bénir, s'il le trouvait bon, l'œuvre que j'entreprenais. Depuis ce moment, ma paix a été complète ; tout a marché comme mené par une main invisible[40]. »

C'est dans sa foi qu'Émilie Mallet puise la force nécessaire pour imaginer et pour réaliser des entreprises charitables, dont la réussite est, à ses yeux, signe d'élection. A son image, des centaines d'autres femmes entreprenantes s'investissent dans la fondation ou dans la protection des institutions de jeunes enfants.

Les comités de dames patronnesses

Qui sont ces dames, « dévouées aux intérêts de l'enfance », selon les termes du décret de 1855, et préposées, à ce titre, au contrôle des salles d'asile ? Les listes des deux mille sept patronnesses désignées, entre 1855 et 1858, dans dix-neuf départements permettent de répondre en partie à cette question. La plupart de ces dames (83 %) sont mariées ; les autres sont veuves (8 %) ou célibataires (9 %). Les professions de leurs époux sont connues pour mille cinq cent deux d'entre elles et leurs seules charges publiques, dans une assemblée locale ou nationale, pour cent soixante-huit autres. D'emblée, la sur-représentation des agents de l'État est patente : plus d'une dame sur quatre (28 %) est mariée à un administrateur (magistrats et officiers inclus), qui occupe, deux fois sur trois, un poste important à la tête d'une préfecture, d'une sous-préfecture, d'un tribunal ou d'un service départemental. Si on leur ajoute les cent soixante-huit femmes de sénateurs, de députés, de conseillers généraux, de maires, d'adjoints et de conseillers municipaux, dont le mari n'est pas déjà identifié par sa profession, on peut situer le tiers, au moins, des protectrices locales de la salle d'asile dans la mouvance des pouvoirs publics. Trois autres groupes sont particulièrement bien représentés : les « propriétaires » et les « rentiers » (35 %), les hommes d'affaires, les industriels et les négociants (16 %), les hommes de loi et les médecins (16 %). Au-delà des variations locales, il est évident que l'État confie surtout le patronage des salles d'asile à quatre catégories de personnalités : à ses propres agents, qui ont le double avantage de constituer un vivier commode et d'être bien connus du pouvoir, aux représentants des collectivités locales, dont les subventions sont indispensables au bon fonctionnement des établissements, aux détenteurs des moyens de production, capables d'apporter des aides financières, et enfin, mais dans des proportions moindres, à la moyenne ou à la petite bourgeoisie des professions juridiques et médicales, déjà mobilisées en faveur de la sauvegarde et de l'hygiène de l'enfance. La priorité accordée à la notoriété et à l'argent désavantage les épouses des artisans et des petits commerçants (1,4%), et – à l'exception des femmes des inspecteurs d'académie et des recteurs, classées avec les épouses des administrateurs – celles des agents de l'Université (1,8%). Ces femmes fournissent l'appoint dans les petites villes et dans les villages, avec quelques épouses de cultivateurs aisés, lorsque les administrateurs et les autres notables manquent ou ne sont pas assez nombreux. Les dames patronnesses manifestent-elles toutes ces « doux sentiments de bienveillance » et cet « esprit de charité » que Mme Mallet conseillait de privilégier[41]? Faute de pouvoir consulter, une nouvelle fois, des lettres et des chroniques privées, nous essaierons d'apprécier leurs motivations en considérant leur assiduité, leurs attitudes à l'égard des usagers de la salle d'asile et leurs interventions dans la conduite des établissements.

Une vigilance maternelle

A l'asile parisien de la rue de la Bienfaisance, surveillé notamment par Mme Mallet, sa sœur cadette, Laure, Mme Anisson-Duperron et Mme de Rémusat, les inspectrices bénévoles passent, en moyenne, cinq fois par mois en 1835 et en 1836. A Lyon, les asiles Perrache et Saint-Paul reçoivent, en moyenne, quatre à cinq visites mensuelles entre l'été 1840 et le mois de février 1844, et au moins deux visites par semaine pendant certains mois d'hiver. Mais toutes les dames ne montrent pas le même zèle. Certaines se contentent de quelques passages épisodiques, trois à quatre fois par an; d'autres viennent très régulièrement : entre janvier 1843 et février 1844, quatre dames sur vingt-deux à Perrache et six sur dix-neuf à Saint-Paul assurent, à elles seules, la moitié des visites[42]. A quoi s'intéressent celles qui assurent le contrôle régulier des établissements ?

A l'asile Saint-Paul, de Lyon, le tiers des remarques notées sur le registre d'observations, entre janvier 1840 et février 1844, porte sur l'état des enfants, le quart sur l'enseignement, un cinquième sur le local et un autre cinquième sur l'envoi de diverses nourritures. Une remarque sur deux concerne l'hygiène des bambins et celle du bâtiment. L'état et la propreté du local préoccupent particulièrement les surveillantes d'une institution chargée d'accueillir un grand nombre d'enfants. Dans une lettre adressée, en 1838, à Émilie Mallet, Mme Mojon, l'une des inspectrices de l'asile, très insalubre, de la rue de la Bienfaisance, ne cache pas son irritation devant les lenteurs de l'administration.

Les réparations ne sont pas encore commencées. Quand elles le seront, je n'en sais rien. J'ai été, pour la troisième fois, jeudi, chez l'architecte. Il m'a dit que le nouveau devis avait été envoyé l'avant-veille aux bureaux de l'Hôtel de ville, où je n'ai pas manqué d'aller solliciter, hélas, bien inutilement, je crois. Comme vous dites qu'il faut laisser couler les eaux sous les ponts, ne faut-il pas aussi nécessairement devenir apathique ? J'avoue que les filières bureaucratiques me dégoûtent. Rien ne me glace et ne me paralyse autant quand cela ne m'impatiente pas excessivement[43].

Les mois passent ; les devis s'accumulent ; les protestations se succèdent. Lasse d'attendre, Mme Mojon fait aménager des commodités convenables à ses frais. La baronne de Saint-Geniès n'a pas la même constance : après avoir réclamé plusieurs fois l'aplanissement et le sablage de la cour, elle donne sa démission. Les protectrices de la rue de la Bienfaisance s'inquiètent aussi de la santé de leurs petits protégés. Elles contrôlent l'approvisionnement en eau blanche, destinée à bassiner les yeux malades ; elles conseillent de soigner «quelques boutons négligés, qui ressemblent à des ulcères par le peu de soin que l'on apporte à [les] guérir»; elles vérifient l'état des chaussures et elles réclament des mouchoirs pour les enfants qui «se mouchent dans leurs doigts ou avec leurs robes[44]».

Certaines inspectrices contrôlent en plus la conduite et l'assiduité des petits élèves. Elles notent les noms des sujets «indociles et tapageurs» pour se renseigner sur leur comportement à leur prochain passage. Lorsqu'elles repèrent une frimousse très encrassée, des traces de coups ou des signes de malnutrition, elles rendent visite à la famille ou elles lui envoient un avertissement en laissant sur le registre un message qui invite la prochaine visiteuse à vérifier l'effet de leur démarche. Pour assurer une surveillance personnalisée, les six inspectrices de l'asile parisien de la rue des Petits-Hôtels ont attribué à chaque usager un numéro, inscrit sur un médaillon, pendu autour de son cou, sur son panier et sur l'étagère de rangement de cet objet. Elles peuvent ainsi vérifier régulièrement la présence, la tenue et les besoins des bambins placés sous leur responsabilité[45].

Les comités de patronage s'occupent aussi de l'équipement des établissements et des dons aux enfants. Ils offrent des meubles, des fourneaux, des lavabos et du matériel éducatif. Ils organisent des distributions de soupes, de vêtements et de chaussures. Cette mission exige un financement autonome, assuré par les cotisations des dames et par d'autres contributions privées, puisque les subventions municipales sont généralement réservées aux dépenses d'installation et de fonctionnement. Lorsque l'indigence des usagers est considérable, ou lorsque l'équipement de l'établissement laisse trop à désirer, la recherche de fonds complémentaires devient une véritable obsession. A Paris, Mme Mallet traque en permanence les nouveaux crédits. Elle s'adresse aux banques et aux compagnies d'assurance; elle lance des appels par voie de presse ; elle organise des quêtes dans les églises, des loteries et des ventes de charité[46]. Les registres de délibération des dames patronnesses disent les angoisses et le dévouement de plusieurs de ces femmes, bien décidées à garantir la mission charitable d'une institution qu'elles surveillent jalousement, parfois après l'avoir créée.

« Femmes qui vous sentez une grande puissance d'action, occupez-vous des petits »

Les inspecteurs et les déléguées rendent hommage à l'action de toutes les dames qui se dépensent pour ouvrir les salles d'asile, garantir leur survie et assurer leur bon fonctionnement. Après la réforme de 1837, certaines de ces bienfaitrices s'écartent d'une institution que les pouvoirs publics sont invités à financer et à contrôler. D'autres dames poursuivent leur mission charitable en refusant tout titre officiel pour ne pas dépendre de l'administration. D'autres, enfin, acceptent de collaborer avec les comités scolaires et les municipalités pour assumer les fonctions qui leur sont restées. Dans cette intention, Mme Mallet fonde à Paris, en 1844, une *Association de charité en faveur des salles d'asile*. Mais, dès la première assemblée générale, elle regrette le pouvoir limité des inspectrices bénévoles sur la gestion des établissements. L'administration, qui avait beaucoup tardé à autoriser la nouvelle association, veille à contenir un zèle jugé débordant. Quasiment dépourvue de subventions publiques jusqu'à sa réorganisation, en 1855, sous la tutelle des maires, l'association parisienne est tenue à l'écart de la direction générale des institutions de jeunes enfants[47].

La situation est différente à Lyon, où les dames patronnesses avaient été contraintes, dès l'origine, de partager leur pouvoir avec la municipalité et les institutions de bienfaisance. A la fin des années 1830, ces dames exercent toujours une part importante des responsabilités sous le contrôle d'un conseil de notables, institué en 1833, et qui continue, malgré l'ordonnance de 1837, à gérer les salles d'asile de la deuxième ville du royaume. A force d'interventions répétées, le recteur et le préfet réussissent à imposer un compromis. En 1840, un nouveau Comité central, présidé par le maire, réunit le plus ancien curé de la ville, les présidentes des comités des dames, désormais nommées par le préfet, et huit délégués du comité supérieur d'instruction primaire. Les institutions d'assistance et les souscripteurs ne sont plus représentés. L'administration départementale et l'Université – qui vérifie tous les règlements par l'intermédiaire des comités des écoles – ont gagné du terrain aux dépens de la charité publique et privée. Mais à une exception près, l'élection de leur présidente, les dames conservent leurs anciens pouvoirs sur les établissements. Elles surveillent l'éducation ; elles suspendent les maîtresses fautives ; elles décident de l'utilisation des crédits, publics ou privés. Malgré les nouvelles protestations du Comité d'instruction primaire, cette organisation est maintenue jusqu'à la fin du Second Empire[48].

Dans d'autres villes, les inspectrices bénévoles peuvent occuper une place encore plus importante. C'est le cas à Lille, où des représentantes de la haute bourgeoisie catholique président, en 1835, à l'ouverture des premières salles d'asile aux côtés de la ville et du bureau de bienfaisance. Après la réforme de 1837 et le transfert des pouvoirs au comité local des écoles, peuplé, comme la municipalité, de bourgeois voltairiens, les quatre comités de dames, qui regroupent une cinquantaine puis une centaine de membres, continuent d'élire un bureau, de se réunir en assemblée générale et de diriger les établissements. «Cette organisation n'est pas conforme à l'ordonnance royale», constate l'inspecteur d'académie, «mais le succès de l'œuvre serait compromis aux yeux de ces dames si l'on détruisait cette unité qui fait leur force pour le bien[49]». Entre les deux autorités rivales, le conflit était prévisible. Il éclate, en 1839, lorsque le comité des écoles, soutenu par la municipalité, refuse d'accorder aux dames le remplacement des maîtresses laïques par des congréganistes. Les inspectrices bénévoles donnent leur démission, puis elles la reprennent après une médiation de l'inspecteur d'académie. En échange de leur renonciation au recrutement de religieuses, elles réclament l'implantation d'une commission d'examen à Lille pour préserver «leur influence propre». Le comité et la municipalité s'engagent, de leur côté, à respecter leurs vœux pour le choix des maîtresses laïques et pour l'amélioration des établissements[50]. Le vote de la loi Falloux et le soutien officiel accordé aux congrégations poussent les édiles à de nouvelles concessions. En 1852, le conseil municipal rétablit les subventions aux écoles des Frères et il propose de nommer une congréganiste à la place d'une directrice laïque démissionnaire. Dans ce contexte favorable, les dames patronnesses lilloises conservent une grande influence. En 1853, et sans dissimuler leur zèle, la déléguée générale Judith Cauchois-Lemaire dénonce leur totale indépendance à l'égard des pouvoirs publics : «Elles s'occupent des écoles de l'enfance avec un dévouement éclairé ; elles exercent une surveillance totale et une large bienfaisance. Mais, là comme dans d'autres localités, elles se posent en autorités qui ne relèvent que d'elles-mêmes et ne tiennent aucun compte des observations qu'on peut leur faire[51]». Cette emprise des dames résiste à la réforme de 1855, qui réduit la compétence des nouveaux comités de patronage, placés sous la présidence des maires. Impressionnées par la libéralité et par le dévouement des inspectrices bénévoles, les autorités locales continuent de tolérer leur association particulière. Ce serait un « véritable malheur » si elles se retiraient, explique le maire au préfet, en 1863, après un conflit entre les patronnesses et la déléguée, et en le priant d'inviter cette dernière à se montrer plus conciliante. A la fin de l'Empire, les dames administrent toujours les salles d'asile publiques lilloises par l'intermédiaire d'un comité directeur de quinze membres, pourvu d'une présidente (Mme Wallaert-Crépy, fille et épouse d'industriels du lin et du coton) et d'une trésorière. Elles sont « exceptionnellement entendues et dévouées », reconnaît la déléguée Henriette Monternault en 1868 ; « aussi la municipalité et l'Université leur laissent-elles toute initiative pour la nomination des directrices et toute liberté pour la gestion matérielle des établissements[52] ».

L'exemple du chef-lieu du Nord n'est pas unique. Dans la ville d'Alençon, au milieu du siècle, un groupe d'inspectrices très motivées dirige l'asile municipal « d'une manière irréprochable ». Comme ces dames « ont l'initiative de tout, poursuit la déléguée, c'est à elles que j'ai dû soumettre mes observations ». Cette situation se retrouve à Nantes, où les salles d'asile ont été fondées, en 1834, par un comité de dames et par un comité de notables, soutenus ensuite par la municipalité. Malgré l'ordonnance de 1837, les établissements des jeunes enfants restent placés sous l'autorité d'une trentaine d'inspectrices bénévoles, qui ont élu une présidente (Mme Ducoudray-Bourgault), une vice-présidente (Mme Colombel, la femme du maire) et une secrétaire, Mme Dumoulin, « l'âme des asiles nantais ». Après avoir voté le budget, « la ville se repose absolument sur leur commission », note, en 1850, la déléguée Eugénie Chevreau-Lemercier. Les dames arrêtent les dépenses ; elles « décident seules, en conseil, ce qui doit être modifié, changé ou supprimé » ; elles débattent avec l'architecte municipal de la construction d'un nouvel établissement. Au milieu du siècle encore, les quatre salles d'asile de Clermont-Ferrand sont entretenues par huit cents souscripteurs et dirigées par un comité de trente dames, qui « se regardent, comme de droit naturel, inspectrices des établissements dont elles dotent la ville au prix de beaucoup de sacrifices ». Jalouses de leur indépendance, ces dames réussissent à limiter l'intervention financière de la municipalité. Quinze ans plus tard, et au grand regret de la déléguée, leur comité spécial demeure encore « le seul maître de l'institution[53] ».

Aussi nombreux soient-ils, ces exemples ne prouvent pas l'efficacité totale du patronage de la salle d'asile par les dames de la bonne société. Tous les établissements de jeunes enfants ne possèdent pas un comité d'inspectrices réglementaire ; toutes les dames nommées dans cette instance ne sont pas forcément zélées ; toutes leurs initiatives ne sont pas obligatoirement acceptées.

Les déficiences des comités de patronage

Les surveillantes bénévoles prévues par l'ordonnance de 1837 n'existent pas partout. Après avoir rappelé leur absence dans de « nombreuses » salles, la circulaire du 20 mars 1847 invite les maires à régulariser rapidement la situation des établissements encore privés de comité. Les troubles politiques empêchent cette exhortation de porter tous ses fruits. Les autorités lancent une nouvelle campagne, au printemps de l'année 1855, après la signature des seconds textes organiques. Mais, quelques années plus tard, les déléguées et les observateurs locaux regrettent encore les lacunes persistantes du dispositif en dehors des grandes cités. Au début des années 1860, l'académie de Nancy, créditée de trois cent vingt salles d'asile, contiendrait seulement une quinzaine de comités «en pleine activité», surtout dans les grandes villes, et celle de Toulouse, dotée de cent cinq salles, une trentaine, dont dix-sept ne se réunissent pas. En 1863, près de la moitié des 3 300 salles d'asile – mais les trois quarts des salles privées contre un tiers, seulement, des salles publiques – seraient dépourvues d'un comité de patronage[54]. *L'Ami de l'Enfance* signale ces lacunes en publiant, à partir de 1864, des témoignages qui dénoncent «la décadence où tombent les comités[55]». A la demande du Comité central, le ministère réagit une troisième fois. Le 5 juillet 1869, et après avoir rendu hommage au zèle des dames patronnesses, «partout où [les] comités sont organisés», il ordonne aux préfets de les établir promptement dans toutes les communes encore démunies. Cette nouvelle impulsion est-elle insuffisante? L'instabilité politique a-t-elle contrarié les initiatives locales? A la fin des années 1870, encore, et sauf dans certaines régions privilégiées, le patronage officiel des salles d'asile demeure largement déficient. Paradoxalement, c'est le succès de la salle d'asile et sa diffusion hors des grandes cités et des centres administratifs, où se concentrent les épouses de notables, qui déterminent en partie cette situation. Dans les petites villes, les autorités réussissent parfois à recruter de «simples bourgeoises», selon l'expression d'une déléguée, c'est-à-dire des femmes d'hommes de loi, de médecins et de marchands, qui fournissent un peu plus de 15 % de l'échantillon de 1855. Mais dans les villages, qui représentent, à partir des années 1860, environ la moitié des communes équipées, cette population de rechange fait défaut.

Là où ils existent, le dévouement des comités n'est pas, non plus, inépuisable. Des inspectrices se lassent d'une tâche répétitive; d'autres estiment que le succès de l'établissement ou la tutelle des autorités rendent leur mission inutile. Dès le milieu des années 1840, des observateurs notent un refroidissement du zèle initial: les visites s'espacent, les registres d'observations ne sont plus remplis, les gestes charitables se limitent à quelques dons ostentatoires. En 1858, la déléguée de l'académie de Paris demande, non sans prudence, si tous les membres des comités ont bien conscience d'exercer «une mission réelle, sérieuse, et non pas purement nominale et honorifique[56]»? Au cours des années suivantes, d'autres responsables posent publiquement le problème dans *L'Ami de l'Enfance*. En 1867, un maire adjoint dénonce les tergiversations des intéressées: «Mme A. a des visites pour le jour indiqué, Mme B. a donné rendez-vous à sa couturière, Mme C. doit assister à un sermon». La même année, Mlle Casebonne, déléguée des Basses-Pyrénées, recommande de s'adresser aux femmes de la moyenne bourgeoisie, plus disponibles et plus motivées que les conjointes des grands notables, qui ne veulent pas interrompre leur villégiature pour «exécuter ponctuellement leurs devoirs[57]». Certaines épouses de notables ou de fonctionnaires négligent les responsabilités qu'elles ont acceptées par amour-propre ou par devoir. Ce laxisme et l'absence fréquente des comités interdisent de conclure au patronage systématique des usagers dont rêvaient un Gérando et les autres pionniers de la salle d'asile.

Le zèle persistant d'une partie des inspectrices apporte un autre éclairage sur la dégradation du système de surveillance bénévole des salles d'asile. Là où les dames patronnesses sont encore actives à la fin du Second Empire, elles exercent un véritable pouvoir. Ne se sont-elles pas détachées, ailleurs, d'un établissement sur lequel les municipalités et l'Université ne leur ont laissé aucune autorité?

Des ambitions bridées par les notables?

Le régime électoral introduit en 1831 favorise l'ascension du pouvoir municipal. Les nouveaux élus, qui prennent davantage à cœur la gestion des affaires communales, n'acceptent pas toujours d'abandonner à d'autres le contrôle d'une institution subventionnée. Dès les années 1840, les déléguées dénoncent, ici, à Marseille, la «jalousie du pouvoir municipal» qui tient à l'écart des dames «pleines de zèle et de dévouement», là, dans l'académie de Strasbourg, leur «absence bien souvent forcée[58]». La seconde offensive est menée, à partir de 1837, par les agents de l'Université, aux visites encore irrégulières jusqu'au milieu du siècle, et par les comités des écoles, souvent tentés de négliger l'avis des inspectrices, simplement admises, dans le meilleur des cas, à la séance consacrée à la discussion de leurs rapports.

Le 8 novembre 1844, l'association des dames patronnesses parisiennes, fondée un an plus tôt à l'initiative d'Émilie Mallet, proteste auprès du ministre contre «la méfiance ou même l'hostilité» des comités scolaires de la capitale, qui refusent aux cent soixante-six inspectrices bénévoles «la part d'influence» accordée par le règlement. Cinq mois plus tard, la Commission supérieure déplore le mépris fréquent des municipalités envers les opinions des dames[59]. D'après plusieurs témoignages, cette mise à l'écart des surveillantes des salles d'asile les conduit parfois à se retirer. Dans «bien des communes, l'œuvre des salles d'asile est entravée par de tristes conflits d'autorité entre des maires, des comités locaux et les dames, [qui] se dégoûtent», assure François Delessert à la tribune de la Chambre en juillet 1844. Plusieurs inspectrices cessent leur activité, répète le même orateur, l'année suivante, car «la position qui leur était faite n'était pas supportable». En 1846, Mme Louise Marès, une dynamique inspectrice protestante de Montpellier, explique «l'indifférence» de plusieurs dames par les «difficultés administratives et l'oubli de [leurs] droits ». En 1855, *L'Ami de l'Enfance* impute la démission de plusieurs inspectrices parisiennes, quelques années plus tôt, au sentiment de découragement devant les obstacles qui les empêchaient d'accompir leur mission[60].

La disparition des comités de surveillance des écoles, en 1850, et la relance officielle du patronage des salles d'asile, à partir de 1855, offrent-elles aux dames une nouvelle occasion de jouer un rôle important ? Pas vraiment, car les congrégations, les municipalités et l'Université accroissent simultanément leur emprise sur les établissements. Dès la fin des années 1850, les religieuses dirigent deux salles sur trois, et, quinze ans plus tard, quatre salles sur cinq. Les dames « ne se risquent pas à critiquer d'aussi bonnes sœurs », constate Mme Chevreau-Lemercier à Vannes en 1850[61]. Veulent-elles conserver, malgré tout, une liberté de jugement ? Elles risquent de se heurter, comme les déléguées, à l'indépendance des congrégations.

Les maires, nommés présidents des comités de patronage par le décret de 1855, peuvent se dispenser de les réunir ou de leur confier de vraies responsabilités. A Paris, proteste, en 1864, l'inspecteur général Georges Ritt, les inspectrices bénévoles sont conviées, loin des établissements, à des réunions « presque sans fruits, [qui] découragent beaucoup d'entre elles ». Il faut donner « plus de vie » aux comités en les laissant, comme autrefois, se doter d'une présidente, suggère, la même année, l'inspecteur d'académie de la Seine-Inférieure. L'indifférence des dames ne vient que de « l'isolement dans lequel on les laisse », répète Marie Loizillon à l'issue d'une tournée dans le Midi en 1870[62].

Les dames patronnesses ne se sentent pas forcément mieux traitées par l'Université, qui resserre son contrôle avec l'implantation, en 1850, des inspecteurs des écoles dans chaque arrondissement et la nomination, en 1855, d'une déléguée spéciale dans chaque académie. Entre les représentants plus nombreux de l'État, et les inspectrices bénévoles, les tensions étaient inévitables. « L'inspection administrative leur semble être une inutilité sinon une impertinence », constate avec irritation Mme Cauchois-Lemaire, confrontée, en 1853, aux dynamiques dames patronnesses lilloises. « [Je dois] lutter contre l'hostilité envahissante du comité », assure, en 1860, la déléguée de Dijon, indignée par le « zèle intempestif » des dames qui ne tiennent pas compte de ses avis. « La susceptibilité des dames est souvent choquée si on ne leur reconnaît pas le droit de disposer souverainement en tout ce qui concerne les établissements qu'elles protègent », note, en 1864, l'inspecteur d'académie des Bouches-du-Rhône, où l'un des comités du chef-lieu a été dissous après des refus répétés d'obéir aux injonctions officielles. « Sous le prétexte qu'elles ont le droit de faire les règlements et d'indiquer l'emploi du temps », elles rejettent mes consignes, se plaint Henriette Monternault, en 1876, à l'issue de sa tournée dans l'académie de Douai[63].

Les réactions des déléguées étaient prévisibles. Tout les rapproche, bien sûr, des protectrices bénévoles de la salle d'asile qui occupent déjà le terrain : le sexe, l'expérience maternelle parfois et, à des degrés divers, l'origine sociale. Tout, sauf le statut. Mandataires de l'État, les inspectrices générales se considèrent comme la seule autorité maternelle officielle. Si elles acceptent la collaboration des dames patronnesses pour remédier, en leur absence, aux négligences des notables et aux errements des maîtresses, si elles les défendent, à l'occasion, contre les préventions des municipalités, elles n'entendent pas leur abandonner le pouvoir ni cautionner des initiatives contraires au règlement. Les dames patronnesses doivent se «confiner dans leur rôle si beau et si noble de bienfaitrice de l'enfance», affirme, en 1879, Gertrude Dillon, très irritée par les ambitions des catholiques bretonnes qui veulent «s'immiscer dans la direction pédagogique des établissements». Encore faut-il trouver des femmes de la bonne société qui se contentent de jouer les seconds rôles. Lorsqu'elles s'opposent à Marie Loizillon au sujet du tricot, que la déléguée voudrait remplacer par la couture, des inspectrices lilloises s'insurgent contre les paroles jugées «peu convenables» de leur interlocutrice avant de rappeler à la municipalité qu'elles n'entendent pas être réduites au rang d'exécutantes quand elles payent le matériel[64] !

Quand ils n'inspirent pas les préventions, les désaccords idéologiques les renforcent. Qui sont les surveillantes locales de la salle d'asile ? Essentiellement des catholiques, formées dans les couvents, guidées par une vision religieuse du monde et respectueuses des congrégations. Or, plusieurs déléguées, nous en reparlerons, blâment l'autonomie des établissements confessionnels. On retrouve cette méfiance chez les notables athées ou libres penseurs, nombreux parmi les industriels, les ingénieurs, les médecins et les notaires, que les prises de position traditionalistes de l'Église romaine et l'essor des congrégations inquiètent[65]. Bonnie Smith a montré les motivations anticléricales, voire antireligieuses, de certains bourgeois du Nord qui s'opposent aux dames patronnesses mobilisées contre la pauvreté, l'immoralité et la société moderne. Les femmes de la haute bourgeoisie catholique, qui organisent, à Lille, la *Société de la charité maternelle*, les premières salles d'asile et les premières crèches, déplorent la déchéance spirituelle des hommes de leur famille. Dans les années 1840, les trois cents membres de l'*Archiconfrérie des mères chrétiennes* – fondée par Mme Josson, l'épouse d'un magistrat, qui est aussi la présidente du comité spécial des salles d'asile – prient ensemble pour la conversion de leur mari, de leurs fils et de leurs gendres. Les bourgeois modernistes voient dans ces femmes une menace pour la société capitaliste, libérale et démocratique. Déjà agacés par leur emprise, mâtinée de religiosité, sur la vie familiale, ils veulent les expulser de la sphère publique ou, du moins, restreindre l'influence que leur donnent leurs activités charitables. La bourgeoisie républicaine engage la lutte, dès les années 1860, partout où elle conquiert le pouvoir municipal. La première offensive contre le personnel religieux des écoles et des salles d'asile atteint simultanément les dames patronnesses, qui démissionnent en signe de protestation. Le second coup vise directement les œuvres féminines comme la *Société des crèches* de Lille, accusée de pratiques cléricales et antidémocratiques, et privée de tout subside dès 1883[66].

Ces divergences idéologiques expliquent-elles tout ? Restons à Lille, où la municipalité encourage et finance, à partir de 1883, une *Société de protection de l'enfance*, peuplée de bourgeoises républicaines. Après dix ans d'expérience, les conseillers municipaux préfèrent réserver l'argent public au programme d'assistance communal plutôt que de subventionner des collaboratrices bénévoles jugées inefficaces et trop respectueuses des vieux principes charitables. Mais si l'on en croit Julie Bécour, épouse – féministe – d'un médecin et membre de la nouvelle association, les dirigeants locaux veulent aussi maintenir la femme «en position d'infériorité pour tout ce qui touche aux problèmes sociaux». En 1870, le Dr Alexandre Faidherbe, de Roubaix, auteur de nombreux ouvrages sur l'école, la morale et l'hygiène, ne dénonce-t-il pas les «scandaleuses interventions des femmes dans les affaires publiques[67]». Ce réflexe a pu jouer, dans d'autres endroits, contre les ambitions des protectrices des salles d'asile. Quels étaient leurs interlocuteurs au sein des municipalités et des comités scolaires ? Des édiles, des sous-préfets, des juges, des procureurs, des proviseurs, c'est-à-dire des hommes, chargés de fonctions d'autorité et peu enclins à s'accommoder d'un pouvoir féminin, confié, parfois, à de fortes personnalités. Les limites de l'éducation dispensée aux personnes du sexe permettent, à l'occasion, de les disqualifier. La direction des salles d'asile, «ce système compliqué et tout à fait nouveau», doit être réservée aux hommes, explique, en 1835, un magistrat, car, malheureusement, l'éducation des femmes «ne [les] a point accoutumées, jusqu'ici, à embrasser une grande généralité d'idées, ni à voir l'enchaînement et toutes les conséquences de principes un peu profonds[68]». L'administration générale des établissements paraît encore plus inaccessibles à des esprits jugés aussi bornés. Si les notables acceptent la collaboration de leurs épouses et de leurs filles pour financer et surveiller l'institution des jeunes enfants, ils excluent de partager avec elles l'autorité.

L'ennui guette les femmes des classes dirigeantes, tenues à l'écart des activités publiques autres que les cérémonies religieuses et les mondanités. «Mettez une œuvre dans votre vie, ma chère Cécile, et les journées reprendront leur fuite rapide, les heures redeviendront légères», écrivent, en 1852, Mme Doubet, une déléguée générale, et Mme Pellat, une dame inspectrice, pour inciter leurs lectrices à sortir de la mélancolie en créant une institution de jeunes enfants[69]. A l'image de l'héroïne de l'ouvrage, des aristocrates et des bourgeoises investissent leur énergie dans des associations et dans des œuvres féminines, que la rareté des sources ou l'indifférence de l'historiographie ont longtemps condamné à l'oubli. Le patronage des salles d'asile symbolise cet engagement jusque dans ses ambiguïtés. Il s'inscrit dans la division sexuelle de l'action sociale, qui canalise l'activité féminine vers les enfants, les apprenties et les prisonnières, c'est-à-dire vers des territoires conformes à la représentation des femmes comme des mères et des êtres de compassion. Il reste placé sous la tutelle, masculine, des municipalités et des comités d'instruction primaire. Il rappelle, par son statut officiel, que les dames patronnesses sont parfois invitées à collaborer avec les autorités pour désamorcer le mécontentement populaire.

Ce portrait reste grossier, surtout si l'on compare les fondatrices les plus motivées des salles d'asile à toutes les femmes de leur milieu – la majorité – qui ne font rien, par avarice ou par indifférence[70]. Les dames d'œuvres ne sont pas obligatoirement de banales bienfaitrices ou, comme on l'écrit parfois, de simples «complices du pouvoir, par souci d'ordre [et] par crainte de perdre leurs privilèges[71]». Leur image est faussée par celles de la révolutionnaire et de la femme émancipée. Émilie Mallet et ses semblables ne vont pas aussi loin, bien sûr, dans leurs revendications féminines qu'une Flora Tristan ou une Marie d'Agoult. Mais elles ouvrent malgré tout une brèche dans le confinement des femmes dans le domaine privé. Que la première éducation relève des compétences reconnues aux personnes du sexe ne discrédite pas les responsabilités conquises par les inspectrices des salles d'asile. «Jusqu'à sept ans, le petit enfant nous appartient ; c'est de droit divin, puisqu'à nous seules il a été donné de [le] comprendre» : cet argument des deux avocates, déjà citées, du patronage féminin de l'école enfantine n'est pas un simple poncif ; il sert à justifier les initiatives des dames et la supériorité de l'inspection féminine sur toutes les formes de contrôle masculin[72]. «Femmes qui vous sentez une grande puissance d'action comprimée par nos usages, vous toutes qui voulez le bien, occupez-vous des petits», conseille à la même époque Louise Marès, une veuve protestante, fondatrice d'une salle d'asile à Montpellier et très soucieuse de promouvoir la condition des femmes de tous les milieux[73]. Une société qui exalte la vocation éducatrice de la mère pousse certaines femmes des classes dirigeantes à utiliser cette mission pour s'affirmer, s'instruire et réclamer une fonction sociale. Après l'âge du nourrisson, la *seconde enfance* constitue un terrain privilégié pour ériger la compétence maternelle en magistrature autonome. Les surveillantes des salles d'asile n'ont pas toujours été de simples subordonnées, satisfaites du rôle, limité, que leur accordait le pouvoir masculin. Les plus ambitieuses, les plus dynamiques, ont revendiqué le droit d'administrer les établissements et réussi, parfois, à l'exercer. Le patronage des institutions de jeunes enfants confirme la fonction émancipatrice du militantisme charitable ou philanthropique avant la professionnalisation du travail social. Il offre aux femmes des classes moyennes et des classes supérieures l'une de ces opportunités qui les poussent à «sortir», au sens où l'entend Michelle Perrot, c'est-à-dire à déambuler plus souvent hors de leur domicile et, surtout, à «sortir moralement des rôles assignés[74]» pour agir dans la cité.

En se mobilisant au nom de leur vocation maternelle, les bienfaitrices des salles d'asile rattachent cette institution à la sollicitude témoignée au jeune enfant. Le comportement d'Émilie Mallet (1794-1856) est ici particulièrement significatif, puisqu'elle organise le premier établissement à l'époque où elle décide de s'occuper davantage de ses enfants, dont les deux derniers sont âgés de six ans et de deux ans. Quelques indices, hélas moins précis, éclairent, à des degrés divers, les attitudes des autres fondateurs à l'égard de leurs enfants qui n'ont pas encore atteint l'âge de raison. Née en 1766 et mariée en 1789, Adélaïde de Pastoret, qui fonde, en 1801, une chambre de dépôt pour les enfants en bas-âge, est, alors, une mère de deux garçons, respectivement âgés de dix ans et de quatre ans. Influencée par les principes de Rousseau, elle laisse le plus jeune vagabonder, tout nu, sur les tapis de son salon[75]. Née en 1798 et mariée en 1819, Amélie de Champlouis perd son premier fils, Albert, emporté par une angine couenneuse, en novembre 1830, et son second fils, en décembre 1831, à l'âge de deux mois. Elle donne ensuite naissance à un troisième garçon, Victor, le 30 mai 1833, et à une fille, Marie, née vraisemblablement en 1835, dont les ennuis de santé respectifs, en 1836 et en 1837, l'inquiètent profondément. La co-fondatrice du Comité des dames de Paris, en 1826, des premières salles d'asile de Strasbourg, en 1831, puis de celles d'Arras, en 1833, et qui publie, la même année, l'un des deux premiers manuels des écoles enfantines, connaît, par expérience, l'éducation des jeunes enfants et le tribut que ces êtres encore fragiles payent à la maladie. On peut en dire autant de Sophie Anisson-Duperron (1794-1889) et de son amie Albertine de Broglie (1797-1838). La première a perdu, en 1823, un garçon de cinq ans. L'année suivante, elle note avec beaucoup d'intérêt, nous l'avons vu, les comportements et les progrès de sa filette de deux ans et de son fils de huit ans pour compléter l'information de Mme Necker. C'est donc une mère éprouvée, consciencieuse et enceinte pour la quatrième fois qui siège, en 1826, au Comité des dames de Paris. La duchesse de Broglie, qui a failli rejoindre ses amies protestantes dans le comité parisien, est une mère de trois enfants, âgés de cinq ans, huit ans et neuf ans, très attentive à leur éducation et affligée par la naissance, en septembre 1826, d'un bébé mort-né[76].

Les jeunes enfants existent aussi dans l'existence des premiers promoteurs masculins de la salle d'asile. Le baron de Gérando (1772-1842), deux fois père, adopte en plus ses sept neveux orphelins. Marc-Antoine Jullien (1775-1848), père de six enfants, dont l'un meurt au tout début du siècle à deux ans, s'intéresse beaucoup à leur éducation. En 1810, il recrute un précepteur parmi les élèves de Pestalozzi[77]. Si nous ne savons rien de précis sur le comportement de ces deux hommes avec leurs enfants entre deux ans et six ans, nous sommes mieux renseigné sur l'attitude de Jean-Denys Cochin (1789-1841), qui a fondé la seconde salle d'asile parisienne au cours du printemps de l'année 1827. Bouleversé par la disparition de son épouse en avril 1827, et affligé par des problèmes de santé, cet homme de trente-huit ans envoie ses deux enfants, alors âgés de quatre ans et de cinq ans, au château de leurs grands-parents paternels près de Corbeil. Il ne s'en intéresse pas moins à leur éducation, confiée – nous ignorons à quel moment – à un précepteur. Dans ses lettres, il conseille de longues promenades quotidiennes et un enseignement adapté aux caractères respectifs des deux garçons, dont la santé, et surtout celle du cadet Augustin, plus fragile, le préoccupe constamment. «N'oublie pas de me dire si tu roules bien la brouette, si tu retournes la terre avec une bêche [...], écrit-il à ce dernier ; enfin, je recommande à ta bonne de te faire marcher, courir, et de préparer un homme d'une bonne santé[78]. »

Hommes ou femmes, plusieurs des pionniers de la salle d'asile appartiennent à ces milieux qui s'intéressent au jeune enfant et à sa formation. Leur correspondance, leurs écrits publics, prouvent qu'ils ont lu Fénelon, Rousseau, Marie Edgeworth, Stéphanie de Genlis et, plus tard, Adrienne Necker ou Pauline Guizot. Mais cet outillage intellectuel n'explique pas, à lui seul, une sensibilité dont il est peut être le simple reflet. Le jeune enfant, ces adultes attentionnés l'ont d'abord rencontré, chez eux, dans leur univers quotidien. Ils ont acquis une connaissance empirique de son développement et de son éducation, faite d'observations personnelles et de conversations avec leurs relations. Les dames patronnesses les plus actives ne sont pas de très jeunes mères, indisponibles si elles allaitent leurs tout-petits, dépourvues de l'expérience domestique propice à leur engagement et privées du capital social nécessaire à leur action. On les trouve plutôt parmi les femmes de plus de trente ans, déjà familiarisées avec la fragilité et l'éducation des bambins. Bourgeois ou aristocrates, les fondateurs de la salle d'asile ne sont pas seulement des personnages sociaux. Leur expérience, parfois douloureuse, de mère, de père ou de grand-parent a pesé sur leurs réactions au spectacle d'une progéniture populaire qu'ils jugeaient malmenée ou délaissée. Cette expérience personnelle a aussi influencé la méthode proposée pour l'éducation collective des jeunes enfants.

TROISIÈME PARTIE

ORGANISATION ET USAGE DE LA PREMIÈRE ÉDUCATION COLLECTIVE

– VII –

Le discours
de la méthode

Comment garder et former plusieurs dizaines de bambins turbulents ? En utilisant la célèbre *Méthode des salles d'asile,* élaborée dans les établissements parisiens, en particulier à l'asile Cochin, siège du cours normal de Mme Millet, puis diffusée par des ouvrages spécialisés et par les instructions officielles qui s'en inspirent. Cette méthode « doit se composer d'une collection de procédés combinés pour procurer à la fois le silence, l'ordre et le mouvement », explique Jean-Denys Cochin au début de son manuel ; « elle doit comprendre, en outre, une série de leçons et d'enseignements étudiés dans l'intérêt même des élèves[1] ».

« L'ordre et le mouvement ingénieusement combinés »

Un espace fonctionnel

Dès l'origine, les promoteurs de la salle d'asile aménagent l'espace en fonction des exigences de la discipline et de l'enseignement. Pour éviter les fantaisies des fondateurs ou des architectes, ils proposent un plan modèle, valable, dans ses grandes lignes, jusqu'en 1881, et qui juxtapose plusieurs lieux spécialisés, pourvus d'un matériel approprié : une salle d'exercice, un préau, une cour de récréation et des lieux d'aisance (illustration 14)[2].

La salle d'enseignement doit être située au rez-de-chaussée, pour éviter les chutes dans les escaliers, et offrir un espace proportionné au nombre des usagers : soit 0,8 m^2 par enfant pour un effectif de cinquante et 0,64 m^2 pour un effectif de deux cents, d'après l'arrêté du 24 avril 1838, ou un volume de deux mètres cubes par individu, d'après le décret du 21 mars 1855. Elle peut être carrelée, recouverte d'asphalte, de salpêtre battu ou de plancher. Des lambris, posés au bas des murs, préservent le dos des enfants de l'humidité ; de grandes fenêtres, ouvertes sur deux côtés opposés et situées au moins à deux mètres du sol, assurent un ensoleillement fréquent et une bonne aération (illustrations 14 et 15).

Cette salle est meublée avec des gradins, des bancs latéraux et des instruments didactiques. Pourvus, au maximum, de dix rangées et de trois voies de circulation, les gradins doivent pouvoir accueillir, pendant les leçons magistrales, toute la population de la salle d'asile disposée par ordre de taille et séparée selon

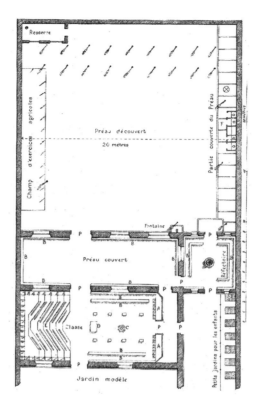

14. Plan de la salle d'asile du Cours pratique de Paris (1857)

La salle de classe (représentée sur l'illustration 16)
possède des gradins (E) et des bancs latéraux fixes (B), un compendium, qui renferme
les collections de lettres mobiles, d'images et de mesures (D et illustration 22, p. 217),
des armoires de rangement pour le matériel des leçons de choses (A) et,
devant ces armoires, des bancs à stalles pour les plus petits enfants. Un calorifère souterrain
Piclet envoie de l'air chaud à travers une grille de fonte (C), visible aussi sur l'illustration 16.
L'air intérieur vicié s'échappe par des ouvertures placées sous les bancs latéraux.
Quatre cabinets (situés à droite du préau découvert) ont été installés dans cet établissement
qui doit accueillir, au maximum, cent enfants.

Les missions de formation et d'expérimentation attribuées au Cours pratique
expliquent la présence de certains aménagements exceptionnels :
un réfectoire-lavabo (représenté sur l'illustration 18, p. 203) séparé du préau couvert,
un «champ d'exercices agricoles»(à gauche de la cour de récréation), qui permet
aux enfants de se dépenser en apprenant à labourer avec une petite charrue, un jardin
modèle et des petits jardins (à droite de la classe), installés en 1855, à la demande
de Mme Pape-Carpantier, pour continuer l'essai de la méthode Fröbel.

15. La salle d'exercices selon Félix Narjoux, architecte de la ville de Paris (1879)

Le dispositif de séparation des sexes, utilisé dans certains établissements congréganistes,
comprend ici une double porte d'entrée et une petite cloison dans la partie de la salle
qui contient les bancs latéraux.

16. La salle d'exercices du Cours pratique de Paris (1857)

Cette salle possède des murs peints à l'huile et recouverts de boiseries
dans leur partie inférieure, des fenêtres de deux mètres de haut et un parquet en chêne.
Une carte de France, un tableau d'histoire sainte et un tableau de musique,
fixés au plafond, sont déroulés au moment des leçons. Les gradins sont pourvus de dossiers
munis de tablettes, sur lesquelles les enfants réalisent les manipulations et les travaux
manuels de la méthode Fröbel, introduits deux ans plus tôt.
Les élèves-maîtresses observent le déroulement des leçons depuis le haut de l'estrade.
La forte proportion de sœurs (six stagiaires sur onze) sur cette gravure publiée dans L'Ami
de l'Enfance *a une fonction publicitaire, car les autorités veulent attirer les congréganistes*
au Cours pratique pour accroître l'audience de la méthode officielle. La maîtresse placée près
du compendium guide le chant collectif à l'aide de la gamme de timbres installée dans ce
meuble. Les fillettes assises sur le banc latéral sont peut-être en pénitence.
Celle que l'adjointe tient à la main (à gauche) revient sans doute des toilettes.

le sexe (illustration 21, p. 209). Comme les bancs, ils sont adaptés aux tailles d'un bambin de deux ans à sept ans pour éviter les positions incommodes, les déformations et les accidents[3]. En 1855, le Comité central fait ajouter dans la salle annexe du Cours pratique des dossiers, munis de tablettes mobiles (illustration 16, p. 189), sur lesquelles les enfants posent le matériel des jeux fröbeliens. Marie Pape-Carpantier et certaines déléguées recommandent ce dispositif, plus confortable et plus commode pour réaliser les exercices manuels. Fixés au sol et alignés sur trois rangées pour faciliter la surveillance, les bancs sont placés le long des murs latéraux afin de conserver un espace vide au milieu de la pièce.

Le matériel pédagogique de la salle d'enseignement comprend, au minimum, un boulier-compteur et un tableau noir, installé au pied des gradins, plusieurs porte-tableaux, précédés d'un demi-cercle peint et alignés devant les bancs fixes, des représentations de lettres, de chiffres et de figures géométriques, placées au-dessus des boiseries, et des illustrations d'histoire sainte, d'histoire naturelle et de géographie. La salle d'exercices doit encore être équipée d'un calorifère, entouré d'une grille d'un mètre de haut, et de hamacs ou de lits de camp, dépourvus de rideaux.

Pièce polyvalente, le préau couvert sert de vestiaire, de salle de nettoyage, de réfectoire et, par mauvais temps, de lieu d'attente et de récréation. Il doit posséder des bancs mobiles, une fontaine ou un grand lavabo, avec des robinets et des cuvettes placés à la portée d'un jeune enfant (illustration 18, p. 203), et des patères, surmontées de casiers réservés aux paniers des élèves et marqués du même numéro. Plantée d'arbres, pour protéger les bambins du soleil, et orientée, d'après l'arrêté de 1838, «de la manière la plus favorable à [leur] santé», la cour de récréation, trois fois plus grande que la salle de classe et le préau couvert réunis, renferme plusieurs matériels de jeu et de gymnastique. Certains ouvrages recommandent de la diviser en deux parties, afin de séparer les filles et les garçons.

Bien que tous les auteurs conseillent de porter une attention particulière aux lieux d'aisance, les instructions officielles restent discrètes à leur sujet. L'arrêté de 1838 recommande simplement de les installer dans un endroit facile à surveiller. Plus loquace, le règlement de 1855 prescrit quatre visites quotidiennes, à l'entrée et à la sortie de chaque classe, une séparation des sexes, un nombre de cabinets proportionné à celui des enfants, une bonne aération, une surveillance efficace (grâce à des portes sans loquet ne dépassant pas 70 cm) et, sans plus de précision, une installation salubre. Dès le début des années 1840, en revanche, les théoriciens de la salle d'asile ont condamné les trous ou les semelles à la turque au profit des sièges, isolés par des cloisons et par des petites portes qui ne descendent pas jusqu'au sol[4].

Cette organisation de l'espace prouve le souci d'accueillir un grand nombre d'enfants dans des conditions d'hygiène et de sécurité jugées satisfaisantes. La topographie et le mobilier de la salle d'asile idéale portent l'empreinte de l'influence anglaise. Dans les *Infant Schools* londoniennes et dans leurs manuels, les Français ont découvert le dispositif des gradins et des bancs latéraux, qui laisse inoccupé l'espace central ; dans les écoles lancastriennes, ou dans les écoles mutuelles qui les imitent, ils ont vu fonctionner les cercles de lecture. Mais ces emprunts n'excluent pas les différences et le recours à d'autres sources d'inspiration. La salle d'asile idéale ne réserve pas, comme l'*Infant School,* une pièce particulière à l'instruction des plus avancés. Elle respecte, par ailleurs, des principes pédagogiques classiques, comme le repli de l'espace scolaire sur lui-même ou l'adaptation du mobilier aux tailles moyennes, conseillé par les théoriciens du début du XVIIIe siècle, puis par ceux de l'enseignement mutuel au début du siècle suivant.

Plusieurs dizaines de jeunes enfants envahissent, en criant, une salle d'asile parfaitement aménagée. Comment la maîtresse va-t-elle les faire entrer dans la classe, leur dispenser un enseignement, puis les conduire dans la cour ou au réfectoire sans que le désordre ne s'installe ?

De la mécanique disciplinaire à la relation affectueuse avec le jeune enfant

«Pour obtenir du silence de cette foule animée, pour la rendre attentive, il faut avoir recours à un système d'ordre particulier», explique l'*Instruction élémentaire,* publiée, en 1833, par Amélie de Champlouis. «Tout devra être calculé, exercices, jeux ; tout, jusqu'au moindre mouvement de ces enfants, dont la turbulence est l'essence[5]». La même année, Jean-Denys Cochin propose la première organisation précise des activités et des déplacements (tableau 3).

Tableau 3.
Emploi du temps de la salle d'asile d'après le *Manuel* de Jean-Denys Cochin (1833)

De l'arrivée à 9 h 50	Récréation et jeux dirigés par le maître, repas du matin, désignation et formation rapide des moniteurs de lecture et d'écriture (vers 9 h 30).
9 h 50-10 heures	Constitution de deux files (garçons et filles) et entrée en classe, au pas cadencé et en chantant, à partir de 10 heures.
Après l'entrée en classe	– Prière à genoux et chant. – Exercice de lecture aux cercles (30 minutes au moins). – Évolution pour passer des cercles de lecture au gradin. – Exercices du gradin : leçons de lecture collective, de calcul, de géométrie, de choses, de géographie, d'histoire, de physique céleste, chant, exercices de petite gymnastique, récitation de mémoire, leçons par questions, par contrastes et ellipses, conversations morales (30 minutes au moins). – Évolution pour faire descendre les plus grands du gradin et les conduire le long des murs où sont accrochées les ardoises. – Leçons d'écriture ou de dessin linéaire, sur les bancs, pour les plus grands (20 minutes) et leçon collective de lecture pour les plus petits, restés au gradin.
11 h 45 (horaire supposé)	Évolution pour ramener les plus grands sur le gradin, prière collective, sortie de la classe au pas cadencé et arrivée sous le préau.
12 heures-14 heures	Repas, jeux et instructions morales, contrôle ou appel (à 13 h 30).
14 heures-16 heures	Répétition du programme de la matinée.
Après 16 heures	Retour au domicile familial ou garderie sous le préau.

Source : J.-D. Cochin, *Manuel,* op. cit., pp. 136-150.

Plusieurs règlements locaux s'inspireront de ce modèle que le pionnier parisien a élaboré en combinant l'exemple anglais et son expérience personnelle. Lorsque le ministère publie le premier emploi du temps officiel, le 5 août 1859, il conserve ce cadre en fixant, à la minute près, la durée de chaque activité et l'heure à laquelle elle doit se dérouler (tableau 5, p. 221). Le programme idéal perd en souplesse, relative, ce qu'il gagne en uniformité. Mais, quels que soient les modifications ou les usages locaux, il obéit toujours aux mêmes règles : l'obsession d'une activité permanente, déjà sensible dans les règlements des petites écoles de l'Ancien Régime, la brièveté et le changement fréquent des occupations, l'alternance des travaux intellectuels et des exercices physiques.

Observons quelques scènes des établissements modèles, où les responsables enchaînent les séquences en évitant la confusion.

L'entrée en classe :

Au premier coup de cloche, les enfants se placent sur deux files, les garçons dans un rang, les filles dans l'autre [...] ; le maître doit avoir soin que les plus grands soient en avant, les plus petits en arrière, et que les moniteurs, de dix en dix, puissent soutenir l'uniformité du mouvement [...]. Le maître, avec un claquoir, marque la mesure du pas qui doit être marché [...]. Dès que l'enfant qui conduit la file est arrivé à la première place du dernier banc, le maître donne un coup de sifflet et dit : Halte ! Quand le pas est bien arrêté, il dit : Front ! et les enfants exécutent un demi-tour pour faire face au milieu de la classe[6].

· Le fonctionnement des cercles de lecture :

« Le moniteur range les sept enfants autour du tableau de façon que chacun d'eux puisse voir les lettres. « Moniteurs, décrochez la touche et portez-la à l'épaule gauche ! » (un coup de claquoir). « Commencez la lecture » [...], chaque petit moniteur touche légèrement chaque enfant avec sa touche et montre à tous, successivement, les lettres qu'il leur fait nommer[7] » (illustration 19, p. 206).

Les gestes d'imitation exécutés sur les gradins :

Après [un] premier exercice d'assis et de levé, [le maître] leur fit faire divers mouvements avec leurs bras, toujours par signes seulement, en haut, en bas, à droite, à gauche, et en faisant le moulinet, ce qui les amuse surtout. Ensuite, il essaie de leur faire alternativement croiser les bras et mettre les mains derrière le dos, ce qui les contrarie assez, mais est fort important pour le bon ordre ; car, dès que la main d'un enfant est libre, il est à peu près impossible qu'il ne s'en serve pas pour jouer ou disputer avec ses voisins[8].

La méthode de la salle d'asile métamorphose la fourmilière enfantine en une mosaïque de petits groupes d'élèves, de six à dix, de même sexe, de même âge et, pour certains exercices, de même niveau. Des moniteurs et des monitrices, recrutés parmi les plus âgés et les plus capables, encadrent chaque peloton. Rythmés par des coups de sifflet ou de claquoir, un morceau de bois en forme de livre, les marches au pas et les mouvements cadencés préservent l'ordre collectif pendant les montées au gradin, les évolutions au milieu de la salle de classe et les transferts sous le préau. Des chants, aux paroles toujours édifiantes, accompagnent parfois ces déplacements : «Chacun en place ; Voici la classe/Levons les bras ; Marchons au pas/La cloche sonne, la sœur entonne/Et le claquoir fait tout mouvoir/En assurance, chacun s'avance/Se met en rang devant son banc/Dans cet asile, l'enfant docile, en s'amusant devient savant», déclament, le matin, les bambins accueillis par les Filles de la Charité[9]. A la masse confuse, succède un classement rigoureux ; à l'autorité lointaine, un contrôle décentralisé ; à la totale liberté de mouvement, une série de gestes imposés. L'immobilisation forcée des garderies et des écoles n'a pas entièrement disparu, mais elle est abrégée et morcelée.

L'aménagement et le mécanisme de la salle d'asile correspondent à ses objectifs disciplinaires et pédagogiques. «Il faut faire disparaître le nombre en groupant partout les enfants de telle sorte qu'un seul coup d'œil du maître les embrasse tous et distingue chacun de façon qu'ils soient tous et toujours à portée de sa voix et de son regard», explique, en 1854, Pierre Doubet, le secrétaire adjoint de la Commission supérieure[10]. C'est là le but de l'estrade et des bancs latéraux, qui divisent la multitude enfantine instable en formes géométriques figées. Meuble emblématique de la salle d'asile, les gradins offrent plusieurs avantages. Ils apportent une solution économique au problème posé par l'accueil d'un grand nombre d'enfants dans une seule pièce. Ils garantissent la vigilance panoptique dont rêvait Jérémie Bentham. Ils permettent de réunir l'ensemble des élèves pendant les leçons magistrales, qui exigent parfois l'observation d'un tableau, d'une image ou d'un objet. La méthode officielle respecte aussi le besoin de mouvement du jeune enfant. «Contrarié ou abandonné à lui-même», commente Gérando en 1839, ce besoin «dégénère bientôt en impatience, en mauvaise humeur, en penchant à la destruction et qui, par la suite, deviendra une source de désordres.» Faire bouger le petit élève est un impératif pédagogique, hygiénique, moral et social. Des mouvements fréquents procurent au bambin un plaisir et un confort qui garantissent «ces intervalles de tranquillité, de silence, [et] d'attention», mis à profit pour les leçons. Ils préviennent les gestes auto-érotiques. Ils développent les corps destinés au travail manuel. Seule la sœur Maria, une Fille de la Charité qui publie, en 1854, un *Nouveau Manuel des salles d'asile*, exprime des réserves à l'égard des exercices physiques, sans doute en raison de la méfiance chrétienne à l'égard du corps. Tout en reconnaissant la nécessité de délasser les petits élèves avec «un peu de gymnastique», on notera la restriction, elle n'accorde aucun développement particulier à cette activité et elle déconseille de «considérer les [jeux] comme partie principale de l'asile», de peur de conforter ceux qui ne veulent y voir «qu'un moyen d'amuser les enfants[11]».

En acceptant le besoin de mobilité de ses usagers, la salle d'asile participe à la «libération de l'enfance» amorcée, au milieu du siècle précédent, par des médecins et par des pédagogues opposés à l'oppression traditionnelle du corps par le maillot, le corset et les postures guindées. Mais le mouvement dirigé, valorisé, au XIX⁰ siècle, dans des collectivités sportives, militaires, puis scolaires, peut devenir un moyen de domination efficace, conclut Georges Vigarello, auquel nous empruntons cette analyse classique, car l'exercice fortifie et discipline en même temps[12]. La salle d'asile adopte cette stratégie. «Cent, cent-cinquante enfants, réunis autour d'une seule femme, vont, viennent, montent, descendent, parlent, comptent, chantent, au moindre signal [...], sans le moindre désordre, sans le plus petit tumulte», s'émerveille Hippolyte Fortoul dans l'introduction à l'arrêté du 22 mars 1855. Les marches cadencées, les gestes d'imitation, fractionnent et, finalement, maîtrisent la turbulence enfantine. Emportés par le mouvement d'ensemble, les petits enfants apprennent, sans effort, l'obéissance. Lorsque la peur sociale augmente sous la monarchie de Juillet, ce dressage physique précoce des classes inférieures est présenté comme l'un des bienfaits d'une première éducation publique, chargée, précise la circulaire du 9 août 1845, de fournir des générations «plus pénétrées des principes d'ordre et de discipline». Au lieu de refuser l'agitation de la marmaille populaire, la salle d'asile l'utilise pour former des élèves dociles et, au-delà, des ouvriers soumis.

L'entrée en scène des petits usagers a confirmé les influences anglaises entrevues dans l'aménagement de l'espace. Dès 1816, Robert Owen cherchait à satisfaire le besoin de mouvement du jeune enfant et les exigences de la discipline en alternant les leçons, les exercices corporels et les évolutions collectives en musique. Fallait-il, pour autant, traverser la Manche, à la fin des années 1820, pour voir des élèves travailler en ordre, au son d'un signal, selon un programme détaillé et sous l'autorité d'un maître et de ses assistants? C'était un spectacle familier, depuis plus d'un siècle, dans les établissements des Frères. Mais toute identification à ces écoles serait trompeuse, car, à l'exception du claquoir, proche du «signal» employé par les Frères, une sorte de poignée échancrée en bec d'oiseau, la mécanique asilienne utilise essentiellement d'autres ressorts: une décomposition extrême des mouvements, exécutés en mesure, et une démultiplication des impulsions magistrales grâce aux moniteurs chargés de guider chacun un petit groupe d'élèves. C'est bien l'école mutuelle qui sert ici de modèle, même si elle ne fournit pas toutes les clés d'un dispositif qui utilise aussi la musique, le chant et l'exercice gestuel, exclus des écoles de Lancaster, mais adoptés dans les *Infant Schools* de New-Lanark et de Londres que les Français ont visitées.

L'ordonnance minutieuse des horaires, des gestes et des déplacements s'impose au maître lui-même. Pour diriger correctement une salle d'asile, «il suffit d'avoir un esprit juste, de bien comprendre les notions élémentaires de la méthode » et de les appliquer « avec exactitude », assure Jean-Denys Cochin[13]. La mécanique asilienne semble reléguer au second plan la personnalité et les talents de l'utilisateur. Une fois encore, la comparaison s'impose avec les écoles mutuelles et celles des Frères, qui exigent de leurs maîtres le respect scrupuleux d'un système bien codifié. Mais, une fois de plus, aussi, l'analogie n'est pas totale : la salle d'asile se distingue de ces modèles par la place accordée à la relation affectueuse entre l'éducateur et l'élève.

Au regard de la taille de son manuel, Jean-Denys Cochin reste très allusif sur ce sujet. Après avoir rappelé les qualités de « douceur, de patience, de bonté, de sagacité », requises des maîtresses, il recommande de recruter des personnes sachant gagner l'affection des enfants, puisque l'asile doit « surtout [...] [leur] donner un ami en attendant qu'il leur soit donné un maître[14] ». Les premières instructions officielles s'intéressent davantage à la personnalité des éducateurs.

« Des maîtres et des maîtresses qui connaissent bien l'enfance, et qui lui portent du fond de leur cœur tout l'intérêt qu'elle mérite, sauront trouver dans leur affection même et dans le sentiment de leur devoir les moyens les plus propres à obtenir l'attention et la docilité », affirme la circulaire du 9 avril 1836. « On devra toujours arriver, par une grande patience et une douceur inaltérable, à assurer l'ordre et le silence dans les moments de travail et à entretenir le mouvement et la gaieté dans les heures de récréation. »

Connaissance de l'enfant, affection, patience, douceur : toutes ces expressions déplacent le regard vers les vertus individuelles du responsable de la salle d'asile. Avant de souligner l'importance de ses qualités personnelles, la circulaire a d'ailleurs jugé inutile de « déterminer d'une manière précise » les procédés éducatifs.

Les femmes sont encore plus loquaces sur les liens personnels entre l'éducateur et son jeune public. « Il faut qu'il aime les enfants », proclame, dès 1833, Amélie de Champlouis, « qu'il suive avec intérêt tous leurs mouvements, qu'il prenne plaisir à leur progrès, qu'il partage leurs joies, qu'il se montre touché de leurs peines. » L'année suivante, Émilie Mallet insiste sur les dispositions affectives de la directrice de la salle d'asile, « portée par l'impulsion et le besoin de son cœur à s'occuper des enfants » et capable de leur manifester « un intérêt véritable et des entrailles de compassion ». Aimer l'enfance ne suffit pas à l'exigeante pionnière, qui invite les maîtresses et les dames inspectrices à « comprendre » et à connaître leurs petits élèves pour moduler les influences morales selon les inclinations dominantes. On retrouve les mêmes recommandations, en 1846, dans le *Petit Manuel d'éducation première* de Mme Marès, une inspectrice protestante de Montpellier, qui fonde la future « science des mères de famille » sur « l'étude vraie des enfants ». Pour adapter ses interventions aux divers tempéraments, la bonne directrice de salle d'asile recherchera les tendres tête-à-tête, pendant lesquels elle recueillera « les bonnes petites confidences des vouloirs, des désirs, des impressions[15] ».

Ces plumes féminines brossent un autre tableau de la salle d'asile idéale ou plutôt elles en décrivent une autre scène, étrangère au registre coercitif. Sauf exception, les dames ne désapprouvent pas les mouvements disciplinaires, que l'une d'elles, Eugénie Millet, a codifié pour les établissements parisiens. Mais leur expérience maternelle les prédispose à valoriser les autres relations qu'un éducateur peut nouer avec de jeunes enfants. Là, réside l'originalité de leur pédagogie. Même lorsqu'ils signalent les avantages de l'affection et des rapports personnalisés, les auteurs masculins sont beaucoup moins diserts sur ce sujet[16]. Ce sont bien les femmes qui rééquilibrent en priorité le discours normatif au profit d'un lien plus intime avec le bambin. Parmi ces avocates des relations maternelles à la salle d'asile, Marie Pape-Carpantier fut, pendant près de trente ans, l'auteur le plus prolifique sur cette institution.

L'œuvre de Marie Pape-Carpantier

Marie Carpantier naît à La Flèche, en 1815, quatre mois après la mort de son père, un sous-officier de gendarmerie tué par les Chouans. Privée de ressources, sa mère confie l'enfant à sa grand-mère, une dentellière d'Alençon. Après avoir fréquenté l'école, la fillette fait des travaux de couture et elle continue de s'instruire en lisant. Nommée directrice de la salle d'asile de la Flèche, en 1834, après un stage d'un mois dans un établissement du Mans, Marie Carpantier abandonne, quatre ans plus tard, ce poste fatigant. Elle retrouve son premier métier, en 1842, lorsqu'elle accepte la direction de la principale salle d'asile du Mans[17]. Quatre ans plus tard, elle publie les *Conseils sur la direction des salles d'asile,* salué par Hugo, Béranger et Mme Tastu, approuvé par le Conseil royal de l'Université et couronné par l'Académie française. Sa réputation de maîtresse et d'auteur conduit Mme Mallet à lui confier, en 1847, la responsabilité du petit centre de formation ouvert dans la capitale. L'année suivante, elle épouse un capitaine de la Garde de Paris, Henri Pape, qui meurt en 1858, alors que les deux filles du couple sont encore des enfants. Officiellement nommée, en avril 1848, directrice de l'École normale des salles d'asile, elle préside, jusqu'en 1874, aux destinées de cet établissement, auquel les autorités donnent ensuite son nom. Pendant toutes ces années, elle a rédigé une quarantaine d'ouvrages, dont la moitié sur les leçons destinées aux jeunes enfants, et, notamment, l'*Enseignement pratique dans les écoles maternelles,* un manuel concurrent de celui de Jean-Denys Cochin, couronné par l'Académie française peu après sa publication, en 1849, et huit fois réédité jusqu'en 1885.

Les convictions démocratiques de Mme Pape-Carpantier et son dévouement pour l'instruction populaire lui gagnent l'estime de George Sand, Victor Hugo, Hippolyte Carnot et Victor Duruy. Au milieu du Second Empire, l'appui de ce ministre lui ouvre de nouvelles tribunes, propres à satisfaire son ambition féminine. Car cette maîtresse des plus petits veut aussi promouvoir la condition des femmes. En 1862, elle publie dans *L'Économiste français,* dirigé par le buchezien Jules Duval, sept articles sur «La Question des femmes», dans lesquels elle proclame l'égalité intellectuelle des deux sexes et revendique l'égalité des cursus et des débouchés. En 1866, elle fait pendant deux mois, et avec l'autorisation du ministre, des conférences hebdomadaires sur l'hygiène et sur l'éducation du jeune enfant devant un public de deux à trois cents personnes, composé de simples mères de famille, d'institutrices et de femmes du monde. L'année suivante, à la demande de Victor Duruy, elle présente cinq conférences sur la méthode des salles d'asile aux instituteurs réunis à La Sorbonne pendant l'Exposition universelle. Pour la première fois, une voix féminine professait dans le vieux sanctuaire! Elle est nommée déléguée générale des salles d'asile en 1868, et elle prend, l'année suivante, la direction de *L'Ami de l'Enfance*[18].

Les responsabilités universitaires de Marie Pape-Carpantier, ses sympathies affichées pour des libres penseurs, des francs-maçons et des fouriéristes, et son intérêt pour la méthode Fröbel[19] lui attirent l'inimitié des catholiques conservateurs, qui tentent d'atteindre à travers elle l'institution laïque des jeunes enfants. Dès 1847, des rumeurs mettent en cause la foi, les opinions politiques et même la moralité de la directrice de la nouvelle école normale. En 1863, et malgré une lettre de soumission envoyée par l'auteur dès l'annonce du premier blâme, la Congrégation de l'Index condamne, à deux reprises, les rééditions de l'*Enseignement pratique dans les salles d'asile*, pourtant approuvé, à sa sortie, par l'évêque du Mans. Dix ans plus tard, le coup est encore plus rude. Le 12 octobre 1874, en plein climat d'*Ordre moral*, le ministre Arthur de Cumont révoque Mme Pape-Carpantier de toutes ses fonctions officielles. La présence régulière de l'accusée, avec ses enfants, dans une paroisse de la capitale ne fléchit pas la rigueur d'un journaliste de *L'Univers*, qui lui reproche de ne pas avoir donné «assez de place» à l'enseignement religieux dans la première éducation. C'était compter sans la réputation, en France et en Europe, de celle qui dirigeait le Cours pratique depuis vingt-cinq ans. Sensible aux protestations et choquée par cette «injustice», la maréchale de Mac-Mahon reçoit la disgraciée et intervient en sa faveur. En janvier 1875, Mme Pape-Carpantier retrouve au moins son poste de déléguée générale, avec les éloges du ministre qui signait, trois mois plus tôt, sa destitution. Bouleversée par cette épreuve – «ces gens-là m'ont tuée», dira-t-elle à des amis – l'ancienne directrice du Cours pratique s'affaiblit. Elle participe à l'organisation de l'Exposition universelle de 1878 et elle meurt, le 31 juillet, avant d'avoir reçu la médaille d'or attribuée par le jury[20].

Dès le début de son premier ouvrage, publié en 1846, Marie Carpantier prétend faire œuvre nouvelle en fondant sa réflexion sur «l'expérience» et sur cette «science des enfants» qui exige de «demeurer avec [eux], de se mêler à leur vie, en s'effaçant pour laisser leurs inclinations se trahir en toute liberté. Ceci, je l'ai fait, je le fais encore, poursuit-elle. Chacune de mes journées est employée à éprouver par la pratique les découvertes d'une première observation; et c'est pendant la veillée que j'ai consigné dans ces pages le résultat de mes études[21]». En ce sens, l'ouvrage est bien nouveau. Après les visiteurs des établissements étrangers, après les fondateurs et les dames inspectrices, qui expliquent ce qu'ils ont vu faire ou ce qu'ils proposent, une directrice de salle d'asile publie, pour la première fois, le résultat de ses observations et de ses tâtonnements.

«Aimez par-dessus tout, et en particulier, chacun [des enfants] confiés à vos soins», préconise avec insistance cette maîtresse de trente ans, bientôt deux fois mère et révoltée par l'habitude de parler aux plus petits «despotiquement, comme à des esclaves, ou impoliment, comme à de viles créatures». Qu'ils soient attirants, sales ou laids, les usagers de la salle d'asile ont tous besoin d'affection «pratique», notamment pendant les récréations, occasions privilégiées de contacts entre l'adulte et le bambin. L'amour de la maîtresse pour ses petits élèves lui permet de les connaître individuellement et de savoir s'adresser aux différents types de jeunes enfants: le timide, l'enfant gâté, le rebelle, le jaloux, le brutal et l'égoïste. Il l'aide à mieux faire supporter aux marmots une tutelle fréquemment opposée à leurs désirs. Il lui confère un véritable «pouvoir», bien supérieur à celui que produit la crainte, ressort de «l'éducation de l'hypocrisie», le pouvoir de se faire obéir par la seule force d'un lien affectif. Ce choix entraîne une grande indulgence à l'égard des fautes enfantines et une utilisation prudente des récompenses. Comme ses prédécesseurs, Marie Carpantier rejette les coups ou les peines dégradantes et elle conseille d'isoler momentanément le coupable. Aux distributions de bonbons ou de vêtements, susceptibles d'éveiller la gourmandise ou la cupidité, elle préfère les caresses et les petites images (auxquelles le règlement de 1855 ajoute des bons points, à échanger auprès du comité de patronage contre des objets utiles). Mais si les observations attentives de l'enseignant assurent sa connaissance de «chacun [de ses] petits enfants en particulier», seule son amélioration personnelle lui permet d'en tirer profit. Avant d'agir en bien sur ses élèves, il doit devenir un «homme nouveau, pur, inaltérable». Deux sujets sont à étudier par tout éducateur, conclut l'exigeante conseillère: «les enfants et lui-même[22]».

Connaître les enfants, se connaître soi-même. Et la méthode? La responsable du futur Cours pratique négligerait-elle la célèbre mécanique asilienne sur laquelle se reposait tant Jean-Denys Cochin? Pas du tout. Mais si elle publie la panoplie des évolutions en annexe de son second ouvrage, elle estime que ces «auxiliaires matériels», garants d'une obéissance «corporelle» collective, sont incapables d'atteindre l'âme du petit élève. Marie Carpantier croit à la «supériorité de l'instituteur sur la méthode», comme elle l'écrit en tête d'un paragraphe[23].

Au technicien autoritaire, qui manipule à distance les masses enfantines, elle veut substituer un formateur bienveillant qui éduque le bambin sans le rudoyer. «Il faut épargner la souffrance aux enfants», proclame-t-elle ultérieurement. «Arrière ces cœurs durs, stoïques pour les autres, qui prétendent que, les enfants étant destinés à la peine, il faut les y accoutumer de bonne heure. Ces gens-là ne sont pas les disciples de Jésus-Christ, qui ramassait les petits enfants et les réchauffait contre son cœur[24]». On comprendrait mal cette stratégie pédagogique sans la replacer dans la réflexion religieuse de Marie Carpantier, qui est persuadée de la valeur naturelle de l'enfant, chez lequel le Créateur a déposé le «germe» de toutes les qualités. «Quelque forte que paraisse dans les enfants l'inclination à mal faire, soyez sûrs qu'ils sont portés au bien avec plus d'ardeur encore quand on sait le leur inspirer», assure-t-elle, en 1846, sans s'attarder sur la faute originelle[25]. Plus proche ici de Rousseau que de la pensée chrétienne rigoriste, elle rattache les mauvaises actions de l'enfant aux influences extérieures avant de rappeler que la grâce divine peut aider l'être humain à demeurer ou à redevenir vertueux. La plus célèbre des déléguées ne parle pas comme la responsable des salles d'asile strasbourgeoises, hostile, nous l'avons vu, à «l'éducation molle et doucereuse [des] caresses», ni comme la correspondante, déjà citée, de *L'Ami de l'Enfance,* sévère dénonciatrice, en 1840, des vices de la «populace», ni même comme Mme Mallet, à qui sa foi protestante puis, dans un second temps, un réflexe de peur sociale, inspirent le souci de préparer l'enfant du peuple à son difficile destin terrestre. Marquée par les humiliations réservées aux pauvres, l'ancienne orpheline de la Flèche ressent pour les jeunes enfants du peuple une sympathie qui l'éloigne – plus que tout autre théoricien de la petite école – d'une discipline austère et répressive.

Telle que l'imaginent Mme Pape-Carpantier et les autres auteurs féminins, la salle d'asile s'éloigne de l'*Infant School,* dont les théoriciens, qui préconisent parfois des châtiments corporels, insistent moins sur la relation affectueuse entre l'adulte et le petit élève. Elle se sépare aussi des deux institutions françaises contemporaines qui lui servent de modèles : l'école mutuelle et l'école des Frères. Juchés sur l'estrade, d'où ils dirigent leur classe de loin, les maîtres de ces deux types d'établissements n'ont guère l'occasion de s'intéresser individuellement à tous leurs élèves et, moins encore, de leur témoigner une affection quelconque, d'ailleurs interdite par le règlement. Cette distance matérielle et affective raréfie ou supprime les contacts corporels : les châtiments physiques, bannis des établissements mutuels, se réduisent, chez les Frères, à l'usage ultime des verges. Par opposition aux maîtres traditionnels, tour à tour cajoleurs et brutaux, les réformateurs du XVIIe siècle ont légué à la pensée pédagogique le refus de tout rapport affectif, positif ou négatif[26]. L'institution des jeunes enfants abandonne ce principe : elle accepte, en théorie, le mignotage sans les coups et la discipline sans la froideur. L'intervention des femmes et la particularité du public visé expliquent cette originalité. Habituées à entretenir des relations personnelles avec les bambins, les théoriciennes de la salle d'asile bousculent les cadres de la pensée pédagogique dominante et renouent avec une tradition, héritée de l'Antiquité, qui réhabilite l'affection comme ressort pédagogique. Loin de les effrayer, les paroles amicales et les gestes de tendresse leur paraissent indispensables dans toute éducation, domestique ou publique, qui prétend s'adresser à la fois à l'âme, au corps et à l'esprit du jeune enfant.

Éduquer et instruire

L'éducation de l'âme et du corps

Dès 1833, Amélie de Champlouis, une protestante, et Jean-Denys Cochin, un catholique, proposent de «faire bégayer» chaque jour une première prière aux usagers de la salle d'asile et de leur donner de «bonnes habitudes» en commençant à leur apprendre l'obéissance, la politesse, le respect de la vérité et celui de la propriété[27]. Les textes organiques de 1837-1838 et ceux de 1855 placent l'instruction religieuse – et, en 1855, les exercices moraux – à la première ligne du programme en adaptant ces enseignements à un public de jeunes enfants. La pratique quotidienne de la prière initie les bambins à ce rite capital de la vie religieuse (illustration 17) ; le petit catéchisme, enseigné selon la méthode traditionnelle des questions-réponses, les familiarisent avec l'existence de Dieu ; les chants, les extraits de l'Histoire sainte et les récits édifiants leur font découvrir, à travers des exemples de piété et de docilité, leurs devoirs envers leurs parents et tous leurs supérieurs.

La littérature professionnelle aide les maîtresses à mettre en œuvre ces consignes. Jusqu'en 1869, l'éducation religieuse et morale arrive au premier rang des *Conseils pédagogiques* dispensés par *L'Ami de l'Enfance* (avec 27 % des pages), au second rang des *Leçons modèles* (avec 21 % des pages, contre 32 % à l'histoire naturelle, mais 1 % à l'éducation physique) et, si l'on tient compte des extraits de l'Histoire sainte, au deuxième rang, encore, des *Informations dans les matières enseignées* (tableau 8, p. 325). A ces rubriques, il faudrait encore ajouter une grande partie des *Contes et Récits,* souvent extraits de la Bible, des vies de saints et des textes édifiants, inspirés de ceux de Berquin, une grande partie des *Extraits d'ouvrages* et plusieurs notices de la *Bibliographie*, qui concernent des livres d'instruction religieuse et morale conçus pour la salle d'asile ou utilisables par ses maîtresses. Dès 1831, des histoires bibliques destinée à cette institution paraissent à la librairie Levrault, bientôt imitée par Louis Hachette, qui imprime, entre 1834 et 1836, un recueil de chants, édifiants et distrayants, et des collections d'images pieuses, assorties d'explications et de questions, conçus par Mme Mallet[28]. Au milieu du siècle, les manuels de Mme Pape-Carpantier et de la sœur Maria accordent toujours une grande place à l'instruction religieuse en consacrant, respectivement, 30 % et 35 % de leurs pages à l'Histoire sainte et au catéchisme.

17. La prière du matin à la salle d'asile Cochin vers 1840.

Avec l'âme, le corps du jeune enfant retient, dès l'origine, l'attention des promoteurs de la salle d'asile, qui prévoient, en plus du local salubre, plusieurs dispositifs destinés à favoriser le développement physique des petits usagers. Placée par les textes de 1838 et de 1855 sous la surveillance hebdomadaire d'un praticien, l'école enfantine accueille seulement les porteurs d'un certificat de vaccination antivariolique et elle s'efforce de vacciner les autres. Cette surveillance médicale exige l'examen individuel des nouveaux arrivants, puis des contrôles réguliers. D'après le docteur Laurent Cerise, auteur, en 1838, d'un manuel d'hygiène recommandé par le Conseil royal de l'Instruction publique, la salle d'asile, qui accueille des êtres humains proches de l'état naturel, offre à tout «médecin philosophe une occasion d'études psychologiques dont il doit savoir profiter». Ce catholique buchezien est persuadé de la traduction physiologique des facultés et des inclinations. Il veut associer le praticien à la première initiation morale et, surtout, prouver, contre les matérialistes, l'influence profonde d'une éducation chrétienne sur l'organisme. Pour vérifier son hypothèse ou contribuer, à défaut, à personnaliser l'éducation, il propose d'établir pour chaque enfant – un siècle et demi avant le système GAMIN, (Gestion automatisée de médecine infantile) – un bulletin signalétique individuel qui indique ses maladies, ses «conditions physiologiques», son «apparence générale», sa physionomie, la conformation de sa tête et les observations de la maîtresse sur ses dispositions intellectuelles et morales, et sur la tenue, le tempérament, la santé et la profession de ses parents[29]. Les médecins conseillent aussi de veiller à l'hygiène vestimentaire et corporelle, notamment par l'apprentissage du mouchoir et par le rinçage quotidien de la bouche, d'aménager l'emploi du temps et l'alimentation pour favoriser le développement des enfants et de soigner leurs petites indispositions. Les plus ambitieux rêvent d'une prise en charge complète de la progéniture populaire grâce à des consultations et des distributions de compléments alimentaires comme l'huile de foie de morue et la limaille de fer[30].

Les promoteurs de la salle d'asile ajoutent des soins quotidiens d'hygiène à l'intervention des hommes de l'art. Dès l'arrivée de l'enfant, la directrice doit vérifier si son visage et ses mains sont lavés, ses cheveux, peignés, et ses vêtements, raccommodés. Elle conseille les parents négligents et elle donne, en cours de journée, tous les soins nécessaires, notamment en conduisant les bambins aux toilettes à l'entrée et à la sortie de chaque classe. Au regard des ablutions générales recommandées par la littérature philanthropique, le simple nettoyage du visage et des mains autour d'une fontaine ou d'un lavabo paraît bien modeste (illustration 18). Alors que les hygiénistes proclament la fonction respiratoire de la peau, le seul critère médiéval de l'apparence[31] régit le discours scolaire sur la propreté du jeune enfant. Pour ne pas rebuter les fondateurs, le ministère a préféré leur épargner des aménagement sanitaires coûteux. Le même raisonnement explique la prudence des textes officiels à l'égard des équipements destinés à satisfaire les besoins de sommeil et de nourriture des petits usagers. Au mieux, les règlements de 1836, 1838 et 1855 suggèrent de placer les bambins «fatigués et incommodés» sur un lit de camp (illustration 20, p. 208) et de distribuer de la nourriture grâce aux dons privés. Il faut attendre la fin de l'Empire, et la circulaire du 14 juin 1868 de Victor Duruy, pour que le ministère, qui a d'abord recensé les établissements où des aliments chauds sont distribués, prescrive aux préfets d'inviter les municipalités à généraliser cette pratique. Les théoriciens de la salle d'asile, et plus particulièrement les femmes, inspirées par leur expérience personnelle, se montrent plus exigeants. Ils recommandent des distributions de nourriture et de vêtements. Ils soulignent, à l'image de Mme Mallet et de plusieurs correspondantes de *L'Ami de l'Enfance,* les avantages des bains fréquents. En revanche, et pour éviter les habitudes de paresse et les nuits agitées, ils déconseillent de laisser dormir le petit écolier au cours de la journée[32].

La première éducation physique collective comprend aussi une série d'activités physiques variées :
– Les marches et les évolutions, déjà évoquées.
– Les exercices de petite gymnastique, appelés «mouvements hygiéniques» par le règlement de 1855 : lever les bras, les remuer, frapper ses genoux, parfois en répétant des chiffres ou des mots, comme les visiteurs français l'ont vu faire dans les *Infant Schools.*
– Les pantomimes, souvent accompagnées de chants : dès 1835, le Dr Isidore Polinière, l'un des responsables des asiles lyonnais, suggère de récompenser les

18. Le réfectoire-lavabo du Cours pratique de Paris (1857).

Éclairée et aérée par les côtés et par le toit,
cette pièce de 25 m² sert de lieu de dépôt des paniers, de réfectoire, de salle de repos
(grâce aux hamacs accrochés dans les coins) et de salle de nettoyage.
Douze enfants peuvent se laver en même temps autour du grand lavabo en zinc
de 1,75 m de diamètre et dont le bord intérieur forme un bassin circulaire.

enfants attentifs en leur faisant imiter, en chantant, les gestes d'un menuisier, d'un forgeron ou d'un batteur de blé.

– Les exercices de développement des sens, présentés en détail par le Dr Cerise ou par Mme Pape-Carpantier : identification des couleurs (avec des graines colorées), des formes (avec des figures géométriques en carton), des bruits et des odeurs.

– Le chant, jugé utile pour développer les poumons, amuser les enfants, les guider dans leurs évolutions, les moraliser et les instruire.

– Les travaux manuels, réalisés avant et après la classe : le tricot, la couture, le parfilage et le jardinage, recommandé par Jean-Denys Cochin et par Mme Pape-Carpantier, qui conseille de faire remarquer aux enfants la croissance, la couleur et le parfum des végétaux.

– Les exercices de gymnastique et les jeux des récréations, «variés et proportionnés à l'âge», selon le règlement de 1838, et dont le contenu change selon les auteurs : marche, course, saut à petite distance et saut à la corde, exercices, sur de petits portiques, empruntés à la méthode Amoros (Jean-Denys Cochin), course, saut, grimper à un mât pourvu de barres transversales, mouvements de bras et danse – pour les filles comme pour les garçons – afin de corriger les déformations (Dr Cerise), marche, saut à la corde, grimper à des cordes à nœuds, en présence du maître qui sélectionne les bambins capables d'effectuer cet exercice, rondes chantées (Mme Mallet), cheval de bois, balançoire, y compris pour les filles lorsque la «bienséance» ne s'y oppose pas, cerceaux, rondes chantées (Mme Pape-Carpantier)[33].

Au début de la monarchie de Juillet, le renouveau de la gymnastique suscité par les médecins des Lumières et par l'État-Major n'a pas encore touché l'Université. Cette discipline ne figure pas dans le programme facultatif des écoles primaires avant 1850 et son enseignement régulier n'est pas prévu dans les lycées avant 1854. L'intérêt que la salle d'asile porte au corps du jeune enfant lui confère le statut d'établissement pionnier. Son programme de 1838 est le premier règlement ministériel qui impose des «exercices corporels» dans une institution scolaire et avec une relative égalité de traitement entre les filles et les garçons. Mais cette précocité a des inconvénients. Faute de pouvoir se référer aux pratiques de l'enseignement primaire, les premiers théoriciens de l'asile ont innové en tâtonnant. Dans sa première version, le programme d'activités physiques de la petite école emprunte à toutes les sources d'inspiration : aux *Infant Schools,* à la gymnastique corrective traditionnelle, à la gymnastique amorosienne, aux jeux et aux jouets des jeunes enfants et de leurs aînés. La relative négligence des différences d'âges et de tempéraments confirme l'impression d'une improvisation. Seuls, le Dr Cerise, Mme Mallet et Mme Pape-Carpantier recommandent d'adapter les exercices à la constitution des enfants. Il faut, ensuite, attendre 1868 pour voir paraître, sous la plume de la directrice du Cours pratique, le premier manuel d'exercices physiques destiné aux salles d'asile. Marie Pape-Carpantier y critique explicitement la «gymnastique régulière, théorique» de l'école, privée de «charme pour les petits enfants […] qui ne peuvent encore en comprendre les principes». Pour «intéresser d'abord [ce jeune public] par l'attrait de l'imagination», elle propose de lui faire exécuter, sur des paroles chantées, des rondes et des gestes empruntés aux divers métiers[34].

La récréation représente un moment privilégié de dépense physique, pendant lequel les promoteurs de la salle d'asile refusent de laisser les enfants faire tout ce qu'ils veulent, «[se jeter] les uns sur les autres, [remplir] de sable leur bonnet [et] se les [lancer] au visage». Même lorsque Camille Jubé ou Émilie Mallet acceptent de respecter «[la] charmante vivacité» des bambins et de les laisser «se réunir selon leur inclination et leurs désirs», ils invitent les maîtresses à suggérer et à réglementer les activités du préau et celles de plein air[35]. Les textes officiels retiennent seulement le projet dirigiste : le règlement de 1838 prévoit des jeux «dirigés et surveillés de manière à prévenir toute dispute et tout accident fâcheux», et celui de 1855, des jeux «organisés autant que possible, et, dans tous les cas, surveillés par la directrice». Cette volonté de contrôle explique l'importance accordée aux exercices de gymnastique, tributaires de règles et de machines introduites par l'adulte. Le jeu improvisé semble banni de la salle d'asile, qui ne possède pas de coin de sable et qui ignore officiellement les billes, les ficelles, les toupies et les autres trésors des poches enfantines. Des enfants qui s'amuseraient seuls ou sans objets consacrés paraîtraient suspects. On comprendra mieux ces choix en songeant aux finalités pédagogiques attribuées à la récréation. Après avoir suivi leurs leçons, dans la classe et sur les gradins, les petits élèves doivent exercer leurs muscles et récupérer obligatoirement, en s'amusant, la capacité d'attention requise par les futurs travaux scolaires. Les activités physiques dirigées servent aussi à l'éducation morale. Elles empêchent l'isolement, jugé propice aux attouchements, et elles font régner, au grand soulagement de Camille Jubé, «l'ordre […] dans le désordre même de la récréation[36]». A l'extérieur comme à l'intérieur de la classe, l'instinct ludique du jeune enfant est utilisé pour le maîtriser.

Cette interprétation, développée, à partir des années 1970, par une historiographie d'inspiration foucaldienne[37], doit être nuancée et complétée. D'une part, car elle ramène systématiquement à des préoccupations disciplinaires des consignes qui relèvent de la simple sollicitude maternelle ou du bon sens – comme l'interdiction des «mouvements dangereux[38]». D'autre part, car elle sous-estime certaines activités, exclusivement proposées par les auteurs de sexe féminin. Aux exercices de gymnastique proprement dits, Amélie de Champlouis, Émilie Mallet et Marie Pape-Carpantier conseillent d'ajouter des jeux, collectifs ou individuels, et même des jouets, que le discours officiel ne mentionne pas avant 1881. Ce programme bouleverse la répartition des rôles entre l'adulte et le bambin. Si la maîtresse conserve son rôle d'initiative et de surveillance, elle perd la maîtrise totale de l'activité enfantine. Les utilisateurs des briques de bois, des cerceaux, des poupées et des cahiers d'images obéissent à leur imagination ; les acteurs des parties de quatre coins, de furet, de volant ou de dominos suivent des règles transmises par leurs aînés, dans la rue ou au foyer. Une fois de plus, l'expérience et la sollicitude maternelles, auxquelles Mme Mallet et Mme Pape-Carpantier font explicitement allusion, viennent compenser un ordre contraignant. On devine néanmoins une gradation dans la liberté de jeu laissée aux enfants. Pour préserver la discipline générale de l'établissement, Émilie Mallet propose de donner aux moins de quatre ans des jouets – en l'occurrence des poupées et des briques de bois – d'une «nature qui permette des amusements paisibles, sans bruit ni agitation». La récréation, «c'est la famille un jour de fête», proclame au contraire Marie Carpantier, opposée, nous l'avons vu, à toute forme d'austérité[39]. Le programme d'instruction de la salle d'asile présente lui aussi des nuances qui sont généralement ignorées.

L'anticipation sur l'instruction élémentaire

La circulaire du 9 avril 1836 prévoit d'initier les petits élèves à la lecture, à l'écriture, aux «chiffres ordinaires [et à] quelques nombres», et à l'histoire naturelle.

Muette sur cette dernière discipline, l'ordonnance de 1837 mentionne l'apprentissage des trois rudiments, y compris le calcul verbal. Encore plus ambitieux et plus précis, les textes de 1855 ajoutent à ce programme le dessin linéaire et un ensemble détaillé de «connaissances usuelles», véritable pot-pourri d'histoire naturelle, de géographie, d'histoire et de connaissances élémentaires sur la vie quotidienne: «la division du temps, les saisons, les couleurs, les sens, formes, matière, usage des objets familiers aux enfants, notions sur les animaux, les plantes, les industries simples, l'explication des poids et mesures donnée à l'aide de solides ou de tableaux».

La lecture

Mme de Champlouis, Jean-Denys Cochin et Camille Jubé associent les exercices aux cercles par petits groupes, empruntés à *l'Infant School* et à l'enseignement mutuel (illustration 19), et les leçons collectives, au gradin, de l'enseignement simultané. Jean-Denys Cochin limite ses exemples aux syllabes de trois lettres et

19. *Leçon d'alphabet par la méthode mutuelle à la salle d'asile Cochin vers 1840.*

*Réunis devant les porte-tableaux, autour des demi-cercles matérialisés sur le sol,
les groupes d'élèves déchiffrent les abécédaires et les syllabaires
sous la direction de leurs moniteurs.*

déconseille d'aller «au-delà de l'assemblage des mots» pour ne pas «anticiper sur l'école élémentaire». La même prudence inspire le règlement de 1855, qui se limite à l'alphabet, majuscule et minuscule, aux voyelles, aux consonnes, aux accents, aux syllabes de deux ou trois lettres et aux mots de deux syllabes. Ce programme reste classique dans son contenu, emprunté aux premières étapes des progressions de l'Ancien Régime, et dans sa démarche, fondée sur l'épellation systématique de chaque syllabe et sur la mémorisation de nombreuses combinaisons de lettres. Le premier discours novateur apparaît, en 1849, sous la plume de Mme Pape-Carpantier, adepte de la nouvelle épellation, fondée sur le repérage et sur l'assemblage de sons élémentaires. La directrice de l'école normale, qui publie, alors, un *Nouveau Syllabaire des salles d'asile*, propose de faire découvrir au jeune enfant des mots simples à partir des syllabes et quelques petites phrases. Fidèle à cette démarche, la sœur Maria recommande d'organiser un exercice de lecture de trente minutes pour «les plus avancés[40]». Une seconde innovation se produit, au milieu du Second Empire, lorsque Augustin Grosselin invente la méthode phonomimique. Pour rompre l'isolement des élèves sourds-muets et faciliter l'apprentissage de la lecture, cet ancien sténographe du Corps législatif rattache à chaque émission de voix, correspondant aux signes écrits, un geste qui rappelle, par analogie, le son et l'idée. Une trentaine d'onomatopées et de gestes imitatifs, empruntés à la vie quotidienne, aux sentiments ou à la nature, accompagnent la découverte des lettres[41]. Après la parution d'un manuel, en 1861, la phonomimie est expérimentée dans plusieurs salles d'asile parisiennes, dont celle du Cours pratique, qui l'inscrit ensuite à son programme, et présentée à l'École de médecine et aux députés. Dès 1863, *L'Ami de l'Enfance* soutient cette innovation en publiant des témoignages de satisfaction. Séduite par l'activité corporelle et par la joie des petits usagers, Marie Pape-Carpantier est persuadée d'avoir enfin trouvé la méthode capable d'apprendre à lire «avec promptitude et plaisir». En 1866, elle recommande l'adoption officielle du nouveau procédé, déjà enseigné au Cours pratique et conseillé par plusieurs déléguées[42].

La quête de la meilleure méthode de lecture à la salle d'asile s'accompagne d'une polémique sur la légitimité de cet apprentissage. En 1855, l'un des promoteurs de la rénovation pédagogique, l'inspecteur primaire Jean-Jacques Rapet, suggère de le réserver à l'école et de consacrer l'asile au «développement de l'intelligence et à la culture du sens moral». En 1864, A. Silvy, chef de bureau au ministère, le juge incompatible avec une première instruction chargée d'apprendre, d'abord, les choses et leurs noms. D'autres responsables sont d'un avis opposé. Marie Pape-Carpantier, persuadée que la lecture est à la portée de jeunes élèves si elle est bien enseignée, reproche à M. Silvy de confondre initiation et apprentissage complet. Tout dépend du programme : avant la lecture individuelle dans les livres, pratiquée à l'école, l'asile peut proposer une découverte collective des tableaux de lettres et de mots, complétée par le déchiffrage de quelques phrases[43]. Avec la même argumentation, certaines inspectrices, comme Mme Bonnet Malherbe ou Mlle Klécker, employée par la ville de Bordeaux, exigent des maîtresses que les élèves soient capables de déchiffrer des phrases ou, même, d'être prêts à lire dans des livres lorsqu'ils quittent la salle d'asile. Elles espèrent ainsi mieux résister à la concurrence des établissements privés, qui poussent l'étude des rudiments pour satisfaire les parents, et débarrasser le début de la scolarité élémentaire d'un apprentissage fastidieux[44].

L'écriture

La sœur Maria refuse purement et simplement son étude au nom de la faiblesse physique du jeune enfant. Les autres auteurs de sexe féminin restent muets sur le sujet, sans doute par fidélité à la méthode traditionnelle, qui repousse l'initiation au second des rudiments après la maîtrise de la lecture. Les hommes sont plus ambitieux, même s'ils n'ignorent pas la difficulté de cet apprentissage. Jean-Denys Cochin propose deux leçons quotidiennes de vingt minutes, pendant lesquelles les cinq-six ans suivent, avec une plume de bois ferré, le contour des lettres creusées dans une ardoise puis imitent, avec un crayon, les modèles de lettres et de chiffres représentés sur les murs ou sur les tableaux imprimés (illustration 20).

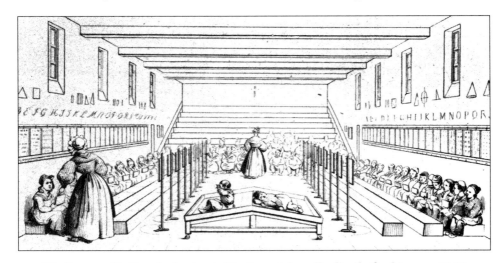

20. Leçon collective de dessin et d'écriture à la salle d'asile Cochin vers 1840.

*L'absence de tables oblige les élèves installés sur les bancs latéraux
à tenir leur ardoise sur leurs genoux. Pendant que la maîtresse donne une leçon de dessin
et d'écriture aux grands, l'adjointe raconte une histoire aux plus petits, restés sur les gradins.
Au premier plan, un lit de camp, rudimentaire mais facile à surveiller, accueille les bambins
fatigués. Des figures géométriques et des lettres majuscules sont peintes sur les murs
au-dessus des tableaux d'épellation et des tableaux de nomenclature d'histoire naturelle.*

Camille Jubé conserve cette méthode et une seule leçon quotidienne, que suivent aussi les plus petits, invités à «[crayonner] sur l'ardoise plutôt dans un but d'occupation matérielle que d'instruction». Très laconique, le règlement de 1855 se borne à prescrire «l'imitation des lettres sur l'ardoise». La salle d'asile imite ici l'*Infant School* et l'enseignement mutuel, qui apprennent simultanément à lire et à écrire en popularisant l'ardoise, économique et commode, et en conservant la technique d'apprentissage traditionnelle, fondée sur l'acquisition mécanique d'un tour de main[45].

Le calcul

Tous les auteurs recommandent de l'enseigner à l'aide du boulier-compteur, déjà utilisé dans les *Infant Schools* et perfectionné, en 1869, par Mme Pape-Carpantier (illustration 21).

21. Leçon collective de calcul à la salle d'asile Cochin vers 1840.

Pendant que les garçons (à droite) apprennent à calculer à l'aide du boulier-compteur manipulé par la maîtresse, les fillettes (à gauche) répètent les chiffres que l'adjointe montre sur un tableau. Chaque groupe effectue ensuite l'exercice proposé à l'autre sexe.

Selon leurs niveaux d'exigence, ils conseillent, en plus, l'inscription des cent premiers chiffres au tableau et leur répétition, scandée par des mouvements de bras (Champlouis), le calcul au tableau avec un petit groupe d'élèves avancés et la table de multiplication chantée (Cochin), l'addition et la soustraction chantées, la découverte des monnaies et le jeu du marchand (Cochin et Pape-Carpantier). Les instructions de 1855 prescrivent la représentation des nombres par les chiffres arabes, l'étude de l'addition et de la soustraction avec le boulier-compteur, la table de multiplication chantée (écartée par Mme Pape-Carpantier) et l'explication des poids et des mesures. La salle d'asile entend familiariser l'enfant avec les numérations parlées et écrites ; elle veut lui apprendre les deux ou trois premières opérations et l'initier à des techniques de la vie quotidienne. Influencé par l'*Infant School,* cet enseignement précoce du calcul se sépare du système traditionnel, qui réserve à cette matière une portion congrue après la maîtrise de la lecture et de l'écriture, comme du système mutuel, qui conserve une méthode d'apprentissage verbale, abstraite et mécanique[46].

Les leçons de choses et l'histoire naturelle

Inspirée par l'exemple de la mère éducatrice, sensible aux intérêts de son bambin, la leçon de choses prend la réalité ou, à défaut, sa représentation imagée comme point de départ et comme guide. En s'adressant d'abord aux sens, elle transforme l'enfant, selon Mme Pape-Carpantier, en « agent actif » de son éducation. Déjà utilisée par Amélie de Champlouis et par Jean-Denys Cochin pour alimenter les « causeries » sur les animaux, les fleurs et les outils, l'histoire naturelle est la source intarissable de cet exercice, que la salle d'asile propose bien avant son inscription – en 1882 – au programme obligatoire des écoles primaires. En théorie, la maîtresse présente à ses élèves un objet familier (du pain, du lait, du charbon, des tissus), qu'ils peuvent voir et, pour un petit nombre d'entre eux, invités à descendre de l'estrade, toucher et sentir, ou elle leur montre l'image d'un animal, d'une plante ou d'un outil. Après les avoir questionnés pour leur faire découvrir les caractéristiques de l'objet présenté, elle leur communique quelques informations, puis elle les interroge à nouveau, sans dicter les réponses, pour vérifier s'ils ont compris et retenu la leçon. Son habileté et la curiosité de son auditoire lui permettent d'enchaîner les sujets et d'évoquer successivement l'origine, le mode de fabrication et l'usage de chaque objet, puis de conclure par une leçon de morale[47]. Tous les responsables de la classe enfantine n'acceptent pas cette méthode qui suppose de s'intéresser aux réactions des petits élèves : « nous ne faisons pas, ici, de longs discours ; nous n'excitons pas chez l'enfant ce babil et cette jaserie qui n'aboutissent guère qu'à le rendre raisonneur et vain », proclame la présidente des asiles strasbourgeois, surtout obsédée, nous l'avons vu, par le dressage de la progéniture populaire[48].

La place privilégiée accordée à la leçon de choses détermine la production d'un matériel éducatif abondant et parfois influencé, à l'origine, par celui des *Infant Schools.* Dès 1836, paraît chez Hachette une série d'images d'animaux, commentées et accompagnées d'un questionnaire modèle, suivie de fascicules sur les végétaux, les métiers, les industries et les couleurs. Parmi les nombreux ouvrages destinés à la petite école, nous citerons seulement ici ceux de Mme Pape-Carpantier, qui publie, en 1858, des *Histoires et Leçons de choses,* dont les premiers récits, sur le grain de mil, la vigne, le soleil, le papillon, inspirés par les «causeries intimes de la mère», sont destinés aux enfants de trois à quatre ans, puis, dix ans plus tard, une *Zoologie des salles d'asile et des écoles* en cinq tomes très illustrés[49]. Après avoir exposé la nouvelle démarche dans ses deux premiers numéros, *L'Ami de l'Enfance* lui consacre – si on ajoute les pages concernant les animaux, la vie quotidienne et divers objets – près des trois quarts des *Informations dans les matières enseignées*, la moitié des *Leçons modèles* et le quart, soit autant que pour l'éducation religieuse et morale, des *Conseils pour l'enseignement* (tableau 8, p. 325).

Dès l'origine, les textes et les questionnaires mis à la disposition des maîtresses contiennent, parfois, des développements surprenants au regard de l'âge des destinataires. Un texte sur la vache propose, par exemple, des informations et des questions sur l'élevage en Suisse, la production laitière quotidienne et les régions productrices de beurre[50]. L'*Enseignement pratique* de Mme Pape-Carpantier, publié en 1849, confirme cette tendance en réservant quatre-vingt-cinq pages, soit une sur trois, aux trois règnes et à leurs divisions internes, à la nature et aux emplois des couleurs, aux instruments de mesure, présentés avec leurs multiples et leurs sous-multiples, aux métiers et aux matériaux du bâtiment. La sœur Maria n'est pas en reste, puisque l'inventaire des trois règnes et les commentaires des reproductions de cinquante animaux occupent le cinquième des pages de son manuel, où figure, en plus, un chant récapitulatif d'histoire naturelle, mis en musique par une religieuse du couvent des Oiseaux : «Vous avez mis la laine/Au dos des blancs moutons,/ Et vous couvrez la plaine/De fécondes moissons./ L'oiseau vous doit ses ailes,/ Ses feuilles la forêt,/ Les jeunes hirondelles/Leur nid de chaud duvet[51]». Cette ambition augmente après le renforcement, en 1855, du caractère scolaire de la salle d'asile et la parution d'un programme officiel plus précis sur l'étendue des connaissances usuelles. Dans sa troisième série, *L'Ami de l'Enfance* multiplie les leçons modèles et les informations détaillées sur des sujets inattendus dans une école enfantine : une leçon sur le papier n'épargne aucune étape de l'histoire du papyrus et du parchemin, une série d'histoire naturelle passe en revue des insectes aussi répandus que l'anthéphore pariétine et le sphex des sables, des «Notions agricoles dans les salles d'asile» évoquent la composition de l'air et les types de terrains[52]. La foi dans les vertus d'un enseignement illustré par des images et des objets, le goût de l'époque pour les nomenclatures et le désir de familiariser les petits élèves avec leur future profession manuelle ont cumulé leurs effets pour attribuer aux leçons de choses des salles d'asile un contenu démesuré.

La géographie

Jean-Denys Cochin et Marie Pape-Carpantier conseillent d'initier d'abord les petits élèves à la représentation cartographique grâce à la découverte des points cardinaux, à partir de la salle d'asile, et à l'observation des plans simplifiés de l'établissement et du quartier. Jean-Denys Cochin recommande ensuite de donner aux enfants, «par des démonstrations sensibles», les idées de rivière, de montagne et de forêt, et de leur faire mémoriser des noms de pays, de capitales et de chefs-lieux tout en leur racontant les «mœurs, coutumes et productions» des diverses contrées. Dans son manuel de 1849, la directrice de l'École normale reste fidèle au cadre national, mais elle propose, en plus, à partir de l'exemple de la Sarthe, un modèle détaillé de découverte du département. La sœur Maria ajoute à ces leçons une introduction sur la notion de plan, à l'aide d'une pomme coupée, et une récapitulation chantée des principaux pays d'Europe et de leurs capitales : «De la Prusse, pays fertile, la plus grande ville est Berlin ; Et l'Irlande, belle et grande île, a pour capitale Dublin[53]». Le règlement de 1855 conserve la partie la plus classique de ce programme, à savoir : «les éléments, la forme de la terre, ses principales divisions, les noms des principaux États de l'Europe avec leurs capitales, les noms des départements de la France avec leurs chefs-lieux».

Cet enseignement précoce de la géographie obéit à des principes nouveaux, déjà appliqués par la littérature enfantine de la fin du XVIIIᵉ siècle, qui enracine la conceptualisation de l'espace dans la découverte d'un lieu connu et qui utilise la mappemonde et la carte. A l'image de Robert Owen, les promoteurs de la salle d'asile ont choisi de donner à cette discipline une place supérieure à celle de l'histoire et d'élargir son champ, au-delà des sempiternels phénomènes physiques, aux êtres humains et à leurs activités. Mais ils substituent une méthode inductive, fondée sur le recours prioritaire au milieu de vie, à la vieille méthode déductive, conservée dans le mode mutuel et, semble-t-il, à New-Lanark. Cette démarche originale ne doit masquer ni le poids de la tradition, qui impose la dénomination et la mémorisation des faits, ni l'ampleur, excessive, du programme. Les *Modèles de leçons*, publiés en 1842 par Ambroise Rendu, le jeune fils du président de la Commission supérieure, proposent les définitions d'une île, d'un cap, d'un volcan, d'un détroit et d'un fleuve ; l'*Enseignement pratique* de Mme Pape-Carpantier prévoit l'inventaire des principales villes et des rivières du département ; les récits publiés dans *L'Ami de l'Enfance* sous le Second Empire sont encore plus démesurés[54].

L'histoire

Bien qu'elle ne soit jamais enseignée au début de la scolarité primaire ni, semble-t-il, à l'*Infant School,* les promoteurs de la salle d'asile l'inscrivent, dès l'origine, à son programme. Amélie de Champlouis recommande les récits tirés du passé national, Jean-Denys Cochin, des anecdotes illustrées sur les hommes célèbres et sur les progrès de l'économie, et Marie Pape-Carpantier, l'exposé du cheminement de l'humanité jusqu'à l'épanouissement du christianisme. Pour initier les jeunes écoliers au vocabulaire politique et à la chronologie, Jean-Denys Cochin conseille d'aller «du plus connu au moins connu», en expliquant les concepts de *roi* et d'*autorité* par les exemples du père, du maître et du maire, et en parlant du monarque actuel avant de «remonter vers les siècles précédents[55]». La découverte du passé obéit à des finalités religieuses, morales et politiques. Le programme de 1855 présente l'histoire comme une source de récits destinés à inspirer aux enfants l'amour de Dieu, la reconnaissance envers l'empereur et le respect de leurs devoirs. Mais les théoriciens de la salle d'asile veulent aussi se libérer des usages traditionnels. Aux sèches nomenclatures d'un savoir événementiel et livresque, ils préfèrent les récits attrayants et illustrés, étendus aux phénomènes de civilisation et appuyés sur des exemples concrets. Les leçons n'en restent pas moins inadaptées à de très jeunes enfants, qui ne maîtrisent pas la notion de temps historique et qui entendent parler d'une multitude de personnages et de lieux sans comprendre tous les termes employés. Le récit modèle de *L'Ami de l'Enfance* sur la victoire de Clovis à Tolbiac – «il y a 1300 ans de cela», avant l'invention de la poudre, «800 ans plus tard» – se réfère à la Gaule et il utilise les mots *idolâtre, compagnon d'armes, déroute, parvis et nation française* [56].

Le français

«C'est à l'âge de quatre à sept ans qu'on peut le mieux rectifier le langage vicieux et incorrect des enfants des classes pauvres», assure *L'Ami de l'Enfance,* dès 1836 ; «tous les progrès faits à cet égard augmentent les bienfaits de l'unité française». L'apprentissage du français à la salle d'asile ne se réduit pas à l'étude de la lecture et aux leçons de grammaire, limitées au genre, au nombre et au substantif par Mme Pape-Carpantier, mais étendues à l'adjectif, au pronom et au verbe par la sœur Maria. Il utilise les chants, les récits, les recherches des antonymes et des mots éliminés d'une phrase, et les exercices d'identification d'images ou d'objets, que préconise Mme René-Caillé pour substituer le français à l'alsacien. Cette démarche séduit les responsables locaux qui luttent contre les patois ou les idiomes étrangers. «Les salles d'asile sont de merveilleux instruments pour la propagation de la langue [française]», proclame le Conseil général du Bas-Rhin, en 1846, après avoir rappelé l'argument linguistique des prétentions allemandes sur l'Alsace, «ce n'est pas la traduction lente et laborieuse des écoles, c'est une initiation naturelle et facile[57]».

Le chant

Jean-Denys Cochin recommande la méthode du compositeur Bocquillon-Wilhem, responsable de l'enseignement musical à la *Société pour l'instruction élémentaire*, qui a su adapter le solfège au mode mutuel et présenter ses premiers éléments à l'aide de signes manuels. L'essor des salles d'asile conduit ensuite un autre musicien, Duchemin-Boisjousse, à proposer un autre programme, qui associe l'identification des sons et des intervalles d'un octave, le chant à l'unisson et, dans une dernière étape, la lecture d'une portée. Après avoir été expérimentée dans un établissement parisien, cette méthode est recommandée par le Comité central des écoles de la capitale, en 1845, puis par *L'Ami de l'Enfance*, Camille Jubé, Mme Pape-Carpantier (qui suggère d'utiliser les cinq doigts comme portée) et le règlement de 1855. Après l'extension du public de la salle d'asile aux enfants de six à sept ans, une jeune musicienne, Mlle Colin, propose de développer le sens musical des élèves les plus doués par des leçons d'harmonie élémentaires. Expérimentée à partir de 1857, sa méthode de chant à plusieurs parties séduit certains observateurs et déplaît à d'autres, qui sont choqués par la difficulté d'un exercice auquel ne participe pas la majorité des élèves. Le 21 juin 1858, et après avoir signalé les limites du chant à l'unisson, le Comité central des salles d'asile tranche en faveur du chant à deux parties[58].

Le dessin linéaire et la géométrie

Jean-Denys Cochin propose de faire identifier, par l'ensemble de la classe, les figures de géométrie dessinées sur les murs ou fabriquées par la maîtresse avec du carton et de réserver aux plus avancés des élèves le tracé des lignes, avec ou sans règle, et la reproduction des formes géométriques (illustration 20, p. 208). Marie Pape-Carpantier élabore un programme très détaillé – des lignes droites aux éléments du temple antique – en demandant que le repérage de chaque figure dans la classe puis sa représentation sur le tableau ou à l'aide d'un modèle précèdent sa définition et, pour ceux des enfants qui le désirent, sa reproduction sur le sable avec une baguette[59]. Les théoriciens de la salle d'asile sont restés fidèles aux consignes de Pestalozzi et de la *Société pour l'instruction élémentaire* : ils introduisent le dessin dans la première éducation sous les auspices de la géométrie. Le règlement de 1855 sanctionne ce choix en inscrivant au programme, sous l'intitulé de « dessin linéaire », la formation, « sur le tableau et sur les ardoises, des plus simples figures géométriques et de petits dessins au trait ».

A l'issue de cet inventaire, peut-on conclure à l'expansion du programme d'instruction de la salle d'asile jusqu'au milieu du siècle ? Dès 1833, l'*Instruction élémentaire* et le *Manuel* Cochin proposent toutes les matières citées dans les ouvrages et dans les règlements ultérieurs (tableau 4). Les manuels de Mme Pape-Carpantier (1846 et 1849) et de la sœur Maria (1854) se distinguent seulement par un apprentissage plus poussé de la lecture et par un programme de leçons de choses plus vaste et plus précis. L'évolution est beaucoup plus nette, en revanche, dans le discours officiel proprement dit, qui mentionne, en 1855, des disciplines absentes des règlements de 1836 et de 1837-1838. Après avoir

Tableau 4. Programmes d'instruction[1] de la salle d'asile
et des plus jeunes élèves d'âge scolaire de l'école primaire (1828-1882)

	Infant School 1823	Cochin 1833	Champ-Louis 1833	I. O. 1836	I. O. 1837-38	Écoles Chr. 1828	Mutuel 1831	I. O. 1834	Pape-C. 1846	I. O. 1855	I. O. 1859	(Carnot 1848)[5]	I. O. 1851	Éc. Mat. 1882	I. O. 1882
Lecture	+	+	+	+	+	+	+	+	+	+	+	(+)	+	+	+
Écriture	+	+	+	+	+	[2]	+	+	+	+		(+)	+	+	+
Calcul	+	+	+	+	+	[2]	+[3]	+[4]	+	+	+	(+)	+	+	+
Langue française	+[7]	+	+				+		+	+		(+)		+	+
Leçons de choses	+	+	+						+	+		(+)		+	+
Histoire naturelle	+	+	+	+					+	+	+	(+)		+	+
Histoire		+	+						+	+		(+)	[6]	+	+
Géographie		+	+						+	+		(+)	[6]	+	+
Dessin, géométrie	+[8]	+					+		+	+		(+)		+	+
Chant	+	+	+				+		+	+	+	(+)		+	+

1. L'enseignement religieux, la morale et l'éducation physique ne sont pas inclus dans ce tableau.

2. L'écriture et le calcul figurent seulement au programme de la «seconde classe».

3. R. Tronchot signale que les leçons de calcul ne commencent qu'à la cinquième classe de lecture et d'écriture, *L'enseignement mutuel...*, op. cit., t. I, p. 166.

4. Calcul verbal seulement: les quatre premières règles apparaissent dans le programme de la seconde division, les poids et mesures, dans celui de la troisième.

5. Le projet de décret, présenté le 30 juin 1848 par H. Carnot, cite seulement le programme global de l'enseignement primaire, sans distinguer selon les niveaux.

6. A l'initiative de V. Duruy, la loi du 10 avril 1867 rajoute l'histoire et la géographie de la France aux matières obligatoires, mais sans préciser le programme de chaque niveau.

7. A l'*Infant School*, il s'agit de l'étude du vocabulaire et de la grammaire de la langue anglaise.

8. Les manuels des *Infant Schools* consultés mentionnent seulement l'enseignement de la géométrie.

Ce tableau compare les programmes les plus significatifs des salles d'asile (imprimés en gras)[60] et ceux destinés aux plus jeunes élèves d'âge scolaire des écoles, parfois regroupés dans une division spéciale[61]. Il indique la présence de chaque matière désignée sous son nom usuel dans les textes de référence, ou celle d'un exercice correspondant (par exemple «la connaissance des chiffres ordinaires et de quelques nombres», prescrite par la circulaire de 1836), sans considérer l'ampleur du programme ou la durée éventuellement accordée aux leçons.

souligné, au milieu des années 1830, la fonction charitable de la salle d'asile, le ministère s'était abstenu de détailler son programme d'instruction, bien défini dans les ouvrages d'Amélie de Champlouis et de Jean-Denys Cochin déjà envoyés aux administrateurs locaux. Vingt ans plus tard, lorsqu'il proclame la vocation scolaire de l'institution des jeunes enfants, il juge nécessaire de sanctionner et d'expliciter son enseignement en inscrivant les propositions des théoriciens dans un règlement national.

Une seconde comparaison s'impose avec les programmes assignés à l'école élémentaire par les règlements de 1834 et de 1851, et par des auteurs contemporains (tableau 4). A l'époque de la loi Guizot, les enseignements, théoriques, de la salle d'asile sont beaucoup plus étendus que ceux de la petite classe des Frères, absorbée par l'apprentissage de la lecture, de la première division du cursus scolaire officiel, limitée aux trois apprentissages fondamentaux, et des premiers échelons de l'école mutuelle, concentrés sur les rudiments, le dessin et le chant. Plus modeste que le *Manuel* Cochin, le premier programme administratif de la salle d'asile, celui de 1836, confirme cet avantage en incluant l'histoire naturelle, dont le règlement scolaire de 1834 ne dit mot. Le programme officiel de l'école primaire se hisse au niveau de celui de la salle d'asile, si l'on peut dire, dans le projet Carnot de 1848, qui, par réaction contre un enseignement borné et strictement utilitaire, prévoit notamment des notions de chant, de dessin linéaire, de sciences naturelles, d'histoire et de géographie de la France. Après la chute de ce ministre, généreux pour l'éducation populaire, la loi Falloux ramène l'école élémentaire au minimum fixé par la loi Guizot. Comme en 1833, la comparaison des programmes proposés pour la salle d'asile par Mme Pape-Carpantier et par l'arrêté de 1855 avec le contenu de la première division de l'école, défini par le règlement de 1851, fait ressortir la plus grande ambition scolaire du premier établissement. L'extension du programme de l'enseignement primaire par Victor Duruy, en 1866 et en 1867, ne parvient pas à combler toute la différence, car, au grand regret de Mme Pape-Carpantier, les sciences naturelles, enseignées dans la petite école, n'acquièrent pas encore droit de cité dans la grande. Il faut attendre les instructions républicaines de 1882 et de 1887 pour que les plus jeunes des écoliers, ceux de cinq à sept ans, bénéficient théoriquement des mêmes leçons que les enfants de leur âge accueillis dans un établissement préélémentaire.

Les premiers théoriciens de la salle d'asile ont-ils voulu imiter une école mutuelle que la *Société pour l'instruction élémentaire* ouvre, depuis les années 1820, à plusieurs disciplines nouvelles comme la grammaire, la géographie, les sciences, le dessin linéaire et le chant? Jean-Denys Cochin, qui appartient à cette société, connaît bien ses ambitions, mais son manuel des salles d'asile se sépare des premiers degrés du mutuel en proposant une autre méthode d'enseignement (la leçon de choses), une initiation immédiate au calcul et des séquences de sciences, de géographie et d'histoire, réservées, dans les écoles mutuelles, aux élèves plus âgés. Comme l'école, celle du mode mutuel ou celle des Frères, la salle d'asile veut apprendre à lire, à écrire et à calculer ou, du moins, esquisser ces apprentissages. Mais si elle s'aligne, pour les deux premiers, sur le niveau inférieur des études élémentaires, en s'arrêtant par exemple à la découverte du mot, elle pousse le dernier jusqu'aux opérations et au système métrique, abordés dans les divisions supérieures des écoles. Comme les derniers degrés de la grande école, encore, elle enseigne le chant, le dessin, l'histoire naturelle, la géographie et l'histoire. Au lieu de reproduire simplement les premières étapes de la scolarité élémentaire, l'institution des jeunes enfants anticipe sur les leçons ultérieures : elle transfère en deçà de l'âge de raison des contenus abordés au milieu ou à la fin du cursus primaire.

La salle d'asile tire son originalité et son ambition de ses emprunts au modèle anglais. Dans les *Infant Schools* londoniennes, et dans leurs manuels, Gérando, Lasteyrie, Cochin ou Mme de Champlouis ont découvert, en plus de l'initiation précoce aux trois rudiments, des leçons collectives d'histoire naturelle, de géographie, d'histoire, de gymnastique et de chant, destinées à de jeunes enfants. Quel que soit son intérêt pour ces nouvelles disciplines, la *Société pour l'instruction élémentaire* n'avait pas encore envisagé leur enseignement anticipé. Le dessin linéaire, lancé en France par cette association, est sans doute la seule véritable contribution française au programme de l'école des plus petits. Le compendium illustre la diversité et l'ampleur des leçons que cette institution propose, à l'image de l'*Infant School* (illustration 22).

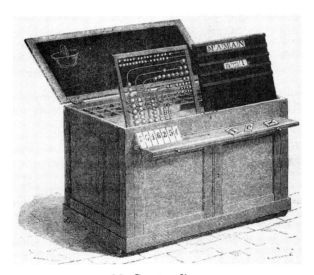

22. Compendium.

Ce meuble, dont le modèle a été fourni par Madame Pape-Carpantier, contient des lettres et des chiffres mobiles, un boulier-numérateur, des images, des collections d'histoire naturelle, des figures géométriques et, parfois, des timbres servant à guider le chant.

Pourvu, dans sa partie supérieure, d'un tableau noir, d'un boulier-compteur et de casiers de lettres et de chiffres mobiles, il renferme des modèles géométriques, les mesures du système métrique, des collections d'histoire naturelle et des images religieuses, géographiques et historiques. Certains responsables jugent ce programme démesuré. Quatre ans après la publication du règlement de 1855, ils imposent son allégement.

La tentative de réforme de 1859

Un enseignement excessif ?

Les pédagogues français ont conscience de s'adresser à des enfants très jeunes et d'âges différents. Jean-Denys Cochin demande aux maîtres de ne pas dépasser l'assemblage des mots. Ambroise Rendu fils assure que ses leçons modèles, inspirées par l'*Infant School*, ont été simplifiées et bornées, par exemple en géographie, à des «limites très étroites». Marie Pape-Carpantier sélectionne des versets de la Bible «à la portée des petits enfants»; elle utilise des exemples de lecture sans exceptions grammaticales; elle supprime les définitions, «trop compliquées», des volumes géométriques[62]. Pour adapter les activités scolaires de la salle d'asile à son public hétérogène, ses théoriciens recommandent, en plus, de séparer, au moins de temps en temps, les petits et les grands. Jean-Denys Cochin prévoit de réserver les exercices d'écriture aux enfants de cinq ans et de six ans pendant que les plus petits, maintenus sur les gradins, déchiffrent les tableaux de lecture. Mme Mallet, qui évoque l'évolution des capacités de compréhension entre trois ans et cinq ans, suggère de «proportionner» l'enseignement aux facultés en organisant parfois trois sections et en laissant les bambins de deux ans jouer sous le préau tandis que leurs aînés recevraient leurs leçons. Après l'ouverture de la salle d'asile, en 1855, aux élèves de six à sept ans, Eugène Rendu, le chef du personnel de l'enseignement primaire, et plusieurs correspondants de *L'Ami de l'Enfance* préconisent un «dédoublement des leçons» quasi permanent qui permettrait de mieux instruire les plus de cinq ans sans négliger les besoins de leurs cadets[63]. Mais si les responsables s'accordent pour limiter, parfois, les occupations des plus petits aux activités physiques et pour réserver certaines leçons aux aînés, ils divergent sur l'âge de la coupure, qu'ils situent à la fin de la troisième, de la quatrième ou de la cinquième année[64].

La plupart de ces pédagogues sont, de toute façon, convaincus de la pertinence du programme de la salle d'asile, car ils raisonnent d'abord en fonction d'une interprétation empiriste des premières connaissances enfantines qui réhabilite l'intelligence sensorielle et les formes de savoirs antérieurs à l'âge de raison. Marie Pape-Carpantier rappelle les aptitudes données par le Créateur à tous les jeunes enfants, y compris ceux des classes populaires. Dans ses deux premiers manuels, elle s'enthousiasme devant les «petites enquêtes à la sourdine» de l'esprit enfantin, qui saisit et qui retient «les notions du dehors que ses messagers, les sens, lui transmettent par un mécanisme invisible». L'incapacité des petits écoliers à montrer, par le langage, qu'ils comprennent aujourd'hui des «choses sérieuses» n'interdit pas un enseignement qui portera ses fruits plus tard. Au lieu de dire qu'ils sont «trop jeunes pour apprendre», il faut chercher le «moyen de rendre l'instruction claire, facile, agréable», affirme l'ancienne orpheline autodidacte de La Flèche, plus soucieuse que tous les autres théoriciens de la salle d'asile de contribuer, par l'instruction, à la promotion de ce peuple dont elle est issue et dont elle se sent proche[65]. Encore faut-il savoir s'adresser à des bambins turbulents et incapables de maîtriser la pensée abstraite. Les promoteurs de la salle d'asile sont convaincus d'avoir résolu ce problème grâce à une méthode originale d'enseignement. L'école des plus petits limite les exercices scolaires à dix ou à quinze minutes, en les séparant par des activités physiques, pour prévenir la lassitude de ses usagers. Elle décompose le savoir en notions élémentaires pour faciliter leurs acquisitions. Elle recourt aux leçons de choses pour solliciter leur intelligence sensorielle. Elle introduit les pantomimes et les chants pour les former en les distrayant. «L'enseignement ne doit être ici qu'une récréation continue; la joie servira de maître», résume le baron de Gérando[66]. Les vertus prêtées à ce mode d'enseignement, familier, concret et inductif, incitent les théoriciens de la petite école à repousser les bornes assignées à l'instruction des moins de six ans.

Mais la tentation existe aussi, et davantage à partir du milieu du siècle, de profiter largement de la mémoire du jeune enfant. S'ils ne négligeaient pas son utilité, les pionniers des années 1830 souhaitaient limiter son usage. Jean-Denys Cochin refusait la mémorisation des «définitions et des phrases». Amélie de Champlouis condamnait la répétition des définitions abstraites ou des récits par quelques enfants doués. En se référant à la méthode Jacotot, elle rappelait l'obligation d'enchaîner des idées «du connu à l'inconnu» et de vérifier que les bambins comprenaient tout ce qu'on leur disait. En 1849, au contraire, Mme Pape-Carpantier veut tirer un parti maximum de ce «terrain merveilleusement préparé pour recevoir toutes les semences», en particulier grâce à des résumés géographiques et scientifiques destinés à «graver dans la mémoire, par le moyen des mots, ce que l'intelligence a saisi par le moyen des applications[67]». La circulaire du 18 mai 1855 tient le même raisonnement. Après avoir rappelé la nécessité de ne pas «rendre à la mémoire seule [...], ce qu'on a voulu donner à l'intelligence», elle invite les maîtresses à utiliser le «système bien conçu [des] interrogations habilement conduites» pour faire pénétrer sans effort une «foule de notions utiles» dans l'esprit des enfants.

Tous les observateurs du milieu du siècle ne partagent pas cet optimisme. En 1845, dans le commentaire joint à la réédition du *Manuel* Cochin, Mme Mallet, qui s'est toujours méfiée de l'emploi abusif des «ingénieuses méthodes», recommande de simplifier l'enseignement des salles d'asile en abandonnant la mémorisation de «mots ou de phrases vides de sens pour les enfants», et en substituant des évolutions et des observations d'images au «véritable ennui» que constituent les leçons de lecture et d'écriture aux cercles. Le programme de 1855 suscite d'autres réticences à l'égard d'une instruction trop poussée. Au début de l'année 1858, Mme Muller, directrice d'un asile de Montpellier, propose à l'impératrice de restaurer l'œuvre dans «son esprit maternel» en supprimant la lecture des mots, la mémorisation de la table de multiplication, l'apprentissage du dessin linéaire, les exercices de géographie et l'étude des poids et des mesures. En 1859, Mme Pape-Carpantier, elle-même, conseille de réduire «les leçons théoriques au profit de l'apprentissage des mains, des marches, des mouvements». Séduite par la méthode Fröbel, qu'elle a découverte quatre ans plus tôt, la directrice du Cours pratique préconise notamment de supprimer les exercices d'écriture, de libérer les leçons de choses d'une «science de bibliothèque» et de ramener à la moitié du temps l'ensemble des leçons, religieuses et profanes, qui absorbaient les trois quarts de la classe matinale dans l'horaire indicatif qu'elle citait en annexe de son manuel de 1849[68]. Mais cette perception nuancée ou critique des ambitions de la petite école n'est pas unanime. En 1857, Paul Lorrain, membre du Comité central et président de la Commission d'examen de la Seine, se félicite, dans *L'Ami de l'Enfance*, des connaissances diffusées par certaines *Infant Schools*. Deux ans plus tard, alors que le ministère reconsidère le programme de la salle d'asile, un autre article, non signé, du même journal se borne à répéter les «sages prescriptions» de 1855[69]. En mai 1859, nous avons raconté la scène, l'impératrice Eugénie franchit le Rubicon. Publié le 5 août 1859, le quatrième – et dernier – règlement national des salles d'asile affiche deux principes directeurs opposés aux pratiques courantes : ne pas consacrer «trop de temps à un enseignement scolaire qui n'est pas toujours en rapport avec l'âge et la destination des élèves» et laisser «une place suffisante pour les activités physiques, si nécessaires au libre développement de l'enfance».

Le corps avant l'esprit

Plusieurs responsables songeaient déjà à revaloriser l'éducation physique. Les questions d'hygiène, quasiment absentes des deux premières séries de *L'Ami de l'Enfance*, sont évoquées, entre octobre 1854 et septembre 1859, dans un numéro sur trois, avec 3,5 pages en moyenne (tableau 7, p. 324). La circulaire du 15 mars 1856 du Comité central recommande aux dames patronnesses de veiller à la propreté des locaux, à l'hygiène des enfants et à la fréquence des exercices physiques, en leur rappelant la «portée morale» des soins corporels et leur «incontestable influence sur les facultés intellectuelles». Le corps du bambin était officiellement reconnu comme l'auxiliaire indispensable d'une bonne formation intellectuelle.

La même préoccupation inspire le règlement de 1859. Pour «préparer des âmes saines dans des corps robustes», il substitue une récréation aux périodes d'attente, sur les bancs ou sur les gradins, avant le début et après la fin des classes, il délimite strictement la durée des leçons, il fixe minutieusement l'alternance entre les exercices intellectuels et physiques (tableau 5). Tout n'est pas nouveau dans ce dispositif qui répète ou qui précise, parfois, des recommandations de Jean-Denys Cochin ou d'Eugénie Millet. Mais le règlement de 1859 innove lorsqu'il inscrit l'alternance des activités dans un emploi du temps impératif et détaillé. Plus originale, encore, est la place globale accordée aux exercices corporels, qui occupent un peu plus de la moitié de la classe du matin, contre un tiers, au mieux, dans le programme Cochin et un quart seulement dans celui de Mme Millet. D'après l'horaire officiel, un enfant présent à la salle d'asile entre le début et la fin des classes consacre, désormais, les trois quarts de son temps (270 minutes sur 375) à des activités physiques : mouvements, travaux manuels, repas, nettoyage et récréations, pendant lesquelles est approuvé – sans restriction explicite – le «jeu en toute liberté».

Tableau 5. Emploi du temps de la salle d'asile (arrêté du 5 août 1859)

De l'arrivée à 9 h 45	Jeu dans la cour ou sous le préau couvert, et repas du matin.
9 h 45-10 heures	Entrée en classe et installation sur les bancs latéraux.
10 h-10 h 15	Leçon de lecture (aux cercles).
10 h 15-10 h 45	Petits travaux manuels.
10 h 45-11 heures	Montée aux gradins.
11 h-11 h 15	Leçon de calcul pratique à l'aide du boulier-compteur.
11 heures -11 h 45	Enseignement religieux, puis prières ou cantiques.
11 h 45-12 heures	Descente des gradins.
12 h-12 h 30	Repas.
12 h 30-13 heures	Nettoyage de la figure et des mains par la femme de service.
13 h-14 h	Jeu dans la cour.
14 h-14 h 15	Entrée en classe et installation sur les bancs latéraux.
14 h 15-14 h 45	Petits travaux manuels.
14 h 45-15 heures	Montée aux gradins.
15 h-15 h 15	Récit édifiant.
15 h 15-15 h 30	Petites connaissances usuelles.
15 h 30-15 h 45	Chant.
15 h 45-16 heures	Descente des gradins.
16 heures et jusqu'à la fermeture	Repas, puis jeu dans la cour.

Les exigences de l'économie ne sont pas étrangères à cet intérêt porté au développement physique de la progéniture populaire bien avant que ne s'ouvre, à partir de 1865, le grand débat médical sur la mortalité infantile. La circulaire du 15 mars 1856 conseille de favoriser la dextérité des petits élèves pour les préparer « à la pratique du travail corporel [...] qui, pour la plupart, sera celui de toute leur vie » ; Mme Pape-Carpantier reprend cet argument dans son projet de réforme ; l'introduction de l'arrêté de 1859 propose de donner à la nouvelle génération « la force physique qui lui permettra de se livrer, un jour, avec le courage et l'ardeur nécessaires, aux travaux de la vie professionnelle ». A une époque où la dégradation corporelle des classes ouvrières inquiète les observateurs, la salle d'asile est invitée à contribuer à l'éducation physique préventive des milieux populaires. On n'en aurait pas moins tort de supposer que les protagonistes de la réforme de 1859 ont surtout obéi à un calcul économique. Marie Pape-Carpantier a aussi réagi à la pédagogie fröbelienne, qu'elle venait de découvrir ; l'impératrice Eugénie – sans laquelle, peut-être, rien n'aurait officiellement changé – a raisonné en mère, soucieuse de satisfaire les besoins du jeune enfant.

Le respect de la particularité d'un écolier de moins de six ans détermine aussi la réduction du programme d'instruction. L'arrêté de 1859 diminue la durée globale des leçons, fixée à 45 % de la matinée ou de la journée contre 67 % chez Jean-Denys Cochin et 75 % chez Mme Millet. Il supprime l'enseignement de l'écriture, « qui ne portait aucun fruit », les leçons de géographie, d'histoire et de dessin linéaire, et la « partie scientifique », dont on a abusé « pour faire briller en public des enfants ». Il allège le contenu des autres disciplines en limitant le calcul au « calcul pratique à l'aide du boulier-compteur », le chant, au « chant à l'unisson de cantiques ou prières », et les « petites connaissances usuelles » à des « explications très simples ». Les inspiratrices de la réforme de 1859 ne considèrent plus les procédés d'enseignement comme une panacée ; elles déplacent leur regard vers le public de l'établissement, distingué des élèves plus âgés. Pour adapter l'enseignement à l'entendement et aux besoins physiques des jeunes enfants, elles abandonnent une grande partie des leçons proposées depuis la naissance de l'institution (tableau 4, p. 215). Au modèle d'instruction scolaire, qui inspirait, malgré les mises en garde, le règlement de 1855 et même le *Manuel* Cochin, elles ont voulu substituer un modèle domestique et maternel.

La documentation publiée dans le journal quasi officiel des salles d'asile s'écarte de cette orientation en privilégiant des matières supprimées ou allégées par le nouveau règlement (tableau 7, p. 324). Jusqu'à la fin de l'Empire, *L'Ami de l'Enfance* consacre plus de pages (36,5 % entre 1859 et 1869) à l'ensemble des *Matériaux pour les leçons* qu'il ne le faisait auparavant (12 % à 22 % entre 1835 et 1859). Il accorde une place généralement supérieure à l'histoire naturelle, à la géographie, à l'histoire, au calcul, au dessin et à la lecture (tableau 8, p. 325)[70].

En réalité, la victoire institutionnelle du modèle d'instruction maternelle n'était ni totale ni définitive. Six ans après la réforme nationale imposée par l'impératrice et par les dames du Comité central, le nouveau programme des salles d'asile de la Seine, établi par le Conseil départemental et approuvé par Victor Duruy, le 26 décembre 1865, réintroduit une partie des exercices supprimés, à savoir les éléments de lecture préparatoires à la «lecture courante», l'écriture sur l'ardoise, la table de multiplication chantée et un aperçu géographique de la France et de l'Europe[71]. La circulaire du 10 mai 1869, signée par le même ministre, sur les limites de l'enseignement dispensé par les salles d'asile ne dissipe pas vraiment l'ambiguïté, puisqu'après avoir rappelé que ces établissements ne doivent pas «seulement recueillir les tout jeunes enfants afin de leur assurer les soins spéciaux que réclame leur âge», elle les invite à «les préparer à la vie de l'école par la connaissance des notions premières de lecture, d'écriture et de calcul», acquises grâce à des leçons très simples. Éliminé du discours ministériel en 1859, le modèle d'instruction scolaire continue d'inspirer plusieurs responsables, nationaux et locaux. Au cours des années 1860, les rares mises en garde publiées dans *L'Ami de l'Enfance* contre l'acquisition exagérée de connaissances[72] sont littéralement noyées dans la masse des matériaux utilisables pour des leçons.

Les écrits de Marie Pape-Carpantier, auxquels cette revue fait de nombreux emprunts, pourraient eux aussi sembler paradoxaux si l'on oubliait l'adhésion de leur auteur au projet d'instruction précoce de la progéniture populaire et sa foi dans la méthode de la leçon de choses. En 1857, une lectrice de *L'Ami de l'Enfance* lui reprochait d'employer certains mots incompréhensibles par de jeunes enfants : *transformation* de la chenille, *qualités* et *caractères* d'une fleur. Dix ans plus tard, la baronne de Champlouis, très hostile aux excès de la mémorisation, dénonce un récit sur le chien, emprunté par *L'Ami de l'Enfance* aux *Histoires et leçons explicatives,* publié en 1868 par Mme Pape-Carpantier, et qui suggère, entre autres, les questions suivantes :

> *«A quel ordre appartient le chien ? Quelle est la taille du dogue ? Qu'est-ce que les Alpes ? Qu'est-ce qu'un chalet ? Quels caractères distinguent le chien de Terre-Neuve de tous les autres chiens ? Quel est le pays qu'on appelle la Sibérie ?».*

Alerté par Gustave Pillet, le secrétaire du Comité central, Victor Duruy informe la directrice du Cours pratique que son ouvrage, où figurent «de véritables leçons de science hors de la portée d'enfants de deux à six ans», dépasse les limites fixées par le règlement. Mais le recueil incriminé est destiné, simultanément, à la salle d'asile et à l'école. Après l'avoir feuilleté lui-même, Victor Duruy juge injustifiées les plaintes dont il a été l'objet[73]. Ne refermons pas si vite un dossier qui révèle les ambiguïtés de la littérature pédagogique postérieure à la réforme de 1859. Comme bien d'autres textes publiés dans *L'Ami de l'Enfance,* le recueil, polyvalent, de Mme Pape-Carpantier ne signale pas les thèmes et les questions les mieux adaptés à l'entendement d'un enfant de moins de six ans. Or, après avoir assuré, dans sa préface, que ses récits, présentés «sous leurs formes simples» et dépourvus de «noms techniques […], répondront aux programmes des divers degrés de l'instruction primaire», l'auteur emploie, entre autres, les termes de *primate, quadrumane, douair, jungle* ou *ongle rétractile* et elle prévoit des interrogations qui exigent, si on veut les utiliser avec des jeunes enfants, un long travail préalable de mémorisation passive[74]. Influencées par l'abondance et par la précision des informations proposées, sans commentaires, les maîtresses des salles d'asile sont tentées d'élever le niveau et la durée de leurs leçons.

*　*
*

La salle d'asile veut «accomplir pour un grand nombre ce que la mère de famille fait pour ses propres enfants», assure, en 1851, le secrétaire adjoint de la Commission supérieure, Pierre Doubet[75]. Ce rapprochement avec l'éducation domestique surprend quand on considère, au-delà des principes, le fonctionne-ment réglementaire de l'établissement. L'architecture de l'école enfantine assigne à chaque usager sa place et son rang; l'emploi du temps lui impose ses activités; le mécanisme disciplinaire lui dicte ses déplacements. Comment une institution chargée de transformer en élèves dociles des gamins agités et joueurs pourrait-elle recréer l'atmosphère de la famille? Elle utilise plutôt la domination par la manipulation des corps que Michel Foucault a repérée dans les prisons, les manu-factures et les établissements scolaires[76]. Ce premier constat est à la fois exact et incomplet, car le projet pédagogique de la salle d'asile est plus diversifié que le laissent supposer les évocations rituelles de sa vocation maternelle ou de sa fonc-tion disciplinaire. «L'instruction enfantine ne doit être semblable ni à celle qu'on reçoit dans les écoles, ni à celle qu'on trouve dans les livres; et elle ne peut être, dans une nombreuse réunion d'enfants, exactement ce qu'elle est au foyer isolé de la famille», déclare, en 1849, la directrice de la récente école normale, plus réa-liste que le secrétaire adjoint de la Commission supérieure déjà cité[77]. L'expérience professionnelle de Marie Pape-Carpantier, sa foi chrétienne teintée de rousseauisme et sa sensibilité de mère lui ont permis de combiner, mieux que ne l'ont fait les autres théoriciens, les deux prototypes, maternel et scolaire, dont l'institution des jeunes enfants prétend s'inspirer.

L'historien qui veut comprendre la méthode de la salle d'asile doit oublier – au moins momentanément – les critiques percutantes d'une Pauline Kergomard et le réquisitoire rebattu des pédagogues du XXe siècle. Sans chercher à réhabiliter la première école enfantine officielle, il peut alors entrevoir les efforts de ses promoteurs pour l'adapter à son très jeune public. Le rassemblement de plusieurs dizaines de bambins sous la surveillance d'un personnel réduit exigeait une discipline collective. Mais les théoriciens de la salle d'asile, et plus particulièrement les femmes, guidées par leur expérience des relations affectives et physiques avec le jeune enfant, ont ajouté aux pratiques coercitives des échanges affectueux entre l'adulte éducateur et ses petits élèves. L'établissement dont rêvent Mme de Champlouis, Mme Mallet, Mme Marès et, davantage encore, Mme Pape-Carpantier, ne résonne pas seulement du bruit du claquoir et des pas cadencés. Dans les intervalles du cérémonial disciplinaire et pendant les récréations, il met en scène des gestes tendres, des entretiens familiers, des jeux libres avec des jouets. La volonté de s'adapter à un très jeune usager se retrouve dans le système pédagogique. La salle d'asile propose une surveillance médicale, des soins d'hygiène et un enseignement concret, intuitif et distrayant, inspiré par les causeries maternelles. Critiqués – à juste titre – pour leur inconfort et pour leur fonction disciplinaire, les gradins n'en sont pas moins l'instrument d'une instruction collective qui innove en proposant des commentaires d'images et des leçons de choses. La méthode de la salle d'asile se sépare encore de celle de l'école primaire traditionnelle par la place réservée à l'activité physique, l'extension des matières enseignées, l'utilisation de l'ardoise et du boulier-compteur, et la combinaison du chant, de l'apprentissage intellectuel et du geste. Ces principes et ces choix sont ceux de la «rénovation pédagogique[78]» que des théoriciens et, à partir du milieu du siècle, des administrateurs – parmi lesquels figurent Eugène Rendu, Jean-Jacques Rapet et Marie Pape-Carpantier – préconisent pour améliorer l'efficacité d'un enseignement primaire dont l'infrastructure est déjà bien avancée. Libérée de l'emprise du livre et du souci de la division des classes ou du plan d'études, l'institution des jeunes enfants offrait un terrain propice à l'innovation. Ses responsables, et les ministres eux-mêmes, citent en exemple à l'école primaire les procédés expérimentés et adoptés dans ce «berceau» de la rénovation[79].

Il faut maintenant refermer les règlements et partir à la découverte des établissements. L'enquête portera d'abord sur les attentes et les pratiques des parents, qui disposent, à côté des institutions officielles et spécialisée que sont les salles d'asile, d'autres lieux de garde éducative des jeunes enfants.

– VIII –

La garde éducative
des jeunes enfants

Les usages de la salle d'asile

Des petits et des grands, des filles et des garçons

	Ages réglementaires		
	Fréquentation de la salle d'asile		Admission école
	Minimum	Maximum	
arrêté du 28 octobre 1829	2	7	
circulaire du 4 juillet 1833	2	6 ou 7	
statut du 25 avril 1834			6
statut du 9 avril 1836	2	6	
statut du 14 mars 1842			6
projet de loi du 15 décembre 1848	2	7	
règlement du 17 août 1851			6
décret du 21 mars 1855	2	7	
décret du 2 août 1881	2	7	
loi du 28 mars 1882			6
décret du 18 janvier 1887	2	6	6

Cette récapitulation reproduit les indications des textes officiels, qui mentionnent les années d'âge accomplies. Il faut donc comprendre deux ans, cinq ans ou six ans révolus, c'est-à-dire à partir du début de la troisième année ou jusqu'à la fin de la sixième ou de la septième année. Au fil des instructions, l'âge maximum de fréquentation des salles d'asile varie légèrement. Sept ans, c'est l'âge de discrétion admis par les Églises catholique et protestante ; six ans, l'âge d'apprentissage de la lecture recommandé par certains pédagogues des Lumières et celui de la scolarisation retenu dans les projets révolutionnaires. En proposant de retarder d'un an la fin du séjour à la salle d'asile, la commission parlementaire de 1848 veut lui procurer des moniteurs plus capables. Lorsqu'il adopte cette mesure, en 1855, le ministère de l'Instruction publique cherche aussi à débarrasser de leurs plus jeunes élèves les classes primaires surchargées des grandes cités. Dans un premier temps, les réformateurs de la Troisième République conservent la limite de sept ans, que certains considèrent comme le meilleur point de départ de l'instruction primaire obligatoire, mais, après le vote de la loi de 1882, qui fixe

LA GARDE ÉDUCATIVE DES JEUNES ENFANTS**227

cette étape à six ans, la cohérence du dispositif exige d'abaisser d'un an l'âge maximum de présence dans les institutions de jeunes enfants. Ces fluctuations ne sont pas surprenantes : les rites de passage vers les responsabilités, morales, scolaires et professionnelles, de l'âge de raison ne s'échelonnent-ils pas entre cinq ans et sept ans ? Les médecins du XIXe siècle qui distinguent une « seconde enfance », au-delà de deux ans, hésitent eux-mêmes sur son terminus ad quem, que certains fixent à six ans et d'autres à sept ans.

A quel âge les jeunes enfants fréquentent-ils réellement les salles d'asile ? Faute de pouvoir raisonner sur des statistiques nationales, nous répondrons à cette question en considérant la clientèle – surtout sous le Second Empire – de quelques établissements privilégiés par la documentation (graphique 1). A Saintes, à Douai et à Orchies, la grosse majorité des admissions, du moins pour les garçons, se produit au cours de la troisième année ou au tout début de la quatrième (54 % des 854 présents dans les trois asiles congréganistes de Douai, en 1868, ont moins de quatre ans). A Saint-Nicolas, à Douai, près de la moitié des nouveaux inscrits arrivent avant deux ans et demi ; à Orchies, une commune agricole et industrielle du Nord, où le travail des mères confère un caractère d'urgence à la garde des marmots, plus du quart sont enregistrés avant l'âge de deux ans[1]. Les moins de quatre ans – les « petits », comme les appellent les inspectrices – peuvent représenter au moins la moitié de l'effectif total. En revanche, lorsque les capacités d'accueil sont trop restreintes, l'âge minimum d'entrée est relevé : à Colmar, en 1856, l'unique salle d'asile, trop petite pour satisfaire toutes les demandes, ne reçoit pas les enfants de deux ans et de trois ans[2].

Graphique 1. Age d'inscription dans quelques salles d'asile (1847-1873)

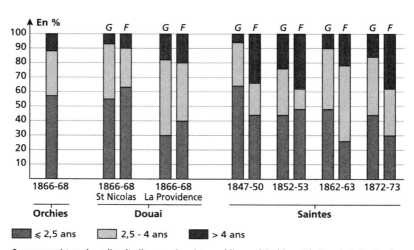

Source : registres des salles d'asile congréganistes publiques d'Orchies et de Douai, A. D., Nord, 1 T 116-12 : registres de l'école maternelle É. Quinet, de Saintes, A. D., Charente-Maritime, 1 T 710*.

L'âge de sortie dépend, entre autres, de la présence éventuelle d'une école pressée d'accueillir les plus grands élèves de la salle d'asile. A Saintes, jusqu'à la fin du Second Empire, la plupart des enfants (77 % à 90 %) ne sortent pas avant la fin de leur sixième année. Responsables de la salle d'asile et de l'école publique des filles, les sœurs de la Sagesse sont bien placées pour faire respecter l'âge réglementaire de la scolarisation par leurs petites élèves : en 1864, elles reçoivent seulement une fillette de moins de sept ans dans leur école, et, en 1881-1882, aucune. Ont-elles passé un accord avec les Frères des écoles chrétiennes : la clientèle masculine n'abandonne pas davantage la salle d'asile avant la fin de la sixième année. Sous la Troisième République, l'âge de sortie s'abaisse, surtout pour les garçons dont plus de la moitié quittent la salle d'asile au cours de leur cinquième ou de leur sixième année. La concurrence est bien le fait des trois écoles laïques publiques, où plus de quarante enfants de moins de six ans sont inscrits en 1881-1882, et non de l'école des Frères, qui enregistre seulement huit élèves du même âge. Certains parents, républicains ou protestants, obligés, faute d'alternative, d'utiliser les salles d'asile congréganistes, se sont sans doute empressés d'inscrire leurs jeunes garçons dans une école laïque dès qu'ils en ont eu la possibilité. La situation antérieure de la salle d'asile de Saintes était, de toute façon, assez privilégiée, car, le plus souvent, la grande école dispute à la petite ses élèves les plus âgés. Pour se « venger », expliquent les inspectrices, les directrices essaient de garder des enfants, essentiellement des filles, de huit ans, neuf ans et même dix ans. En 1876-1877 et en 1881-1882, les petites écoles enregistrent 64 000 et 85 000 élèves de plus de six ans révolus, qui représentent 13 % du total de leurs inscriptions[3]. Conformément au vœu des fondateurs, ce mélange des âges se double d'un mélange des sexes.

Que découvre la déléguée générale Henriette Doubet en se rapprochant discrètement d'un attroupement dans la cour de récréation de l'asile public d'Alès en 1864 ? Un garçon de cinq ans, qui se livre, au milieu de plusieurs camarades, à « des actes d'indécence révoltante qui prouvaient quelles habitudes se prenaient ou se continuaient dans ce lieu ». Elle se précipite aussitôt vers la directrice laïque, elle lui relate la scène, et elle découvre, avec consternation, que cette femme « [prend] la chose avec le plus grand sang-froid ». Deux regards s'opposent ici : celui d'une représentante de la bourgeoisie universitaire catholique, mère d'une petite fille, et celui d'une maîtresse d'extraction modeste, déjà familiarisée avec la sexualité du jeune enfant par la promiscuité des logements populaires et par sa profession. Les responsables féminins ne sont pas les seuls à s'alarmer devant les incidents ou les situations à risques. Au milieu du Second Empire, et après avoir constaté que sa petite-fille rentre de l'école en pleurant lorsque les très jeunes garçons lui montrent « leur nudité », le maire de Busigny, dans le Nord, interdit à l'institutrice communale de recevoir les jeunes élèves de sexe masculin[4]. Ces témoins appartiennent à des milieux bourgeois, où la sexualité demeure un sujet tabou, même entre mères et futures mariées. Comment n'auraient-ils pas été choqués par des gestes que la pensée médicale et psychanalytique du XXᵉ siècle nous a progressivement appris à dédramatiser ?

L'identification du jeune enfant comme un être sexué étend à la salle d'asile la dénonciation de la mixité, jugée dangereuse pour la moralité. Les congrégations les plus strictes ne reçoivent qu'un seul sexe et, de préférence, les fillettes, dont les sœurs, expliquent les inspecteurs, aiment mieux s'occuper. Conforme à l'attente de certains parents, cette pratique sert d'argument publicitaire. A Montmorency, au milieu du siècle, les sœurs de la Sagesse réussissent à enlever une partie de ses élèves à l'asile public mixte, tenu par une autre congrégation, grâce à une habile propagande en faveur des avantages de l'éducation séparée. Les préférences des sœurs et le rattachement de nombreuses salles d'asile à des écoles congréganistes de filles déterminent, au niveau national, la supériorité numérique des fillettes dans les salles religieuses, surtout lorsqu'elles sont privées, et leur sous-représentation dans les salles laïques. Le refus effectif de la mixité reste cependant minoritaire. A l'image des Filles de Charité, qui décident, au milieu du siècle, d'accueillir le sexe masculin jusqu'à l'âge de quatorze ans[5], de nombreuses congrégations reçoivent ensemble les filles et les garçons, au besoin en installant une cloison sur les gradins, entre les deux séries de bancs (illustration 15, p. 189) et sous le préau pour empêcher toute communication. Plusieurs communes auraient, de toute façon, refusé d'entretenir deux établissements. Les concessions des religieuses et les contraintes financières garantissent à l'institution une clientèle masculine importante (260 000 inscrits en 1876-1877), mais légèrement inférieure, au niveau national, à la population féminine (278 000 inscrites), pourtant moins nombreuse parmi les usagers potentiels (tableau A, p. 469). Cette quasi-égalité dans la représentation des deux sexes (17,5 % de filles de deux ans à six ans inscrites en 1876-1877 et 16,8 % de garçons) masque des usages différents selon le sexe qui éclairent la supériorité féminine dans l'effectif total.

A Saintes (graphique 1), l'âge d'admission est toujours plus élevé pour les filles que pour les garçons : 37 % de l'ensemble des inscrites aux quatre dates retenues arrivent après 4 ans et 20 %, après 5 ans, contre 13 % et 5 % des garçons. Lorsqu'elles ont le choix, les mères répugnent à se séparer très tôt de leurs fillettes, jugées moins embarrassantes que leurs petits frères, et surtout pour les envoyer dans un établissement mixte. Inscrites plus tardivement, les filles sont aussi moins assidues. Dans les quatre salles d'asile de Reims, à toutes les saisons de l'année scolaire 1868-1869, mais plus particulièrement pendant la mauvaise, les taux de fréquentation féminin (soit les rapports des présences aux inscriptions) sont toujours inférieurs aux taux masculins. Une fois encore, c'est la plus grande sollicitude des mères pour leurs fillettes qui fournit la clé de cette distorsion. Si elles n'hésitent pas à envoyer leurs petits garçons malades, elles gardent leurs petites filles «pour la moindre indisposition», notaient déjà les inspectrices parisiennes sous la monarchie de Juillet[6]. L'admission féminine tardive s'accompagne, enfin, d'une sortie souvent retardée. A Saintes, les fillettes sont proportionnellement plus nombreuses à rester dans l'asile jusqu'à leur septième année. Au niveau national, en 1876-1877, 35 000 filles et 29 000 garçons demeurent dans les petites écoles au-delà de six ans[7]. Plusieurs raisons déterminent cet excédent féminin dans la fréquentation tardive de la salle d'asile : la priorité donnée par les parents à l'instruction des garçons, leur refus d'envoyer trop tôt une fillette dans une école mixte et le souci des directrices de conserver quelques gamines pour s'occuper des très jeunes enfants.

La plupart des nombres d'inscrits utilisés jusqu'à présent correspondent théoriquement à l'ensemble des noms consignés sur le registre matricule, pendant l'année civile à partir de 1860, puis pendant l'année scolaire à partir de 1876-1877. Aux élèves déjà admis l'année précédente, et reportés à la date du premier janvier ou à celle du premier jour de la rentrée d'automne, sont ajoutés, au fur et à mesure de leur arrivée, tous les nouveaux inscrits pendant la période de référence, au cours de laquelle l'établissement perd, simultanément, une partie de sa population. En 1868, le registre, déjà cité, de l'asile de garçons de la Providence, à Douai, mentionne 260 admissions – dont 182 notées dès le 1er janvier et 78, à des dates ultérieures – et 46 sorties. Les vagues successives ou simultanées d'inscriptions et de départs posent le problème de la fréquentation effective de l'institution.

Une fréquentation aléatoire
Un recours temporaire ou durable à la salle d'asile

Dans tous les établissements de l'échantillon, des enfants arrivent chaque mois de l'année. Ces fluctuations dépendent de l'influence des dames patronnesses et, bien sûr, des activités professionnelles et des motivations des parents. Là où les femmes mariées travaillent, le deuxième anniversaire de l'enfant peut donner le signal du recours à la salle d'asile. A Orchies, une petite ville pourvue de plusieurs fabriques, 60 % des arrivants, en 1868, sont admis entre leur vingt et unième et leur vingt-neuvième mois. Les sorties, dont plusieurs découlent d'événements fortuits, sont, elles aussi, dispersées tout au long de l'année. En 1868, les soixante-douze départs identifiés dans les salles de Douai résultent d'un déménagement familial ou, souvent pour la même cause, d'un transfert dans une autre salle (60 % des cas), d'un renvoi pour fréquentation irrégulière (20 %) et de la maladie ou du décès de l'enfant (20 %).

L'éparpillement des admissions et des sorties s'accompagne d'une concentration saisonnière, au printemps, à la fin de l'été et au début de l'automne, qui ne peut pas être imputée au mode de fabrication des données. Selon le contexte économique local, deux principaux facteurs déterminent cette périodisation : les travaux agricoles et le calendrier de la scolarisation. Considérons l'usage de la salle d'asile à Orchies et à Marchiennes, deux communes de l'arrondissement de Douai, qui cultivent des céréales, des betteraves à sucre et des légumes (graphique 2)[8]. Dès le mois d'avril, les familles se mobilisent pour nettoyer les champs. Le mois suivant, elles récoltent les asperges et elles commencent à « démarier », selon le terme consacré, les betteraves et les chicorées. Retirés de l'école, les plus grands des enfants participent à ces travaux ou ils conduisent les bêtes aux prés. Les plus petits, en revanche, sont inutilisables. Bien avant les débuts de la fenaison ou de l'arrachage du lin, à partir du mois de juin, ils posent un problème que la salle d'asile permet en partie de résoudre : dès le mois d'avril et souvent pendant le mois suivant, les inscriptions triplent ou quadruplent par rapport aux mois précédents. La moisson et le glanage, qui requièrent une fois encore tous les bras valides, peuvent déclencher de nouvelles vagues d'admission : à Marchiennes, 85 % des nouveaux inscrits pendant les pointes de juillet 1868 ou de juillet 1871 appartiennent à des familles de paysans. Un dernier afflux peut se produire en septembre et en octobre, à l'époque de la récolte du regain, des betteraves et des chicorées. Ensuite, la mauvaise saison ramène au logis les bestiaux et les gens. Les plus grands des enfants retournent à l'école ; les plus petits restent au foyer sous la surveillance des adultes. Dans ces deux communes, la salle d'asile enregistre peu de nouvelles inscriptions pendant les mois d'hiver.

Graphique 2. Inscriptions mensuelles dans les salles d'asile d'Orchies et de Marchiennes entre 1867 et 1871

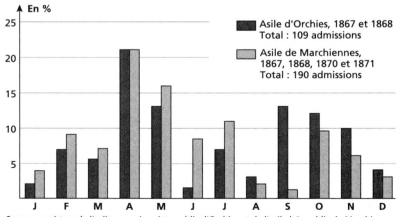

Source : registres de l'asile congréganiste public d'Orchies et de l'asile laïc public de Marchiennes, A. D. , Nord, 1 T 116-12.

Aussi importantes soient-elles, les contraintes professionnelles des mères n'expliquent pas tout. Avril, c'est aussi le moment où l'amélioration du temps permet aux parents d'envoyer leurs jeunes enfants à la salle d'asile ou à l'école, sans craindre de les exposer aux intempéries. Après la fête de Pâques, les écoles primaires ont d'ailleurs l'habitude d'accueillir de nouveaux élèves qui remplacent, à la campagne, les plus grands, employés dans les champs. La seconde rentrée – la principale – se produit après les vacances, fixées, dans les écoles comme dans certaines salles d'asile, entre la mi-août et la fin octobre. Pour les usagers de la salle d'asile en âge d'accéder à la grande école, ces deux rentrées scolaires constituent des échéances dont les maîtresses profitent pour inscrire de préférence les nouveaux élèves. Dans toutes les communes considérées, les salles d'asile enregistrent en avril, puis entre août et octobre, des vagues simultanées de sorties et d'admissions ; et ces sorties, sept à neuf fois sur dix, concernent des enfants âgés au moins de cinq ans et susceptibles d'entrer à l'école.

La comparaison des flux d'entrées et de sorties renseigne sur la durée du recours à la salle d'asile. A Saintes, où les sœurs de la Sagesse réussissent, sous le Second Empire, à faire respecter l'âge réglementaire d'admission à l'école, 50 % au moins des admis à la salle d'asile à deux ans restent inscrits pendant quatre années, et 50 % au moins des admis à trois ans, pendant trois années. On retrouve une situation voisine à Marchiennes et à Orchies, où, le 31 mai 1868, la moitié environ des inscrits (à l'exception des enfants arrivés depuis le début de l'année) sont enregistrés depuis plus de deux ans, et 30 % environ depuis plus de trois ans. Dans des établissements parisiens qui accueillent surtout, faute de place, des enfants de plus de quatre ans, l'ampleur des sorties annuelles dénote, au contraire, le caractère fugace des inscriptions. Au cours de l'année 1844, l'asile de la Halle aux draps, dans le premier arrondissement, enregistre 1 102 entrées et 592 départs, dont une proportion inconnue concerne des enfants accueillis seulement depuis le premier janvier. Quelles sont les raisons de ces sorties répétées ? Un décès de l'élève (5 % des cas), l'admission dans la grande école (24 %), le départ des parents (12 %) et, six fois sur dix, des « causes inconnues », qui signifient souvent, dans ce quartier misérable, un déménagement à la cloche de bois[9].

Ces exemples révèlent deux modes d'utilisation de la salle d'asile : un usage éphémère, constaté aussi à la crèche[10], qui résulte des aléas de la situation économique familiale ou de la faible motivation des parents, et un recours durable, qui découle du besoin des usagers et des efforts des maîtresses pour organiser, en amont de l'école primaire, un véritable processus de préscolarisation. Les statistiques des inscriptions restent cependant insuffisantes, car, à toutes les époques, les observateurs dénoncent l'irrégularité de la fréquentation.

Des présences discontinues

Les nombres de présents dans les institutions officielles de jeunes enfants sont inconnus avant la première enquête nationale à jour fixe organisée, dans les écoles maternelles, en 1886-1887[11].

	Inscrits	Présents	Taux de présence
4 décembre 1886	382 168	305 215	79,9 %
4 juin 1887	410 800	338 280	82,3 %

L'effectif réel des établissements préélémentaires représente alors les quatre cinquièmes du nombre des inscrits à la même époque et une proportion beaucoup plus faible, mais sans réelle signification, du total annuel des inscriptions (518 824 en 1886-1887), abusivement gonflé – nous en reparlerons – par le cumul des admissions enregistrées tout au long d'une année scolaire.

Au niveau des établissements, l'assiduité varie selon les époques et selon les lieux. Entrons, le 8 juin 1847, vers 16 heures, dans la salle d'asile Saint-Rémi, ouverte à Reims, vingt ans plus tôt, dans l'un des principaux quartiers ouvriers. Son registre affiche un total de 407 noms et, une fois retranchés les 48 enfants sortis de l'établissement, un effectif, encore impressionnant, de 359 usagers potentiels. Or, 239 élèves seulement sont venus à l'asile dans la matinée et 256 sont présents l'après-midi, soit environ 70 % du nombre des inscrits. D'après la dame inspectrice, plusieurs raisons expliquent cette déperdition habituelle : la maladie, les exclusions momentanées pour malpropreté, le chômage des mères, qui gardent alors leur progéniture, et l'indigence de certaines familles, qui transforme, épisodiquement, les jeunes enfants en mendiants[12].

Le mauvais temps perturbe lui aussi la fréquentation de la salle d'asile. A Saint-Rémi, entre décembre 1846 et mars 1848, et dans un contexte de hausse progressive des présences, les maxima se situent en juillet et en août 1847, et les deux minima, en janvier et en février 1847 et 1848[13]. Le froid et la pluie, qui favorisent les épidémies infantiles, incitent les mères à refuser de laisser sortir les très jeunes enfants, surtout lorsque la salle d'asile est éloignée du foyer. La comparaison systématique des présences et des inscriptions dans trois établissements de Reims, en 1868 et en 1869, précise cette première observation (graphique 3). Situés à leur niveau inférieur au milieu de l'automne, peut-être à cause du récent départ des plus grands enfants vers l'école, les nombres d'inscrits augmentent surtout dès la fin de l'hiver pour atteindre leur maximum au début de l'été (l'effectif total des inscrits le 1er juillet 1869 dépasse de plus de 27 % celui du 1er novembre 1868). En revanche, les taux de fréquentation, calculés en rapportant les nombres de présents à ceux des inscrits, sont au maximum en novembre ou en janvier (87 %, 75 % ou 69 % selon l'établissement) ; ils baissent de plusieurs points à la fin de l'hiver, en mars (77 %, 67 % et 61 %), puis ils remontent parfois légèrement en juillet (80 %, 67 % et 63,5 %), mais sans jamais atteindre le niveau de la mauvaise saison[14]. Faute de connaître les flux d'entrées et de sorties, et les âges des inscrits et des présents, on peut seulement repérer deux attitudes chez les usagers. Si la belle saison remplit, plus que toutes les autres, les registres et les bancs, en particulier avec les plus petits des enfants, elle s'accompagne d'un absentéisme supérieur à celui de l'automne et à celui de l'hiver, sans doute parce qu'une partie des familles qui inscrivent leur progéniture au début des beaux jours n'éprouvent pas le besoin ou le désir d'utiliser systématiquement la salle d'asile. Pendant la mauvaise saison, au contraire, les usagers sont moins nombreux, mais relativement plus assidus, sauf en cas de fortes intempéries ou d'épidémies, car ils appartiennent à des familles qui ne peuvent pas se passer des services de l'institution. Des témoignages extérieurs à Reims éclairent ce comportement. Dès la monarchie de Juillet, les dames inspectrices remarquent, dans plusieurs villes, l'absence de nombreux enfants pauvres pendant les mois qui suivent chaque distribution de vêtements. A Rouen, en 1855, le conseil municipal constate que les parents, «des ouvriers et des petits marchands, dont la position est très peu aisée [...], envoient leurs enfants principalement l'hiver pour leur procurer des avantages qu'ils ne pourraient leur donner chez eux et les faire participer aux distributions de chaussures, sabots et vêtements[15]». La bonne fréquentation hivernale de la salle d'asile n'est pas aberrante : elle s'inscrit dans une logique d'assistance dont les usagers s'efforcent de tirer un profit maximum.

Graphique 3. Inscrits et présents dans les salles d'asile de Reims (1868-1869)

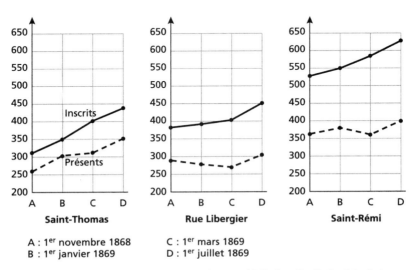

A : 1er novembre 1868   C : 1er mars 1869
B : 1er janvier 1869   D : 1er juillet 1869

Source : M. Midoc, *Rapport sur la situation morale et matérielle des salles d'asile et des écoles primaires*, Reims, Lagarde, 1869, pp. 6-9.

Ces exemples de fréquentation urbaine et rurale permettent d'esquisser les deux modèles d'utilisation de la salle d'asile entre lesquels se distribuent les diverses situations possibles. Dans les grandes villes, cette institution, souvent assez proche de ses utilisateurs, est fréquemment un lieu de distribution charitable. Ses usagers potentiels hésitent moins à inscrire leurs enfants pendant la mauvaise saison et à les envoyer le plus souvent possible. Mais aux beaux jours, lorsque la rue redevient accueillante, la petite école perd de son intérêt : la croissance éventuelle des inscriptions masque alors une plus faible assiduité. A la campagne, en revanche, l'usage typique de la salle d'asile est inversé. A partir du printemps, la fin du mauvais temps et l'absence quotidienne des parents entassent les jeunes enfants dans leur petite école ; à la fin de l'automne et pendant la mauvaise saison, les disponibilités de la famille les ramènent au foyer. Au niveau des effectifs nationaux, l'influence des intempéries et la diffusion des établissements dans des communes partiellement ou totalement engagées dans des activités agricoles majorent la préscolarisation estivale. En 1886-1887, les nombres d'inscrits et de présents le 4 juin 1887 dépassent respectivement de 7,5 % et de 11,4 % ceux du 4 décembre précédent (voir *supra*). Globalement, le rythme de fréquentation de la salle d'asile est donc le contraire de celui de l'école, que les plus âgés de ses élèves désertent traditionnellement, du moins à la campagne, dès les travaux agricoles du printemps.

La fréquentation de la salle d'asile varie aussi au cours de la semaine et même pendant la journée. La petite école est souvent à moitié vide le lundi et le jeudi, assure une inspectrice générale au début de la Troisième République. Trente ans plus tôt, l'absentéisme du premier jour de la semaine était déjà net à la salle d'asile Saint-Rémi, de Reims, où, en 1847, les effectifs des présents les lundis matins et les lundis après-midi sont, en moyenne, respectivement inférieurs de 13 % et de 10 % à ceux des autres demi-journées. En revanche, pendant les autres jours, le jeudi compris, la fréquentation varie peu et elle n'enregistre pas de chute systématique sauf les lendemains des fêtes : le 2 janvier, le jeudi de l'Ascension, le 2 novembre et le 26 décembre[16]. La seule autre variation notable du public se produit, à Reims, en cours de journée : quelle que soit l'époque, les présences matinales sont toujours inférieures – de 8 % en moyenne sur toute l'année – à celles de l'après-midi.

Les contraintes professionnelles des familles n'expliquent pas tout. Si certaines mères, indisponibles à l'heure d'ouverture de la salle d'asile, profitent de la coupure de midi pour y conduire leur progéniture, d'autres femmes veulent épargner au bambin un départ trop matinal ou un trop long séjour dans une école. Le jeudi, jour de fermeture scolaire selon le règlement de 1834, des parents préfèrent garder leurs jeunes enfants à la maison ou dans les environs sous la surveillance des aînés, momentanément disponibles. L'inapplication du règlement national dans certaines écoles de Reims contribue, en revanche, à la bonne fréquentation de l'asile Saint-Rémi les jeudis. La sollicitude à l'égard du bambin détermine d'autres absences. «L'entrée à la salle d'asile était douloureuse», se souvient la fille d'une dame patronnesse de Douai, «la rue des Foulons était troublée, deux fois par jour, par les pleurs des pauvres petits, affolés de sentir qu'ils allaient être séparés de leur mère[17]». Des parents et, en premier lieu, des mères, ne restent pas toujours insensibles à l'émotion des marmots arrachés à la rassurante intimité de la famille et du quartier? «Ils gardent leurs enfants à la maison pour le plus léger prétexte», déplore Mme Doubet, en 1847[18]. Certains les retirent, en plus, à midi, pour ne pas les laisser manger avec des indigents, pour leur fournir des aliments chauds ou, tout simplement, pour profiter d'eux pendant le repas. En 1857, Mme René-Caillé avoue son impuissance à faire fonctionner les salles d'asile du Haut-Rhin toute la journée, puisque «les parents veulent avoir tous leurs enfants réunis pour le repas de midi». D'autres mères, qui disposent d'une certaine liberté de mouvement, viennent faire manger leur progéniture dans l'établissement. Des parents heureux de revoir leur bambin à midi goûtent encore plus les retrouvailles du dimanche ou du lundi, s'ils chôment seulement le premier jour de la semaine, et celles des jours de fêtes. Lorsque le lendemain matin donne le signal d'un nouvel éloignement, certaines mères sont tentées de repousser l'échéance, surtout si l'enfant présente une légère indisposition, révélatrice de son propre refus de la séparation. «La faiblesse des parents [les] pousse à garder encore leurs enfants près d'eux ou à les laisser courir dans les rues», note une déléguée, en 1872, en constatant le médiocre effectif de la salle d'asile de Jonzac après un jour férié[19]. Le recours à cette institution ne doit donc pas être interprété comme une preuve d'indifférence à l'endroit du petit personnage embarrassant que l'on y dépose. Il n'exclut pas les regrets ni les aménagements.

Tout est prévu, en théorie, pour que des parents laborieux trouvent à la salle d'asile le service dont ils ont besoin. Les règlements ministériels imposent l'ouverture quotidienne de l'établissement, sauf les dimanches et les jours fériés, et ils conseillent, «dans les cas d'urgence», de recevoir les enfants avant et après les horaires officiels, fixés, en 1855, de 7 heures à 19 heures entre le 1er mars et le 1er novembre, et de 8 heures à 19 heures le reste de l'année. Dans la réalité, tout dépend des académies, des départements et des établissements, qui adoptent, en matière de congés et d'horaires, des formules diverses et totalement opposées, parfois, aux prescriptions officielles et aux attentes des usagers.

Un fonctionnement inadapté aux besoins des parents?

L'ouverture permanente de la salle d'asile empêche les maîtresses de se reposer et, dans le cas des religieuses, de participer à la vie spirituelle de leur communauté. Des compromis sont possibles dans les grandes villes et dans certaines salles congréganistes, où le personnel est suffisant. A Paris, les directrices et leurs adjointes prennent leurs vacances à tour de rôle ; ailleurs, des religieuses acceptent d'échelonner leurs retraites. Mais, lorsque les responsables ne veulent pas faire cet effort ou lorsque l'absence d'adjointes – dans un établissement public sur deux en 1881 – ne leur laissent pas le choix, ils imitent la grande école et ils ferment l'établissement. Dès 1834, *L'Ami de l'Enfance* dénonce vivement la pratique, fréquente, du congé annuel. Les reproches des déléguées n'ont pas plus d'effets. En 1864, d'après une enquête ministérielle, la quasi-totalité des salles de la moitié des quarante-six départements concernés ferment tout l'été. En 1865, Marie Dosquet, inspectrice de l'académie de Bordeaux, recense seulement 15 % d'établissements ouverts toute l'année. Et cette formule ne résout pas tous les problèmes, car certaines salles empruntent aussi aux écoles primaires l'habitude, réglementaire depuis 1834, de vaquer le jeudi. Dans certains établissements, un service de garde minimum limite la gêne imposée aux usagers ; ailleurs, comme dans 71 % des salles d'asile de l'académie de Bordeaux en 1865, le bâtiment est fermé, et le personnel, absent. Et pourtant, commente l'inspectrice, désabusée, de l'académie de Douai en 1875, «les fabriques, pas plus que les parents, ne chôment tous les jeudis de l'année[20]».

Les mères laborieuses peuvent-elles, au moins, se reposer entièrement pendant les autres jours de la semaine sur l'institution officielle des jeunes enfants ? Pas vraiment, car l'influence de la grande école s'est étendue aux horaires de certaines salles d'asile qui renvoient, à onze heures, les enfants manger chez eux, puis qui les accueillent seulement de treize heures à seize heures ou, au mieux, à dix-sept heures. Les familles ouvrières d'Armentières, qui sont logées dans des faubourgs éloignés, se plaignent, note la déléguée de Douai en 1875, «mais timidement, parce que les sœurs dirigent également les écoles et distribuent les secours». Les protestations des déléguées générales n'ont pas toujours plus d'effets. Au début de la Troisième République, encore, l'inspectrice de l'académie de Paris regrette que «les jeunes asiliens, renvoyés à quatre heures, comme les écoliers, restent dans les rues et apprennent d'eux à crier et à faire du tapage[21]».

En fait, les usagers de la salle d'asile n'ont pas tous la même demande. Une ouvrière de fabrique ou, pendant les travaux de l'été, une paysanne partent tôt et rentrent tard. Si elles sont privées de l'aide d'une parente ou d'une voisine, elles souhaiteront une ouverture très matinale et une fermeture tardive. En revanche, les employées à domicile et les travailleuses indépendantes des services disposent d'une relative liberté. Elles peuvent garder leur bambin quelque temps et le conduire à sa petite école après son réveil ou après le déjeuner. Cette diversité des besoins disperse l'arrivée des enfants tout au long de la journée. Mais que faire ? Une heure d'accueil limite, Jean-Denys Cochin l'avait bien compris, écar-

terait tous les parents indisponibles. Pour s'adapter aux contraintes professionnelles de leur clientèle, certains établissements, installés dans des villes manufacturières, organisent un système de garde très matinal – dès 5 heures du matin
pour les enfants des ouvrières de tabac à Lyon – sous la surveillance d'une
sous-directrice ou de la femme de service. A la campagne, les urgences saisonnières de l'agriculture imposent, en plus, des fermetures très tardives. A Guignes,
un petit village de Seine-et-Marne, la sœur garde les bambins de six heures du
matin à la fin de la journée ; elle distribue la soupe à midi et, pendant les travaux
de l'été, le soir. A leur retour des champs, les parents n'ont plus qu'à coucher l'enfant[22]. A l'opposé, là où les salles d'asile adoptent le calendrier et les horaires de
l'école, les mères laborieuses recherchent un meilleur service dans le système de
garde traditionnel.

La résistance des garderies

Un service commode

Dépourvue de salle d'asile au début du Second Empire, la petite ville
industrielle de Gisors possède onze garderies non autorisées, sauf pour deux
d'entre elles, tenues par des dames brevetées, et qui reçoivent entre dix et trente
enfants. Garderies ? Petites écoles ? Salles d'asile ? La distinction n'est pas toujours facile, car plus d'une tenancière mélange les gamins au-dessous et au-dessus de l'âge de raison et commence leur éducation[23]. Dans le Nord, la densité
des refuges traditionnels de l'enfance conduit l'administration à distinguer les
salles d'asile proprement dites (dirigées, selon les prescriptions officielles, par une
maîtresse pourvue du certificat d'aptitude), les *asiles-garderies* (tenus par des maîtresses certifiées, mais qui fonctionnent sans respecter la réglementation) et les
simples garderies, dont plusieurs échappent au recensement. Malgré les
lacunes, le total de ces derniers établissements (262 en 1856 avec un effectif de
5 600 inscrits) dépasse, et de beaucoup, celui des salles d'asile (111 la même
année avec 13 800 inscrits), qui reçoivent en revanche, grâce à leur installation,
une population bien plus nombreuse. Qui sont ces gardeuses d'enfants ? Des
épouses d'instituteurs, soucieuses de compléter le revenu du couple, des
congréganistes, dont « l'établissement », trop modeste, ne mérite pas le titre de
« petite classe », ou des « braves femmes », écrivent encore certains inspecteurs,
sans qualification professionnelle, parfois âgées et veuves, et qui choisissent
cette activité faute de pouvoir faire autre chose ou comme complément d'un
travail mal rémunéré. « On garde des enfants en vendant des pommes de terre
ou de la morue », déplore la déléguée générale de passage à Boulogne, où les
quatre salles d'asile officielles coexistent, en 1850, avec au moins quarante-cinq
garderies[24].

Les garderies sont très nombreuses dans un autre département au profil économique différent : la Charente-Inférieure. Au milieu du siècle, l'administration en recense une centaine, installées jusque dans les petites villes et les bourgs, contre sept salles d'asile publiques. Leurs tenancières sont « connues de l'autorité locale qui les protège et qui hésiterait peut-être à leur retirer une faveur dont elles jouissent depuis longtemps », note l'inspecteur des écoles, avec dépit, puisque ce dispositif « fait ajourner indéfiniment la création d'asiles régulièrement et convenablement organisés[25] ». Il faut dire que cette bienveillance n'est pas désintéressée : une subvention accordée aux garderies, en échange de l'accueil gratuit des enfants les plus pauvres, coûte bien moins cher aux communes que la fondation d'une salle d'asile conforme aux normes officielles d'installation et de fonctionnement. Mais le clientélisme ou la parcimonie des édiles n'expliquent pas tout. Même après l'ouverture d'une salle d'asile publique, gratuite, en moyenne, pour 80 % au moins de ses usagers[26], des parents restent fidèles aux garderies, qui réclament, en 1863, une rétribution mensuelle moyenne de 1,23 franc contre 0,50 franc à 1,50 franc dans les salles d'asiles publiques payantes[27]. Quels avantages trouvent-ils à s'adresser au système de garde traditionnel ?

« Les parents me donnent la préférence », explique, en 1862, une gardienne de Rouen à l'inspecteur d'académie, « car, n'étant astreinte à aucune heure de sortie ou d'entrée réglementaire, je peux conserver les enfants pendant tout le temps de travail et les garder aussi longtemps qu'ils le désirent ». Dans le Pas-de-Calais, les ouvriers du faubourg de Saint-Omer préfèrent, eux aussi, les garderies, ouvertes du matin au soir, à la salle d'asile des Clarisses, dont les usagers traînent auprès de la rivière après la fermeture l'après-midi[28]. Les gardeuses, qui appartiennent au milieu social de leurs clientes, comprennent mieux leurs besoins. La salle d'asile n'offre quasiment jamais les mêmes commodités ; et sa gratuité ou les distributions de secours ne compensent pas ses horaires étriqués. Écoutons la parole – exceptionnellement conservée parmi nos sources administratives – de quelques usagers : elle dit la préférence des familles laborieuses pour le système de garde le mieux adapté à leurs conditions de vie et de travail.

La « petite école » de la veuve Morice ? Les habitants des Coëtz, de Boischabot, de Bourneau et de Galerne, en Seine-Inférieure, la connaissent depuis un temps immémorial, puisque son père assumait le même métier. Dans ces hameaux voisins, mais éloignés du village de Bouguenais, où fonctionne l'école primaire, cette femme « d'une moralité hors de toute atteinte » offre aux enfants de moins de six ans un « refuge contre le vagabondage de chaque jour et une initiation à la vie morale ». La fermeture administrative de l'établissement, en mars 1845, jusqu'à ce que la tenancière obtienne le certificat de directrice, à la session d'automne, jette « la désolation » dans les hameaux. Avril-septembre : c'est le moment où les mères, retenues dans les champs, sont les moins disponibles pour s'occuper des jeunes enfants. Le 23 avril 1845, une vingtaine de chefs de famille demandent au préfet de surseoir à sa décision, au moins jusqu'à l'automne, en rappelant la nécessité, «pour les jeunes familles, de trouver un lieu de réunion où, dans les intérêts de celles-ci, la retenue des enfants marche avant une instruction systématique exigée et voulue par le gouvernement dans un esprit d'ordre égal et général pour toutes les institutions émanant de son autorité». La priorité accordée au service de garde se retrouve, plus nette encore, dans une remarque rajoutée dans la marge à la fin de la pétition: «pour expliquer d'une manière plus claire et plus précise les besoins de notre position, c'est plutôt une gardienne d'enfants que nous réclamons qu'une institutrice de salle d'asile: une semblable déclaration, doit rendre, nous l'espérons, plus indulgents les examinateurs sur l'admission de la veuve Morice». Ces ruraux raisonnent surtout en fonction de leurs contraintes professionnelles. Que vont-ils faire des marmots, si la garderie ferme? Les envoyer à l'école du bourg, ouverte seulement aux heures réglementaires? Les y conduire eux-mêmes? Trop d'obstacles s'y opposent: l'éloignement, les intempéries, les exigences du travail agricole. L'intervention du maire de Bouguenais évite la fermeture de l'établissement. Encouragée par ce sursis, la veuve Morice néglige de se présenter à l'examen, puis elle réclame l'autorisation de tenir un asile privé. Son décès, l'année suivante, ne résout rien, car sa remplaçante promet simplement de se présenter au certificat. L'histoire se répète, et la garderie continue sans doute de fonctionner, au moins un certain temps, puisque le préfet demande à nouveau l'avis du maire, qui s'est toujours montré conciliant[29].

L'absence de subordination

Avec la souplesse des horaires d'ouverture, les conditions d'admission contribuent au succès des garderies. L'accueil dans une salle d'asile publique exige un acte de naissance et un certificat de vaccination anti-variolique, que ne possèdent pas toujours des mères de famille nombreuse indigentes et des filles-mères désemparées. L'enfant une fois inscrit, il faut l'envoyer régulièrement et dans une tenue correcte, car les directrices les plus intransigeantes refusent les petits souillons. A Tarbes, les enfants «les plus pauvres» ne sont pas admis à l'asile congréganiste privé, remarque l'inspecteur, en 1849, car ils sont jugés trop sales. A Limoges, la même année, l'asile laïc public reçoit peu d'élèves, car ses usagers potentiels «ne se soumettent pas volontiers à amener leurs enfants propres, et la directrice se montre sévère de ce côté». L'indépendance et le mode de vie des gardeuses les rendent plus accommodantes. Elles reçoivent les marmots, sans formalités, «à tout âge et à toute heure, sans préoccupation de la propreté», note, avec dépit, la déléguée de l'académie de Douai, en 1874. La salle d'asile provoque au contraire des «répugnances», constate l'inspecteur général Anthoine, à l'issue d'une tournée dans le Nord, car ses «exigences de tenue et de propreté semblent tyranniques et onéreuses [aux ouvriers][30]». En choisissant une gardienne, les familles populaires expriment leur refus d'une mise en tutelle.

La non-inscription des enfants à la salle d'asile est déjà une manifestation d'indépendance. A Rochefort, en 1836, les ouvriers du port tardent à envoyer leur progéniture à l'établissement des Filles de la Charité. Ni les interventions des notables, ni les messages adressés aux parents par l'intermédiaire des élèves de l'école mutuelle, ne produisent d'effets suffisants. De guerre lasse, le comité d'arrondissement recense les familles pourvues de marmots afin «d'agir à domicile pour entraîner les retardataires». La même résistance se retrouve à Lannion, où les familles récalcitrantes cèdent devant la menace d'une suppression des secours municipaux[31]. Les parents du bambin inscrit dans un établissement officiel doivent ensuite affronter les jugements des dames patronnesses et des maîtresses, que leur instruction et leur statut séparent des usagers. Si certaines responsables gagnent la confiance et l'estime des familles populaires par leur bienveillance, d'autres les traitent avec condescendance. Comment les utilisateurs réagissent-ils aux observations, même empreintes d'aménité, sur la propreté, l'assiduité et la conduite de leur progéniture? Certains se soumettent pour ne pas perdre le bénéfice des distributions de soupes et de vêtements; d'autres contestent les exigences réglementaires et les reproches. Paroles de colère, paroles de révolte, à jamais perdues sauf lorsque les enseignantes et les inspectrices ont pris la peine de les noter. Abrégés et, peut-être, déformés par les intermédiaires, ces propos laissent entrevoir des conflits sans doute plus fréquents que leurs traces. A Reims, les usagers de la salle Saint-Rémi sont «des adulateurs de leurs enfants que la moindre observation juste choque […]», affirme le directeur en 1836; «ils se trouvent formalisés et les retirent pour les garder chez eux ou bien les mener ailleurs». Mais ce responsable, qui juge les parents bornés, ignorants et grossiers, intervient-il toujours avec le tact nécessaire? En 1880, les relations ne sont pas meilleures à l'asile du faubourg de Châteauroux, d'où les familles retirent leurs enfants «au moindre caprice». L'assiduité des enfants est, ici, l'une des causes du désaccord: «Eh bien, nous verrons ça, si y sont maîtres de nous», rétorque une mère courroucée à la religieuse qui la menace d'appliquer le règlement[32].

Ces réflexes d'amour-propre et d'indépendance livrent de nouvelles clés du rejet de l'institution officielle des jeunes enfants: la défiance envers les autorités, la prévention à l'égard de la sollicitude intrusive des dames inspectrices, l'irritation devant les remontrances des maîtresses. Des mères laborieuses ressentent le projet pédagogique de la petite école comme une menace pour leur liberté et pour leur identité. Elles parlent, au contraire, sur un pied d'égalité avec les gardiennes, qu'elles connaissent – à Marseille, on les appelle les «tatas»[33] – et qui partagent leur mode de vie. Les promoteurs de la salle d'asile ne pouvaient pas accepter la concurrence d'une institution née, en dehors de tout contrôle, dans un milieu jugé corrupteur. Dès l'origine, ils réclament sa suppression.

De la répression à la tolérance

Entrons, en 1851, aux côtés de Pierre Doubet, secrétaire de la Commission supérieure des salles d'asile, chez l'une des plus célèbres gardeuses de Saint-Étienne, nommée l'Agathe :

> En haut d'un escalier étroit et noir, on trouve une pièce de quelques mètres carrés. Le jour y pénètre par une croisée qui ne s'ouvre jamais […] Un poêle de fonte servait à faire la cuisine, des vases de toute espèce obstruaient le passage ; cinq ou six bancs, autant de petites chaises dépaillées s'encadraient entre un lit et deux commodes boiteuses. Le plancher, gras et poussiéreux, était parsemé des débris du repas de ces pauvres petits qui mangent et vivent dans une atmosphère si nauséabonde qu'il fallait s'armer de tout son courage pour la supporter quelques instants[34].

Aux dires des témoins officiels, les gardeuses sont à l'image de leurs locaux : lamentables. Trop âgées ou sans qualification professionnelle, elles choisissent ce métier faute de pouvoir gagner leur vie autrement. A Roubaix, l'inspecteur général Anthoine découvre «une femme plus que septuagénaire qui, de sa chaise qu'elle ne quittait pas, gouvernait son troupeau à l'aide d'une longue baguette[35]». A quoi sont employées les heures passées dans ces tristes lieux où le mobilier et l'outillage scolaires font défaut ? La plupart du temps, à ne rien faire ou à subir des exercices ennuyeux. A Saint-Étienne, la gardeuse donne des leçons individuelles ou elle impose, à ses quarante enfants, «la redite mécanique de prières démesurément longues, la récitation routinière du catéchisme […], ou l'épellation dans un livre». Parfois, malgré ces exercices, «tout est tumulte et confusion : ce sont des querelles et des coups, des pleurs et des cris, que dominent à grand peine les menaces et les vociférations», assorties de coups de martinet. Et pourtant, conclut Pierre Doubet, «ce n'est pas que l'Agathe soit une méchante femme ; elle est honnête [et] charitable», mais elle agit comme la plupart de ses semblables, privées de matériel et d'éducation. Quelles que soient les qualités humaines des gardeuses, leur installation et leur incompétence gâtent leur action : l'intérêt des jeunes enfants et celui de la petite école officielle exigent leur disparition.

Avant l'implantation progressive des inspecteurs de l'enseignement primaire dans chaque arrondissement, entre 1835 et 1850, les municipalités et les comités locaux avaient toute latitude pour tolérer, et même pour subventionner, les garderies dont ils connaissaient l'existence. Les nouveaux représentants de l'Université remettent souvent cet équilibre en cause. «Établissement infect», «odeur épouvantable», «femme incapable»… La conclusion de leurs rapports tombe comme un couperet : «à fermer»! La marge de manœuvre de l'administration est cependant plus réduite qu'il n'y paraît, car ses réquisitoires peuvent se heurter à l'inertie des municipalités ou à l'acquittement des gardiennes par des juges, sensibles à leur utilité sociale. Mais une parfaite collaboration entre l'administration, les communes et les magistrats ne résoudrait pas entièrement le problème : là où les besoins sont très importants, de nouveaux refuges remplacent, tôt ou tard, ceux qui ont été fermés.

Par réalisme, quelques inspecteurs préfèrent se montrer conciliants à l'égard des garderies pourvues d'un local et d'une direction estimés convenables. A Libourne, une femme «zélée et très propre» reçoit plusieurs dizaines d'enfants de «bons marchands» et d'employés ; à Nantes, une garderie offre le spectacle d'une «bonne œuvre où l'on nourrit, raccommode et apprend à lire[36]». Que faire de ces institutions acceptables, et des autres, lorsque la demande dépasse trop les capacités d'accueil des salles d'asile et des écoles ? Leur utilité et les limites de l'action répressive imposent des compromis. «Elles rendent service ; on peut les conserver là où l'asile ne peut être établi, comme dans les communes rurales», suggère l'inspecteur d'Avesnes, en 1855 ; «j'essaie de faire disparaître les plus mauvaises et d'améliorer les autres», explique, à la même époque, son collègue de Valenciennes[37]. Cette tolérance conduit parfois à transformer en salles d'asile publiques des garderies importantes lorsque la tenancière fait l'effort de passer le certificat d'aptitude, et la municipalité, celui de financer l'amélioration du local. Certains inspecteurs préfèrent assimiler ces établissements à des salles privées, obligées par l'ordonnance de 1837 de posséder, comme les salles publiques, une autorisation rectorale d'exercer dans un lieu déterminé. Faute de pouvoir supprimer les refuges traditionnels de l'enfance, les responsables locaux de l'Instruction publique s'efforcent, au moins, de les sélectionner et de les contrôler. La législation des années 1850, plus favorable à l'enseignement privé, réduit cette possibilité. La loi Falloux accorde aux délégués cantonaux le droit d'autoriser «les personnes qui, dans un but purement charitable et sans exercer la profession d'instituteur, enseignent à lire et à écrire aux enfants»; les textes organiques de 1855 suppriment l'autorisation rectorale exigée des salles d'asile libres et des établissements assimilés. Avec la bénédiction de quelques notables et de certaines municipalités, la filière concurrente de la salle d'asile continue de prospérer.

L'exacerbation des luttes scolaires à partir de la fin du Second Empire accroît la vigilance de l'administration à l'égard des «écoles gardiennes», parfois utilisées comme une solution de rechange par des parents hostiles aux laïcisations. Pour empêcher l'essor d'un réseau illégal d'écoles et de salles d'asile, les agents de l'Instruction publique s'appuient d'abord sur une stricte interprétation de la loi de 1850, qui interdit le métier d'éducateur, sauf autorisation du délégué cantonal confirmée par le conseil académique, à toute personne dépourvue du brevet de capacité ou d'une lettre d'obédience. Paradoxalement, ce sont les procès intentés, dans les années 1880, aux gardiennes accusées d'avoir ouvert, sans autorisation, une école maternelle qui leur confèrent une existence légale. En 1883, la Cour de Montpellier estime ainsi que la demoiselle Caussy, une gardienne illettrée de la ville d'Agde, ne peut pas donner des «leçons» aux enfants de trois ans à six ans qu'elle se contente de surveiller en leur faisant réciter des prières et en leur racontant, «pour les distraire, quelques contes qui n'avaient aucun rapport avec l'histoire[38]». Au cours des années suivantes, un jugement de tribunal, deux arrêts de Cours d'appel et deux arrêts de la Cour de Cassation confirment la liberté et la légalité des gardiennes dès lors qu'elles ne dispensent aucun des enseignements, physiques, moraux ou intellectuels, prévus par la loi. Doivent-elles, alors, se contenter de garder les enfants immobiles et les bras croisés ? Non, affirme en 1892 le comité de contentieux de la *Société générale d'éducation et d'enseignement*, l'un des principaux organismes de défense de l'enseignement privé catholique. Elles peuvent enseigner le catéchisme et la prière, retirés du programme réglementaire, raconter des récits et des fables, «sans rapport avec l'histoire», faire chanter les enfants, leur apprendre le tricot et organiser des récréations. Dans les faits, comme le prouvent les poursuites engagées par l'administration, plusieurs tenancières, protégées par des magistrats hostiles à la politique de laïcisation, continuent de se situer, comme auparavant, à la limite de la garderie et de l'école enfantine[39].

Plus de cinquante ans après l'ouverture des premières salles d'asile, et encore aujourd'hui[40], l'administration doit compter avec le mode spontané de garde collective des bambins sevrés de moins de six ans. Malgré l'essor des établissements préscolaires officiels, il lui a aussi fallu accepter – et même légitimer – la présence de ces enfants dans les écoles.

La fréquentation de l'école avant six ans

Cette pratique existait déjà dans les écoles de l'Ancien Régime, que les parents considéraient, entre autres, comme un lieu de garde pour un âge embarrassant. Faute de posséder une solution de rechange, les responsables de l'instruction publique du début du XIXᵉ siècle ont été obligés de l'entériner. Après avoir fixé à six ans l'âge minimum d'admission à l'école, ils accordent au comité local d'instruction primaire le droit d'autoriser des exceptions en faveur des écoles publiques (règlement de 1834), puis des écoles privées (règlement de 1842), dans les communes démunies de salles d'asile. Le règlement de 1851 étend cette mesure à l'ensemble des agglomérations.

L'essor d'une pratique traditionnelle

Selon le type d'établissement et le nombre d'enfants accueillis, la préscolarisation à l'école prend des formes diverses. Ici, quelques marmots sont relégués au fond de la classe des filles ou des garçons ; là, une religieuse âgée, une adjointe ou l'épouse de l'instituteur dirigent la « classe maternelle » ou « l'école enfantine », termes employés bien avant la reconnaissance officielle de ces structures, installées dans une pièce séparée. Grâce à leurs ressources en personnel, les congrégations féminines peuvent facilement organiser ce type de classe dans les annexes de leurs nombreuses écoles de filles. Moins onéreuse que la création d'une véritable salle d'asile, cette formule séduit souvent les municipalités. Dans des régions anciennement scolarisées, l'afflux des jeunes enfants dans les écoles a provoqué l'ouverture de classes spéciales bien avant les premières initiatives officielles de la fin des années 1860. Au milieu du siècle, le Nord en posséderait déjà cent vingt contre cent onze salles d'asile[41].

L'importance des inscriptions scolaires anticipées varie selon les lieux et les époques. A Guérande, en 1844, elles représentent 11 % du total à l'école de garçons et 25 % à l'école de filles ; à Fouras, un petit port charentais dépourvu de salle d'asile, elles atteignent, dans les années 1860-1870, le quart et le tiers de l'effectif total. Plus ou moins réduites dans les écoles de garçons, où certains parents répugnent à envoyer de jeunes enfants, et dans les établissements déjà surchargés des grandes cités, ces proportions s'élèvent dans les écoles de filles, surtout si elles possèdent une section enfantine, et, à la belle saison, dans les écoles rurales, qui récupèrent les marmots, inutiles et embarrassants, au moment où elles perdent les plus grands, envoyés aux champs. Quelles que soient les conditions d'accueil, l'école primaire ne reçoit pas seulement les plus grands des plus petits, c'est-à-dire les enfants de cinq ans et de six ans. Inspecteurs et déléguées dénoncent l'admission des benjamins, que confirment les registres d'inscription : à Fouras, les enfants de trois ans et demi à quatre ans révolus représentent toujours 10 % des inscrits au cours des années 1860 et 1870[42].

Malgré leur hétérogénéité, les effectifs nationaux des inscriptions au-dessous de l'âge scolaire, disponibles à partir du milieu du Second Empire, montrent la progression d'un usage qui concerne environ 12 % des trois-six ans en 1863 et 19 % en 1881-1882 (tableau A, p. 469). Dans les cinq années qui précèdent la naissance de l'école maternelle, en 1882, les inscriptions des moins de six ans augmentent plus à l'école (110 000, soit un gain de 26 %) qu'à la salle d'asile (91 000, soit +19 %). La préscolarisation à l'école s'est développée avant l'organisation officielle, en 1881, des classes enfantines républicaines, qui facilitent l'accueil des jeunes enfants en dehors des institutions spécifiques comme l'école maternelle. Elle a profité de l'extension du réseau des écoles primaires et de celle de la scolarisation des plus de six ans, qui résout le problème du transfert quotidien des petits.

Contrairement à ce qui se passe à la salle d'asile, où les garçons de deux ans à six ans sont presque aussi nombreux que les fillettes, et dans la population scolaire réglementaire, où le sexe masculin est nettement majoritaire, les filles sont plus nombreuses parmi les jeunes élèves des écoles. En 1876-1877 (tableau A, p. 469), la préscolarisation féminine dans ces établissements dépasse celle des garçons, de 45 000 inscrits dans l'effectif annuel (238 000 contre 193 000) et de près de quatre points dans les taux d'inscription (17,7 % contre 14 %). Ce déséquilibre résulte de la réception privilégiée des jeunes enfants dans les écoles de filles, dirigées, pour la moitié d'entre elles, par des congrégations dont certaines refusent de mélanger les sexes. Par hostilité à la mixité, et pour satisfaire la requête des parents, ces congrégations ont imposé dans leurs écoles de filles la règle qu'elles étaient obligées de transgresser dans les salles d'asile. Au regard de la répugnance des mères à se séparer de leurs fillettes, l'excédent féminin parmi les moins de six ans inscrits dans les écoles pouvait sembler paradoxal. La contradiction se dissipe si l'on interprète plus la supériorité numérique féminine comme un effet de l'offre que comme l'expression d'un besoin. L'accueil des jeunes garçons dans les écoles laïques ou dans leurs petites classes mixtes, moins fréquentes que les classes enfantines des écoles congréganistes de filles, ne parvient pas à compenser ce recrutement discriminant. Ouvertes, sauf exception, aux deux sexes, les salles d'asile constituent le lieu de préscolarisation masculine privilégié : en 1876-1877, alors que les filles de deux ans à six ans se répartissent parfaitement entre les deux filières (236 000 à l'asile et 238 000 à l'école), les garçons sont beaucoup plus nombreux dans l'institution des jeunes enfants (231 000 – soit 54,5 % du total des préscolarisés – contre 193 000 à l'école).

Plusieurs raisons poussent des parents à envoyer leurs jeunes enfants dans les écoles : l'absence ou la surpopulation des salles d'asile, le refus de mêler leur progéniture à de petits indigents, la recherche d'une instruction précoce.

Le rejet de la salle d'asile et la quête d'une instruction précoce

En 1872, la moitié des communes urbaines et 96 % des villages sont encore dépourvus de salles d'asile. Là où cette institution n'existe pas, et là où sa capacité d'accueil est insuffisante, l'école constitue, en dehors des garderies, le seul lieu d'accueil public des petits. La présence, quelquefois majoritaire, d'enfants pauvres dans les salles d'asile dissuade, par ailleurs, des artisans, des boutiquiers ou des employés, qui refusent de mélanger leur progéniture avec des gamins misérables et encrassés. « Par un amour-propre assez mal entendu », note, en 1856, un membre d'un comité d'arrondissement, « la veste et le pantalon quelque peu soignés n'aiment pas le contact de la blouse ou du pantalon rapiécés ; ce n'est donc pas vers l'asile, c'est vers l'école que la vanité des parents dirige de si jeunes enfants[43] ». D'après plusieurs témoignages, ce comportement serait assez fréquent. A Lannion, les «artisans» et même les «ouvriers» se tiennent à l'écart de la salle d'asile, surtout utilisée par des familles très démunies. Dans les Deux-Sèvres, les «familles d'ouvriers ayant une certaine aisance» préfèrent les écoles privées aux salles d'asile, fréquentées par les indigents. En Seine-Inférieure, «la petite bourgeoisie, les petits marchands, les petits rentiers, répugnent [à] mettre leur jeune enfant en contact avec les enfants indigents[44]».

L'absence d'initiation aux rudiments dans certaines salles d'asile, ou du moins d'une initiation jugée suffisante, écarte des parents qui recherchent, à la fois, un lieu d'hospitalité et un établissement de première instruction. «Pour les pauvres», constate un correspondant de *L'Ami de l'Enfance,* «c'est une nécessité, car ils sont pressés de mettre leurs enfants au travail. Pour tous, c'est une question d'orgueil paternel qu'il serait difficile de condamner. Dans les familles riches, disent les pères et mères, les enfants savent lire à cinq ans, à quatre ans même ; cela se peut donc. Alors pourquoi n'apprend-on pas à lire à nos enfants à l'asile ? Menons-les aux écoles[45]». Certains parents déjà engagés dans un processus d'ascension sociale ont élaboré, pour leur progéniture, une véritable stratégie scolaire fondée sur une instruction précoce. «L'avenir de mon fils se trouve compromis, si, avant l'âge de six ans, il ne sait ni lire ni écrire», affirme, en 1864, le chef de gare de Busigny au préfet du Nord. Pourquoi un tel empressement ? A cause de l'âge d'admission – seize ans – à l'école navale, précise ce père vigilant. Tout candidat potentiel qui ne sait pas lire et écrire avant six ans ne peut plus se permettre, ensuite, «aucun détour ni revers dans le cours de ses études». Busigny, une commune de 3 000 habitants, possède seulement une école de garçons et une école de filles, simultanément ouvertes aux petits enfants des deux sexes. Mais cette pratique traditionnelle est interdite, en 1863, après la mésaventure survenue à la petite-fille du maire, que de jeunes garçons effrayent en exhibant «leur nudité». Choqué par le mélange des sexes, et sans doute sensible aux intérêts de l'instituteur, par ailleurs greffier communal, le magistrat impose à tous les enfants préscolarisés de fréquenter l'établissement attribué à leur sexe respectif. Agé de quatre ans, le fils du chef de gare ne peut plus entrer à l'école de filles, au grand regret de son père, persuadé, peut-être sous l'influence de son épouse, qu'une femme est seule capable de donner aux jeunes enfants «les premières notions d'instruction et les soins physiques encore nécessaires à leur faible constitution». Pour ne pas avoir à choisir entre la formation intellectuelle et le bien-être physique de son héritier, ce père ambitieux et attentionné réclame avec insistance le droit de le confier à l'institutrice. Peine perdue. Débouté par le maire, le pétitionnaire est invité à placer son rejeton dans la salle d'asile de la commune voisine[46].

Quand ils ne la suscitent pas, les enseignants des écoles savent utiliser cette demande d'instruction. En 1868, la déléguée de Strasbourg proteste contre les pressions exercées par les Frères pour faire retirer les enfants de l'asile avant sept ans, «sous le prétexte qu'on n'écrit pas sur les cahiers, et que ce serait du temps perdu de les y laisser plus longtemps». En fait, les bambins ne seraient pas si nombreux dans les écoles si les maîtres, dont une partie des ressources dépend du nombre d'inscriptions, n'avaient pas intérêt à les y attirer. Même s'ils paient moins cher que leurs aînés, les élèves au-dessous de l'âge scolaire apportent un revenu appréciable aux instituteurs ruraux pendant la désertion printanière et estivale des grands élèves, employés aux travaux saisonniers. Ils permettent aussi de préserver sinon d'élargir la clientèle de l'école, en particulier dans l'enseignement congréganiste féminin, puisqu'ils poursuivent souvent leur scolarité dans l'établissement qui les a reçus avant six ans.

A partir des années 1850, le ministère, qui tolérait jusqu'alors les admissions précoces à l'école, commence à contester cette pratique au nom de l'intérêt des très jeunes élèves et de leurs camarades plus âgés.

Le compromis pédagogique de la classe enfantine

Pour familiariser les parents avec l'école, les règlements de 1834, 1842 et 1851 ont sanctionné sa fonction de garde éducative des moins de six ans. Mais, après le premier essor de la scolarisation, dans des classes essentiellement uniques et, en milieu urbain, souvent surchargées, les responsables ont compris qu'ils ne pourraient pas améliorer davantage l'enseignement populaire sans le rationaliser. Dès 1854, Hippolyte Fortoul amorce le mouvement en posant le problème de l'efficacité de l'école primaire ; trois ans plus tard, Gustave Rouland signe la charte officielle de la rénovation pédagogique, que Victor Duruy et ses successeurs complètent en essayant de la faire réellement appliquer. Dans ce nouveau contexte, la présence croissante des très jeunes élèves inquiète les autorités qui y voient un obstacle, sinon à l'accueil, du moins, comme l'écrit la circulaire du 26 juin 1856, «aux progrès de leurs aînés».

L'admission des moins de six ans à l'école – étendue à toutes les communes, après l'autorisation du comité local, par le règlement de 1851 – entrave aussi la diffusion et le fonctionnement de l'institution spécifique des jeunes enfants. Pourquoi fonder un établissement spécial, se disent certaines municipalités, lorsque l'école primaire fait à peu près l'affaire ? Là où une salle d'asile existe, l'école peut encore lui disputer une partie de sa clientèle et la priver de plusieurs grands élèves, moniteurs, indispensables à son bon fonctionnement. Souvent impuissante à l'égard des écoles publiques, l'administration est encore plus démunie, surtout après la loi de 1850, face aux écoles privées. Dans la circulaire du

26 juin 1856, le ministre Hippolyte Fortoul s'émeut de voir des salles d'asile « [dépérir] par l'unique motif qu'à côté d'elles, une école libre admet les enfants qui, par leur âge, appartiendraient au premier des deux établissements ». Les autorités s'inquiètent aussi des inconvénients de la scolarisation précoce imposée à de jeunes enfants. « J'ai vu avec regret de toutes petites filles assises sur des bancs, et dont la figure était pâle et ennuyée », note Mme René-Caillé, en 1849, en sortant d'un établissement alsacien[47]. Le ministère tire la leçon de ces dysfonctionnements et des protestations qui se multiplient après l'entrée en fonction des déléguées académiques en 1855. Le 26 juin 1856, il condamne explicitement la fréquentation des écoles au-dessous de l'âge réglementaire en rappelant que « réunir des enfants de deux à sept ans à des élèves beaucoup plus âgés, les soumettre au même enseignement, leur imposer un régime qui ne comporte aucun des soins que réclame le premier âge, c'est compromettre leur développement moral et physique ».

Mais si ce raisonnement reste le principe directeur de l'administration centrale au cours des années suivantes, aucune décision réglementaire n'est prise avant le vote de la loi de 1867, qui interdit l'admission à l'école avant six ans, sauf autorisation du Conseil départemental, lorsqu'une salle d'asile publique ou privée existe dans la commune. Il aura donc fallu attendre seize ans pour que le ministère mette fin à l'ambiguïté de la réglementation de 1851 en revenant au dispositif de 1834 (l'interdiction conditionnelle de la préscolarisation à l'école en fonction de l'implantation des salles d'asile), seize ans pendant lesquels les suggestions officielles et les commentaires officieux illustraient l'embarras des autorités. La loi Falloux et l'alliance du trône et de l'autel empêchaient l'Empire autoritaire de résoudre le problème en restreignant l'autonomie des établissements privés, dont plus de la moitié, dans l'enseignement féminin, appartenaient aux congrégations. Après l'intervention en Italie et la brouille avec les catholiques, le ministre de l'Instruction publique retrouve une plus grande liberté d'action. La défense de la salle d'asile contre l'école, et plus particulièrement contre l'école congréganiste privée de filles, s'inscrit, désormais, dans la nouvelle politique de soutien à l'enseignement public et au personnel laïc.

Les effets pervers de l'interdiction conditionnelle paralysaient eux aussi l'administration centrale. Qu'allaient devenir les jeunes enfants renvoyés d'une école et refusés, faute de place, à la salle d'asile ? Comment éviter l'ouverture hâtive, dans les locaux d'une institution privée, d'une salle d'asile habilitée à revendiquer le monopole de la préscolarisation ? Pour protéger les établissements publics contre des « tentatives menaçantes et intéressées », la loi de 1867 accorde au Conseil départemental le droit d'autoriser exceptionnellement les inscriptions anticipées à l'école. L'intérêt des jeunes élèves n'en sera pas moins préservé, affirme Victor Duruy dans la circulaire d'application du 22 mai 1867, par l'organisation, dans les établissements publics autorisés à recevoir les moins de six ans, de «petites divisions», combinant les procédés de l'asile et ceux du premier cours de l'école. A la politique de défense de l'enseignement public, s'ajoute une perception lucide de la réalité. Le ministère connaît les oppositions des municipalités, des instituteurs et de certains parents au retrait des jeunes enfants de l'école, même lorsqu'une institution spécifique peut les recevoir. Faute de pouvoir abolir la préscolarisation à l'école, il cherche à l'aménager pour supprimer ses inconvénients pédagogiques. Aussitôt après avoir proclamé le principe de l'interdiction conditionnelle, il s'engage dans la voie du compromis en ébauchant le système de la classe enfantine.

La formule est plus ambitieuse que le regroupement traditionnel des bambins dans une salle distincte, pratiqué par certains établissements congréganistes bien pourvus en personnel et en locaux. Au-delà de la séparation institutionnelle, elle postule une originalité pédagogique fondée sur la spécificité, physique et intellectuelle, du jeune enfant. L'idée fait son chemin à partir du milieu du siècle[48], en particulier chez des adeptes de la rénovation pédagogique qui rêvent de transformer l'école primaire en organisant une transition avec l'établissement situé en amont et en s'inspirant de ses procédés. Préoccupé par l'absence de liaison entre la salle d'asile et l'école, le recteur de Douai confie, en 1864, à la déléguée spéciale Marie Loizillon une mission d'information sur les classes de jeunes enfants ouvertes dans plusieurs écoles de filles. Trois ans plus tard, les responsables sensibilisés à ce problème interprètent la recommandation de Victor Duruy comme un véritable encouragement. Après avoir visité les «classes intermédiaires, composées des ignorantes, des retardées, des incapables», de l'académie de Nancy, Marie Loizillon, promue déléguée générale, rédige, en 1868, un projet de règlement pour les petites classes des écoles de filles. Henriette Monternault, son successeur dans l'académie de Douai, multiplie les conférences sur les moyens d'améliorer l'enseignement dans «la division inférieure» de ces écoles et distribue, avec l'autorisation de l'administration centrale, une autre ébauche de règlement aux maîtresses intéressées[49]. Avant d'approuver ces propositions, le ministère envoie aux recteurs, le 9 avril 1870, une note de Marie Loizillon en les invitant à réfléchir au moyen de «ménager une transition entre le régime si doux de la salle d'asile et la règle plus sévère de l'école». Sans attendre une décision officielle que la guerre et les péripéties politiques retardent, plusieurs responsables locaux passent aux actes. Dès le début de la Troisième République, l'inspecteur d'académie des Ardennes, M. Carré, regroupe les jeunes élèves de certaines classes primaires surchargées dans une douzaine de «petites classes mixtes», qui empruntent à la salle d'asile sa méthode, et à l'école les parties les plus élémentaires de son programme. Ouvertes généralement aux enfants de plus de quatre ans, ces classes apparaissent dans d'autres départements, parfois sous le nom de «classes d'initiation». En 1876, des inspecteurs et des conseillers municipaux de la Seine décident de réunir des garçons de moins de six ans, accueillis jusqu'alors dans des écoles, et les plus âgés des élèves du même sexe, reçus dans des salles d'asile, dans des «classes de jeunes garçons», installées dans les établissements communaux de filles. Devant le succès de l'entreprise, la ville de Paris et plusieurs municipalités de province ouvrent d'autres classes enfantines en les regroupant parfois dans des établissements distincts, qui reçoivent les enfants des deux sexes[50].

Justifiée par l'expérience et réclamée par les inspecteurs généraux, qui dénoncent régulièrement le désœuvrement des jeunes enfants accueillis dans les écoles[51], la division spéciale n'attend plus qu'une approbation ministérielle. Elle commence à la recevoir, le 8 octobre 1880, lorsqu'une circulaire de Jules Ferry conseille, là où la salle d'asile n'existe pas, de réunir les élèves de moins de sept ans dans une pièce spéciale pour former, sous la direction d'une femme munie du brevet de capacité ou du certificat des salles d'asile, une «bonne classe préparatoire, sorte d'intermédiaire entre l'asile et l'école». Selon le contexte, cette «classe enfantine» – une expression que le ministère utilise pour la première fois – est annexée à l'école de garçons ou à l'école de filles. Pour éviter les obstacles légaux et financiers, Jules Ferry et Paul Bert profitent ensuite de l'opportunité offerte par la discussion, à la Chambre, de la loi sur la gratuité de l'enseignement primaire. Le 27 novembre 1880, au cours de la seconde séance de discussion, ils font adopter un nouvel article sept, incluant, parmi les écoles publiques donnant lieu à une dépense communale obligatoire, «les classes intermédiaires entre la salle d'asile et l'école primaire, dites classes enfantines», lorsqu'elles comprennent des enfants des deux sexes confiés à des maîtresses diplômées. Quelques mois plus tard, le ministre propose au Congrès pédagogique des instituteurs de délibérer sur «l'enseignement dans la dernière division des petites classes». A l'issue des débats, les maîtres approuvent la création des classes enfantines dans les écoles de filles ou à défaut dans un local indépendant, et ils suggèrent d'introduire une question sur la direction de ces classes dans le programme du certificat d'aptitude pédagogique[52]. Un demi siècle environ après la création de la première salle d'asile, le législateur, le ministère de l'Instruction publique et les hommes de métier consacrent une seconde filière de préscolarisation, à l'intérieur même des écoles primaires.

Plusieurs usagers des salles d'asile ont besoin de faire garder en permanence leurs jeunes enfants. Ils n'hésitent pas à les inscrire un peu avant l'âge de deux ans, à les amener très tôt, lorsque la possibilité existe, et à les envoyer régulièrement pendant la mauvaise saison. Mais la nouvelle institution des plus petits n'existe pas partout ; sa capacité d'accueil n'est pas illimitée ; son calendrier et ses horaires, souvent calqués sur ceux des écoles, ne sont pas obligatoirement adaptés à ceux du travail populaire. Que peuvent faire des parents indisponibles pendant les vacances d'été, le jeudi ou en fin d'après-midi ? Confier leurs bambins aux traditionnelles garderies, ouvertes, tout au long de l'année et toute la journée, par des femmes qui appartiennent à leur milieu social. En leur donnant la préférence, les familles populaires préservent leur indépendance et leur identité, remises en cause par les remontrances des dames inspectrices et des maîtresses. Le vieux système de garde extra-familiale, fondé sur le voisinage et sur les réseaux de sociabilité populaire, parvient à concurrencer l'institution soutenue par l'État, les Églises et une partie des municipalités.

L'autonomie des classes populaires transparaît encore dans l'utilisation discontinue de la salle d'asile, contraire aux vœux de ses fondateurs. L'absentéisme quotidien, hebdomadaire et saisonnier des jeunes enfants prouve que tous les usagers ne sont pas impérativement obligés de faire garder continuellement leur progéniture. Il dément aussi le tableau systématiquement négatif des mœurs familiales populaires dressé par certains membres des classes dirigeantes. Des artisans et des boutiquiers, occupés à leur domicile, des ouvriers des vieux métiers, employés dans leur quartier, ou des travailleuses ambulantes, maîtresses de leur emploi du temps, n'ont pas attendu les dames charitables et les philanthropes pour comprendre leurs devoirs de parents et pour apprécier la présence du marmot qui n'a pas encore atteint l'âge de raison. Ils inventent leur propre mode d'emploi de la salle d'asile en fonction de leurs contraintes professionnelles et de leur intérêt pour le jeune enfant. Le placement du bambin hors du foyer, et auparavant celui du nourrisson, ne doivent pas masquer une affectivité et un sens des responsabilités familiales dont témoignent d'autres indices. Catherine Rollet signale la préférence de certaines ouvrières, à la fin du siècle, pour la garde quotidienne ou hebdomadaire du tout-petit dans le voisinage, qui évite, contrairement à la mise en nourrice, la séparation totale avec l'enfant. Anne-Marie Sohn repère, à partir de la même époque, et chez des couples malthusiens d'ouvriers qualifiés, d'employés et de petits boutiquiers, un amour possessif pour l'enfant et une grande sollicitude pour son alimentation, ses vêtements, sa santé et sa scolarisation[53]. La quête d'une instruction anticipée pousse d'ailleurs certaines familles moins démunies à envoyer leurs bambins à l'école plutôt que dans certaines salles d'asile, peuplées de petits indigents et jugées trop négligentes à l'égard de l'apprentissage des rudiments. Les statistiques nationales de la préscolarisation dans les deux filières officielles éclairent les attitudes et les choix des parents.

Le développement de la préscolarisation

Les salles d'asile et leur clientèle

Les étapes d'une expansion

Un premier essor sous la monarchie de Juillet

Jusqu'à la fin de la Restauration, la salle d'asile demeure une particularité de la capitale, qui possède, en 1830, une dizaine d'établissements. Après une première vague de créations provinciales, au début de la monarchie de Juillet, la France compte, en 1835, une centaine de salles d'asile (tableau B, p. 470), réparties entre trente-cinq départements. Le mouvement de création s'amplifie, ensuite, du moins si l'on en croit les chiffres officiels, surestimés par le mélange aléatoire des salles d'asile et des simples garderies. En 1840, et en se limitant aux seuls départements où les distorsions semblent très importantes, une centaine de garderies figurent parmi les cinq cents établissements rassemblés sous l'étiquette de salles d'asile dans la statistique royale[1]. D'après les chiffres bruts, l'effectif des salles d'asile s'élèverait de 102 institutions, en 1835, à 555[*] en 1840, soit une croissance annuelle moyenne de 90 établissements, au moins, puisque le supplément constaté en 1840 correspond au total des nouvelles fondations, diminué du nombre – inconnu – des fermetures d'établissements survenues depuis cinq ans. Même si le recensement abusif et incontrôlable de plusieurs garderies interdit toute étude diachronique précise, l'essor est incontestable. La première réglementation officielle de la salle d'asile, en 1836 et en 1837, et les interventions financières des collectivités locales ont favorisé sa propagation. De 1840 à 1846, année pendant laquelle 1 861 institutions sont recensées, l'augmentation annuelle moyenne s'élèverait, au moins, à 217 établissements. Le nouvel engagement des autorités explique cette performance. Dès 1841, grâce à la dotation votée par la Chambre, l'État a les moyens de subventionner un nombre important de fondations. A la même époque, le ministre de l'Instruction publique et la Commission supérieure s'emploient à exciter le zèle des préfets, des conseils municipaux et des comités locaux. Ces pressions portent leurs fruits : entre 1840 et 1843, par rapport aux trois années précédentes, les communes doublent leurs subventions aux salles d'asile, les conseils généraux triplent les leurs.

---

[*] Tous les effectifs d'établissements et d'enfants inscrits cités dans ce chapitre, et qui figurent dans le recueil mentionné dans nos sources, proviennent des statistiques imprimées de l'enseignement primaire au XIXᵉ siècle, auxquelles nous renvoyons une fois pour toutes.

Le reflux de la fin de la monarchie de Juillet et de la Seconde République

D'après les statistiques officielles, l'effectif total des salles d'asile diminue de 1861 établissements, en 1846, à 1735 en 1850. Malgré la mauvaise qualité de ces deux enquêtes, le ralentissement des créations et la disparition de certains établissements semblent plausibles. Comment la salle d'asile, institution *facultative* et aux ressources précaires, aurait-elle pu se développer ou même se maintenir dans le contexte difficile de la fin des années 1840, lorsque le marasme des affaires, la baisse de la rente, les incertitudes politiques et l'épidémie de choléra sapent l'esprit d'initiative et la générosité des bienfaiteurs potentiels et des municipalités ? L'augmentation simultanée des effectifs d'inscrits dans un nombre d'établissements réduit (150 000 en 1850 contre 125 000 en 1837) n'est pas contradictoire : elle exprime la plus forte demande d'assistance des familles populaires dans une période de difficultés économiques. Au lendemain de la crise du milieu du siècle, le nombre de salles d'asile recommence à augmenter régulièrement.

De la reprise au ralentissement sous le Second Empire

Les douze premières années de l'Empire enregistrent, en moyenne, un supplément annuel – que nous qualifions de relatif en raison de notre ignorance du nombre des fermetures simultanées – de 120 établissements. En 1863, année créditée de 3 308 établissements, l'effectif total a presque doublé par rapport à celui de 1850 (1735). La stabilisation politique, la reprise économique et le formidable développement des congrégations enseignantes déterminent cette nouvelle expansion, qui s'atténue dans les dernières années du régime. D'après la statistique de 1868-1869, inédite et retrouvée – à l'état d'épreuves – aux Archives nationales, la moyenne des suppléments annuels relatifs serait descendue à 88 établissements entre 1865 (3 600 salles) et 1869 (3 900), contre 144 entre 1863 et 1865. La disparition de plusieurs salles d'asile rurales prouve que les pressions officielles en faveur des écoles de filles, rendues obligatoires, par la loi du 10 avril 1867, dans les communes de plus de cinq cents habitants, ont pénalisé l'institution facultative des jeunes enfants. Mais le pessimisme des esprits, consécutif aux difficultés économiques du printemps 1866 et aux tensions internationales, a joué, lui aussi, contre les salles d'asile : dès 1866, donc avant l'application de la loi Duruy, l'excédent annuel relatif se limite à 72 établissements. L'invasion prussienne, la guerre civile et la grave crise économique de l'année 1871 provoquent, ensuite, la fermeture de plusieurs établissements et le ralentissement ou l'arrêt complet des créations. Seule la déperdition consécutive à la perte d'une partie de l'Alsace-Lorraine peut être évaluée, approximativement, à 500 établissements[2]. En 1872, d'après une enquête médiocre et réalisée dans un contexte encore défavorable, 3 652 écoles de jeunes enfants existeraient sur le nouveau territoire français.

La nouvelle croissance du début de la Troisième République

En 1881, à la veille de la naissance de l'école maternelle, la nouvelle statistique républicaine enregistre 4 870 salles d'asile, soit, par rapport à 1872, un supplément de 1 200 institutions et un excédent annuel relatif de 135 établissements en moyenne. Après avoir plafonné autour de la centaine jusqu'au milieu des années 1870, l'excédent annuel relatif augmente ou se stabilise à des niveaux plus élevés : 150 en 1877-1878 et 1878-1879, 209 en 1879-1880, 215 en 1880-1881, 182 en 1881-1882, puis 328 et 237 les années suivantes. L'institution des jeunes enfants a profité de l'intérêt accru pour l'éducation populaire au lendemain de la défaite et du rapide relèvement économique du pays, achevé au milieu des années 1870.

Malgré la multiplication des établissements, la propagation des salles d'asile reste étriquée par rapport à celle des écoles. En 1850, 93 % des 37 000 communes possèdent une école de garçons ou une école de filles, mais 3 %, seulement, une salle d'asile. En 1863, 98 % des communes sont pourvues d'une école (toutes catégories confondues) et 50 %, d'une école spéciale de filles, mais 6,5 % seulement, sont dotées d'une institution de jeunes enfants. En 1881-1882, après le vote de l'obligation scolaire, l'école de garçons ou l'école mixte existe dans la quasi totalité des communes ; l'école de filles, dans près des deux tiers, et la salle d'asile, dans 10 % d'entre elles. Quelle que soit l'époque, le rythme d'expansion de la petite école est toujours inférieur, et parfois de beaucoup, à celui de la grande. La distorsion, importante sous la monarchie de Juillet en raison de la multiplication des écoles de garçons et des écoles mixtes, persiste sous le Second Empire alors que la plupart des municipalités, en règle avec la loi de 1833, pourraient envisager de fonder des établissements de jeunes enfants. Mais les pouvoirs publics orientent alors les efforts des communes vers un autre chantier, jugé prioritaire : celui des écoles de filles, rendues obligatoires dans les communes de plus de 800 habitants, en 1850, puis dans celles de plus de 500 habitants, en 1867. Stimulées par les initiatives de l'État, ces écoles poursuivent leur croissance à un rythme soutenu, quatre fois supérieur à celui des salles d'asile. A toutes les époques, des communes peu fortunées ou engagées dans d'autres travaux, comme la restauration de l'hôpital ou du marché, l'ouverture des écoles de garçons puis de filles ou l'aménagement des chemins vicinaux, ont reculé devant une dépense supplémentaire qui n'est pas négligeable. Selon la taille de l'établissement, l'origine du bâtiment, qui peut être prêté, loué, acheté ou construit, et la qualité de son équipement, la fondation d'une salle d'asile exige un capital de quelques centaines à plusieurs dizaines de milliers de francs. Et son fonctionnement représente ensuite une charge régulière. A Villefranche-du-Rhône, une ville de 8 000 habitants, l'entretien de la salle d'asile réclame, au milieu du siècle, entre 1 000 francs et 1 600 francs, soit 2,5 % à 4 % des recettes communales totales et une somme équivalente à la subvention municipale au bureau de bienfaisance[3].

Selon l'identité des fondateurs, le statut des enseignants et les modes de financement, les salles d'asile sont des institutions laïques publiques, laïques privées, congréganistes publiques ou congréganistes privées. Les contributions de ces quatre catégories d'établissements éclairent l'évolution de la préscolarisation (tableaux C, p. 471 et E, p. 473, et graphiques 4 et 5).

Des établissements publics ou privés, laïques ou congréganistes
Le poids des initiatives laïques et privées jusqu'à la fin de la monarchie de Juillet

D'après la statistique de 1843, la seule enquête de la première moitié du XIXe siècle qui permette de caractériser chaque institution, les quatre cinquièmes des établissements recensés, à tort ou à raison, sous l'étiquette de salle d'asile sont tenus par des laïcs. La forte progression des congrégations sous la monarchie de Juillet et leur intervention croissante dans le secteur éducatif[4] ont permis un premier essor des institutions catholiques de jeunes enfants. Malgré leur petit nombre – 277, soit 18 % – les *salles d'asile congréganistes* prouvent une évolution de l'attitude de l'Église catholique, qui s'était d'abord méfiée d'un établissement soupçonné de concurrencer les mères et soutenu par des philanthropes et des protestants. En 1835, Mgr de Quélen, l'évêque légitimiste de la capitale, reprochait encore à un chanoine de Notre-Dame de vouloir prêcher pour «une œuvre toute philanthropique et dans laquelle il n'y a pas la plus légère idée chrétienne[5]».

Graphique 4. Effectifs des quatre catégories de salles d'asile (1843-1882)

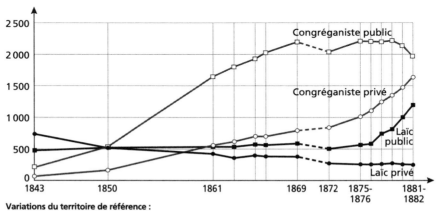

Variations du territoire de référence :
- 1860 : rattachement de la Savoie et du comté de Nice, soit un supplément de trente établissements environ ;
- 1871 : perte d'une partie de l'Alsace-Lorraine, soit une diminution de cinq cents établissements environ.

Effectifs des établissements et sources utilisées : tableau C, p. 471.

Les *salles d'asile privées,* financées par la charité et par les trois quarts de leurs usagers, demeurent encore majoritaires, avec 56% du total des établissements, mais quatre institutions sur dix sont déjà subventionnées par les communes, les départements et, depuis 1840, l'État. Ouvertes par de riches bienfaiteurs ou par des particuliers installés à leur compte, les *salles d'asile laïques privées* sont, sans doute, les plus nombreuses, bien que le recensement abusif de simples garderies, plus fréquent dans cette catégorie, exagère leur proportion (50% du total et les deux tiers des seules salles laïques). Estimées au tiers de l'ensemble des établissements, les *salles d'asile laïques publiques* arrivent en seconde position. En renforçant les dynamiques antérieures, la crise du milieu du siècle et la politique scolaire de l'Empire autoritaire modifient, en quelques années, le profil institutionnel de la préscolarisation.

Une poussée congréganiste soutenue par les fonds publics entre 1850 et 1875

Les financements publics augmentent pendant la crise de la fin des années 1840, qui accroît les difficultés économiques des salles d'asile et la demande d'assistance populaire. En 1850, six établissements sur dix reçoivent une aide des communes, des départements et, parfois, de l'État. Dès 1863, et jusqu'au début de la Troisième République, les établissements subventionnés représentent 70% de l'effectif total et ils enregistrent les quatre cinquièmes des inscriptions.

Les *salles congréganistes* connaissent simultanément une progression remarquable. Tandis que le total des salles laïques stagne ou diminue, elles augmentent à un rythme annuel relatif de 90 à 129 établissements, en moyenne, entre 1850 et 1869. Les congrégations, responsables en 1843 d'un établissement sur cinq, en contrôlent le double en 1850 et au moins trois sur quatre (contre deux écoles de filles sur trois) à partir des années 1860. Entre le milieu du Second Empire et 1881, près des quatre cinquièmes des inscriptions totales sont prises dans des salles d'asile religieuses, alors que les écoles de filles de même statut n'enregistrent que les deux tiers des inscriptions. Les congréganistes ne prennent pas seulement en charge les nouveaux établissements : plusieurs municipalités les substituent à des directrices laïques. En 1858, la déléguée générale Judith Cauchois-Lemaire déplore cette «expulsion successive de l'élément laïque», qui évince des maîtresses chevronnées et formées, parfois, au Cours pratique[6]. Au-delà des convictions religieuses de certains fondateurs, plusieurs raisons jouent en faveur de la multiplication des salles confessionnelles : l'essor spectaculaire des communautés enseignantes, leur intérêt croissant pour une institution perçue comme un lieu de catéchèse précoce et un vivier de recrutement des écoles, et les nombreux atouts des établissements religieux. Une municipalité, pauvre ou parcimonieuse, lésine-t-elle sur les dépenses d'équipement et de fonctionnement ? Des fondateurs sont-ils embarrassés pour recruter un personnel digne de confiance ? Une congrégation attire les legs et les aumônes ; elle peut installer les jeunes enfants dans l'une des pièces de l'école des filles ou de l'hospice ; elle fournit des maîtresses peu exigeantes, surtout si elles sont logées avec les autres membres de la communauté, et qui acceptent parfois de soigner les malades indigents en plus de leur tâche principale[7].

Dès 1850, du moins d'après les chiffres bruts disponibles, la progression des salles congréganistes publiques et le déclin de l'ensemble des salles laïques placent sur un pied d'égalité les secteurs congréganiste public, laïc public et laïc privé, crédités chacun d'environ 30 % des établissements. La poursuite du processus engagé sous la monarchie de Juillet détruit rapidement cet équilibre au profit des deux catégories d'établissements confessionnels. Le nombre des *salles religieuses subventionnées* est multiplié par 2,5 entre 1843 et 1850, puis par 3,6 entre 1850 et 1865. A partir de 1861, au moins, et jusqu'au début de la Troisième République, le secteur congréganiste public contrôle une salle d'asile sur deux, et il enregistre environ les deux tiers de toutes les inscriptions, alors que sa part dans l'enseignement primaire des filles représente, pendant la même période, 30 % des écoles et 44 % des inscriptions. Ni le ralentissement des fondations de nouvelles congrégations, après 1860, ni la sollicitude de l'Empire libéral pour les établissements laïques, ne contrarient son expansion. La réputation des sœurs et l'accueil gratuit de quatre élèves sur cinq (contre trois sur quatre dans le laïc public) contribuent à ce succès, dont témoigne aussi la progression du nombre moyen d'inscrits par établissements (142 en 1865). L'essor des *salles religieuses privées* est comparable. Leur effectif est multiplié par 2,4 entre 1843 et 1850 (notamment en raison de la crise, qui oblige des communautés à supporter seules l'entretien de certains établissements), puis par 4,2 entre 1850 et 1865. A partir des années 1860, le secteur congréganiste privé contrôle environ un asile sur cinq (soit un peu plus que les salles laïques publiques) et il enregistre 13 % des inscrits (soit un peu moins), dont près des deux tiers à titre gratuit.

Dans son ensemble, le secteur laïc reste à peu près stable en valeur absolue, mais il diminue, en valeur relative, de 31 % du total des établissements, en 1861, à 25 % en 1869. La politique de soutien aux établissements laïques, menée dans la seconde moitié de l'Empire, a surtout porté ses fruits dans l'enseignement primaire et, en premier lieu, dans l'enseignement masculin, pour lequel l'Université disposait d'un personnel de rechange. Les institutions de jeunes enfants n'en ont pas beaucoup profité : les *salles laïques publiques* sont 521 en 1850, 534 en 1863 et 586 en 1869. Au début de la République, elles représentent 14 % des établissements (soit quatre fois moins que les salles congréganistes publiques) et 17 % des inscriptions. Le *secteur laïc privé* est le plus touché.

Il recule inexorablement, par paliers, devant la concurrence des établissements publics, congréganistes ou laïques, moins chers et mieux équipés. Majoritaire au milieu de la monarchie de Juillet, il ne représente plus, au cours des années 1860, que 10 % des établissements et 4 % des inscriptions.

Les changements politiques de la fin des années 1870 inversent plusieurs de ces processus. Après le gouvernement de l'*Ordre moral*, la conquête du pouvoir par les républicains retire définitivement le soutien de l'administration aux congrégations enseignantes et relance les initiatives communales en faveur de la laïcisation.

Le dynamisme des établissements laïcs publics et des établissements congréganistes privés à la fin des années 1870

Le *secteur laïc public* enregistre une progression constante. Grâce à des suppléments annuels relatifs de 88 salles et de 15 500 inscriptions, en moyenne, ses effectifs d'établissements et d'inscrits doublent entre 1875 et 1881. En 1880-1881, il contrôle 21 % des établissements et il assure le quart des inscriptions. L'expansion des *salles religieuses subventionnées* s'arrête, en revanche, au milieu des années 1870. Après avoir plafonné autour de 2 200 établissements, leur nombre décroît dès la fin de l'année 1880, tandis que leurs proportions, voisines jusqu'en 1877 de celles du Second Empire (53 à 56 %), enregistrent un déclin parallèle. En 1880-1881, le secteur congréganiste public représente 44 % des établissements et 50 % des inscrits. Mais il a continué de mieux résister dans l'enseignement préélémentaire, et pour deux raisons : la volonté des autorités de laïciser, d'abord, les écoles primaires, notamment les écoles de filles, et la faiblesse relative du nombre de candidats aux emplois dans les salles d'asile, plus fatigants et moins rémunérés que les postes d'institutrices qui se multiplient au même moment.

Les communautés religieuses ont réagi aux mesures de laïcisation en multipliant les institutions privées. A partir de 1875, le *secteur congréganiste privé* connaît sa plus forte croissance grâce à des suppléments annuels relatifs de 100 salles d'asile et de 9 000 élèves, en moyenne, qui lui permettent de représenter, en 1880-1881, 30 % de l'ensemble des établissements et des inscriptions.

A la veille de la naissance de l'école maternelle républicaine, trois salles d'asile sur quatre sont encore dirigées par des religieuses, comme à la fin du Second Empire, et 65 % reçoivent une subvention publique, contre 70 % en 1869. Mais cette relative stabilité n'est qu'une façade, puisque les structures des secteurs publics et congréganistes sont modifiées par des processus que la législation républicaine va accélérer[8].

La croissance des effectifs d'usagers

Les recensements officiels attribuent aux salles d'asile trente mille élèves, *inscrits* ou *reçus* pendant une saison, variable selon les lieux, en 1837, cent soixante mille élèves, enregistrés avec autant d'imprécision, en 1850, trois cent quarante-deux mille *inscrits* au cours de l'année *civile*, nouvelle période de référence de la statistique scolaire, en 1861, un an après le rattachement de la Savoie et de Nice, cinq cent trente-deux mille *inscrits* au cours de l'année *scolaire*, en 1876-1877, dans un territoire amputé et après une nouvelle réforme du cadre de l'enquête. Pour tenir compte de l'hétérogénéité de ces statistiques[9], nous nous contenterons de dégager quelques grandes tendances et d'estimer la proportion d'enfants «préscolarisables» inscrits dans les établissements (tableaux A, D et E, pp. 469-473, graphique 5).

Graphique 5. Effectifs des inscrits dans les quatre catégories de salles d'asile (1861-1882)

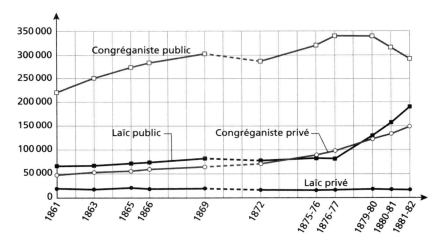

Effectifs des inscrits, sources et population de référence : tableau E, p. 473

Les effectifs des inscrits augmentent particulièrement au cours de trois périodes : au milieu de la monarchie de Juillet, sous le Second Empire (du moins jusqu'au milieu des années 1860) et pendant les années 1870 (plus particulièrement à partir de 1875). L'essor simultané du nombre des inscriptions et du nombre des salles d'asile prouve le rôle déterminant de «l'offre de places» – déjà mis en évidence par Jean-Pierre Briand et Jean-Michel Chapoulie à propos des écoles primaires – dans l'augmentation du flux des élèves[10]. Mais l'ampleur des hausses respectives n'est pas forcément identique. Jusqu'au milieu de la monarchie de Juillet, la croissance des établissements est beaucoup plus forte que celle des inscriptions ; entre 1850 et 1865, le processus s'inverse ; à la fin de l'Empire et au début de la République, les fondations et les inscriptions évoluent aux mêmes rythmes. Les nombres moyens d'inscrits par établissement baissent, au cours des années 1840, de 92 (en 1840) à 67 (en 1846), avant de remonter à 90 en 1850. Après plusieurs variations, dépendantes des conditions d'enquête, ce ratio se stabilise, à partir de 1863, à un niveau plus élevé qu'auparavant (117 inscrits), en partie sous l'effet de la réforme du recensement, en 1859, qui exagère le dividende, puis il augmente à nouveau, à partir de 1872 (123 inscrits) et jusqu'en 1879 (132 inscrits), avant de diminuer très légèrement (128 inscrits en 1881-1882). Jusqu'au milieu de la monarchie de Juillet, la multiplication des établissements (laïcs à 80 % et privés à plus de 50 %) accroît rapidement l'offre globale, mais dans des salles de petite taille (65 inscrits, en moyenne, par établissements en 1843), qui ont souvent été improvisées. Pendant la crise du milieu du siècle, la réduction du nombre des salles d'asile et l'augmentation simultanée de la demande élèvent légèrement le total des inscrits et, plus encore, leur nombre moyen par établissement (90 en 1850). Sous l'Empire, à une époque où la salle d'asile, prise en mains par les congrégations, est mieux entrée dans les mœurs, l'essor des institutions subventionnées, susceptibles de disposer de plus grands locaux, entraîne une augmentation proportionnellement plus rapide du nombre total des usagers et du nombre moyen d'inscrits par établissement (135 dans les salles publiques en 1863 contre 70 dans les salles privées).

On appréciera mieux l'audience de la salle d'asile en rapportant le total des inscrits au public visé : les enfants de deux ans à six ans, d'après l'ordonnance de 1837, et ceux de deux ans à sept ans, d'après le décret de 1855. Jusqu'en 1876-1877, l'absence d'information sur l'âge des élèves, qui sortent généralement de l'asile entre cinq ans et sept ans, oblige à raisonner sur de simples *ratios d'inscription*. Ces ratios sont exagérés si on les établit par rapport aux enfants recensés de deux à six ans (puisque le total des inscrits inclut des élèves de six à sept ans) et ils sont sous-estimés si on utilise l'effectif des enfants recensés de deux à sept ans (puisqu'une très grosse majorité des enfants de six ans inscrits dans un établissement scolaire – 86 % en 1876-1877 – fréquentent la grande école). Il faut attendre 1876-1877, et la distinction, dans les publications officielles, des élèves de plus de six ans et de moins de six ans, pour pouvoir calculer de véritables *taux d'inscription*, en rapportant les seuls inscrits de deux ans à six ans aux enfants recensés du même âge (tableau A, p. 469).

Malgré les imperfections des données recueillies en 1851, 1858 et 1861, et la surestimation des statistiques d'élèves après la réforme de 1859, on peut conclure à la très faible audience de la salle d'asile au milieu du siècle, quand le ratio d'inscription n'atteint même pas 6 %, et à un premier essor, à partir des années 1850, attestée par le ratio de 14 % atteint en 1863. Une nouvelle progression se produit, au début de la Troisième République, après le palier des années de reconstruction. Le ratio « surestimé » passe alors de 19 % à 23 % entre

1876-1877 et 1881-1882, et le véritable taux de préscolarisation, de 17 % à 19,8 % pendant la même période. D'après les chiffres bruts, surestimés par le recensement de tous les inscrits successifs au cours de l'année civile puis de l'année scolaire, *un enfant de deux à six ans sur huit*, environ, serait inscrit dans une salle d'asile à la fin du Second Empire, *un sur six* au milieu des années 1870, et *un sur cinq* en 1881-1882.

Géographie de la préscolarisation à la salle d'asile et à l'école

L'enregistrement aléatoire de plusieurs garderies parmi les salles d'asile et la médiocrité des répartitions proposées par certaines enquêtes interdisent d'utiliser l'ensemble des statistiques départementales officielles. Pour la première moitié du siècle, nous raisonnerons seulement sur les nombres d'établissements qui peuvent être, en partie, vérifiés, c'est-à-dire sur ceux de l'année 1840, établis en comparant les effectifs proposés par la statistique imprimée et les commentaires des inspecteurs[11]. Nous utiliserons ensuite, sauf exception, les enquêtes départementales relatives aux années 1863 et 1880-1881 ou 1881-1882, qui offrent le plus de garanties pour apprécier la situation des salles d'asile sous le Second Empire, avant que ne se fassent sentir les effets des mesures prises, à partir des années 1860, en faveur de l'enseignement laïc, puis au début de la Troisième République, avant la création de l'école maternelle.

L'implantation des salles d'asile

Une diffusion superficielle au milieu de la monarchie de Juillet

En 1840, la France compte officiellement 550 salles d'asile, parmi lesquelles figurent, au moins, une centaine de garderies. Près de la moitié des départements en contiennent seulement deux ou trois, et près des deux tiers, moins de cinq. Seul un nombre infime de départements en renferme plus de dix : la Seine (avec un maximum de quarante-deux), le Nord, le Pas-de-Calais, la Seine-et-Oise, la Meurthe, le Bas-Rhin, la Gironde et l'Hérault. Les départements encore totalement démunis appartiennent, le plus souvent, à de pauvres régions, rurales et parfois montagneuses, sans que ces caractéristiques suffisent à expliquer leur retard, puisque des départements voisins et de même profil ont déjà ouvert au moins un établissement.

Une expansion inégale au milieu du Second Empire

En 1863, alors que le ministère dénombre officiellement 3 300 salles d'asile, l'impression de saupoudrage laissée par la carte de 1840 s'est dissipée : aucun département n'est démuni et près d'un sur deux comptent, au moins, une vingtaine d'établissements (carte 1). Cette diffusion nationale n'a pas supprimé les disparités : entre l'effectif minimum des Hautes-Alpes (3 salles) et l'effectif

Répartition départementale des salles d'asile

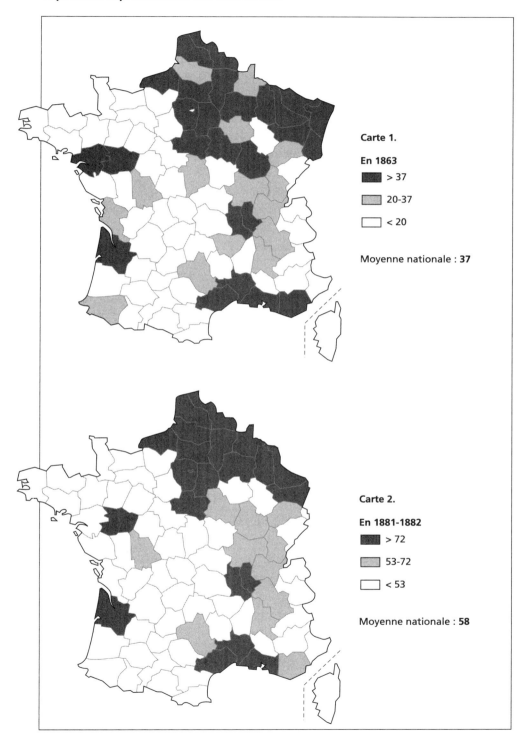

Carte 1.

En 1863

■ > 37

▨ 20-37

☐ < 20

Moyenne nationale : **37**

Carte 2.

En 1881-1882

■ > 72

▨ 53-72

☐ < 53

Moyenne nationale : **58**

maximum du Nord (204), les départements se dispersent autour d'une médiane de 21 établissements, nettement inférieure à la moyenne (37).

Les salles d'asile s'accumulent dans le quart Nord-Est du pays, dans une partie du pourtour méditerranéen et dans quelques départements isolés (Rhône, Loire, Gironde, Maine-et-Loire et Loire-Atlantique). Parler de concentration n'est pas abusif, puisque les vingt-six départements situés au-dessus de la moyenne nationale, soit à peine un tiers du total, rassemblent les deux-tiers des établissements. La suprématie du quart Nord-Est est écrasante : dans ses dix-huit départements situés au-dessus de la moyenne (soit 20 % des départements français), il regroupe la moitié de l'effectif national.

Le taux national d'équipement communal de 6,5 %, qui correspond à la proportion de communes pourvues au moins d'une salle d'asile, prouve que cette institution est encore peu répandue. Elle se fait particulièrement rare en Normandie, dans une grande partie des régions montagneuses et dans quelques départements isolés (Finistère, Loir-et-Cher, Haute-Marne et Doubs). On la retrouve plus souvent dans des départements dotés d'un petit nombre de communes (Loire-Inférieure, Maine-et-Loire, Rhône, Haute-Loire, pourtour méditerranéen), mais aussi dans régions pourvues d'un réseau communal important, voire considérable (Alsace-Lorraine, centre du Bassin parisien, Nord et Gironde). En dehors de la Seine, seuls cinq départements atteignent ou dépassent la fréquence d'équipement communal de 20 % : l'Hérault, le Var, avec environ une commune sur quatre, le Nord, le Bas-Rhin et le Haut-Rhin.

Un réseau plus dense mais disparate au début de la République

En 1881, les zones très démunies ont quasiment disparu, et une dizaine de départements, médiocrement pourvus en 1863, se sont rapprochés de la nouvelle moyenne nationale de 58 établissements – au lieu de 37 – par département (Haute-Saône, Saône-et-Loire et Jura, Isère, Drôme et Ardèche, Aveyron, Haute-Garonne et Basses-Pyrénées). Mais les créations enregistrées depuis 1863 n'ont pas corrigé les inégalités géographiques, car une partie d'entre elles se situent dans les régions déjà bien équipées. Les salles d'asile se concentrent toujours dans quelques zones privilégiées (quart Nord-Est, pourtour méditerranéen, Maine-et-Loire, Gironde), où trente et un départements, pourvus d'un effectif supérieur à la moyenne, regroupent les deux tiers des institutions (carte 2). Le nouveau quart Nord-Est, élargi sur ses bordures méridionales, conserve une nette prééminence : ses vingt départements situés au-dessus de la moyenne renferment 47 % des asiles français. A la même époque, les crèches se concentrent surtout dans le Bassin parisien, le Nord, l'Est, le pourtour méditerranéen et la Gironde[12]. Cette similitude mériterait une recherche autonome, notamment pour comparer la chronologie et les acteurs des fondations. Par rapport au réseau d'accueil potentiel, les institutions de jeunes enfants sont un peu plus répandues en 1881 qu'en 1863, puisque le taux d'équipement communal moyen s'est élevé de 6,5 % à 9,7 %, et la médiane, de 4,7 % à 8,2 %. Si les régions traditionnellement privilégiées conservent les plus fortes fréquences (au-dessus de 20 % de communes pourvues), le taux d'équipement de 10 % est désormais atteint ou dépassé par 40 % des départements (contre 25 %, vingt ans auparavant).

Les effectifs d'inscrits

En 1863, les salles d'asile enregistrent 384 000 inscriptions, soit un ratio surestimé de 13,8 % par rapport aux enfants de deux à six ans. Malgré ses limites, cet indice permet de situer les départements[13] entre le score médiocre des Hautes-Alpes (1,9 %), à un écart-type et demi au-dessous de la moyenne, et la performance du Bas-Rhin (42 %), à 3,6 écarts-types au-dessus (carte 3).
En tête, seize départements atteignent ou dépassent la barre des 20 % :
– le Bas-Rhin (quatre enfants inscrits sur dix),
– le Haut-Rhin, la Meurthe, la Meuse, la Seine-et-Oise, l'Hérault
  (environ un sur trois),
– le Nord, la Seine-et-Marne, le Var (environ un sur quatre),
– le Pas-de-Calais, les Ardennes, la Marne, la Moselle, les Vosges, le Loiret,
  le Gard (environ un sur cinq).

A ce premier groupe, on pourra parfois ajouter, pour les besoins de l'analyse, treize départements situés au-dessus de la moyenne nationale (avec un ratio supérieur à 15 % mais inférieur à 20 %) et localisés dans les mêmes régions : l'Oise, la Seine-Inférieure, l'Aube, l'Yonne, la Côte-d'Or, le Maine-et-Loire et la Vienne, le Rhône et la Loire, la Gironde, la Drôme, le Vaucluse et les Bouches-du-Rhône.

Restent soixante départements (les deux tiers), situés au-dessous de la moyenne et même, pour vingt-trois d'entre eux (surtout localisés en Bretagne, dans le Massif central et ses marges occidentales, dans les Alpes et les Pyrénées occidentales) au-dessous de la moitié de la moyenne (soit 7 %)

Plusieurs départements possèdent un ratio d'inscription plus faible que ne le laissaient supposer un nombre d'établissements et un équipement communal plutôt élevés (Loire-Inférieure, Maine-et-Loire, Bouches-du-Rhône, Rhône) ou, au contraire, plus important que le laissait prévoir un équipement moyen ou faible (Ardennes, Aube, Drôme, Vaucluse). Les effectifs de la classe d'âge visée fournissent l'une des clés de ce reclassement. Avec ses 24 salles et une fréquence d'équipement communal de 3 %, l'Aube réussit à inscrire la même proportion d'enfants (15,5 %) que le Rhône, pourvu de 59 salles réparties entre 16 % de ses communes. Mais on dénombre seulement 15 000 enfants de deux à six ans dans le premier département contre 41 000 dans le second.

Taux d'inscription des 2-6 ans en salles d'asile

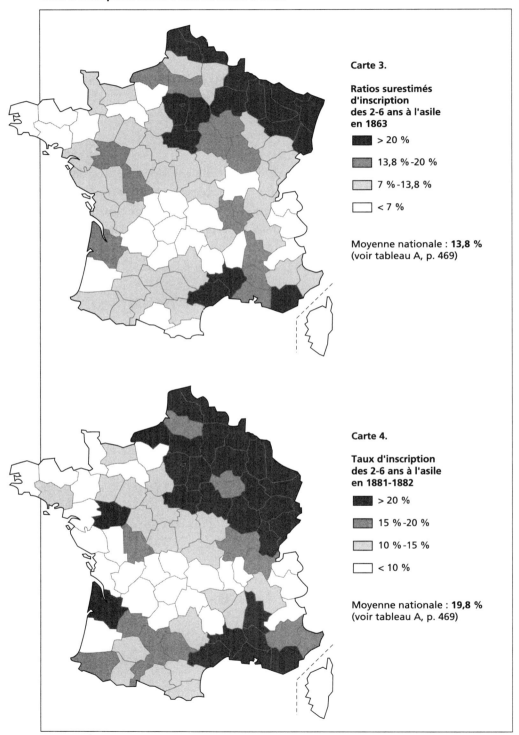

Carte 3.

Ratios surestimés d'inscription des 2-6 ans à l'asile en 1863

▮ > 20 %

▮ 13,8 % -20 %

▮ 7 % -13,8 %

□ < 7 %

Moyenne nationale : **13,8 %** (voir tableau A, p. 469)

Carte 4.

Taux d'inscription des 2-6 ans à l'asile en 1881-1882

▮ > 20 %

▮ 15 % -20 %

▮ 10 % -15 %

□ < 10 %

Moyenne nationale : **19,8 %** (voir tableau A, p. 469)

Taux d'inscription à l'école

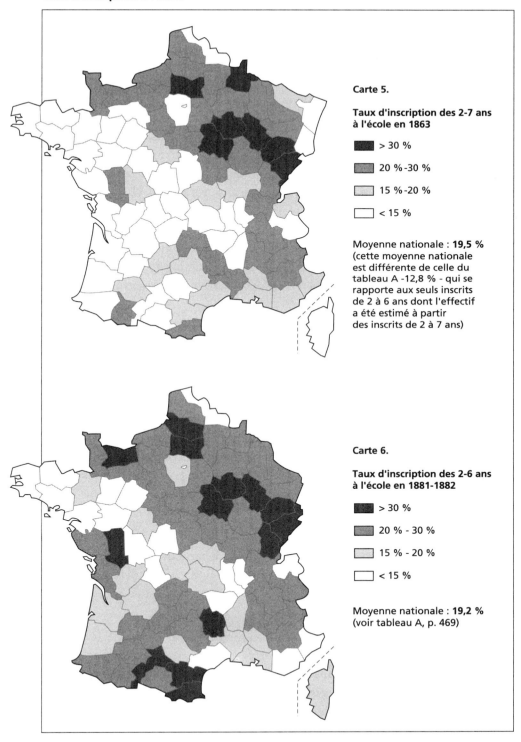

Carte 5.

**Taux d'inscription des 2-7 ans
à l'école en 1863**

> 30 %

20 % -30 %

15 % -20 %

< 15 %

Moyenne nationale : **19,5 %**
(cette moyenne nationale
est différente de celle du
tableau A -12,8 % - qui se
rapporte aux seuls inscrits
de 2 à 6 ans dont l'effectif
a été estimé à partir
des inscrits de 2 à 7 ans)

Carte 6.

**Taux d'inscription des 2-6 ans
à l'école en 1881-1882**

> 30 %

20 % - 30 %

15 % - 20 %

< 15 %

Moyenne nationale : **19,2 %**
(voir tableau A, p. 469)

A partir de 1876-1877, le recensement des inscrits de deux ans à six ans à la salle d'asile et à l'école permet d'apprécier avec plus de précision la préscolarisation dans chaque filière et dans son ensemble. En 1881-1882, les salles d'asile enregistrent 644 000 inscriptions, soit un ratio surestimé de 23 % par rapport aux enfants de deux à six ans (un indice que nous sommes obligés d'utiliser pour établir des comparaisons avec l'année 1863) et un *taux d'inscription véritable* de 19,8 %, obtenu en rapportant les seuls inscrits de deux-six ans aux enfants du même âge (tableau A, p. 469). En vingt ans, l'usage de l'institution des jeunes enfants s'est répandu dans de nouvelles régions : 52 départements en 1881-1882 (soit 60 %), contre 29 en 1863 (soit le tiers), enregistrent dans une salle d'asile plus d'un bambin de deux à six ans sur six, 34 (40 %), contre 16 (18 %) en 1863, plus d'un enfant sur cinq, et 21 (le quart), contre 6 (7 %) en 1863, près d'un enfant sur trois.

En raisonnant sur les vrais taux d'inscription, on peut distinguer en 1881-1882, soit environ cinquante ans après l'ouverture de la première salle d'asile, trois grands espaces dans l'utilisation des établissements réservés aux jeunes enfants (carte 4)[14].

1. Une France de la préscolarisation autonome (trente-et-un départements, dont dix-sept nouveaux depuis 1863), qui inscrit au moins 20 % (moyenne nationale) de ses jeunes enfants à la salle d'asile.
Elle se compose d'une large bande au nord d'une ligne Rouen-Genève (où la moitié des départements dépassaient déjà ce score en 1863), du pourtour méditerranéen (à l'exception de la zone pyrénéenne), prolongé par la Drôme jusqu'à la région lyonnaise, et de deux départements isolés (Gironde, Maine-et-Loire). Dans cet ensemble, onze départements, tous situés, à l'exception du Rhône et de la Seine-et-Oise, dans l'extrême Nord/Nord-Est et sur le pourtour méditerranéen, atteignent ou dépassent le taux réel d'inscription d'un enfant sur trois. Cette France concentre l'essentiel des salles d'asile (les deux tiers des établissements) et de leurs élèves (les trois quarts des inscriptions) pour 39 % des départements.

2. Un ensemble, très discontinu, de trente-quatre départements, toujours crédités de plus de 10 % d'inscriptions (et, pour douze d'entre eux, proches des précédents, de plus de 15 %), situés dans le Centre, le Centre-Ouest, le Sud-Ouest, les Alpes et la moitié occidentale des Pyrénées.

3. Une France indifférente à la préscolarisation autonome (moins de 10 % d'inscriptions), composée d'une vingtaine de départements, essentiellement localisés dans les Alpes, le Massif central et ses marges nord-ouest, et en Bretagne.

Pour dresser un tableau géographique à peu près complet de la préscolarisation, il faut maintenant localiser l'accueil traditionnel des jeunes enfants dans les écoles primaires, puis comparer l'usage des deux filières.

La préscolarisation globale

Avant le milieu du Second Empire, aucune statistique nationale n'existe sur la préscolarisation à l'école. Ensuite, et jusqu'au début de la République, les limites des sources disponibles, qui mentionnent seulement le total des inscriptions scolaires des moins de sept ans, obligent à raisonner sur la catégorie des deux-sept ans (exagérée par la meilleure représentation de la dernière année d'âge, mieux scolarisée que les précédentes) et à conserver cette population de référence pour évaluer la préscolarisation globale avant 1876-1877. Dans ces conditions, nous n'établirons pas de véritables taux, mais, une fois encore, de simples ratios de préscolarisation.

En 1863, trente-six départements, soit quatre sur dix, inscrivent à l'école au moins 20 % – la moyenne nationale – des enfants entre deux ans et sept ans (carte 5). Ce comportement est surtout répandu au nord d'une ligne Saint-Malo-Genève, dans le Dauphiné et dans quelques départements isolés. La comparaison des départements les plus performants dans chaque filière (cartes 3 et 5) fait ressortir deux grands types de distorsion : la relative rareté des inscriptions à l'école dans des régions de forte préscolarisation par la salle d'asile (le Nord, l'Alsace et, à l'exception du Gard, le pourtour méditerranéen) et son ampleur dans certaines des régions moins familiarisées avec cette institution (la Champagne méridionale, la Bourgogne du Nord et la plus grande partie de la Franche-Comté).

Vingt ans plus tard, la nouvelle statistique républicaine, qui distingue le sort des deux-*six* ans, permet d'apprécier plus précisément le phénomène. Six départements sur dix inscrivent, en 1881-1882, au moins 20 % de leurs jeunes enfants à l'école (moyenne nationale), et quatorze d'entre eux, plus de 30 % (carte 6). Comme en 1863, cette pratique est surtout fréquente dans le Nord/Nord-Est et le Dauphiné, auxquels sont venus s'ajouter la bordure occidentale du Poitou et un ensemble discontinu, à cheval sur les Pyrénées et la moitié occidentale du Massif central. Les deux cartes dressées pour 1881 avec des taux véritables (4 et 6) font ressortir la plus grande diffusion de la préscolarisation à l'école. Tandis que trente et un départements inscrivent au moins 20 % des deux-six ans dans une salle d'asile, cinquante et un enregistrent la même proportion dans une école. Comme en 1863, l'espace des fortes inscriptions à la salle d'asile ne coïncide pas avec celui des fortes inscriptions à l'école. On notera, en particulier, la rareté persistante du recours à l'école dans le Nord, le Lyonnais et le pourtour méditerranéen, et, au contraire, sa fréquence dans une partie du Sud-Ouest et des Pyrénées, où la salle d'asile est peu utilisée.

Au milieu du Second Empire, d'après une estimation grossière, la préscolarisation globale, à l'école ou à la salle d'asile, concerne environ 31 % des enfants de deux ans à sept ans. Elle est surtout répandue au nord et au sud-est d'une ligne Saint-Malo-Genève-Bayonne, avec une fréquence maximum dans le quart Nord-Est (carte 7, p. 274). C'est, en revanche, un comportement plutôt rare dans la France de l'Ouest, du Centre et, sauf quelques exceptions, du Sud-Ouest. En 1881-1882, par rapport aux seuls enfants de deux-six ans, près de la moitié des départements atteint ou dépasse la moyenne nationale de préscolarisation globale de 39%, et le tiers, le taux de 50% (carte 8, p. 274). Cette pratique est surtout fréquente à l'est puis au nord d'une ligne Boulogne-Orléans-Genève et dans le pourtour méditerranéen, prolongé vers le Rhône et la Gironde.

Pour affiner ces conclusions, on peut utiliser des tris croisés ou, mieux encore, une analyse factorielle des correspondances, qui place, dans un espace à plusieurs dimensions, cinq indices de préscolarisation en fonction de leur valeur dans chaque département et chacun des départements en fonction de ses taux respectifs[15]. Les indices retenus pour l'année 1881-1882 sont les taux d'inscription des trois-six ans à l'asile et à l'école, le taux global de préscolarisation, le taux global de non-inscription et le taux d'inscription des plus de six ans à la salle d'asile.

Typologie de la préscolarisation en 1881-1882 (carte 9)

Régions pourvues d'un taux global de préscolarisation supérieur à la moyenne nationale de 39%

1. Grâce à une contribution majoritaire de l'école (qui enregistre presque toujours plus des deux tiers des inscrits).
– sans une participation importante de la salle d'asile : c'est le *modèle traditionnel de préscolarisation* à l'état pur, encore répandu, en 1881, dans la Somme, le Calvados, les Pyrénées-Orientales et l'Aude.
– avec une participation appréciable de la salle d'asile (qui enregistre au moins 20% du public visé, et un tiers des inscrits) : ce *modèle traditionnel aménagé* est l'un des deux grands modes de préscolarisation de l'ensemble Nord/Nord-Est.
2. Grâce à une contribution majoritaire de la salle d'asile (qui enregistre toujours plus des deux tiers des inscrits.
– sans une participation importante de l'école : ce *modèle autonome de préscolarisation*, fondé sur l'usage d'un établissement spécifique, est l'un des traits caractéristiques du pourtour méditerranéen et de plusieurs départements isolés (Nord, Seine et Seine-et-Oise, Maine-et-Loire, Rhône, Gironde),
– avec une participation appréciable de l'école (qui enregistre au moins 20% du public visé) : ce *modèle autonome aménagé* existe seulement dans le Pas-de-Calais et entre la Meurthe-et-Moselle et le Loiret).
3. Grâce à un relatif partage entre les deux filières.
Cette *variante des modèles mixtes,* avec un léger avantage à l'école, se retrouve à la fois dans des zones septentrionales et méridionales de bonne préscolarisation.

Régions de préscolarisation proches de la moyenne nationale

La contribution de l'école joue ici un rôle essentiel, soit sous la forme du modèle traditionnel au sens strict (Eure-et-Loir, Eure, Manche), soit sous la forme du modèle traditionnel aménagé, dans lequel la salle d'asile intervient davantage (Tarn-et-Garonne, Ain, Isère, Loire, Saône-et-Loire).

Régions de médiocre préscolarisation

Leur situation exprime deux cas de figure différents : une insuffisance du modèle traditionnel, qui ne garantit plus un taux global moyen en raison d'une fréquence plus réduite des inscriptions à l'école (au mieux 20 %), ou une très faible demande de préscolarisation, attestée par des taux d'inscription modestes dans l'une ou dans l'autre filière (c'est le cas en Bretagne, dans une partie du Centre-Ouest et dans certains départements du Poitou et du Massif central).

Pourquoi certaines régions ouvrent-elles des établissements, autonomes, d'accueil et d'éducation des jeunes enfants ? Pourquoi d'autres ne le font-elles pas ou plus rarement ? Nous avons recherché les premiers éléments de réponse à ces questions en explorant nos données avec des analyses factorielles des correspondances (AFC), dont le travail pionnier de Jacques Gavoille a bien montré la contribution irremplaçable à l'étude des liaisons entre l'école et la société[16].

Les clés de la préscolarisation

Les suggestions de l'analyse factorielle des correspondances

Les huit analyses réalisées sur l'usage des salles d'asile dans les départements français en 1863 et en 1881-1882 ont porté sur quatorze caractères :
– Cinq de ces caractères concernent l'audience de la salle d'asile et les contributions des quatre catégories d'établissements : ratios ou taux d'inscription, proportion des inscrits dans les établissements congréganistes publics et congréganistes privés, ou laïcs publics et laïcs privés.
– Neuf autres caractères concernent la scolarité élémentaire (taux d'inscription des 6-13 ans et proportion d'élèves dans les écoles congréganistes), la démographie (taux de population rurale, proportions de la population résidant dans des communes de 2 000 à 5 000 habitants, de 5 000 à 10 000 et de plus de 10 000), l'économie (proportion de la population active féminine dans l'agriculture, l'industrie et les autres métiers).
La configuration des éléments principaux dans les plans factoriels significatifs des deux AFC particulièrement utilisées révèle une constellation des contextes de l'usage de la salle d'asile et des contributions de chaque catégorie d'établissements, que nous nous contentons de résumer ici.

Préscolarisation globale*

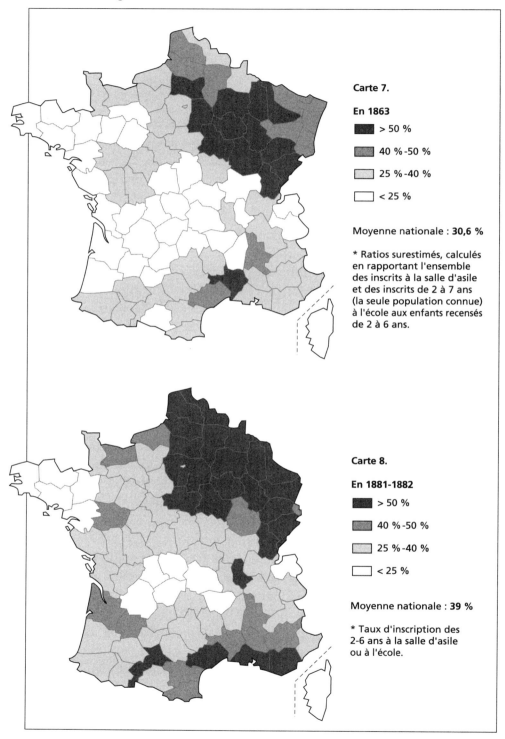

Carte 7.

En 1863

■ > 50 %

▨ 40 % - 50 %

▨ 25 % - 40 %

☐ < 25 %

Moyenne nationale : **30,6 %**

* Ratios surestimés, calculés en rapportant l'ensemble des inscrits à la salle d'asile et des inscrits de 2 à 7 ans (la seule population connue) à l'école aux enfants recensés de 2 à 6 ans.

Carte 8.

En 1881-1882

■ > 50 %

▨ 40 % - 50 %

▨ 25 % - 40 %

☐ < 25 %

Moyenne nationale : **39 %**

* Taux d'inscription des 2-6 ans à la salle d'asile ou à l'école.

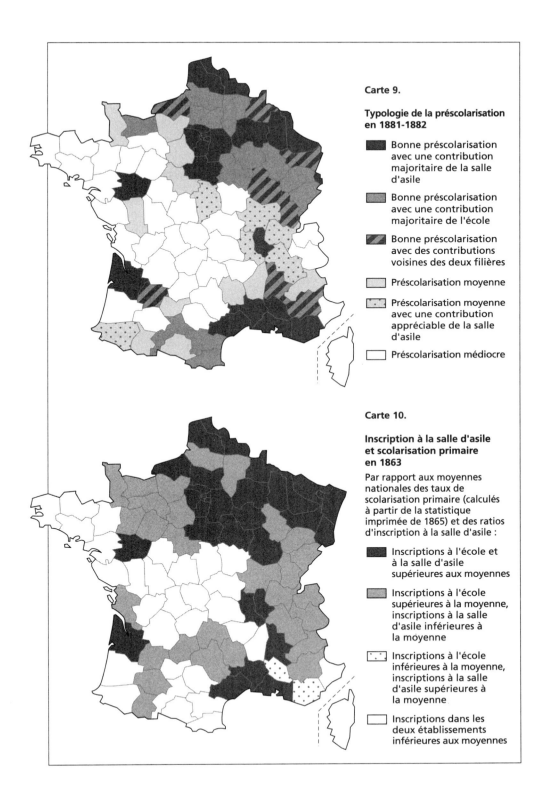

Carte 9.

Typologie de la préscolarisation en 1881-1882

- Bonne préscolarisation avec une contribution majoritaire de la salle d'asile
- Bonne préscolarisation avec une contribution majoritaire de l'école
- Bonne préscolarisation avec des contributions voisines des deux filières
- Préscolarisation moyenne
- Préscolarisation moyenne avec une contribution appréciable de la salle d'asile
- Préscolarisation médiocre

Carte 10.

Inscription à la salle d'asile et scolarisation primaire en 1863

Par rapport aux moyennes nationales des taux de scolarisation primaire (calculés à partir de la statistique imprimée de 1865) et des ratios d'inscription à la salle d'asile :

- Inscriptions à l'école et à la salle d'asile supérieures aux moyennes
- Inscriptions à l'école supérieures à la moyenne, inscriptions à la salle d'asile inférieures à la moyenne
- Inscriptions à l'école inférieures à la moyenne, inscriptions à la salle d'asile supérieures à la moyenne
- Inscriptions dans les deux établissements inférieures aux moyennes

Recours fréquent à la salle d'asile

– Forte population urbaine (avec une atténuation de la liaison en 1881) et concentration maximum dans les grandes villes.
– Emploi féminin élevé dans l'industrie et dans les services, mais faible dans l'agriculture.
– Scolarisation primaire plutôt bonne.
– Contribution importante des établissements laïcs publics (associés à la présence maximum d'écoles laïques) et des établissements laïcs privés

Faible recours à la salle d'asile

– Forte population rurale.
– Emploi féminin élevé dans l'agriculture.
– Scolarisation primaire plutôt médiocre.
– Contribution importante des établissements congréganistes publics et contribution minimum des asiles laïcs.

En 1863, le recours aux établissements publics est proche, dans les plans factoriels, de l'usage réduit de la salle d'asile et de la population rurale maximum. En 1881, alors que la politique antérieure de laïcisation a resserré le réseau de l'enseignement confessionnel, l'utilisation des asiles congréganistes publics est plutôt associée à celle des écoles congréganistes. La contribution maximale des établissements congréganistes privés est, en revanche, indépendante des degrés d'utilisation de la salle d'asile ou de l'ampleur de la population rurale. On peut l'associer à la présence maximale des écoles congréganistes et à la représentation maximale des grandes villes.

Utilisée comme un simple instrument d'exploration des données, l'AFC met en évidence des liens, univoques ou ambivalents, permanents ou temporaires, entre l'usage de l'institution des jeunes enfants et les contributions des quatre catégories d'établissements, d'une part, et la répartition de la population, l'emploi féminin, la scolarisation primaire et la fréquence des écoles congréganistes ou laïques, d'autre part. Ces liens peuvent être interprétés comme des hypothèses explicatives du recours à la salle d'asile qu'il faut maintenant vérifier ou préciser en considérant des coefficients de corrélation, d'autres variables et le profil de certains départements, représentatifs ou atypiques dans la typologie de l'AFC.

Asiles des villes, asiles des champs

En 1863 comme en 1881, des corrélations positives significatives (supérieures au coefficient de 0,60, qui explique près de 40 % de la variance) existent, au niveau des statistiques départementales, entre le taux de population urbaine, d'une part, et la proportion de communes possédant au moins une salle d'asile (+ 0,73 en

1863 et +0,71 en 1881) ou les ratios d'inscription à la salle d'asile (+ 0,50 en 1863 et +0,63 en 1881), d'autre part. En revanche, les inscriptions des jeunes enfants dans les écoles et l'urbanisation n'entretiennent aucune liaison significative en 1863 (0,12) et en 1881 (−0,28). Les corrélations, qui ne prouvent pas forcément l'existence d'un lien de causalité, peuvent masquer des situations particulières, lisibles sur les représentations cartographiques et sur les tableaux réalisés à partir des tris croisés. Le recours à ces nouveaux indices révèle trois types de liaison entre l'usage de la salle d'asile et l'urbanisation : des inscriptions fréquentes à l'asile et un très bon degré d'urbanisation (Seine, Rhône, Gironde, Alsace, pourtour méditerranéen), des inscriptions fréquentes à l'asile et une urbanisation faible ou moyenne (plusieurs départements du Nord-Est et de la région parisienne), des inscriptions moins fréquentes, voire très réduites, à l'asile et une urbanisation faible ou médiocre (départements ruraux, dont certains – comme la Mayenne, la Haute-Garonne, le Tarn-et-Garonne, l'Aveyron, les Basses-Alpes, l'Isère et la Saône-et-Loire – enregistrent une forte croissance de leurs ratios d'inscription entre 1863 et 1881).

Le caractère «urbain» ou «rural» des communes qui possèdent une salle d'asile (2225 en 1861 et 2661 en 1872) apporte un éclairage complémentaire. D'après les données disponibles pour les années 1861-1872, les communes de plus de 2000 habitants – que l'imprécision des statistiques scolaires imprimées[17] nous oblige à qualifier ici d'«urbaines» sans prendre en considération la population agglomérée – représentent 6% à 7% des communes françaises, mais 50%, environ, de celles où fonctionne une institution de jeunes enfants. La commune urbaine a été, dès l'origine, le lieu d'implantation privilégié de la salle d'asile : en 1840, dans les cinquante-six départements où fonctionnent moins de cinq établissements, les chefs-lieux d'arrondissement et de département représentent les trois quarts des agglomérations déjà équipées. Plusieurs caractéristiques de la demande et de l'offre préscolaires dans le monde urbain déterminent cette localisation préférentielle. Les villes proposent beaucoup d'emplois féminins à l'extérieur du domicile ; elles entassent les familles populaires dans des logements exigus ; elles rassemblent de nombreux bambins de deux à six ans, souvent refusés par des écoles surchargées, mais capables de fréquenter quotidiennement un autre établissement ouvert dans le voisinage. La corrélation positive très significative (0,75) constatée, en 1863, entre le pourcentage des communes pourvues d'un asile et le degré d'agglomération de la population prouve que la dispersion de l'habitat gêne, au contraire, l'implantation des salles d'asile dans les campagnes. Plus riches que les villages, les villes, et en particulier les cités administratives, renferment une élite aisée et informée, où peuvent se recruter des bienfaiteurs et des partisans de l'institution des jeunes enfants. Mais la prédilection de la salle d'asile pour l'univers des villes ne s'accompagne d'aucune relation particulière entre la géographie des établissements urbains et celle de l'envoi des tout-petits en nourrice, très répandu dans certaines cités[18].

On peut préciser ces observations en considérant la diffusion de la salle d'asile selon la taille des véritables communes urbaines grâce aux états de situation relatifs à un échantillon, représentatif, de départements : un sur cinq en 1846, près d'un sur trois en 1863 et autant en 1881-1882[19]. Les liaisons positives existent surtout entre l'usage de cet établissement et la présence des villes de plus de 10 000 habitants. Cette implantation privilégiée n'est qu'un aspect de la concentration des salles d'asile dans certaines agglomérations. En 1840, 41 % des institutions de jeunes enfants sont installées dans des communes dotées, au minimum, de deux établissements. Dans certains départements, cette tendance profite essentiellement à une seule ville, souvent un chef-lieu de grande taille, équipée dès le début de la monarchie de Juillet. En Gironde, 7 asiles sur 10 sont installés à Bordeaux ; dans le Bas-Rhin, 11 sur 18 à Strasbourg ; dans le Rhône, 6 sur 9 à Lyon ; dans la Haute-Garonne, 5 sur 6 à Toulouse. Un quart des établissements en 1863 (soit 854) et près du tiers en 1881 (soit 1 548) fonctionnent dans une agglomération où existe au moins une autre salle d'asile. Plusieurs raisons expliquent les fondations successives dans les communes urbaines, et particulièrement dans les plus grandes d'entre elles : l'ampleur et la diversité des besoins, qui garantissent – au-delà d'un certain seuil – une clientèle à des établissements réservés aux filles, à la progéniture de la petite bourgeoisie, aux protestants ou aux israélites, l'étendue du territoire urbain, qui empêche les bambins d'utiliser une salle d'asile trop éloignée, et la présence de nombreux fondateurs potentiels, sensibles au succès des créations antérieures.

La salle d'asile est, en revanche, exceptionnelle dans les communes de moins de 2 000 habitants, que nous qualifions de « rurales », avec les réserves déjà citées, et dont 3 % à 4 % seulement (1 110 en 1861 et 1 404 en 1872) possèdent cette institution. Mais ces villages représentent tout de même 50 % des communes équipées en 1861 et 53 % en 1872. D'après les états de situation déjà cités, les villages sont très majoritaires, dans le quart Nord-Est de la France, dans des départements qui possèdent une proportion de communes urbaines élevée (Haut-Rhin et Bas-Rhin) ou très faible (Marne, Meuse, Doubs)[20], et où les établissements ruraux contribuent largement à la croissance des années 1863-1881[21]. Ils se rapprochent des 50 % dans le Midi, où certains départements (Gard, Hérault) associent une bonne diffusion rurale de la salle d'asile à une forte proportion de villes et où l'équipement urbain précoce déplace, une fois encore, le front pionnier des salles d'asile vers la zone rurale dès le début des années 1860. Ils restent très minoritaires dans le Nord, doté d'un nombre élevé de communes urbaines. Ils améliorent leur représentation (de 3 % à 40 % entre 1846 et 1863) dans les régions dépourvues de l'Ouest, du Sud-ouest et des zones montagneuses, où, quel que soit le taux global, l'asile rural peut demeurer, comme d'ailleurs l'asile urbain, une véritable exception.

La comparaison des résultats de l'AFC, des coefficients de corrélation et des états de situation départementaux permet d'esquisser une géographie de l'action des différents promoteurs de la salle d'asile.

Héritiers des traditionnelles garderies, les établissements laïcs, et notamment les établissements laïcs privés, peuvent jouer un rôle déterminant dans les villages de certaines régions bien pourvues, comme le Midi, le Nord à un degré moindre, et les terroirs protestants, où les autres initiatives, congréganistes et publiques, restent insuffisantes. A cette exception près, la grande ville constitue le territoire de prédilection des établissements laïcs, qu'ils soient organisés par des personnes désireuses de profiter d'un marché considérable ou par des notables, soucieux, par esprit d'indépendance ou par conviction anticléricale, de ne pas s'adresser aux congrégations et même, à partir des années 1860, de les éliminer de l'institution des jeunes enfants.

Le patrimoine, le personnel et l'expérience des congrégations leur permettent d'intervenir lorsque les autres promoteurs font plus ou moins défaut. Elles peuvent agir seules, ou avec le soutien de la charité, dans des régions très inhospitalières à la salle d'asile et dans une partie des villages et des petites villes des régions mieux équipées, comme le Midi[22]. A partir du milieu du siècle, elles assurent aussi des fondations autonomes dans des villes, moyennes ou grandes, de l'Est et du Nord, déjà équipées en établissements publics, laïcs ou congréganistes, mais où la diversité des besoins, puis les mesures de laïcisation, garantissent une clientèle à des établissements religieux privés et réservés aux fillettes, aux enfants de parents catholiques ou à la progéniture petite bourgeoise. En revanche, elles bénéficient davantage d'une aide publique dans les communes rurales et dans certaines petites villes de l'Est et du Nord. La proportion importante, en 1881, d'établissements religieux subventionnés dans des villages et dans des petites villes de ces deux régions, et, à un degré moindre, dans ceux du Midi, explique la relative résistance du secteur congréganiste public constatée au niveau national.

La situation professionnelle des utilisatrices du réseau préscolaire éclaire sa diffusion en introduisant dans le tableau les besoins de garde du jeune enfant.

Mères laborieuses, mères inactives

L'inscription des jeunes enfants à l'école n'entretient aucune liaison significative avec l'un des trois types d'activité féminine, estimés à partir des effectifs de femmes attribués à chaque secteur d'activité par les dénombrements de 1861 et de 1881. En revanche, l'inscription à la salle d'asile est corrélée négativement avec l'emploi féminin agricole (−0,59 en 1863, −0,67 en 1881) et positivement avec l'emploi féminin dans l'industrie (+0,54 en 1863, +0,57 en 1881) et les services (+0,45 en 1863, +0,69 en 1881), deux branches où le travail des femmes augmente particulièrement après le milieu du siècle. D'après l'une des AFC relatives à l'année 1863 et les tris croisés des valeurs de chaque département, le lien positif de l'inscription à la salle d'asile avec l'emploi dans l'industrie est particulièrement sensible dans certains départements du Nord, de l'Est, du Lyonnais et du Languedoc, engagés dans la filature et le tissage de la laine et du coton, et dans des départements ruraux (Oise, Ardennes, Marne, Aube, Yonne, Vosges), où l'industrie textile est implantée, sous forme de travail à domicile, dans les campagnes (carte 11).

Une enquête réalisée en 1889 dans cinquante écoles maternelles, surtout urbaines et réparties entre vingt-deux départements, confirme en partie ces résultats en dénombrant, parmi 5 753 utilisatrices, 60 % de mères professionnellement actives et, plus précisément, 36 % de mères «travaillant au dehors» et 24 % de mères «travaillant chez elles», en particulier dans les métiers du textile, l'horlogerie ou la coutellerie, le petit commerce et l'artisanat. Sur les 2 070 mères employées hors de leur domicile, et pour lesquelles le type d'activité est toujours indiqué, 35 % travaillent dans les services (blanchisseuses, repasseuses, domestiques), 24 %, dans le commerce (marchandes, employées, aubergistes), 22 %, dans les «manufactures» et 16 %, comme «couturières[23]».

A ce niveau général d'observation, on peut encore discerner des liens entre la salle d'asile et le dynamisme économique ou les activités non agricoles, en utilisant les conclusions de Bernard Lepetit sur les dénivellations de l'espace économique français sous la Monarchie de Juillet[24]. La plupart des départements pourvus de plus de cinq salles d'asile en 1840 ou des meilleurs taux d'inscription en 1863 figurent parmi ceux qui dépassent les moyennes nationales de la valeur immobilière des mines et des usines, du nombre d'ouvriers par établissement industriel et du montant de la patente – établissements industriels exclus – par habitant.

La géographie de la salle d'asile impose-t-elle de définir cette institution comme une simple réponse à la forte progression des emplois féminins industriels, y compris dans les campagnes, et tertiaires ? Plusieurs indices laissent entrevoir les limites de cette liaison : le relâchement des corrélations positives entre 1863 et 1881 dans le groupe des départements pourvus d'un ratio d'inscription supérieur à 15 %, l'association d'un bon ratio d'emploi féminin industriel et d'une médiocre utilisation de la salle d'asile dans le Calvados, l'Eure, l'Orne, la Mayenne et la Somme (carte 11), la relative indépendance, par rapport au travail des femmes, de l'inscription anticipée dans les écoles, qui constitue une autre réponse institutionnelle à l'indisponibilité des mères de famille. L'étude de trois départements significatifs – le Doubs, le Calvados et le Rhône – permettra de dépasser ces premières conclusions, parfois paradoxales, en révélant des relations complexes entre les occupations professionnelles des femmes et l'usage des filières officielles de la préscolarisation.

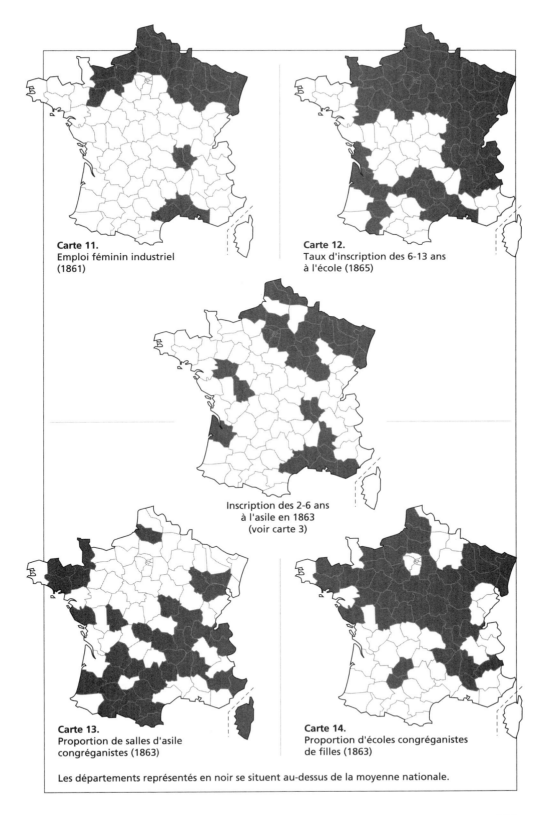

Carte 11.
Emploi féminin industriel
(1861)

Carte 12.
Taux d'inscription des 6-13 ans
à l'école (1865)

Inscription des 2-6 ans
à l'asile en 1863
(voir carte 3)

Carte 13.
Proportion de salles d'asile
congréganistes (1863)

Carte 14.
Proportion d'écoles congréganistes
de filles (1863)

Les départements représentés en noir se situent au-dessus de la moyenne nationale.

L'assistance aux citadines et aux campagnardes laborieuses

La salle d'asile rend service à des mères obligées de travailler hors de leur domicile, parfois jusqu'à dix à douze heures par jour, dans les ateliers, les manufactures, le commerce ambulant et les autres services que l'essor des villes multiplie. Mais des femmes occupées chez elles, comme l'ouvrière en chambre, payée à la pièce, l'épouse de l'artisan et la petite commerçante, privée de domestique, n'ont pas forcément le temps de veiller toute la journée sur leurs marmots. En 1875, une marchande de mode de Saint-Germain-en-Laye se réjouit d'avoir pu inscrire sa fille, dès l'âge de vingt mois, dans un asile privé, car «cela lui rendait un grand service[25]». A la campagne, les villageoises surveillent leur nourrisson tout en travaillant sur le métier à tisser; elles l'emmènent aux champs, dans une hotte à bébé, ou elles le laissent au foyer dans un maillot bien serré. Trop petits pour travailler régulièrement et, parfois, pour accompagner leurs aînés, les bambins de deux ans à cinq ans sont des personnages plus encombrants. Dans le vignoble champenois, à la fin du Second Empire, une douzaine de salles d'asile (dont sept sont implantées dans les villes de Reims, Châlons, Épernay et Vitry) et plusieurs dizaines de classes enfantines, tenues par la femme de l'instituteur ou annexées aux écoles congréganistes de filles, libèrent les journaliers du souci des moins de cinq ans qui ne peuvent pas encore participer aux vendanges[26]. L'exemple du Doubs permet d'étendre le champ d'observation à l'ensemble d'un département.

Le Doubs

En s'appuyant sur les résultats d'une AFC, Jacques Gavoille répartit les cantons du Doubs entre quatre zones naturelles et économiques (carte 15): *le Bas-pays urbain et industriel*, le long de la vallée du Doubs (cantons de Besançon, Montbéliard, Audincourt et Hérimoncourt), la *Montagne*, au-dessus de 700 mètres, pourvue de vastes communes riches à la population assez dispersée, le *Plateau*, avec les grandes communes agricoles des cantons d'Amancey, Vercel et Clerval, et le *Bas-Pays rural,* avec de nombreux petits villages pauvres et des cantons plus ou moins industrialisés (Boussières, Roulans, Baume-les-Dames, l'Isle-sur-le-Doubs, Pont-de-Roide, Saint-Hippolyte et Ornans). Au début des années 1880, l'emploi féminin est ici supérieur à la moyenne nationale dans l'industrie (30% contre 25%), inférieur dans le tertiaire (20% contre 26%) et équivalent dans l'agriculture (49% contre 48%). D'après les enquêtes, incomplètes, de la Chambre de commerce, le textile et l'horlogerie, gros utilisateurs du travail à domicile, emploient, respectivement, 31% et 29% des ouvrières, la fabrique d'outils et la quincaillerie, 30% et la papeterie, 7%[27]. L'implantation de la salle d'asile en 1863 et en 1881 montre sa prédilection pour les communes industrialisées, et parfois urbaines, du Bas-Pays[28], en particulier dans la région de Montbéliard, qui abrite 15 des 44 établissements ouverts à la

Carte 15. Salles d'asile dans le Doubs en 1863 et 1881

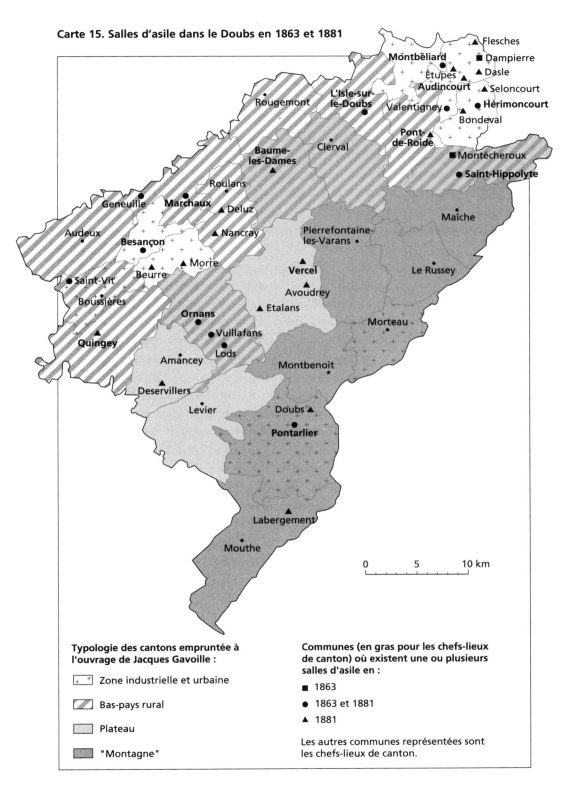

Typologie des cantons empruntée à l'ouvrage de Jacques Gavoille :

⊞	Zone industrielle et urbaine
▨	Bas-pays rural
▒	Plateau
▓	"Montagne"

Communes (en gras pour les chefs-lieux de canton) où existent une ou plusieurs salles d'asile en :

■ 1863

● 1863 et 1881

▲ 1881

Les autres communes représentées sont les chefs-lieux de canton.

fin de la période. Plusieurs indices prouvent que l'institution autonome des jeunes enfants répond à un besoin réel et ancien, notamment chez les ouvrières, à domicile ou en atelier, du textile, de l'horlogerie ou de la quincaillerie : la localisation des fondations, les taux élevés d'inscription – 89 % des deux-six ans enregistrés, en 1881, à Lods (1 100 habitants), 78 % à Bondeval (956 habitants), 73 % à L'Isle-sur-le-Doubs (2 500 habitants), 72 % à Ornans (3 350 habitants) – et le tarissement, dans certaines communes, de la scolarisation anticipée après l'ouverture d'un établissement spécial pour les moins de six ans.

Mais, aussi important soit-il, l'emploi industriel n'est pas le seul facteur déterminant de l'implantation des salles d'asile. Le pays de Montbéliard n'est pas seulement la principale zone industrielle du département : c'est aussi une région peuplée de nombreux protestants, attentifs à l'éducation de leur progéniture et soucieux de ne pas l'abandonner, même avant l'âge de raison, aux congrégations. En revanche, dans les cantons les plus industriels de la Montagne, le relief, le climat et l'habitat dispersé ont empêché l'organisation d'un établissement qui aurait imposé un trajet quotidien difficile à de jeunes enfants. Ailleurs, au contraire, d'autres facteurs ont pesé en faveur de la nouvelle institution. En 1863, cinq des sept communes de plus de 2 000 habitants sont pourvues d'une salle d'asile, et neuf des seize agglomérations déjà équipées sont des chefs-lieux. En 1881, les rapports sont respectivement de dix communes «urbaines» sur treize et de dix chefs-lieux sur trente-trois lieux d'implantation. La grosse majorité des communes équipées sont, par ailleurs, plutôt riches si on considère le revenu communal moyen. Mais si la taille de la commune, sa richesse, ses fonctions administratives et son ouverture aux idées nouvelles jouent un rôle dans les fondations, la liaison, une fois encore, n'est pas systématique. En dehors de la Montagne, on trouve, dans les environs des communes dotées d'une salle d'asile, d'autres agglomérations industrielles, aussi riches et parfois aussi peuplées, mais dépourvues d'une institution de jeunes enfants. Le Bas-Pays urbain et industriel, plutôt laïque et républicain, ne paraît pas, proportionnellement, mieux équipé – à l'exception du chef-lieu – que certains cantons du Plateau (d'Amancey à Vercel), cléricaux et conservateurs.

Lorsque la salle d'asile fait défaut ou lorsque ses capacités d'accueil sont insuffisantes, des mères laborieuses envoient leurs bambins à l'école. En 1863, les écoles du Doubs enregistrent 52 % des deux-sept ans, et les salles d'asile, 10 % ; en 1881, elles inscrivent 32,4 % des deux-six ans (soit plus que la moyenne nationale, située à 19 %) et les salles d'asile, 20,6 % (soit le niveau de la moyenne nationale). La préscolarisation s'effectue ici selon le modèle traditionnel aménagé : en 1881, le Doubs enregistre 53 % des deux-six ans dans les deux filières officielles, mais 39 % seulement du total de ces jeunes élèves (contre 51 % au niveau national) fréquentent une salle d'asile. La scolarisation anticipée est surtout répandue dans les zones urbaines et industrielles, là où les femmes travaillent fréquemment hors de chez elles, et, à un degré moindre, dans le Bas-Pays rural, où les marmots sont envoyés à l'école pendant les mois d'été pour permettre aux adultes de se consacrer aux travaux des champs. L'usage précoce de l'école décroît dans la Montagne et sur les plateaux supérieurs, car les parents, plus occupés par l'élevage et déjà habitués à garder les bambins à la maison pendant un hiver long et rigoureux, ont moins besoin de les scolariser pendant l'été[29].

L'exemple des cantons de la Montagne et des plateaux supérieurs du Doubs montre que des mères peuvent travailler – ici, dans l'agriculture avec, parfois, une activité industrielle complémentaire à domicile – en utilisant très peu les deux dispositifs institutionnels de préscolarisation. Pour mieux comprendre ce cas de figure, nous allons l'étudier, hors des zones principalement agricoles ou montagneuses, dans le Calvados et dans le Rhône.

L'absence de préscolarisation institutionnelle malgré le travail des mères

Le Calvados

Ce département rassemble quatre grandes régions : à l'Est, le *Pays d'Auge,* qui associe le bocage et les zones d'openfield, au centre, la *Campagne de Caen,* lieu de culture des céréales et du colza, au Nord-Ouest, le *Bessin,* pays de forêt, de production céréalière et d'élevage, au Sud-Ouest, le *Bocage.* Le travail du textile y est omniprésent, sauf dans la région de Pont-L'Évêque (carte 16)[30].

La diffusion et l'utilisation de la salle d'asile restent ici limitées : 21 établissements (dont 5 à Caen) dans 18 communes (sur 767) et 11 % d'inscrits en 1863, 24 établissements (dont 7 à Caen) dans 17 communes (l'asile laïc privé de Mézidon a fermé entre les deux dates) et 11 % d'inscrits, encore, en 1881[31]. Les centres urbains sont privilégiés : les six communes de plus de 5 000 habitants et dix des onze communes de plus de 2 000 habitants possèdent au moins une salle d'asile en 1863. Mais les types d'habitat ne paraissent pas déterminants : les régions de population agglomérée (plaines de Falaise et de Caen) ne sont pas vraiment mieux pourvues que le Bocage ou le Pays d'Auge, où dominent les hameaux et les fermes isolées. Le textile n'a pas provoqué automatiquement des fondations. Si la salle d'asile est présente et très fréquentée dans certaines des agglomérations qui travaillent pour l'industrie (Vire, Condé, Orbec, Saint-Pierre-sur-Dives, Creully, Troarn), elle fait défaut dans les villages du Sud du Bocage et de l'arrondissement de Lisieux, deux régions d'habitat dispersé où les femmes se consacrent à la filature, et dans ceux de la Campagne de Caen, où les dentellières représentent, dans plusieurs cantons, 40 % de la population active totale.

L'envoi à l'école reste la pratique préscolaire majoritaire. Elle concerne 25 % des moins de sept ans en 1863, pour une moyenne nationale de 19,5 %, et 35 %

Carte 16. Salles d'asile dans le Calvados en 1863 et en 1881

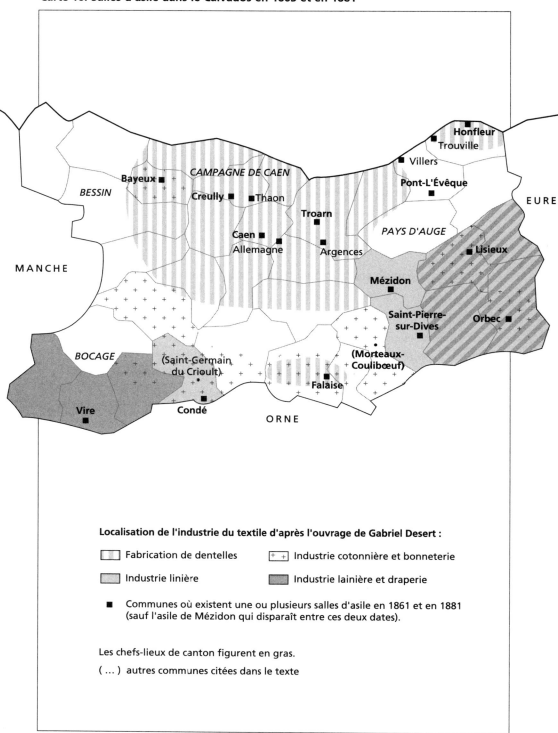

Localisation de l'industrie du textile d'après l'ouvrage de Gabriel Desert :

▨ Fabrication de dentelles   ＋＋ Industrie cotonnière et bonneterie

▨ Industrie linière   ▨ Industrie lainière et draperie

■ Communes où existent une ou plusieurs salles d'asile en 1861 et en 1881 (sauf l'asile de Mézidon qui disparaît entre ces deux dates).

Les chefs-lieux de canton figurent en gras.

(…) autres communes citées dans le texte

des deux-six ans en 1881, pour une moyenne nationale de 19 %. A cette dernière date, le Calvados inscrit 46 % des deux-six ans dans les deux filières, l'école et l'asile, pour une moyenne nationale de 39 %, mais il enregistre seulement le tiers de ces jeunes élèves dans une salle d'asile, contre 51 % au niveau national. Dans certaines communes, riches en emplois industriels ou tertiaires, comme Orbec, Saint-Pierre-sur-Dives, Condé, Troarn et Vire, le cumul de l'envoi à la salle d'asile et de l'inscription anticipée à l'école assure un taux global de préscolarisation égal ou supérieur à 80 %, soit près du double de la moyenne départementale.

L'hypothèse d'un lien automatique entre le travail des mères et la préscolarisation institutionnelle serait vérifiée si, à côté de ces agglomérations, d'autres communes aux profils économiques et démographiques assez voisins, comme Saint-Germain-du-Crioult, Morteaux-Coulibœuf ou Falaise, pour ne citer qu'elles, n'adoptaient pas un comportement très différent. A Morteaux-Coulibœuf, centre de bonneterie et chef-lieu de canton d'un millier d'habitants en 1863, l'école n'accueille que vingt-et-un élèves de moins de sept ans pour un public supposé de quatre-vingt-quatre enfants de deux à sept ans, soit 75 % de non-inscrits[32]. A Falaise, un chef-lieu d'arrondissement peuplé de 8 500 habitants et pourvu de plusieurs fabriques de bonneterie et de tissage du coton, 60 % des deux-six ans ne sont pas inscrits à la salle d'asile ou à l'école en 1881. Là comme dans d'autres communes du Calvados, la femme travaille, le nourrisson est élevé à domicile, grâce au célèbre biberon à tube, qui permet à la mère normande de vaquer à ses travaux le jour et de dormir la nuit[33], le marmot de deux à six ans échappe à la salle d'asile – souvent inexistante – ou à l'école des grands. On retrouve ce phénomène – y compris dans des communes urbaines et à la population concentrée – dans le troisième département témoin.

Le Rhône

Ce département se compose des monts du Beaujolais et du Lyonnais, pays de forêts, d'élevage, et de polyculture pauvre, de leurs contreforts et des plaines de la Saône et du Rhône, terres de polyculture, de cultures maraîchères, en bordure des fleuves, et de vignoble, dominant dans le Beaujolais (carte 17). L'industrie textile est la première source d'emplois féminins non agricoles. Elle associe le travail du coton et de la soie à quelques activités ponctuelles, comme la blanchisserie dans le canton de Vaugneray et à Villefranche. Les usines rurales de cardage et de tissage du coton, qui se multiplient à partir du milieu du siècle dans les cantons de Lamure, Thizy, Amplepuis et Tarare, transforment le paysan-tisserand en ouvrier spécialisé. Le tissage familial de la soie, très répandu dans les fermes, surtout après 1830, résiste en revanche jusqu'à la généralisation des métiers mécaniques, à partir de 1875, et l'ouverture, à L'Arbresle, Tarare et Amplepuis, des premières usines extérieures aux grands centres urbains. Bien que son estimation reste difficile, la

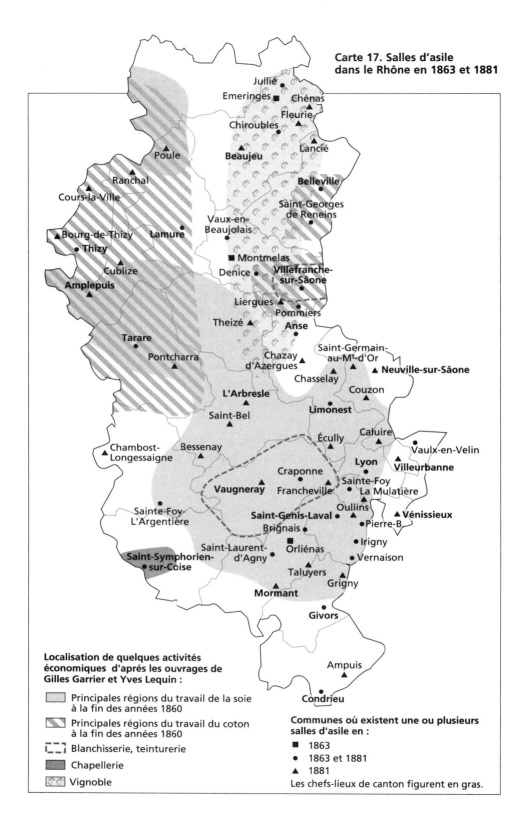

Carte 17. Salles d'asile dans le Rhône en 1863 et 1881

Jullié
Emeringes ■
Chénas ▲
Fleurie ▲
Chiroubles ●
Lancié ▲
Beaujeu ▲
Belleville
Poule ▲
Saint-Georges de Reneins ▲
Ranchal ▲
Cours-la-Ville
Vaux-en-Beaujolais ●
▲ Bourg-de-Thizy
Lamure ▲
● **Thizy**
Cublize ▲
Montmelas ■
Villefranche-sur-Sâone ▲
Denice ●
Amplepuis ▲
Liergues ● ▲
Pommiers ●
Theizé ▲
Anse ▲
Tarare
Chazay d'Azergues ▲
Saint-Germain-au-Mᵗ-d'Or ▲
▲ **Neuville-sur-Sâone**
Pontcharra ▲
Chasselay ▲
Couzon ●
L'Arbresle ▲
Saint-Bel ▲
Limonest ▲
Écully ▲
Caluire ▲
Chambost-Longessaigne ▲
Bessenay ▲
Vaulx-en-Velin ▲
Lyon
Villeurbanne ▲
Craponne ▲
Vaugneray ▲
Francheville ▲
Sainte-Foy ●
La Mulatière ●
Sainte-Foy-L'Argentière ●
Oullins ▲
Saint-Genis-Laval ●
Brignais ●
Vénissieux ▲
Pierre-B ●
▲ Irigny ●
Saint-Laurent-d'Agny
Orliénas ■
Vernaison ●
Saint-Symphorien-sur-Coise ●
Taluyers ●
Grigny ▲
Mormant ▲
Givors ▲

Ampuis ▲
Condrieu ●

Localisation de quelques activités économiques d'aprés les ouvrages de Gilles Garrier et Yves Lequin :

Principales régions du travail de la soie à la fin des années 1860

Principales régions du travail du coton à la fin des années 1860

Blanchisserie, teinturerie

Chapellerie

Vignoble

Communes où existent une ou plusieurs salles d'asile en :

■ 1863
● 1863 et 1881
▲ 1881

Les chefs-lieux de canton figurent en gras.

main-d'œuvre féminine joue un rôle essentiel dans l'industrie textile : elle assure le dévidage de la soie à domicile et elle fournit les trois quarts du personnel des usines de coton ouvertes, à partir du milieu du siècle, dans le canton de Thizy[34].

Plus de la moitié des salles d'asile (15 sur 23, en 1849, et 75 sur 145, en 1881)[35] sont concentrées dans le chef-lieu du département, où les multiples métiers de service réclament une main-d'œuvre féminine et où le tissage, bien rémunéré, de la soiem incite les ouvrières à envoyer les tout-petits en nourrice et les enfants sevrés dans les établissements spécialisés ou dans les garderies. Les salles d'asile se répandent, dès les années 1850, dans des communes urbaines ou rurales très engagées dans l'industrie textile, notamment dans les environs de Lyon, dans le canton de Saint-Genis, à Craponne (premier lieu d'implantation de la blanchisserie dans le canton de Vaugneray), à Saint-Symphorien, à Villefranche et dans les communes voisines, à Tarare, à Thizy et ultérieurement à Cours-la-Ville et à L'Arbresle, où s'installent quelques-unes des premières usines extérieures à l'agglomération lyonnaise. Mais trois discordances empêchent de conclure à un lien systématique entre cette institution et l'industrie textile : sa présence dans plusieurs communes du vignoble (Chiroubles et Jullié, par exemple, qui affichent, dès 1863, des ratios d'inscription respectifs de 66 % et de 50 %), son absence fréquente ou son apparition très tardive dans la zone de prédilection du travail de la soie et du coton (Amplepuis, Cublize, Pontcharra, Saint-Bel, Bessenay, Taluyers ou Vaugneray ne possèdent pas de salle d'asile reconnues avant les années 1870). L'institution autonome des jeunes enfants ne joue d'ailleurs pas un rôle important dans le Rhône avant le début de la République. En 1863, 15 % des deux-six ans (pour une moyenne nationale de 13,8 %) y sont enregistrés dans 59 salles d'asile, réparties entre 40 communes (dont 13 communes de plus de 2000 habitants sur 37), pour un total de 258 agglomérations. En 1881, 35 % des 42 000 enfants de deux ans à six ans (pour une moyenne nationale de 20 %) sont enregistrés dans 145 établissements, ouverts dans 64 communes (dont 30 communes de plus de 2000 habitants sur 40). Mais l'équipement important de Lyon – où 47 % des 20 000 enfants de deux à six ans sont enregistrés dans 75 salles d'asile – gonfle la moyenne départementale. Sans son chef-lieu, le Rhône enregistre seulement 25 % des deux-six ans dans 70 établissements, pour une moyenne nationale de 20 %. Or la scolarisation anticipée n'assume pas ici le rôle de complément constaté dans les autres départements témoins : 12 % seulement des deux-sept ans sont inscrits à l'école en 1863 (pour une moyenne nationale de 19,5 %), et 17,5 % des 2-6 ans en 1881 (pour une moyenne nationale de 19 %) si on retire, pour cette dernière année, la ville de Lyon, qui inscrit seulement 11 % des deux-six ans dans ses écoles, largement remplies par le public réglementaire. La situation du Rhône correspond au modèle de préscolarisation autonome, dans lequel le nouvel établissement des jeunes enfants occupe une place prépondérante : en 1881, la salle d'asile y enregistre 71 % de l'ensemble des inscrits de moins de six ans – à l'asile ou à l'école – pour une moyenne nationale de 51 %.

Une proportion importante des bambins échappe cependant aux deux institutions officielles : près des trois quarts des deux-sept ans en 1863 (contre 66 % au niveau national) et la moitié des deux-six ans en 1881 (contre 61 % au niveau national). L'absence de préscolarisation concerne au moins 60 % de la population enfantine visée dans la plus grande partie du territoire d'expansion de l'industrie textile, y compris en dehors des zones montagneuses. Dans plusieurs communes des cantons de Vaugneray, L'Arbresle, Tarare, Amplepuis et Thizy, la proportion des non-inscrits dépasse 80 % des deux-sept ans en 1863 et des deux-six ans en 1881. Et cette utilisation réduite des deux filières de préscolarisation existe même dans des agglomérations pourvues d'une salle d'asile. En 1881, les proportions de non-inscrits sont respectivement de 64 %, 70 % et 89 % à Pontcharra, à Bourg-de-Thizy et à Cours-la-Ville (canton de Thizy)[36].

Trois principales raisons peuvent expliquer ce recours limité à la préscolarisation institutionnelle dans des zones d'emplois féminins, extérieurs ou non à l'agriculture : l'inactivité professionnelle des mères de famille, leur participation à des tâches plus compatibles avec leurs responsabilités familiales, le recours à d'autres systèmes de garde.

L'essor du travail féminin dans l'industrie et dans les services ne concerne pas obligatoirement des mères de famille. Dans le Calvados, les employées des fabriques urbaines de bonneterie sont souvent des jeunes filles, qui fournissent aussi de gros effectifs aux dentellières et aux bonnetières à domicile. Dans le Rhône, des paysans-tisserands peuvent confier les métiers à leurs grands enfants ou à une domestique. A Anzin, une ville minière et métallurgique qui propose relativement peu d'emplois aux femmes et où 31 % des épouses travaillent en 1872, la majorité des femmes laborieuses sont de jeunes célibataires, capables d'accepter les contraintes de la domesticité et celles du triage du charbon, loin de la cité. Dans les grands magasins, où le mariage est cause de renvoi, la quasi-totalité des vendeuses sont des femmes seules, comme la majorité des employées des postes et des enseignantes[37].

Certaines femmes mariées travaillent dans des conditions qui leur permettent de concilier, au moins partiellement, leurs responsabilités professionnelles et maternelles. A la campagne, les travaux agricoles connaissent des temps forts, pendant les récoltes de l'été et, dans les pays de vignoble, au début de l'automne, et des temps morts, pendant la mauvaise saison. Dans les foyers de paysans-ouvriers du Rhône ou du Calvados, le travail du textile n'a pas non plus la même intensité tout au long de l'année et même de la journée : il occupe davantage les femmes pendant la morte saison et le soir, à la lueur des chandelles, c'est-à-dire à des moments où le problème de la surveillance des marmots trouve une solution domestique. Dans les villes, certaines femmes mariées cessent momentanément leurs activités pour se consacrer à leur progéniture : à Roubaix, où l'emploi dans les usines exige une totale disponibilité, 34 % des femmes sans enfants travaillent contre 14 % des mères d'un enfant de moins de cinq ans. D'autres mères choisissent les services itinérants, comme le ménage ou la lessive, le petit commerce et l'industrie textile à domicile, qui leur permettent de s'occuper un peu de leurs jeunes enfants[38].

Les mères les moins indisponibles ne s'adressent pas obligatoirement à la salle d'asile ou à l'école, parfois éloignées du domicile et dont les règlements sont contraignants. Inversement, des mères accaparées par leur travail ne trouvent pas forcément dans ces établissements le service de garde dont elles ont besoin tout au long de l'année et de la journée. Que font ces femmes qui ne veulent pas ou qui ne peuvent pas utiliser l'un des deux réseaux préscolaires officiels ? Elles emmènent leur progéniture avec elles, lorsque leur travail s'y prête. Elles la confient, en particulier dans les campagnes, aux grands-parents, qui assurent quatre fois sur dix la garde déléguée dans un échantillon de trois cent dix-sept dossiers judiciaires étudiés par Anne-Marie Sohn[39]. Elles la laissent au foyer sous la surveillance de la grande sœur, parfois à peine plus âgée, ou d'un autre membre de la parenté. On peut noter le retard persistant de la salle d'asile – et, même, de l'inscription anticipée à l'école – dans plusieurs départements du Sud-Ouest, où les familles larges et les personnes âgées sont particulièrement nombreuses[40]. Mais la géographie des familles nucléaires n'explique pas pour autant celle de la préscolarisation autonome, car certains départements du pourtour méditerranéen, où la famille élargie fonctionne comme un groupe de solidarité, utilisent la salle d'asile dans des proportions élevées et voisines de celles des régions septentrionales. Lorsque les grands-mères font défaut, les mères laborieuses demandent l'aide d'une voisine sans travail ou bien elles s'adressent à l'une de ces nombreuses garderies urbaines ou rurales qui reçoivent les marmots toute la journée. La faible préscolarisation institutionnelle observée dans certaines communes industrielles perd son caractère paradoxal quand on sait qu'une partie des bambins non inscrits à la salle d'asile ou à l'école fréquente les lieux de garde traditionnels.

Nous avons raisonné jusqu'ici en considérant la salle d'asile comme une réponse possible au travail des mères. Or, le sondage national réalisé en 1889 montre que l'établissement autonome de jeunes enfants peut être largement utilisé par des femmes sans profession.

Une clientèle de femmes «inactives»?

Quatre utilisatrices sur dix (soit 2 370 mères) des cinquante écoles maternelles de l'échantillon de 1889 sont identifiées comme des femmes «ne faisant que leur ménage » et bien distinguées de celles qui exercent une profession à domicile. Cette proportion dépasse 60 % dans un quart des établissements, situés dans des grandes villes (Saint-Étienne, Le Havre, Clermont-Ferrand) ou dans des villes moyennes ou petites[41]. Sans doute le contexte de 1889 n'est-il pas celui des années pionnières de la Monarchie de Juillet. Les familles populaires, et surtout celles des grandes villes, sur-représentées dans l'échantillon, sont plus familiarisées avec l'institution scolaire ; et la meilleure scolarisation des plus de six ans facilite le transfert quotidien des cadets dans un établissement particulier, parfois installé à côté de l'école primaire. Mais, tout en faisant la part de ces distorsions, on peut estimer que le travail des mères n'a pas été la seule cause – ni même toujours la cause principale – de l'envoi des bambins à la petite ou à la grande école, avant ou après 1881.

La mère bourgeoise représente l'exemple extrême de ces mères sans profession qui placent leur jeune enfant dans une institution. D'après les déléguées, certaines salles d'asile, congréganistes privées ou laïques privées, reçoivent les bambins des familles « considérées » (Mende, 1847), « les plus honorables de la ville » (Neufchâteau, 1847), possédant assez de loisirs pour « parler à l'intelligence » de leur progéniture et développer son instruction (Caen, 1847), « parlant et comprenant le français » (Bailleul, Nord, 1853), « riches ou aisées » (Lille, 1854). En 1864, dans une ville inconnue, une dame inspectrice voit même une mère amener une fillette de six ans, portée par sa bonne ! En 1878, des dames patronnesses de Bordeaux inscrivent leurs propres enfants dans l'établissement dont elles s'occupent[42]. Aussi nombreux soient-ils, ces exemples ne permettent pas toujours d'identifier avec précision la clientèle des femmes inactives, car l'expression de « classe aisée », employée par les observateurs, reste ambiguë. Selon les cas de figure, elle désigne des mères de la moyenne ou de la bonne bourgeoisie, souvent qualifiées, en plus, de « riches » et de « cultivées », et réellement sans activité professionnelle, des épouses de négociants, de maîtres-artisans ou de boutiquiers, qui travaillent parfois avec leur mari, et même des femmes, actives ou inactives, d'ouvriers bien rémunérés et capables, à la différence des indigents, de payer une rétribution.

La présence d'enfants « aisés » parmi la clientèle des petites écoles prend des formes diverses. Ici, des familles populaires favorisées et des familles de petite bourgeoisie accaparent l'institution, parfois avec la complicité de la directrice, malgré le mécontentement des responsables qui tentent de réagir contre l'éviction des enfants pauvres. Là, des familles de petite et de moyenne bourgeoisie obtiennent, pour leur progéniture, un traitement privilégié – une pièce distincte et « joliment » aménagée, et une instruction poussée – qui choque les inspectrices générales. Ailleurs, quelques familles de moyenne et de bonne bourgeoisie, qui refusent la promiscuité sociale et l'image de la salle d'asile, même payante et bien tenue, s'adressent à des établissements spécifiques, souvent dotés d'un programme ambitieux ou original, et appelés *institution, maison de garde, classe de l'enfance* ou, après le milieu du siècle, *jardin d'enfants*[43]. Georges Haussmann, né en 1809 et fils d'un commissaire des guerres, Henri Lavedan, né en 1859 et fils d'un journaliste parisien, André Gide, né en 1869 et fils d'un professeur de droit, ou André Siegfried, né en 1875 et fils d'un grand bourgeois du Havre, ont tous appris à lire et à écrire, nous l'avons vu, dans l'une de ces classes enfantines privées qui offrent à une partie de la bourgeoisie un lieu de première éducation collective séparée. Le coût de ce service est élevé : jusqu'à 20 francs par mois, à Paris, en 1837, 5 à 8 francs en province, sous l'Empire, et 12 francs à Sète, en 1881, contre une rétribution de 0,50 centimes à 1,50 francs dans une salle d'asile normale.

Plusieurs raisons, différentes selon les milieux, conduisent une femme inactive à inscrire son bambin à la salle d'asile, dans une classe enfantine privée ou à l'école. Une mère très indigente sera sensible aux pressions des dames patronnesses, à la distribution quotidienne de soupe et aux dons de vêtements. Une famille populaire un peu aisée cédera aux sollicitations des enseignants, désireux d'accroître le produit de la rétribution scolaire et d'assurer le pré-recrutement de l'école ou du pensionnat. Une famille de petite bourgeoisie, soucieuse d'assurer la promotion de sa progéniture, voudra lui donner très tôt l'habitude de la scolarisation et une première instruction. Des parents de bonne bourgeoisie rechercheront une formation scolaire antérieure au lycée ou à la pension, ou ils seront séduits par une méthode d'enseignement fondée sur la causerie ou sur la pédagogie Fröbel. Une autre motivation peut intervenir, et dans tous les milieux, si l'on en croit les témoignages recueillis en 1889 : «nos enfants sont mieux chez vous que chez nous, disent les mères à la directrice ; et puis [...] chez nous, ils nous fatiguent, et à la promenade, ils nous gênent[44]». Rien ne prouve que ces mères – qui ont le temps de se promener – ont simultanément la charge d'un nourrisson ou de plusieurs bambins de plus de deux ans. Elles peuvent simplement chercher à se débarrasser, momentanément, d'un petit personnage accaparant sans recourir au service d'une domestique, qu'elles n'ont pas les moyens d'employer ou de consacrer à cette tâche.

Comme l'urbanisation et le travail des mères, le dernier facteur explicatif suggéré par l'analyse factorielle des correspondances entretient des relations complexes avec la préscolarisation.

La petite école face à la grande

La simple comparaison géographique de la fréquence des salles d'asile et de leur usage, en 1863 et en 1881, avec l'implantation et l'audience des écoles, en 1837, 1850, 1865 (carte 12, p. 281) et 1881, et avec l'alphabétisation féminine montre que l'institution des jeunes enfants est surtout localisée et utilisée dans certaines des régions les plus rapidement alphabétisées et scolarisées. Parmi les départements qui enregistrent plus de 20 % des jeunes enfants dans une salle d'asile, 15 sur 16 en 1863 (soit 94 % contre 62 % dans l'hypothèse d'une distribution aléatoire) et 28 sur 31 en 1881 (soit 90 % contre 63 %) possèdent un taux approximatif de scolarisation supérieur à la moyenne nationale. Cette liaison est très évidente au nord de la ligne Saint-Malo/Genève et surtout dans le quart Nord-Est du pays, c'est-à-dire dans la partie de la France déjà alphabétisée sous l'Ancien Régime et la mieux familiarisée avec l'école dans la première moitié du XIXe siècle. Situés, à une exception près, dans la France septentrionale, les vingt-quatre départements les mieux scolarisés en 1837 (avec un ratio d'inscription supérieur à 800 inscrits pour 10 000 habitants) possèdent 44 % des salles d'asile recensées en 1840. En 1863, le même ensemble territorial (composé, à trois exceptions près, de départements qui enregistrent plus de 90 % des six-treize ans à l'école pour une moyenne nationale de 82,5 %) rassemble 52 % des institutions de jeunes enfants et treize des seize départements qui y inscrivent plus de 20 % du public visé. Au sud de la ligne Saint-Malo/Genève, dans la France dite « sous-scolarisée », la salle d'asile est, une fois encore, mieux implantée et mieux utilisée dans certaines des régions les plus hospitalières à l'école : le sillon rhodanien, le Languedoc et, c'est très net en 1881, l'axe garonno-méditerranéen. A trois exceptions près, cette institution demeure très marginale à l'intérieur d'une ligne Saint-Malo, Mâcon, Bayonne, dans le « triangle résiduel de retard », selon l'expression de François Furet et de Jacques Ozouf, qui conserve les plus mauvaises fréquences d'alphabétisation et de scolarisation lorsque le rattrapage méridional brouille l'ancienne frontière pendant les deux premiers tiers du XIXe siècle[45]. La liaison positive de la préscolarisation avec la scolarisation primaire est encore plus nette si l'on considère l'envoi anticipé des jeunes enfants à l'école, toujours mieux corrélé que le recours à la salle d'asile avec les taux d'inscription des six-treize ans : + 0,53 en 1863 (contre + 0,48 pour l'inscription à l'asile) et + 0,57 en 1881 (contre + 0,34).

Deux lacunes des sources disponibles au niveau national empêchent de préciser ces premières observations en considérant les catégories d'établissements et d'enfants concernés : l'absence de *répartition par sexe* des moins de sept ans inscrits à l'école en 1863 et la *non-distribution entre les établissements congréganistes et laïcs* des moins de six ans inscrits à l'école en 1881. La prédominance des salles congréganistes – 80 % des établissements au début de la Troisième République – incite cependant à rechercher si le réseau des écoles religieuses de filles ne fournit pas l'une des clés de l'implantation des institutions des jeunes enfants.

La forte proportion des salles d'asile installées dans le même bâtiment qu'une école de filles semble confirmer cette hypothèse : en 1881, près des trois quarts des salles publiques (soit 2 244 établissements) sont situées dans un édifice qui réunit l'asile et l'école de filles (1 595 cas), ou l'asile, l'école de filles et l'école de garçons (649)[46]. Or, comme plus des deux tiers des salles publiques sont tenues par des religieuses, on peut estimer qu'une grosse majorité des institutions de jeunes enfants annexées à des écoles de filles sont des établissements congréganistes. Mais la liaison n'est pas systématique. En 1863, donc avant les perturbations introduites par les mesures de laïcisation, la proportion de salles d'asile congréganistes n'est pas corrélée (0,02) avec celle des écoles de filles de même statut ; et le nombre salles d'asile pour 10 000 enfants de deux-six ans ne l'est pas davantage avec la proportion des communes de plus de 500 habitants pourvues d'une école de filles de toute nature. En fait, la géographie de la salle d'asile, toutes catégories confondues, diffère de celle des écoles de filles comme la géographie de la salle d'asile congréganiste (carte 13, p. 281) diffère de celle de l'enseignement féminin confessionnel (carte 14, p. 281). Le quart Sud-Ouest de la France, très inhospitalier pour les écoles congréganistes de filles, mais où la pratique religieuse reste bonne dans une zone allant du Puy-de-Dôme aux Pyrénées[47], abrite, en 1863, une proportion d'asiles religieux nettement supérieure à la moyenne nationale. Le territoire des salles d'asile confessionnelles est, à cette date, à la fois plus limité et plus étendu que celui de l'enseignement féminin religieux. Plus restreint, au Nord d'une ligne Saint-Lô, Châteauroux, Lons-Le-Saunier, car les initiatives laïques, publiques et privées, en direction des jeunes enfants sont plus nombreuses dans des régions déjà familiarisées avec l'institution scolaire ; et plus étendu, car l'inertie des communes du Sud-Ouest aquitain, déjà en retard dans leur équipement scolaire, et la compétence reconnue aux sœurs en matière de première éducation leur permettent d'intervenir en dehors de leur zone d'influence habituelle avec l'espoir de créer un vivier de recrutement pour des écoles de filles.

Les indices de liaison positive constatées entre la préscolarisation et la scolarisation n'excluent pas de nombreuses distorsions (carte 10, p. 275). Une proportion importante des départements situés au-dessus de la moyenne nationale de scolarisation des 6-13 ans – 18 sur 55 en 1863 (notamment en Normandie, en Franche-Comté et dans une partie des Alpes) et 27 sur 55 en 1881 – affichent des taux d'inscription à la salle d'asile inférieurs aux moyennes nationales respectives. Quatre cas de figure, susceptibles de coexister et d'évoluer dans un même département ou dans une même commune, résument les relations équivoques entre l'école et les deux formes institutionnelles de préscolarisation.

L'école, obstacle à la fondation d'une salle d'asile

Institution obligatoire, d'abord pour les garçons puis, progressivement, pour les filles, l'école primaire peut empêcher ou retarder l'ouverture de l'établissement facultatif des jeunes enfants en accaparant les crédits, puis en accueillant les plus petits. La Normandie, les Alpes et, au moins jusqu'à la fin de l'Empire, la Franche-Comté, bien équipées en écoles, conservent ce *modèle traditionnel de préscolarisation*.

L'école, facteur d'ouverture de la salle d'asile

L'existence d'une école permet à des communes libérées des investissements scolaires obligatoires de traiter la question des plus petits d'une manière spécifique. C'est l'avance du pourtour méditerranéen dans son équipement scolaire, y compris, à la différence de la Normandie, dans la fondation des écoles de filles, qui lui fournit les moyens de privilégier le *modèle autonome de préscolarisation*. En accueillant déjà les moins de six ans, la grande école familiarise, par ailleurs, les parents avec une préscolarisation institutionnelle qui peut dépasser, au-delà d'un certain seuil, ses capacités d'accueil. Pour répondre à la demande, les responsables locaux doivent alors créer un établissement particulier, dont l'école facilite parfois l'installation en lui concédant des pièces inutilisées.

La salle d'asile, première forme institutionnelle de préscolarisation?

Dans plusieurs communes du Rhône, engagées dans l'industrie textile, 10 % environ des moins de sept ans sont inscrits à l'école en 1863. Vingt ans plus tard, les salles d'asile ouvertes dans l'intervalle enregistrent généralement plus de 60 % des deux-six ans. On peut donc supposer que la garde des marmots ne représentait pas un problème urgent en 1863 ou plutôt que ce problème était résolu par des solutions domestiques et par le recours aux garderies. Quel que soit le cas de figure, la salle d'asile a frayé, seule, la voie à la préscolarisation officielle en amplifiant peut-être le besoin auquel elle voulait répondre.

L'usage simultané de la salle d'asile et de la scolarisation anticipée

A Tarare (14 500 habitants), dans le Rhône, les deux salles d'asile (une salle publique, tenue par les sœurs de Saint-Charles, et une salle privée, tenue par les sœurs de Saint-Joseph) enregistrent, en 1863, 245 enfants (soit 21 % des deux-sept ans) et les huit écoles, 136 enfants de moins de sept ans (soit 12 % des deux-sept ans), dont 78 – des filles – sont accueillies dans les écoles des deux congrégations responsables des salles d'asile. A Montbéliard (6 250 habitants), l'asile public protestant enregistre, en 1863, 207 enfants, l'asile privé congréganiste (Charité de Besançon), 132, les huit écoles (publiques ou privées) protestantes et l'école privée israélite, 133 enfants de moins de sept ans, et les deux écoles congréganistes, quinze[48]. Plusieurs facteurs, déjà signalés, déterminent ce recours persistant à l'école qui engendre les *modèles mixtes de préscolarisation*: l'éloignement ou l'encombrement de la salle d'asile, le refus de côtoyer une clientèle indigente, la recherche d'une instruction anticipée, en particulier pour les garçons, les préférences religieuses et la politique de pré-recrutement des écoles, qui peut l'emporter sur la solidarité congréganiste.

*   *
*

En 1881-1882, un demi-siècle après l'initiative des dames parisiennes, la France compte près de cinq mille salles d'asile, qui enregistrent 560 000 enfants, soit le cinquième du public visé et la moitié des bambins de deux ans à six ans inscrits dans un établissement scolaire. Ces cinq mille institutions – un chiffre inférieur au total des fondations, qui devrait inclure les établissements disparus et ceux des provinces perdues – sont installées dans 10 % des communes. C'est peu, bien sûr, par comparaison avec la diffusion des écoles primaires de garçons ou des écoles mixtes, qui existent dans la quasi-totalité des communes, et avec celle des écoles de filles, ouvertes, en 1863, dans la moitié des agglomérations et, en 1881, dans près des deux tiers. Mais si l'on songe au caractère facultatif de la salle d'asile et à la concurrence de l'école, le bilan de la première préscolarisation autonome prouve un effort d'équipement important.

L'institution des jeunes enfants ne s'est pas implantée uniformément. Elle est beaucoup plus fréquente – comme les crèches – et mieux utilisée dans la France économiquement dynamique du Nord, du Nord-Est, de la région parisienne au sens étroit et dans les zones d'influence des grandes métropoles méridionales. Elle préfère les villes, qui concentrent les besoins, les ressources, les initiatives, et les régions mieux scolarisées. Sauf exception, elle est peu répandue dans la France rurale de l'Ouest et du Sud-Ouest, dans les zones montagneuses et dans les régions les plus mal scolarisées, qui doivent d'abord s'équiper en écoles de garçons et de filles. Au-delà de ces grandes tendances, l'explication piétine. Ni le développement économique, l'urbanisation ou l'emploi féminin non agricole, ni la scolarisation, l'implantation des écoles congréganistes de filles ou la pratique religieuse, ni les structures familiales ou l'envoi en nourrice, envisagés séparément ou collectivement, ne fournissent des clés totalement satisfaisantes de la géographie départementale et locale des salles d'asile. La quête d'une logique systématique achoppe sur les choix différents effectués par des communes et par des départements aux profils, économiques, sociaux ou religieux, semblables. «Limites des connaissances en sciences sociales», comme le proclame Hervé Le Bras, en introduction à la géographie historique des comportements français? Limites propres à l'étude de la scolarisation française au XIXᵉ siècle? «On s'explique mal [les] inégalités régionales», notait Antoine Prost, dès 1968, à propos de la diffusion des écoles, «l'économie semble sans incidence, et pas davantage la démographie[49]».

Dans le cas des salles d'asile, trois autres facteurs brouillent les cartes : l'accueil des bambins à la grande école, la concurrence des garderies, le rôle important des initiatives individuelles. L'accueil anticipé des jeunes enfants dans les écoles interdit d'assimiler la géographie de la salle d'asile à celle de la préscolarisation. En 1863, 14 % des deux-six ans sont approximativement inscrits dans une salle d'asile et 13 % dans une école ; en 1881, les proportions sont respectivement de 19,8 % et

19,2 %. La préscolarisation s'effectue dans deux filières de même importance : dans un établissement spécifique ou à l'école. Il est donc illusoire, comme le font par exemple Raymond Grew et Patrick-J. Harrigan, d'analyser la localisation des salles d'asile ou des maternelles[50] sans considérer, simultanément, celle de l'envoi à l'école avant six ans. Cette pratique traditionnelle entretient avec l'établissement des jeunes enfants des rapports institutionnels et géographiques variables, faits de concurrence, d'assistance et de complémentarité. Les départements les plus tardivement scolarisés, ceux du triangle Saint-Malo, Mâcon, Bayonne, utilisent médiocrement les deux formules de préscolarisation. La Normandie accueille les plus petits dans les premiers établissements disponibles, à savoir les écoles primaires. L'Alsace, le Nord, la Seine, le Rhône, la Gironde, le pourtour méditerranéen, les rassemblent plutôt dans des établissements spécifiques, les salles d'asile, qui débarrassent les écoles de leur public non réglementaire. Les autres départements du Nord et de l'Est utilisent les deux filières en privilégiant parfois l'une ou l'autre. Avant la création de l'école maternelle républicaine, la France préscolarise une proportion importante de ses jeunes enfants selon trois modèles institutionnels (traditionnel, autonome et mixte), dont les localisations et les combinaisons échappent, dans l'état actuel de notre recherche, à toute explication systématique. Il faut dire qu'une telle explication exigerait de considérer simultanément l'accueil des jeunes enfants dans les garderies, dont on devine la présence persistante, à la ville comme à la campagne, derrière les doléances répétées des rapports officiels, mais dont le nombre, la localisation et l'audience exacte restent inconnus.

L'intervention des individus pèse, enfin, davantage sur la propagation de la salle d'asile, établissement facultatif, que sur celle des écoles, rendues obligatoires à partir de 1833. Or, l'acte de bienfaisance reste largement contingent, comme le prouve, notamment, l'absence d'explication systématique de l'implantation précise des sociétés de charité maternelle, des caisses d'épargne ou des manifestations de l'évergétisme municipal nobiliaire franc-comtois[51]. Et l'ouverture des salles d'asile fidèles au modèle officiel dépend, en plus, d'un autre facteur géographiquement très aléatoire : la sollicitude du fondateur pour la formation du jeune enfant. Les initiatives d'un administrateur, dont on repère aussi le poids dans la géographie de la vaccination[52], la générosité d'une aristocrate, d'un philanthrope ou d'un prêtre, l'engagement de l'épouse d'un maire ou de la fille d'un magistrat, sont, parfois, les principales raisons de l'existence d'une salle d'asile dans une commune, alors que des agglomérations voisines et semblables se contentent de la scolarisation anticipée et des garderies traditionnelles.

QUATRIÈME PARTIE

LA PROFESSIONNALISATION DE L'INSTITUTION DES JEUNES ENFANTS

– X –

Les maîtresses
et les inspectrices

Les missions attribuées au responsable d'une salle d'asile sont impression-nantes. Il doit préparer le local, accueillir les enfants, vérifier l'état des vêtements, des musettes et des corps, donner les soins d'hygiène nécessaires, faire manœu-vrer une marmaille turbulente, utiliser les «mille petits incidents de la journée» pour dispenser des leçons de morale (règlement de 1838), mettre à la portée de ses petits élèves des notions élémentaires d'instruction, recevoir les visiteurs, conseiller les parents et tenir les registres d'admission. Plusieurs fondateurs se sont préoccupés de sélectionner et de former des maîtres et des maîtresses capables d'assumer ces multiples responsabilités. Lorsque le ministère de l'Instruction publique prend la nouvelle institution sous son autorité, en 1837, il réglemente le recrutement de son personnel et il organise un système d'inspec-tion spécialisé.

Les maîtresses laïques
De l'instinct au diplôme

Pour respecter «l'instinct de la nature», auquel se réfère Jean-Denys Cochin, plusieurs promoteurs des salles d'asile voudraient les confier exclusive-ment à des mains féminines. La bonne mère – éclairée et dévouée – ne demeure-t-elle pas le modèle de l'éducateur public des jeunes enfants? D'autres pionniers acceptent ou réclament la présence d'un homme. Entre 1830 et 1834, le Conseil des hospices, Mme de Champlouis et Mme Mallet parlent, alternati-vement, du maître ou de la maîtresse des petits[1]. La circulaire ministérielle du 9 avril 1936 sanctionne la diversité des opinions et des situations en recom-mandant au personnel de veiller sur les petits usagers avec une «paternelle sol-licitude». La première restriction date de l'ordonnance de 1837, qui soumet le choix d'un directeur masculin à une autorisation rectorale et à la présence d'une femme dans l'établissement. A cette réserve près, l'homme est légitimé comme éducateur public des premières années. Le contexte n'est pas étranger à cette concession. A une époque où les congrégations se méfient de la nouvelle insti-tution, toutes les candidatures laïques sont les bienvenues, y compris celles du

LES MAÎTRESSES ET LES INSPECTRICES **301**

sexe «fort», particulièrement apte, dit-on, à discipliner des marmots agités et bruyants. Secondés par leur épouse, des maîtres d'école désœuvrés ou des militaires démobilisés prennent la tête des premiers établissements ouverts dans certaines cités. Le mouvement reste cependant limité : quatre-vingt-trois hommes (soit 6 % du total) exercent dans les salles d'asile en 1843, trente-six (soit 2 %), en 1850[2].

Quel que soit son sexe, le tenancier de la salle d'asile doit posséder de nombreuses qualités. Les théoriciens lui demandent d'aimer les enfants, d'obéir à une vocation «très prononcée», d'afficher une conduite irréprochable et d'avoir reçu une «première instruction». Quelques touches complètent ce tableau. «Une bonne éducation perfectionne la sensibilité, donne plus de facilité pour observer les convenances, rend plus ingénieux pour trouver les moyens de parler aux parents sans les offenser», assure Jean-Denys Cochin. Mme de Champlouis recherche, en plus, des personnes résistantes, jeunes et dotées d'un «caractère naturellement gai»; Mme Marès préfère les veuves de bonne famille chargées d'enfants; Mme Pape-Carpantier apprécie les personnalités hors du commun[3]. Les inventeurs de la salle d'asile, on l'aura compris, se montrent très exigeants sur le choix d'un personnel dont dépend largement le succès de l'institution. La femme chargée de rééduquer les enfants du peuple et leurs parents doit appartenir à un milieu social plus élevé ou, du moins, s'en rapprocher par son éducation et par des qualités qui la distinguent de la simple gardienne de quartier.

La découverte d'un «pareil phénix» – l'expression est d'Émilie Mallet – ne peut pas être laissée au hasard. Jusqu'à l'intervention de l'Université, les fondateurs des établissements choisissent librement le personnel. A Paris, le comité des dames sélectionne des maîtres et des maîtresses parmi les titulaires d'un «certificat de capacité et d'aptitude», prévu par l'arrêté du 3 février 1830 et délivré par Mme Millet à l'issue d'un stage d'initiation dans la salle modèle de Jean-Denys Cochin. Ailleurs, les responsables locaux choisissent des candidats recommandés et formés, parfois, dans un établissement réputé. En 1837, après avoir reconnu la fonction de garde assumée par les salles d'asile, le ministère définit les conditions officielles du recrutement de leurs «surveillantes» et de leurs «surveillants» :
– un âge minimum : 24 ans accomplis ou 18 ans pour les adjoints membres de la famille du titulaire ;
– un certificat de moralité, délivré par le maire de la commune de résidence ;
– un certificat d'aptitude, délivré par une commission départementale de mères de famille, présidée par un membre du Conseil académique. Ce diplôme est obtenu après un examen pratique (auquel le jury de Paris attribue un caractère éliminatoire) et un examen d'instruction, laissés à l'initiative du jury dès lors qu'ils portent sur les «matières d'enseignement» des salles d'asile (arrêté du 6 février 1838) ;

– une autorisation d'exercer, accordée par le recteur et supprimée par le décret de 1855, qui étend aux salles d'asile les dispositions libérales de la loi Falloux.

Certains des hommes nommés dans les salles d'asile acquièrent vite une excellente réputation, comme M. de Kerdigu, dans la salle Cochin, M. Munier, à l'asile modèle d'Orléans, ou M. Chauveau, à Angers[4]. Mais la direction masculine d'un établissement destiné à remplacer et à rééduquer la mère choque de nombreux responsables, surtout lorsque l'intervention massive des congrégations permet de négliger les candidatures d'appoint. « Là où il s'agit aussi de donner des soins à la première enfance, c'est à des mains de femmes, et surtout à des mains maternelles, qu'il faut laisser cette tendre et minutieuse vigilance », explique le projet de loi du 15 décembre 1848 qui prévoit de réserver aux femmes les emplois des salles d'asile. Le décret impérial du 21 mars 1855 applique cette résolution : le père éducateur ne quitte pas l'institution des jeunes enfants de plein gré, il en a été écarté. Les textes organiques de 1855 imposent d'autres critères, conformes à la nouvelle orientation scolaire de la salle d'asile, qui est désormais confiée à des « directrices », recrutées avec un niveau d'instruction plus élevé et assistées d'une « sous-directrice » dans toute salle publique accueillant plus de quatre-vingts enfants :
– un âge minimum : 24 ans pour les directrices et 20 ans pour les sous-directrices (mais une sous-directrice certifiée est autorisée à diriger provisoirement une salle publique ou privée qui ne reçoit pas plus de quarante élèves) ;
– pour les directrices : un certificat d'aptitude, délivré, au nom du recteur, par une commission départementale au sein de laquelle les dames patronnesses sont minoritaires. Ce certificat est attribué à des candidates âgées de plus de vingt et un ans et qui ont fourni des certificats de moralité, de résidence et d'occupation pendant les cinq dernières années. Il comporte un examen d'instruction éliminatoire – moins difficile que le brevet des institutrices dans sa version de 1836 – et une épreuve pratique, qui consiste à diriger, pendant une demi-journée, les évolutions, les exercices aux bancs et les leçons aux gradins. La circulaire du 14 février 1856 précise le contenu de chaque épreuve[5] ;
– pour les sous-directrices : un certificat de stage de deux mois dans une salle d'asile modèle, délivré par l'inspecteur d'académie.

Comme les maîtres d'école, les directrices de salles publiques sont nommées et révoquées par le préfet, sur la proposition de l'inspecteur d'académie, et leurs adjointes, par le maire, sur la proposition du comité de patronage. Les unes et les autres bénéficient d'un traitement minimum, d'un logement gratuit et du droit à la retraite. Les responsables des établissements participent aussi, et depuis 1838, aux distributions des récompenses honorifiques décernées aux instituteurs. A une époque où la salle d'asile est officiellement présentée, par la circulaire du 18 mai 1855, comme la « base du système d'enseignement primaire »,

Tableau 6. Directrices, adjointes et femmes de service (1843-1881)

	Directrices	Adjointes	Total maîtresses	% maîtresses laïques et cong. sur total	% Asiles avec adjointes[a]	Femmes de service	% Asiles avec femmes de service[b]	Encadrement des inscrits[c]
1843								
T	1 489	?						
L	1 212	?		81				
C	277	?		19				
1850								
T	?	?	1 890					83
L	?	?	1 099	58				
C	?	?	791	42				
1861								
T	3 162	1 750	4 912		55	1 793	57	71
L	958	?		(30)d				
C	2 204	?		(70)d				
1863								
T	3 308	(1 942)e	(5 250)e		(58)e	1 995	60	(73)e
L	892			(27)d				
C	2 416	(1 869)e	(4 285)e	(73)d				
CPU	1 801	(1 542)e						
CPRI	615	327	942					
LPU	534	e						
LPRI	358	73	431					
1872								
T	3 596	1 997	5 593		55	2 167	59	80
L	777	323	1 100	20	42	420	54	83
C	2 819	1 674	4 493	80	58	1 747	61	79
1876-77								
T	4 101	2 122	6 223		51			85,5
L	765	411	1 176	19	49			81
C	3 336	1 711	5 047	81	52			86,5
1881-82								
T	5 052	2 519	7 571		(50)f			85
L	1 443	901	2 344	31	(62)f			87
C	3 609	1 618	5 227	69	(45)f			84
CPU	1 972	1 005	2 977					98
CPRI	1 637	613	2 250					66
LPU	1 189	831	2 020					94
LPRI	254	70	324					47

le recrutement, la nomination et le statut de son personnel se rapprochent de ceux des enseignants de la grande école. Les ambitions des promoteurs de la salle d'asile et la logique de l'administration universitaire se sont rencontrées pour ériger la garde éducative du jeune enfant en profession qualifiée, réglementée et protégée. Deux catégories de femmes profitent de cette opportunité : une minorité de laïques et, à la faveur d'un statut particulier, une forte majorité de religieuses.

T : total

L : personnel laïc,

C : personnel congréganiste,

CPU : personnel congréganiste public,

CPRI : personnel congréganiste privé,

LPU : personnel laïc public,

LPRI : personnel laïc privé (sources : voir le tableau B, p. 470).

a. Ces pourcentages, obtenus en rapportant le total des adjointes au total des établissements, sont surestimés, car plusieurs adjointes peuvent exercer dans la même institution (voir l'exemple cité en note f).

b. Pourcentages un peu surestimés (pour la raison évoquée dans la note précédente), mais moins que ceux des salles d'asile théoriquement pourvues d'une adjointe, car peu d'établissements possèdent plus d'une femme de service.

c. Rapport du total des inscrits au total des maîtresses.

d. Ces pourcentages se rapportent seulement aux directrices.

e. Résultats sujets à caution, car les sources disponibles publient des chiffres ambigus sur le nombre des adjointes :

– *Statistique de l'enseignement primaire pour l'année 1863* (Paris, Imprimerie impériale, 1864, pp. 161 et 234) : 1 542 adjointes publiques (théoriquement les laïques + les congréganistes), 73 adjointes LPRI et 327 adjointes CPRI.

– *Statistique comparée de l'enseignement primaire, 1829-1877* (Paris, Imprimerie nationale, p. 74) : 73 adjointes laïques et 1 869 adjointes congréganistes.

La comparaison de ces chiffres fournit des résultats cohérents pour les nombres d'adjointes LPRI (73), CPRI (327) et, peut-être, CPU (1869-327 = 1 542), mais pas pour le nombre des adjointes LPU, qui ne semblent pas avoir été prises en compte. Dans le doute, il vaut mieux se méfier des récapitulations.

f. On peut apprécier la surestimation de ces pourcentages en raisonnant sur les seules salles publiques, pour lesquelles nous connaissons exactement le nombre d'établissements pourvus d'une ou de plusieurs adjointes : 1414, soit 45 % du total (*Statistique de l'enseignement primaire, Année 1881-1882,* Paris, Imprimerie nationale, 1884, p. XCVIII). Or, le pourcentage obtenu, pour la même année, en rapportant le total des adjointes publiques (1 005 CPU + 831 LPU = 1836) au total des établissements publics (3 161) est de 58 %.

Un nouveau métier féminin

Au nombre de 1 212 en 1843, à une époque où les congrégations commencent juste à s'intéresser à la salle d'asile, les maîtresses laïques représentent alors 81 % des directrices (tableau 6). La multiplication durable des salles congréganistes réduit cette proportion à 58 % en 1850 (avec un effectif d'un millier d'enseignantes), à 27 % en 1863 (pour les seules directrices) et à 19 % en 1876-1877 (avec un effectif total de 1 176 enseignantes). A partir du milieu des années 1870, la nouvelle expansion des établissements laïques accroît l'effectif et le poids de leur personnel : en 1881-1882, leurs 2 344 maîtresses représentent 31 % des enseignantes de salles d'asile.

Avant d'esquisser le portrait des premières éducatrices laïques des jeunes enfants, il faut comprendre la place originale de leur métier dans la société de la monarchie de Juillet et du Second Empire, où les femmes travaillent essentiellement dans l'agriculture, le commerce, l'industrie et la domesticité. Depuis la réglementation du recrutement des institutrices et des maîtresses de pension, entre 1819 et 1837, une seule carrière libérale publique leur est légalement ouverte, en dehors du métier de sage-femme : l'enseignement. La direction d'une salle d'asile constitue donc une nouvelle profession intellectuelle dans laquelle elles peuvent s'engager à la faveur d'un examen.

Plusieurs années s'écoulent avant que la majorité des maîtresses laïques ne soient dotées du titre requis en 1837. Deux raisons principales expliquent ce délai : l'organisation tardive de la commission d'examen dans plusieurs départements (incapables de suivre l'exemple de la Seine, du Rhône ou du Nord, dont les chefs-lieux regorgent de candidates à cette responsabilité) et la possibilité, accordée par l'ordonnance de 1837, de maintenir, sans nouveau titre, des maîtresses publiques ou privées déjà autorisées. Agacés par les ambitions ministérielles, des notables locaux usent de cette tolérance pour conserver, sans la sanction d'un diplôme, des établissements utiles à la collectivité. En 1843, un tiers seulement du personnel laïque possède le certificat. La moitié des responsables des salles publiques, soumises aux pressions des inspecteurs primaires, a déjà obtenu ce diplôme contre 20 % des surveillants et des surveillantes privés. Passé le milieu du siècle, le renforcement du réseau de contrôle universitaire et la réorganisation des commissions d'examen font progresser la proportion de maîtresses certifiées.

	Directrices			Sous-Directrices		
	Public	Privé	Total	Public	Privé	Total
1863	86 %	67 %	78 %	chiffres inconnus		
1879-80	90 %	87 %	89 %	84 %	48 %	79 %

Malgré le retard persistant du secteur privé, où se concentrent les anciennes maîtresses, autorisées avant 1837, et les tenancières des asiles ruraux, tolérés pour leur utilité, le certificat d'aptitude entre dans les mœurs. Moins de dix ans après les prescriptions de 1855, près de neuf directrices publiques sur dix sont en règle. Le comportement des adjointes confirme l'audience d'un diplôme, garant, il est vrai, de leur promotion professionnelle : à la fin des années 1870, huit sur dix, dans l'enseignement public, et la moitié, dans le privé, possèdent un titre qui ne leur est pas légalement réclamé avant la loi du 16 juin 1881[6].

Cette uniformisation officielle du personnel laïc masque l'hétérogénéité de sa qualification. Dès les années 1840, là où fonctionnent des salles réglementaires contrôlées par des dames bien informées, les commissions de mères de famille essaient d'apprécier l'aptitude maternelle des candidates, leur maîtrise de la méthode, leur instruction personnelle. Ailleurs, l'absence d'établissement modèle, les négligences des responsables ou le système des recommandations vident l'examen de son sens : l'instruction religieuse ou les mathématiques sont privilégiées, les exercices pratiques, quand ils subsistent, sont expédiés. Dans les Basses-Pyrénées, assure la déléguée générale en 1850, les certificats, accordés, « sans difficulté, à toutes les braves femmes qui n'ont pu parvenir au diplôme d'institutrice », n'ont aucune valeur[7]. La volonté de préserver certains établissements ruraux enlève aussi toute signification aux taux de réussite globaux. Dans le Nord, où plus de 60 % des candidates sont admises, au cours des années 1840, sans avoir toujours obtenu la moyenne aux épreuves de lecture, d'écriture et de calcul, il faut lire les commentaires annexes pour connaître la vraie valeur des lauréates. Sur les quinze candidates d'avril 1846, déjà gardiennes dans des villages, onze sont reçues, parmi lesquelles cinq, seulement, sont jugées capables. Les six autres bénéficient « d'un peu de bienveillance en considération de leur position[8] ».

En 1855 et en 1856, le ministère tente d'unifier le processus de sélection et de l'adapter aux nouvelles ambitions éducatives de la salle d'asile. Il accroît la représentation des universitaires dans les commissions d'examen, désormais composées, sous la présidence de l'inspecteur d'académie, d'un homme d'Église, d'un inspecteur primaire, d'un enseignant et de deux dames patronnesses. Il publie le programme des tests d'instruction, désormais éliminatoires. Il explicite, par la circulaire du 14 février 1856, les objectifs de l'examen pratique, chargé d'évaluer les manières de l'aspirante, sa douceur, la qualité de son langage et son aptitude à se mettre à la portée des enfants. Mais ces nouvelles consignes ne règlent pas tous les problèmes : çà et là, le jeu des clientèles, la relative rareté des aspirantes ou l'indifférence à l'égard de l'examen pratique continuent de fausser le recrutement du personnel. En 1863, le taux de succès au certificat des salles d'asile est de 67 % (106 lauréates pour 159 candidates) contre 51 % au brevet des institutrices. En 1876, encore, la déléguée de l'académie de Douai dénonce la tactique des dames du jury, qui profitent de l'inexpérience du professeur de lycée nommé dans la commission pour faire passer les sujets recommandés[9].

Le système de sélection adopté en 1855 améliore cependant le niveau intellectuel des lauréates, au moins à Paris et dans les grandes villes, en raison du progrès général des études féminines. En 1840, un quart des seize candidats de la capitale, éliminés après l'épreuve pratique, ne sont pas admis aux épreuves d'instruction ; entre 1856 et 1858, 25 % à 50 % des candidates, éliminées aux tests d'instruction, désormais placés au début du processus, ne participent pas à l'examen pratique. Le chant d'une phrase écrite au tableau et les questions de géographie avantagent, d'autre part, les «femmes du monde», selon l'expression du jury, pourvues d'une plus large culture et candidates au certificat d'aptitude pour pouvoir obtenir ensuite un poste de déléguée. La priorité accordée aux connaissances choque ceux qui continuent de privilégier la capacité à s'occuper des jeunes enfants. Dès 1857, la baronne de Varaignes, la seule co-fondatrice de l'ancien Comité des dames nommée au Comité central, suggère de doubler, en le faisant passer à six, le seuil de tolérance des fautes d'orthographe. Mais les inspecteurs des écoles qui siègent dans la nouvelle commission d'examen de la Seine n'ont pas la même indulgence : la proposition est repoussée à une large majorité[10]. L'institution des sous-directrices contribue aussi à élever le niveau des nouvelles certifiées en suscitant la candidature de jeunes adjointes, déjà familiarisées avec les exercices d'instruction. Sous le Second Empire, les lauréates du Haut-Rhin ne ressemblent pas aux vieilles femmes du Nord, titularisées vingt ans plus tôt. Les deux tiers d'entre elles sont âgées de vingt à vingt-trois ans ; plus de la moitié sont déjà employées dans une salle d'asile, comme adjointe ; la plupart des autres travaillent dans un pensionnat, un ouvroir ou une école de filles, à un poste souvent subalterne, ou chez des particuliers[11].

L'expérience de la maternité vient-elle toujours compenser l'absence, les lacunes ou l'orientation trop intellectuelle du diplôme requis des maîtresses laïques ? Non, pour la majorité d'entre elles, si l'on considère la proportion des célibataires dans les établissements publics (43 % en 1843, 54 % en 1850 et, pour les seules directrices, 55 % en 1861 et 58,5 % en 1863), auxquelles il faut ajouter les épouses sans descendance. Les femmes mariées représentent seulement le tiers de l'effectif en 1843, puis entre 27 % et 30 %, et les veuves, troisième catégorie distinguée par les statistiques officielles de l'enseignement primaire, 20 % du total jusqu'en 1850, puis 13 % à 15 % des seules directrices, mais 53 % du total, en 1863, dans les établissements privés[12]. Comme les institutrices, et comme presque tout le personnel féminin des services, la majorité des responsables des salles d'asile laïques sont des femmes seules, célibataires ou veuves.

L'origine sociale et l'itinéraire professionnel des maîtresses sont hélas inconnus sur une grande échelle. Mme Biset avait-elle prévu de tenir une salle d'asile à Verdun, avec l'aide de sa sœur, et d'accomplir, la nuit, des tâches supplémentaires ? La ruine de sa famille, au milieu de la monarchie de Juillet, lui impose ce destin pour entretenir un père âgé et une mère malade. Angélique Muller pensait-elle se présenter au certificat d'aptitude lorsqu'elle poursuivait ses études à la Maison de la Légion d'Honneur ? Le décès de son père, un ancien officier revenu aveugle d'Afrique, la conduit à obtenir ce diplôme, en 1849, à l'âge de vingt-huit ans. Mme Picquet, fille d'un ancien recteur et femme d'un inspecteur d'académie, avait-elle imaginé qu'elle s'occuperait, un jour, de l'éducation publique des jeunes enfants ? La disparition de son époux, en 1874, l'oblige à préparer le certificat d'aptitude l'année suivante. Privées d'alternatives, certaines de ces maîtresses s'accrochent à leur fonction, même au-delà de l'âge de la retraite. En 1871, l'état des trois directrices d'Yvetot consterne la déléguée générale : «l'une ne voit pas clair ; l'autre a une maladie nerveuse ; la troisième n'a qu'un seul bras[13]».

Ces touches disparates laissent entrevoir plusieurs profils qui coexistent, dans des proportions variables, selon les époques et les lieux. Les tenancières des salles d'asile peuvent être des anciennes gardiennes, souvent âgées, mais tolérées en raison de leur utilité sociale et gratifiées parfois du nouveau diplôme à condition de ne pas exercer en ville. D'autres femmes du peuple, jeunes et célibataires, choisissent ce métier par goût ou pour échapper au destin professionnel des femmes de leur milieu sans être obligées d'entrer en religion ou de préparer le brevet, plus difficile, des institutrices. Des jeunes filles et des femmes de la petite et de la moyenne bourgeoisie font le même choix, à tout âge, pour gagner leur vie après des revers de fortune sans déchoir jusqu'à l'office ou à l'atelier. Des épouses d'instituteurs, responsables d'une classe enfantine, des filles ou des nièces de directrices de salle d'asile, déjà employées dans l'établissement, puisent dans leur expérience une motivation et une formation précieuses pour la préparation du certificat. Si les données disponibles ne permettent pas d'apprécier le rôle de la salle d'asile comme instrument de promotion ou profession refuge, elles mettent en évidence l'exiguïté du débouché, puisque mille deux cents femmes laïques, seulement, y enseignent au début de la Troisième République contre vingt-deux mille dans les écoles de filles. La grande disproportion des nombres d'établissements (13 500 écoles pour 822 salles d'asile), l'obstacle de l'âge minimum de candidature pour les élèves-maîtresses[14] et les inconvénients du métier n'expliquent pas tout. Le petit nombre d'éducatrices laïques des jeunes enfants tient aussi à la forte concurrence du personnel congréganiste.

Les maîtresses congréganistes

Leur nombre ne cesse d'augmenter depuis la fin de la monarchie de Juillet (tableau 6, p. 304). De 300, environ, en 1843, il passe à 800 en 1850 ; il atteint peut-être 4300, dès le milieu du Second Empire, grâce à la formidable expansion des établissements religieux ; il stagne à 4 500 en 1872, notamment à cause de l'amputation territoriale, puis il s'élève à 5 230, en 1881, après une croissance globale ralentie par le nouveau dynamisme des établissements laïques. Minoritaires jusqu'au milieu du siècle, avec 19 % des maîtresses en 1843, puis 42 % en 1850, les sœurs représentent ensuite, et jusqu'à la fin des années 1870, entre 70 % et 80 % du personnel des salles d'asile.

Les rares statistiques globales disponibles, en l'occurrence celles du recensement de 1878, complétées par Émile Keller et par Claude Langlois, montrent l'engagement important de certains ordres[15].

	Salle d'asile	Écoles	% Asile/Total
Filles de la Charité	351	470	43 %
Filles de la Sagesse	130	193	41 %
Charité de Nevers	94	117	45 %
Providence de Portieux	130	628	17 %

En 1878, ces quatre communautés dirigent, à elles seules, 705 établissements, soit le cinquième des salles d'asile congréganistes. Des congrégations concurrencées par l'enseignement laïc se sont-elles intéressées davantage au niveau préscolaire pour garantir à leurs écoles un vivier de recrutement ? On peut le supposer en comparant le poids important des salles d'asile – de 41 % à 45 % – dans les établissements dirigés par les trois communautés de sœurs de charité, surtout implantées en milieu urbain, où la concurrence est plus vive, et leur place réduite – 17 % – chez les sœurs de Portieux, plus souvent installées dans des villages. Bien que leur quote-part nous soit inconnue, d'autres ordres participent largement, du moins au niveau régional, à la diffusion de l'institution des jeunes enfants. Une communauté a même été fondée dans cette intention, celle des Sœurs de la Sainte-Enfance de Jésus et de Marie, dites Sœurs de Sainte-Colombe, créées, en 1839, par le vicaire général de l'archevêché de Sens, l'abbé Grapinet, préoccupé par le sort de la progéniture populaire et par les premières initiatives de l'Université[16]. Si leurs archives étaient accessibles, les principales congrégations engagées dans l'œuvre des salles d'asile mériteraient une étude spéciale qui pourrait peut-être expliquer leurs éventuelles stratégies par la chronologie et la géographie des fondations.

Le service de la salle d'asile ne constitue pas pour une religieuse une activité professionnelle au sens classique du terme. Elle ne remplit pas cette tâche pour mieux vivre, mais parce que les règles de sa communauté lui imposent de s'occuper des jeunes enfants. Elle puise dans sa foi et dans son vœu d'obéissance le secours moral nécessaire pour assumer cette mission fatigante. La garde éducative ne représente pas non plus, sauf exception, l'occupation unique ou définitive des sœurs. Selon les besoins de leur communauté, et selon leur âge, des maîtresses de salle d'asile ont déjà travaillé dans une école, un ouvroir, un bureau d'assistance, un hospice, où elles peuvent retourner. Dans certains ordres, les supérieures envoient les jeunes professes se faire la main dans la petite école avant de leur confier une classe primaire ; dans d'autres, elles abandonnent les petits à des religieuses âgées. Le mode de nomination particulier des maîtresses congréganistes favorise cette polyvalence. L'ordonnance de 1837 a étendu aux salles d'asile le système adopté pour les écoles de filles. Le recteur peut donc autoriser la direction d'une salle d'asile à toute sœur, non certifiée, qui présente une lettre de mission, dite *lettre d'obédience*, remise par sa supérieure. Après les nouvelles concessions de la loi de 1850 en faveur des congrégations enseignantes, le décret de 1855 transforme en droit absolu ce qui demeurait, théoriquement, une tolérance : toute lettre d'obédience attestant que la titulaire a été «particulièrement» exercée à la direction d'une salle d'asile tient, désormais, lieu de diplôme. Les communautés religieuses profitent largement de cette latitude, maintenue jusqu'en 1881 : 97 % de leurs directrices, au milieu du Second Empire, et 96 % de toutes leurs maîtresses, en 1876-1877, exercent sans certificat contre 22 % et 12 % des laïques aux mêmes dates. Ce recrutement massif par le système de la lettre d'obédience conduit plusieurs promoteurs de la salle d'asile à s'interroger sur la compétence des sœurs en matière de première éducation.

Jean-Denys Cochin n'en est pas convaincu : «Je préférerais des mères pour l'enfance et non des sœurs, écrit-il un jour à Mme Mallet, je ne crois pas que la virginité soit une bonne condition pour exercer les devoirs de la maternité». Plusieurs dames de la Commission supérieure développent le même raisonnement. Si la première éducation exige «une science que la nature seule peut donner et dont les développements ne s'acquièrent qu'avec le titre de mère», comment confier de jeunes enfants à «d'autres soins qu'à ceux d'une mère ou d'une femme destinée à le devenir», interroge en 1845 Mme Guerbois, épouse d'un grand chirurgien, et qui veut aussi défendre l'un des rares débouchés «dignes et convenables» pour des femmes laïques obligées de travailler après des revers de fortune[17]. D'autres responsables, comme le président Ambroise Rendu et même Mme Mallet, ne voient pas de contradiction entre l'exaltation des vertus maternelles et le recours privilégié aux sœurs, chez qui la foi et la ferveur charitable peuvent suppléer à l'expérience effective de la maternité. Émilie Mallet rappelle aussi le dévouement des sœurs, qui acceptent de tenir une salle d'asile rurale contre un salaire annuel de trois cents francs, insuffisant pour servir de ressource d'appoint à un ménage chargé d'enfants. Mais, au nom de l'unité de la salle d'asile et de l'égalité des candidates, elle n'en réclame pas moins la suppression des dispenses du certificat d'aptitude. En vain. Le ministère autorise seulement la Commission supérieure à demander, en mars 1842, aux dames inspectrices d'essayer d'obtenir «que les sœurs mêmes s'instruisent de la méthode» et présentent «un certificat constatant qu'elles l'ont étudiée dans un asile bien dirigé». Avant 1881, les responsables de l'Instruction publique n'iront pas plus loin. Ils ne pouvaient pas prendre le risque de s'aliéner les communautés féminines qui assuraient simultanément, grâce au même système de nomination, l'expansion des écoles de filles. «Où trouverait-on, dans les classes inférieures, assez de sujets convenables pour toutes les fondations nécessaires, si l'on persistait à écarter les congrégations», demande, dès 1845, le président Rendu aux contestataires de la Commission supérieure[18]?

La multiplication des fondations religieuses permet aux congrégations d'essayer de soustraire l'institution des jeunes enfants à l'influence de la philanthropie et des autorités. Peu après l'installation, en 1847, du centre de formation soutenu par Salvandy, les Filles de la Charité organisent à Paris, sous la direction de la sœur Maria, un asile modèle ouvert à tous les autres ordres. En 1854, la publication, par la même religieuse, du *Nouveau manuel des salles d'asile à l'usage des Filles de la Charité* renforce la particularité des établissements congréganistes en leur procurant un ouvrage de référence détaillé – 690 pages – qui se sépare, sur plusieurs points, des publications rédigées par des membres de l'Université. Comparé au manuel de Mme Pape-Carpantier, qui lui a servi de modèle, l'ouvrage de la sœur Maria attribue trois fois plus de place à l'histoire sainte et au catéchisme. Il est moins généreux, en revanche, pour les leçons de choses, le calcul, la géométrie, les récits profanes et surtout pour la gymnastique et pour les jeux, auxquels il réserve seulement quelques lignes en déconseillant leur extension. Si l'on en croit une note retrouvée dans les archives du ministère, la sœur Maria aurait déclaré avoir agi «à contrecœur et sur ordre», car il lui répugnait de contrefaire les publications de Marie Pape-Carpantier qui l'avait aimablement accueillie, et renseignée, au Cours pratique. Les responsables de la congrégation ont-ils jugé ces propos inconvenants? D'après la même source, la trop scrupuleuse sœur aurait été transférée dans un couvent espagnol[19].

Quelques années plus tard, Marie Pape-Carpantier fait, à son tour, les frais de la concurrence entre l'Église romaine et l'Université lorsque la Congrégation de l'Index condamne, en juin puis en août 1863, les deux dernières éditions de l'*Enseignement pratique dans les salles d'asile*. La lettre de soumission qu'elle a envoyée dès sa première condamnation, sur les conseils du curé de sa paroisse et du nonce apostolique, n'a pas fléchi ses censeurs. Pourquoi avoir attendu si longtemps pour désavouer un livre publié, quatorze ans plus tôt, avec l'approbation de l'évêque du Mans? Parce que le cardinal Morlot, le président du Comité central, estimait beaucoup Marie Pape-Carpantier et son travail? Cette explication, trouvée dans une autre note du ministère, est plausible, car la première condamnation survient six mois après la mort du prélat, en décembre 1862. Mais, au-delà de l'ouvrage incriminé, n'est-ce pas la fonction même de l'auteur qui est visée ? Ce blâme répété est « un coup dirigé contre l'enseignement laïque des salles d'asile, [qui] atteint à la fois le livre et l'enseignement donné au Cours pratique sous l'autorité du ministre », assure le rédacteur, non identifié, de la note[20]. Au début des années 1860, après l'intervention française en Italie et les premières mesures de soutien aux écoles laïques, l'Église catholique passe à l'offensive, y compris dans l'institution des jeunes enfants où elle entend bien préserver sa prééminence.

Si les établissements congréganistes sont obligés d'accepter le regard de l'Université, ils échappent largement à sa tutelle. La supérieure, générale ou locale, demeure leur véritable chef. Elle ordonne des fermetures supplémentaires en fonction des retraites ; elle impose des choix pédagogiques ; elle déplace les maîtresses sans tenir compte – plusieurs déléguées le prétendent – de leur aptitude. Soumises à leur propre hiérarchie et aux règles de leurs communautés, les religieuses ne se sentent pas tenues de respecter les observations des déléguées. « On ne peut rien changer sans l'autorisation de la supérieure », répondent-elles aux remarques sur l'aménagement du local ou sur la conduite des exercices. « Et nos règlements ? », demande une déléguée générale à la suppléante d'une directrice, partie un mois en retraite ? « Et nos statuts ? », lui réplique aussitôt la religieuse ! Au milieu du Second Empire, et alors que l'expansion congréganiste bat son plein, la déléguée spéciale de l'académie de Paris lance un cri d'alarme en faveur des prérogatives de l'État : « si l'asile tombe, par l'effet de l'expulsion successive de l'élément laïque, dans la main des religieuses […], l'institution échappera bientôt à la surveillance et au contrôle sérieux de l'Académie, […] c'en sera fait de la méthode[21] ».

Qu'elles soient religieuses ou laïques, plusieurs maîtresses des salles d'asile ont bénéficié d'une formation qui contribue à la professionnalisation de la garde éducative des jeunes enfants.

La formation des maîtresses

Le système de formation

La théorie de la salle d'asile consacre d'abord peu de place à cette question. « Il n'a pas été jugé nécessaire de fonder des écoles normales », se contente de noter Jean-Denys Cochin, dans son manuel, car l'efficacité d'une maîtresse des jeunes enfants suppose un « talent naturel ou acquis…, impossible à transmettre par des théories[22] ». Dans cette perspective, l'amour des bambins et la compréhension de leurs besoins ne s'enseignent pas : ils relèvent de l'instinct et du don. Mais, à l'usage, ces aptitudes s'avèrent insuffisantes sans le secours de la méthode. Effrayés par la direction anarchique de certains établissements, les responsables parisiens admettent la nécessité d'un apprentissage. Pour ne pas s'adresser aux congrégations, Jean-Denys Cochin accepte d'ouvrir un cours normal dans sa maison d'éducation. En 1834, Mme Mallet prend le relais en recherchant les moyens de fonder une «école normale d'examen préparatoire pour les maîtresses[23]».

L'institution du certificat d'aptitude, en 1837, ne règle pas totalement le problème, car la rareté des salles d'asile modèles et l'ignorance de la méthode par plusieurs examinateurs enlèvent toute signification à des diplômes délivrés, quelquefois, sans épreuves pratiques. Les nouvelles règles de recrutement contribuent malgré tout à ébaucher un système de formation. Des aspirantes ou des surveillantes, laïques et congréganistes, viennent assister, à Paris, aux séances d'initiation organisées par Mme Millet à l'asile Cochin ou aux exercices de certaines salles jugées exemplaires. L'inspectrice parisienne ou l'une de ses élèves se déplacent temporairement dans une ville pour former un groupe de maîtresses. Quelques établissements jugés satisfaisants complètent localement ce dispositif encore dépendant de la capitale. A Angers, où le promoteur de la nouvelle institution, le magistrat saint-simonien Joseph Rey, rédige son propre ouvrage de référence, l'asile Saint-Michel, fondé en 1836, sert de centre de formation aux maîtresses du Maine-et-Loire et des départements voisins. Mlle Mahieu, sa directrice, une fille de médecin obligée de travailler après des revers de fortune, possède une bonne instruction. Ailleurs, à l'image des Trinitaires de Valence, quelques congrégations initient leurs novices dans la classe modèle de la maison mère[24].

La multiplication des initiatives locales inquiète les responsables nationaux, convaincus de la supériorité de la méthode officielle. En 1843, et après avoir déploré l'essor des établissements «dans la confusion et le désordre», Mme Guerbois, membre de la Commission supérieure, réclame des salles académiques modèles, peuplées de maîtresses formées, à Paris, dans une «sorte d'asile normal, par lequel on transmettrait avec intelligence à tous les asiles existants les instructions venues de la capitale». Le ministre Salvandy, partisan d'étendre le rôle de l'Université dans tous les domaines, approuve cette idée que défendait depuis longtemps sa tante, Mme Mallet. En 1846, il demande à la Commission supérieure d'organiser un établissement qui s'occuperait aussi de former les inspectrices académiques qu'il envisage de créer[25]. Ouverte à Paris, le 1er juillet 1847, la nouvelle institution, appelée «maison d'études provisoire» est chargée, par la circulaire du 20 août, de «compléter l'instruction des personnes qui désirent se vouer à la direction ou à l'inspection des salles d'asile». Chaque Conseil général est invité à financer la pension d'une stagiaire, destinée à diriger «l'asile modèle» – l'expression apparaît pour la première fois dans un texte ministériel – du département. Un an plus tard, la Seconde République, qui conserve le principe d'une salle départementale modèle, donne un caractère vraiment officiel à la nouvelle institution parisienne, baptisée «École maternelle normale» par l'arrêté du 28 avril 1848. Le Second Empire maintient l'établissement chargé de préparer des maîtresses pour l'ensemble du pays et qui reçoit, en 1852, le nom de «Cours pratique des salles d'asile». Au niveau local, il réalise les projets antérieurs en créant dans chaque département deux «asiles modèles» qui forment, pendant deux mois au moins, les candidates aux fonctions de sous-directrice publique ou de directrice d'un établissement public ou libre ne recevant pas plus de quarante enfants.

A côté de ce dispositif réglementaire, quelques initiatives locales visent à améliorer le niveau des postulantes à la direction d'une salle d'asile ou la qualification des maîtresses déjà en poste. L'école normale d'institutrices de Lons-le-Saunier assure une préparation au certificat d'aptitude, peu répandue dans ce type d'institution dont la plupart des élèves, sorties avant vingt ans, ne peuvent pas obtenir, en cas de succès, un titre légalement accordé à partir de vingt et un ans[26]. Dans l'Oise, un autre exemple sans doute unique, le Conseil général, qui a institué en 1849 une déléguée départementale des salles d'asile, accepte, l'année suivante, de financer un cours de préparation au certificat d'aptitude. Ouvert le 15 décembre 1850, ce cours gratuit est placé sous la direction Marie Ripert, une ancienne élève de la Maison de la Légion d'honneur, puis de Mlle Petit de Lamouroux lorsque Mlle Rippert est nommée déléguée spéciale en 1855. Jusqu'à la fin des années 1870, ce cours fonctionne, quatre mois par an, pendant lesquels les élèves complètent leur instruction et s'entraînent, quatre demi-journées par semaine, à la conduite des exercices. Entre 1851 et 1874, quatre-vingt un des cent élèves recrutées après l'examen d'entrée obtiennent leur diplôme. Des congrégations très engagées dans l'institution des jeunes enfants préparent leurs maîtresses dans leurs noviciats. La Charité de Saint-Vincent de Paul, La Trinité de Valence, Saint-Joseph de Lyon, la Doctrine Chrétienne de Nancy, la Charité de Besançon ou la Providence de Portieux, pour ne citer qu'elles, installent dans leur maison mère une salle d'asile modèle, parfois confiée à une ancienne élève du Cours pratique. Certaines communautés publient en plus des ouvrages spécialisés, comme le manuel de la sœur Maria, déjà cité, ou comme le livre de lecture, les récits d'histoire sainte et les cartes de géographie, réalisés dès les années 1840 à l'initiative du Père Dalin, supérieur des Filles de la Sagesse de Saint-Laurent-sur-Sèvre[27]. Les ordres dépourvus d'un centre de formation particulier ne sont pas totalement démunis, puisqu'ils peuvent envoyer leurs membres dans l'asile normal d'une autre congrégation ou au Cours pratique de Paris.

Le Cours pratique des salles d'asile

La naissance de l'institution semble mystérieuse. «Une maison provisoire d'études [...] vient de s'ouvrir», écrit Salvandy aux préfets, le 20 août 1847, sans autre précision. «Il y a du vague, et le public ne sait pas tout», rétorque *L'Univers*, dès le 20 octobre suivant, en critiquant une institution chargée de préparer un examen jugé inutile pour s'occuper de jeunes enfants. Essayons d'en savoir plus. Dès le début de l'année 1846, le ministre avait confié à quelques membres de la Commission supérieure le soin d'organiser un établissement dont il supporterait l'entretien. Après avoir fait aménager un petit appartement, rue Neuve-Saint-Paul, ces dames – parmi lesquelles Émilie Mallet joue un rôle prépondérant – rédigent un règlement et choisissent les premières élèves. La plupart d'entre elles siègent ensuite dans la commission administrative chargée de surveiller la nouvelle institution, dont la direction est confiée à Marie Carpantier, la responsable de la salle d'asile du Mans, remarquée par Mme Mallet, et l'économat, à Antoinette René-Caillé, la veuve de l'explorateur[28]. On comprendrait mal cette genèse confidentielle si on ne la replaçait pas dans l'histoire des centres de formation des institutrices, souhaités par François Guizot dès 1836. Pour défendre et pour renforcer leurs positions dans l'enseignement féminin, les congrégations participent activement à la création de ces nouveaux établissements. A la fin de la Monarchie de Juillet, elles dirigent la majorité des écoles normales de filles et la plupart des cours normaux. L'idée d'une école nationale laïque pour les maîtresses des jeunes enfants ne pouvait que les indisposer. Pour ménager ces partenaires indispensables, Salvandy utilise un moyen détourné qui n'engage pas officiellement le ministère. Abandonnée à l'initiative de quelques dames, la «maison provisoire» constitue un ballon d'essai.

Sans les réactions énergiques de deux femmes, la révolution de février 1848 balayait l'expérience. Émilie Mallet plaide la cause du nouvel établissement auprès d'Édouard Charton, le secrétaire général du ministère, et d'Hippolyte Carnot lui-même, déjà décidé à placer «l'école maternelle», selon l'expression employée dans l'arrêté du 28 avril 1848, à l'entrée d'un grand réseau d'enseignement populaire. Grâce à la médiation de Béranger, Marie Carpantier rencontre, de son côté, le ministre et Jean Reynaud, le sous-secrétaire d'État à l'Instruction publique[29]. Hipppolyte Carnot choisit finalement de consacrer la tentative de son prédécesseur en remplaçant la maison provisoire par une «École maternelle normale», selon la formule de l'arrêté du 28 avril 1848. L'établissement est pourvu d'une «directrice des études» (Marie Pape-Carpantier), d'une économe et de trois maîtresses adjointes, pour l'instruction scolaire, le dessin, la musique. Il est placé sous la surveillance d'une commission administrative présidée par Georges

Ritt, l'un des deux premiers inspecteurs supérieurs de l'enseignement primaire, et où siègent, entre autres, Jean-Jacques Rapet, sous-inspecteur des écoles de Paris, qui assure les fonctions de secrétaire, et des membres de la Commission supérieure comme Mme Mallet, Mme de Varaignes et Mme de Champlouis[30].

Un statut universitaire, un personnel laïque et une directrice dont Lamartine, Hugo, Béranger et Carnot vantent le talent poétique ou pédagogique : la nouvelle institution avait tout pour déplaire aux conservateurs, qui déclenchent, à partir du milieu de l'année 1848, une grande offensive contre toutes les écoles normales. Les adversaires du centre de formation des salles d'asile mènent la lutte sur plusieurs fronts : ils dénoncent son coût et ils accusent sa directrice d'opinions subversives. Marie Carpantier n'a-t-elle pas dédié l'un de ses ouvrages à sa protectrice, Mme Mallet ? Ne recommande-t-elle pas à ses élèves d'écouter les leçons de la nature et les plaintes des nécessiteux ? N'est-elle pas célibataire à trente-trois ans ? Aucun doute : c'est une huguenote, une socialiste, une libertine ! La cabale persiste malgré les protestations de Jean-Jacques Rapet, d'Isidore Geoffroy-Saint-Hilaire et de Victor Cousin, l'un et l'autre ex-membres du Conseil royal de l'Instruction publique. En mars 1849, trois membres de la commission de surveillance démissionnent : Mme de Champlouis, une protestante, Mme Duplay, une catholique, et le curé de Saint-Paul. Ont-ils des raisons personnelles de désapprouver l'enseignement de la directrice ? Veulent-ils se retirer d'une institution qui échappe à l'influence des dames[31] ? La jeune institution surmonte la crise. Si ses crédits de fonctionnement sont momentanément diminués, sa directrice – un «ange de bonté et d'intelligence [...], en butte à tout ce monde de robes noires», écrit alors Béranger[32] – est maintenue dans ses fonctions après une enquête administrative très favorable. Après le sauvetage des écoles normales par Louis-Napoléon Bonaparte et par le parti de l'Élysée, le ministre de Parieu installe l'établissement, rue des Ursulines, dans un local plus grand, acheté par l'État en 1852[33]. Malgré l'heureux dénouement, plusieurs membres de la Commission supérieure estiment prudent d'abandonner un label jugé provocateur. Le 3 février 1852, un arrêté d'Hippolyte Fortoul donne à l'ancienne «École maternelle normale», le nom, plus anonyme, de «Cours pratique».

Quels que soient son statut et son nom, l'école spéciale des salles d'asile a toujours eu le souci de former des maîtresses modèles, pieuses et initiées à la méthode officielle. Ses élèves commencent et terminent leur journée de travail par une prière en commun, suivie, le matin, d'une lecture de *L'Évangile* et précédée, le soir, de celle de *L'Imitation*. Deux fois par semaine, elles écoutent un cours d'instruction religieuse présenté par un ecclésiastique. Globalement, cette éducation religieuse occupe, à partir du milieu du siècle, 18 % de l'emploi du temps hebdomadaire, soit à peu près la même place que les leçons d'instruction (19 %) ou les études et les séances de couture (21 %). Dès le premier cours, celui de 1847, les élèves visitent, tous les matins, des salles d'asile de la capitale et elles assistent, chaque semaine, à plusieurs leçons de Marie Carpantier sur la méthode et sur son application. Pour compléter cette formation théorique, l'arrêté du 28 avril 1848 prévoit l'aménagement d'une classe annexe, qui ouvre ses portes six mois plus tard (illustration 14, p. 188). Mme Pickaert, une ancienne élève réputée du Cours pratique, dirige, à partir de 1855, cette classe d'application où les aspirantes se rendent quotidiennement pour observer les leçons et conduire les exercices (illustration 16, p. 189). Jusqu'au début des années 1870, les élèves consacrent trois heures trente par jour aux exercices de la salle d'asile annexe et elles assistent, deux fois par semaine, à une leçon d'une heure de Mme Pape-Carpantier sur les principes de la première éducation collective et sur les leçons de choses. Cette formation pédagogique proprement dite occupe 40 % de l'emploi du temps hebdomadaire[34].

Les responsables d'une institution chargée de produire des maîtresses exemplaires se sont aussi préoccupés de leur niveau d'instruction. L'examen d'entrée à l'école constitue une première garantie. Organisé dès le 3 novembre 1848, puis réglementé par l'arrêté du 5 avril 1850, il permet à la commission de surveillance de sélectionner des boursières et, plus largement, de s'assurer que les candidates admises ont un niveau suffisant – en lecture, en écriture, en orthographe, en calcul, en Histoire sainte et en catéchisme – pour recevoir avec profit une instruction plus complète[35]. Les premières promotions, accueillies entre juillet et octobre 1847, puis entre décembre 1848 et mai 1849, reçoivent des leçons de lecture à haute voix, d'écriture, d'orthographe, de calcul, de chant, de dessin linéaire, de grammaire, d'histoire et de géographie[36]. Le 11 janvier 1849, la Commission supérieure approuve cet enseignement, tout en invitant Marie Carpantier à utiliser un langage moins abstrait dans ses conférences, et elle décide d'organiser un examen de contrôle en cours de scolarité. L'arrêté du 13 avril 1849 apporte une sanction officielle au programme du nouvel établissement en prévoyant, à côté des séances d'instruction morale et religieuse, citées en premier, et de l'étude des procédés et des dispositions réglementaires, « l'enseignement des notions scolaires applicables aux salles d'asile, [du] chant, [des] éléments du dessin linéaire applicables aux objets les plus usuels ». Le 12 décembre 1849, à la suite d'observations critiques, notamment de Mme de Champlouis, sur les leçons, trop « développées » de grammaire, d'histoire et de géographie, la Commission de surveillance réduit la formation intellectuelle à ce qui est « susceptible d'applications journalières[37] ». Le ministère décide-t-il ensuite d'élever le niveau de cette formation sans attendre la redéfinition officielle de la salle d'asile comme un établissement scolaire ? Dès 1852, le Cours pratique affiche un programme d'enseignement ambitieux, conservé jusqu'aux années 1870, et qui prévoit, chaque semaine, une heure trente d'orthographe, une heure trente d'arithmétique (les quatre règles, les nombres décimaux, le système métrique, les règles de trois et d'intérêts simples), trois heures de théorie et de pratique du chant, deux heures de géographie (la cosmographie, les grandes divisions du globe, la géographie générale de l'Europe, la description, les productions, les canaux et les chemins de fer de la France), quatre heures trente de dessin (figures géométriques et objets usuels) et une heure de présentation des institutions françaises[38]. Désormais, l'instruction proprement dite occupe le cinquième de l'emploi du temps avec une attention particulière pour les disciplines les moins familières à la plupart des élèves : le dessin, le chant et la géographie.

Malgré ce programme et malgré le filtrage du public, la formation intellectuelle ou pratique des élèves-maîtresses n'est pas toujours jugée satisfaisante. On reproche au cursus de quatre mois d'empêcher tout approfondissement, et au système de sélection unique, à Paris, de laisser passer quelques postulantes provinciales inaptes, mais admises par le jury en considération des dépenses imposées par le déplacement jusqu'à la capitale[39]. Pour remédier à ce dernier inconvénient, l'arrêté du 31 mars 1859 institue un examen préliminaire au niveau départemental. En revanche, et malgré plusieurs requêtes, il faut attendre 1875 pour que le ministère accepte de réunir les deux cours successifs en une seule session de huit mois, séparés, à mi-temps, par un examen de contrôle, éliminatoire. Les élèves dont les résultats sont insuffisants, « faute de travail, d'intelligence ou même de santé », précise l'arrêté du 10 juillet 1875, qui élève simultanément le niveau de l'examen d'entrée, ne sont pas autorisées à poursuivre leur scolarité.

Entre son ouverture, en juillet 1847, et son changement de fonction, à partir de 1882, l'école des salles d'asile de Paris reçoit 1 792 élèves, âgées, pour la plupart, de dix-neuf à quarante ans. De 1847 à 1867, la capitale fournit 70 % de cette population et la province, le reste, à l'exception de quelques étrangères. Conformément aux instructions de 1847 et de 1849, ces élèves, internes ou externes, sont des boursières de l'État (75 % de l'effectif total en 1856 et 97 % dans les années 1870), des boursières des départements et des étudiantes libres, assujetties à un prix de pension[40].

L'établissement aurait peut-être accueilli plus d'élèves s'il ne s'était pas heurté, malgré les efforts des autorités, à un manque de place quasi permanent. L'effectif annuel de l'école, limité jusqu'en 1850 à une petite dizaine de personnes, s'élève, après le déménagement rue des Ursulines, en 1851, à dix-neuf élèves, puis à trente-trois dès 1853 et à cinquante-trois en 1855. Après des travaux d'aménagement effectués en 1856, l'établissement accueille une moyenne de soixante-six présentes jusqu'en 1875. Les élèves s'entassent dans une étude de quarante et une places, et elles accèdent aux tables du réfectoire en se glissant dans l'ordre où elles vont s'asseoir[41] !

Si l'on considère les taux de réussite au certificat d'aptitude, l'école normale des salles d'asile a parfaitement rempli sa mission : 71 % de ses candidates sont reçues entre 1847 à 1850 inclus, 83 % en 1859 et en 1860, 90 % à la première session de 1864, 94 % à la seconde session de 1865. Mais ce palmarès flatteur est illusoire, car tout le public de l'école n'affronte pas l'épreuve du certificat : la commission de surveillance désigne, en fonction des notes obtenues pendant la scolarité, les élèves autorisées à se présenter, les redoublantes et les exclues, auxquelles il faut ajouter les élèves démissionnaires pour raison de santé. Les candidates effectives du Cours pratique constituent donc une population déjà sélectionnée (60 % des promotions de 1847 à 1850, les trois quarts en 1859 et 1860 et les deux tiers en 1864), et les ratios établis entre le total des élèves admises dans l'établissement et le nombre des certifiées sont bien moins impressionnants que les chiffres déjà cités : 50 % de 1847 à 1850, 61 % de 1859 à 1860, et 60 % en 1864. Les statistiques officielles globales confirment ces proportions. De 1847 à 1875, près de la moitié des élèves admises au Cours pratique (soit 770 sur 1 660) ont obtenu le certificat, à Paris ou, après un échec dans la capitale, en province[42].

L'action du Cours pratique inspire deux autres réserves. D'une part, toutes ses anciennes élèves diplômées n'exercent pas obligatoirement dans une institution des jeunes enfants. En 1864, 60 % seulement des lauréates des trois années précédentes sont employées dans une salle d'asile et 20 %, dans une école privée ; les autres (20 %) n'ont pas de travail constaté[43]. D'autre part, selon certains témoignages, l'aptitude pratique de ces enseignantes laisserait parfois à désirer, car l'augmentation continuelle des effectifs a réduit le nombre des exercices que chaque élève-maîtresse dirige personnellement dans la classe annexe. Dès 1853, pour diminuer les perturbations imposées aux usagers, la commission de surveillance a recommandé aux stagiaires de s'entraîner entre elles dans la classe vide à l'heure du repas, puis de diriger effectivement les jeunes enfants au moins trois fois – c'est peu – à la fin de la session[44].

Malgré ses imperfections, le centre de formation des salles d'asile qui fonctionne à Paris pendant trente-cinq ans est une innovation. A une époque où la plupart des écoles normales d'institutrices sont tenues par les sœurs, il est le seul établissement national laïque qui prépare des femmes à une carrière intellectuelle. Les maîtresses religieuses ne l'ont pas totalement ignoré, car le système des bourses convenait parfaitement aux congrégations peu fortunées, incapables de former elles-mêmes les directrices de leurs salles d'asile ou de les envoyer, à leurs frais, dans les établissements modèles des grosses communautés. Dès le milieu du siècle, quelques religieuses sont admises au Cours pratique. La nomination de Mgr Morlot, l'archevêque de Tours, à la présidence du Comité central en 1854 favorise cette démarche en raison des sympathies du prélat pour Mme Pape-Carpantier. Entre 1855 et 1867, une centaine de sœurs, issues de trente-cinq ordres différents, fréquentent l'école officielle des salles d'asile à laquelle elles fournissent 11 % de ses effectifs[45]. Au regard de la totalité du corps enseignant congréganiste (plus de 4 000 maîtresses au début des années 1860), cet effectif reste toutefois modeste. Les réticences des communautés à l'égard d'une institution universitaire, la politique scolaire de l'Empire libéral et les démêlés de la directrice avec la Congrégation de l'Index, en 1863, ont joué un rôle dissuasif. Mais l'accueil de quelques dizaines de sœurs au Cours pratique n'est pas négligeable, puisque plusieurs de ces stagiaires exercent ensuite dans les salles annexes des noviciats.

Le séjour passé dans cette institution constitue souvent une étape décisive dans l'existence de ses élèves. Des jeunes femmes, soucieuses de conquérir leur indépendance, côtoient des orphelines ou des veuves, autrefois fortunées, et des épouses, obligées de compléter un revenu familial insuffisant. «Tous les cours présentent le même début», note la directrice en 1851, «des soupirs étouffés, des larmes furtives ; le corps est présent, mais la pensée retourne au foyer que l'on regrette[46]». Inspiré par le modèle des écoles normales, qui imitent elles-mêmes les couvents, le régime austère de l'établissement favorise l'intimité. Pendant ces mois de vie commune, entrecoupés de quelques sorties dominicales, des amitiés se nouent, des relations personnelles s'établissent avec la directrice, âgée de trente-sept ans en 1852, orpheline peu après sa naissance et qui traite ses élèves, raconte Émile Gossot, avec «la tendre sollicitude d'une parente, d'une mère ou d'une sœur». Au cours de ses leçons et de ses entretiens, Marie Pape-Carpantier s'efforce de communiquer aux futures éducatrices de jeunes enfants le sens et le goût de leur mission. On peut supposer qu'elle a su toucher et convaincre une partie de son public quand on voit plusieurs de ses anciennes élèves participer en 1874, après sa révocation, à la souscription destinée à fonder une école sous sa direction[47].

Quel que soit leur mode de formation initiale, dans un noviciat, dans un établissement départemental modèle, au Cours pratique de Paris ou sur le tas, les maîtresses des salles d'asile peuvent continuer à s'informer sur leur métier grâce à la lecture d'une revue spécialisée.

L'Ami de l'Enfance

L'idée de ce périodique revient à l'éditeur Louis Hachette à l'époque de l'effervescence pédagogique des débuts de la monarchie de Juillet. Après avoir publié, dès 1830, le *Journal de l'instruction élémentaire*, puis mis en chantier plusieurs collections de livres au lendemain du vote de la loi Guizot, ce marchand avisé, qui est aussi un partisan sincère de l'éducation du peuple, s'intéresse à la salle d'asile. Au début de l'année 1835, il propose à Mme Mallet puis à Jean-Denys Cochin d'imprimer une revue mensuelle et des collections d'images pour la nouvelle institution. « Un journal donnera de la publicité à des travaux, à des idées, qui seraient restés cachés, et ce sera un moyen régulier d'exciter le zèle de bien des gens et de diriger utilement leurs bonnes intentions », écrit-il, le 10 février 1835, à la secrétaire du Comité des dames, dont il sollicite la « coopération active et régulière », avant de proposer de donner « chaque jour pour ce travail une heure de [son] temps s'il est nécessaire ». D'abord réticent, pour des raisons inconnues, Jean-Denys Cochin accepte finalement de diriger le journal, avec la collaboration de Pierre-Nicolas Batelle, chef de bureau à l'administration des Hospices, puis de M. Dezobry. Émilie Mallet, séduite par le projet, hésite en revanche à s'engager, car les raisonnements, trop profanes à ses yeux, de Jean-Denys Cochin l'embarrassent. Louis Hachette obtient son assentiment en lui garantissant une totale liberté de plume[48].

Le premier numéro de la *première série*, daté des mois de janvier-février 1835, paraît en juin de la même année avec un avant-propos de Mme Mallet qui accorde une large place à la première éducation religieuse. Mais les polémiques autour du contrôle de la salle d'asile et l'attentisme du ministère privent la jeune revue de tout patronage officiel. Jusqu'à la fin de 1837, à une époque où la nouvelle institution balbutie, deux cent cinquante exemplaires, seulement, sont vendus en moyenne, par an, pour un tirage quatre fois supérieur. Louis Hachette hésite à poursuivre l'entreprise lorsque la clarification du statut de la salle d'asile par l'ordonnance du 22 décembre 1837 et les bonnes dispositions du ministre Salvandy lui apportent, enfin, l'aide attendue. Placé, à partir de janvier 1838, « sous les auspices de la Commission supérieure » et « adopté », pour la publication des actes officiels, par le ministère de l'Instruction publique, qui souscrit deux cents abonnements, *L'Ami de l'Enfance* « entre dans une ère plus heureuse », écrit l'éditeur, le 24 mars suivant, en espérant que l'existence du journal, « jusqu'alors fort chancelante, se soutiendra ». Espoir bientôt déçu. L'arrêt des abonnements officiels par Victor Cousin, nommé à la tête de l'Instruction publique le 1er mars 1840, et la stagnation persistante des ventes imposent de cesser la publication à la fin de 1840[49]. Jusqu'à cette date, soit pendant six ans, la librairie Hachette a assuré six livraisons annuelles de trente-quatre pages en moyenne. Quelques années plus tard, une nouvelle tentative aboutit à la parution, entre janvier 1846 et novembre 1847 seulement, d'une *seconde série*, composée de trois gros numéros annuels de cinquante-huit pages en moyenne.

Lorsque les autorités universitaires se préoccupent à nouveau du sort de la salle d'asile, à partir de 1854, elles ressentent le besoin d'un organe de liaison. Eugène Rendu, ancien secrétaire de la Commission supérieure et chef du personnel de l'enseignement primaire au ministère, prend la direction de la *troisième série*, lancée, dès le mois d'octobre 1854, avec le soutien actif du président du Comité central, le cardinal Morlot. Au cours des années suivantes, le ministère et le Comité central invitent plusieurs fois les préfets, abonnés d'office, en 1856, aux frais de l'administration, les recteurs et les maires à faire abonner les comités locaux[50]. Ce soutien officiel et la multiplication des établissements assurent la longévité de la publication. Jusqu'en septembre 1869, inclus, la librairie Hachette produit un numéro mensuel de vingt-huit pages en moyenne. En octobre 1869, la transformation complète du journal inaugure, sans discontinuité, la *quatrième série,* publiée sous la direction de Marie Pape-Carpentier. Jusqu'au siège de la capitale, en septembre 1870, *L'Ami de l'Enfance* propose à ses lecteurs un numéro mensuel, au format agrandi, de seize pages en moyenne et qui s'adresse, selon l'introduction de Mme Pape-Carpentier, «à tous les enfants [et] à toutes les familles, que ces enfants se trouvent réunis sous le toit paternel ou dans un externat, dans les salles d'asile et les écoles communales ou dans des établissements privés[51]». Cet élargissement des préoccupations s'affiche jusque dans le nouveau sous-titre de *Journal d'éducation maternelle,* qui succède à l'intitulé, traditionnel, de *Journal des salles d'asile.* Il faut ensuite attendre onze ans pour que *L'Ami de l'Enfance* réapparaisse, en octobre 1881, sous la direction de Pauline Kergomard et de Charles Defodon, le rédacteur en chef du *Manuel général,* avec le sous-titre d'*Organe de la méthode française d'éducation maternelle.* Destinée aux écoles maternelles et aux classes enfantines de l'école primaire, cette *cinquième série,* la dernière, dure jusqu'en 1896.

Qu'apportent à leurs lecteurs les trente pages, mensuelles ou bimestrielles, de *L'Ami de l'Enfance* (tableaux 7 et 8)? Les *Actes officiels* occupent une place importante jusqu'en 1840, avec 20% du nombre des pages et une très forte sur-représentation de la *première série* (1835-1840) dans cette rubrique, puis leur contribution décline en valeur relative. Après avoir réglementé la salle d'asile, entre 1836 et 1838, les autorités se montrent moins bavardes sauf pendant les périodes de réorganisation, entre 1854 et 1856, et, à un degré moindre, en 1859. Regroupés, pour les besoins de l'analyse, sous l'intitulé *Description et célébration des salles d'asile,* les textes de propagande en faveur du nouvel établissement deviennent eux aussi moins nombreux. Presque majoritaire jusqu'en 1840, avec 49% des pages et une nette sur-représentation de la *première série,* cette rubrique ne représente plus que le tiers de la surface imprimée – une proportion encore prédominante – au milieu de l'Empire, puis moins du cinquième après 1859. Deux évolutions expliquent ce recul: la réduction des descriptions apologétiques des établissements (42% des pages avant 1840, y compris les témoignages sur l'étranger, un quart entre 1854-1859, puis 10%) et le resserrement des discours sur les avantages de l'institution, lieu privilégié d'exaltation de l'œuvre accomplie, qui passent de 6% à 2,5% du total des pages. Mieux représentés à partir du milieu du siècle, les comptes-rendus des cérémonies officielles et les notices nécrologiques occupent une place trop modeste pour contrebalancer ces deux tendances.

Tableau 7. Thèmes traités dans *L'Ami de l'Enfance* (1835-1869)

	% sur le total des pages de la période				% sur le total des pages accordées à la rubrique entre 1835 et 1869				
	1835 1840	1846 1847	1854 1859	1859 1869	1835 1840	1846 1847	1854 1859	1859 1869	
Actes officiels	20	10,6	7,3	5,5	**41,5**	6,7	20,2	<u>31</u>	100 %
Description et célébration des salles d'asile	48,7	39,5	32,8	19	**31,3**	7,7	27,7	<u>33,3</u>	100 %
Matériaux /Leçons	12	13,2	22	36,5	<u>8,2</u>	<u>2,8</u>	20	**69**	100 %
Conseils pédagogiques	9,7	7	7,7	6	**25**	5,5	26,5	42,8	100 %
Fonctionnement	2,2	1,8	5,1	2	14,5	3,7	**45,2**	36,5	100 %
Enfant, hygiène	0,5	1,7	6,1	6	<u>2</u>	<u>2</u>	32,4	**63,5**	100 %
Personnel enseignant	2,9	2,7	4,1	1,2	23,3	6,7	**44**	<u>26</u>	100 %
Patronage	1,9	5	5	1,5	13,3	**11**	47,5	<u>28,3</u>	100 %
Local, mobilier	0,6	1,4	0,7	0,9	14	**9,8**	20,2	56	100 %
Crèches, écoles	1,2	12,8	8	18,4	<u>2</u>	6	<u>16</u>	**76**	100 %
Divers	0,3	4,4	1	3	3	11,7	11,7	73,7	100 %
	100 %	100 %	100 %	100%					
Total de pages	1 165 p.	346 p.	1 644 p.	3 296 p.					
% sur le total	18 %	5,5 %	25,5 %	51 %					

Ce tableau est élaboré à partir des trois premières séries de *L'Ami de l'Enfance*, qui comportent 34 numéros de janvier 1835 à novembre 1840, 6 numéros de janvier 1846 à novembre 1847 et 180 numéros d'octobre 1854 à septembre 1869. Deux périodes ont été créées dans la troisième série pour faire ressortir les effets éventuels de la réforme de l'enseignement à la salle d'asile par l'arrêté du 5 août 1859 : octobre 1854 à septembre 1859 (60 numéros) et octobre 1859 à septembre 1869 (120 numéros). Dans un journal dont le format ne varie pas avant 1869, la place occupée par chaque article a été appréciée en nombres de pages et de demi-pages, à l'exception des tables des matières ou des extraits de catalogue de la librairie Hachette (nos totaux de référence peuvent donc être inférieurs à ceux des volumes successifs).

Pour faciliter la lecture, nous avons seulement indiqué les pourcentages de la part consacrée à chaque rubrique dans le total des pages de chaque période (mentionné en bas des quatre premières colonnes) et les pourcentages de la contribution de chaque période au total des pages consacrées à chaque rubrique (% sur le total de la ligne des quatre dernières colonnes).

A l'aide du deuxième indice, on peut apprécier, grossièrement, la contribution de chaque période à chaque rubrique en la comparant à son poids dans le total des pages, mentionné sur la dernière ligne (1835 à 1840 : 18 %, 1846 à 1847 : 5,5 %, 1854 à septembre 1859 : 25,5 %, octobre 1859 à 1869 : 51 %). Une nette sur-représentation est signalée par des chiffres gras et une nette sous-représentation par des chiffres soulignés.

Exemple : les *Matériaux pour les leçons* occupent 36,5 % des pages entre 1859 et 1869 contre 12 % entre 1835 et 1840 (1e et 4e colonnes). La quatrième période (1859-1869), qui contribue pour 51 % à l'ensemble du journal (dernière ligne de la 4e colonne), est nettement sur-représentée dans cette rubrique à laquelle elle apporte 69 % de ses pages (3e ligne de la 8e colonne).

Nous avons choisi les rubriques et leurs titres pour les besoins de notre analyse. Il ne faut donc pas rechercher ces intitulés dans les numéros du journal. Le contenu de ces rubriques est développé dans la note 52, p. 454.

Tableau 8. Les matières d'enseignement dans *L'Ami de l'Enfance* (1835-1869)

	Conseils pour l'enseignement	Leçons modèles	Informations dans les matières enseignées
Enseignement religieux	15	6,8	24
Morale	12	14,3	-
Éducation physique	1,5	1	-
Dessin, travaux manuels	12	-	-
Chant	11,2	4,3	-
Leçons de choses	16	18,7	70
Histoire naturelle	10,4	32,3	
Lecture	20,3	3	-
Écriture	1	-	-
Calcul	-	2,3	-
Histoire Géographie	0,5	17,3	6
	100 %	100 %	100 %
Total des pages *	239 p.	571 p.	212 p.

* Total des pages consacrées à chacune de ces rubriques dans l'ensemble du journal (source : voir le tableau 7)

Conseils pour l'enseignement (inclus dans la rubrique « Conseils pédagogiques » du tableau 7) : recommandations relatives aux disciplines du programme.

Leçons modèles (incluses dans la rubrique « Matériaux pour les leçons » du tableau 7) : exemples de leçons (présentées, parfois, sous forme de questions, de questions-réponses), récits d'une leçon réelle entendue par une inspectrice ou par un visiteur.

Informations dans les matières enseignées (incluses dans la rubrique « Matériaux pour les leçons ») : informations sur des sujets d'histoire sainte, de physique, d'histoire naturelle, de géographie, etc.

Enseignement religieux : généralités, histoire sainte, catéchisme, prières.

Morale : les leçons modèles n'incluent pas les contes et les récits édifiants, classés à part dans la rubrique « Matériaux pour les leçons ».

Éducation physique : mouvements, évolutions, jeux (toutes les leçons modèles relatives à l'éducation physique sont publiées après 1854).

Leçons de choses : sur des objets de la vie quotidienne, les poids, les mesures, les couleurs. Contribution des trois périodes (les deux premières séries sont réunies ici en une seule période : 1835-1847) aux Leçons modèles pour l'ensemble Leçons de choses + Histoire naturelle : 1835-1847 (8,3 %), 1854-1859 (15,2 %), 1859-1869 (76,5 %, pour une moyenne de 51 % - voir *infra*)

Lecture : épellation, autres exercices, phonomimie, vocabulaire, grammaire, récitation (les plaidoyers en faveur de la phonomimie ont été classés dans la rubrique « Conseils », même lorsqu'ils proposaient des exemples d'exercices). Contribution de chaque période aux Conseils relatifs à l'enseignement de la lecture : 1835-1840 (10,5 %), 1854-1859 (12,5 %), 1855-1869 (77 %).

Calcul : calcul et géométrie. Contribution de chaque période aux Leçons modèles : 1835 – 1847 (4 %), 1854-1859 (31 %), 1859-1869 (65 %).

Histoire et géographie : la première leçon modèle de géographie est publiée en juillet 1855, et la première leçon d'histoire en juillet 1863. Contribution de chaque période aux Leçons modèles de géographie : 1854-1859 (9 %), 1859-1869 (91 %).

Rappel de la contribution de chaque période au total des pages du journal : 1835-1847 (23,5 %), 1854-1859 (25,5 %), 1859-1869 (51 %).

Si l'esprit militant du journal paraît s'atténuer au fur et à mesure que se multiplient les établissements, ses intérêts s'élargissent, puisque l'évocation des écoles et des autres œuvres pour l'enfance, exceptionnelle avant 1840, occupe, à partir du milieu du siècle, une place croissante qui s'élève jusqu'à 18 % des pages après 1859. Deux rubriques sont, en revanche, moins représentées que l'on pouvait s'y attendre : le *Local et le mobilier,* des sujets pourtant intéressants pour les municipalités, et le *Patronage,* fréquemment évoqué lors de la réorganisation des comités entre août 1855 et décembre 1856, puis assez régulièrement au cours des années 1860, mais sans disposer d'une surface globale importante.

La croissance des informations relatives à la mission éducative proprement dite de la salle d'asile (*Matériaux pour les leçons, Conseils pédagogiques, Fonctionnement, Personnel enseignant, Enfant et hygiène*) achève d'éclairer les métamorphoses du journal. Réduites au quart des pages jusqu'en 1847, elles occupent ensuite la moitié de la revue avec une nette sur-représentation après 1859. Deux rubriques déterminent surtout cette expansion : l'ensemble des *Matériaux pour les leçons* (leçons-modèles, contes et récits, extraits d'ouvrages, informations scientifiques), qui représente, à lui seul, près du quart puis le tiers de la *troisième série*, et *L'enfant et son hygiène*, qui sont peu évoqués avant 1854. L'essor du discours pédagogique et professionnel, et la réduction simultanée des messages destinés à mobiliser et à renseigner les autorités et les protectrices locales (*Actes officiels, Description et célébration des salles d'asile*), montrent que *L'Ami de l'Enfance* s'adresse davantage à un public de maîtresses à partir du milieu du siècle. Après la période héroïque, au cours de laquelle il fallait d'abord faire connaître l'institution aux bienfaiteurs locaux, le journal s'adapte à la nouvelle vocation scolaire officielle de la petite école, à la marginalisation relative des dames patronnesses et à la professionnalisation d'un personnel de plus en plus nombreux. A côté des renseignements habituels sur leur métier et sur le fonctionnement des établissements, les lectrices de *L'Ami de l'Enfance* y trouvent une masse croissante de documents utiles pour comprendre les besoins de leur jeune public et pour préparer leurs leçons. Au-delà des adultes chargés de la première éducation collective, c'est à l'enfant lui-même que s'adresse la *quatrième série* du journal, parue entre octobre 1869 et septembre 1870. Chaque numéro contient désormais, à l'intention d'un jeune public, une *Partie spéciale,* composée de récits, imprimés en gros caractères, de gravures et de vignettes. Pendant la même période, sur les cent cinquante-quatre titres de la *Partie générale,* 71 % concernent les méthodes d'enseignement, l'hygiène de l'enfance, les ouvrages de référence et les exemples de leçons[53]. Sous la direction de Marie Pape-Carpentier, engagée depuis vingt-trois ans dans la formation du personnel, l'avant-dernière série de l'*Ami de l'Enfance* s'adresse presque exclusivement aux éducatrices, de toute nature, et aux enfants.

Lorsqu'il a publié, en 1837, le premier texte organique des salles d'asile, le ministère ne s'est pas contenté de réglementer leur fonctionnement et le recrutement de leur personnel. Pour s'informer sur les établissements et pour contrôler l'application de ses consignes, il organise un corps d'inspection.

Les inspectrices spéciales des salles d'asile
La première voie d'accès des femmes à la haute fonction publique

La surveillance des salles d'asile a d'abord été une activité exclusivement bénévole, sauf pour Eugénie Millet, nommée officiellement *inspectrice générale des salles d'asile de Paris,* en 1830. L'ordonnance du 22 décembre 1837 établit ensuite, au niveau national, une *déléguée générale,* rétribuée par l'Instruction publique, et elle prévoit l'institution de *déléguées spéciales,* départementales et communales, rétribuées par les collectivités locales. Après la nomination d'Eugénie Chevreau-Lemercier[54], en 1838, celle d'Henriette Doubet[55], la fille d'Ambroise Rendu, en 1847, porte à deux le nombre de déléguées nationales. Mais, au niveau local, le relais n'est pas assuré. A la veille de la réforme de 1855, la France compte seulement une dizaine de déléguées spéciales, souvent chargées du service de plusieurs départements. Conformément aux nouvelles exigences du pouvoir universitaire, le décret de 1855 maintient les deux *déléguées générales* et institue, dans chacune des seize grandes circonscriptions académiques recréées l'année précédente, une *déléguée spéciale,* rétribuée sur les fonds de l'État. A partir de 1860, la création de nouveaux postes et le recrutement d'adjointes et de suppléantes élèvent le nombre des déléguées générales à quatre en 1868 et le total des inspectrices permanentes à vingt-sept personnes en 1869 et à trente-cinq en 1877. Les conseils généraux de quelques régions particulièrement bien pourvues en salles d'asile, comme l'Oise, l'Eure ou le Nord, ont complété ce dispositif en recrutant des inspectrices départementales. La Troisième République modifie ce système par le décret du 22 mars 1879 et par la circulaire du 5 novembre suivant. Pour mettre fin au «double emploi» des déléguées générales, chargées de visiter plusieurs académies, et des déléguées spéciales, attachées à une circonscription, le ministère supprime ce dernier corps, par extinction ou par mutation, et il augmente, en le portant à huit, le nombre des inspectrices nationales. Simultanément, il s'efforce de resserrer son contrôle sur l'institution des jeunes enfants en recommandant d'établir partout des inspectrices départementales, dont il s'engage à financer la moitié du salaire lorsqu'une ancienne déléguée spéciale occupe le poste. Selon le même principe, le décret organique des écoles maternelles, du 2 août 1881, confie la surveillance de ces établissements à des inspectrices générales et départementales. En quelques années, les déléguées académiques disparaissent, mais sans que soit mise en place, sauf exception, une inspection spécialisée au niveau des départements.

L'institution des déléguées des salles d'asile est une véritable innovation. Jusqu'au début de la Troisième République, l'*inspection générale de l'Université*, créée à partir de 1802 et rebaptisée *inspection générale de l'Instruction publique* en 1850, demeure une corporation restreinte, essentiellement chargée, dans sa forme masculine, de contrôler les facultés, les lycées et les collèges. En 1837, lors de la nomination de la première déléguée générale, le ministère dispose de douze postes d'inspecteurs généraux permanents et, en 1855, lors de l'institution des déléguées spéciales, de seize postes, dont huit pour le supérieur, six pour le secondaire et deux pour le primaire. Si l'on intègre les déléguées spéciales dans l'inspection générale des salles d'asile, ce service rassemble dix-huit postes au début de l'Empire, soit plus de personnel que toutes les autres inspections réunies[56]. L'antériorité de l'inspection générale des salles d'asile sur celle de l'enseignement primaire constitue un autre objet d'étonnement. Alors que Mme Chevreau-Lemercier est nommée en 1837, il faut attendre 1846 pour que le ministère institue les deux premiers *inspecteurs supérieurs de l'Instruction primaire*. Et après avoir précédé leurs collègues de la grande école, les déléguées empiètent sur leur territoire, puisqu'elles sont invitées à inspecter les classes enfantines des écoles primaires de filles (arrêté du 8 mai 1862), puis toutes les classes de ces établissements (décret du 20 février 1872).

La principale singularité des initiatives de 1837 et de 1855 reste cependant à découvrir. Dépourvues du prestige et des prérogatives des autres inspecteurs généraux, ces «missi dominici du Grand-Maître de l'Université», nommés, à partir de 1852, par le Chef de l'État lui même[57], les déléguées des salles d'asile n'en sont pas moins elles aussi les représentantes du pouvoir central. «Organe spécial de l'administration supérieure», selon les termes de la circulaire du 18 mai 1855, la déléguée générale, désignée par le ministre, lui adresse directement le compte-rendu de ses visites. Instituée dans les mêmes conditions, mais placée sous l'autorité du recteur, la déléguée spéciale communique son rapport au chef de l'académie, qui le transmet, avec ses remarques, au ministre. A qui l'État confie-t-il cette tâche, qui exige de sillonner la France par toute espèce de temps, de chemins et de gîtes, et d'intervenir auprès des autorités locales, parfois mal disposées à l'égard de l'administration et des institutions de jeunes enfants ? A des administrateurs d'un rang élevé ? A des professeurs illustres ? Non : à des femmes. Là, réside le caractère vraiment révolutionnaire de l'inspection générale des salles d'asile, première voie d'accès des femmes aux corps de contrôle de l'État. La seconde brèche se produit, cinq ans plus tard, lorsque le ministre de l'Intérieur institue une inspectrice générale des prisons de femmes, tenues par les religieuses[58].

Quelles sont ces soixante-deux femmes chargées, pendant près de cinquante ans, de surveiller les premières institutions de jeunes enfants ? Publié, sous la direction de Guy Caplat, par le Service d'Histoire de l'Éducation, le précieux *Dictionnaire biographique* des inspecteurs généraux de l'Instruction publique[59], complété par nos propres recherches, permet de répondre à cette question.

Des mères bourgeoises obligées de travailler

Les deux tiers, au moins, des déléguées dont les origines géographiques sont connues (soit les trois quarts de la population totale) sont nées dans une commune urbaine et, pour plus de la moitié d'entre elles, à Paris ou dans des chefs-lieux d'académie et de département. Les deux tiers de celles dont le père est identifié (soit deux sur trois) sont issues de milieux qui travaillent au service de l'État, dans l'administration, essentiellement départementale et d'un niveau souvent élevé (32 %), dans l'armée (27,5 %) et dans l'Université (7,5 %). Les autres appartiennent, dans des proportions identiques, au milieu des professions libérales (17,5 %) et à celui, très hétérogène, des commerçants, des entrepreneurs et des artisans (15 %). Les deux tiers des déléguées sont mariées, veuves ou séparées. Les vingt-cinq époux, sur trente-huit, dont le métier est connu sont des agents de l'Université (9, soit 36 %), des administrateurs employés dans d'autres services (5, soit 20 %), des officiers (3), des membres des professions libérales (5) et des employés (3). Avec les réserves qu'inspire toute étude fondée sur les seules professions, on peut estimer que près des trois quarts des déléguées sont issues, au moins, de la moyenne bourgeoisie, tandis que les autres appartiennent à des familles de fonctionnaires ou de militaires subalternes, de petits commerçants et d'artisans. Un tiers d'entre elles peuvent même être considérées comme les descendantes d'une bonne bourgeoisie, qui rassemble ici des magistrats et des administrateurs importants, des officiers supérieurs et trois négociants.

Les aléas de l'existence expliquent ces origines sociales plutôt élevées. Plusieurs des futures déléguées ont été obligées de rechercher un travail, soit après des revers de fortune provoqués par les prodigalités de leur époux[60] ou par sa disparition (une sur cinq, au moins, est veuve)[61], soit en raison de leur célibat, vraisemblable, au moment de la nomination, pour le tiers d'entre elles[62]. Que pouvaient faire des femmes instruites, issues de la bourgeoisie du service public ou des professions libérales, obligées de compter sur leurs propres forces et souvent dotées d'une forte personnalité – que Linda L. Clark discerne aussi chez les premières inspectrices des écoles primaires nommées à partir de 1889[63] ? Une fois écartés l'office, la boutique ou la manufacture, il ne leur restait qu'une solution : l'enseignement. Sur les trente déléguées pourvues d'un emploi avant leur nomination, vingt-neuf avaient fait ce choix, dont treize au service de la salle d'asile. Pour échapper au triste sort des sous-maîtresses et des institutrices laïques, quelques-unes travaillaient pour le compte d'une famille, tandis que d'autres, une dizaine, occupaient déjà un poste d'autorité, à la tête du Cours pratique de Paris, du cours normal de l'Oise, d'une école normale ou d'une pension[64]. A première vue, l'âge d'entrée en fonction n'est pas très significatif, puisque la quarantième année partage exactement la population en deux groupes égaux. Mais il suffit de croiser cet indice avec l'état-civil et la carrière pour éclairer les trajectoires individuelles : les célibataires sont deux fois plus fréquentes parmi les nouvelles déléguées de moins de quarante ans, et les veuves, trois fois plus nombreuses parmi celles qui ont dépassé cette limite. Au-delà de quarante ans, on trouve aussi près de deux fois plus de nouvelles déléguées engagées dans la vie active avant leur nomination. Ces tendances révèlent le double usage social de la fonction d'inspectrice permanente des salles d'asile. Premier emploi honorable pour des femmes d'origine bourgeoise et obligées de travailler, c'est aussi un moyen de promotion pour celles qui travaillent déjà, dans l'enseignement, et que l'ambition ou la quête d'un meilleur revenu[65] poussent vers des postes de responsabilité. La vocation peut jouer aussi un rôle à côté des contraintes de l'existence. Avant de devenir déléguées, Judith Cauchois-Lemaire et Jeanne Geib assumaient les fonctions de dame patronnesse. La première visitait depuis longtemps les établissements parisiens ; la seconde, fille d'un riche négociant, exerçait bénévolement la mission d'inspectrice départementale en Moselle, où elle dépensait une partie de sa fortune en faveur des salles d'asile.

Comment l'Université a-t-elle recruté ces nouvelles collaboratrices ? Jusqu'au décret organique de 1855, aucun critère officiel n'est défini. Comme les visiteuses bénévoles des salles d'asile, les inspectrices permanentes sont désignées au nom de cette « autorité maternelle » que célèbrent, entre autres, Jean-Denys Cochin, l'ordonnance de 1837 et Mme Chevreau-Lemercier, grande avocate de l'inspection féminine de la petite école.

> *Eh ! Messieurs, ne croiriez-vous pas déroger là où nous autres, simple femmes et mères orgueilleuses, nous trouvons notre dignité et notre gloire ? [...]. Il est un nombre de questions importantes qu'un homme ne pourrait adresser à une directrice sans inconvenance et sans lui causer de l'embarras ; il y a certaines pratiques, il y a des soins d'une certaine nature, il est des choses enfin pour lesquelles il convient de laisser les femmes s'entendre entre elles [...]. Quant aux rapports avec les autorités..., nous savons très bien qu'un homme se présente avec plus d'assurance [...]. [Mais] quand nous venons parler en faveur des petits enfants, notre sentiment nous donne confiance et force ; nous sommes sur notre terrain, c'est notre affaire[66].*

On comprend mieux la démonstration de la première déléguée générale si l'on songe à son intérêt quasi obsessionnel pour l'hygiène des toilettes et pour la manière dont les enfants les utilisent. Mme Chevreau-Lemercier puise aussi dans son expérience personnelle sa foi dans la compétence féminine : lorsqu'elle est nommée à son poste, en 1837, l'un de ses deux enfants – la future déléguée Henriette Monternault – est âgée de sept ans. A son image, la majorité des inspectrices a fait l'expérience de la maternité et, on peut le supposer, celle de l'éducation des premières années, puisque les notices consultées attribuent des enfants à 42 % d'entre elles ou ne se prononcent pas, faute d'informations, pour d'autres femmes, mariées ou veuves, et qui représentent près de 20 % de l'effectif total.

Innée ou développée par l'expérience, la compétence maternelle est jugée insuffisante lorsque la mission scolaire de la salle d'asile devient prioritaire. Le ministère veut s'assurer du niveau d'instruction de ses représentantes et de leur capacité à diriger les exercices et les évolutions. En 1855, le décret organique oblige toute candidate à l'inspection académique à posséder le certificat d'aptitude déjà exigé des maîtresses. Rien n'est prévu, en revanche, pour les déléguées générales, qui continuent d'être recrutées sans conditions particulières. Mais lorsque la Chambre républicaine de 1876 rétablit leurs emplois, supprimés deux ans plus tôt pour satisfaire les congrégations, qui contestaient leurs interventions dans les écoles de filles, elle invite le ministère «à rendre difficile l'accès à [leurs] fonctions[67]». Le décret du 23 mars 1879 règle cette question en demandant aux candidates d'offrir «des garanties de capacité et d'expérience professionnelle» attestées par la possession du certificat d'aptitude, du brevet supérieur et d'une ancienneté de cinq ans dans l'enseignement. La réforme de l'institution des jeunes enfants entreprise à partir de 1881 accentue la professionnalisation de son corps d'inspection. En plus des deux titres déjà requis, les candidates aux fonctions d'inspectrices générales et départementales doivent posséder un certificat d'aptitude à l'inspection des écoles maternelles. Après les modifications apportées en 1887, ce nouvel examen comprend deux épreuves écrites (sur la pédagogie et sur l'hygiène des écoles maternelles), deux épreuves orales (sur les mêmes sujets et sur des questions de législation et d'administration) et une inspection d'une école, suivie d'un rapport oral[68]. L'institution préscolaire est désormais placée sous le contrôle de véritables spécialistes.

Et dans les faits? Les cinquante-neuf déléguées nommées par le ministre entre 1855 et 1881 avaient-elles d'autres titres que leur sexe et une expérience maternelle éventuelle? Six déléguées spéciales sur dix et sept déléguées générales sur dix, au moins, possèdent le certificat d'aptitude à la direction des salles d'asile, complété, une fois sur cinq, par le brevet, élémentaire ou supérieur. Plusieurs de ces femmes ont passé cet examen juste avant de faire acte de candidature. Mais les vingt et une déléguées non diplômées ne sont pas, pour autant, privées d'atouts: la moitié d'entre elles, au moins, possèdent une bonne instruction, attestée par leurs fonctions antérieures, et parfois une expérience des responsabilités[69]. Sauf exception, le favoritisme et le clientélisme, dont on peut soupçonner, çà et là, l'intervention, ont joué en faveur de candidates qui n'étaient pas dénuées de qualification. Comment se comportent, sur leur terrain d'action, ces femmes qu'un article anonyme de *L'Univers* contre le pouvoir de l'Université qualifie, en 1847, de «fonctionnaires en jupons[70]»?

L'Université «en jupons»

Dès lors que d'autres autorités, administratives, municipales ou bénévoles, occupent déjà le terrain, l'inspection générale des salles d'asile, et, qui plus est, par une femme, ne va pas de soi. Responsables des itinéraires et destinataires obligés des rapports, les recteurs peuvent être les premiers soutiens ou les premiers censeurs des déléguées spéciales. A l'image de M. Guillemin, le recteur de Douai qui envoie Marie Loizillon enquêter sur les classes enfantines des écoles religieuses de filles, certains se réjouissent de l'arrivée de cette collaboratrice, utile pour étendre le regard de l'Université. D'autres jugent sévèrement la nouvelle venue. C'est une «langue de vipère», écrit le recteur de Dijon à propos de Jeanne Geib, cette femme riche devenue déléguée par vocation, et sur laquelle, en revanche, le recteur de Clermont ne tarit pas d'éloges. «Il faut du temps pour façonner une tête féminine à l'exactitude et à la précision qu'exige un rapport d'ensemble, embrassant dans sa totalité un service vaste et multiple», se lamente le recteur de Strasbourg à la lecture des premiers rapports d'Antoinette René-Caillé[71].

Selon les contextes et les tempéraments respectifs, les autres administrateurs et les responsables locaux adoptent, eux aussi, des attitudes variées. Quelques remerciements à la fin d'un rapport, quelques regrets allusifs ou, même, quelques plaintes laissent imaginer bien des scénarios. Ici, un préfet, un inspecteur d'académie, un sous-préfet, éclairés par leurs femmes sur les bienfaits de la salle d'asile ou soucieux de plaire au pouvoir central, s'efforcent de faciliter la tâche de l'inspectrice ; là, les détenteurs des mêmes fonctions accomplissent le minimum, sans empressement. Ici, un maire, un bienfaiteur, un curé, flattés d'accueillir une dame venue de loin, lui montrent avec plaisir le fruit de leurs efforts ; ailleurs, l'hostilité à l'État, orléaniste, impérial ou républicain, la méfiance envers l'administration, l'indifférence à l'égard de la salle d'asile ou le refus de traiter les affaires publiques avec une femme ferment les visages et les portes. «J'apprends presque toujours par le bruit public ce que je devrais connaître officiellement», proteste Jeanne Geib à la fin du Second Empire[72]. «Vos rapports ne signifient rien ; ils ne sont même pas lus [...], tout cela n'est que du potin de ministre», lance à Marie Davy, en 1880, le maire, conservateur, de Parthenay. Cramponnés à leurs prérogatives locales et masculines, les petits notables sont peut-être les plus réticents. Dans les petites villes et dans les villages, note Mme Chevreau-Lemercier, certains dissimulent à peine leur hostilité. Choqué par les remarques de Pauline Kergomard, le maire d'une commune du Tarn-et-Garonne lui rétorque qu'il «acceptera les observations du sous-préfet, mais pas les siennes[73]» !

Deux autres obstacles se dressent encore sur le chemin d'une visiteuse forcément étrangère à des localités où elle passe, au mieux, quelques heures par an. Deux obstacles ou, plutôt, deux concurrents : l'inspecteur de l'enseignement primaire et la dame patronnesse, parfois seule maîtresse des lieux. Établis, dès 1835, dans l'ensemble des départements, les inspecteurs des écoles sont les premiers fonctionnaires auxquels l'administration supérieure confie le contrôle des salles d'asile et l'élaboration de leur statistique annuelle. N'était-ce pas trop demander à des agents qui ne parvenaient pas à visiter, en un an, toutes les écoles de leur circonscription ? Jusqu'aux injonctions de la circulaire du 2 août 1845, plusieurs se gardent d'inclure systématiquement dans leur tournée un établissement supplémentaire et au statut encore mal défini. L'implantation des inspecteurs dans chaque arrondissement, en 1850, accroît leur contrôle effectif sur l'institution des jeunes enfants, officiellement reconnue, cinq ans plus tard, comme «la base du système d'enseignement primaire». Mais les premières inspectrices académiques des salles d'asile, qui sont nommées à la même époque, apprécient peu ces interventions masculines.

> «Les inspecteurs sont, quelques-uns du moins, très peu au courant de ce qui doit être fait et dit dans un asile», assure Henriette Monternault, en 1864 : «ils n'ont souvent vu que ceux de leur circonscription et, par conséquent, trouvent bien ce qui est mal, ne connaissant pas mieux. [Ils] sont incapables de guider l'autorité dans les améliorations ou les appropriations des locaux et peu en mesure de donner des conseils aux directrices pour l'éducation des enfants[74].»

Ces critiques reviennent souvent sous la plume des déléguées, qui accusent aussi leurs collègues d'importer les préoccupations de l'enseignement primaire dans la petite école en imposant, par exemple, l'apprentissage anticipé de la lecture. Quel que soit le bien-fondé de ce grief, il faut souligner sa valeur tactique, puisqu'il justifie l'exclusion du premier agent local de l'Université au nom de la défense de la spécificité de la salle d'asile. Pour ces femmes conscientes de leur mission et jalouses de leurs prérogatives, que pouvaient être les inspecteurs de la grande école, sinon des intrus, et les dames patronnesses trop entreprenantes, sinon des rivales, qu'elles s'efforcent, nous l'avons vu, de limiter au rôle de bienfaitrices et d'exécutantes ?

Les premières représentantes de l'État ont-elles réagi contre l'image de l'infériorité féminine que certains de leurs interlocuteurs n'hésitaient pas à leur renvoyer ? Quelques-unes d'entre elles se sont aventurées au-delà de leur sphère d'activité officielle. Nommée en 1868, Marie Pape-Carpantier publie, l'année suivante, un projet de centre d'études et d'apprentissage pour jeunes filles, *L'union scolaire*, destiné à favoriser l'insertion professionnelle des femmes dans la société[75]. Désignée en 1879,

Pauline Kergomard devient, en 1886, la première femme élue au Conseil supérieur de l'Instruction publique et elle collabore, par la suite, au Conseil national des femmes françaises. Même si la force de caractère et l'ambition féminine de ces deux personnalités se retrouvent, à des degrés divers, chez plusieurs de leurs collègues, confrontées au même destin socio-professionnel, toute généralisation serait abusive. Directrice, depuis 1847, du Cours pratique des salles d'asile, Mme Pape-Carpantier possède une autorité qui lui permet, avant sa nomination de 1868 et avec l'appui de Victor Duruy, de prononcer plusieurs conférences publiques à Paris. Liée aux dirigeants républicains, Mme Kergomard dispose de soutiens politiques qu'elle sait utiliser pour défendre ses opinions féministes modérées.

A l'opposé de ces deux figures célèbres, qui parlent et qui écrivent sur l'éducation et sur la société, d'autres déléguées restent prisonnières des limites inculquées aux femmes, même instruites, par l'idéologie dominante. Après avoir annoncé une « synthèse éclectique » à la fin de l'un de ses rapports, en 1858, Judith Cauchois-Lemaire, âgée de cinquante-deux ans, d'origine bourgeoise et en activité depuis cinq ans, éprouve le besoin d'ajouter : « si ces expressions, quasi savantes quoique usuelles, siéent bien à une femme ». On retrouve la même pusillanimité, en 1872, chez Julienne Dantier, âgée de cinquante-huit ans, ancienne élève de la Maison de la Légion d'Honneur, mariée à un professeur d'histoire et déléguée depuis dix-sept ans, qui s'excuse de sortir de son « humble sphère d'action, l'éducation de l'enfance », en évoquant son efficacité pour remédier aux maux de la société. Henriette Monternault, la fille de Mme Chevreau-Lemercier, ne se montre pas plus hardie en faveur de la cause féminine. Lorsqu'elle propose, en 1878, à quarante-huit ans et après quatorze années d'activité, d'organiser des conférences pour les maîtresses sur les leçons de choses et sur l'hygiène enfantine, elle juge impossible de confier cette tâche à des femmes, « qui n'ont aucune autorité pour traiter de questions de pédagogie et d'hygiène devant un auditoire, si modeste soit-il[76] ». Jamais un inspecteur général ne se sentirait obligé de justifier son vocabulaire ou ses digressions sur le thème – rebattu – des rapports entre l'éducation et la société. Formées à l'écart de l'enseignement secondaire, cantonnées au premier degré du système éducatif et dépourvues, au sein du ministère, de l'autorité de leurs collègues masculins, les déléguées des salles d'asile seraient-elles obligatoirement complexées ? Gardons-nous, là encore, de généraliser. La plupart de ces femmes – par prudence ? par conviction ? par éducation ? – écrivent leurs rapports sur un ton neutre, entre la modestie excessive et le discours conquérant.

Les inspectrices de la petite école ont effectué plus de mille deux cents déplacements dans les départements avant 1891 et elles ont rédigé au moins deux cents rapports avant 1882[77]. Leur rôle trouve ses limites dans la nature même de la mission d'inspection générale. Chargées de conseiller le personnel et d'éclairer les autorités, les déléguées des salles d'asile disposent surtout d'un pouvoir d'incitation.

Responsables de vastes circonscriptions, elles ne parviennent pas à visiter régulièrement tous les établissements situés en dehors des villes principales. «Nos campagnes [se font] fautes de vivres, au pas de course [...]. Les conditions d'étreinte financière gênent et talonnent pour ainsi dire mes allures», explique, en 1857, la déléguée de la vaste académie de Paris, en regrettant que ses crédits ne lui permettent pas d'inspecter, chaque années, plus de la moitié des quatre cents établissements de sa circonscription[78]. En l'absence d'une inspection départementale spécialisée, et capable de prendre le relais, l'influence des déléguées dépend surtout, pour les questions délicates, des suites que l'administration entend donner à leurs observations. Jusqu'au milieu du siècle, la Commission supérieure prend connaissance des rapports des deux déléguées générales, qui assistent d'ailleurs à ses réunions. Elle peut ensuite intervenir auprès du ministère, où un bureau des écoles de filles et des salles d'asile est ouvert en 1846. Lorsque la multiplication des établissements et la nomination des déléguées académiques augmentent le nombre des rapports, ce bureau est parfois submergé. Mais si la vigilance du ministère se relâche, les recteurs et les inspecteurs d'académie, premiers destinataires des rapports, conservent la possibilité de réagir contre les irrégularités portées à leur connaissance. Malgré les limites de leur action, lisibles dans les insuffisances persistantes de plusieurs établissements, les déléguées des salles d'asile méritent d'être «tirées de l'ombre», comme l'écrit Guy Caplat[79]. Dans des conditions souvent difficiles, mais avec l'enthousiasme des pionniers, elles ont largement contribué à la diffusion du projet officiel d'écoles enfantines et à l'information des autorités.

*   *

*

A la différence de la gardienne, qui se livre spontanément, au nom de l'usage et de sa féminité, à une activité souvent clandestine et dénoncée par les moralistes, la responsable de la salle d'asile exerce un métier réglementé, reconnu et protégé. «La loi nouvelle fait de cette profession une sorte de magistrature», commente Jean-Denys Cochin après le vote de la loi Guizot et en associant, dans son raisonnement, l'instituteur et l'éducatrice des jeunes enfants[80]. Trois critères fondent la légitimité de celle à qui la société confie officiellement l'éducation publique des bambins de deux à six ans : une bonne moralité, attestée par les municipalités, une qualification, sanctionnée par l'Université, et une validation administrative, accordée par le recteur puis par le préfet. Le nouveau diplôme exigé des maîtresses laïques de jeunes enfants démontre et garantit leur identité professionnelle. Leur intégration dans la corporation universitaire, même au degré le plus modeste, préserve leur indépendance à l'égard des usagers et, en partie, des pouvoirs locaux. En intervenant dans le recrutement, la nomination et le contrôle des maîtresses des salles d'asile, l'État a organisé un métier spécialisé et assuré sa promotion. Fortes de leur savoir et de leur expérience, quelques-unes des professionnelles de la *seconde enfance* chercheront à guider les pratiques domestiques dans tous les milieux sociaux. Avec le nouveau sous-titre de *Journal d'éducation maternelle*, la quatrième série de *L'Ami de l'Enfance,* publiée en 1869 sous la direction de Mme Pape-Carpantier, étend ses intérêts à l'éducation des jeunes enfants qui restent dans leur foyer. En 1880, Marie Klecker, déléguée spéciale de l'académie de Bordeaux, lance *Le Moniteur du jeune âge*, une revue mensuelle destinée aux directrices des salles d'asile et des jardins d'enfants, et de «toutes les personnes qui s'occupent de l'éducation des jeunes enfants[81]».

Les congrégations ne sont pas restées à l'écart du mouvement de professionnalisation des maîtresses de la *seconde enfance*. Le système de la lettre d'obédience leur permettait, bien sûr, d'ouvrir des établissements sans trop se soucier des exigences pédagogiques de l'Université; mais la gestion des grosses salles d'asile urbaines et l'exemple de quelques établissements laïcs réputés ont convaincu plusieurs religieuses de l'intérêt – et de la difficulté – d'occuper en permanence un public de moins de six ans. Dès les années 1840, et plus encore après le milieu du siècle, certaines communautés, très engagées dans l'accueil des plus petits en dehors des écoles primaires, organisent des cours normaux et publient des manuels spécialisés. Laïques ou congréganistes, administratives ou privées, toutes ces initiatives reposent sur la même conviction: on ne peut pas recevoir, garder et, moins encore, éduquer n'importe comment plusieurs dizaines de jeunes enfants.

La professionnalisation de la garde éducative s'est effectuée au profit du sexe féminin. Même si l'intervention massive des congrégations a pesé sur ce choix, le rejet officiel des candidatures masculines, en 1855, représente une étape importante dans l'accès des femmes au statut de travailleuse compétente et responsable en dehors de la ferme, de l'office, de la boutique ou de l'atelier. Les salles d'asile pourraient donner «le plus noble de tous les états à cette moitié du genre humain, déclarée inhabile à remplir des places [...]; [elles sauveraient] cent cinquante mille femmes de la nullité ou des dangers de la vie habituelle, elles travailleraient à leur amélioration morale et intellectuelle», assure, en 1846, Mme Marès, une bienfaitrice protestante de Montpellier qui voit dans les exclusions légales le moyen d'obliger les femmes «à chercher l'occupation que la nature leur a départie[82]». Déjà évoquée pour justifier l'intervention bénévole des dames patronnesses, la maternité légitime ici la revendication d'un métier. Le féminisme professionnel d'une Marie Pape-Carpantier, d'une Pauline Kergomard et, ultérieurement, des responsables de l'*Association générale des institutrices des écoles maternelles*, fondée en 1921, s'appuiera en partie sur ce raisonnement. Dans une société qui impose à la femme un rôle secondaire en lui interdisant plusieurs activités, la salle d'asile lui offre, après le métier de sage-femme, la seconde profession qui lui soit officiellement réservée au nom de sa spécificité.

La constitution d'un corps d'inspectrices fonctionnaires bouscule encore plus les opinions et les usages relatifs à la place des femmes dans la société. La fonction d'inspectrice salariée enfreint la règle de l'oisiveté féminine qui prive longtemps la bourgeoise laborieuse de toute considération. Et, dans le cas des déléguées, la transgression est encore plus forte, puisque l'activité professionnelle s'exerce sur le terrain des responsabilités publiques, traditionnellement réservées au sexe masculin. Pour la première fois, une femme, investie de fonctions officielles, traite, au nom de l'administration supérieure, avec les autorités locales ; pour la première fois, des préfets, des sous-préfets, des évêques, des juges, des maires, en un mot des notables, découvrent que les hommes – ou exceptionnellement une régente – ne sont plus les seuls représentants de l'État. Cinquante ans plus tard, dira Pauline Kergomard en 1889, «cette nouveauté […], tolérée plus qu'acceptée par la majorité des individus qui s'occupent de l'éducation populaire […], paraît [encore] subversive[83] ». Quelle que soit son infériorité par rapport aux autres inspections générales, masculines, de l'Instruction publique, l'inspection des salles d'asile constitue un échelon fondamental dans la promotion sociale des femmes : la première étape de leur accès aux fonctions publiques d'autorité.

L'entrée en scène des maîtresses et des inspectrices a complété le décor de l'institution des jeunes enfants. On peut maintenant pousser la porte des établissements...

– XI –

La salle d'asile
au quotidien

Les maîtresses et les parents n'ont guère laissé, hélas, de témoignages directs sur les salles d'asile. C'est dire que les informations sur le fonctionnement des établissements doivent être recherchées auprès des visiteurs, des dames patronnesses et des représentants de l'Université. Les rapports administratifs que nous avons plus particulièrement utilisés concernent notamment 229 établissements (soit un sur sept) au milieu du siècle, 543 (un sur sept) à la fin du Second Empire et 522 (un sur neuf) à la fin des années 1870[1]. Ils constituent une source essentielle, mais ambiguë. D'abord, car les soixante-deux déléguées et les dizaines d'inspecteurs des écoles qui les ont rédigés observent les salles d'asile à travers un verre filtrant et grossissant : le règlement. Ensuite, car ces témoins n'interprètent pas tous de la même façon les choix de l'administration centrale et les orientations de l'institution des jeunes enfants. Henriette Doubet apprécie, par exemple, les congrégations, que Judith Cauchois-Lemaire juge envahissantes. Augustine Bonnet de Malherbe approuve la lecture courante précoce, que Louise Didiot rejette. Annette Sarrazin préconise la méthode Fröbel, dont Marie Matrat se méfie. Les agents de l'Université fournissent, par ailleurs, des renseignements disparates, car ils ne remplissent pas, sauf exception, un formulaire identique qui passerait en revue tous les aspects du fonctionnement des établissements. Certains documents consacrent trois lignes, parfois stéréotypées, à chaque salle d'asile et d'autres, trois pages. Selon les époques et les lieux, le même observateur peut produire des comptes-rendus différents. L'hétérogénéité de ces rapports d'inspection nous a fait renoncer au traitement quantitatif systématique auquel nous avions d'abord songé en considérant l'exploitation, par Pierre Gilolitto et par Éric Plaisance, de deux corpus de textes de même nature, mais beaucoup plus resserrés dans l'espace et dans le temps[2].

Le fonctionnement de la salle d'asile dépend, d'abord, de son installation matérielle. En 1843, le ministère évalue au tiers de l'effectif total les établissements satisfaisants «sous le rapport du local» et ceux dont le mobilier est complet. En 1863, il estime que les trois quarts des salles publiques, qui représentent elles-mêmes 71 % du total, possèdent un local «convenable à tous égards», 87 %, un mobilier «en bon état» et 71 %, un mobilier «suffisant[3]». Ces récapitulations nationales doivent être interprétées avec prudence, car elles reposent sur les appréciations des inspecteurs des écoles. Mieux informées sur des établissements qu'elles visitent plus régulièrement, les déléguées des salles d'asile sont moins optimistes.

La Cendrillon des écoles?

Des locaux imparfaits

Les communes ont investi dans l'installation et dans l'équipement des écoles enfantines : en 1863, elles possèdent les bâtiments de trois salles d'asile publiques sur quatre et le mobilier de 94% de ces établissements[4]. Mais les aménagements sont très variables selon la taille, le statut et les ressources des institutions. La salle d'asile d'Angers, établissement modèle du Maine-et-Loire, possède, en 1835, une grande classe, équipée de plusieurs rangées de gradins, une petite pièce, qui sert à isoler un groupe d'enfants avec des élèves-maîtresses, un réfectoire, une cour sablée et plantée d'acacias, un cabinet parloir et un logement de fonction. A Chauny, en 1868, le «magnifique bâtiment» édifié par la municipalité est pourvu d'une cour d'honneur, d'une salle de toilette et d'un promenoir[5]. A côté de ces établissements privilégiés, les déléguées recensent une majorité d'institutions mal installées au regard des consignes officielles. Au milieu du siècle, la proportion des locaux jugés «médiocres», «mauvais» ou «détestables», par rapport au total des établissements visités, est de 58% dans l'académie de Paris (contre 24% de locaux «excellents» ou «bien») et de 50%, environ, dans l'académie de Toulouse (contre 30% de «bons» locaux), dans le Pas-de-Calais et en Moselle, où plus du tiers des salles visitées sont qualifiées «d'abominables bouges, malsains et infects». En 1859, un rapport du Comité central résume la situation en déplorant la fréquence des bâtiments «adaptés aux moindres frais possibles [...], [et] qui ne présentent pas toujours, soit l'espace nécessaire pour les exercices, soit les moyens de renouveler l'air[6]». Malgré les efforts des autorités, qui diffusent, à partir de 1861, des modèles précis, et malgré les progrès réalisés dans les grandes villes, qui construisent des groupes scolaires où la petite école est associée à la grande, la situation matérielle des salles d'asile demeure globalement peu satisfaisante. A la fin des années 1880, dans la moitié des académies[7], un rapport de synthèse, au moins, estime que l'état des locaux et leur salubrité sont médiocres dans «beaucoup» d'établissements.

L'emplacement constitue parfois le premier défaut. A Grasse, une salle d'asile est installée dans une ancienne prison ; à Marseille, près d'une chaudronnerie ; à Montpellier, près des salles de dissection de l'école de médecine ; à Chamalières, près de la Loire, qui emporte deux fois le bâtiment ! A Perpignan, la commune a logé l'asile Saint-Mathieu, sans plus de perspicacité, dans une «maison habitée par des personnes dont la moralité est plus que suspecte [...].

Les pauvres religieuses hésitent toujours, avant d'ouvrir, de peur d'une méprise outrageante pour elles. La cour destinée aux récréations est dominée par les fenêtres de ces appartements. Plusieurs fois, les enfants ont été interpellés de telle sorte qu'on ose à peine les y laisser[8] ».

La taille insuffisante des bâtiments est un autre sujet de doléance, présent, au milieu du siècle comme à la fin des années 1870, dans la moitié au moins des rapports académiques. En janvier 1846, l'inspectrice bénévole de l'asile Saint-Rémi, à Reims, blâme l'exiguïté du préau de onze mètres sur cinq mètres, où s'entassent, en moyenne, trois cents cinquante enfants[9]. L'étroitesse de la classe et du préau entrave les évolutions et favorise l'insalubrité des lieux. « Il est impossible de se faire une idée de cette atmosphère, quand on n'y a pas séjourné », écrit Eugénie Chevreau-Lemercier, l'année suivante, à propos du préau, trop petit et mal aéré, d'un asile privé de Vitry-le-François qui accueille soixante-neuf marmots ; « J'ai eu la satisfaction de mettre M. le Sous-préfet et M. l'Adjoint à l'épreuve ; tous deux m'ont demandé grâce. Ils étouffaient. La sueur des enfants, la nourriture, le manque d'air, contribuent à suffoquer les personnes qui arrivent de l'extérieur[10] ». Les réticences populaires et bourgeoises à l'égard de l'aération tiennent en échec « la stratégie hygiénique » par la ventilation[11]. A Pontarlier, en 1850, un autre sous-préfet ne résiste pas davantage aux émanations de deux cents gamins rassemblés dans une classe sans air : « il me demandait grâce, il trouvait que l'atmosphère était infecte », raconte l'inspectrice générale ; « je l'ai laissé s'échapper sous le prétexte de sa signature avec promesse de revenir ; mais la seconde entrée a été bien plus pénible que la première. Arrivant du dehors, il a été impossible à M. le Sous-préfet de rester dix minutes avec nous ; il est allé attendre dans la cour. Il m'a fait bien des promesses, le moment était favorable pour le solliciter[12] ». Au rejet exacerbé des odeurs de l'autre, après la révolution perceptive repérée par Alain Corbin, s'ajoute la nouvelle répulsion olfactive à l'égard du peuple, sensible dans le deuxième tiers du XIXe siècle et plus particulièrement au lendemain de l'épidémie du choléra-morbus. Des visiteurs obsédés par la « puanteur du pauvre[13] » ont le sentiment de retrouver cette fétidité dans un lieu où s'entassent des dizaines de bambins, souvent mal nettoyés, il est vrai, à la sortie des cabinets. Seule la conscience d'un devoir permet de surmonter l'épreuve. Mme Chevreau-Lemercier tire parti de sa résistance pour négocier des subventions ; Mme Mallet, nous l'avons vu, reproche à certaines dames patronnesses leur répugnance à l'égard des bambins malodorants dont elles doivent s'occuper.

Toutes les salles d'asile ne sont pas pourvues de la cour et du préau réglementaires. Installé au-dessus du marché aux grains, l'asile d'Issengeaux se compose uniquement d'une très belle classe et d'un grand escalier de quarante marches. En 1843, d'après le ministère, 33 % des établissements possèdent une cour et un préau couvert. En 1861, le jardin, présent dans une salle publique sur quatre, demeure un véritable luxe. L'absence ou l'insuffisance de ces annexes transforment la classe en espace polyvalent, bien différent du sanctuaire pédagogique dont rêvent les instructions officielles. En 1881, Angélique Muller découvre, à l'asile congréganiste public de Castillon, une «salle petite et malpropre, où les enfants déjeunent en jetant par terre des débris de pain, de fruits, de papier», un gradin «tellement encombré de toute espèce de choses, qu'elle le prend, tout d'abord, pour un amas de pièces de bois», et des poules, «entrées par la porte», explique la religieuse, et bien installées sur les marches[14].

Un autre lieu de la petite école laisse particulièrement à désirer : les cabinets. «Tous les enfants y sont allés quatre fois devant moi [...], et pas une goutte d'eau, soit sur le sol, soit sur le siège, n'est tombée; ainsi, sept cent cinquante-six enfants ont pu passer impunément sans laisser aucune trace de malpropreté», se réjouit, en 1848, Eugénie Chevreau-Lemercier, enchantée par la présence des sièges et par l'apprentissage réussi de l'hygiène à la salle laïque publique de Laon. Ces témoignages de satisfaction sont exceptionnels, car les lieux d'aisance désespèrent généralement les inspectrices. A Gigean, les enfants utilisent un «fumier», sur lequel ils jouent, et à Châlon-sur-Saône, lorsque la fosse est bouchée, la cour de récréation. A Saint-Quentin, ils emploient publiquement des vases de terre, vidés par les moniteurs. A Uzerches, les commodités sont installées dans un placard, contre un mur de la classe, et à Marseille ou à Barcelonnette, dans un local périphérique et très éloigné des usagers. Ici, elles se réduisent à de simples trous, sans séparations ni cloisons, ou à une dalle, sans emplacements et flanquée d'une rigole; ailleurs, comme à Chauny, elles possèdent des sièges trop élevés et entourés des excréments, que les marmots, «dans leur sagesse», note la déléguée, déposent sur le sol en «n'osant pas essayer de se percher[15]».

La diffusion tardive des vespasiennes, à partir des années 1840 dans la capitale, et l'état déplorable des toilettes collectives des immeubles incitent à relativiser ce tableau. La salle d'asile n'est pas le seul espace public sous-équipé pour gérer les déjections de ses usagers : les autres établissements scolaires ne sont pas mieux lotis. En 1864, deux cabinets sur trois sont défectueux et sales dans un échantillon de mille quatre cents écoles parisiennes; en 1867, ces lieux sentent très mauvais dans cinquante-quatre des soixante-dix-sept lycées visités dans tout le pays. La recherche du moindre coût, particulièrement sensible dans les institutions, facultatives, de jeunes enfants, ne suffit pas à expliquer ces négligences. Grande ou petite, l'école est aussi victime de la répulsion ou, au mieux, de l'embarras des bourgeois et des clercs devant les fonctions d'excrétion associées aux organes sexuels : la chaise percée sera rejetée pendant longtemps loin du salon et de la chambre, espaces de la sociabilité et de la vie privée bourgeoises[16]. Les instructions officielles, très détaillées sur l'aménagement des classes de la salle d'asile, restent discrètes, jusqu'en 1882, sur celui de leurs commodités. L'accueil de plusieurs dizaines d'enfants ou d'adolescents dans les institutions scolaires favorise cependant l'émergence d'une pensée interventionniste dans la gestion collective des déjections. A partir des années 1880, à une époque où les hygiénistes s'enthousiasment pour le siège ciré de l'école Monge, la chasse d'eau à l'anglaise et les toilettes privées, les nouveaux règlements des écoles primaires et maternelles décrivent minutieusement l'aménagement des cabinets, des urinoirs et des fosses d'aisance. Les inspectrices générales des salles d'asile n'avaient pas attendu ces consignes pour bousculer les tabous officiels et protester. Nommée en 1837, la première d'entre elles, Eugénie Chevreau-Lemercier, est particulièrement vigilante à l'égard de l'état des commodités. A la lecture de ses descriptions détaillées, on peut l'imaginer occupée à mesurer scrupuleusement le local et les sièges, à scruter le sol et les murs, à flairer les moindres recoins. Trois conséquences des mauvaises installations préoccupent les déléguées : l'indécence, la malpropreté et l'inconfort imposé aux usagers.

«Les enfants peuvent entrer vingt ou vingt-cinq à la fois, et, comme il n'y a ni siège, ni séparation, [ils] se posent partout ; et, bien que les sexes soient séparés, il ne s'en passe pas moins des choses très peu convenables», constate, en 1848, Mme Cheveau-Lemercier à l'asile de Soissons. A la même époque, elle découvre, dans les toilettes de l'asile de Quimper, un autre spectacle affligeant : «J'ai vu là jusqu'à vingt enfants ensemble ; c'est là qu'ils vont causer en mangeant leur pain. On va là sans besoin. Le cabinet donne dans le préau. Il est grand et éclairé, il contient dix sièges sans séparation : voilà ce qui explique l'espèce d'attrait qu'il offre aux enfants qui veulent causer[17].»

Les dalles, les simples trous dans le sol de terre battue et les vases mobiles facilitent la dissémination des excréments et des odeurs. Les enfants ont «constamment les pieds dans l'humidité», se lamentent les inspectrices, qui ne cessent de réclamer des fosses, des sièges et des faïences, propices à la bonne évacuation des déjections, et des cloisons, indispensables pour empêcher les bambins de se voir et de se parler. A première vue, elles réagissent comme ces bourgeois rationnels et hygiénistes qui surmontent le mépris des besoins élémentaires pour tenter d'imposer, après la spécialisation de chaque pièce de l'appartement, ce que Roger-Henri Guerrand appelle une «discipline de la défécation[18]». Au nom de l'ordre, de l'hygiène et de la bienséance, elles refusent la promiscuité et la familiarité du marmot avec ses déjections, mieux acceptées dans les milieux populaires, où petits et grands utilisent librement l'espace public. Obéissent-elles seulement à un simple désir de contrôle corporel ? Écoutons-les dénoncer les orifices béants, dont les gamins ont peur, les sièges trop grands, sur lesquels ils ne peuvent pas s'asseoir, les fosses à découvert, dans lesquelles ils tombent, et les longs trajets imposés, sous la pluie ou sous la neige, à «un pauvre petit qui réclame : vite, vite[19]». Ce ne sont pas les représentantes d'un ordre bourgeois conquérant qui parlent ainsi, mais, tout simplement, des mères de famille, conscientes des besoins particuliers des jeunes enfants et révoltées par l'indifférence et les bévues des notables, responsables de l'aménagement des établissements.

L'installation matérielle d'une salle d'asile n'est pas seulement déterminée par la situation du local, sa composition et ses dimensions. Elle dépend aussi, comme l'a montré l'exemple des lieux d'aisances, de son équipement.

Un matériel insuffisant

Certains établissements sont équipés remarquablement ou, du moins, correctement. En 1852, la salle d'asile des Brotteaux, à Lyon, possède onze bancs, soixante-douze ardoises, trente tableaux de lecture, un boulier-compteur complet, quarante mouchoirs, soixante-quinze petites serviettes, soixante-dix-neuf torchons, trente-cinq gobelets et quarante petites cuillères. D'autres salles bénéficient d'aménagements particuliers. L'asile Saint-Michel, à Angers, dispose en 1834 de cinq baignoires, payées par sa directrice avec la gratification qu'elle a reçue en participant aux campagnes de vaccination. La salle d'asile parisienne de la rue Vaneau, fondée en 1855 par le maire du Xᵉ arrondissement, Augustin Cochin, en souvenir de son père, possède un mobilier complet, un lavabo ingénieux, qui permet le nettoyage simultané de cinq enfants, et un cabinet réservé aux bains journaliers. L'asile laïque de La Ciotat s'enorgueillit, en 1881, d'une maquette de géographie, fabriquée en ciment par sa directrice et qui représente les principales figures du relief et les édifices de la commune[20].

Ces exemples viennent à l'appui des conclusions rassurantes du ministère, qui évalue, en 1863, à 75 % environ la proportion des salles publiques équipées d'un mobilier satisfaisant et en bon état. Mais, une fois encore, cet optimisme paraît exagéré. Au début des années 1880, à une époque, il est vrai, où le degré d'exigence des autorités s'est accru, les déléguées repèrent seulement 26 % de salles d'asile pourvues d'un mobilier correct dans l'académie de Toulouse, 5 % dotées d'un mobilier « suffisant » dans l'académie de Poitiers et 5 % nanties d'un mobilier « complet » dans celles d'Aix et de Chambéry. Ces évaluations globales restent cependant trop grossières. Lorsque les sources le permettent, il est préférable d'apprécier les atouts et les lacunes des établissements en considérant successivement les principaux éléments de leur équipement. Dans le pire des cas, certaines salles sont totalement démunies. En 1850, l'asile laïque public de Pau-Ouest ne possède ni gradins, ni images, ni collection complète de tableaux de lecture, ni boulier satisfaisant, ni claquoir ! Trente ans plus tard, l'asile congréganiste public de Rochechouart manque de tout et même d'un tableau noir[21]. Ailleurs, c'est une partie du mobilier ou du matériel pédagogique qui fait défaut ou qui ne respecte pas les dispositions réglementaires.

Pièce fondamentale de la salle d'exercices, les gradins sont largement répandus : en 1873, ils manquent dans 5 %, seulement, des établissements de l'académie de Bordeaux. Mais cette fréquence masque bien des imperfections. Trop petit, l'amphithéâtre ne peut pas accueillir tous les enfants ; trop grand, telle cette étagère de fleurs enlevée à une serre, il envahit la classe et il empêche la maîtresse de surveiller tout l'auditoire. Ici, des degrés trop bas, calculés en fonction de la hauteur de la pièce et non de la taille des usagers, imposent aux bambins des positions incommodes ; là, des degrés trop hauts, complétés par des contremarches, prisées dans la première moitié du siècle, font trébucher les marmots. Les dossiers à tablettes, plus confortables et plus commodes pour réaliser les exercices manuels, restent exceptionnels malgré les recommandations qui suivent l'expérimentation de 1855 au Cours pratique. Les municipalités préfèrent le dispositif traditionnel, moins onéreux. A la fin des années 1870, Marie Matrat découvre des dossiers dans deux établissements, marseillais, de l'académie d'Aix ; Pauline Kergomard les cherche en vain dans l'académie de Toulouse ; Mme Davy signale leur quasi absence dans celle de Poitiers. Les déléguées dénoncent aussi l'état de certains bancs latéraux, fixés à des murs sans lambris, dépourvus de dossiers ou inadaptés aux tailles des usagers. A l'asile parisien de la Rue de Championnet, les bancs de la classe mesurent entre 18 cm et 25 cm de hauteur, les bancs du préau, entre 18 cm et 23 cm, les quatre premiers degrés de l'estrade, entre 16 cm et 19 cm et les derniers, entre 20 cm et 24 cm. Or, les hauteurs de jambe des usagers sont de 20 cm à 22 cm pour les petits, installés sur les degrés inférieurs du gradin ou sur les petits bancs, de 23 cm à 27 cm pour les moyens, et de 28 cm à 34 cm pour les grands. « Il n'y a presque pas un seul enfant qui, à l'estrade, en classe ou au préau, n'ait les genoux beaucoup plus élevés que le siège », conclut, en 1879, un membre de la commission de réforme des salles d'asile[22].

Le matériel d'hygiène ne donne pas plus satisfaction. Certains établissements – aucune estimation n'a été retrouvée – n'ont même pas de chauffage, et le poêle, lorsqu'il existe, n'est pas toujours muni de la clôture de protection réglementaire. En 1858, à Valleraugue, dans le Gard, pour ne citer que cet exemple, un enfant succombe car ses vêtements ont pris feu. Prévu par le règlement de 1855, qui ne se contente plus d'une fontaine, le lavabo fait souvent défaut. En 1874, 10 %, seulement, des salles d'asile de l'académie de Bordeaux en sont pourvues ; en 1881, les déléguées signalent son absence ou sa rareté dans la moitié, au moins, des académies. Cet instrument serait pourtant précieux pour nettoyer les usagers le matin, lorsqu'ils arrivent sans être débarbouillés, puis dans la journée, après le repas, le passage aux toilettes et la délicate opération du mouchage, que les plus petits ne savent pas effectuer correctement. A Bessèges, dans le Gard, la directrice recourt à la chanson mimée : « Connaissez-vous Julie ? – La petite étourdie – qui a perdu son mouchoir – en se promenant le soir ? – Mais, moi, je suis sage. – En voulez-vous un gage ? – C'est mon mouchoir, mon mouchoir. Le voilà ! Le voilà ! Tout le monde se mouche ». Encore faut-il que chaque enfant dispose d'un morceau de tissu convenable, donné par les parents ou prêté par l'école. A Paris, Maxime du Camp voient les marmots tirer de leur poche « une loque informe » ; dans l'académie de Rennes, qui n'a pas l'exclusivité de cette pratique, les femmes de service mouchent les gamins dans leur tablier[23].

En l'absence de lavabo ou d'eau courante, certaines maîtresses utilisent des systèmes de nettoyage collectif qui choquent les inspectrices :

> « *La sœur avait fait ranger les enfants tout autour de la cour et passait une énorme et grossière éponge sur chaque figure sans la plonger dans l'eau ; plus de cent enfants ont subi, devant moi, ce genre de nettoyage* », constate Mme Chevreau-Lemercier, lors de sa visite, en 1845, à l'asile de la Sainte-Enfance à Nemours. « *Le cœur d'une mère se révolte devant cette opération. On comprend tout ce qu'elle inspire de dégoût et, plus encore, de crainte pour les accidents graves qui peuvent en résulter[24].* »

La scène ne résume pas simplement le heurt de deux conceptions, bourgeoise et populaire, de l'hygiène enfantine, car si les femmes du peuple accordent une fonction protectrice à certains dépôts cutanés, la « pudibonderie générale », selon l'expression de Françoise Mayeur, entretient aussi un certain mépris des soins du corps dans une grande partie des classes privilégiées, dont la progéniture prend au mieux un bain mensuel dans les pensions et les lycées. Fille d'un ancien pharmacien, Mme Chevreau-Lemercier réagit ici en fonction d'une interprétation exigeante et quasi savante des soins corporels, à laquelle toutes les familles bourgeoises ne se sont pas encore ralliées. Mère de deux enfants, et convaincue par expérience des bienfaits de l'hygiène et des risques de la contamination, elle s'oppose, par ailleurs, à la démarche d'une célibataire que ses préoccupations spirituelles rendent encore moins sensible aux besoins du corps[25].

Comme les lavabos, les lits de camp manquent ou sont trop peu nombreux. A la fin des années 1870, les inspectrices signalent leur absence ou leur rareté dans près d'une académie sur deux. Réservés, lorsqu'ils existent, aux sujets incommodés, ils ne permettent pas d'accueillir tous les enfants pendant les séances de sommeil obligatoire, signalées, en 1881, dans la moitié des académies et dénoncées pour leur nocivité physiologique.

> « *Quels que soient leur âge, leur tempérament, tous les enfants sont condamnés à dormir à la même heure ; et, au coup de claquoir, ils se couchent à terre, la tête appuyée sur les bancs, position qui les expose, surtout les plus petits dont les organes sont si sensibles, à des déviations* », proteste Marie Loizillon, en 1870, après une tournée dans le Midi. « *Pour déterminer plus sûrement le sommeil, il arrive [...] que la sœur ferme hermétiquement persiennes et fenêtres. L'absence d'air et de lumière, jointe à la chaleur d'une agglomération toujours trop considérable pour l'espace, produisent presque l'asphyxie et provoquent, chez ces malheureux enfants, des transpirations abondantes[26].* »

Ces doléances s'inscrivent dans une vision critique de l'hygiène des salles d'asile, jugée globalement médiocre, en 1881, dans plus de la moitié des académies. Les consignes relatives à la santé des enfants ne sont pas mieux respectées. Le contrôle médical régulier, prévu depuis 1838, existe surtout dans quelques grandes villes ; le certificat de vaccination, imposé à la même époque, reste, dans certains lieux, « généralement inconnu[27] ».

L'état du matériel pédagogique est très variable. Meuble magique de la salle d'asile, le compendium existe, malgré son prix, dans une salle de l'académie de Bordeaux sur trois en 1865, et dans quatre salles sur dix en 1870. A la même époque, la bibliothèque est un luxe moins répandu : les inspectrices mentionnent sa grande rareté dans une académie sur deux. D'autres instruments, pourtant fondamentaux et moins onéreux, n'existent pas dans tous les établissements. En 1872, selon le propre aveu de l'adjoint au maire du Havre, les bonnes collections d'images de leçons de choses et les bouliers numérateurs font défaut dans les écoles enfantines de la ville. La même année, la directrice de l'asile congréganiste public du Châtelet, une commune de Seine-et-Marne d'un millier d'habitants, « réclame avec insistance » des lettres mobiles et des tableaux d'histoire sainte et d'histoire naturelle. Dix ans plus tard, les inspectrices déplorent la rareté des tableaux noirs dans la moitié environ des académies[28].

Comment vivent et travaillent les maîtresses préposées, dans ces conditions, à la garde et à l'éducation collective des jeunes enfants ?

L'existence ingrate des maîtresses
Des établissements surpeuplés

Avant 1882, seul le règlement de 1838 définit les capacités d'accueil des établissements de première éducation en fixant à deux cent cinquante l'effectif maximum des enfants reçus dans la « salle d'exercices ». Toujours supérieurs à ceux des présents, les nombres moyens d'inscrits par établissement restent en deçà de cette limite. Toutes catégories confondues, les salles d'asile enregistrent, en moyenne, 64 à 132 enfants, entre 1837 et 1881. Les seules institutions publiques, pourvues de locaux plus spacieux et parfois d'un personnel plus nombreux, inscrivent, à partir de 1850, 122 à 158 enfants, et les institutions privées, plus souvent tenues par une seule personne, 42 à 90. Mais ces moyennes masquent de grandes disparités : le modeste asile rural ou la petite salle privée laïque d'un quartier, qui enregistrent et qui accueillent chacun trois ou quatre dizaines de bambins, n'ont rien de commun avec les vastes établissements urbains, aménagés ou construits pour recevoir deux à trois cents marmots. Lorsque l'institution répond à un gros besoin de garde, les maîtresses ne parviennent pas toujours à maîtriser un afflux d'usagers toléré par les municipalités. A Saint-Hippolyte, dans le Doubs, «la sœur a beau répéter qu'il n'y a pas de place, on lui laisse les enfants en lui disant : vous les serrerez un peu plus » : deux ans après son ouverture, en 1848, l'établissement, construit pour une trentaine de gamins, en accueille quatre-vingts ! A Dorignies, une commune industrielle du Nord, où deux cents bambins s'agglutinent, en 1875, dans une salle d'exercices trop petite, la sœur n'ose même pas essayer de renvoyer l'excédent, sous peine d'être «injuriée», assure l'inspectrice, par les mineurs et par les ouvriers[29].

L'aménagement de vastes établissements et les pressions des familles élèvent parfois les nombres des présents bien au-delà des prévisions locales et des moyennes nationales d'inscrits. A Reims, l'asile Saint-Rémi, conçu pour 250 usagers, reçoit quotidiennement 300 à 400 enfants au milieu du siècle, et l'asile Cérès, toujours plus de 400 en 1872. A Lille, l'asile de la Providence de Portieux, installé dans la nef et les bas-côtés d'une église, accueille entre 480 et 520 marmots en 1868, et l'asile double de Wazemmes, tenu par sept religieuses et quatre femmes de service, jusqu'à 800 en 1875. Au Havre, en 1872, les six asiles congréganistes publics – jugés «monstrueux» pour les plus gros d'entre eux – reçoivent respectivement 165, 268, 463, 515, 613 et 680 enfants. Au-delà d'un certain seuil, variable selon les établissements, les bambins ne peuvent plus être réunis au même endroit comme le prévoit le règlement. «L'estrade peut à peine contenir quatre-vingts enfants», regrette une inspectrice générale de passage à Dreux en 1872. «Quand une centaine y prend place, ils sont entassés l'un sur l'autre ; cent soixante à cent quatre-vingts enfants étant chaque jour présents, la moitié reste dans le préau et se trouve ainsi exclue des leçons[30]». Encore faut-il que cette pièce annexe existe ou qu'elle soit assez grande pour recevoir le surplus des enfants. A l'asile Saint-Pierre et Saint-Paul, de Lille, où le gradin peut seulement accueillir, en 1876, les deux tiers des cinq cent quatre-vingts présents, les autres – environ deux cents – s'assoient sur le plancher devant l'amphithéâtre. Dans un asile public de Boulogne, conçu pour deux cents enfants mais fréquenté par trois cent quatre-vingts, les bambins sont répartis entre deux salles, selon leur sexe, et, lorsque le temps le permet, la cour de récréation. Les deux adjointes restent dans les classes, qui accueillent trois cent vingt gamins, la femme de service surveille la cour, la directrice se déplace d'un lieu à l'autre[31] !

Ce dernier exemple met en évidence le nombre important d'enfants confiés à chaque maîtresse, nombre qui échappe, malheureusement, à toute estimation nationale. Fixées à cent, en 1838, et à quatre-vingts, en 1855, dans les seules salles publiques, les limites maximales de présences retenues pour la nomination d'une adjointe ne sont pas respectées. Dans les salles déjà citées, les taux réels d'encadrement, soit le rapport du total des présents au total des directrices et des sous-directrices, sont de 107 à Boulogne, de 205 à l'asile Cérès, de Reims, de 82 à 170 au Havre. En 1881, à l'asile de Villefranche-de-Rouergue, une directrice doit affronter, sans adjointe, 235 marmots[32] ! La même année, dans l'ensemble du pays, un tiers des écoles maternelles publiques, soit 1 089 sur 3450, possèdent une sous-directrice, 10 % plusieurs et 55 % aucune. Et les maîtresses ne disposent pas toujours de la femme de service, prévue par le règlement de 1838 « quel que soit le nombre d'enfants ». Nommée par la directrice, avec l'approbation du comité de patronage, cette auxiliaire doit entretenir les locaux, participer au recensement des présents et leur donner des soins de propreté. Au milieu du Second Empire comme au début de la Troisième République, elle existe dans 60 % de l'ensemble des établissements et, plus précisément, dans 67 % des salles d'asile publiques, dont les municipalités assument souvent les dépenses de salaire, et dans 61 % des salles congréganistes, qui disposent d'un vivier de personnel, mais dans 45 % des asiles privés et 51 % des salles laïques[33]. Installés dans des locaux souvent imparfaits, et confrontés à plusieurs dizaines de marmots agités et bruyants, les responsables des salles d'asile exercent un métier éprouvant.

Un travail fatigant

« Je ne saurais trop le répéter, il faut y être [à l'asile] afin de juger combien cette tâche nous offre de tribulations [...]. Rien n'offre plus de tourments que ce genre de travail, qui nous fatigue constamment par tout ce qu'il présente en tous genres », assure M. Saunier, directeur, jusqu'à sa mort en 1849, de la seconde salle d'asile de Troyes, ouverte en 1834[34]. La plainte ne semblera pas excessive si l'on considère le programme de travail officiellement imposé au personnel de la petite école. Levé tôt, pour accueillir les premiers usagers et pour préparer, en l'absence d'une femme de service, le chauffage et l'éclairage, le responsable quitte l'établissement après le départ du dernier enfant, vers 18 heures ou 19 heures, et après avoir nettoyé le local, lorsque l'auxiliaire fait défaut. Pendant la journée, il lui a fallu vérifier l'état des arrivants, dire quelques mots aux parents, donner les soins d'hygiène nécessaires, procéder à l'appel, régler les déplacements collectifs et les passages aux lieux d'aisance, assurer le nettoyage des mains, organiser les repas, surveiller les récréations, proposer des jeux, parler individuellement à certains enfants et, bien sûr, contrôler les moniteurs et faire des leçons devant l'ensemble des bambins juchés sur les gradins.

Observons Mlle Tourmante se démener, en 1852, au milieu des deux cent vingt marmots de la salle d'asile Saint-André, à Rouen, qu'elle dirige avec l'aide de sa sœur depuis dix-huit ans :

« C'est une bonne fille, bien qu'elle ait l'air sec et qu'elle ait des manières assez brusques », note l'inspectrice, « [mais] elle parle vite et perpétuellement ; elle va, elle vient dans tous les sens, demande le silence en criant à tue-tête ; elle chante faux, interroge avec un livre et répond sans laisser le temps aux enfants de comprendre la question[35]. »

Le tempérament de la maîtresse n'est pas la seule cause de cette nervosité. Les petits usagers de la salle d'asile, précise M. Saunier, sont «généralement capricieux et ne savent pas ce qu'ils veulent […]. Ils s'occupent le plus souvent de leurs jeux innocents plutôt que des études, et ne cessent de donner des preuves de leur turbulence […] ; c'est ce qui nous fatigue horriblement[36]». Le fonctionnement et le public de cette institution rendent sa direction plus pénible que celle de tout autre établissement d'enseignement primaire. L'école reçoit, de 8 heures à 16 heures, des enfants de six à onze ans, relativement autonomes dans leur vie quotidienne, accessibles à certaines recommandations et de plus en plus capables de se concentrer sur un travail intellectuel. La salle d'asile accueille, quelquefois toute la journée, des marmots pleurnicheurs, distraits et incapables, pour une partie d'entre eux, de manger avec une cuillère ou de se moucher. Leur turbulence et leur fragilité imposent aux maîtresses consciencieuses une vigilance de tous les instants. Le mécanisme de la salle d'asile est une autre source de tension. L'école primaire, avec cinquante-trois inscrits en moyenne par établissement, en 1876, fige ses élèves derrière des tables ; l'institution des petits, avec cent vingt-huit inscrits par établissement, fait déambuler les siens, en rythme, dans son espace central et sur les gradins. Regardons M. Buret diriger, en 1848, avec l'ardeur d'un ancien militaire, les évolutions de ses cent soixante-dix bambins à l'asile Saint-Martin de Saint-Quentin :

> «Les enfants sont pour lui de petits soldats, qu'il fait manœuvrer avec une grande chaleur et une grande vivacité. Je l'ai vu, pendant toute une classe», poursuit Mme Chevreau-Lemercier, «les tenir en haleine comme des chevaux qui ne doivent pas perdre le galop ; il était lui-même tout en nage. Je souffrais de voir cet homme si grand et si fort plier sous la fatigue[37].»

Le film, ici, reste muet, car la célèbre méthode de la salle d'asile génère, en réalité, un vrai tohu-bohu :

> «[La directrice] met un claquoir dans les mains de chaque moniteur et de chaque monitrice. Cela en fait au moins vingt, sans compter le sien et celui de la sous-directrice. Et c'est au bruit assourdissant de tous ces instruments, avec des chants qui dépassent les notes de la gamme, que les enfants montent au gradin et font leurs mouvements. Dans ce tapage, le tonnerre tomberait sur l'établissement qu'on ne l'entendrait pas», conclut l'inspectrice en visite à l'asile de La Châtre en 1880[38].

Une dernière particularité de la petite école pénalise parfois son personnel si l'on songe à l'emploi du temps, hebdomadaire et annuel, des instituteurs : la rareté des congés. Les règlements imposent l'ouverture quotidienne de la salle d'asile, y compris pendant l'été, sauf les dimanches et certains jours fériés. Les maîtresses des gros établissements urbains, confiés à plusieurs enseignantes, et les sœurs asiliennes employées dans l'annexe d'une école religieuse ou d'un couvent peuvent s'arrêter un peu plus, à tour de rôle. Dès les années 1840, quelques grandes villes institutionnalisent ce système en recrutant des suppléantes laïques. Mais lorsque les adjointes, absentes, en 1872, dans plus de la moitié des établissements, ou le personnel de remplacement font défaut, les directrices travaillent toute l'année, sauf dans les salles d'asile – majoritaires, il est vrai, dans certains départements – qui vaquent, à l'image de l'école, le jeudi et pendant une partie de l'été.

Certains responsables d'écoles enfantines s'accommodent des contraintes de leur métier. «Ils ne nous donnent pas de mal, ces pauvres petits», déclare en 1847, à Henriette Doubet, la sœur Gaspard, directrice de l'asile public de Tarascon et réputée pour sa patience et pour son amour des enfants. «Tenez, Madame, ajouta-t-elle, quand l'une de nos sœurs se plaint des enfants, je lui réponds : c'est que vous vous y prenez mal ; voyez-vous, ce sont les mauvaises maîtresses qui font les mauvais élèves». Des enseignantes regrettent même les rares congés dont elles peuvent parfois profiter. A Oloron, en 1850, la religieuse, directrice depuis huit ans, «supporte à grand peine les quinze jours de vacances que la supérieure lui impose». Cette «vraie asilienne» soigne les bambins «comme une mère», note l'inspectrice ; elle trouve des ressources pour habiller et pour nourrir les plus démunis ; elle maintient avec douceur une parfaite discipline. A Tourcoing, en 1868, la sœur Saint-Étienne, affectée aux salles d'asile depuis dix-huit ans, et jugée «exceptionnelle», s'ennuie pendant ses congés : «les enfants me manquent, dit-elle, et j'espère leur manquer». Ce zèle résulte-t-il de conditions de travail privilégiées ? Dirigé par une maîtresse assistée d'une femme de service, l'asile d'Oloron abrite cent vingt enfants dans une belle classe bien meublée et complétée par une cour de récréation ombragée. Très mal installé, mais pourvu de trois enseignantes et d'une auxiliaire, l'asile de Tarascon accueille trois cents marmots ; celui de Tourcoing, sur lequel nous sommes moins renseignés, en reçoit cent quatre-vingts[39]. La conscience professionnelle n'est pas automatiquement liée à de bonnes conditions matérielles. La personnalité des individus reste ici primordiale. C'est dans sa vocation pédagogique, dans son amour des enfants et, pour une religieuse, dans son esprit d'abnégation, que la maîtresse des petits puise, d'abord, son énergie et son dévouement.

Il lui faut encore posséder une solide constitution, car elle est souvent obligée de forcer sa voix pour se faire entendre des bambins, juchés sur les gradins ou déambulant dans la classe. En 1847, l'inspecteur des écoles signale le «timbre rauque» de la directrice d'une salle d'asile de Caen et la «voix usée» de l'une de ses collègues de Honfleur. «Toutes les directrices d'asile se reconnaissent à leur voix enrouée ; elles ont presque toutes la poitrine malade», assure Mme Pape-Carpantier, qui parle d'expérience puisqu'elle a été obligée, en 1852, d'interrompre son travail au Cours pratique pour aller se soigner à Enghien[40].

La tension et l'activité incessantes des maîtresses favorisent d'autres indispositions. Au milieu du siècle, la responsable d'un asile de Marseille est jugée «bien fatiguée», celle de l'asile de Foix, «épuisée», celle de l'asile de Saint-Lô, très «éprouvée», et celle de l'asile de Vitry-le-François, «privée du moindre repos», très affaiblie[41]. Ce surmenage peut être fatal aux maîtresses les moins résistantes. «Cette année, j'ai eu plusieurs pertes à déplorer, la mort a frappé les bons et les dévoués», constate Mme Chevreau-Lemercier en 1850. Les salles d'asile «tuent» les sœurs, déclare la Supérieure des Filles de la Charité de Rouen en 1852 ; plusieurs jeunes maîtresses meurent «de la poitrine et d'épuisement», se plaignent, à la même époque, d'autres responsables des congrégations : «dans l'espace d'un an, l'asile les avait tuées». Dix ans plus tard, le préfet du Nord est aussi pessimiste : «quand je dis que la vie des maîtres est compromise, je n'exagère rien, écrit-il, en 1861, au maire de Lille ; Mlle Henot vient de mourir, atteinte d'une infection de poitrine contractée dans une salle d'asile[42]».

Irritées par la turbulence des marmots et dépourvues de toute vocation pour leur métier, certaines maîtresses réagissent avec sévérité. «Allons, sauvages, marchez donc», s'exclame la directrice religieuse de l'asile d'Illkirch en bousculant les gamins. «Vous savez que je veux que l'on soit tranquille», s'écrie, en brandissant un bâton, celle de l'asile du Champ-de-Bataille à Toulon[43] ! Les coups sont l'expression extrême de cette brutalité. Alertées par les physionomies craintives des enfants ou par les plaintes des parents, les dames patronnesses et les déléguées blâment les coupables et demandent leur destitution en cas d'abus ou de récidive. D'autres directrices imposent aux bambins des contraintes rigoureuses, comme la sieste sur le sol à heures fixes ou «l'exercice du silence», qui les oblige à rester assis, immobiles et muets. Dans plusieurs établissements du Midi, en 1870, les sœurs mettent à genoux ou attachent à un clou du mur «l'enfant qui a remué[44]».

Certaines maîtresses laissent, au contraire, le désordre s'installer. A Joigny, en 1850, la directrice congréganiste n'utilise pas le gradin, dont les marches, trop élevées, envahissent la plus grande partie d'une classe pourtant spacieuse. «Elle fait placer devant ce gradin les bancs mobiles ; on y entasse les enfants [...] ; derrière elle, qui est assise sur une chaise, se placent, contre le mur, les derniers arrivants [...]. On occupe donc le moins d'espace possible, on tient tout fermé, de peur des courants d'air ; on lit dans de petits livres, on apprend ses prières, le catéchisme ; puis on crie, on pleure et on se bat [...]. Les enfants, ainsi pressés, ne peuvent pas faire le moindre mouvement sans occasionner le moindre désordre. Quand le besoin commande impérieusement de faire sortir un jeune enfant, on le saisit comme on peut, et, le plus souvent, il achève l'acte, commencé à sa place, ou sur le voisin, ou sur le sol». Et que fait la responsable au milieu du tumulte ? «Elle reste calme et comme étrangère à tout ce qui se passe».

Lassitude? Abattement? Impuissance? Peut-être les trois sentiments à la fois. D'autres témoignages attribuent cette résignation à l'asthénie du personnel. A l'asile laïque public de Chauny, peuplé de quatre-vingts bambins en 1848, «on parle, on se bat, on se mord ; la pauvre créature, la maîtresse, va de l'un à l'autre et tombe épuisée». A l'asile congréganiste privé de Somain, dans le Nord, en 1861, «les enfants crient, pleurent, courent dans la salle pendant les exercices. La directrice laisse faire et dit ses leçons au milieu de ce tapage assourdissant. Elle est déjà malade et ne résistera pas longtemps aux fatigues intolérables d'une tâche dont elle ne comprend ni le but ni les moyens[45]». La carrière et le revenu des maîtresses de salles d'asile ne compensent pas toujours ce travail éprouvant.

Un métier frustrant

Lorsque les congrégations commencent à s'intéresser vraiment à l'institution des jeunes enfants, à partir de la fin des années 1840, plusieurs maîtresses perdent purement et simplement leur emploi au profit des religieuses, moins chères et plus qualifiées, pense-t-on, pour ce métier. «Il est cruel d'enlever à de malheureuses femmes [leurs] seuls moyens d'existence ; l'intérêt des enfants, le désir de conserver leurs bienfaitrices, l'ont emporté sur l'intérêt particulier», explique en 1850 au préfet le maire de Tourcoing, obligé, sous la pression des dames, de substituer des religieuses à deux directrices laïques[46]. Dans un contexte plus favorable, les laïques peuvent espérer deux promotions : un poste de directrice (ou, pour celles qui le sont déjà, une nomination à la tête d'un établissement plus important) ou un poste d'inspectrice, départementale ou générale. Ce deuxième débouché, le plus prestigieux, reste exceptionnel. D'une part, car le nombre des postes est très réduit (soixante-deux déléguées et une vingtaine d'inspectrices départementales, seulement, sont recrutées entre 1830 et 1881) ; d'autre part, car l'accès aux fonctions de déléguée, laissé à la discrétion du ministère, requiert un profil social et des relations que ne possèdent pas la grande majorité des maîtresses (sur les soixante-deux inspectrices recrutées par l'Université, treize, seulement, travaillaient déjà dans une salle d'asile). Les postes de directrices sont plus nombreux et plus accessibles. En 1881-1882 (les données antérieures manquent), 831 adjointes publiques et 70 adjointes privées peuvent briguer, respectivement, 1 189 et 254 directions. La présence de plusieurs sous-directrices dans les gros établissements urbains, qui offrent des salaires plus élevés, réduit toutefois les possibilités d'avancement là où elles sont les plus recherchées. En 1856, la déléguée académique signale un excédent de candidates diplômées par rapport aux postes disponibles à Paris ; vingt-cinq ans plus tard, la capitale offre 125 postes de direction à ses 182 sous-directrices[47].

Les textes de 1837-1838 réclament, pour le personnel public des salles d'asile, une rémunération «convenable», payée par la caisse de la commune ou par une autre caisse agréée. Plus précis, le décret de 1855 prévoit un logement gratuit, une retenue du vingtième du salaire pour la pension civile et des émoluments minimaux (250 francs pour les directrices et 150 francs pour les adjointes), prélevés sur le produit de la rétribution scolaire, qui sera complété, en cas d'insuffisance, par les revenus ordinaires ou extraordinaires de la commune, mais sans aucune aide du ministère. Même s'il refuse de parfaire leur traitement minimum, comme il le fait, depuis 1833, pour les instituteurs, l'État accorde aux éducatrices publiques de jeunes enfants des avantages financiers conformes à leur nouvelle légitimité professionnelle. Gratifiées d'un salaire communal minimal et d'un droit à la retraite, les maîtresses de la petite école s'éloignent un peu plus des gardiennes traditionnelles, rémunérées en fonction des relations marchandes qu'elles établissent avec leurs usagers.

Les conditions de logement du personnel des salles d'asile sont très disparates. Certaines des habitations proposées laissent vraiment à désirer. «Rien ne peut donner l'idée du réduit où couchent quelques-unes des plus jeunes religieuses. Il y avait peu de temps que, grâce à la sollicitude de M. le Recteur, on avait réparé le toit; au moins la pluie n'inondait plus leur lit», constate Mme Doubet, de passage à l'asile de Tarascon en 1847. «Elles ont tant souffert, l'année dernière, du froid et de l'humidité, qu'une d'entre elles, jusque-là très bien portante, est morte en peu de temps des suites d'un rhume[48].» Mais si l'on en croit les estimations – sans doute trop optimistes – du ministère, la proportion de logements jugés convenables s'élève de 50 % du total des établissements, en 1843, à 80 % des seules salles publiques en 1861[49].

Les revenus procurés par la salle d'asile sont eux aussi très variés. A la fin du Second Empire, les ressources des directrices congréganistes publiques de la Charente-Inférieure s'élèvent de 400 francs, à Taugon, à 1 000 francs, à La Rochelle, avec une moyenne départementale de 633 francs. A la même époque, la municipalité d'un village de Haute-Loire verse 175 francs à chacune des deux maîtresses d'une congrégation qui fournit, en plus, le local. En revanche, certains hommes, toujours mieux rémunérés, peuvent recevoir 1 000 francs, dès le milieu des années 1830, dans un chef-lieu de département comme Troyes[50]. L'hétérogénéité des salaires et le mélange des établissements publics et privés enlèvent toute signification aux moyennes publiées dans les statistiques officielles de 1843 et de 1850. Pour apprécier la diversité et l'évolution des revenus offerts par les salles publiques, il vaut mieux raisonner sur les rémunérations perçues vers le milieu du siècle, à la fin du Second Empire puis vers 1880 dans un échantillon de quinze départements[51]. Dans la plupart des cas, ces revenus, rarement élevés, se répartissent à peu près également autour des valeurs moyennes (entre 600 francs et 800 francs pour les directrices laïques vers 1850 ou dans les années 1870) et ils tendent à stagner pendant la période considérée. Aussi minimes soient-ils, les traitements pèsent lourd dans les dépenses de fonctionnement de l'école enfantine, que certaines communes, nous l'avons vu, cherchent à contenir par souci d'économie ou par manque d'intérêt particulier. Dans les Côtes-du-Nord, où les municipalités ne font pas d'efforts particuliers en faveur de l'éducation publique, les maîtresses, presque toutes congréganistes, touchent en moyenne les revenus les plus bas de l'échantillon : 405 francs à la fin de l'Empire, 355 francs en 1880. Plus riches, les villes importantes versent généralement un traitement fixe plus élevé à leur personnel (1200 francs à Marseille, en 1847, ou à Besançon, en 1876), mais les bénéficiaires doivent, en revanche, dépenser plus pour vivre et se contenter d'un petit nombre d'élèves payants. A côté des ressources et de la motivation des communes, d'autres facteurs déterminent la hiérarchie des rémunérations totales : le statut du personnel, ses responsabilités et l'ampleur de la rétribution. Les revenus moyens des maîtresses laïques sont souvent supérieurs à ceux des religieuses, de 12% dans les Bouches-du-Rhône et de 66% dans le Finistère au milieu du siècle. Quel que soit le statut de l'établissement, les directrices touchent généralement beaucoup plus que leurs adjointes. Vers 1850, et pour les maîtresses laïques, le supplément est de 50% environ dans le Finistère (400 francs pour les adjointes et 600 francs pour les directrices) de 60% à Boulogne, de 75% dans le Pas-de-Calais et de 50% à 200% à Marseille. Les adjointes sont elles-mêmes mieux payées – jusqu'à deux à trois fois plus – que les femmes de service (100 francs dans le Finistère en 1850, 200 francs dans les Côtes-du-Nord en 1880), sauf là où les congrégations négocient des salaires voisins pour les deux maîtresses et pour l'auxiliaire. Selon le profil de leur clientèle et le montant de la rétribution, les salles privées produisent des revenus encore plus hétérogènes que ceux des établissements publics. Dans la Loire-Atlantique, en 1855, treize établissements laïques, qui accueillent plusieurs dizaines d'enfants de familles populaires payant, chaque mois, entre 0,50 franc et 1,25 franc, assurent à leurs responsables un salaire moyen de 312 francs, très inférieur (de 171%) au traitement moyen des maîtresses publiques (850 francs), tandis que trois institutions nantaises, réservées à une clientèle aisée pouvant acquitter 5 francs à 8 francs, rapportent respectivement 1200 francs et deux fois 2400 francs[52].

Malgré les gratifications municipales ou départementales, accordées en raison d'un problème de santé ou d'un zèle particulier, le personnel des salles d'asile juge ses revenus insuffisants. « Nos ressources ne nous permettent pas d'exiger moins que le pain quotidien », déclare, en 1870, la supérieure de la Providence au maire de Troyes, qui marchande, à 900 francs puis à 1200 francs, le traitement global des trois sœurs, fixé à 1500 francs[53]. Par solidarité professionnelle et féminine, les déléguées soutiennent les plaintes de leurs subordonnées. En 1881, dans deux académies sur trois, elles dénoncent l'insuffisance des traitements perçus par les maîtresses des jeunes enfants.

Ce tableau n'est-il pas trop sombre? Fabienne Reboul-Scherrer et Gilles Rouet contestent la vision misérabiliste traditionnelle de l'instituteur avant Jules Ferry; la première, en rappelant les conditions de vie et de travail des ouvriers, le second, en analysant minutieusement l'ensemble des ressources annexes et la notabilité dont jouissaient les maîtres de la Marne et des Ardennes sous la monarchie de Juillet[54]. On peut reconsidérer, de la même manière, la situation des maîtresses de la salle d'asile. Aussi éprouvantes soient-elles, surtout dans les grands établissements, leur activité et leur existence ne sont pas pires – si la comparaison peut être tentée – que celles des ouvrières ou de certaines domestiques, astreintes à des journées de travail démesurées dans des locaux insalubres, soumises aux fluctuations de l'emploi et dépourvues de toute forme de retraite. Les maîtresses religieuses, les moins payées, bénéficient de l'aide de leur communauté en cas de maladie et, parfois, pour se loger. Concentrées dans les villes, les maîtresses laïques, souvent célibataires et mieux rémunérées, ne disposent pas, en revanche, des compléments que le service de la paroisse ou le secrétariat de la mairie procurent à certains instituteurs. Leur traitement représente généralement leur seule source de revenu. Or, autant que l'on puisse en juger, il est toujours supérieur au salaire moyen des ouvrières, qui tend à augmenter à partir du milieu du siècle, sauf, à la fin des années 1870, pour les maîtresses les plus mal payées[55]. La directrice d'une modeste salle d'asile ou l'adjointe d'un petit établissement jugeront, bien sûr, leurs gains insuffisants au regard des salaires relativement élevés – jusqu'à 600 francs pour des tisseuses lyonnaises en 1860 – d'une minorité d'ouvrières favorisées. Mais le véritable pôle de référence pour le personnel laïque de la petite école, celui qui nourrit son envie et son amertume, surtout après le renforcement de la sélection en 1855, c'est le salaire des institutrices. Longtemps négligées par l'État, et moins payées que leurs collègues masculins, les enseignantes de l'école des filles ne sont pourtant pas, à proprement parler, des privilégiées: un tiers d'entre elles perçoivent moins de 450 francs à la fin de l'Empire et 40%, moins de 800 francs dix ans plus tard. Mais, aussi modestes soient-ils, leurs traitements n'en dépassent pas moins, dans l'ensemble, ceux des maîtresses des plus petits. En 1853, à une époque où la rémunération la plus basse d'une directrice de salle d'asile est fixée à 250 francs, le ministère attribue aux institutrices responsables d'une école mixte un traitement de base de 400 francs. Et ensuite, tandis que le revenu minimum des enseignantes de la petite école n'est pas revalorisé avant 1881, les pouvoirs publics augmentent régulièrement celui des institutrices, fixé par la loi du 19 juillet 1875 à 700 francs, avec deux classes à 800 francs et à 900 francs. Cette discrimination frappe aussi le personnel congréganiste: en 1864, les salaires inférieurs à 400 francs sont perçus, dans l'Ain, par 6%, seulement, des 135 religieuses institutrices (toutes catégories confondues), par 35% des 87 institutrices laïques, mais par 55% des 27 maîtresses congréganistes de salle d'asile. Au début des années 1880, Pauline Kergomard déplore la pénalisation persistante des éducatrices de jeunes enfants, souvent obligées de se contenter d'une rémunération globale de 700 francs à 800 francs, qui constitue le simple traitement de base dans les écoles de filles[56].

Que reste-t-il aux maîtresses de la petite école ? Les distinctions, que les autorités remettent en grande pompe aux plus méritantes, avec une prédilection stratégique pour le personnel laïque public, dont le quart a déjà reçu, en 1863, une mention ou une médaille contre 15 % des maîtresses congréganistes de même statut. La voix de leur conscience, « première et plus douce récompense de leurs efforts », assure, en 1843, le ministre Villemain, sans doute inspiré par les exhortations antérieures de François Guizot aux instituteurs[57]. La résignation, enfin, ou si l'occasion se présente, le changement de métier. Les candidates laïques au certificat des salles d'asile et à un emploi dans ces établissements sont peu nombreuses et parfois peu motivées, remarquent plusieurs responsables locaux et plusieurs déléguées. Celles qui ont échoué au brevet d'institutrice et celles qui n'osent pas s'y présenter se « rabattent » sur l'institution des jeunes enfants, considérée comme un « pis-aller », un « stage, en attendant mieux », une école « propre à se faire la main pour arriver à l'école primaire ». Celles qui l'ont obtenu, constate, en 1872, un conseiller municipal de Toulon, n'acceptent « qu'avec répugnance » un poste dans une salle d'asile, et elles harcèlent ensuite l'administration pour obtenir une place dans les écoles[58]. « Répugnance », c'est aussi le mot qu'utilise l'inspectrice générale Gertrude Dillon, en 1883, pour définir l'attitude des candidates éventuelles à l'égard des « détails matériels du service en école maternelle », comme les soins de propreté, la surveillance du repas et le travail le jeudi. Et c'est encore le réflexe auquel songe Pauline Kergomard, lorsqu'elle dénonce, l'année suivante, la « hiérarchie » instituée au détriment des maîtresses des plus petits, ces « parias de l'instruction primaire », obligées de fournir un travail « excessif » pour des appointements et des congés inférieurs[59]. Des femmes laïques susceptibles de choisir leur métier ne s'écartent pas seulement de la salle d'asile par peur de la concurrence congréganiste. En préférant un poste d'institutrice, elles optent pour un travail moins éprouvant, mieux payé et d'autant mieux considéré que plusieurs établissements officiels de jeunes enfants ressemblent à de banales garderies.

La diversité des institutions de jeunes enfants

En 1845, soit huit ans après la publication du premier texte organique, la Commission supérieure des salles d'asile estime que les principes officiels sont, « la plupart du temps, ou non compris, ou non mis à exécution, ou entièrement écartés ». Vingt ans plus tard, le Comité central déplore la transformation de certains établissements en « véritables garderies », sans préoccupations éducatives, ou en écoles miniatures, obsédées par l'instruction anticipée[60]. Alerté par ces instances et par les déléguées, le ministère ne reste pas inactif : entre 1847 et 1869, il exhorte sept fois les responsables locaux et les maîtresses à respecter l'originalité de la salle d'asile. « Il faut que la méthode reçoive partout une application régulière et constante », déclare une circulaire de Salvandy, le 20 août 1847, « [sinon] on verrait bientôt ces précieux établissements dégénérer et se transformer, ici en garderies, où les enfants réunis et inoccupés contractent de funestes habitudes, là en écoles, où leur intelligence est énervée. » Au lieu de se borner à donner quelques premières connaissances, regrette, à son tour, Victor Duruy, le 12 mai 1867, « on a tenté, dans quelques établissements, d'y développer l'instruction et d'en faire ainsi de véritables écoles ». Ces recommandations récurrentes prouvent la persistance du problème, même si le bureau de la statistique scolaire évalue, en 1863, à 10 % seulement la proportion de salles d'asile jugées « médiocres » ou « mauvaises », et à 44 % celle des établissements satisfaisants. Les observations, plus précises, des déléguées sur la situation des salles d'asile dans huit académies entre 1856 et 1861[61] permettent, une fois encore, de nuancer les appréciations officielles sur l'ensemble du pays. Si certaines inspectrices évaluent la proportion des établissements « bien » ou « très bien » dirigés à 50 % environ du total dans les académies de Paris, Nancy, Strasbourg, Grenoble ou Bordeaux, envisagées séparément, d'autres rabaissent cette proportion à 10 % ou à 20 % dans les académies de Besançon, Caen et Poitiers. D'après la même source, les établissements parfaits (« très bien » dirigés) représenteraient, chaque fois, au moins 20 % du total (sauf dans les académies de Caen et de Besançon, où ils atteignent à peine les 10 %), et les plus mauvais, la même proportion. A la fin des années 1870, les déléguées de Poitiers ou de Dijon estiment que les institutions qui méritent « le titre de salle d'asile » représentent le tiers des établissements de leur circonscription[62]. Malgré leur subjectivité, ces témoignages permettent de distinguer trois types d'institutions de jeunes enfants et deux modes de déviations au regard des critères officiels : des établissements réglementaires, qui représentent entre le cinquième et le tiers de l'échantillon, des établissements transformés en écoles ou en garderies, et des établissements moyens, plus ou moins proches de l'un ou l'autre de ces anti-modèles.

Les bienfaits de la méthode officielle ?

> « La dame Rouër possède la méthode et la suit avec intelligence. Les exercices se font avec beaucoup d'ordre et d'ensemble. J'ai été fort satisfaite des marches bien mesurées qui ont été exécutées par les enfants », note Henriette Doubet, en 1847, à propos d'une directrice laïque de Moulins, déjà gratifiée d'une mention honorable, d'une médaille de bronze et d'une médaille d'argent. « Le chant n'est pas toujours juste, mais il est bien soutenu. Les questions faites sur le catéchisme étaient intelligentes ; les enfants y répondaient bien et avec beaucoup de plaisir. [...]. Il y a une correspondance parfaite entre la directrice et ses enfants ; elle les aime beaucoup et est fort aimée, et les domine entièrement[63]. »

Ce rapport élogieux sur une maîtresse modèle énumère la plupart des dispositifs conseillés par les manuels et par les règlements : une discipline parfaite, des mouvements collectifs ordonnés, une atmosphère de gaieté, un enseignement religieux et profane complet et à la portée de très jeunes écoliers. La première instruction veut d'abord initier aux rudiments. Les trente enfants sortis de l'asile pour entrer à l'école savaient « épeler (quelques-uns, lire couramment), écrire des mots, chiffrer et additionner », assure à Mme Mallet, au début des années 1830, la directrice de l'établissement parisien de la rue des Martyrs. Vingt ou trente ans plus tard, certaines inspectrices générales notent, avec la même satisfaction, les performances des petits élèves qui « savent lire, compter, écrire sur l'ardoise » ou qui « lisent bien et composent aisément les mots et les chiffres[64] ». Faute de pouvoir élaborer des statistiques précises sur la diffusion de ces apprentissages à partir des remarques hétérogènes des déléguées, on considérera la fréquence de leurs occurrences dans les rapports d'inspection, en supposant que les auteurs de ces documents n'évoquent pas souvent des activités épisodiques, sauf pour signaler leur rareté.

Recommandé par les seuls pédagogues masculins et officiellement supprimé en 1859, l'apprentissage de l'écriture semble être peu répandu, au moins jusqu'à la fin des années 1860. Peu loquaces à son sujet, les déléguées relèvent surtout quelques exercices jugés remarquables, comme l'emploi de lettres mobiles, ou des exemples de leçons trop poussées. La même discrétion relative entoure les leçons de géométrie, surtout mentionnées lorsque la maîtresse utilise des figures en bois, et celles de dessin, dont plusieurs rapports regrettent la rareté. Les témoignages sont plus nombreux sur les séances d'initiation au calcul, par le boulier-compteur, le chant et la récitation, et sur les leçons de lecture, mentionnées dans les rapports relatifs à trois académies sur quatre en 1881, et qui constituent la forme d'instruction précoce la plus répandue. Malgré leur disparité, les multiples remarques des déléguées révèlent l'hétérogénéité des méthodes d'apprentissage du premier des rudiments et leur évolution.

Empruntée à l'enseignement mutuel, la lecture aux cercles domine, jusqu'au milieu du Second Empire, dans les établissements respectueux des consignes officielles, puis elle recule devant l'utilisation du tableau, des lettres mobiles ou de la phonomimie. L'alphabet chanté, un autre héritage de l'époque héroïque, et l'ancienne épellation connaissent le même sort, du moins dans les classes les plus ouvertes aux innovations. En 1881, et dans une académie sur quatre, des directrices âgées ou convaincues des bienfaits de l'épellation traditionnelle pour la connaissance de l'orthographe, continuent de l'utiliser en l'associant parfois à la phonomimie. Proposée à partir de 1861 et soutenue par Mme Pape-Carpantier, cette nouvelle méthode est vite entrée dans les mœurs. Les enseignantes, peut-être sensibles aux médailles et aux gratifications distribuées par l'inventeur, ont aussi compris les avantages d'un apprentissage par gestes qui reposait leur voix et qui séduisait leurs petits élèves[65].

En plus de l'initiation aux rudiments, la bonne salle d'asile propose à ses usagers des connaissances sur la vie quotidienne, les plantes, les animaux, la géographie et l'histoire. Accompagnons, en 1835, le promoteur des salles d'asile d'Angers, Joseph Rey, dans le premier établissement ouvert à son initiative. Avant-hier, le maître montrait aux enfants des grains de blé et il leur racontait la culture de cette céréale, la valeur du pain et la bonté du Créateur. Hier, il leur expliquait la forme de la terre à l'aide d'une orange donnée par une bienfaitrice. Aujourd'hui, il leur fait nommer les noms des objets de la classe et ceux des ouvriers qui les ont fabriqués. Plusieurs représentants de l'Université s'émerveillent devant le premier savoir acquis par les bambins. « Ils savent déjà conjuguer et répondre sur la géographie de la France », s'exclame, en 1838, l'inspecteur des écoles de la Marne en visitant l'asile Saint-Rémi. « Ils répondent bien aux questions sur le catéchisme, l'histoire et la géographie », constate avec satisfaction Henriette Doubet dans un asile de l'Allier, en 1847. Ils répètent « avec assez de précision des citations de villes et de rois, accompagnées de récits de mœurs », quelques-uns « savent bien, sur une carte muette, l'Europe et la France par départements », soulignent, dix ans plus tard, des inspecteurs de l'Ille-et-Vilaine et de la Manche[66]. Ces leçons plaisent d'autant plus qu'elles contribuent à la lutte contre les parlers régionaux. En 1857, Antoinette René-Caillé, l'infatigable propagandiste de la langue nationale dans les salles d'asile alsaciennes, se réjouit de voir les élèves les plus assidus connaître « une quantité d'objets en français par le moyen des images ». Cette dernière précision prouve le souci de s'adapter à de très jeunes écoliers. « Les enfants répondent bien aux questions qu'on leur adresse sous quelque forme qu'on leur présente, ce qui prouve qu'il n'y a point de routine », remarque, en 1850, Barthélémie Milet dans une salle d'asile d'Hyères, très bien tenue. « Les leçons n'ont rien de froid ni de monotone ; c'est une causerie intime, enjouée et facile », constate, en 1856, la déléguée de Caen dans l'un des meilleurs établissements de son académie. Cette directrice « fait tout regarder : fleurs, fruits, pain, objets divers » ; celle-ci se sert « continuellement des démonstrations par les yeux » ; celle-là « fait décomposer et expliquer [aux enfants] la plupart des mots dont ils se servent[67] ». Là où des inspecteurs des écoles apprécient l'étalage d'un savoir précoce, certaines déléguées s'intéressent particulièrement au mode d'acquisition des premières connaissances. Dans leur esprit, la bonne salle d'asile doit rester fidèle au principe des leçons de choses, autrement dit proposer un enseignement attrayant et concret, et s'efforcer de faire comprendre les mots et les définitions mémorisées. Tâche difficile, surtout avec plusieurs dizaines de bambins de moins de six ans. Des maîtresses incapables d'appliquer cette méthode ou opposées à un enseignement qu'elles jugent trop précoce se contentent de garder les enfants.

L'asile-garderie

« Les premières paroles que j'entendis en traversant le corridor furent celles-ci : Je vais te fouetter si tu ne mets pas ton bonnet. J'entrai et trouvai tout le reste en accord avec ce préambule. » Entrons, nous aussi, aux côtés d'Henriette Doubet dans l'asile laïque public d'Alès, en 1847. *« Les enfants étaient placés sans ordre des deux côtés de la maîtresse. Ils firent la prière de la plus triste manière. Ils se rendirent ensuite au gradin sans qu'il fut question d'aucune marche ; les plus petits traînaient leurs sièges derrière eux. On ne peut donner l'idée des cris discordants qui tenaient lieu de chants. La montée au gradin fut un assaut où les plus forts l'emportaient. Les dispositions prises pour l'exercice de la lecture sont telles que les lettres exposées sont aperçues par seulement une quinzaine d'enfants [...]. Les questions qui suivirent furent aussi peu satisfaisantes. Je renonce à dépeindre cet exercice où les hurlements de la maîtresse couvraient à peine les bavardages et les disputes[68]. »*

Une fois encore, le regard exercé de la seconde inspectrice générale transforme sa description en démonstration : le « triste » spectacle offert par l'asile d'Alès illustre, à ses yeux, le lien inévitable entre le refus du mécanisme réglementaire et la faillite de l'enseignement. La négligence du programme de la salle d'asile prend des formes diverses dans des établissements que les déléguées générales qualifient parfois de « vulgaires garderies ». A Bessèges, en 1881, les enfants sont tenus « bien tranquilles et bien sages », sur les bancs, par la directrice qui « se promène constamment le doigt sur les lèvres[69] ». Ici, les maîtresse refusent d'interroger les bambins sous le prétexte qu'ils ne parlent pas français ; là, elles remplacent les leçons du gradin par des travaux manuels ; ailleurs, elles se contentent de surveiller les bambins et de leur distribuer de la soupe. Trois raisons expliquent la présence, sous l'étiquette de salles d'asile, de simples lieux d'accueil, où les usagers apprennent, au mieux, des prières et des chants : les insuffisances du local et de l'équipement, l'ignorance de la méthode officielle ou le refus de l'appliquer. Comment faire manœuvrer les enfants dans une pièce trop petite ou envahie par un nombre excessif d'usagers ? Comment organiser des cercles de lecture, des leçons de dessin ou des leçons de choses lorsque les porte-tableaux, les ardoises et les collections d'objets font défaut ? Insurmontables au-delà d'un certain seuil, ces contraintes matérielles n'expliquent pas tout. A Joigny, la sœur entasse ses gamins sur des bancs au pied d'un « beau gradin ». A Rennes, des religieuses démolissent « volontairement » le mobilier « complet » d'un établissement en déclarant qu'elles veulent « se dispenser de faire toutes les bêtises de l'asile[70] ». L'organisation d'un enseignement réglementaire n'achoppe plus, ici, sur les lacunes de l'équipement, mais sur le rejet de la méthode officielle ou sur sa méconnaissance. Après le local de la salle d'asile, les maîtresses sont citées au banc des accusés.

En 1855 comme en 1881, les rapports académiques relatifs à deux circonscriptions sur trois déplorent leur formation insuffisante. Excessif, ce reproche n'est pas totalement injustifié malgré les nouvelles ambitions du certificat d'aptitude, après 1855, et celles du Cours pratique, à partir de 1859. La proportion élevée de maîtresses certifiées (78,5 % des directrices et 70 % des adjointes en 1876) parmi les laïques – qui ne représentent, de toute façon, que 20 % de l'ensemble du personnel à cette époque – ne garantit pas l'audience de la méthode officielle, même parmi cette population très minoritaire. D'une part, car plusieurs commissions d'examen suppriment l'épreuve pratique ; d'autre part, car les rares centres de formation, trop limités dans leurs capacités d'accueil, ne produisent qu'un nombre infime de diplômées (vingt-sept par an en moyenne au Cours pratique entre 1847 et 1881, quatre au Cours de l'Oise entre 1851 et 1874).

Les dames patronnesses peuvent elles aussi éloigner la salle d'asile du modèle réglementaire. Au milieu du siècle, plusieurs bienfaitrices alsaciennes substituent des prières et des travaux manuels aux leçons du gradin. Vingt ans plus tard, des inspectrices bénévoles du Nord rejettent les leçons de choses, tandis que celles de Nantes suppriment l'initiation à l'écriture et au dessin sous le prétexte que « les enfants ne doivent pas être poussés[71] ». Faut-il croire *L'Ami de l'Enfance* lorsqu'il prétend, en 1859, que plusieurs de ses correspondants reprochent à la majorité des dames de désapprouver les « efforts des directrices pour obtenir des petits élèves les résultats les plus modestes[72] » ? Aucun autre témoignage ne vient infirmer ou confirmer cette estimation. On sait seulement que le directeur du journal, Eugène Rendu, partisan de l'instruction anticipée, utilise habilement le courrier, réel ou supposé, des lecteurs pour soutenir ses idées. L'influence pédagogique des dames patronnesses n'est, de toute façon, jamais systématique. Là où elles existent, elles n'interviennent pas forcément, nous l'avons vu, dans le fonctionnement des établissements confessionnels, qui sont, d'après les déléguées, les moins respectueux des règlements.

Plusieurs inspectrices reprochent aux congrégations de réduire la salle d'asile à une institution d'assistance et de négliger la formation de son personnel. Ici, les supérieures désignent des religieuses âgées, agacées par les jeunes enfants mais disqualifiées pour d'autres tâches ; là, au contraire, elles envoient les plus jeunes « se faire la main » avant de prendre un poste d'institutrice ; ailleurs, elles choisissent de pauvres femmes incapables. Une sœur explique que l'odorat « sert à se moucher » ; une autre attribue au chameau une cinquième poche d'eau et la capacité de marcher tout le temps « pourvu qu'on lui chante des chansons[73] ». L'autonomie des communautés mécontente un peu plus les agents de l'Université, dont les critiques et les recommandations ne sont pas suivies d'effets. « J'ai fait quelques observations à la supérieure », relate Marie Loizillon, en 1861, à propos d'une salle d'Haubourdin dirigée par les Filles de la Sagesse, « mais elle m'a répondu de manière à me faire comprendre que mon opinion lui importait peu » ! Angélique Muller n'a pas plus de succès, en 1881, à l'asile de Sète, tenu par les dames de Saint-Maur, et dont les usagers doivent dormir « par escouade » à des heures imposées : « comme la sœur ne travaille que pour Dieu, elle ne tient aucun compte de nos observations, et, comme ces dames sont chez elles, on ne peut les y forcer[74] ». Faut-il, alors, généraliser, comme le font certaines inspectrices, et imputer la dégénérescence de la salle d'asile à l'omniprésence de maîtresses congréganistes illettrées, ignorantes de la méthode officielle, privées du savoir apporté par l'expérience maternelle et imperméables aux conseils des autorités. Ce réquisitoire est à la fois abusif et justifié.

Qui sont les censeurs des religieuses ? Des représentantes de l'administration, attachées à leurs prérogatives et parfois mal disposées à l'égard des congrégations. Au premier degré, chez Eugénie Chevreau-Lemercier ou Marie Loizillon, perce une irritation devant l'indépendance des communautés ; à un niveau supérieur, chez Judith Cauchois-Lemaire, Marie Davy (fille d'un bonnetier et femme d'un avoué) ou Angélique Muller (fille d'un capitaine, élevée à la Maison de la Légion d'Honneur et femme d'un professeur de lycée), apparaît une vraie sensibilité anticléricale. A l'opposé, d'autres déléguées, comme Henriette Doubet, Jeanne Hézard, Aglaé Forcade, Henriette Monternault ou Louise Didiot, ressentent une grande sympathie pour un personnel religieux dont elles partagent la foi et dont elles apprécient le dévouement et la disponibilité. C'est dire que les jugements relatifs aux maîtresses congréganistes doivent toujours être rapportés aux opinions de leur auteur. Cette lecture prudente des rapports officiels conduit à nuancer ou à relativiser certaines de leurs conclusions. Les titulaires des lettres d'obédience préposées à l'institution des jeunes enfants ne sont pas des illettrées : 68 % d'entre elles obtiennent le certificat d'aptitude dans les cinq années qui suivent la loi de 1881. Elles ne sont pas non plus incapables, *a priori*, d'aimer les bambins et de s'en occuper. Bien des témoignages, peu suspects de complaisance, signalent le talent de plusieurs maîtresses religieuses. Mme Chevreau-Lemercier félicite, en 1850, une sœur de la Sainte-Enfance de Jésus et de Marie, guidée par « le génie de l'asile » et dont « la bonne grosse figure rit toujours aux enfants », auxquels elle joue de l'accordéon quand ils ont été sages ; Mme René-Caillé fait l'éloge, en 1871, d'une Fille de la Charité, qui traite ses petits élèves en vraie « mère de famille[75] ». La dénonciation systématique de l'improvisation congréganiste est tout aussi excessive lorsque certaines communautés organisent des salles d'asile modèles, s'adressent au Cours pratique et fabriquent des manuels. Plusieurs déléguées rendent d'ailleurs hommage à celles qui acceptent de s'initier à la méthode officielle et de l'appliquer, comme les Trinitaires, de Valence, vite réputées, dès les années 1840, pour la qualité de leurs maîtresses, les sœurs des Écoles chrétiennes de la Miséricorde, de Saint-Sauveur-le-Vicomte, qui envoient une religieuse, formée au Cours pratique en 1856, montrer les procédés réglementaires dans tous les établissements de la communauté, ou encore les Filles de l'Enfant-Jésus, de Lille, pour lesquelles Marie Loizillon réclame plusieurs mentions honorables en 1861[76].

Les personnels congréganistes et laïques possèdent chacun leurs lots de maîtresses informées ou ignorantes, compétentes ou incapables. Faut-il, alors, postuler une identité des comportements, réglementaires ou déviants, chez les deux catégories d'éducatrices ou se résigner à ignorer l'ampleur des divergences ? Non, car la dénonciation des établissements congréganistes dans les rapports académiques est trop fréquente – dans deux circonscriptions sur trois, dès 1855 – pour relever d'un simple réflexe anticlérical. Au milieu du siècle, Henriette Doubet, elle-même, déplore à plusieurs reprises la rareté des sœurs initiées au fonctionnement officiel de la salle d'asile. Vingt ans plus tard, et malgré les progrès accomplis, Antoinette René-Caillé remarque un « manque complet de méthode » et une « inintelligence absolue de l'enseignement de l'asile » chez plusieurs maîtresses religieuses, dont elle souligne simultanément la « bonne volonté[77] ». D'autres indices permettent de prêter aux congréganistes une plus grande indifférence à l'égard de la méthode réglementaire : la plus faible proportion de sœurs distinguées ou décorées dans l'enseignement public (15 %, en 1863, contre 25 % des laïques), l'absence de classe modèle dans plusieurs communautés, la fréquentation réduite du Cours pratique et surtout l'usage de méthodes particulières, que les rapports académiques dénoncent, en 1869 comme en 1880, dans un tiers des circonscriptions. Les Filles de la Charité utilisent le manuel de la sœur Maria, dont nous avons signalé les différences avec celui de Mme Pape-Carpantier. Les sœurs de la Sainte-Enfance de Jésus et de Marie ne forment pas de moniteurs pour encadrer les déplacements. Les Filles de la Sagesse, de Saint-Laurent-sur-Sèvre, suppriment les bancs, négligent les évolutions, mais imposent des séances de sommeil obligatoire. Les dames de Saint-Charles, qui refusent les leçons de choses, privilégient le catéchisme et l'histoire sainte[78].

Au regard des principes officiels, il ne faut donc pas distinguer deux groupes de religieuses, mais trois : les maîtresses plus ou moins improvisées, les maîtresses initiées à la méthode réglementaire et qui lui restent fidèles, les maîtresses formées selon les règles spéciales de leur communauté. Dans la première et dans la troisième de ces catégories se trouvent, d'après les déléguées, les responsables de la contamination des salles d'asile par les pratiques de la garderie ou, à l'opposé, par celles de l'école.

L'école anticipée

Rejoignons Mme Doubet, en 1847, dans un célèbre établissement laïque du Midi dirigé par un homme : l'asile Saint-Pierre, à Montpellier.

Les marches se font avec régularité [...], la discipline est très exacte, le silence, absolu. Les exercices du gradin se suivent avec une méthode absolue. L'instruction paraît fort avancée ; les enfants calculent surtout remarquablement bien ; ils font les quatre règles sur le boulier-compteur sans aucune erreur [...] ; les réponses aux questions sur la grammaire, la géographie, le dessin linéaire, étaient fort bonnes.

De l'ordre, du mouvement, de l'instruction : que demander de plus à une institution très appréciée par tous les visiteurs ? De ne pas imiter le «régime de l'école», répond la déléguée avant de poursuivre son rapport sur un tout autre ton.

Un examen plus approfondi fait découvrir de réels et graves inconvénients sous cet extérieur si séduisant. L'instruction est trop élevée pour un asile où les enfants ne forment pas deux divisions. Les plus petits demeurent absolument étrangers à une grande partie des leçons. Je remarquais que les excellentes réponses étaient données par un nombre d'enfants très peu considérable [...]. L'esprit des enfants ou plutôt leur mémoire est occupée de choses au-dessus de la portée du plus grand nombre. On n'aperçoit dans les réponses rien de spontané[79].

Avec son talent habituel, l'inspectrice générale résume les défauts d'un premier enseignement collectif jugé trop scolaire : une instruction excessive et inaccessible à la plupart des bambins, un recours abusif à leur mémoire, une attitude distante de l'éducateur. Bien qu'elle soit favorable à une certaine instruction précoce, Mme Doubet n'en réclame pas moins, comme sa description élogieuse de l'asile de Moulins l'a montré, un effort d'adaptation à un jeune auditoire et une atmosphère de gaieté.

D'après les déléguées, les établissements pervertis par le modèle scolaire privilégient l'apprentissage des rudiments et, d'abord, celui du premier d'entre eux. Au début de la Troisième République, alors que le règlement de 1859 prévoit seulement quinze minutes de lecture pour deux heures quinze de classe matinale, plusieurs établissements consacrent l'ensemble de la matinée à cette activité. La plupart des salles d'asile du Midi remplacent même la récréation par des séances de «lecture individuelle». Celles de l'académie de Poitiers substituent souvent l'étude de la lecture aux marches et aux travaux manuels. Cet impérialisme horaire s'accompagne d'un degré d'exigence très supérieur au programme originel. Le déchiffrage aux cercles, le chant ou la phonomimie cèdent la place aux leçons, individuelles ou par petits groupes, sur des livres. Au mieux, les maîtresses emploient des ouvrages d'initiation, comme l'*Alphabet pour les enfants qui fréquentent les écoles des sœurs de Saint-Joseph de Tarbes* ou le *Nouveau syllabaire des salles d'asile* de Mme Pape-Carpantier, qui propose cependant quelques phrases ; au pire, elles utilisent des ouvrages classiques ou destinés à des élèves plus âgés, comme *La Bible* ou le *Premier livre de lecture courante* – la précision est fondamentale – publié par les sœurs de la Charité de Notre-Dame d'Evron. D'après Pauline Kergomard, cette surenchère n'a guère d'effet : sur quatre mille élèves de dix-neuf salles d'asile des académies de Bordeaux et de Toulouse qui privilégient l'enseignement de la lecture, en 1880, 2,5 %, seulement, savent vraiment lire[80].

L'intérêt porté à la lecture s'est-il renforcé depuis la monarchie de Juillet ? Oui, si l'on en croit les rapports académiques, qui blâment le traitement de faveur accordé à cet apprentissage dans dix circonscriptions en 1881, contre trois, en 1855. Le durcissement du regard officiel à l'égard des ambitions sco-laires de la salle d'asile détermine, bien sûr, cet accroissement des notations cri-tiques, puisque certaines des inspectrices nommées par la République contes-tent ce procédé. Mais d'autres indices étayent l'hypothèse d'une initiation plus systématique au premier rudiment. Plusieurs déléguées instituées par l'Empire acceptent, nous l'avons vu, un programme d'enseignement de la lecture plus poussé que celui des théoriciens de la monarchie de Juillet. Plus instruites, les maîtresses recrutées à partir de 1855 comprennent mieux les exigences de cer-tains parents, qui sont, par ailleurs, de plus en plus alphabétisés. Au cours des années 1870, quelques inspecteurs des écoles de l'académie de Paris accentuent leurs pressions en faisant vérifier, deux fois par an, le nombre des élèves sortis de la salle d'asile en sachant lire[81]. Signalés et condamnés dès le milieu du siècle, les exercices d'écriture sur papier semblent plus fréquents, eux aussi, au début de la Troisième République. En 1880, la page d'écriture, jusqu'alors exceptionnelle, serait devenue un « véritable fléau » dans l'académie de Besançon; la même année, la plupart des établissements de l'académie d'Aix ont des planches, destinées à la réalisation des pages d'écriture par des enfants « privilégiés[82] ».

La leçon abstraite constitue, d'après les déléguées, la seconde aberration du programme des salles d'asile séduites par le modèle scolaire. Ici, les bambins écoutent un exposé sur la production du sel sans aucune allusion à son usage ali-mentaire; là, ils récitent les capitales de l'Europe sans pouvoir dire quel est le rôle du maire, présent aux côtés de la déléguée; dans les Alpes, ils déclarent « n'avoir jamais vu de montagne ». La directrice de la salle d'asile de Lourdes n'hésite pas à rabrouer Pauline Kergomard qui lui conseille de compléter la récitation – fasti-dieuse – des divisions du temps par des explications sur le jour et la nuit : « on ne sait comment vous contenter; l'année dernière, vous avez trouvé mauvais que je n'aie pas parlé des montagnes; cette année, il aurait fallu parler du soleil, l'année prochaine, vous me demanderez la lune ». Emportées par le désir de communi-quer de nombreuses connaissances aux enfants, des maîtresses s'adressent exclu-sivement à leur mémoire en négligeant d'apprécier le degré de compréhension des informations que leur auditoire répète. Dans l'Ouest et dans le Sud-Ouest, des marmots patoisants déclament scrupuleusement une liste de chefs-lieux en vers (« Des Pyrénées-Orientales / Perpignan est le chef-lieu / Et de Seine-et-Oise Versailles / etc. ») et une table de numération dogmatique (« 1. Il y a un seul Dieu. 2. Deux natures en Jésus-Christ, deux sortes d'anges, deux substances dans l'homme. 3. Trois sortes de contrition. etc. »). Que produit ce rabâchage de noms et de définitions? Des « petites machines parlantes », des « petites marionnettes mettant des mots les uns au bout des autres », mais qui se trompent dès que l'ordre des interrogations est modifié[83].

Les adeptes d'une instruction poussée sont aussi accusées d'empiéter sur le temps dévolu aux exercices physiques et de privilégier les bambins les plus âgés ou les plus doués. A Boulogne, seul le premier banc reçoit une leçon de lecture. Dans un asile laïque du Cher, en 1869, quinze enfants sur cent cinquante répondent aux questions de calcul, de géographie et d'histoire sainte. Dans une salle religieuse de l'Hérault, avoue la directrice, en 1881, seules les «savantes» savent lire. Et les autres enfants? Ils attendent, dans le préau, sous la surveillance de la femme de service, car les municipalités refusent généralement de leur consacrer une salle spéciale et une maîtresse; ils «se tourmentent et s'agitent sur leurs bancs», ils s'ennuient et ils s'endorment[84].

La responsabilité de cette situation incombe, d'abord, à l'ambiguïté des instructions et des manuels, qui exhortent les maîtresses à rester sobres tout en leur proposant un programme ambitieux. La simplification décidée en 1859 est elle-même équivoque, puisque *L'Ami de l'Enfance*, dirigé par un responsable du ministère, continue, nous l'avons vu, de privilégier des leçons officiellement supprimées. Certains règlements des congrégations augmentent, par ailleurs, l'horaire et le niveau des exercices d'instruction. D'après les déléguées, les sœurs de la Charité, d'Evron, transforment l'institution des petits en une véritable école. Les dames de la Sainte-Union des Sacrés-Cœurs, de Douai, utilisent un «système bâtard», qui mélange l'asile et le régime scolaire. Les Filles de la Sagesse provoquent une «espèce de schisme» – l'expression est de Judith Cauchois-Lemaire – en privilégiant l'histoire sainte, la lecture, le calcul et les exercices de mémoire. Les sœurs de la Providence, de Ribeauvillé, font «lire dans des livres, réciter et calculer comme à l'école[85]».

Au-delà des programmes, tous les acteurs de l'éducation publique des jeunes enfants peuvent déterminer, à des degrés divers, le niveau de l'enseignement. Les responsables locaux de la salle d'asile semblent partagés sur cette question. Les rares exemples que nous avons retrouvés sur l'action directe des notables concernent des interventions en faveur de l'instruction précoce. En 1847, dans un asile marseillais exclusivement contrôlé par le comité local d'instruction primaire, les bambins les plus avancés lisent à part et écrivent sur des bancs à pupitre. En 1881, le conseil municipal de Limoges critique les insuffisances des établissements communaux en évoquant les performances des petits Parisiens, qui savent, dès cinq ans, lire, calculer et former leurs lettres[86]. Inversement, plusieurs rapports d'inspection et l'article, déjà cité, du directeur de *L'Ami de l'Enfance*, paru en 1859, reprochent aux surveillantes bénévoles de la salle d'asile de s'opposer aux apprentissages scolaires. Il faut, bien sûr, se garder de généraliser. A l'image de Mme de Pastoret, certaines dames patronnesses refusent de transformer l'institution des jeunes enfants en petite école : elles acceptent seulement les prières, les chants, les travaux manuels et les mouvements collectifs. D'autres inspectrices apprécient, au contraire, les autres enseignements, en particulier, nous en reparlerons, dans les établissements réservés aux enfants aisés.

Les interventions des instituteurs et des inspecteurs en faveur de l'instruction précoce sont plus systématiques. Des maîtres interrogés pendant l'enquête nationale de 1864 regrettent le besoin de mouvement persistant des anciens usagers de la salle d'asile, où les jeux et les évolutions freinent l'apprentissage des habitudes scolaires. A Paris, proteste Marie Matrat, en 1881, «les directrices qui, sous peine de très mauvaises notes, doivent fournir, deux fois l'an, des enfants sachant lire, écrire, chiffrer, et qui reçoivent en retour soit une prime, soit des témoignages d'examen, arrivent à surchauffer un groupe». Si je ne «charge pas mes élèves d'un bagage déterminé», avoue, à la même époque, une directrice à Pauline Kergomard, les instituteurs diront que «je perds mon temps». Les agents de l'enseignement primaire assignent à l'institution située en amont un objectif sans équivoque : fournir à l'école des «élèves bien préparés», comme l'écrit, dès 1847, l'inspecteur des Basses-Pyrénées[87].

Ces pressions ne sont pas pour déplaire à une proportion importante – si l'on en croit plusieurs indices – des usagers de la salle d'asile.

Je veux que mon garçon écrive, dira une mère. Mais, pauvre femme, lui répond la sœur, il ne sait pas lire. Comment, il ne sait pas lire ? Alors, ma sœur, je l'emmène. A quatre ans, ne pas savoir lire ! Chez les Frères, on lui apprendra. Et voila notre marmot installé sur les bancs d'une école. On croirait, après cela, que, pour les conserver, il ne s'agit que d'en faire des savants. La sœur redouble de zèle, et, chaque matin pendant deux heures, elle prend à part les plus grands, elle use sa patience à les faire lire, écrire, compter. S'ils sont intelligents, elle en fait des moniteurs. Bientôt, ils manquent à l'appel ! Ils sont passés chez les Frères ! Et comment cela ? Ah, ma sœur, ils en savaient trop pour rester chez vous [...][88].

Marie-Antoinette de Fitte, la déléguée de l'académie de Toulouse, résume bien, en 1863, l'un des processus qui transforment la directrice de salle d'asile en maîtresse d'école. Les témoignages abondent sur les menaces de retrait si l'enfant n'apprend pas à lire des phrases et parfois à écrire, et sur la préférence de certains parents pour des établissements privés qui se spécialisent dans ces apprentissages. Pour préserver la clientèle des salles publiques, on consacre à la lecture «plus de temps que ne le comporte le règlement», reconnaît, en 1875, l'inspecteur d'académie de la Vendée. Il faut dire que certaines directrices privilégient d'elles-mêmes cet apprentissage par amour-propre. En poussant systématiquement l'instruction de leurs élèves, affirme, dès 1852, un article de *L'Éducation,* elles pensent «rehausser [leur] propre valeur[89]». L'enseignement précoce renvoie à ces éducatrices de l'âge préscolaire la seule image qu'elles voudraient donner d'elle : celle d'une vraie institutrice.

Les établissements destinés à une clientèle «aisée» se distinguent généralement par un niveau d'enseignement plus poussé. Au milieu du siècle, les quatre
salles congréganistes privées de Lille, utilisées par des familles «riches ou aisées»,
fabriquent de «petits prodiges». A la même époque, les Filles de la Charité instruisent plus les usagers de l'asile payant d'Estaires, pour «satisfaire au désir des
parents», que ceux de l'asile gratuit. Les sœurs de la Sainte-Enfance font de
même avec la clientèle de la salle d'asile payante de Sens, fréquentée par «la classe
marchande de la ville», et avec la progéniture des «ouvriers», reçue dans la salle
gratuite. La demande familiale d'un enseignement précoce déborde, cependant,
la seule clientèle «aisée», aux contours d'ailleurs ambigus, puisqu'elle inclut parfois, nous l'avons signalé, des artisans, des boutiquiers et des ouvriers bien rémunérés. Les rapports académiques de 1881 la mentionnent dans une circonscription sur deux et parfois à propos d'établissements essentiellement fréquentés par
les classes populaires. On peut relier cette attitude aux progrès de l'instruction
des adultes et, en particulier, au rattrapage des hommes par les femmes, bien
avancé à la fin des années 1860. Les filles mieux scolarisées, à partir de 1850,
sont devenues, au début de la Troisième République, des mères plus sensibles
aux bienfaits de l'instruction.

*   *

*

*Il y a d'une salle d'asile à une autre salle d'asile de telles différences que l'on comprend
l'hésitation à les réunir sous une dénomination commune. Ici, une construction spacieuse,
bien entendue, où tout est gai, riant [...]; là, une pauvre maison, appropriée comme
on a pu, d'aspect morne et presque misérable; ici, une directrice entourée d'aides et de
femmes de service; là, une brave fille, réduite à ses seules forces, plus dévouée qu'instruite[90].*

A l'issue de sa tournée dans le département du Nord, en 1877, l'inspecteur
général Émile Anthoine souligne la grande hétérogénéité des institutions de
jeunes enfants. Plusieurs obstacles empêchent la majorité des établissements de
respecter systématiquement les consignes officielles. D'abord, les insuffisances des
locaux et du matériel, qui interdisent aux maîtresses d'organiser tous les exercices
inscrits au programme et de donner tous les soins d'hygiène réglementaires.
L'amélioration progressive des écoles de garçons, après le milieu du siècle, puis
celle des écoles de filles, à partir de la fin du Second Empire, font encore plus ressortir les lacunes de l'aménagement des salles d'asile. Les communes ont été
moins généreuses pour l'institution facultative destinée aux jeunes enfants. La formation insuffisante du personnel et ses conditions de travail difficiles constituent
d'autres entraves à l'application parfaite du modèle réglementaire. Confrontées à
cent ou à deux cents bambins, les maîtresses font ce qu'elles peuvent. Comment

appliqueraient-elles une méthode officielle à laquelle elles n'ont pas toujours été initiées ? Comment introduiraient-elles des tête-à-tête affectueux dans des classes surchargées, qui les laissent à bout de nerfs et sans voix ? Comment dispense-raient-elles un enseignement intuitif à plusieurs dizaines de marmots somnolents ou agités ? Comment feraient-elles comprendre à des bambins, même âgés de quatre ans ou de cinq ans, le vocabulaire impressionnant des leçons modèles ? Les mieux informées et les mieux équipées organisent, si elles sont résistantes, des marches, des chants et des leçons de choses, qui font la joie des inspectrices et qui alimentent la rubrique des salles d'asile « bien dirigées ». Les autres se réfugient dans les formules traditionnelles : l'orgueilleuse enseigne du « berceau » de la rénovation pédagogique dissimule alors une école en miniature ou une garderie, propre, dans le meilleur des cas, et où les enfants peuvent parfois bouger et jouer.

Les distorsions entre les normes officielles et le fonctionnement des établissements renvoient à la question délicate, sinon insoluble dans le champ de l'éducation, des effets d'une institution. La salle d'asile a-t-elle réussi le dressage des milliers d'enfants du peuple accueillis dans ses murs ? A-t-elle doté une partie de ses usagers d'un bagage scolaire précoce ? Et avec quelle efficacité ? L'état actuel de nos connaissances ne nous permet pas de répondre catégoriquement à ces interrogations. On peut seulement rappeler à ceux qui confondent allégrement les projets et leurs mises en œuvre qu'un nombre important d'établissements n'a jamais utilisé la célèbre méthode de manipulation des corps ni dispensé un véritable enseignement.

Les lacunes de l'équipement et l'inapplication des règlements peuvent refléter une interprétation minima de l'institution des plus petits. « Puisque les enfants ont vécu là-dedans depuis des années, rien n'empêchent qu'ils y vivent encore », répond, en 1881, le maire de Brioude à une déléguée générale choquée par la médiocrité des locaux. Le magistrat raisonne-t-il en fonction de l'état lamentable des foyers populaires ? Juge-t-il superflu d'offrir à des marmots un cadre spacieux et chauffé ? « Il ne paraît pas convaincu de l'urgence de les placer dans de meilleures conditions hygiéniques », conclut son interlocutrice. Une autre logique inspire les commentaires des déléguées. Le lit de camp a-t-il été placé, sous une fenêtre, à la merci de la pluie et du vent ? « On voit bien que ce n'est pas une mère qui a choisi cet arrangement ». Le préau est-il aménagé dans une salle froide et humide ? « On comprend vraiment peu les besoins d'un âge aussi tendre ». Un gamin tombe-t-il sur le dangereux escalier de pierre construit devant la classe ? « L'enfant avait deux énormes bosses, il pouvait se tuer, le pauvre petit ». Le sol du préau est-il recouvert avec des briques friables et poussiéreuses ? « La tartine qui tombe ne peut être mangée sans qu'on ait enlevé le fromage qui la couvre ». Simples remarques de fonctionnaires, chargées de contrôler l'application d'un règlement? Non, observations de mères, respectueuses du jeune enfant et conscientes, jusque dans les plus petits détails, de ses besoins physiques[91].

Les discussions autour de l'équipement et du fonctionnement de la salle d'asile s'inscrivent dans le débat sur sa mission prioritaire et sur l'identité de son usager. Quel est l'objectif de plusieurs notables? D'abord, et parfois uniquement, accueillir un personnage encombrant. «On garde les enfants, ils vont et viennent comme ils veulent», explique, en 1850, le maire de Bar-le-Duc à la déléguée. Que vouloir de plus? Trente ans plus tard, le maire de Sens ne comprend pas davantage pourquoi la femme de service ne peut pas s'occuper de l'éducation. Trop de personnes «peu compétentes» se contentent de placer les bambins à l'abri des dangers de la rue, déplore, en 1873, la déléguée de Dijon; «elles supposent que la méthode des salles d'asile consiste à faire passer le temps à des enfants en les amusant[92]». Certaines maîtresses ne semblent pas plus exigeantes. Pourquoi parler aux bambins accueillis à l'asile? Ils sont «trop jeunes pour comprendre ce qu'on leur dit». Pourquoi leur choisir un livre plutôt qu'un autre? «Ils ne comprennent pas ce qu'ils lisent». Pourquoi essayer «d'éveiller leur jeune intelligence, de cultiver leur cœur et de développer leurs facultés», comme le suggère une inspectrice? «Ils sont si petits; qu'est ce que vous voulez qu'ils comprennent à tout çà[93]?» La routine ou la paresse ne sont pas seules en cause, comme l'affirment les déléguées, car, si certaines maîtresses portent bien un regard sceptique, sinon désapprobateur, sur toute éducation antérieure à l'âge de raison, d'autres estiment simplement que la plupart des exercices réglementaires dépassent les capacités des jeunes enfants. Les ambitions pédagogiques des promoteurs de la salle d'asile et des déléguées s'appuient, au contraire, sur une représentation très optimiste du petit élève. Derrière la turbulence et la crasse, Henriette Doubet remarque des physionomies «pleines d'intelligence» et des natures «vives et impressionnables». Dans les «informes bégaiements» du bambin, Marie Pape-Carpantier découvre «les premiers mouvements de l'intelligence». Dans la foule des marmots agités, Henriette Monternault admire de «petites et intelligentes merveilles[94]». Lorsqu'elles dénoncent l'absence des exercices d'instruction dans les asiles-garderies, les déléguées réagissent en considérant les aptitudes intellectuelles qu'elles prêtent à leurs petits usagers. Mais, au-delà d'un certain seuil, cette vision valorisante des bambins tend à confondre les plus âgés ou les plus doués d'entre eux avec leurs aînés. Des inspecteurs des écoles soulignent les performances des «plus avancés» et des «plus attentifs»; ils conseillent aux maîtresses d'utiliser des livres et de revenir sur la leçon de la veille, pour qu'elle soit «mieux sue»; ils les félicitent de fournir à l'école des «élèves bien préparés[95]». On retrouve cette double image, positive et ambivalente, du jeune enfant en filigrane du projet pédagogique de l'école maternelle.

– XII –

L'avènement
de l'école maternelle
républicaine

«La France a fait, dans le dernier demi-siècle, de grands et fructueux efforts dans ce domaine particulier de la civilisation moderne qui comprend tous les soins à donner au premier âge scolaire», reconnaît Félix Pécaut en 1887. «Les salles d'asile se sont multipliées; leur population s'est considérablement accrue […], le branle est donné[1]». L'héritage laissé par la monarchie de Juillet et par le Second Empire est effectivement important: quatre mille établissements, environ, dirigés, huit fois sur dix par des religieuses, six mille maîtresses, une vingtaine d'inspectrices générales, un système de patronage local, un centre national de formation et une réglementation. Mais l'édifice n'est pas sans failles. La vocation charitable de la salle d'asile rebute les familles populaires moins démunies; la majorité des établissements imitent l'école ou ressemblent à des garderies. Les dirigeants républicains portés au pouvoir à partir de 1879 refusent cette confusion et la position hégémonique des congrégations. La célèbre méthode des salles d'asile ne trouve pas davantage grâce à leur yeux. Depuis la diffusion des idées de Friedrich Fröbel, elle ne constitue d'ailleurs plus le seul modèle de référence de l'éducation collective des moins de six ans.

Un contre-modèle embarrassant: le jardin d'enfants
Les applications sporadiques de la méthode Fröbel depuis 1855

La méthode allemande retient surtout l'attention au milieu du siècle puis au début de la Troisième République. Lorsque la baronne de Marenholtz, l'héritière spirituelle de Friedrich Fröbel, arrive à Paris, au début de l'année 1855, les jardins d'enfants y sont quasiment inconnus. En quelques mois, l'infatigable missionnaire gagne à sa cause plusieurs personnes d'opinions très diverses. Émilie Mallet, sa coreligionnaire, accueille dans son salon, dès le 26 mars 1855 et trois fois par semaine, le premier cours d'initiation de Mlle Bothmann, une maîtresse allemande. Le fondateur, catholique, des crèches, Firmin Marbeau, le pasteur libéral Martin-Paschoud et le fouriériste Jules Delbruck, créateur de la *Revue de l'Éducation nouvelle*, écrivent des articles favorables sur le *Kindergarten*[2]. L'anticlérical Jules Michelet, qui reçoit, le 6 mars 1855, la baronne allemande, recommandée par Edgar Quinet, s'enthousiasme pour «le coup de génie du bon Fröbel», qui a compris la valeur formatrice des activités de l'enfant avec des objets. Des francs-maçons, des disciples d'Auguste Comte, qui avait déjà préconisé une première éducation active des sens par des exercices et par des manipulations d'objets, et bien d'autres personnalités, encore, approuvent la nouvelle méthode[3]. Dans la capitale, les essais commencent, à partir du milieu de l'année 1855, à l'asile protestant de la rue de Reuilly, tenu par des maîtresses formées chez Mme Mallet, dans deux salles des Filles de la Charité (l'établissement normal de la rue de Reuilly et l'asile de Ménilmontant) et dans la nouvelle salle fondée, le 30 janvier 1856, rue de la Pépinière, par Mme Koecklin. En province, d'autres établissements inspirés du jardin d'enfants sont ouverts à Guebwiller, par Mme Henri Schlumberger, à Mulhouse, où Mme Nicolas Koecklin fait venir, en 1857, l'une des meilleures élèves de Fröbel, et à Orléans, en 1858, sous la direction de Mlle Chevallier, qui aidera F. Jacobs, directeur des écoles de Saint-Josse-ten-Noode, en Belgique, à rédiger l'un des premiers manuels détaillés en français[4].

Les responsables officiels de la salle d'asile ne restent pas à l'écart du mouvement. Avaient-ils le choix ? Dès son arrivée à Paris, Mme de Marenholtz avait sollicité l'Impératrice. Le 18 juin 1855, le Comité central de patronage décide d'expérimenter la nouvelle méthode dans la salle annexe du Cours pratique pour pouvoir se prononcer sur le mémoire adressé à la souveraine. Pendant deux mois, une vingtaine d'élèves des deux sexes, choisis parmi les plus intelligents, manipulent, sous la direction d'une maîtresse allemande, les sept «dons» de l'enfance, à savoir des balles, des boules et des cubes, extraits d'une boîte, comme une surprise (illustrations 23 et 24). Séduite par cette démonstration, Mme Pape-Carpantier obtient l'autorisation d'équiper les gradins avec des dossiers à tablettes, indispensables pour réaliser les exercices de manipulation, et d'étendre l'expérience à la culture de petits jardins[5]. *L'Ami de l'Enfance* relaie cette initiative en publiant, entre juillet 1855 et octobre 1859, un article annuel, au moins, sur les jardins d'enfants. Trois de ces textes sont rédigés par Mme de Marenholtz, qui reproche à la salle d'asile sa discipline contraignante, les longues stations sur les gradins et le refus de tirer parti du jeu des enfants, «guidés par l'instinct qui les pousse à faire usage de leurs mains». Pour séduire – et rassurer – les lecteurs français, elle vante l'atmosphère de gaieté du jardin d'enfants et l'intérêt d'un apprentissage manuel, utile à la «régénération» du peuple, tout en distinguant bien le «jeu organisé» et «[converti] en travail» du Kindergarten, de l'expression «arbitraire des instincts[6]».

23. Utilisation du matériel Fröbel par des garçonnets du Cours Pratique (1857).

Installés dans un coin du préau, ces enfants jouent avec le sixième don : des cubes divisés en briques de construction. Les « dons » sont des formes élémentaires (la boule, symbole de l'unité, et le cube, symbole de l'unité dans la diversité) tirés d'une boîte, comme une surprise, et qui conduisent l'enfant, selon Fröbel, à percevoir concrètement les lois du monde physique et moral.

24. Utilisation du matériel Fröbel par des fillettes du Cours Pratique (1857).

Installés sur les gradins, ces enfants manipulent le quatrième don (des cubes divisés en huit briques) et le cinquième don (des cubes sectionnés selon les diagonales).

Après ces premières initiatives, la curiosité pour l'institution allemande retombe un peu jusqu'à la fin de l'Empire. En 1864, le nouvel inspecteur d'académie de la Seine, Octave Gréard, autorise une nouvelle expérimentation dans l'asile de la rue de Puebla. Trois ans plus tard, la directrice du Cours pratique, dont la classe annexe continue d'utiliser certains exercices de manipulations, défend l'apprentissage de la géométrie par les cubes fröbeliens devant les instituteurs reçus à l'Exposition universelle. Mais *L'Ami de l'Enfance*, qui parlait régulièrement du jardin d'enfants jusqu'en 1859, lui consacre seulement trois articles pendant la décennie suivante avant de multiplier les exemples d'exercices dans sa quatrième série, publiée, à partir d'octobre 1869, sous la direction de Mme Pape-Carpantier[7].

La défaite de 1870 relance l'intérêt pour un établissement d'éducation répandu chez les vainqueurs. Puisque l'instituteur prussien, dit-on, a gagné la guerre, il faut adopter ses procédés et, d'abord, à l'égard des plus jeunes écoliers. L'audience internationale de la méthode Fröbel, que Ferdinand Buisson peut mesurer en assistant aux Expositions universelles de Vienne (1873) et de Philadelphie (1876)[8], et son application déjà ancienne dans certains pays d'Europe font aussi réfléchir les innovateurs et les autorités. La Belgique, où la pédagogie allemande s'est largement diffusée depuis l'ouverture, en 1857, du premier *Kindergarten* à Bruxelles[9], devient un lieu d'information et de formation privilégié pour les Français. Les premières initiatives sont prises dans l'Est de la France, traditionnellement ouvert aux influences germaniques, et où plusieurs familles ont découvert les *Kindergarten* en se réfugiant en Belgique et en Suisse pendant le conflit. Deux personnalités jouent un rôle essentiel : M. Muller, maire de Champagnole et conseiller général du Jura, qui avait importé la méthode allemande dans sa commune, dès 1868, grâce à la collaboration de Mlle Guy (ancienne élève de l'École normale de Lons-le-Saunier et du Cours Froebel de Liège), et Annette Sarrazin, une ancienne professeur de dessin nommée déléguée de l'académie de Besançon en 1866. En septembre et en octobre 1871, Mme Sarrazin organise deux démonstrations à l'asile de Champagnole, l'une pour les maîtresses des environs, l'autre, à la demande de la supérieure, pour les directrices de la communauté du Saint-Esprit, de Poligny. Le 31 octobre, à Lons-le-Saunier, c'est devant le Conseil général lui-même que la maîtresse et les enfants de Champagnole répètent leurs exercices. Émerveillée par les résultats, l'assemblée départementale recommande la nouvelle méthode à tous les établissements du Jura et elle vote 1 500 francs pour acheter une partie du matériel pédagogique et envoyer à Liège les deux responsables de l'asile annexe de l'école normale de Lons-le-Saunier. Mme Sarrazin poursuit sa campagne avec l'appui des conseillers généraux et du recteur. Elle écrit à plusieurs municipalités pour les convaincre de fournir les équipements nécessaires et elle essaie d'organiser, à Champagnole, la fabrication des objets à manipuler pour éviter les commandes, plus onéreuses, à l'étranger[10].

En 1871, encore, la commission ministérielle chargée de réfléchir au problème de l'éducation conseille de s'intéresser aux «exercices Froebel», dont devrait s'inspirer toute «véritable réforme» des écoles primaires. Plusieurs membres de cette commission créent ensuite une *Société pour la propagation des méthodes nouvelles d'enseignement dans les écoles et les salles d'asile*, dirigée par Mme Coignet, l'épouse de l'un des rapporteurs, et par Joseph-Charles de Bagnaux, co-fondateur de l'École Monge[11]. Subventionnée par la ville de Paris, et bientôt rebaptisée *Société Froebel*, cette association envoie des enseignantes se former en Belgique et en Hollande avant d'organiser des jardins d'enfants dans deux salles d'asile privées de la capitale. Elle peut ainsi participer aux Expositions universelles de Vienne et de Paris, où elle reçoit des récompenses. En 1880, elle est autorisée à expérimenter son programme dans un établissement parisien public, sous la direction de Mlle Yon, une directrice d'école normale. D'autres initiatives s'efforcent, au même moment, de diffuser les exercices du jardins d'enfants. En 1873, la *Société pour l'instruction élémentaire* organise, dans la capitale, un cours spécial de méthode fröbelienne, dispensé, jusqu'en 1891, par Charles Delon, ami et collaborateur de Mme Pape-Carpantier. En 1878 et en 1879, Félix Narjoux, un architecte de la ville de Paris, séduit par les jardins d'enfants qu'il a découverts pendant un voyage en Allemagne, propose d'installer devant les gradins, ou à leur place, des tables quadrillées, plus commodes pour réaliser les dessins géométriques. Certains responsables de l'Instruction publique se joignent au mouvement. En 1875, Octave Gréard, directeur de l'enseignement primaire de la Seine, introduit à titre expérimental quelques exercices fröbeliens sur les tables des préaux de cinq établissements avant de décider d'aménager, dans toutes les futures constructions, une seconde classe, pourvue de petites tables adaptées aux activités de manipulation. En 1878, l'inspecteur d'académie de l'Eure-et-Loir conseille aux maîtresses «de larges emprunts à Froebel, cet intelligent ami de l'enfance»; l'année suivante, l'abbé Hubert-Duperron, inspecteur d'académie du Calvados, publie dans le bulletin départemental une série d'articles élogieux sur le *Kindergarten*, que la revue catholique *L'Éducation* s'empresse de reproduire[12].

Cette nouvelle publicité et la vente du matériel spécialisé par la librairie Hachette contribuent à la diffusion de la méthode Fröbel, au moins dans certaines salles d'asile puisque les jardins d'enfants proprement dits restent l'exception. A Mulhouse, un deuxième établissement de ce type a été ouvert, en 1862, par une allemande et un troisième, en 1869, par la fille d'un pasteur, auparavant institutrice dans un pensionnat anglais. A Bordeaux, la supérieure de l'Immaculée-Conception organise, en 1873, un jardin d'enfants à l'intention d'une clientèle aisée et elle envoie une maîtresse se former à Liège afin de pouvoir fonder un second établissement. Au début des années 1910, la France compterait une dizaine de jardins d'enfants, surtout établis à Paris[13]. A une époque où l'essor de l'allaitement maternel et celui des nourrices à domicile prouvent un regain d'intérêt pour l'enfant, la pédagogie libérale et le recrutement sélectif du *Kindergarten* ne parviennent pas à dissiper la répugnance des classes aisées à l'égard d'une première éducation collective. A l'image de Mme Mallet, des mères ou des grands-mères peuvent utiliser, chez elles, le matériel allemand sans envisager de placer leur progéniture dans une institution. A la fin des années 1870, et en dehors de certaines régions de Franche-Comté, où les gradins ont cédé la place aux tables quadrillées individuelles, les cubes, le papier à tisser et l'ardoise quadrillée sont seulement utilisés dans un tout-petit nombre de salles d'asile[14].

La forte proportion d'établissements congréganistes explique-t-elle cette réticence? En Belgique, jusqu'aux années 1890, les catholiques se méfient d'une méthode qui laisse trop peu de place à l'enseignement religieux classique. En France, seul un nombre infime de catholiques, parfois atypiques comme Mme Pape-Carpantier ou comme l'abbé Le Noir, un ami de Proudhon[15], approuvent, dès l'origine, la nouvelle pédagogie. Malgré le silence de notre documentation, il est vraisemblable que les congrégations ont refusé le système fröbelien à cause de son inspiration panthéiste, de l'adhésion des libres-penseurs et de l'intérêt manifesté par plusieurs responsables universitaires. Le ralliement ultérieur de certaines personnalités catholiques au *Kindergarten* incite cependant à nuancer l'influence du facteur religieux. La principale clé de l'inertie française ne réside-t-telle pas plutôt dans l'opposition pédagogique entre l'asile – laïque ou congréganiste – et le jardin d'enfants?

Le débat autour de la notion de jeu éducatif

Les promoteurs de la salle d'asile n'excluent pas le jeu. En 1833, Jean-Denys Cochin préconise «d'instruire les enfants en les amusant» par des pantomimes, et Mme de Champlouis, de leur donner des notions sur la construction en les faisant jouer avec des briques en bois. En 1835, le Dr Polinière, co-responsable des asiles lyonnais, décrit des pantomimes chantées, sur les gestes du menuisier, du forgeron et du batteur de blé, organisées pour récompenser les enfants lorsqu'ils donnent de bonnes réponses. En 1846, Mme Pape-Carpantier conseille de distribuer pendant les récréations, et à côté du matériel des jeux de plein air, des jeux de dominos et de patience, qui enseignent le calcul et l'application. Dans son second manuel, publié en 1849, elle propose plusieurs exemples de pantomimes chantées[16]. Mais il suffit de replacer ces recommandations dans le projet pédagogique global des fondateurs de la salle d'asile pour comprendre que le principe même du jeu éducatif n'est pas accepté.

«Rien n'est plus dangereux que de prétendre enseigner en jouant», assure Mme de Champlouis, une protestante, «apprenez [à l'enfant] qu'il faut, à l'occasion, plier ses caprices à la règle, se soumettre, obéir [...]. Vos leçons piqueront sa curiosité, l'amuseront... mais que le plaisir ne lui soit pas proposé comme but: encore un coup, il doit apprendre à faire son devoir pour faire son devoir; celui qui l'attend, à l'âge d'homme, ne sera pas un jeu [17].»

A l'origine, Marie Pape-Carpantier prend bien soin, elle aussi, de distinguer le jeu, besoin naturel et légitime, du travail scolaire, seule occupation réellement formatrice: «le jeu ne forme pas directement l'esprit, il le recrée [...]. [Il] ne peut tenir lieu de leçons morales et il ne doit pas absorber le temps de l'étude», écrit-elle en 1849. Simple divertissement, l'activité ludique permet à l'enfant de récupérer son énergie, après le travail, en se reposant «des pensées un peu sérieuses par des jeux souvent vides de pensées[18]». Les instructions officielles adoptent le même raisonnement: jusqu'en 1881, elles n'utilisent jamais le mot *jouet* et elles emploient seulement le mot *jeu* en l'associant presque toujours à la notion d'exercice physique et à la récréation[19]. La salle d'asile se méfie trop de l'enfant pour reconnaître son activité spontanée comme un moyen de développement et d'accès à la connaissance. Elle réduit le jeu à une activité de détente ou, par le biais d'une «ruse pédagogique[20]», à une activité scolaire ponctuelle et contrôlée. Fondée sur le postulat rousseauiste d'une nature enfantine autonome et positive, la théorie du jeu éducatif prend le contrepied de cette pédagogie d'inspiration chrétienne et sensualiste. Fröbel donne au besoin d'activité de l'enfant un matériel, celui des «dons» et des autres occupations (des balles, des cubes, des bâtonnets, des bandes de papier, des anneaux, des perles, des feuilles de papier quadrillé, du sable, de la terre glaise, etc.), et un but qui lui permettent de contribuer à son éducation en jouant. Il n'utilise pas les jeux et les jouets comme de simples sources d'amusement et d'observation, mais pour exploiter et développer la richesse intérieure, les sens et l'intelligence de l'enfant par l'expérience et la manipulation[21].

Des responsables et des partisans de l'institution française refusent cette démarche au nom du dogme de la séparation du travail et du jeu. Dès 1856, la déléguée de l'académie de Paris demande si les exercices de pliage et de tissage sont «un travail de classe ou un jeu de préau»? Trente ans plus tard, et avec une argumentation semblable à celle de Mme de Champlouis, l'écrivain catholique Émile Gossot condamne – c'est son propre terme – des procédés «susceptibles d'habituer l'enfant à ne chercher partout que son plaisir», alors qu'il ne faut «jamais [écarter] du travail l'idée de devoir[22]». En revanche, et malgré ses écrits antérieurs, Mme Pape-Carpantier réagit favorablement aux suggestions du pédagogue allemand. Pendant l'expérimentation de 1855, elle apprécie particulièrement le jeu des balles, «où l'œil et la main s'employaient avec ardeur», la manipulation des cubes, qui «captive» les enfants et qui satisfait leur instinct créateur mieux que des jouets fabriqués, et le tissage, qui enchante les bambins et leurs parents. Le jardinage plaît aussi à cette adepte des leçons de choses, qui voyait déjà dans cet exercice le moyen d'une initiation au travail et d'une découverte concrète de l'histoire naturelle. Tous ces «procédés, qui s'adressent aux sens, qui se prêtent au besoin d'activité des mains et des yeux, qui entretiennent la curiosité par leur variété intarissable... [sont] préférés à l'abus d'écouter, d'écouter encore et d'écouter toujours les leçons déjà cent fois entendues de la maîtresse», écrit la directrice du Cours pratique, en 1855, dans son rapport sur l'expérimentation de la méthode Fröbel[23]. On mesurera mieux son évolution en comparant ses déclarations de 1846 et de 1849 à celles de la fin des années 1860. Au milieu du siècle, Marie Carpantier conseille d'initier les jeunes élèves à la géométrie en leur montrant les figures à l'aide d'objets quotidiens, puis sur le tableau noir, et de leur apprendre à ne jamais «jouer avant d'avoir travaillé». Vingt ans plus tard, devant les instituteurs réunis à la Sorbonne pendant l'Exposition Universelle de 1867, elle fait une démonstration enthousiaste de la supériorité des cubes, qui permettent aux enfants de comprendre les figures géométriques grâce à une activité créatrice personnelle: «ils s'appliquent à ce qu'ils font, et leur application est sérieuse; leur plaisir est de l'intérêt, leur amusement est une leçon profitable». Mme Pape-Carpantier a compris que les jeux pouvaient constituer un véritable instrument d'éducation. Conserve-t-elle, malgré tout, un reste de méfiance à l'égard d'un ludisme enfantin non contrôlé? Ou veut-elle éviter de choquer un auditoire habitué à penser en termes scolaires? Dans une conférence ultérieure, elle distingue nettement le «travail» de l'école et «l'amusement[24]».

La place accordée par Fröbel à l'action créatrice de l'enfant séduit d'autres personnalités. Familiarisé avec le *Kindergarten* pendant son exil en Suisse, à la fin de l'Empire, Ferdinand Buisson proclame l'originalité et la «grande supériorité» d'un établissement où «tout est intuitif, tout est actif, tout aide l'enfant à créer». Octave Gréard applaudit à la sollicitation du «besoin inné d'activité» du jeune élève et de sa «fécondité d'invention». Pauline Kergomard, convaincue comme Fröbel de la supériorité de l'éducation domestique, le félicite d'avoir érigé le jeu en instrument privilégié d'expression et d'éducation. Marie Matrat admet qu'il a su «prouver tout le parti qu'on pouvait tirer de l'activité propre de l'enfant[25]». Mais ces pédagogues, gagnés, à des degrés divers, au principe de l'éducation par le jeu, refusent sa mise en œuvre systématique et certaines de ses applications.

Là où la baronne de Marenholtz parle de jeu, Buisson et Gréard emploient les termes d'exercice, d'activité et d'occupation. Cette réticence à l'égard d'un mot étranger à l'univers scolaire traditionnel reflète une divergence plus générale sur la finalité de l'institution placée en amont de l'enseignement primaire. C'est au nom de la vocation scolaire de la petite école française que Gréard rejette sa transformation en jardin d'enfants: «notre méthode française [...] prescrit l'observation des couleurs et des formes, et l'exercice des constructions géométriques les plus simples […] ; mais elle ne s'y enferme pas […], elle se préoccupe de l'étude des éléments de la lecture, de l'écriture et du calcul […] pour être une efficace préparation à l'école». Mlle Yon, la directrice d'école normale déléguée par l'administration pour diriger, en 1880, l'expérimentation parisienne de la *Société Froebel,* oppose elle aussi à «l'aimable fantaisie» de la méthode allemande les avantages d'une première initiation à la discipline scolaire et aux «principes de chaque branche de l'instruction primaire[26]». Les responsables français les plus ouverts aux idées de Fröbel n'acceptent pas non plus tous les exercices du *Kindergarten,* dont certains leur paraissent trop longs et trop abstraits. Octave Gréard réprouve la présence, à l'Exposition de Vienne, de paniers et de fleurs, «véritables merveilles de construction» retouchées par les maîtresses ou produites, au détriment de la formation morale et intellectuelle, par des enfants déjà en «possession d'une profession». Les manipulations répétées des balles et des cubes, ces deux structures élémentaires grâce auxquelles Fröbel veut initier le jeune enfant aux lois divines de l'univers, irritent les responsables positivistes de l'école républicaine, qui préfèrent la pédagogie concrète et intuitive des leçons de choses. Octave Gréard reproche aux dons d'abuser du «vocabulaire géométrique». Ferdinand Buisson rappelle avec fierté la récompense accordée à Mme Pape-Carpantier, à Vienne, pour sa collection d'images et de récits publiée sous le titre d'*Enseignement par les yeux.* Mlle Yon souligne l'avantage d'exercer les facultés de l'enfant sur «des objets pris dans la nature même et qui offriront un champ plus vaste aux idées». En 1886, l'inspectrice générale Marie Matrat résume le verdict en condamnant «le fatras de termes géométriques et [le] mysticisme qui est au fond du système[27]». Déjà freinée par ces divergences pédagogiques, l'adoption officielle de la méthode Fröbel rencontre deux autres obstacles : son coût et, après 1870, l'origine de son inventeur.

Des inquiétudes budgétaires au réflexe patriotique

Le *Kindergarten* diffère de la salle d'asile par son public, un petit nombre d'enfants aisés de deux à douze ans, par son équipement et par la séparation de ses élèves pendant les travaux propres à chaque groupe d'âge. Appliquer systématiquement son programme dans la petite école française exigerait de bouleverser l'architecture, le mobilier et l'encadrement des établissements qui fonctionnent, parfois, depuis plus de vingt ans. Il faudrait au moins créer une nouvelle salle de classe à l'intérieur ou à côté du préau, remplacer les gradins par des tables accompagnées de petites chaises, acheter un nouveau matériel, aménager un jardin, accroître le personnel et recommencer sa formation. Ce serait une «révolution», assure la déléguée Judith Cauchois-Lemaire, dès 1856, une révolution qui «dépayserait» les enseignantes et qui indignerait les communes, déjà mises à contribution pour aménager des salles d'asile réglementaires[28].

Consciente de ces problèmes, Mme Pape-Carpantier propose un compromis qui préserve la méthode française, qu'elle estime avoir déjà améliorée. «Il n'est pas possible de transformer magiquement les salles d'asile, ce foyer supplémentaire des petits enfants pauvres, en de riches et gracieux jardins d'enfants», écrit-elle, en 1855, dans son rapport sur l'expérimentation officielle des nouveaux procédés. «Mais il est possible […] de choisir, parmi les inventions ingénieuses de Froebel, celles […] dont l'introduction apporterait, sans rien bouleverser, de véritables améliorations». Et avec un sens pratique hérité de ses origines modestes, l'ancienne directrice de l'asile du Mans conseille d'employer des cubes en plâtre, moins onéreux, et d'installer de simples dossiers, munis de tablettes, sur les gradins. Après avoir accueilli favorablement son rapport, le Comité central recommande aux maîtresses de faire pratiquer aux enfants quelques-uns des jeux de gymnastique, des exercices manuels et des travaux de jardinage, auxquels les stagiaires du Cours pratique seront désormais initiées. Mais l'ouverture reste limitée, puisque ces activités, réservées aux «instants inoccupés», avant et après les classes, ne doivent jamais être substituées à des leçons réglementaires[29]. Mme Cauchois-Lemaire et l'inspecteur Jean-Jacques Rapet interviennent d'ailleurs auprès de Mme Koecklin pour faire ajouter un plan incliné dans le nouvel asile de la rue de la Pépinière, simplement doté de tables et de banquettes à tablettes, mieux adaptées aux travaux de manipulation[30]. Suppléments réservés aux temps morts, les exercices du *Kindergarten* sont admis dans l'institution française à condition de ne pas troubler son cadre et son fonctionnement.

La réforme de 1859 offre au ministère une seconde occasion de promouvoir officiellement les exercices étrangers. Elle n'est pas saisie. Le nouveau règlement accroît la durée des activités corporelles sans dire un mot des jeux et du matériel imaginés par Fröbel. Et, même après ce changement, les programmes de la salle d'asile et du *Kindergarten* demeurent très différents. Dans l'école enfantine française, les activités physiques (jeux, évolutions, exercices manuels) occupent 56 % du temps, dont 12 % les seuls travaux manuels ; au jardin d'enfants, leur part s'élève à 71 %, dont 50 % pour les exercices manuels[31]. Une nouvelle opportunité se présente après le traumatisme de 1870 qui amplifie la croyance dans le pouvoir rédempteur de l'éducation. Mais l'origine du *Kindergarten* constitue un handicap lorsque le réflexe patriotique l'emporte sur la volonté d'imiter les vainqueurs. Ferdinand Buisson conseille de ne pas «reproduire les allures un peu lentes» de l'institution d'Outre-Rhin. Mlle Yon déplore l'égarement du pédagogue thuringien dans «un brouillard tout germanique». Pauline Kergomard, dont le combat prolonge pourtant celui de Fröbel, reproche aux exercices géométriques d'être «la négation absolue du bon sens français[32]».

Comment recommander, malgré tout, les exercices allemands jugés positifs? Par un double tour de passe-passe, qui les rattache à la tradition pédagogique nationale et qui les définit comme de simples compléments. Dès 1856, après la première expérimentation officielle, le Comité central n'avait pas hésité à présenter les jeux fröbeliens comme des procédés connus de «la plupart» des mères de famille, «conformes à l'esprit de la méthode des salles d'asile, mais nouveaux dans la pratique[33]». Après 1870, la tentative de récupération bat tous les records. «Les solides attribuées à l'allemand Froebel sont français […] ; la méthode usitée dans nos salles d'asile n'a rien emprunté aux jardins d'enfants», assure Mme Pape-Carpantier, en 1874, devant l'*Association pour la recherche, l'application et la propagation des meilleurs méthodes d'éducation*. L'argumentation tient en un seul mot: Allizeau, nom d'un marchand de curiosités parisien peu connu, mais qui avait inventé, au début du siècle, trois jeux instructifs composés de plaquettes et de cubes avec lesquels on pouvait construire deux cents figures imposées ou imaginer d'autres combinaisons. La production de ce «savant français, trop oublié dans nos écoles», autorise Marie Matrat à parler des jeux «revenus» d'Outre-Rhin avec les jardins d'enfants... Le vice-recteur Gréard renforce la démonstration en attribuant à Fröbel «l'insigne mérite [d'avoir] constitu(é) en système» des principes déjà défendus par Montaigne, Fleury, Fénelon et Rousseau, puis par le pasteur Oberlin, adepte des classes-promenades, et par Jean-Denys Cochin, partisan d'initier à la géométrie avec des formes en bois et des feuilles de papier[34]. Les administrateurs français sont-ils entièrement dupes de leur argumentation? «Il y a bien peu à emprunter aux jardins d'enfants et tout à conserver de nos asiles français, en y introduisant seulement quelques améliorations», déclare, en 1874, Mme Pape-Carpantier, dans la conférence déjà citée, avant de conclure que la France peut utiliser les solides d'Allizeau, le tissage ou le dessin sur ardoise sans rien «devoir» aux Allemands. Quel que soit son attachement aux leçons de choses, l'ancienne responsable du Cours pratique reste séduite par les exercices fröbeliens. Ses propos péremptoires sur l'origine française du matériel géométrique ne sont-ils pas destinés à rassurer son auditoire – et, peut-être, à se rassurer elle-même? Le même réflexe guide sans doute Octave Gréard lorsqu'il affirme la supériorité de la méthode française, «plus logique [et] plus féconde», sur la méthode allemande, avant de conseiller d'emprunter à Fröbel «ce que ses procédés ont d'ingénieux», moins «pour faire autrement que nous faisons, que (pour) faire mieux avec nos propres règles[35]». Dans une France meurtrie par la défaite, l'exaltation du génie pédagogique national est l'exorcisme préalable à toute politique d'innovation inspirée par un modèle étranger, *a fortiori* s'il est allemand.

Que pouvait produire ce mélange d'attirance pour des exercices originaux, de prévention à l'égard d'une méthode germanique et de fidélité à la mission de propédeutique revendiquée, dès l'origine, par l'institution préscolaire française ? Des formules ambiguës, comme l'emprunt sélectif ou l'association. Avant 1870, l'abbé Le Noir, enseignant et journaliste, suggère de compléter les remarquables exercices du *Kindergarten* par des «jeux directement appropriés aux premières études», y compris à celle des radicaux communs à plusieurs langues. En 1872, Fanny Delon, directrice d'une école professionnelle féminine et rédacteur de plusieurs ouvrages avec son époux et Mme Pape-Carpantier, conseille d'emprunter tous leurs exercices manuels aux jardins d'enfants liégeois sans renoncer aux leçons précoces de lecture et d'écriture. A la même époque, des salles publiques de Besançon ajoutent à leur programme quotidien habituel une leçon de dessin sur papier de trente minutes et un exercice de même durée avec l'un des dons, qui change chaque jour de la semaine. En 1879, la *Société Froebel*, rebaptisée l'année suivante *Société des écoles enfantines*, pour faire ressortir son originalité, refuse à son tour de faire un choix : elle propose un programme préscolaire «avec adaptation de la méthode Froebel», qui réunit l'initiation à l'enseignement primaire et les activités manuelles du *Kindergarten*[36].

La salle d'asile allait-elle résister, une fois encore, à sa confrontation avec l'établissement allemand ? Préserver ses principes et son fonctionnement en ajoutant simplement quelques exercices Fröbel à son programme d'enseignement ? C'était compter sans l'offensive des réformateurs républicains contre la première institution française des jeunes enfants.

La dénonciation de la salle d'asile (1879-1881)

Le regard critique des nouvelles inspectrices républicaines

Jusqu'à la fin des années 1870, la plupart des déléguées évaluent les salles d'asile à l'aune du modèle officiel. L'inutilisation du claquoir ou l'absence de marches cadencées sont assimilées à des lacunes. Inversement, Isaure René-Caillé, qui succède en 1869 à sa mère, admire, en 1871, «l'application parfaite de la méthode» par une ancienne élève du Cours pratique. Aglaé Forcade, nommée en 1864, estime, en 1874, que les bonnes maîtresses de l'académie de Dijon se font une «idée bien exacte... des meilleures méthodes à appliquer[37]». Dans cette perspective, les dysfonctionnements matériels ou pédagogiques des établissements ne peuvent résulter que de l'ignorance ou d'une mauvaise application des règlements. D'autres déléguées tiennent un discours entièrement différent. «Je suis effrayée, je l'avoue, non pas des efforts que l'avenir réclame, mais de tout ce que le passé nous oppose encore de préjugés tenaces, de routines sanctionnées par une longue vie officielle», écrit Marie Matrat au ministre après sa tournée dans les écoles maternelles des académies de Paris et d'Aix en 1881 ; «il y a beaucoup à faire pour que ces écoles justifient leur titre d'établissements d'éducation... ; [mais] il y a encore plus à défaire». Après avoir visité, la même année, les académies de Grenoble, Toulouse et Bordeaux, Pauline Kergomard aboutit aux mêmes conclusions : « le salut, pour l'école maternelle, c'est l'oubli de la méthode». Ces deux inspectrices sont de la «nouvelle école», celle qui ne prend plus le passé «pour base de son jugement», se réjouit Albert Durand, dans *L'École Maternelle* du mois de mai 1882, après avoir rappelé les appréciations plus favorables portées par Marie Loizillon sur les mêmes établissements quelques mois plus tôt[38]. Faute d'avoir retrouvé un rapport détaillé de chacune des quarante et une déléguées en activité au cours des années 1870, nous ne pouvons pas évaluer leurs opinions – favorables, nuancées ou franchement critiques – à l'égard du dispositif traditionnel. On peut, en revanche, relier la dénonciation énergique de la salle d'asile, à partir de 1879, au recrutement des nouvelles inspectrices.

Après la démission, le 30 janvier 1879, du président Mac-Mahon, aussitôt remplacé par Jules Grévy, l'État est entièrement aux mains des républicains, qui amplifient leur offensive contre l'*Ordre Moral*. Jules Ferry, le nouveau chef de l'Université, dépose deux projets de loi contre l'influence de l'Église catholique sur l'enseignement et il poursuit le renouvellement des responsables de l'Instruction publique. Dans les douze mois qui suivent le départ du maréchal, il nomme une nouvelle déléguée spéciale, Marie Fouilhoux, le 7 février ; il élève à la fonction d'inspectrice générale, le 9 mars et le 9 mai, deux déléguées académiques, Angélique Muller et Françoise Veyrières ; il recrute cinq nouvelles déléguées générales : Gertrude Dillon et Pauline Kergomard, les 4 et 9 mars, Marie Matrat, le 9 mai, Marie Davy, le 19 juillet, et Lucie Dodu, le 7 janvier 1880. Les inspectrices nommées en 1879[39] ne ressemblent pas aux femmes choisies par l'Empire ou par la République des Ducs. Elles se distinguent d'abord par l'âge. Sur les huit nouvelles déléguées républicaines, cinq sont nées après la parution de l'ordonnance de 1837, contre cinq des onze inspectrices nommées entre 1872 et 1878, et une seule des dix-sept déléguées recrutées par l'Empire, et parties en retraite entre 1870 et 1885. En revanche, les femmes nées avant 1820, absentes parmi les inspectrices nommées en 1879, représentent la moitié des déléguées du Second Empire. Ces écarts de génération induisent des différences d'attitude à l'égard de la salle d'asile pendant les années 1870. Des inspectrices nommées sous l'Empire se montreront plus indulgentes envers une institution qu'elles visitent depuis longtemps et à laquelle les rattachent parfois des liens personnels. Marie-Antoinette de Fitte, née en 1813, a étudié au Cours normal de Mme Millet avant de diriger un asile privé puis de devenir déléguée en 1855. Les convictions politiques et religieuses opposent aussi les nouvelles déléguées aux anciennes. Plusieurs des inspectrices nommées par l'Empire ou par la République conservatrice apprécient les établissements congréganistes : Louise Didiot (déléguée spéciale depuis 1855), Aglaé Forcade (sœur de l'évêque de Nevers et déléguée depuis 1864), Marie-Antoinette de Fitte (née dans une famille royaliste, mère de trois religieuses et déléguée depuis 1855), Henriette Monternault (déléguée depuis 1864), Emma d'Antras (nommée en 1877 et dénoncée par un recteur pour son «cléricalisme exagéré»), Marie Bardy (nommée en 1877 et mise en congé d'inactivité, six ans plus tard, à cause de ses «agissements cléricaux»). Parmi les inspectrices recrutées en 1879, toutes celles dont les opinions nous sont connues soutiennent, au contraire, la République et sa politique de laïcisation.

Les profils de Marie Pape-Carpantier et de Pauline Kergomard résument ces oppositions, même si l'ancienne déléguée – l'exemple n'en est que plus significatif – est ici une personnalité relativement ouverte à la rénovation. Née en 1815, et directrice de salle d'asile dès 1834, Mme Pape-Carpantier appartient, corps et âme, à la première institution des jeunes enfants. Elle a bénéficié de la protection d'Émilie Mallet et publié, depuis 1846, de nombreux ouvrages pour les salles d'asile. Elle a dirigé, de 1847 à 1873, le Cours pratique de Paris, où le boulier-compteur et la lecture aux cercles sont toujours à l'honneur en 1877. Quels que soient ses sympathies libérales et ses démêlés avec l'Église romaine ou avec l'Ordre Moral, quel que soit, encore, son intérêt pour l'éducation physique et pour les exercices Fröbel, elle ne peut pas remettre complètement en cause un modèle traditionnel qu'elle a, plus que d'autres, contribué à perfectionner et à diffuser. En 1874, alors qu'elle s'engage à nouveau en faveur des cubes, du tissage et du dessin sur ardoise, elle défend vigoureusement la leçon de choses et le gradin, «lieu où l'étude est une récréation et une sorte de plaisir[40]». Née en 1838, étrangère à l'univers de la petite école jusqu'à la préparation du certificat d'aptitude, en 1877, et républicaine convaincue, Pauline Kergomard n'entretient pas de liens affectifs particuliers avec la salle d'asile et avec ses promoteurs. Pendant son séjour au Cours pratique, elle taxe de «bouffonnerie» les chants d'épellation au claquoir et les leçons de choses, «sans choses», de la classe d'application. Après avoir été nommée inspectrice générale, avec le soutien de Paul Bert et d'Émile Deschanel, elle n'hésite pas à désigner publiquement le responsable du vice structurel de la salle d'asile: cette «Commission supérieure de 1837 [dont] l'œuvre, pour n'avoir pas été féconde, a été durable[41]».

Que reprochent à la salle d'asile les contestataires républicains? D'être trop soumise aux influences religieuses, de pratiquer un dressage néfaste à l'hygiène et d'imposer un enseignement aberrant.

Le réquisitoire

Trop de congréganistes agissent selon «l'idée inexacte qu'un asile est une œuvre toute d'assistance et presque d'aumône», regrette, en 1869, Annette Sarrazin; l'institution des petits est encore une «école de charité», déplore dix ans plus tard Marie Matrat. Ici, la salle d'asile, pourvue d'un *Tronc pour l'enfant pauvre*, reçoit seulement les nécessiteux ; là, les plus démunis sont regroupés sur les bancs des pauvres tandis que les bambins mieux vêtus bénéficient d'une place et d'un traitement privilégiés. «Il est désolant de voir les castes s'établir dès le gradin !», proteste Pauline Kergomard, qui dénonce les distributions cérémonieuses de vêtements, véritable aumône «antipathique aux consciences républicaines[42]». Aux yeux des nouvelles inspectrices, l'idéologie caritative des sœurs et la tutelle des dames patronnesses pervertissent l'institution : elles entravent la reconnaissance de son rôle pédagogique, elles introduisent des frontières sociales entre les usagers, elles substituent à l'image d'un jeune enfant libre celle d'un petit assisté.

Les maîtresses congréganistes sont aussi accusées de créer une ambiance religieuse jugée intempestive. «Une bonne partie du temps se passe en prières, en invocations, en dévotions puériles, en récitations dogmatiques», assure Marie Matrat à l'issue de sa visite dans l'académie de Lyon, en 1880. «Beaucoup d'établissements, dans le courant de juin, avaient, malgré la chaleur, des bougies ou des cierges allumés. C'était le complément des neuvaines imposées aux enfants, qui perdent tout naturel et en arrivent à fermer les yeux, en grimaçant et en penchant la tête, pour réciter une prière trop longue». Et ces prières ou ces chants ne sont pas destinés à des oreilles républicaines. «Sacré-Cœur de Jésus, sauvez la France ! Sainte Vierge Marie, sauvez la France !», psalmodient les bambins des Basses-Alpes ; «Sauvez Rome et la France», chantent en chœur les petits Poitevins, au grand désespoir de Marie Davy, révoltée par cette «Marseillaise vendéenne». Toute leçon ramène au dogme, regrettent encore les observatrices. L'Histoire sainte a chassé le Petit Poucet ; les *Annales de la propagation de la foi* ou *Les Prophéties des Pontifes romains* servent de livres de lecture ; l'action du Créateur explique, seule, la croissance du blé. En visitant, à Ganges, une «espèce de garderie mystique où les enfants vont, selon l'aveu de la directrice, apprendre à bien mourir», Angélique Muller s'emporte et conseille à la sœur dominicaine de «leur apprendre, d'abord, à bien vivre[43]».

Le procès intenté à la salle d'asile concerne aussi ses ambitions éducatives profanes et, d'abord, sa célèbre méthode. Avec son talent habituel, Pauline Kergomard résume le réquisitoire dans un morceau d'anthologie :

La salle d'asile, encombrée dès le début, par un trop grand nombre d'enfants, les a enrégimentés ; elle les a casernés par centaine dans d'immenses salles dont les croisées s'arrêtaient à deux mètres du sol, comme dans une prison ; elle les a fait marcher tous soudés les uns contre les autres par les épaules en longues chaînes [...], comme des forçats ; elle les a alignés les uns contre les autres sur des marches de gradins ou sur des bancs rivés au sol ; elle les a fait se lever tous ensemble au claquoir [...] ; elle les a fait se moucher tous ensemble au claquoir ; elle les a fait compter, réciter, répondre, tous ensemble et toujours au claquoir. Privé de la liberté de ses mouvements, [...] l'enfant n'a plus eu, à l'école, ni originalité, ni personnalité ; chacun n'a plus été que l'un des anneaux de la chaîne ou l'un des rouages de la machine inconsciente[44].

Là où les anciens responsables célébraient «l'ordre et le mouvement ingénieusement combinés», les inspectrices républicaines dénoncent un mépris de l'hygiène et de l'individualité des usagers. Que font les enfants entre les «traînements de pieds monotones» et les gestes collectifs? Ils s'épuisent, à genoux, pendant des prières trop longues; ils s'endorment pendant les leçons du gradin; ils restent «tristement» assis et oisifs sous le préau pendant les récréations. «L'alignement, l'immobilité, le silence» : c'est le seul idéal des directrices en dehors des processions. «Au point de vue physique, conclut Mme Kergomard, cette vérité que les enfants ont d'abord besoin d'air et de mouvement, semble être partout ignorée[45]» . L'air et le mouvement? Depuis les années 1830, ils figurent pourtant parmi les objectifs des manuels et des règlements. Mais les mêmes mots n'inspirent pas forcément les mêmes attentes. Les inspectrices républicaines se montrent particulièrement exigeantes à propos de l'hygiène et de la santé des jeunes enfants. Elles dénoncent plus souvent, et avec plus de précision, la saleté des élèves et la carence des soins. Une fois encore, Pauline Kergomard se distingue par ses convictions et par son engagement. On ne trouve plus, sous sa plume, de jugements lapidaires sur des enfants «bien tenus», des mains propres et des visages débarbouillés. La scrupuleuse inspectrice examine les pieds, «d'une malpropreté repoussante», et elle contrôle les cheveux pour estimer la proportion – jusqu'à 95%! – d'enfants pouilleux[46].

Après cette avalanche de griefs, le verdict est sans appel : la méthode de la salle d'asile est un méfait pédagogique. «D'éducation, il n'en faut pas chercher; tout y est de convention, tout y semble artificiel», proclame Marie Matrat. «Ce n'est pas de la méthode, c'est du dressage», conclut Pauline Kergomard, scandalisée par ce «crime de lèse-enfance» dont les effets s'étendent à l'enseignement[47].

La lecture aux cercles? Elle n'est d'aucun profit, assure Annette Sarrazin : les grands travaillent déjà dans des livres, les petits répètent de mémoire en regardant ailleurs. Les tableaux installés devant les gradins? Ils contiennent des mots incompréhensibles et ils sont illisibles par les rangs les plus éloignés. La phonomimie? Elle est devenue une «ménagerie pédagogique», constate Marie Matrat, puisque les maîtresses n'expliquent pas aux bambins les mots qu'ils prononcent. L'exercice des ardoises? «Mal compris, mal employé», il produit un affreux barbouillage. L'enseignement du calcul? Gâté par des énumérations «fastidieuses» et par le recours systématique au boulier-compteur, il est dépourvu de bases concrètes, familières aux enfants. Les autres exercices? Ils ne donnent pas plus satisfaction. Le chant, ou la «cacophonie» qui en tient lieu, associe des chansons inintelligibles à des cantiques «ennuyeux et prétentieux». Les leçons de géographie et les leçons de choses abusent des images exotiques, des échantillons minuscules et des définitions. Pendant sa première tournée, en 1880, dans les académies de Paris et d'Aix, Marie Matrat relève avec stupéfaction les questions abstraites posées aux enfants : «Qu'est-ce que le dessin linéaire ? Qu'est-ce qu'un cône ? Qu'est-ce que l'horizon ? Qu'est-ce qu'un nombre ? Qu'est-ce qu'une unité ? Qu'est-ce que le soleil ? (c'est un astre...). Qu'est-ce qu'une perfection ? (Ce qu'il vaut mieux avoir...). Qu'est-ce qu'une vache ? Un quadrupède. [...]. Quelles sont les douze divisions du temps ? Le siècle, le demi-siècle, le lustre... jusqu'à la seconde[48]». La talentueuse Pauline Kergomard, elle-même, ne parvient pas à desserrer l'emprise des exercices de mémorisation dans une salle d'asile d'Ariège où une religieuse, en poste depuis vingt ans, instruit une centaine de marmots couverts de poux :

Les enfants récitent sans accroc : «un département est une étendue de territoire administrée par un préfet assisté d'un Conseil général». Je tâche de les amener à comprendre leur département. Nous parlons des montagnes, des vallées, de Foix, qu'ils connaissent, et enfin de leur rivière. Je les amène à dire que la rivière, c'est de l'eau, que cette eau coule, et, quand je crois qu'ils ont compris, je leur demande : qu'est-ce qu'une rivière ? «Une rivière, s'écrient-ils avec entrain, c'est une étendue de territoire administrée par un préfet, assisté d'un Conseil général[49].

Trop ambitieux et trop abstrait, le premier enseignement collectif privilégie la mémoire aux dépens de la spontanéité et de l'intelligence des petits écoliers. «Le mal vient d'abord de la méthode et ensuite d'une partie du personnel», affirme Pauline Kergomard en rappelant que de nombreuses directrices ignorent les bases de la «pédagogie enfantine». Les congréganistes seraient-elles plus fautives ? Sans nier leur «inépuisable dévouement», Annette Sarrazin déplore les lacunes de leur instruction. Mme Kergomard juge les maîtresses laïques aussi dépourvues, «sauf d'honorables exceptions», mais elle les trouve plus attentives aux conseils et plus disponibles pour fréquenter des centres de formation. Ce personnel minoritaire constitue donc, à ses yeux, le seul ferment de rénovation, puisque, chez les sœurs, «tout progrès est enrayé par l'obligation... [d'en référer aux] supérieurs». Mais toutes les déléguées de la République ne s'engagent pas avec la même vigueur contre les procédés de la salle d'asile. Gertrude Dillon mentionne sans réserve l'audience du manuel de Marie Pape-Carpantier et elle approuve l'emploi judicieux de la phononimie. Marie Davy, favorable à ce mode d'apprentissage, préfère le système de l'ancienne directrice du Cours pratique aux méthodes «fantaisistes» des congrégations. Annette Sarrazin, la responsable fröbelienne de l'académie de Besançon qui condamne la mémorisation systématique, défend la leçon de choses au gradin[50]. Seules, Marie Matrat et Pauline Kergomard rejettent catégoriquement le passé. La personnalité et l'action de cette dernière inspectrice lui confèrent un rôle stratégique dans l'offensive contre le premier modèle de préscolarisation français.

Le «métier d'enfant» selon Pauline Kergomard

Née en 1838, Pauline Kergomard est nommée déléguée générale des salles d'asile le 9 mai 1879, à l'âge de trente-neuf ans. Elle devient, en 1881, l'une des premières inspectrices générales des écoles maternelles, une fonction qu'elle occupe jusqu'à sa retraite, en 1917. Directrice de *L'Ami de l'Enfance*, de 1881 à 1896, première femme élue, en 1886, au Conseil supérieur de l'Instruction publique, elle trouve encore le temps de participer activement à la lutte contre les enfants maltraités. Pendant près de quarante ans, cette femme, énergique et passionnée, a exercé des responsabilités qui lui ont permis d'influencer la théorie et la pratique de la préscolarisation française[51]. Nous rechercherons simplement ici, dans ses textes rédigés entre 1879 et 1887, les principes qui éclairent son réquisitoire contre la salle d'asile et son action en faveur de l'école maternelle.

Les défauts de la salle d'asile proviennent, selon Mme Kergomard, d'une méconnaissance de la nature du jeune enfant, assimilé à une âme perverse, à un corps rebelle et à une mémoire passive. Toute femme qui aurait «du bon sens, de l'intelligence, de la lecture et l'amour des enfants», toute mère «intelligente et dévouée», feraient mieux qu'une directrice exercée à la méthode, assure la nouvelle inspectrice dans son second rapport, rédigé en décembre 1881. Mais suffit-il d'être mère pour donner le bon exemple ? «Il faut non seulement aimer les enfants mais les avoir étudiés, avoir réfléchi à la pédagogie enfantine», écrit-elle au début de son premier rapport, rédigé en septembre 1880, avant de développer ultérieurement ce programme : «l'amour pour les enfants... est un sentiment d'abord, nul ne le nie ; mais c'est aussi une science [...]. Aimer l'enfant suppose une étude incessante de ses besoins, de ses aptitudes, de ses aspirations[52]». Aux descriptions traditionnelles de l'enfant, d'inspiration religieuse ou philosophique, Mme Kergomard veut substituer une connaissance objective et personnalisée de chaque élève. A une époque où la psychologie enfantine scientifique s'ébauche à partir de quelques études de cas, elle propose d'étendre la base des enquêtes tout en restant attentif à chaque personnalité. Si elle participe, en 1899, à la fondation de la *Société libre pour l'étude de la psychologie de l'enfant,* elle refuse ensuite les expérimentations d'Alfred Binet sur l'âge d'apprentissage de la lecture et toutes les théorisations, qu'elle juge trop éloignées des réalités individuelles. Les observations empiriques des maîtresses lui semblent plus efficaces pour adapter l'école maternelle à ses petits usagers et pour leur permettre – selon le mot célèbre employé dans la conclusion de son rapport de 1880 – d'y faire leur «métier d'enfant[53]».

« Que font les enfants de deux à quatre ans élevés dans leur famille », interroge-t-elle dans un article ultérieur. «Ils rivalisent avec les oiseaux d'activité incessante et de gazouillements ininterrompus. Ils ne font rien de précis, – ils ne prennent pas de leçons, surtout, – mais ils font ce qu'ils ont à faire, puisqu'ils se développent physiquement,

intellectuellement et moralement [...]. Ils s'occupent... à dépenser leurs forces ; ils apprennent, sans s'en douter, le nom et les usages des objets qui les entourent ; leur vocabulaire, d'abord restreint au simple papa et maman, s'enrichit tous les jours ; heureux de leurs conquêtes quotidiennes, ils causent avec leur mère, avec leur père, avec les animaux, avec eux-mêmes, de ce qu'ils voient, de ce qu'ils font, de ce qui les fâche, de ce qui leur fait plaisir [...]. Puis, quand ils sont las, d'eux-mêmes ils se reposent[54].»

Avec tendresse et perspicacité, l'ancienne mère de deux bambins décrit les apprentissages progressifs du jeune enfant, doué d'une imagination, d'une intelligence sensorielle et d'une mémoire qui lui permettent d'expérimenter, d'apprendre, puis d'exprimer son savoir avec des mots. Avant l'âge de raison, ce marmot est déjà une «petite chose exquise», un «être pensant», dont l'individualité doit être respectée[55]. L'expérience et les convictions de Pauline Kergomard lui ont inspiré une vision très positive de l'âge préscolaire. Au cours de ses inspections, elle juge les jeunes enfants du peuple spontanés, intelligents et prêts à parler s'ils sont retirés du gradin. Ce programme iconoclaste suppose un double acte de foi : dans les capacités naturelles du bambin et dans les vertus de la «méthode française», que la nouvelle inspectrice générale esquisse, dès l'automne 1880, en conclusion de son premier rapport :

Favoriser d'abord le développement physique, la santé du corps étant le plus sûr garant de celle de l'esprit ; laisser faire aux enfants leur métier d'enfant [...] ; leur enseigner à voir ce qu'ils regardent, à se rendre compte de l'ensemble et des détails et à en rendre compte dans leur langage ; à comparer les choses entre elles ; exciter la curiosité de savoir, par des leçons courtes, claires, vivantes, sur des sujets concrets avec exemples à l'appui ; se garder de l'abstraction, qui, ne pouvant être comprise, ne peut intéresser et habitue par degrés les enfants à l'indolence intellectuelle ; ne se servir de la mémoire que pour graver dans l'esprit les choses que l'intelligence s'est assimilées [...] ; faire éclore dans leur cœur les germes de bonté, de générosité, d'enthousiasme, qu'il renferme, par des histoires [...] ; rendre leurs doigts habiles par l'habitude du travail manuel ; se garder toujours de faire produire à leur intelligence des fruits hâtifs[56].

Une fois encore, il fallait écouter longuement Mme Kergomard pour discerner les multiples facettes de son projet éducatif. L'institution des jeunes enfants ne doit pas être un centre disciplinaire, une école primaire au petit pied et, même, une école à proprement parler. Le mot *école*, d'ailleurs, ne convient pas à l'inspectrice générale, qui cherchera toute sa vie une autre dénomination avant d'adopter, en 1919, l'appellation de «maison d'éducation maternelle[57]». Fidèle à sa vision optimiste de la nature enfantine, l'ancienne protestante, influencée par le piétisme[58], puis devenue agnostique, refuse le dressage collectif. L'apprentissage de l'obéissance ne doit pas étouffer la «soif de liberté» du bambin ni occulter sa «dignité». Le premier enseignement ne doit pas davantage imposer des exercices d'instruction prématurés[59]. La véritable école *maternelle* donne la priorité au développement physique de l'enfant et elle crée un milieu stimulant pour la formulation et l'expression de sa pensée par la sensation et l'action. «Le devoir de l'éducateur», explique Pauline Kergomard avec des expressions qui trahissent à elles seules l'influence de Fröbel et de Mme de Marenholtz, «est d'exercer peu à peu et méthodiquement le besoin d'activité, de le transformer par degrés et méthodiquement en amour du travail[60]».

Cette démarche accorde un rôle privilégié au jeu, présenté comme «le travail de l'enfant, son métier, sa vie». La maternelle doit accueillir et exploiter tout ce que le bambin utilise chez lui et dans la rue : les billes, les trompettes et les poupées, le sable, ce «bonheur de l'enfance», les pelles et les brouettes, les cubes, les bâtonnets et les feuilles de papier, les objets usuels, les cailloux et les chiffons. Avec les mouvements de gymnastique, le dessin et les images, le jeu libre devrait constituer «tout le programme» des bambins de moins de cinq ans[61]. Mais malgré ses emprunts à l'esprit et au matériel de la pédagogie de Fröbel, Pauline Kergomard n'hésite pas, nous l'avons vu, à la critiquer. Quelle que soit sa foi dans la valeur formatrice du jeu, elle ne veut pas réduire le nouvel établissement des petits à une copie même partielle du *Kindergarten,* trop dépendant, à ses yeux, d'un matériel normalisé. C'est aussi l'opinion, avec quelques nuances, de la commission de réforme des salles d'asile, instituée par Jules Ferry en octobre 1879. Dès sa première réunion, en présence du ministre, le 8 novembre 1879, cette commission charge trois sous-commissions de réfléchir plus particulièrement à l'organisation pédagogique, à l'organisation matérielle et à la question du personnel[62]. Elle se réunit ensuite quinze fois en séance plénière, jusqu'au 22 mars 1880, le plus souvent sous la présidence d'Octave Gréard, pour jeter les bases de la nouvelle institution française de première éducation.

La naissance de l'école maternelle (1881-1887)

L'école maternelle républicaine est fondée par un ensemble de textes publiés en 1881 et en 1882, dans le sillage des lois fondamentales, puis en 1887, après le vote de la loi organique de l'enseignement primaire, dite loi Goblet, le 30 octobre 1886. Comme le ministère consacre et aménage simultanément l'accueil des jeunes enfants dans les écoles, l'enseignement préélémentaire officiel possède désormais trois supports institutionnels :

Les écoles maternelles
Limitées, sauf autorisation spéciale, à cent cinquante élèves et destinées, à partir de 1887, aux enfants de *deux à six ans,* ces écoles demeurent facultatives. La loi du 16 juin 1881 relative à la gratuité des écoles publiques classe, cependant, les écoles maternelles publiques créées avec l'accord du Conseil départemental de l'Instruction

publique, et approuvées par le ministre, parmi les établissements «donnant lieu à une dépense obligatoire pour la commune». La loi de 1886 réserve ces autorisations officielles aux communes de plus de 2000 habitants, qui sont alors tenues, pendant une durée déterminée, de pourvoir au fonctionnement de l'école maternelle dite *conventionnellement obligatoire*. Pour compenser la disparition de la rétribution scolaire, l'État aide les municipalités en garantissant le traitement minimum des maîtresses. Des communes plus petites et désireuses de posséder une maternelle doivent assumer seules toutes les dépenses, y compris celles du personnel, mais elles peuvent, en revanche, supprimer quand bon leur semble cette école *purement facultative*.

Les classes enfantines
«Degré intermédiaire entre l'école maternelle et l'école primaire», auxquelles elles sont forcément annexées, ces classes sont réservées aux enfants de quatre à sept ans, qui y reçoivent, «avec l'éducation de l'école maternelle, un commencement d'instruction primaire» (article 2 du décret organique de 1887). Quelle que soit l'importance de l'agglomération, les classes enfantines mixtes et dirigées par une institutrice sont considérées comme des établissements conventionnellement obligatoires et légalement subventionnés pour assurer à leur personnel le traitement minimum réglementaire. Les communes trop petites pour faire reconnaître officiellement leur ancienne école maternelle peuvent, par ce biais, obtenir une aide de l'État pour ouvrir et entretenir une classe d'enseignement préélémentaire accessible aux seuls enfants de plus de quatre ans.

Les sections enfantines
Ouvertes dans les écoles élémentaires des communes dépourvues d'écoles maternelles et de classes enfantines, elles reçoivent, dès l'âge de cinq ans, des enfants qui entrent à sept ans au cours élémentaire.

Les réformateurs réprouvent l'image d'œuvre charitable qui reste attachée à l'institution des jeunes enfants. Pour affirmer sa fonction scolaire, ils commencent par changer son nom. Dès la première réunion de la commission de réforme, Mme de Friedberg, directrice de l'école normale d'institutrices de la Seine, Marie Dosquet, directrice du Cours pratique, et la déléguée générale Marie Loizillon proposent de remplacer l'appellation de *salle d'asile* par celle d'*école maternelle*, déjà employée en 1848. Cette dénomination, contestée par d'autres personnes, hostiles à la présence du mot *école* ou favorables à l'expression d'*école enfantine*, séduit la majorité de la commission et le ministre[63]. «Les écoles maternelles (salles d'asile)», commente le décret du 2 août 1881, «sont des établissements d'éducation où les enfants des deux sexes reçoivent les soins que réclame leur développement physique, intellectuel et moral.» La même phrase figurait déjà, sans l'allusion au développement intellectuel, au début du décret organique de

1855. Mais cette relative stabilité du discours masque un réel changement dans le raisonnement des autorités, car la fonction hospitalière de l'institution des jeunes enfants, toujours signalée dans les instructions de l'Empire, n'est quasiment plus évoquée dans celles de la République. L'école maternelle ne «ressemble plus à cette sorte de refuge où l'on se contentait de garder les enfants», précise la circulaire du 25 janvier 1882, «c'est une véritable maison d'éducation». Muettes sur le rôle d'accueil des maternelles, les nouvelles instructions n'en conservent pas moins les anciennes heures d'ouverture qui le garantissent : 7 heures à 19 heures pendant les beaux jours, 8 heures à 18 heures pendant la mauvaise saison. Dans la pratique, la petite école républicaine reste une maison d'hospitalité où la bienfaisance a sa part. On le sait, sans le dire. Les nouveaux responsables de l'Instruction publique ont préféré déplacer le regard officiel vers la mission éducative confiée à une institution que la loi Goblet place au premier rang des «établissements d'enseignement primaire».

Les ambiguïtés d'un enseignement préparatoire à l'école primaire

Le public indifférencié et souvent très nombreux de la salle d'asile est considéré comme un obstacle au bon fonctionnement d'un établissement d'éducation digne de ce nom. L'inspecteur général Eugène Brouard et Marie Loizillon proposent à la commission de réforme d'isoler les «plus avancés et les plus intelligents» pour leur dispenser un enseignement plus poussé. Pauline Kergomard et Mme de Friedberg défendent au contraire le mélange épisodique des enfants, qui permet aux plus petits d'être aidés par les plus grands[64]. Le ministère choisit un effectif maximum de cent cinquante élèves, sauf autorisation spéciale, répartis entre deux sections, elles-mêmes partagées en sous-groupes si la population totale l'exige. Le décret organique du 2 août 1881 (désormais désigné par la seule mention : décret de 1881) prescrit de séparer les enfants «suivant leur âge et le développement de leur intelligence». L'arrêté du 28 juillet 1882, relatif à l'organisation pédagogique des écoles maternelles (désormais appelé règlement ou programme de 1882), précise cette consigne en distinguant la «section des petits enfants (de deux à cinq ans)» et la «section des enfants de cinq à sept ans, ou classe enfantine».

Le programme d'enseignement de la nouvelle école est constitué en deux temps : par le décret de 1881, qui passe en revue chaque matière, puis par l'arrêté de 1882, qui définit les contenus de chaque section. Inspiré par la commission de réforme, le décret de 1881 charge l'institution des jeunes enfants d'enseigner :
«1. Les premiers principes d'éducation morale ; des connaissances sur les objets usuels ; les premiers éléments du dessin, de l'écriture et de la lecture ; des exercices de langage, des notions d'histoire naturelle et de géographie ; des récits à la portée des enfants ;

2. Des exercices manuels ;
3. Le chant et des mouvements gymnastiques gradués».

L'éducation morale

    Contrairement au vœu de la majorité de la commission, qui ne partage pas les convictions laïques des nouveaux chefs de l'Université[65], les «premiers principes de l'instruction religieuse» ne figurent pas dans le nouveau programme. La première éducation morale républicaine est simplement chargée d'inspirer aux enfants «leurs devoirs envers la famille, envers la patrie [et] envers Dieu» à l'aide d'entretiens, de récits et de chants. La référence à Dieu, que l'on retrouve dans les programmes de l'école primaire, n'est qu'un geste d'apaisement de Jules Ferry, persuadé du futur dépérissement de la religion. Mais une page est vraiment tournée ; et la conception positiviste s'impose à l'école maternelle comme à l'école élémentaire : les premiers principes de l'éducation morale, précise le décret de 1881, «devront être indépendants de tout enseignement confessionnel». La République ne conserve pas davantage les objectifs sociaux explicites de la salle d'asile. Si le règlement de 1882 conserve le claquoir et s'il prévoit toujours l'acquisition des «habitudes d'ordre, de propreté, de politesse, d'attention, d'obéissance», il ne présente plus la première éducation collective comme un dressage systématique de la progéniture populaire. L'école maternelle, comme son nom l'indique, veut «garder la douceur affectueuse et indulgente de la famille» ; elle ne privilégie plus la docilité ; elle n'enseigne plus ce que l'arrêté de 1855 appelait «les devoirs envers [les] supérieurs» ; elle ne mentionne plus les retombées professionnelles du travail manuel. Dans la nouvelle institution chargée de former «un commencement d'habitudes et de dispositions sur lesquelles l'école puisse s'appuyer», la silhouette du futur travailleur soumis cède la place à l'image du bon élève du cours élémentaire. Les préoccupations scolaires immédiates l'emportent sur le projet socio-politique à long terme.

Les leçons de choses

    Aussitôt après l'éducation morale, le décret de 1881 mentionne les «connaissances sur les objets usuels», auxquelles le programme de 1882 rattache les notions d'histoire naturelle. Dans la petite section, les élèves apprennent les noms des parties du corps, des objets familiers, des animaux et des plantes de la contrée ; ils découvrent les divisions du temps et les travaux des saisons, et ils exercent leurs sens en repérant et en comparant des couleurs, des formes, des odeurs et des sons. Dans la grande section, ils reçoivent des «notions très élémentaires» sur le corps humain, l'hygiène, les animaux familiers, quelques plantes alimentaires et industrielles, et des métaux. Les leçons de choses, toujours accompagnées d'objets «mis sous les yeux et dans les mains des enfants», les conduisent « à regarder, à observer, à comparer, à questionner et à retenir ». Dans la grande section, un programme mensuel indicatif, emprunté à un travail de l'inspecteur général Félix Cadet, ébauche, avant la réflexion decrolyenne, la méthode des centres d'intérêt en proposant pour les leçons de choses, le dessin, les jeux, les chants et les leçons de morale des exercices qui se rapportent aux mêmes sujets[66].

Les premiers éléments du dessin,
de l'écriture, de la lecture et les exercices de langage

Plusieurs degrés d'exigence étaient apparus à propos de ces apprentissages. Marie Matrat condamnait la page d'écriture, et Pauline Kergomard, le recours au livre avant la connaissance des lettres et la reproduction orale de plusieurs phrases. Marie Loizillon voulait préserver les cercles de lecture. Mlle Steverlinck, sous-directrice de salle d'asile et membre de la *Société Froebel*, réclamait l'étude parallèle des deux premiers rudiments. Octave Gréard et Mlle Chalamet, directrice d'une école enfantine et membre de la *Société Froebel*, poussaient l'expression jusqu'aux phrases écrites[67]. Le programme détaillé de 1882 ne prescrit, pour la petite section, « aucun exercice de lecture proprement dite », mais des exercices de prononciation, de vocabulaire et de mémoire (chants et fables), et des exercices d'observation, de manipulation et d'expression graphique : « jeux de cubes, de balles, de lattes. Mosaïques. Explications d'images très simples... Petites combinaisons de lignes au moyen de bâtonnets. Représentation sur l'ardoise de ces combinaisons ». Pour la grande section, il prévoit des « exercices combinés de langage, de lecture et d'écriture préparant à l'orthographe » (par exemple, des poésies « très courtes » et des dictées d'un mot puis de très petites phrases) et des exercices graphiques plus poussés comme la représentation de combinaisons de lignes sur l'ardoise et le papier, la reproduction de modèles et d'objets, et le « dessin d'invention sur papier quadrillé ».

Le calcul

L'initiation au calcul veut exercer les petits à compter jusqu'à dix et à pratiquer le calcul mental sur ces dix premiers nombres, et apprendre aux plus grands la formation des dizaines, la numération écrite, les quatre opérations sur les nombres de deux chiffres – sans que la table de multiplication chantée, prescrite en 1855, ne soit citée – et le système métrique. Selon le vœu de la sous-commission, le décret de 1881 précise que cet enseignement doit être donné « au moyen d'objets mis entre les mains des enfants, tels que lattes, bâtonnets, cubes ». Le boulier-compteur, meuble symbolique de la salle d'asile, connaît plusieurs tribulations. Critiqué pendant les travaux préparatoires, puis conservé, après un vote, comme « moyen de démonstration collective », il n'est pas mentionné dans le programme, mais il figure parmi le matériel d'enseignement[68].

La géographie, l'histoire nationale, les récits

La sous-commission de 1879 avait proposé un enseignement de la géographie surtout descriptif, fondé sur «l'observation des lieux où vit l'enfant» et dispensé «à l'aide du globe, de modelage, de tracés au tableau et de la carte physique de la France». Cet enseignement comprenait:

«1. L'étude de l'orientation (points cardinaux) ;

2. Des notions sur la terre et les eaux, les montagnes et les cours d'eau ;

3. La distribution des races humaines, des végétaux et des animaux sur les différentes régions de la terrre ;

4. L'application, à la description physique de la France, des notions générales précédemment acquises.»

Des discussions animées s'étaient élevées autour de ce projet. Marie Matrat, très opposée à la carte, comme Mme Chalamet, voulait introduire les «accidents géographiques» de la commune et des «notions très sommaires» sur le département et les divisions politiques de la France. Mme Steverlinck, de la *Société Froebel,* recommandait l'approche locale, grâce aux plans de l'école, du quartier et des rues, la reproduction des reliefs avec du sable et l'évocation des principales productions de la France. Pauline Kergomard défendait le modelage et l'explication des phénomènes physiques par la «géographie locale[69].»

Selon le vœu d'Octave Gréard, qui avait exhorté la commission à rester simple, les textes officiels ne retiennent qu'une partie de ces propositions: «l'enseignement de la géographie est descriptif», explique le décret de 1881, qui inclut le globe et la carte murale dans le matériel réglementaire, «il s'appuie sur l'observation des lieux où vit l'enfant. Il comprend: 1. L'orientation (points cardinaux) ; 2. Des notions sur la terre et les eaux; 3. Quelques indications sur les fleuves, les montagnes et les principales villes de France». Le règlement de 1882, qui réserve aux plus grands les «anecdotes, récits, biographies, tirés de l'histoire nationale ; contes [et] récits de voyage», prévoit un enseignement géographique dans les deux sections. Mais les responsables du ministère, influencés, nous en reparlerons, par Pauline Kergomard, ont simplifié encore plus le contenu des leçons en supprimant la troisième rubrique du programme de 1881 et en privilégiant la découverte de l'espace proche:

– Petite section:

«Demeure et adresse des parents, nom de la commune. Petits exercices sur la distance ; situation relative des différentes parties de l'école. La terre et l'eau. Le soleil (le levant et le couchant).»

– Grande section:

«Causeries familières et petits exercices préparatoires servant surtout à provoquer l'esprit d'observation chez les petits enfants en leur faisant simplement remarquer les phénomènes les plus ordinaires, les principaux accidents du sol.»

Les exercices manuels, le chant et les mouvements gymnastiques gradués

Ils figurent au deuxième et au dernier rangs du programme de 1881. Le chant comprend, pour les petits, des exercices d'intonation et des chants à l'unisson «très simples», et, pour les grands, des chants à l'unisson à deux parties, «appris exclusivement par l'audition». Deux exercices proposés par la sous-commission n'ont pas été retenus : l'étude des intervalles et la lecture sur la portée en clé de sol, inclue dans la méthode adoptée en 1855. Les exercices manuels se composent, pour les petits, de jeux et d'exercices de pliage, de tissage et de tressage, complétés, pour les grands, par le canevas et le tricot (arrêté de 1882). Conformément au désir de la commission, le ministre interdit les travaux spéculatifs comme le parfilage ou la couture, défendue par la déléguée générale Henriette Monternault. Les mouvements gymnastiques gradués se composent de «mouvements, de marches, d'évolutions et de jeux dirigés par la maîtresse», précise le décret de 1881 qui respecte le vœu de la Commission, favorable aux jeux dirigés, conseillés en 1855 et défendus par Marie Matrat[70]. L'arrêté de 1882 inscrit ces occupations au programme des deux sections en qualifiant de «jeux libres», à la demande de Mme Kergomard, les activités proposées aux enfants de deux à cinq ans.

A l'issue de cet inventaire, on peut apprécier les innovations introduites dans la première éducation publique par l'avènement de l'école maternelle.

Le retour du modèle scolaire de 1855 ?

Les programmes de 1881-1882 se distinguent de celui de 1855 sur plusieurs points. D'une part, l'école maternelle s'efforce d'adapter ses leçons aux capacités de ses usagers en proposant des activités différentes à la section des petits et à celle des grands. D'autre part, les contenus des enseignements ont changé. La tonalité religieuse ou disciplinaire de l'éducation morale s'estompe. L'initiation aux rudiments n'est plus citée en tête de la formation intellectuelle. Plusieurs exercices ont été abandonnés, comme la table de multiplication chantée ou l'inventaire des départements français et de leurs chefs-lieux. Des exercices d'éducation sensorielle et de nouvelles occupations manuelles sollicitent l'activité de l'enfant. Le jeu, cher à Pauline Kergomard, qui fait ajouter une «collection de jouets» à la liste du matériel réglementaire, est utilisé pour étudier les couleurs et les formes, et il est mentionné dans la rubrique *Dessin, lecture, écriture*. Pour la première fois, le discours officiel reconnaît cette occupation enfantine comme un moyen d'enseignement légitime en dehors de l'éducation physique. Mais si le message de Fröbel a été entendu, les vieux démons nationalistes et corporatistes ont censuré toute référence à son sujet. Octave Gréard, opposé au terme de *dons*, comme d'autres membres de la commission, aurait aimé conserver l'expression de «jeux Froebel», par «justice et courtoisie envers quelqu'un qui a systématisé des exercices et rendu service à la science de l'enseignement». Mais le zèle patriotique de la majorité des réformateurs l'emporte sur le réflexe «courtois».

Le règlement de 1882 parle simplement de *jeux* et il n'attribue pas au dessin, comme l'avait proposé Mlle Chalamet, secrétaire de la *Société Froebel*, l'objectif de commencer «l'éducation de l'œil et de la main[71]». Malgré ses emprunts à Fröbel, l'*école* maternelle – le terme lui-même est un indice – n'est pas une copie du *Kindergarten*. D'une part, car elle reste fidèle à une mission de propédeutique que cet établissement refuse explicitement; d'autre part, car les autorités françaises, qui refusent d'ériger le jeu en support éducatif privilégié[72], ne se prononcent pas sur la valeur pédagogique de l'activité créatrice de l'enfant.

La rupture de l'école maternelle avec la salle d'asile est d'ailleurs moins importante qu'elle ne le paraît à première vue. La comparaison des instructions de 1881-1882 avec celles de 1855 est une démarche commode mais un peu spécieuse, car, au cours des années 1860 et 1870, la première éducation publique est *officiellement* définie par l'arrêté du 5 août 1859 qui allège considérablement les contenus adoptés quatre ans plus tôt. Or, que montre la confrontation des textes républicains avec le précédent programme national, hélas très lapidaire? D'abord, le recul de l'intérêt porté aux exercices gymnastiques, qui occupent, en 1881-1882 comme en 1855, la dernière place des programmes résumés ou détaillés; ensuite, la réapparition de leçons anciennes, supprimées en 1859 (pour les petits, des notions de géographie générale et la mémorisation de nomenclatures d'histoire naturelle; pour les grands, l'étude des poids et mesures, des divisions de la terre et du relief de la France); enfin, la présence d'exercices scolaires nouveaux (dans la petite section, le calcul mental sur les dix premiers nombres; dans la grande, les dictées, les multiplications et les divisions sur des nombres de deux chiffres, et les récits d'histoire nationale). En tournant le dos à la réforme imposée, en 1859, par l'Impératrice et par les dames du Comité central, les fondateurs de l'école maternelle ont renoué, en partie, avec le modèle scolaire de 1855.

Le programme de 1881 est le plus exigeant. Il étend à quinze ou à vingt minutes la durée maximale des leçons, limitée à dix ou à quinze minutes dans la salle d'asile. Il propose l'apprentissage simultané de la lecture et de l'écriture, l'étude des quatre opérations, des récits d'histoire nationale et une évocation des fleuves, des montagnes et des villes de la France. Et ces choix – il faut le souligner – reflètent l'opinion dominante de la commission. Lorsque Marie Matrat suggère, en décembre 1879, d'inverser le projet de programme pour placer les mouvements gymnastiques en première position, à la place des exercices intellectuels, elle recueille deux réactions positives contre quatorze réponses négatives et des abstentions. Ferdinand Buisson et Octave Gréard n'ont pas plus de succès lorsqu'ils attirent, au même moment, l'attention de la commission sur l'ambition de ses propositions. Malgré la présence des six déléguées nommées en 1879, sur un total initial de vingt membres, la majorité de cette instance reste influencée par le modèle traditionnel de première éducation publique. Elle veut garder les comités de patronage et l'instruction religieuse, les gradins et la mission de propédeutique. Ce dernier objectif est défendu à la fois par des représentants de l'enseignement primaire, partisans, comme l'inspecteur général Eugène Brouard, de regrouper les plus avancés des élèves dans la «petite rhétorique» des maternelles pour supprimer les «forces perdues», par des responsables de la salle d'asile, désireux, comme Marie Loizillon, de profiter de la réforme pour «mieux préparer les enfants à l'école» et, même, par des membres de la *Société Froebel*, soucieux, comme Mlle Chalamet et Mme Steverlinck, d'associer les leçons traditionnelles aux nouvelles activités manuelles[73].

Le programme très détaillé du 28 juillet 1882 simplifie l'enseignement, notamment en supprimant certains sujets d'étude, et il multiplie les exercices de manipulation. Mais il innove encore plus par son commentaire introductif qui estompe, sous des recommandations inhabituelles, la présentation traditionnelle de l'institution des petits comme un établissement chargé de «préparer à recevoir avec fruit l'instruction primaire». La maternelle «n'est pas une école au sens ordinaire du mot», poursuit le texte ; elle doit «imiter le plus possible les procédés d'éducation d'une mère intelligente et dévouée», et viser des objectifs particuliers :

> *Le but à atteindre, en tenant compte des diversités de tempérament, de la précocité des uns, de la lenteur des autres, ce n'est pas de faire parvenir [tous] les enfants à tel ou tel degré de savoir en lecture, en écriture, en calcul, c'est qu'ils sachent bien le peu qu'ils sauront, c'est qu'ils aiment leurs tâches, leurs jeux, leurs leçons de toute sorte [...].*
> *Une bonne santé ; l'ouïe, la vue, le toucher, déjà exercés par une suite graduée de petits jeux [...] ; un commencement d'habitudes et de dispositions sur lesquelles l'école puisse s'appuyer pour donner, plus tard, un enseignement régulier ; le goût de la gymnastique, du chant, du dessin, des images, des récits ; l'empressement à écouter, à voir, à observer, à imiter, à questionner, à répondre ; une certaine faculté d'attention entretenue par la docilité, la confiance et la bonne humeur ; l'intelligence éveillée enfin et l'âme ouverte à toutes les bonnes impressions morales [...] : tels doivent être les effets et les résultats de ces premières années passées à l'école maternelle ; et si l'enfant qui en sort arrive à l'école primaire avec une telle préparation, il importe peu qu'il y joigne quelques pages de plus ou de moins de syllabaire.*

Jamais un texte officiel relatif à la salle d'asile n'avait parlé en ces termes de l'éveil des aptitudes intellectuelles, reconnu la participation de l'enfant à son éducation et admis la valeur éducative du jeu. Jamais une instruction antérieure n'avait autant insisté sur la priorité du développement physique, en particulier sur celui des sens, et sur l'adaptation de l'enseignement aux capacités inégales des enfants. Et l'acquisition des connaissances ? Et l'initiation aux rudiments ? Des préoccupations secondaires, sinon parasites, oserait-on dire en lisant les autres consignes : le succès de la maîtresse ne se juge pas «essentiellement par la somme des connaissances communiquées..., par le nombre et la durée des leçons», son but est «moins de délivrer à l'école primaire des enfants déjà forts avancés dans leur instruction que des enfants bien préparés à s'instruire».

Sans préjuger de l'identité du ou des rédacteurs de ce texte, il faut noter la présence – jusque dans les mots utilisés – de plusieurs idées chères à Pauline Kergomard, comme la prééminence du développement corporel, l'intérêt pédagogique du jeu et la valeur exemplaire de la «mère intelligente et dévouée» – une expression qui figurait déjà, nous l'avons vu, dans le deuxième rapport de la nouvelle inspectrice générale, rédigé en décembre 1881. Dès le mois de janvier 1882, et après avoir déploré les concessions du règlement de 1881 à la tradition, la célèbre adversaire de la salle d'asile recommandait, par la voix de *L'Ami de l'Enfance,* d'introduire le vrai changement dans la manière d'appliquer les nouvelles instructions. Dans l'état actuel de notre information, on peut donc considérer l'arrêté de 1882 comme un compromis équivoque. L'autorité n'a pas tranché entre l'acquisition précoce des connaissances, proposée par le programme, et la formation d'aptitudes physiques et intellectuelles, privilégiée dans le commentaire. L'ambiguïté laissée par le premier règlement du Second Empire persiste dans les premiers textes fondateurs de l'école maternelle. «Nous toucherions au but si les directrices s'inspiraient bien plus des idées générales du programme que du programme spécial annexé», regrette publiquement Mme Kergomard ; «si elles en prenaient tout l'esprit et en laissaient la lettre autant que possible. C'est qu'en effet, si, d'une part, l'esprit veut que l'école maternelle soit la famille agrandie, d'autre part, la lettre du programme spécial en fait une école presque scientifique[74]».

Sans étudier ici le fonctionnement de l'école maternelle, on peut imaginer la capacité d'inertie d'une institution dotée d'un personnel attaché à ses habitudes, emprisonnée dans l'architecture de sa devancière et parfois équipée d'un mobilier emprunté aux écoles. «Elle est lente à mourir la méthode des salles d'asile», se lamente Pauline Kergomard au milieu des années 1880. L'initiation à la lecture et à l'écriture reste omniprésente ; les connaissances sur les objets usuels prennent «un développement invraisemblable» ; les enfants continuent à monter aux gradins avec le même cérémonial ; les plus petits sont toujours «sacrifiés» entre les mains de la femme de service[75]. La rédaction des seconds textes organiques de l'enseignement primaire, après le vote de la loi Goblet, fournit au ministère l'occasion de réagir contre cette situation. Le décret du 18 janvier 1887 souligne d'abord l'originalité de l'école maternelle en la présentant comme une institution de «première» éducation – une précision absente des textes antérieurs – chargée d'accueillir les enfants de deux à six ans, et non plus de deux à sept ans, comme le prévoyaient les règlements de 1855 et de 1881. Les nouveaux textes accordent ensuite plus d'importance aux soins physiques en plaçant au premier rang du programme général, inclus dans le décret, les jeux, les mouvements gradués et les exercices manuels – et, aux derniers rangs, les exercices intellectuels – et en prévoyant trois nettoyages quotidiens au lieu d'un seul, annoncé en 1855 et en 1881. L'arrêté d'application du 18 janvier 1887 prend enfin quelque distance à l'égard du projet d'instruction anticipé. Son premier article recommande d'appliquer le programme aux plus jeunes enfants «graduellement [et] dans la mesure que comportent leur âge et le développement de leur intelligence». Son introduction répète celle du programme de 1882, mais privée de la première phrase, relative à la mission de propédeutique, et complétée par des suggestions qui visent à simplifier l'enseignement et à renforcer son caractère actif et concret, notamment grâce à l'utilisation de lettres mobiles, de graines, de monnaies et à de petites constructions.

Une fois encore, on peut légitimement supposer une intervention de Pauline Kergomard, qui approuve d'ailleurs «les modifications de la plus haute importance» apportées par le nouveau texte[76]. Mais, une fois de plus, on peut aussi mesurer les limites persistantes du changement. D'une part, car la nouvelle introduction propose aussi des exercices et des activités fidèles au modèle scolaire, comme la représentation des cent premiers nombres, les quatre opérations sur les premières centaines, l'évocation des «principaux pays de la terre», des récits destinés à susciter «l'idée et l'amour de la France». D'autre part, car le programme détaillé de 1887, désormais destiné à des enfants de deux à six ans et non plus de deux à sept ans, est la copie conforme du précédent. En 1882, l'âge maximum des élèves de la grande section (sept ans) pouvait, à la rigueur, expliquer en partie l'ambition de son programme. Cinq ans plus tard, cet argument n'est plus recevable. Le ministère a rabaissé d'un an la limite de la grande section sans se préoccuper d'adapter ses contenus au nouvel âge maximum de son public. Comme en 1882, l'usager de la maternelle est d'abord considéré comme un jeune élève. L'exemple de la grande école a aussi inspiré l'aménagement de la petite.

Une architecture influencée par le modèle scolaire

Deux instructions définissent l'architecture et l'équipement de l'école maternelle: celle du 12 juillet 1882, inspirée par la commission de réforme, et celle du 18 janvier 1887, annexée à l'arrêté organique, et qui répète, sauf exception, le texte précédent. Installée sur un terrain supérieur à 400 m², éloignée de tout établissement malsain et bien exposée, la nouvelle école des petits possède des pièces et des aménagements que les anciens règlements ne mentionnaient pas explicitement : un vestibule d'entrée, une cuisine, un jardin et une galerie d'accès aux privés. Les classes et le préau doivent offrir une surface minimum de 0,8 m^2 par usager, la norme maximale de la salle d'asile. Leurs murs sont recouverts d'un enduit lavable et, dans leurs parties inférieures, de boiseries. Leurs sols se composent d'un parquet, scellé sur du bitume. La cour de récréation est aménagée sur la base de 3 m^2 par enfant ; elle est plantée d'arbres et ne doit posséder ni trottoir en saillie, ni terrain en pente, ni écoulement à ciel ouvert.

Plusieurs équipements, nouveaux ou améliorés, distinguent l'école maternelle de sa devancière. Le poêle est mieux protégé. Un lit de repos est prévu par groupe de dix petits enfants. Des bancs à dossiers sont disposés dans la cour et le long des murs du préau, où des tables et d'autres bancs, mobiles, permettent aux bambins de manger plus commodément. Une fontaine d'eau potable est installée dans la cour ; un lavabo, avec une cuvette – fixée à 50 cm du sol au maximum – pour dix élèves, et des serviettes sont placés dans une partie carrelée ou dallée du préau. Les privés, complétés par des urinoirs, sont aménagés selon des normes de salubrité et de commodité qui prévoient des fosses mobiles, une case pour quinze élèves, des sièges à lunette de bois et des cuvettes dotées d'un système d'obturation. L'école idéale des plus petits a bénéficié des progrès de la réflexion hygiéniste, du regain d'intérêt pour l'enseignement populaire et d'une sollicitude accrue pour le confort du jeune enfant. Elle ne veut plus entasser ses usagers dans des pièces réduites et malodorantes, les asseoir sur des bancs sans dossiers, les faire manger sur leurs genoux et les nettoyer sommairement. En un mot, elle ne veut plus traiter le marmot avec ce « sans-gêne » qui choquait tant Pauline Kergomard[77].

La rupture progressive avec la salle d'asile se lit encore mieux dans le nombre et dans l'aménagement des classes. L'ancienne institution possédait un seul espace pédagogique, équipé de gradins assez peu appropriés, malgré l'addition des tablettes, aux exercices de manipulation, d'écriture et de dessin. Le sectionnement des enfants et l'hétérogénéité du nouveau programme obligent les réformateurs à séparer deux groupes d'élèves et à choisir un mobilier utilisable pour les travaux manuels comme pour l'étude des rudiments. La question de l'ameublement se trouve donc intimement liée à celle du plan d'ensemble de l'établissement. Quatre solutions sont envisagées au cours des six réunions que la commission consacre, totalement ou partiellement, à ces problèmes :

1. Dédoubler la salle de classe en lui ajoutant des tables pour le dessin et les travaux manuels. C'est la suggestion de Marie Loizillon.

2. Adopter le dispositif retenu par Octave Gréard dans la Seine, en 1875, et qui ajoute à la classe habituelle, pourvue de gradins, une nouvelle pièce, dite « salle froebelienne », équipée de tables et réservée aux plus avancés des enfants.

3. Conserver l'actuelle salle de classe en remplaçant les bancs latéraux par des tables, sur lesquelles les « plus avancés » feraient leurs exercices de lecture,

d'écriture, de calcul et de dessin pendant que les autres iraient sous le préau (illustration 25). Mme Monternault défend cette solution dans un souci d'économie et pour préserver, à certains moments, la réunion de tous les élèves sur les gradins.

4. Combiner les deux systèmes précédents – c'est l'idée de Pauline Kergomard – en utilisant l'ancienne classe, complétée par des tables, pour les leçons collectives sur les gradins et pour les enseignements de la grande section, et en réservant aux petits une nouvelle salle, dotée d'un matériel de jeux et de tables adaptées aux exercices Fröbel.

Le 23 janvier 1880, la deuxième sous-commission chargée de l'organisation matérielle choisit la formule des deux salles équipées de plusieurs rangées de bancs-tables et elle attribue la pièce sans estrade aux plus grands. Le 9 février suivant, Mme Kergomard, qui se méfie des trop longs séjours des petits sur les gradins, propose de réserver la salle sans estrade à la petite section. Par onze voix contre huit, la commission approuve cette organisation[78].

Le meuble symbolique de la salle d'asile, l'amphithéâtre, échappe à ce premier réaménagement. Ferdinand Buisson, Octave Gréard et Mlle Steverlinck voulaient le supprimer au nom de l'hygiène et du confort des enfants. Marie Rocher-Rippert, Marie Dosquet et Marie Loizillon rappelaient, au contraire, ses avantages pour la surveillance et pour l'enseignement collectif. Certaines des nouvelles inspectrices acceptaient son maintien : Gertrude Dillon, pour éviter le désordre, Pauline Kergomard, pour mélanger, à certains moments, les petits et des grands, Marie Matrat, pour permettre aux maîtresses habiles de captiver leur auditoire par de vraies leçons de choses. Après bien des débats laborieux et des votes ambigus, la majorité de la commission décide, le 22 décembre 1879, de conserver les gradins, puis de mieux les adapter à la morphologie des usagers en augmentant la dimension des degrés et en imposant des dossiers et des contre-marches[79].

Les responsables du ministère ont-ils voulu épargner aux municipalités une transformation complète des anciens locaux ? L'instruction du 12 juillet 1882 prévoit seulement «une ou deux salles d'exercices», là où la commission en réclamait explicitement deux, sans se prononcer sur leurs usagers respectifs et sur l'emplacement de l'estrade. Dans la pratique, l'application du sectionnement est laissée à l'initiative des municipalités. En revanche, le nouveau règlement reproduit l'essentiel des propositions de la commission sur l'ameublement des classes en prescrivant des tables et des bancs fixes, «analogues à ceux des écoles primaires», et des gradins.

Les premières consignes républicaines aménagent plus l'ancien cadre qu'elles ne le bouleversent. Si les bancs latéraux et les porte-tableaux disparaissent, l'estrade demeure, précédée d'un mobilier scolaire classique, aussi propice

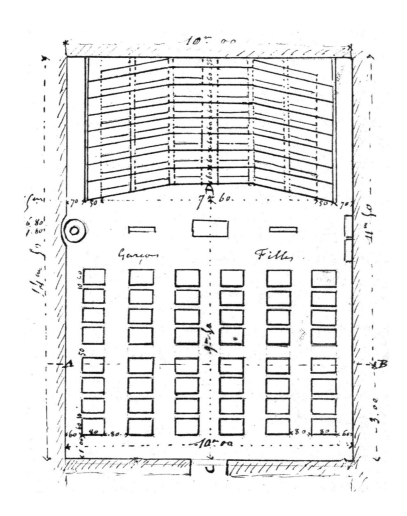

**25. Projet d'aménagement
de la salle d'exercices présenté à la Commission
de réforme des salles d'asile (1880).**

*Ce dispositif remplace les bancs latéraux et l'espace central par des tables destinées
aux exercices d'écriture, de dessin et de calcul. La nouvelle salle d'exercices juxtapose
ainsi aux traditionnnels gradins un espace aménagé comme la classe d'une école primaire.*

aux exercices de lecture ou d'écriture qu'aux travaux manuels. La sollicitude pour les besoins de l'enfant et pour ses activités manuelles a composé avec la fidélité au système panoptique et aux ambitions scolaires de la salle d'asile.

« Les gradins ont transformé nos écoles maternelles en petite Sorbonne ; les bancs-tables ont appelé les cahiers, les pages d'écriture, les dictées », proteste Pauline Kergomard, dont les opinions ont évolué depuis le début de sa carrière. « Une nouvelle étape – et décisive, celle-là – s'impose. Il nous faut des tables, des tables tout court, de ces honnêtes tables où l'on est placé entre deux camarades et où l'on a encore des camarades pour vis-à-vis, [...]. Auprès de ces tables mobiles, il faudra des chaises ou de petits fauteuils, mobiles aussi ; il faudra que le mobilier fasse oublier l'école et rappelle la famille[80]. »

La «nouvelle étape» se produit en 1887 lorsque les nouvelles instructions, qui placent les jeux et les exercices physiques au premier rang du programme, suppriment le gradin et prévoient des «tables scolaires à deux places et à bancs fixes» ou des tables ovales, pour huit enfants, en distinguant à chaque fois un modèle pour la section des petits et un modèle pour celle des grands. Plus qu'une étape, c'est une vraie révolution. Les bambins peuvent travailler en petits groupes et s'entraider ; les maîtresses peuvent s'intéresser à des individus et analyser leurs productions. Conformément aux consignes données dès 1882, ce nouveau cadre se prête mieux à l'éclosion d'une pédagogie centrée sur l'enfant et sur la diversité des tempéraments. Mais, une fois encore, la rupture reste incomplète, car le nouveau règlement conserve la possibilité d'utiliser des tables d'école. Malgré les innovations introduites par les réformateurs les plus hardis, la logique scolaire continue d'inspirer largement le programme, le cadre et, nous allons le voir maintenant, le profil du personnel de l'institution des jeunes enfants.

Les institutrices des jeunes enfants

Les décrets du 2 août et du 10 octobre 1881, complétés par les textes de 1887, réforment les conditions de travail et le recrutement du personnel des écoles maternelles. L'État accorde enfin aux maîtresses publiques deux avantages qu'elles réclamaient depuis longtemps : un congé annuel, d'un mois pour le personnel des écoles à plusieurs classes et de deux semaines pour les responsables des classes uniques, et un traitement minimum, identique à celui des institutrices et garanti, de la même manière, par les départements et par le ministère. L'effectif maximum de présences retenu pour la nomination d'une adjointe est, par ailleurs, abaissé de *quatre-vingts* (norme fixée en 1855) à *cinquante*. D'abord réservée, en 1881, aux seuls établissements qui recevaient plus de vingt-cinq enfants, la femme de service devient obligatoire, en 1887, comme le prévoyait déjà l'arrêté de 1838, quel que soit le nombre d'usagers.

La suppression du système de la lettre d'obédience par la loi du 16 juin 1881 et l'adoption d'un nouveau programme d'enseignement modifient les critères de recrutement. Désormais, toutes les enseignantes de maternelles doivent posséder un *certificat d'aptitude*, les religieuses comme les laïques, les directrices comme les sous-directrices (astreintes auparavant à fournir un simple certificat de stage de deux mois), les candidates à un poste (âgées au minimum de 21 ans pour les directrices et de 18 ans pour les adjointes) comme les maîtresses déjà en fonction, sauf si elles comptent trente-cinq ans d'âge et cinq ans de service. Ce certificat d'aptitude est délivré par une commission d'examen d'où sont exclus les ministres des cultes et les dames patronnesses. Il comprend un examen d'instruction, composé d'épreuves écrites (une dictée, deux questions d'arithmétique, une rédaction, un dessin sur ardoise, des travaux à l'aiguille) et d'épreuves orales (une explication de texte, des questions d'histoire, de géographie, d'histoire naturelle et un chant), et un examen pratique sur les exercices ordinaires de l'école. Plus restreint que le brevet élémentaire, réorganisé à la même époque, le certificat de 1881 est plus ambitieux que celui de 1855, qui n'imposait pas la rédaction et la plupart des interrogations orales. Il fallait élever le niveau de l'examen pour permettre aux maîtresses «d'enseigner fructueusement» le nouveau programme, explique la sous-commission, qui avait proposé d'autres épreuves, écartées par le ministère : une dictée tirée d'un texte classique, la lecture expliquée d'une poésie, des questions sur les sciences physiques, la géométrie, la géographie du département et les grandes institutions de la France[81].

Améliorer l'instruction des maîtresses n'était pas suffisant. «Il faut, quand on veut faire de l'éducation, s'étudier soi-même, il faut ensuite étudier les enfants, il faut, en même temps, demander aux livres tout ce que le cerveau des penseurs a découvert sur la science que l'on veut pratiquer», écrira, quelques années plus tard, Pauline Kergomard, qui a siégé dans la troisième sous-commission[82]. Ni l'instruction classique, ni l'instinct maternel, ne donnent cette compétence. Aux femmes simplement savantes et affectueuses, Mme Kergomard préfère des éducatrices expertes en hygiène et en pédagogie enfantines. Sous son influence, la sous-commission proclame, dès l'introduction de son rapport, sa volonté d'assurer aux écoles maternelles un personnel «pénétré de l'importance de sa mission» et qui a fait «une étude appliquée des soins hygiéniques nécessaires à l'enfance[83]». Les responsables du ministère consacrent cette argumentation, conforme à leur politique de revalorisation de l'enseignement populaire : «l'éducation des plus jeunes enfants, pour embrasser un domaine moins étendu, n'est ni moins importante, ni moins délicate que celle des enfants d'âge scolaire», écrit Jules Ferry dans la circulaire du 29 juillet 1882 ; «l'une pas plus que l'autre ne peut se bien faire sans une solide préparation pédagogique».

Comment produire ce personnel «d'élite» – l'expression est de Pauline Kergomard – sinon par une formation étendue et rénovée? Unanime pour réclamer l'ouverture de nouveaux centres professionnels, la commission se divise sur leur statut. Certains de ses membres souhaitent les rattacher aux écoles normales : Gréard, pour des raisons économiques et pédagogiques, Buisson, pour faciliter l'unification future des diplômes, Marie Loizillon, pour favoriser les liens entre la maternelle et l'école. En revanche, Mmes Kergomard, Matrat et Dosquet désirent des établissements indépendants pour éviter la contamination de la petite école par la grande et le recrutement des candidates laissées-pour-compte[84]. Le souci d'économie sera le plus fort. Les *Cours normaux des écoles maternelles*, institués dans chaque académie par le décret de 1881, sont annexés aux écoles normales d'institutrices par le décret du 27 juillet 1882. Recrutées par un concours commun, les aspirantes choisissent, par ordre de mérite, les trois années d'études à l'école normale ou la scolarité d'un an, en externat, au cours normal. Un autre décret du 27 juillet transforme l'ancien Cours pratique de Paris, rebaptisé, depuis 1878, *École Pape-Carpantier,* en centre national de formation des directrices et des professeurs des nouveaux cours normaux provinciaux.

Cette première vague de réforme veut adapter le niveau et le statut du personnel aux ambitions scolaires de l'école maternelle, dont les maîtresses sont cependant recrutées, comme celles de la salle d'asile, par des voies différentes de l'enseignement primaire, simplement préposé au rôle de modèle. Entre 1884 et 1887, une seconde série de mesures supprime cette indépendance. L'idée d'assimiler les maîtresses des plus petits aux institutrices ou de fusionner, au moins, leurs systèmes de formation était apparue dès le début des travaux de la commission. La cohabitation ultérieure, dans les bâtiments des écoles normales, des candidates au brevet élémentaire, requis des maîtresses de classes enfantines, et des aspirantes au certificat des écoles maternelles accroît l'audience de ce projet. En février 1882, le projet de loi organique déposé par Paul Bert regroupe les maîtresses des écoles de filles, des écoles maternelles et des classes enfantines sous la même dénomination d'*institutrices*. Après avoir changé d'avis, Pauline Kergomard, de plus en plus soucieuse d'améliorer la formation professionnelle, reproche au cloisonnement des filières de borner l'horizon des maîtresses d'écoles maternelles aux seuls apprentissages dont elles s'occupent et de maintenir une hiérarchie défavorable aux certifiées, formées en une seule année contre trois pour les brevetées[85]. Une nouvelle fois, les impératifs budgétaires orientent la décision des autorités. Pour éviter les frais d'aménagement, plus élevés, d'un cursus spécial, le ministère préfère utiliser la filière déjà disponible et confier aux écoles normales d'institutrices, le 14 janvier 1884, la formation des maîtresses des maternelles et des classes enfantines. La loi de 1886 et les textes organiques de 1887 achèvent l'entreprise d'assimilation. Après le système de formation parallèle, les appellations et les diplômes distincts disparaissent. Désormais, les écoles de filles, les classes enfantines et les écoles maternelles sont confiées à des *institutrices*, recrutées parmi les seules brevetées, et à des *directrices*, pourvues en plus du *certificat d'aptitude pédagogique,* dont l'épreuve pratique peut être passée dans une maternelle, et l'épreuve orale, comporter des interrogations sur cet établissement. L'instruction et la formation pratique acquises, en trois années d'études, dans une école normale sont reconnues comme des compléments indispensables à l'instinct maternel. Les ambitions scolaires de la première éducation publique et l'interprétation savante de l'hygiène et de la pédagogie enfantines ont transformé les maîtresses des plus petits en véritables institutrices.

La même logique professionnelle préside à la réorganisation du personnel d'inspection. Dès 1879, le ministère avait tenté de resserrer le contrôle administratif en supprimant les déléguées académiques et en recommandant d'instituer des inspectrices départementales. Simultanément, il avait défini, pour la première fois, les conditions requises des candidates à la délégation générale, qui devaient posséder le certificat d'aptitude à la direction de l'asile, le brevet supérieur et un service effectif de cinq ans dans l'enseignement. Les textes organiques de 1881 et de 1886-1887 précisent et sanctionnent ce dispositif. Le contrôle des écoles maternelles et des classes enfantines est assuré par les inspecteurs généraux de l'Instruction publique, par les inspecteurs de l'enseignement primaire, titulaires du nouveau certificat d'aptitude à l'inspection, et par les *inspectrices* – le changement de nom est déjà un symbole – *générales et départementales des écoles maternelles.* Agées de trente-cinq ans au moins, et nommées par le ministre, les inspectrices générales doivent posséder cinq ans de service dans l'enseignement et le *certificat d'aptitude à l'inspection des écoles maternelles.* Recrutées et instituées dans les mêmes conditions, mais avec un âge minimum de trente ans et trois ans de service, les inspectrices départementales sont placées, comme les inspecteurs primaires, sous l'autorité de l'inspecteur d'académie. Les aspirantes au nouveau certificat d'aptitude à l'inspection des écoles maternelles doivent être pourvues du brevet supérieur, complété par le certificat d'aptitude pédagogique, ou du certificat d'aptitude à l'enseignement secondaire des jeunes filles. Ce diplôme est délivré par une commission nationale après deux épreuves écrites, sur la pédagogie appliquée aux maternelles et sur l'hygiène de ces établissements, des interrogations orales, sur le même sujet et sur la législation et l'administration, et une épreuve pratique composée d'une inspection d'une école, suivie d'un rapport oral.

L'unification du personnel ne s'est pas étendue au corps d'inspection. L'institution des jeunes enfants reste placée sous l'autorité spéciale de quelques femmes recrutées par l'Université, mais elle échappe à la tutelle des dames patronnesses, auxquelles la commission de réforme reprochait leurs initiatives pédagogiques. Désormais facultatives, les protectrices bénévoles ne siègent plus dans les commissions d'examen: le décret de 1881 leur confie, «pour attribution exclusive», la surveillance de l'hygiène et de l'emploi des donations. La position sociale et les « sentiments généreux toujours éveillés dans le cœur des mères », ces deux critères retenus par la circulaire du 18 mai 1855, ne pouvaient plus conférer à des bénévoles un pouvoir administratif sur le premier établissement d'instruction primaire et sur de véritables institutrices. Les nouvelles inspectrices sont, tout à la fois, des femmes, dotées de ce « don tout spécial » pour la pédagogie enfantine réclamé par Pauline Kergomard[86], des personnes instruites et reçues au brevet supérieur, et des expertes en hygiène, en pédagogie et en réglementation des écoles maternelles. Le contrôle systématique des écoles de la petite enfance ne relève plus d'une vocation maternelle et charitable, ni de la seule compétence de tous les représentants de l'Université : c'est un métier parfaitement spécialisé.

*   *
*

L'école maternelle républicaine se construit sur des ruptures. L'ancien partage des responsabilités entre l'État, les dames patronnesses et les congrégations a vécu : l'administration reste la seule maîtresse de la réglementation et du contrôle des établissements réservés aux moins de six ans. La nouvelle institution des jeunes enfants refuse l'inspiration charitable qui assimilait sa devancière à un établissement d'assistance. Elle ne veut plus être d'abord une école, à l'image de la salle d'asile du Second Empire, mais seulement une école, fortement intégrée à la filière d'enseignement primaire et confiée à de véritables institutrices. Elle rejette la mécanique disciplinaire, l'enseignement abstrait et l'abus de la mémorisation, qui choquaient l'idéal démocratique et positiviste des nouveaux responsables. Inscrite dans une scolarité allongée, grâce à l'obligation scolaire, elle veut privilégier le développement physique, l'exercice sensoriel et l'éveil des facultés. Le principe du jeu éducatif, popularisé par le *Kindergarten,* ouvre son programme à des activités manuelles et ludiques qui rapprochent son aménagement de l'espace familial. La mise en scène impersonnelle de la salle d'asile s'estompe : la substitution des tables aux gradins aide la maîtresse à regarder chaque enfant et ses productions, le sectionnement garantit un traitement différent des petits et des grands. Selon le vœu de Pauline Kergomard, l'institution édifiée sur les ruines de la salle d'asile entend respecter les besoins, la particularité et la dignité du jeune enfant.

Mais la rupture est moins complète, et l'originalité de la nouvelle école moins poussée, que ne le laissent supposer ces consignes. Le discours réglementaire républicain associe un programme d'instruction toujours ambitieux aux nouvelles activités manuelles et il prévoit la possibilité d'utiliser des tables scolaires à la place des tables de famille. Hostiles à toute systématisation, et en particulier à celle du jeu éducatif, les réformateurs se sont inspirés – plus qu'ils ne l'ont dit – de l'exemple allemand, mais sans abandonner les objectifs et les exercices de la mission de propé-deutique antérieure. Après l'imitation du modèle britannique, à partir des années 1820, la confrontation entre la salle d'asile et le *Kindergarten* s'est soldée, au niveau des choix officiels, par une nouvelle méthode éclectique. La rénovation complète de la petite école a été arrêtée par la volonté, politique, de traiter la première éducation publique comme une question scolaire, par la surestimation constante des capacités du jeune enfant et par l'influence persistante de l'enseignement primaire. Cette ambi-guïté ne pouvait que renforcer l'écart inévitable entre tout discours normatif et son application, en particulier pour les consignes les plus audacieuses qui sont souvent – c'est le cas, ici, du mobilier familial – les plus coûteuses. En 1888, les cent vingt-sept écoles maternelles de la capitale, divisées en deux ou trois classes et pourvues de tables scolaires grossièrement adaptées aux tailles des usagers, ressemblent à des écoles primaires classiques (illustration 26). Or ce nouveau cadre ne favorise pas obligatoirement les activités manuelles. Dès 1880, une inspectrice générale reproche aux maîtresses parisiennes de réserver les premières tables, destinées aux exercices Fröbel, à l'apprentissage poussé des rudiments par la «division des savants[87]».

26. Une école maternelle parisienne à la fin du XIXᵉ siècle.

Avec ses rangées parallèles de « tables scolaires à deux places et à bancs fixes »,
prescrites par le règlement de 1887,
la classe de la maternelle est aménagée comme celle d'une école primaire.

L'organisation officielle d'un espace de préscolarisation à l'intérieur même de l'école primaire affaiblit, par ailleurs, l'originalité de l'institution autonome des jeunes enfants. La classe enfantine est, bien sûr, avantageuse pour l'État et pour les communes. Tenue par une adjointe, et non par une directrice, elle n'exige pas la présence d'une femme de service ni «tout le développement de locaux et de matériel que comporterait une école maternelle complète», reconnaît la circulaire du 16 novembre 1887 avant d'expliquer que cette formule «convient et suffit partout où l'on n'est pas aux prises avec les effectifs énormes des très grandes villes et des centres manufacturiers». Des inspectrices générales, elles-mêmes, jugent superflue une partie des écoles maternelles. Ces écoles, constate Marie Matrat en 1889, reçoivent bien peu d'enfants (280 000 présents sur un public de trois millions), qui sont surtout fournis par une douzaine de grandes villes et par quelques centres manufacturiers. Pourquoi vouloir généraliser, aux frais de l'État, un établissement qui rend des «services locaux, correspondant à des situations exceptionnelles», et dont 32 000 communes sur 34 000 parviennent à se passer[88]? On peut négliger la sous-estimation des nombres de présents et de communes équipées, car elle n'enlève rien à l'originalité d'une démonstration qui fonde désormais la légitimité de l'école des petits sur la *géographie* et non plus sur la *pédagogie*. Au nom d'un projet éducatif particulier, et de l'intérêt des jeunes enfants, les fondateurs de la salle d'asile souhaitaient l'implanter jusque dans les villages et l'ouvrir aux classes favorisées. Avec les mêmes arguments, l'administration impériale et les déléguées condamnaient l'inscription anticipée à l'école primaire. Ce raisonnement disparaît du discours républicain, qui sélectionne et qui justifie les diverses formes de préscolarisation en fonction de l'ampleur de la clientèle potentielle. La demande prend le pas sur l'offre : l'institution préélémentaire autonome n'est plus considérée comme l'instrument irremplaçable d'une offensive pédagogique universelle, mais comme une formule mieux adaptée aux concentrations de familles laborieuses.

La priorité accordée aux critères démographiques et sociaux s'accompagne d'une vision renouvelée de la première éducation publique qui sépare, cette fois, Marie Matrat et l'administration. Désespérée par l'influence persistante de la salle d'asile, mais confiante dans les progrès de l'éducation féminine, l'inspectrice générale propose, en 1889, de subventionner les mères indigentes pour leur permettre d'élever leurs enfants jusqu'à cinq ans. Les «refuges» des grandes cités et les «salles de jeu», ouvertes dans toutes les communes, compléteraient épisodiquement cette première éducation domestique quasi universelle : les écoles maternelles ou la fréquentation précoce – et regrettable – des écoles primaires deviendraient inutiles[89]. Le ministère de l'Instruction publique a préféré conserver un dispositif qui oriente une partie des jeunes enfants – 20 % en 1891 et 28 % en 1901 – vers les écoles primaires. La légalisation de la *classe enfantine* et de la *section enfantine* représente une innovation presque aussi importante que la métamorphose de la salle d'asile en maternelle. L'accueil des petits à l'école était une vieille habitude, partiellement ratifiée, par la circulaire du 22 mai 1867, là où la clientèle des établissements publics devait être préservée. En accordant le statut d'école conventionnellement obligatoire à la classe enfantine, désormais consacrée et baptisée par une loi, les réformateurs républicains accomplissent un pas plus décisif. Car que signifie la promotion de cette classe, et de son ersatz, la section enfantine, sinon la reconnaissance de l'école primaire comme un autre lieu légitime de préscolarisation, pourvu, au moins jusqu'en 1887, d'un personnel et d'un programme différents de ceux des établissements préélémentaires proprement dits ? Ni dans sa vocation, ni dans sa pédagogie, l'école maternelle n'a officiellement conservé le monopole de la première éducation publique reconnu à la salle d'asile.

Conclusion

Dès l'origine, les pionniers de la salle d'asile lui attribuent une double mission d'assistance et d'éducation. Ils ne veulent pas seulement accueillir les jeunes enfants du peuple dans un refuge salubre et rééquilibrer le budget des familles laborieuses en favorisant le travail des mères. Ils souhaitent dispenser à ces bambins une première éducation – physique, morale et intellectuelle – exemplaire. Au nom de ce projet pédagogique, ils proposent d'ouvrir aussi des établissements pour les enfants aisés, parfois négligés ou mal élevés par des mères mondaines ou maladroites. L'apparition de cette institution – cinquante ans avant le vote de la loi de 1874 sur le contrôle du placement des enfants de moins de deux ans – représente une étape fondamentale dans l'emprise de la collectivité sur la vie privée. Des notables et les pouvoirs publics osent intervenir dans le destin d'un âge traditionnellement placé sous la responsabilité exclusive de la famille. Ils proclament le droit du jeune enfant à recevoir une éducation satisfaisante au regard de ses besoins, tels qu'ils les conçoivent. Ils affirment la prééminence de ce droit sur les prérogatives des parents, ceux des classes populaires, jugés incapables d'éduquer et d'instruire leur progéniture, comme ceux des classes aisées. Avant les spécialistes du XXe siècle, ils soulignent les bienfaits des apprentissages collectifs et de la socialisation précoce.

L'ambition pédagogique de la salle d'asile est l'une des manifestations de l'intérêt porté aux années qui séparent le sevrage de l'âge de raison. Depuis la fin du XVIIIe siècle, un nombre croissant de médecins isolent cette période de l'existence, mieux reconnue dans la réflexion nosologique à partir des années 1830 et baptisée « seconde enfance » après 1860. Quelques pédagogues, impressionnés par la mémoire du jeune enfant, proposent de lui dispenser, dès l'âge de trois ans, un enseignement familial plus systématique et plus approfondi que celui des causeries maternelles et des jeux éducatifs. Des écrivains et des éditeurs adaptent le contenu et la présentation de leurs ouvrages aux capacités et aux goûts présumés d'un utilisateur de quatre ou de cinq ans. Des parents, qui gardent leur enfant près d'eux après la naissance ou qui le reprennent aussitôt après le sevrage, découvrent les transformations, le charme et les potentialités du bambin que son développement physique et ses nouvelles aptitudes intellectuelles rapprochent de plus en plus de son aîné. Si les mères, elles-mêmes, s'émerveillent devant les progrès constatés au-delà de deux ans, les pères, ou du moins certains d'entre eux, sont les plus enthousiastes. Agacés ou embarrassés par le tout-petit, fragile, pleur-nicheur ou endormi, ils sont séduits par le petit personnage alerte, curieux et loquace qui a surmonté les épreuves du sevrage et de la première dentition. La «seconde enfance» a constitué un terrain privilégié de rencontre et de tendresse entre certains hommes et l'enfant.

Les fondateurs de la salle d'asile, et plusieurs de ses partisans, appartien-nent à ces milieux aisés et cultivés qui se soucient particulièrement du jeune enfant et de sa formation. Le spectacle de l'enfance populaire, malmenée ou délaissée, et celui de l'enfance aisée, gâtée ou négligée, leur ont donné l'idée d'inventer un foyer de rechange et une mère de substitution. Ce n'est pas un hasard si Émilie Mallet, l'inspiratrice du premier établissement français, engage son action à un moment où elle décide, après un examen de conscience, de se consacrer davan-tage à l'éducation de ses propres enfants, dont les deux derniers ont deux ans et six ans. Les promoteurs de la nouvelle institution raisonnent aussi en fonction des représentations de l'enfance répandues parmi les hommes et les femmes de leur génération; mais ils échappent à tout classement trop rigide, fondé sur les débats autour de l'enfant et de son éducation. Ils considèrent le jeune enfant comme un rescapé encore fragile, une âme ingénument perverse, une intelligence limitée, mais fertile. Leur perception des années antérieures à l'âge de raison repose sur des bases éclectiques : l'appréciation chrétienne ambivalente de la nature enfan-tine, la réhabilitation rousseauiste du corps, la psychologie traditionnelle des facul-tés, qui souligne le rôle de la mémoire avant l'âge de raison, et l'empirisme sen-sualiste, qui valorise la connaissance sensorielle. Ces inspirations multiples ont produit un programme composite, qui anticipe sur la rénovation pédagogique, officiellement recommandée à partir de la fin des années 1850, sans abandonner le respect de l'école primaire traditionnelle pour l'ordre et pour les connaissances. La salle d'asile propose à ses usagers une première éducation religieuse, une ini-tiation concrète et attrayante aux rudiments, des leçons de choses, qui ne figure-ront pas au programme de l'école primaire avant 1882, des chants et des mouve-ments dirigés, destinés à les détendre, à les discipliner et à les fortifier. Elle refuse l'éducation par l'immobilité, en usage à l'école et à la garderie, comme la forma-tion par le jeu, libre ou organisé, que Fröbel systématisera dix ans plus tard. Elle emprunte certains de ses traits à l'éducation familiale et d'autres aux deux modèles concurrents d'enseignement primaire, le mode mutuel, déjà appliqué dans les *Infant Schools*, et le mode simultané des Frères. Elle adopte aussi bien la leçon de catéchisme que certains exercices corporels et intuitifs recommandés par les médecins et les pédagogues des Lumières.

Les dames d'œuvres et les philanthropes qui fondent cette institution n'obéissent pas seulement à des motivations affectives et culturelles. Leur initia-tive s'inscrit dans un projet politique et social. La mise au travail des femmes du peuple et la formation précoce de ses enfants constituent une pièce maîtresse du système d'assistance et de régénération des mœurs imaginé par la société bourgeoise. Par l'intermédiaire du bambin rééducateur et de la dame patronnesse, les partisans d'une éducation collective anticipée espèrent lutter contre la déchristianisation des milieux populaires et leur inculquer leur conception de l'ordre, du travail et de l'hygiène. La montée de la peur sociale sous la monarchie de Juillet et après les événements de 1848 confère un plus grand poids à cet objectif. Le rapt quotidien de la progéniture des familles populaires et sa moralisation précoce sont alors présentés comme une garantie supplémentaire contre la subversion. Dans le discours de promotion de la petite école, l'apologie du dressage l'emporte sur la célébration d'un premier enseignement attrayant. Il n'en serait pas moins abusif d'interpréter, d'abord, la salle d'asile comme l'un des dispositifs mis en place, au moment de la Révolution industrielle, pour utiliser la main-d'œuvre féminine et contenir les classes laborieuses. L'ouverture des premiers établissements, à la fin des années 1820, ne peut pas être expliqué par l'argument de la défense de l'ordre social, avancé dix ou quinze ans plus tard. La vocation pédagogique universelle de l'école enfantine, sa mission religieuse, fondamentale pour Émilie Mallet, et sa dispersion géographique interdisent, par ailleurs, de la réduire à un simple calcul économique et politique, inspiré par une Révolution industrielle plus tardive et bien localisée. A une époque où l'idéologie libérale restreint la politique d'assistance publique, le rassemblement des jeunes enfants du peuple dans des lieux salubres, où ils peuvent être nourris, soignés et vaccinés, répond à des besoins pressants et représente, comme bien d'autres initiatives charitables ou philanthropiques, une innovation où la générosité a sa part[1]. En fait, plusieurs facteurs ont contribué à multiplier les salles d'asile : l'intervention des laïcs chrétiens, qui étaient prêts à donner de l'argent et du temps pour secourir les indigents et reconquérir la société post-révolutionnaire, l'engagement des philanthropes, qui voulaient rénover le système d'assistance et améliorer l'espèce humaine, l'appui de l'État et des communes, qui refusaient d'abandonner une institution d'éducation à l'initiative privée, l'esprit de charité et la stratégie scolaire des congrégations, la reconnaissance par certains adultes de la spécificité de la « seconde enfance », l'ambition de quelques femmes de la bourgeoisie et de l'aristocratie de jouer un rôle dans la cité, le désir de certains industriels de recruter plus facilement une main-d'œuvre féminine et la volonté de plusieurs notables d'entreprendre très tôt le dressage des classes laborieuses.

La répartition géographique des établissements ne permet pas de hiérarchiser ces motivations, ni même de relier systématiquement la nouvelle institution à l'emploi féminin non agricole ou à l'urbanisation. La salle d'asile ne s'est pas implantée dans toutes les communes où les mères exerçaient une activité professionnelle, car plusieurs familles populaires ont préféré continuer d'envoyer leur bambin dans les écoles ou dans les garderies traditionnelles, dont les tenancières partageaient leur mode de vie et leurs valeurs. Dans les faits, la «police des familles» par l'intermédiaire de l'école enfantine, et de bien d'autres institutions charitables et philanthropiques de la première moitié du XIXᵉ siècle, n'a pas été aussi importante que le laissent supposer les généralisations hâtives des auteurs qui confondent les projets – présentés dans des sources imprimées, d'accès facile – et leur mise en œuvre, et qui oublient, en plus, les capacités de résistances des publics visés[2].

L'intervention précoce de l'Université a été déterminante dans le destin de l'institution des jeunes enfants. Jusqu'au milieu du siècle, et malgré les premières initiatives de l'État en 1836 et en 1837, la salle d'asile assume largement l'héritage de ses fondateurs. Elle associe les missions d'assistance et d'éducation; elle reste placée sous l'autorité des dames inspectrices; elle accepte la première instruction tout en refusant la mémorisation excessive et l'initiation trop poussée aux rudiments. Malgré son diplôme, sa responsable, appelée *surveillante,* reste une professionnelle de second rang dont la formation se limite à l'apprentissage rapide du mécanisme de l'établissement. La seconde offensive de l'État, en 1855, s'appuie sur une redéfinition de la salle d'asile qui renforce l'ascendant du modèle scolaire. Présentée comme la «base» de l'enseignement primaire, l'institution des jeunes enfants reçoit une mission éducative prioritaire et un programme d'instruction plus poussé, qui disqualifie la compétence maternelle ou la simple connaissance de quelques procédés. Elle échappe, en partie, à l'influence des dames patronnesses et elle emploie des *directrices*, pourvues d'un diplôme dont le niveau intellectuel est relevé. Plusieurs maîtresses poussent les bambins les plus doués ou les plus âgés pour bien se distinguer des simples gardiennes et satisfaire les inspecteurs des écoles primaires, qui réclament des élèves déjà avancés. L'expérimentation de la méthode Fröbel, en 1856, et l'offensive, trois ans plus tard, de l'impératrice et de plusieurs dames du Comité central contre les excès de l'enseignement n'auront guère d'effets. Inscrite dès l'origine dans le projet de la «petite école», selon l'expression de la circulaire du 5 mars 1833, la mission de propédeutique structure l'institution et limite ses possibilités d'évolution.

Le projet d'instruction précoce aurait-il rencontré tant de succès s'il n'avait pas répondu aux attentes de certains usagers? Des familles très démunies considèrent l'initiation anticipée aux rudiments comme le moyen d'écourter le séjour à l'école primaire avant la mise au travail de l'enfant, nécessaire à l'équilibre de leur budget. Des employés, des commerçants ou des maîtres-artisans, c'est-à-dire des parents sortis de l'indigence et parfois dotés d'un premier capital scolaire, veulent faire instruire très tôt leurs héritiers pour favoriser leur scolarité ultérieure. Certains de ces parents préfèrent d'ailleurs envoyer leur bambin de moins de six ans à l'école, lieu reconnu d'apprentissage des rudiments. Le désir d'instruction précoce repéré dans une partie des milieux populaires est une nouvelle pièce à verser au dossier de la scolarisation française du siècle dernier. Il confirme le rôle de la demande des familles à côté des initiatives des autorités.

L'adaptation de la salle d'asile à son petit usager a été entravée par une conception éclectique du jeune enfant, qui incitait à exploiter sa mémoire et à brider sa spontanéité, et par les spéculations multiples – religieuses, scolaires, économiques et bientôt politiques – dont il était l'objet. Les effectifs démesurés des établissements et le rassemblement de tous les âges – des benjamins de deux ans aux moniteurs de six ans – ont constitué d'autres obstacles insurmontables. La discipline imposée par l'objectif de moralisation, comme par l'entassement des bambins, et l'intérêt croissant pour l'instruction ont joué contre la pédagogie de la joie et de la tendresse, que certains théoriciens, et plus particulièrement les femmes, recommandaient simultanément de mettre en œuvre. Malgré l'ingéniosité déployée par ses fondateurs pour s'écarter du modèle scolaire traditionnel, la salle d'asile fait figure d'établissement bâtard. Parler de cette institution au singulier n'a d'ailleurs guère de sens. Ici, des directrices inscrivent au programme des marches, des mouvements de petite gymnastique, des chants et des leçons de choses. Là, des maîtresses poussées par les parents transforment la salle d'exercices en centre d'apprentissage des rudiments. Ailleurs, d'autres responsables, âgées, épuisées ou sceptiques à l'égard de toute éducation – et, *a fortiori,* de toute instruction – avant l'âge de raison, préfèrent garder les enfants et, parfois, les laisser jouer.

L'école maternelle instituée entre 1881 et 1887 entend se définir contre les avatars de sa devancière. Mais son originalité est plus limitée que ne le laissait présager la dénonciation virulente de la salle d'asile par les inspectrices générales républicaines, car le poids de la tradition et le choix, politique, de traiter l'accueil des deux-six ans comme une question scolaire préservent l'influence de l'enseignement primaire. La nouvelle institution des jeunes enfants est confiée à des institutrices formées dans les écoles normales ; elle est dotée, parfois, du même mobilier que l'école des grands ; elle conserve un ambitieux programme d'enseignement. La légitimation de l'accueil des moins de six ans dans les *classes enfantines* et dans les *sections enfantines* des écoles primaires la prive, simultanément, du monopole pédagogique officiel attribué à la salle d'asile au nom de la spécificité de la première éducation collective. Les réformateurs les plus exigeants, comme Pauline Kergomard, ont seulement obtenu une juxtaposition de consignes – contradictoires – empruntées aux modèles d'éducation familiale et scolaire.

Vingt ans plus tard, le ministère reconnaît les effets pervers de la revalorisation de la petite école sur le modèle de la grande. La «maternelle est peu à peu dévoyée de ses fins et débordée par l'enseignement primaire», constate la circulaire du 22 février 1905 avant d'énumérer les responsables : le programme, ambivalent et inadapté au développement de l'enfant, les classes enfantines, qui introduisent des pratiques scolaires dans l'éducation des petits, les inspecteurs et les instituteurs, qui jugent la maternelle en fonction de l'école primaire, les parents, qui poussent à l'instruction anticipée, et les maîtresses, qui cèdent à la tentation. Le nouvel intérêt des autorités pour l'hygiène de l'enfant, dans un contexte démographique inquiétant, puis le traumatisme de la Première Guerre mondiale, favorisent cette remise en cause. Après le constat critique de 1905, l'instruction du 16 mars 1908 et le décret du 15 juillet 1921 redéfinissent la première éducation publique des enfants de deux à six ans. Réintroduite dans le discours officiel sous l'influence de Pauline Kergomard, la fonction d'accueil et d'assistance est détachée de la fonction pédagogique. Les institutrices dispensent la «première éducation», mission obligatoire ; les municipalités organisent, en dehors des heures d'ouverture réglementaires, le service facultatif de garde. Après avoir proclamé la priorité du développement physique et de la socialisation sur l'éducation morale et intellectuelle, le programme de 1921 réinterprète les rubriques de 1887 en fonction d'une pratique pédagogique différente de celle de l'école. «Tous les termes qui semblent impliquer un enseignement proprement dit» sont bannis ; seul subsiste «l'exercice», occasion fournie à l'enfant d'agir et de se former. Deux autres dispositifs visent à contenir l'ascendant de l'enseignement primaire. Les classes enfantines doivent, désormais, appliquer le nouveau programme des écoles maternelles. Les maîtresses de ces écoles et de ces classes seront, à l'avenir, recrutées parmi les titulaires du brevet supérieur avec la mention «Pédagogie de l'école maternelle, puériculture, hygiène et science appliquée à la puériculture et à l'hygiène». Jamais le discours réglementaire n'avait affirmé aussi nettement la particularité de l'éducation publique des enfants de deux à six ans.

Après les choix de 1921, et l'instruction du 15 janvier 1937 sur la construction et l'aménagement des écoles maternelles, le ministère garde le silence, pendant un demi-siècle, sur le programme et la méthode de ces établissements. L'école des plus petits évolue, pourtant, sous l'impulsion de l'*Association générale des institutrices des écoles maternelles et des classes enfantines,* créée en 1921. Elle utilise le matériel d'éducation sensorielle de Maria Montessori, elle adopte la méthode des centres d'intérêt d'Ovide Decroly, elle emprunte quelques idées à Édouard Claparède ou à Célestin Freinet. En bref, elle accorde plus d'importance à la motivation des enfants et à la valeur éducative du jeu, mais sans se ranger derrière une doctrine. La célébration rituelle des progrès de la préscolarisation, à partir de la fin des années 1950, s'accompagne d'un discours enthousiaste sur le pragmatisme et le succès d'une institution présentée comme le «fleuron» de la pédagogie française[3]. D'autres voix reprochent à l'école maternelle contemporaine de pratiquer une sélection précoce en fonction des origines socio-culturelles, au lieu de compenser les inégalités de l'accès à la scolarisation[4], ou d'imposer une orientation trop scolaire aux activités ludiques des enfants[5]. Si l'historien n'est pas qualifié pour intervenir dans cette discussion, il peut, au moins, considérer les vingt dernières années à la lumière des discours et des pratiques du siècle dernier. Au-delà de l'expansion de la préscolarisation, il remarque la propagation de l'intérêt pour la formation du jeune enfant, la permanence du débat sur les missions de l'école maternelle et l'audience croissante du projet d'instruction précoce.

L'urbanisation et l'essor du travail féminin salarié n'expliquent pas totalement la préscolarisation, dès 1976, de 77 % des enfants de deux ans à cinq ans révolus. Les Français s'adressent à l'école maternelle, qui enregistre alors les trois quarts des préscolarisés, car ils jugent son intervention indispensable au bon développement de l'enfant pendant une époque importante de son existence. Encore très répandue au XIXe siècle, l'assimilation de la « seconde enfance » à une période mineure n'est plus d'actualité. La créativité du bambin, son besoin de socialisation et la valeur formatrice de ses jeux sont devenus des lieux communs des magazines, qui proclament aussi, lorsqu'ils évoquent les moins de deux ans, les « capacités étonnantes » du « Superbébé »[6]. Du premier livre, à un an, aux premiers jeux pour console, il n'est guère de domaines pour lesquels les parents ne trouvent des conseils et des objets adaptés – du moins d'après la publicité – aux tranches d'âge repérées avant la sixième année. La vulgarisation des connaissances psychologiques et pédiatriques a contribué à cette perception plus précise et plus exigeante du jeune enfant et de son éducation. Dès les années 1960, les familles bourgeoises, elles-mêmes, ont été gagnées au modèle professionnel d'éducation collective des bambins, qui s'est finalement imposé à toutes les classes de la société[7].

L'école maternelle a simultanément évolué sous la double influence des nouveaux savoirs élaborés sur le jeune enfant et des attentes, surtout pédagogiques, de la clientèle des familles aisées, qui reconnaissaient déjà la valeur du jeu éducatif[8]. Les allusions du décret de 1921 à la puériculture – qui tranchaient sur la simple exaltation de la compétence maternelle dans les textes du siècle précédent – n'étaient rien à côté des références détaillées de la longue circulaire du 2 août 1977 à la biologie, à la neurophysiologie et à la psychologie génétique, et des emprunts des ouvrages professionnels récents aux conclusions des neurosciences[9]. La reconnaissance savante de la « petite enfance », selon l'expression de Jean Piaget, comme une époque favorable pour certains apprentissages a donné une nouvelle légitimité pédagogique à une institution qui a longtemps pâti de l'image léguée par une interprétation réductrice des salles d'asile. L'école maternelle, proclament les inspectrices générales au cours des années 1960 et 1970, n'est pas l'établissement des enfants *trop petits* pour la classe élémentaire, qu'ils gêneraient, ou *trop grands* pour la crèche, qu'ils encombreraient : c'est l'école d'un âge particulier, dont les étapes réclament des interventions éducatives appropriées, dans la petite section, la moyenne et la grande[10]. A la notion d'enseignement *préscolaire*, défini par le critère juridique de l'absence d'obligation, succèdent, dans le discours officiel des années 1970, les références à un enseignement baptisé *préélémentaire* en raison de son originalité pédagogique.

Le débat autour de l'éducation collective des moins de six ans s'est poursuivi en se resserrant autour du sort des plus petits et des plus grands. Estimée à 18 % en 1971, à 36 % en 1981 et à 35 %, seulement, en 1991, la préscolarisation dès l'âge de deux ans est contestée. Des médecins la jugent traumatisante ; des maîtresses avouent leur désarroi devant l'indifférence de ce très jeune public pour les activités proposées[11]. A l'autre extrémité du cursus préélémentaire, la présence des plus de cinq ans est remise en cause au nom de l'intérêt des enfants les plus avancés. Depuis la fin des années 1960, plusieurs ministres ont envisagé de résoudre ces problèmes en confiant les enfants de deux ans et de trois ans à des «aides-éducatrices», en initiant systématiquement les plus de quatre ans aux apprentissages de l'école ou en abaissant d'un an l'obligation scolaire. La question est en partie tranchée lorsque la loi du 10 juillet 1989 et ses textes d'application incluent la grande section à la fois dans le *cycle des apprentissages premiers*, représenté par la maternelle, et dans le *cycle des apprentissages fondamentaux* (grande section-cours préparatoire-cours élémentaire première année), implanté, pour les deux derniers niveaux, dans les écoles primaires. Les autorités cherchent à résoudre le problème – ancien – de la transition entre l'institution des moins de six ans et celle de l'âge de raison en réaffirmant la vocation scolaire d'une partie, au moins, du cursus préélémentaire. Les textes officiels, qui soulignaient, en 1975 et en 1977, la contribution de l'école maternelle au développement de la personnalité de l'enfant, à sa socialisation et au dépistage des handicaps, insistent plutôt, en 1986 et en 1989, sur sa mission scolaire proprement dite. Et le rapport du recteur Migeon sur *La réussite à l'école*, remis au ministre de l'Éducation nationale en 1989, conseille d'apprendre à lire pendant le séjour dans l'institution des jeunes enfants[12].

Cette inflexion des priorités officielles est un indice parmi d'autres du regain d'intérêt pour l'instruction précoce. «A six ans, il est peut-être déjà trop tard», écrit Rachel Cohen, en 1977, en conclusion d'un plaidoyer pour l'apprentissage anticipé de la lecture. A la même époque, paraît en France l'un des ouvrages de Glen Doman, le fondateur du *Better Baby Institute* de Philadelphie, qui propose d'enseigner la lecture, les mathématiques et la culture générale à partir de trois mois. La publication ultérieure d'autres guides d'instruction précoce[13] et leur écho médiatique répondent aux inquiétudes des parents confrontés à une crise économique qui rend aléatoire le destin professionnel de leurs enfants. La pédagogie des établissements préscolaires traditionnels est jugée trop lente pour armer le futur chercheur d'emploi. A la recherche de l'épanouissement et au développement des aptitudes, privilégiés dans les années 1970, succède le souci des apprentissages scolaires immédiats. Mais cette nouvelle priorité ne fait pas l'unanimité. Des enseignantes et des pédagogues, qui jugent dangereuse la stimulation systématique du jeune enfant, refusent l'éclatement de l'école maternelle entre une petite section, réduite à un centre de loisirs, et une grande section, victime de sa «primarisation[14]».

«Une école menacée par ses ambiguïtés[15]»: cette remarque d'un responsable de l'Éducation nationale à propos de l'école maternelle, en 1993, prouve la persistance des interrogations sur le statut et les missions de l'institution préélémentaire plus d'un siècle et demi après la création de la salle d'asile. Ni l'organisation de l'école maternelle républicaine, entre 1881 et 1887, ni sa transformation officielle en 1908 et en 1921, ni les instructions ministérielles récentes, n'ont produit un modèle définitif d'éducation publique des enfants entre deux ans et six ans. Même si elles ont complété ou corrigé les intuitions des fondateurs et des réformateurs de la salle d'asile, l'approche scientifique systématique des années antérieures à l'âge de raison et l'identification de plusieurs stades de développement n'ont pas davantage clos le débat. Les représentations du jeune enfant et les orientations de l'institution qui lui est réservée sont, en partie, des créations continues, dont chaque époque hiérarchise les traits, traditionnels ou nouveaux, selon ses valeurs et ses besoins. Les pionniers de la première moitié du XIXᵉ siècle ont agi en fonction d'une image à la fois valorisante – et à ce titre nouvelle – et réductrice de l'enfant de deux à six ans, dont ils surestimaient le développement tout en ne reconnaissant pas sa capacité à se former en jouant. Ils ont refusé de continuer à l'abandonner indifféremment à une nourrice, à une gardienne ou à un maître d'école. Ils ont décidé de lui réserver une éducation particulière, confiée, dans un bâtiment distinct, à un personnel spécialisé. Créée pour remplir cette nouvelle mission, la salle d'asile a inscrit l'accueil et la formation de la «seconde enfance» dans la réflexion pédagogique, les équipements collectifs et les activités professionnelles de la cité. Malgré ses défauts et ses limites, elle a contribué à diffuser un intérêt pour le jeune enfant que la seconde moitié de notre siècle a généralisé.

Notes

Introduction

1. Les travaux sur la salle d'asile sont cités dans la bibliographie. Ils se rapportent aux établissements précurseurs (les poêles à tricoter d'Oberlin et les *Infant Schools*), à l'un des fondateurs (Jean-Denys Cochin), à l'une des responsables nationales (Marie Pape-Carpantier), à certains modèles pédagogiques (le piétisme, l'éducation corporelle) ou à la situation d'un département (l'étude de J. L. Bellin sur l'Aube est actuellement la meilleure monographie disponible). Malgré son titre ambitieux, le doctorat de troisième cycle en Sciences de l'éducation de F. Dajez (1983) analyse le seul modèle des années 1830 sans s'intéresser à l'évolution de l'institution et sans étudier les nombreux aspects du fonctionnement quotidien des établissements. Il néglige quasiment toutes les sources manuscrites, il n'exploite pas les sources statistiques et il ignore souvent les contextes historiques. Quelle que soit l'utilité, à des degrés divers, de ces travaux spécialisés, ils ne répondent pas aux exigences d'une histoire globale de la première institution des jeunes enfants.

2. On retrouve cette interprétation, à des degrés divers, dans le travail déjà cité de F. Dajez, dans I. Joseph, « Tactiques et figures disciplinaires », *Disciplines à domicile, l'édification de la famille, Recherches*, novembre 1978, pp. 29-139 et dans M. Bouillé, *L'École, histoire d'une utopie, XVIIe-début XXe siècle*, Paris, Rivages, 1988, 248 p.

3. Cité par C. Hippeau, *L'Instruction publique en France pendant la Révolution*, Didier, 1881, pp. 63-64.

4. Abbé Chirat, *Guide de la charité*, Lyon, Lesne, 1843, p. 328 ; « Extrait d'un discours prononcé en 1836 par M. Maupoint, vicaire de la paroisse Notre-Dame », *L'Ami de l'Enfance*, 1837, p. 27 ; Th. Barrau, *Du rôle de la famille dans l'éducation*, Paris, Hachette, 1857, p. 174.

5. Th. Barrau, *Du rôle de la famille...*, op. cit., p. 172 ; H. Duport, *Conseils sur l'éducation, premier et deuxième temps de l'enfance*, Paris, Garnier, 1851, p. 40.

6. A. Prost, *L'École et la Famille dans une société en mutation*, tome IV de l'*Histoire générale de l'enseignement et de l'éducation en France*, sous la direction de L.-H. Parias, Paris, N.L.F., 1981, p. 85.

7. Deux études importantes ont orienté notre réflexion : J.-Cl. Chamboredon, J. Prévot, « Le *métier d'enfant*. Définition sociale de la prime enfance et fonctions différentielles de l'école maternelle », *Revue française de sociologie*, juillet-septembre 1973, pp. 295-335 et E. Plaisance, *L'École maternelle en France depuis la fin de la Seconde Guerre mondiale*, doctorat d'État sous la direction de V. Isambert-Jamati, Université de Paris V, 1984, 872 p. (publié, dans une version résumée, sous le titre *L'Enfant, la maternelle, la société*, PUF, 1986, 206 p.).

8. F. Dodson, *Tout se joue avant six ans*, Paris, Laffont 1972, p. 230.

Chapitre 1

1. Parmi les sources imprimées concernant les initiatives européennes, on peut citer : J.-B. Basedow, *Manuel élémentaire d'éducation*, traduit par Huber, Leipzig, Crusius, 1774, livre I, 82 p. ; R. Dale Owen, *Esquisse du système d'éducation suivi dans les écoles de New-Lanark*, Paris, Lugan-Ponthieu, 1825, 165 p. ; J. Monod, *Notice sur l'école des petits enfants établie à Genève*, Genève, Bonnant, 1829, 69 p. ; É. Mallet, « Notice Historique sur l'origine et le développement de l'institution des salles d'asile et des écoles de l'enfance », *A.E.*, mai-juillet 1835, pp. 145-151 ; *Des écoles et des salles d'asile en Italie en 1834*, Risler, 1835, 46 p. ; « Rapport du comité des écoles de petits enfants de Lausanne », *A.E.*, 1836, p. 313 ; « Des écoles gardiennes de Bruxelles », *A.E.*, 1838, p. 357 ; « Écoles maternelles-pays étrangers », *D.P.*, t. I, pp. 1873-1877. Ces sources ont été complétées par les travaux suivants : A. Schmid, *Geschichte der Erziehung von Anfang an bis auf unsere Zeit*, Stuttgart, 1902, pp. 447-450 ; A. Bömer et O. Leunenschloss (ed.), *Westfälische Lebensbilder*, Münster, Aschendorfschen Verlagsbuchhandlung, 1931, pp. 237-252 ; E. Catarsi, G. Genovesi, *L'Infanzia a scuola*, Bergame, Juvenilia, 1985, pp. 11-49, ; G. Erning, K. Neumann, J. Jürgen (hg.), *Geschichte des Kindergartens*, Freiburg, Lambertus, 1986, t. I, pp. 15-28 ; « Historia de la educacion infantil », *Historia de la Educacion*, n° 10, 1991, 469 p.

2. Voir, sur cette question, le travail nouveau de L. Chalmel, *La petite école dans l'école. Origine piétiste-morave de l'école maternelle française*, Berne, Peter lang, 1996, 353 p.

3. M.-A. Jullien, « Notice sur la colonie industrielle de New-Lanark », *Revue Encyclopédique*, avril 1823, pp. 4-18.

4. C. Duprat, *Le temps des philanthropes. La philanthropie parisienne, des Lumières à la Monarchie de Juillet. Pensée et action*, Doctorat d'État, Université de Paris I, 1991, 2 200 p. et, notamment, pp. VIII-XI, 43, 111 et 1 009.

5. Pour reconstituer le scénario de la naissance du Comité des dames et de l'ouverture de la première salle d'asile, nous avons consulté, en priorité, le journal de Mme Mallet (16 avril 1825 ; 11, 13, 14, 16, 26 et

27 février ; 3 et 13 mars 1826), désormais désigné, dans nos références, par les mots **Souvenirs** (entre 1794 et 1825) et **Journal** (entre 1825 et 1856), et diverses sources imprimées : délibération du Conseil général des hospices du 19 mai 1824, B.H.V.P., pièce f° 555 ; A. Durand, « Écoles maternelles » et Ch. Defodon, « Mallet (Mme) », *D.P.,* pp. 1803 et 1862 ; H. de Witt-Guizot, *Une Belle Vie, Mme Jules Mallet,* Paris, Hachette, 1881, p. 25 et Ch. Defodon, « Les origines de l'école maternelle », *A.E.,* décembre 1886, p. 86.

6. Né en 1789, Jean-Denys-Marie Cochin est le petit-neveu du curé janséniste de Saint-Jacques-du-Haut-Pas, fondateur, en 1780, de l'hôpital qui porte son nom. Il s'occupe, à partir de 1815, du contentieux des Hospices et il entre, en 1829, à leur Conseil général. Monarchiste constitutionnel, Jean-Denys Cochin succède à son père, en 1825, à la mairie du XIIe arrondissement. Il est nommé, en 1829, au Conseil général des hospices. Rallié à la Monarchie de Juillet, il conserve ses fonctions aux Hospices et il devient, en 1833, le premier secrétaire du Comité central d'instruction primaire de Paris. Il est élu conseiller général de la Seine en 1832, puis député de Paris en 1837. Jusqu'à sa mort, en 1841, il assume de nombreuses responsabilités dans des institutions charitables ou philanthropiques. Les informations à son sujet ont été trouvées dans les documents suivants : Journal, 23 mars 1827 ; la « Notice sur M. Cochin », rédigée par Mme Mallet et publiée en introduction de la troisième édition de J.-D.-M. Cochin, *Manuel des salles d'asile,* Hachette (1833), 1845, pp. v-xv (ouvrage désormais présenté par la mention **Manuel**) ; la nouvelle notice, rédigée par Augustin Cochin, publiée en tête de la quatrième édition du *Manuel,* en 1853 ; E. Gossot, *Les salles d'asile en France et leur fondateur, Denys Cochin,* Paris, Didier, 1884, 344 p. ; M. Lemaire, *Un Grand Bourgeois philanthrope du Paris orléaniste, J.-D.-M. Cochin,* Maîtrise d'Histoire, Paris X, 1986, pp. 20-72 et L. H. Winnie, *Aegis of the bourgeoisie, the Cochin of Paris (1750-1922),* Ph.D., Université du Michigan, 1987, pp. 240-312.

7. E. Gossot, *op. cit.,* p. 55.

8. E. Millet, *Observations sur le système des écoles d'Angleterre pour la première enfance...,* Paris, Servier, 1828, 18 p. ; É. Mallet, « Appendice » à la troisième édition du *Manuel* Cochin, déjà citée, p. 197 (désormais présenté par le seul mot **Appendice**) ; Ch. Defodon, « Millet Eugénie », *D.P.,* p. 1923 ; E. Gossot, *op. cit.,* p. 60.

9. Ordonnance du 22 mars 1831 ; *Manuel,* op. cit., pp. 64-68 ; E. Gossot, *op. cit.,* pp. 64-67 et L.H. Winnnie, *op. cit.,* pp. 272-273.

10. Journal, 9 et 19 juin 1829 ; billets, non datés, de Mme de Pastoret, archives de Mme Mallet, Musée Social (désormais identifié par les initiales **M.S.**) « Appendice », *op. cit.,* pp. 198-199 ; délibération du Conseil des hospices du 26 mars 1828, B.H.V.P., ms. 192, fol. 456-457.

11. Note du ministre au préfet du 26 septembre 1828, *Ibid.,* fol. 459-460 ; Journal, 14 février, 3 avril, 9 et 19 juin, 5 juillet et 29 août 1829 ; Appendice, *op. cit.,* pp. 198-199.

12. Le Comité des dames réunit la marquise de Pastoret (présidente), la comtesse de Laborde (vice-présidente), Mme Jules Mallet (secrétaire), la duchesse de Praslin, les comtesses de Bondy et de Rambuteau, les vicomtesses de Portalis et de Vaufreland, les baronnes de Tholosé et Anisson-Duperon, et Mesdames Boutarel, Caussin de Perceval, Dauloux-Dumesnil, Delondre, Guerbois, Gauthier-Delessert, Moreau et Frédéric Moreau. Trois commissaires représentent le Conseil général des hospices : MM. de la Bonardière (vice-président), Valdruche (secrétaire) et Cochin.

13. Comité des dames, réunions des 25 février, 10 mai, 12 juillet 1830, 10 avril, 9 mai, 11 juillet 1831, 13 février, 13 mars, 14 mai et 10 septembre 1832, 11 et 21 février, 11 mars, 8 avril et 10 juin 1833, 13 juillet 1835 (M.S.).

14. *Ibid.* et « Compte-rendu de la situation des salles d'asile de Paris, de 1826 à 1837 », *A.E.,* mars 1837, pp. 33-38.

15. Après avoir siégé dans le premier comité parisien, Amélie de Champlouis, dont l'époux est nommé préfet du Bas-Rhin puis du Pas-de-Calais, réside à Strasbourg puis à Arras, où elle intervient activement dans la fondation des premiers asiles. Son ouvrage, relativement modeste (52 pages in 8°), cité ici dans sa troisième édition (Paris, Delalain, 1835) évoque les objectifs de la nouvelle institution, sa fonction éducative, les qualités de son maître et le rôle des comités d'inspection. Il propose aussi des exemples de règlements, d'emplois du temps et d'exercices.

16. Dans la première partie de cet ouvrage (285 pages in 8°), l'auteur envisage les retombées positives des salles d'asile sur le bien-être des familles et sur le coût de l'assistance, le recrutement de leur personnel et leur système de surveillance. Dans la seconde partie, il plaide en faveur d'une méthode spéciale, il énumère les devoirs des enseignants, il propose un emploi du temps modèle et il conseille plusieurs procédés d'éducation et d'instruction.

17. Pour nous informer sur Émilie Mallet, nous avons consulté ses archives personnelles, ses divers écrits, énumérés dans nos sources, les publications, déjà citées, de Mme de Witt-Guizot (1881) et de

Ch. Defodon (1882) et l'étude de C. Grand, *La Banque de Neuflize, Schlumberger, Mallet (1667-1990)*, thèse de droit, Université de Nancy II, 1990. Les billets de Mme de Pastoret, non datés, mais écrits entre 1828 et 1829, reconnaissent le rôle primordial de leur destinataire : *« Je fais des vœux pour que votre rhume aille mieux, car je serais désolée que l'assemblée ait lieu sans <u>sa première créatrice</u> »* (c'est nous qui soulignons) ; *« Vous voyez que <u>votre bonne idée</u> est encouragée et adoptée à l'envi »* (après l'annonce des bonnes dispositions du Conseil à l'égard des projets du Comité) ; *« votre sœur n'est-elle pas admise, de droit, dans l'œuvre des asiles <u>que vous avez fondée</u> »*, M.S.

18. Journal, 28 mai et 1er juin 1828, 10 et 20 janvier, 12 février et 3 avril 1829 ; lettres de M. de Pastoret des 4 et 24 juin 1828, M.S.

19. Billets, non datés, de Mme de Pastoret, M.S.

20. A. de Villeneuve-Bargemont, *Économie politique chrétienne...*, Paulin, 1834, t. II, p. 659 ; Ch. Roselly de Lorgues, *Le Livre des communes ou la régénération de la France par le presbytère, l'école et la mairie*, (1838), Hivert, 1842, pp. 416-424 ; Mgr Giraud, «Instruction pastorale sur les salles d'asile», *L'Ami de la religion*, 1846, t. I, p. 456 ; *L'Univers*, 2 octobre 1847, p. 1.

21. «Règlement constitutif des dames inspectrices de Strasbourg», *A.E.*, mai-juillet 1835, pp. 71-74, et *A.E.* 1839, pp. 177-179, et 1840, pp. 250-251.

22. Rapport de l'inspecteur des écoles sur le Maine-et-Loire, 1846, A.N., F17 9351 (Angers) ; Y. Marec, «Les petits enfants entre la charité et l'instruction à Rouen au XIXe siècle», *Annales de Normandie*, mai 1985, p. 128 (Rouen), *La Minerve de la Jeunesse* (publié de juin 1835 à août 1836 au profit des asiles bordelais) pp. 381-383 et *A.E.*, 1839, pp. 181-182 (Bordeaux) ; R. Oberlé, *L'Enseignement à Mulhouse, 1798-1820*, Paris, Les Belles Lettres, 1961, p. 113 (Mulhouse), *Étrennes nantaises*, 1837, p. 63 et *A.E.*, 1835, pp. 110-111 (Nantes), P. Pierrard, *La Vie ouvrière à Lille sous le Second Empire*, Bloud et Gay, 1965, p. 333 (Lille), *A.E.*, 1835, p. 187 et 1839, pp. 125-126 (Tours), *A.E.*, 1839, pp. 50 et 72 (Caen).

23. Arrêté du 29 juillet 1831 instituant la commission et rapport au maire, non daté ; séance du conseil municipal du 25 octobre 1834, A.M. Lyon, R 5 ; lettre du maire au préfet du 29 juin 1831, A.D., Rhône, T 51 ; *Procès-verbal de l'assemblée des souscripteurs fondateurs des salles d'asile pour l'enfance, le 10 février 1834*, Lyon, Ayré, 1834, pp. 6-7 et 18 ; I. Polinière (médecin à l'hospice et président de la Commission exécutive des asiles), *Salles d'asile pour l'enfance de la ville de Lyon*, Lyon, Rossary, 1835, pp. 7-10.

24. O. Faure, *Genèse de l'hôpital moderne. Les hospices civils de Lyon de 1802 à 1845*, P.U.L., 1982, pp. 17 et 150.

25. Lettre du préfet au maire du 25 janvier 1834, A.M., Lyon, R 5 ; *Procès-verbal...*, op. cit., pp. 9-16.

26. Comité des dames, réunions des 12 et 19 janvier 1834 ; «Rapport au ministre de l'Instruction publique par les dames composant le Comité des salles d'asile de l'enfance», M.S.

27. Cité par N. Labouchère, Manuscrit (ce document, non paginé, réunit des notes rédigées par la fille aînée de Mme Mallet. Nous l'identifions par le nom de **Manuscrit**).

28. Comité des dames, réunion du 13 février 1834 ; Journal, 6 février 1834.

29. Journal, 9 janvier 1835 ; projets de règlements annexés au procès-verbal de la réunion du 9 mars 1835 du Comité des dames, et lettres de Mme Mallet à la comtesse Pelet de la Lozère des 26 et 27 avril 1835 (les cinq volumes, non paginés, de cette correspondance seront désormais désignés par le nom de **Lettres**).

30. P. Bousquet, «Une tentative de municipalisme scolaire : l'enseignement primaire parisien sous la Monarchie de Juillet», *RHMC*, janvier-mars 1982, pp. 78-81 ; R. Tronchot, *L'Enseignement mutuel en France, de 1815 à 1833*, doctorat d'État, Paris, L'Auteur, 1972, t. I, pp. 500-504.

31. «Rapport du Comité central d'instruction primaire de Paris au ministre de l'Instruction publique», *A.E.*, 1836, pp. 258-271.

32. Lettres, 29 mars 1836.

33. Journal, 29 avril et 2 mai 1836, «Délibération du Conseil royal du 13 mai 1826», *A.E.*, 1836, p. 279.

34. Comité des dames, réunions des 12 décembre 1836 et 7 janvier 1837, pp. 234 et 238 ; «Dialogue sur l'état actuel de la législation sur les salles d'asile», *A.E.*, 1837, p. 6 ; «Compte-rendu de la situation des salles d'asile de Paris de 1826 à 1837», *A.E.*, mars 1837, pp. 33-38.

35. *A.E.*, 1837, pp. 4 et 7-8 et *Étrennes nantaises*, 1837, p. 63 ; *Le Moniteur*, 21 mai 1837, p. 1267.

36. Discours de F. Delessert le 7 juin 1837, *Le Moniteur*, 8 juin 1837, p. 1450 ; mémoire du 23 juin 1837, A.N., F17 10878.

37. Comité des dames, réunion du 13 février 1834, p. 129 ; lettre de M. Batelle à É. Mallet du 27 avril 1834, M.S. ; «Réflexions sur le compte-rendu... », *A.E.*, 1837, pp. 38-44.

38. C. Duprat, *Le Temps des philanthropes,* op. cit., pp. 2003-2005 ; J.-G. Petit, *Ces Peines obscures. La prison pénale en France, 1780-1875,* Fayard, 1990, pp. 205-218.

39. *A.E.,* juillet 1840, pp. 291-298 et *Le Moniteur,* 16 juin 1843, 10 juillet 1844, 26 juin 1845.

40. *L'Univers,* «Des salles d'asile», numéros des 2, 7, 16 et 22 octobre 1847 ; «Le journal *L'Univers* et les salles d'asile», *A.E.,* 1847, pp. 128-135 ; «*L'Univers* et les salles d'asile», *La Démocratie Pacifique,* 25 novembre 1847.

41. Réunion de la Commission supérieure du 22 août 1848, A.N., F17 10876.

42. Rapport de la Commission d'assistance et de prévoyance présenté par Thiers, le 26 janvier 1850, *Bulletin des crèches,* janvier-février 1850, p. 4 ; lettres, non datées, de C. Jubé et de N. Noël-Agnès à Mme Mallet, CBM ; *Le Moniteur* du 23 février 1850, p. 650.

43. Ch. Nique, *Comment l'école devint une affaire d'État (1815-1840),* Paris, Nathan, 1990, 225 p.

44. *Le Moniteur,* 26 juin 1845, pp. 1916 et 1918.

45. Le financement des salles d'asile est étudié en détail – avec une analyse critique des statistiques disponibles ou reconstituées – dans J.-N. Luc, «Les municipalités au secours des philanthropes. Le financement des salles d'asile au XIXe siècle», AREPPOS, *Philanthropies et politiques sociales en Europe (XVIIIe-XXe siècles),* Paris, Anthropos, 1994, pp. 91-105.

46. Séance de la Commission supérieure du 11 novembre 1839, A.N., F17 10877.

Chapitre 2

1. J. Simon, *L'Ouvrière,* Paris, Hachette, 1861, pp. 168-169.

2. F. Arnould, *Notes et documents sur les établissements d'instruction primaire de Reims,* Reims, Régnier, 1848, pp. 2-8 (cit. p. 8).

3. J.-D. Cochin, *Manuel,* op. cit., pp. 48-49.

4. É. Mallet, *De la direction morale des salles d'asile...,* Paris, Duverger, 1834, p. 10.

5. *Prospectus pour l'établissement des salles d'asile pour la première enfance,* Paris, Selligue, (1826), p. 2.

6. E. Depasse, «De la salle d'asile de Lannion», *A.E.,* 1846, pp. 36-37.

7. *De la direction…,* op. cit., p. 25 et première lettre de la Commission supérieure aux dames inspectrices en juillet 1841 ; J.-N. Luc, *La Petite Enfance,* op. cit., p. 83.

8. *De la direction...,* op. cit., p. 9.

9. Deuxième lettre aux dames inspectrices en juillet 1846, J.-N. Luc, *La petite enfance,* op. cit., p. 83.

10. Texte de 1821 cité par L. H. Winnie, *op. cit.* et *Manuel,* op. cit., pp. vij et 174.

11. *Histoire d'une salle d'asile, lettres de deux dames inspectrices,* Paris, Fouraut, 1851, pp. 51 et 84.

12. Abbé Chirat, *op. cit.,* p. 319 ; *Statistique annuelle de la France,* Imprimerie nationale, 1872, pp. 170-173.

13. J.-D. Cochin, *Manuel,* op. cit., pp. V-XV et 32-43.

14. M.-E. Joël, «L'économie de l'assistance dans la période pré-révolutionnaire», *Économies et Sociétés,* n° 1, 1984, ISMEA, pp. 199-231.

15. J.-D. Cochin, *Manuel,* op. cit., pp. 32-37 et 42 ; L.H. Winnie, *op. cit.,* pp. 290-299.

16. *Manuel,* op. cit., p. 38 et 1re édition de 1833, p. 47.

17. *Manuel,* op. cit., p. 42 et A. de Malarce, *Histoire des salles d'asile,* Hachette, 1855, p. 68.

18. Cité par H. Winnie, *op. cit.,* p. 284 ; et Manuel, *op. cit.,* pp. 42 et 174.

19. D. Robert, *Les Églises réformées en France, 1800-1830,* Paris, PUF, p. 435.

20. *Procès-verbal de l'assemblée...,* op. cit., p. 8.

21. *Instruction,* op. cit., p. 1.

22. C. Jubé, «Des établissements d'éducation de la première enfance», *Annales de la charité,* 1845, pp. 538-540.

23. J. Rey, *Lettres à ma femme sur les écoles de la première enfance dites salles d'asile,* Grenoble, Prudhomme, 1835, p. 15 ; *Manuel,* op. cit., pp. 4, 12, 14-15 et 44.

24. G. Cholvy, «Une école de pauvres au début du XIXe siècle : "pieuses filles", béates ou sœurs des campagnes», *The Making of Frenchmen...*, (sous la direction de D.-N. Baker et de P.-J. Harrigan), Waterloo, Historical Reflections Press, 1980, pp. 135-142.

25. C. Hippeau, *L'instruction publique ...*, op. cit., Paris, Didier, 1881, pp. 63, 81, 190, 293, 319, 345 et 350 (cit.).

26. J. de Maistre, *Soirées de Saint-Pétersbourg*, (1821), Paris, Garnier, s.d., t. I, p. 149.

27. Th. Barrau, *Le Rôle de la famille ...*, op. cit., p. 172.

28. A. Le Pas, *op. cit.*, p. 25.

29. Rapport du 24 avril 1848, O. Gréard, *La législation...*, op. cit., t. III, p. 19 ; L. de Cormenin, «Mémoires sur les salles d'asile d'Italie», *Annales de la charité*, janvier 1849, pp. 44 et 107 ; *Almanach du démocrate progressiste pour l'année 1849*, Lyon, 1850, p. 2 ; M. Nadaud, *Mémoires de Léonard, ancien garçon maçon*, présentées et éditées par M. Agulhon, Hachette, 1976, p. 216.

30. En 1849, un rapport du Conseil de l'Assistance de Paris lui reproche de «dégager la mère légitime du premier de ses devoirs», *Bulletin des crèches*, juillet-septembre 1850, p. 148.

31. *Manuel*, op. cit., p. 12.

32. «Objections contre les salles d'asile», *A.E.*, 1835, pp. 60-62 ; Mgr. Giraud, «Instruction pastorale... », *A.E.*, septembre-novembre 1846, pp. 136-142 ; H. Carnot, *Le ministère de l'Instruction publique depuis le 24 février jusqu'au 5 juillet 1848*, Pagnerre, 1848, p. 51 ; Th. Barrau, *op. cit.*, p. 173.

33. «Ce n'est point votre charité qui sépare la mère de son enfant», proteste F. Marbeau, «c'est le travail», *Bulletin des crèches*, 1856, p. 58. Aux tout-petits négligés, la crèche apporte la sollicitude d'une «mère auxiliaire», se réjouit le vicaire général de Paris, *Ibid.*, 1857, p. 87.

34. Mgr Giraud, «Instruction pastorale», *A.E.*, 1846, p. 138 et sermon de l'abbé Thibault du 14 mars 1835, *A.E.*, 1835, p. 54.

35. J.-P. Monod, *op. cit.*, p. 34 ; É. Mallet, «Avant-propos», *A.E.*, janvier-mars 1835, p. 12 ; L. Cerise, *Le médecin des salles d'asile*, Hachette, 1857, p. 72 ; É. Mallet, *De la direction...*, op. cit., p. 28 ; J. Sirven, «De l'utilité des salles d'asile», *Bulletin de la Société philomatique de Perpignan*, 1840, p. 229.

36. R. Owen, *Textes choisis*, Paris, Éditions sociales, 1963, p. 112 ; «Appendice», *op. cit.*, p. 224.

37. G. Cholvy, Y.-M. Hilaire, *Histoire religieuse de la France contemporaine*, Toulouse, Privat, 1985, pp. 235-258 et 313-320.

38. *A.E.*, 1856, p. 154.

39. G. Vigarello, *Le Corps redressé*, Delarge, 1978, pp. 162-178.

40. J.-N. Biraben, «La diffusion de la vaccination en France au XIXe siècle», *Annales de Bretagne*, 1979, t. 86, p. 203.

41. P.-N. Batelle, «Objet des salles d'asile», *A.E.*, 1835, p. 37.

42. C. Jubé, *Guide des salles d'asile...*, Paris, Hachette, 1848, pp. 93-94.

43. E. Depasse, «Rapport au ministre de l'Instruction publique», *A.E.*, 1846, p. 38.

44. A. Van Gennep, *Manuel de folklore français contemporain*, Paris, Picard, 1943, t. I, p. 161.

45. «Sur l'établissement de chambres de dépôt», BHVP, ms. 192, folio 420-421.

46. R. Owen, *Institution...*, op. cit., p. 11 ; M.-A. Jullien, «Notice... » , *op. cit.*, pp. 11-13.

47. *Notice sur les salles d'asile en faveur des petits enfants*, Paris, Imprimerie de Mme Huzard, 1830, p. 7.

48. Rapport du Comité des dames (avril 1826-avril 1827), B.H.V.P., recueil n° 904787 ; *Compte-rendu de la situation des salles d'asile en décembre 1832*, Paris, Duverger, 1833, p. 6 ; *Instruction*, op. cit., p. 5.

49. «Compte-rendu de la situation des asiles de Paris (1826-1837)», *A.E.*, mars 1837, p. 36.

50. *Instruction...*, op. cit., pp. 20-31 ; É. Mallet, «Des *Infant Schools...*», *A.E.*, 1836, p. 373 ; J.-D. Cochin, *Manuel*, op. cit., p. 12 ; J.-M. de Gérando, *De la Bienfaisance...*, op. cit., seconde partie, p. 39 ; M.-A. Jullien, «Extrait d'une lettre adressée par M. Jullien à M. le chevalier Kirckhoff», *A.E.*, 1836, p. 345.

51. Ch. de Lasteyrie, «Écoles de la première enfance», *Journal de l'éducation et de l'instruction*, juin 1828, pp. 98-99.

52. *Manuel*, op. cit., p. 13 ; É. Mallet, «Du développement précoce de l'intelligence», *A.E.*, novembre 1835, p. 164 ; M.-A. Jullien, «Extrait d'une lettre... » , *op. cit.*, A.E., 1836, p. 342.

53. J.-M. de Gérando, *De la Bienfaisance...*, op. cit., p. 44.

54. Discours prononcé le 21 mai 1835 sur l'éducation du peuple, *A.E.*, 1836, pp. 216-217.

55. Les promoteurs des crèches soulignent les aptitudes et les expériences sensorielles des moins de deux ans, qui justifient, selon eux, une initiation au langage à côté de la première formation morale, M. Escodeca, «La crèche sous la République», *Bulletin des crèches,* 1848, p. 139 et «De l'éducation à la crèche», *Ibid.,* 1847, p. 271.

56. *Des Écoles et des salles d'asile en Italie...,* Paris, Ristler, 1835, p. 32.

57. A. de Malarce, *op. cit.,* p. 61 ; A. Rendu, *Guide des salles d'asile,* Hachette, 3ᵉ éd., 1860, p. 110.

58. Dr Cany, «De l'influence des salles d'asile sur l'éducation», *A.E.,* 1836, pp. 205-210 ; É. Mallet, «Appendice», *op. cit.,* p. 204.

59. Rapport sur l'arrondissement de Lille en 1853, A.D., Nord, 1 t 116-6.

60. *Manuel,* op. cit., p. 12.

61. O. Gréard, *L'Instruction primaire à Paris en 1875,* Paris, Chaix, p. 88. et *Statistique comparée de l'enseignement primaire, 1829-1877,* Paris, Imprimerie nationale, 1880, p. CXXXVIII.

62. A. Gueslin, «L'invention des Caisses d'épargne en France : une grande utopie libérale», *Revue historique,* 1989, CCLXXX, pp. 351-409.

63. C. Duprat, *op. cit.,* pp. 847, 883 et 2002.

Chapitre 3

1. *Manuel,* op. cit., p. 26 ; Instruction élémentaire, *op. cit.,* p. V ; É. Mallet, «Appendice», *op. cit.,* p. 205.

2. S. Chassagne, *Oberkampf, un entrepreneur capitaliste au siècle des Lumières,* Paris, Aubin, 1980, pp. 231, 243, 334-338 et A. Dewerpe et Y. Gaulupeau, *La fabrique des prolétaires. Les ouvriers de la manufacture d'Oberkampf à Jouy,* 1760-1815, Paris, PENS, 1990.

3. Dr Villermé, *Tableau de l'état physique et moral des ouvriers employés dans les manufactures...,* Paris, Renouard, 1840, pp. 148-149 ; A. de Villeneuve-Bargemont, *op. cit.,* t. III, pp. 60-78.

4. P. Leuilliot, *L'Alsace au début du XIXᵉ siècle...,* Paris, PUF, 1959-1961, t. II, pp. 485-487 ; S. Kott, «Enjeux et signification d'une politique sociale : la Société industrielle de Mulhouse, 1827-1870», RHMC, octobre-décembre, 1987, pp. 640-659.

5. L.A. Tilly et J. W Scott, *Les Femmes, le travail et la famille,* Paris, Rivages, 1987, pp. 83-87.

6. Arrêté du 28 octobre 1829, circulaires des 5 mars, 4 juillet 1833 et 9 avril 1836 ; *Manuel,* op. cit., pp. 29 et 201, et délibération du conseil municipal du 28 mars 1832, A.M., Lyon, R 5.

7. E. Depasse, *Considérations sur les salles d'asile et de leur influence sur l'avenir des classes malheureuses,* Paris, Joubert, 1846, p. 9.

8. A. Daumard, «La hiérarchie des biens et des positions», *Histoire économique et sociale de la France,* sous la direction d'E. Labrousse et de F. Braudel, t. III-2, 1789-1880, PUF, 1976, pp. 854-855.

9. C. Duprat, *op. cit.,* pp. 534-536, 569, 572, 608-612, 620-621, 753-756 et 767.

10. M. Lemaire, *op. cit.,* pp. 87-94 et statistique de 1829 élaborée par C. Duprat, *op. cit.,* p. 592 et 862.

11. Rapport rédigé, selon les versions, le 20 août ou le 6 octobre 1831, A.M., Lyon, R 5.

12. «Réflexions d'une dame inspectrice», *A.E.,* 1840, pp. 325-327.

13. L. Chevalier, *Classes laborieuses et classes dangereuses à Paris, pendant la première moitié du XIXᵉ siècle,* (1958), Paris, L.G.F., 1979, pp. 252, 314, 323, 336-352, 453-485.

14. C. Duprat, *op. cit.,* pp. 1333-1343 ; J.-M. Renouard, *De l'enfant coupable à l'enfant inadapté,* Paris, Centurion, 1990, pp. 34-35.

15. Registre des visiteurs de l'asile de la rue de la Bienfaisance, 3 septembre 1834, M.S.

16. E. Depasse, *Considérations...,* op. cit., p. 59 et, du même, *Proposition relative à la création de cinquante nouvelles salles d'asile...,* Paris, Assemblée nationale, 1849, 3 p.

17. «Des établissements d'éducation de la première enfance», *Annales de la charité,* 1849, pp. 540-541.

18. A. de Malarce, *Histoire des salles d'asile,* op. cit., p. 62.

19. «Lettre à M. le rédacteur», *A.E.,* 1847, p. 163.

20. E. Depasse, *Considérations...*, op. cit., p. 56.

21. Lettre du 30 mars 1837 de la présidente des asiles de Strasbourg à une correspondante parisienne inconnue, qui a transmis ce courrier à Mme Mallet, M.S.

22. Ch. de Lasteyrie, «Écoles de la première enfance», *op. cit.*, juin 1828, p. 98, août 1828, p. 202, mai 1829, p. 205 ; *Instruction,* op. cit., p. 26.

23. *De la direction...*, op. cit., pp. 30 et 35.

24. *A.E.,* janvier-mars 1835, p. 8 ; «Appendice», *op. cit.*, p. 293 ; «Lettre première», *A.E.,* janvier-mars 1846, p. 49.

25. *Bulletin des crèches,* avril-juin 1856, p. 59 ; C. Jubé de la Pérelle, «Des salles d'asile...», *A.E.,* 1847, p. 3.

26. De Gérando, *Le visiteur du pauvre,* Paris, Colas, 1820, 158 p.

27. Dr Cany, «De l'influence des salles d'asile sur l'éducation», *A.E.,* janvier 1836, p. 207.

28. *Instruction élémentaire...*, op. cit., p. 4.

29. Ch. de Lasteyrie, «Écoles... », *op. cit.*, juin 1828, p. 106.

30. *Manuel,* op. cit., pp. 15, 28, 29 et 31.

31. «Appendice», *op. cit.*, p. 252 ; «Instruction pastorale», *A.E.,* 1846, p. 141 ; C. Jubé, *Guide...,* op. cit., p. 91.

32. F. Mayeur, *L'Éducation des filles en France au XIXe siècle,* Paris, Hachette, 1979, p. 9 (cit.) et pp. 35-45 et 57-75.

33. M. de Lasteyrie, *«Écoles... »,* op. cit., mai 1828, p. 58 ; É. Mallet, *«Appendice»,* op. cit., p. 251 ; C. Jubé, *Guide...,* op. cit., p. 91-92.

34. Ch. Noiret, «Réflexions sur les salles d'asile», *A.E.,* 1837, p. 126. Sur l'auteur, voir J.-P. Chaline, *Les Bourgeois de Rouen. Une élite urbaine au XIXe siècle.* Paris, PFNSP, 1982, p. 309.

35. Dr Cerise, *Le Médecin des salles d'asile,* op. cit., pp. 6, 9, 14 et 18.

36. C. Chanel, *Pédagogues et éducateurs socialistes,* Paris, Le Centurion, 1975, pp. 27-28 ; M. Dommanget, *Les Grands Socialistes et l'éducation,* Paris, Colin, 1970, pp. 227, 232 et 235-236.

37. V. Considérant, *Destinée sociale,* Paris, Librairie sociétaire, 1844, t. III, 240 p. et M. Dommanget, *op. cit.,* pp. 141-144, 225-231 (cit.).

38. A. Savardan et D. Laverdant, *Colonie maternelle, appel aux phalanstériens,* Paris, Librairie phalanstérienne, 1851, pp. 16 et 29.

39. «L'Univers et les salles d'asile», *La Démocratie pacifique,* 25 novembre 1847 ; *Revue de l'Éducation Nouvelle,* introduction au premier numéro, 1849, pp. 1-4 ; V. Calland, *Institution du palais des familles,* Paris, Baudry, 1855, p. 28 ; E. Cacheux, *Construction et organisation des crèches, salles d'asile, écoles, habitations ouvrières...,* Paris, Baudry, pp. 246-247.

40. Institution fraternelle des instituteurs, institutrices et professeurs socialistes, *Programme d'éducation,* Paris, Propagande démocratique et sociale, 1849, pp. 6-7.

41. M. Dommanget, *op. cit.,* pp. 200-214.

42. *Ibid.,* pp. 258-262.

43. G. Duveau, *Les Idées des ouvriers en matière d'éducation et d'instruction sous la seconde République et le Second Empire,* Paris, Donat, 1948, pp. 227-229.

44. C. Duprat, *Le Temps des philanthropes,* op. cit., pp. 892 et 1996.

45. C. Rollet, *La Politique à l'égard de la petite enfance...,* op. cit., pp. 113-114 et 136-139.

46. Première lettre, déjà citée, de la Commission supérieure aux dames inspectrices en juillet 1841.

Chapitre 4

1. M. Manson, «*Puer bimulus* (Catulle, 17, 12-13) et l'image du petit enfant chez Catulle et ses prédécesseurs», *Mélanges de l'École Française de Rome, Antiquité,* t. 90, 1978, pp. 268-271 et 283 ; J.-P. Néraudau, *Être enfant à Rome,* Paris, Les Belles Lettres, 1984, pp. 29-55.

2. «Communion» et «Enfant», *Catholicisme. Hier, aujourd'hui, demain,* sous la direction de G. Jacquemet, Paris, Letouzey, t. I, 1949, pp. 1384-1385, t. IV, pp. 142-146 ; J.-C. Dhôtel, *Les Origines du catéchisme moderne,* Paris, Aubier-Montaigne, 1967, pp. 373-375.

3. M. Manson, *op. cit.*, p. 271 ; J.-P. Néraudau, *op. cit.*, pp. 56-57 ; C. Klapisch, « L'Enfance en Toscane au début du XVe siècle », *A.D.H.*, 1973, p. 101 ; S. Shahar, *Childhood in the Middle Ages,* Londres, Routledge, 1989, p. 23.

4. S. de Vallambert, *Les Cinq livres de la manière de nourrir et de gouverner les enfants dès leur naissance,* Poitiers, De Marnetz, 1565, p. 193.

5. A. Van Gennep, *Manuel de folklore français contemporain,* Paris, Picard, 1943-1958, t. I, pp. 147, 149, 166 ; F. Lebrun, M. Venard, J. Quéniart, *De Gutenberg aux Lumières, t.* II de l'*Histoire générale de l'enseignement et de l'éducation en France,* Paris, N.L.F., 1981, pp. 113-114 ; F. Mayeur, *De la Révolution...,* op. cit., pp. 51-53.

6. M. Manson, *op. cit.*, p. 270 ; J.-P. Néraudau, *op. cit.*, pp. 92 et 290-295 ; citations empruntées à F. Lebrun, M. Venard, J. Quéniart, *op. cit.*, pp. 113 et 603.

7. Extraits des programmes de Quintilien et de saint Jérôme publiés par Rollin dans son *Traité des études* de 1728-1734 (édition utilisée : Paris, Delahaye, 1880, pp. 38, 39, 42, 47-48) ; J.-P. Néraudau, *op. cit.*, p. 109. ; S. Shahar, *Childhood...,* op. cit., pp. 99-100, 103 et 106.

8. Le développement suivant résume très rapidement le chapitre V de notre thèse *(L'Héritage de l'Age classique et des Lumières),* qui étudie les consignes de première éducation données par quinze auteurs, dont les ouvrages ont été écrits ou traduits en français avant le début du XIXe siècle.

9. J.-J. Rousseau, *Émile ou de l'Éducation* (1762), Garnier-Flammarion, 1966, pp. 87 et 157-192.

10. Cette récapitulation doit beaucoup à R. Mercier, *L'Enfant dans la société du XVIIIe siècle (avant l'Émile),* Mâcon, Imprimerie Protat, 1961, 207 p. et à G. Py, *Rousseau et les éducateurs. Essai sur la fortune des idées pédagogiques de J.-J. Rousseau en France et en Europe au XVIIIe siècle,* Doctorat d'État, Paris IV, 1991, 1650 p.

11. G. Py, *Rousseau et les éducateurs...,* op. cit., pp. 390-392.

12. Abbé Berthaud, *Le quadrille des enfants* (1743), 5e édition par P. Alexandre, Paris, Couturier, 1788.

13. Ce corpus ne prétend pas être complet. Nous l'avons constitué à l'aide du *Catalogue des sciences médicales,* Paris, Didot, t. I, 1867, t. II, 1873, du répertoire manuscrit de M. Bouillé, *Essai bibliographique sur l'hygiène de l'enfance, 1545-1980,* Paris, EPHE, 1981, t. I (précieux et incomplet) et des bibliographies incluses dans certains ouvrages. Nous avons commencé nos investigations lorsque les ouvrages médicaux sur l'enfance se multiplient et nous les avons arrêtées au moment du « saut qualitatif » de la médecine, provoqué, à partir des dernières années du XIXe siècle, par la physiologie expérimentale et la bactériologie, J. Léonard, *La Médecine entre les pouvoirs et les savoirs,* Aubier, 1981, pp. 242-258. Nous avons systématiquement consulté, malgré leurs titres, les ouvrages relatifs au seul nourrisson, car leurs conclusions contiennent parfois des allusions à l'enfant de plus de deux ans.

14. E. Beaugrand, « Ages », *Dictionnaire encyclopédique des sciences médicales,* Paris, Masson, 1865, t. II, p. 137.

15. Dès la fin des années 1760, certains médecins placent la coupure au sevrage et isolent ensuite la période qui s'étend jusqu'à 5 ans ou 7 ans, J. Ballexserd, *Dissertation sur l'éducation physique des enfants depuis leur naissance jusqu'à l'âge de puberté,* Paris, Vallat, 1762, pp. 98 et 116 ; J. Raulin, *De la conservation physique des enfants...,* Paris, Merlin, 1769, t. II, p. xxxij et t. III.

16. Sur ces quatre-vingt-dix-huit ouvrages, cinq soulignent surtout l'étape des deux ans, sept distinguent simplement la période entre deux et six-sept ans, quarante-trois distinguent cette période, présentent certaines de ses caractéristiques et proposent des conseils d'éducation, quarante-trois encore contiennent des recommandations destinées à un enfant dont l'âge se situe entre deux et six-sept ans, mais sans distinguer une période particulière entre ces deux âges.

17. J.-N. Hallé, « Ages, régime et hygiène », *Encyclopédie méthodique de la médecine...,* Paris, Panckoucke, 1787, t. I, p. 359.

18. Société française d'hygiène, *Hygiène et éducation physique de la deuxième enfance,* Paris, 1882 ; J. Weill, *Hygiène de la seconde enfance,* Paris, Baillière, 1882.

19. On trouve notamment ces analyses chez J. Ballexserd, *Dissertation...,* op. cit., pp. 127 et 139 ; G. Cabanis, *Rapports du physique et du moral de l'homme,* Paris, Crapart, 1802, pp. 258-270 ; J. Richard, *Traité sur l'éducation physique des enfants..,* Paris, Baillière, 1823, p. 167.

20. Ch.-M. Billard, *Traité des maladies des enfants nouveaux-nés et à la mamelle,* Paris, Baillière, 1828, pp. 49-56 ; E. Barthez et F. Rilliet, *Traité clinique et pratique des maladies des enfants,* Paris, Baillière, t. I, pp. VIII-XV ; J. Ulmann, *Les Débuts de la médecine des enfants,* Paris, Palais de la Découverte, 1967, p. 61.

21. Pour mettre en relation la perception de la seconde enfance et l'évolution du savoir médical, nous avons consulté : J. Ulmann, *Les Débuts...,* op. cit. ; M. Bariéty et Ch. Coury, *Histoire de la médecine,* Paris, PUF, 1971 ; D. Teysseire, *Pédiatrie des Lumières. Maladies et soins des enfants dans l'Encyclopédie et le diction-*

naire de Trévoux, Paris, Vrin, 1982 ; M.-F. Morel, « Médecins et enfants malades dans la France du XVIIIe siècle », *Lieux de l'enfance,* Toulouse, Privat, janvier-juin 1987, pp. 13-46 ; G. Py, *Rousseau...,* op. cit., pp. 356-369 et 394-403 (une étude qui éclaire bien l'influence de Rousseau sur la perception médicale de l'enfance et, en particulier, sur la pensée des vitalistes).

22. J.-B. Fonssagrives, *Leçons d'hygiène infantile,* Paris, Lahaye, 1882, pp. 11 et 20.

23. J.-N. Hallé, *op. cit.,* p. 359 ; E. Bouchut, *Traité des maladies des enfants,* Paris, Baillière, 1845, p. 488.

24. L.-J. Béguin, « Ages », *Dictionnaire de médecine et de chirurgie pratique,* Paris, Gabon, t. I, 1829, pp. 403-404 ; F. François, « Age », *Dictionnaire des études médicales pratiques,* Paris, Rue de la Sorbonne, t. I, 1838, p. 207.

25. A. Salgues, *L'Ami des mères de famille,* Paris, Dentu, 1814, p. 245.

26. A. Samson, *Hygiène oculaire de l'enfance,* Paris, Hamel, 1858, p. 9 ; J. Weill, *Hygiène de la seconde enfance,* op. cit., p. 10.

27. A. Siry, *Le Premier Age. De l'éducation physique, morale et intellectuelle de l'enfant,* Paris, Baillière, 1873, p. 22.

28. A. Delacoux, *L'Éducation sanitaire des enfants,* Paris, De Boisjolin, 1829, pp. 288-290 ; L. Cerise, *op. cit.,* p. 72 ; J.-B. Fonssagrives, *L'éducation physique des jeunes filles,* Paris, Hachette, 1869, pp. 2-25 et 386 ; S. Freud, *Trois essais sur la théorie de la sexualité,* (1905), Paris, Gallimard, 1977, pp. 69-113.

29. J. Ballexserd, *Dissertation...,* op. cit., p. 116.

30. M.-G. Daignan, *Tableau des variétés de la vie humaine,* Paris, L'auteur, 1786, t. I, p. 17, t. II, p. 261 ; A. Becquerel, *Traité élémentaire d'hygiène privée et publique,* Paris, Labbé, 1851, p. 28 ; Société française d'hygiène, *op. cit.,* p. 4 ; J. Weill, *op. cit.,* p. 10.

31. H. Smith, *Le Guide des mères...,* Paris, Delalain, 1800, p. 133 ; A. Siry, *Le Premier Age,* op. cit., pp. 21-22.

32. Il n'existe aucun inventaire de référence sur les publications non médicales du XIXe siècle relatives à l'enfant. Nous avons établi notre corpus en ajoutant aux livres classiques des titres indiqués par des travaux d'histoire de l'enfance et de l'éducation, et les ouvrages mentionnés dans certaines des publications consultées.

33. C. de Rémusat, *Essai sur l'éducation des femmes,* Paris, Ladvocat, 1824, pp. 206 et 212 ; L. Aimé-Martin, *De l'éducation des mères de famille...,* Paris, Gosselin, 1834, 2 vol. ; P. Laurentie, *Lettres à un père sur l'éducation de son fils,* Paris, Lagny, 1835, pp. 21-38 et 59, et *Lettres à une mère sur l'éducation de son fils,* Lagny, 1836, p. 35 ; A. Tastu, *Éducation maternelle. Simples leçons d'une mère à ses enfants,* (1836), Paris, Didier, 4e édition, 1852, p. 2 (prospectus) et pp. VII-X ; Mgr. Dupanloup, *De l'Éducation,* (1850), Orléans, Gatineau, 10e édition, 1881, t. I, pp. 76 et 78 ; Baronne Staffe, *La Femme dans la famille,* Paris, Flammarion, s.d., pp. 239 et 318 ; « Enfance », *D.P.,* p. 836.

34. Mme Campan, *De l'Éducation,* Paris, Baudouin, 1824, vol. I, p. 84.

35. A. Necker de Saussure, *Éducation progressive ou étude du cours de la vie,* t. I, 1828, t. II, 1838, 7e édition, Paris, Garnier, s.d., t. I, pp. 117, 137 (cit.), 167-168, 185-186.

36. *Ibid.,* t. I, pp. 119, 124, 137 et 243 ; t. II, pp 17 et 32.

37. A. Théry, *Premiers conseils aux mères sur les moyens de diriger et d'instruire leurs filles,* Paris, Hachette, 1840, pp. 8-10.

38. G. Girard, *De l'enseignement régulier de la langue maternelle dans l'école et les familles* (1844), Paris, Delagrave, 4e éd., 1873, pp. 91-93 ; P. Janet, *La Famille,* (1855), 4e édition, Paris, Lévy, 1864, pp. 149-156 ; A. Esquiros, *L'Émile du XIXe siècle,* Paris, Lacroix, 1869, p. 145.

39. L'histoire de la psychologie de l'enfant n'a pas encore été faite, et le Ph. D préparé par K. Norris à l'université de Berkeley (*Reinventing Childhood in Fin-de-Siècle France : Universal Éducation, Child Psychology and the Cultural Anxieties of Modernity*) n'est pas achevé lorsque nous rédigeons ce développement. Nous avons donc été obligé de nous reporter aux principales publications des auteurs cités après avoir consulté les rares travaux de référence disponibles : E. Claparède, *Psychologie de l'enfant,* Genève, Kündig, 4e éd., 1911, pp. 16-49 ; W. Denis, « Historical beginning of child psychology », *Psychological bulletin,* 1949, pp. 224-235 ; M. Debesse, « L'enfance dans l'histoire de la psychologie », *Traité de psychologie de l'enfant* (sous la direction de H. Gratiot-Alphandéry et R. Zazzo), PUF, 1970, t. I, pp. 7-63 ; G. Netchine-Grynberb et S. Netchine, « Le développement mental et les temporalités de l'enfance », *Introduction à la psychologie de l'enfant* (sous la direction de M. Hurtig et P. Rondal), Liège, Mardaga, 1981, pp. 141-168 ; B. Lechevalier, *Philosophie de l'enfance et psychologie de l'enfant : les conceptions françaises, de Fourier*

à Wallon, Doctorat d'État sous la direction de J. Ulmann, Paris I, 1983, 3 volumes. J. Hébrard et Mme Netchine (directeur de recherches au CNRS) m'ont guidé dans la bibliographie de cette question ; J. Tertrais (ingénieur de recherches à l'ENS de Saint-Cloud) m'a ensuite beaucoup aidé dans mon dépouillement et dans ma réflexion.

40. On fait traditionnellement commencer la psychologie scientifique de l'enfant à la publication de deux écrits : *L'Ame de l'enfant,* de l'allemand W. Preyer, paru en 1881 et traduit en français en 1887 (Paris, Alcan, 559 p.) et «Contents of children's mind» de l'américain G.S. Hall, publié en 1883 dans la *Princeton Review.*

41. H. Taine, «Note sur l'acquisition du langage chez les enfants...», *Revue Philosophique,* 1876, pp. 6-20 ; Ch. Darwin, «A biographical sketch of an infant», *Mind,* juillet 1877, pp. 285-294 ; B. Pérez, *Étude de psychologie expérimentale : les trois premières années de l'enfant,* Paris, Alcan, 1878, et, du même, *L'Enfant de trois à sept ans,* Paris, Alcan, 1886, p. VI ; W. Preyer, *op. cit.,* p. VIII ; J. Sully, *Études sur l'enfance,* Paris, Alcan, 1898, p. 5 ; E. Egger, *Observations et réflexions sur le développement de l'intelligence et du langage chez les enfants,* Paris, Picard, 1881, 3ᵉ éd., p. 11 ; S. Hall, «The contents of children's mind on entering school» *Pedagogical seminary,* 1891, pp. 148 et 152 ; G. Compayré, *L'Évolution intellectuelle et morale de l'enfant,* Paris, Hachette (1893), 5ᵉ éd. 1910, pp. XXI et 371.

42. Preyer, qui observe son fils trois fois par jour, date tous les comportements et décrit, mois par mois, l'état des aptitudes intellectuelles, W. Preyer, *op. cit.,* pp. 254, 409-438.

43. A. Binet, «Perceptions d'enfants», *Revue philosophique,* 1890, t. XXX, pp. 600-608 ; S. Hall, «The contents...», *op. cit.,* pp.148-151.

44. W. Preyer, *op. cit.,* pp. XI, 314, 457-459 ; G. Compayré, *op. cit.,* pp. 217 et 371 ; et aussi E. Egger, *op. cit.,* pp. 42 et 157 ou H. Taine, «Note...», *op. cit.,* p. 14.

45. E. Hamilton, *Lettres sur les principes élémentaires d'éducation,* Paris, Demonville, 1804, vol. I, p. 43 ; L. Gauthey, *De l'éducation ou principes de la pédagogie chrétienne,* Paris, Meyreis, 1854, vol. I, p. 278 ; Ch.-L. Philippe, *La Mère et l'enfant,* (1911), Paris, Gallimard, 1950, p. 19.

46. E. Hamilton, *Lettres...,* op. cit., pp. 35 et 45.

47. Mme Campan, *op. cit.,* p. 46 ; P. Guizot, *Éducation domestique. Lettres de famille sur l'éducation,* (1826), 6ᵉ édition, Paris, Didier, 1881, t. I, p. 18 ; A. Necker, *op. cit.,* t. I, p. 127.

48. M. Marmy et F. Quesnoy, *Topographie et statistique médicale du Rhône,* Lyon, Vingtrinier, 1866, pp. 526-527.

49. J.-B. Fonssagrives, *Leçons d'hygiène infantile,* op. cit., p. 11 ; J. Weill, *op. cit.,* p. 10.

50. On trouve notamment ces conseils chez N. Saucerotte, *De la conservation des enfants pendant la grossesse et de leur éducation physique depuis la naissance jusqu'à l'âge de six à huit ans,* Paris, Guillaume, 1796, pp. 57-61 et 68-70 ; J. Millot, *Médecine perfective,* op. cit., pp. 509-514 ; Dr Pilloy-André, *Avis aux mères de famille...,* Bordeaux, Deliège, 1835, pp. 105, 112, 115 ; A. Donné, *Conseils aux mères...,* Paris, Baillière, 1842, pp. 178-181.

51. A. Salgues, *L'Ami des mères de famille...,* Paris, Dentu, 1814, p. 219.

52. N. Saucerotte, *De la conservation...,* op. cit., p. 62 ; A. Delacoux, *Éducation...,* op. cit., p. 286 ; *Hygiène et éducation physique...,* op. cit., p. 20.

53. H. Nadault, *Éducation de la première enfance,* op. cit., p. 107 ; L. Gauthey, *op. cit.,* p. 75 ; Dr Sovet, *Éducation physique de l'enfance...,* Bruxelles, Jamar, 1849, pp. 111-120 ; E. Golay, *Conseils aux jeunes mères,* Genève, H. Georges, 1889, p. 358.

54. *Hygiène et éducation...,* op. cit., p. 28.

55. C. Gardien, *Traité complet d'accouchement et des maladies des filles, des femmes et des enfants,* Paris, Crochart, 1807, p. 41 ; M.-G. Daignan, *Tableau...,* op. cit., t. II, pp. 12-13 ; J. Virey, «Enfance», *Dictionnaire des sciences médicales,* op. cit., t. XII, 1815, p. 247.

56. A. Necker, *op. cit.,* t. I, pp. 198 et 204.

57. V. Hugo, *L'Art d'être grand-père,* (1877), Paris, Ollendorf, 1914, p. 540 ; B. Pérez, *La Psychologie de l'enfant. Les trois premières années,* Hachette, 1882, pp. 70-90, 123-126 ; E. Grimard, *L'Enfant, son passé, son avenir,* Paris, Hetzel, p. 234 ; G. Compayré, *L'Évolution...,* op. cit., pp. 309-315.

58. N. Elias, *La Civilisation des mœurs,* (1969), Paris, Calmann-Lévy, 1991, pp. 53-121.

59. A. Necker, *op. cit.,* t. I, p. 106 ; H. Nadault, *op. cit.,* pp. 90 et 333 ; L. Duval, *Conseils aux mères de famille,* op. cit., pp. 71-89 ; M. Pilloy-André, *Avis aux mères...,* op. cit., pp. 121-122.

60. A. Salgues, *L'Ami des mères,* op. cit., p. 264 ; H. Nadault, *op. cit.,* p. 92.

61. Mme Fallet, *L'Éducation des jeunes filles…*, Paris, Périsse, 1854, p. 68 ; D. Boureau, *La Mission des parents, perspectives conciliaires de Trente à Vatican II*, Cerf, 1970, pp. 153-175 ; H. Nadault, *op. cit.*, p. 116 ; A. Necker, *op. cit.*, t. I, p. 208.

62. A. Necker, *op. cit.*, t. I, pp. 223-243 ; E. Tridon, *La Prière de l'enfance ou Guide des mères chrétiennes pour la première éducation*, Bar-sur-Aube, Jardeaux, 1852, 87-115, 142-158.

63. E. Celnart, *Manuels des nourrices*, Paris, Renouard, 1834, p. 184 ; E. Tridon, *op. cit.*, p. 49 ; L. Gauthey, *op. cit.*, t. II, pp. 206-207.

64. E. Celnart, *op. cit.*, p. 186 ; L. Gauthey, *op. cit.*, t. II, p. 202 ; A. Necker, *op. cit.*, t. I, pp. 214, 229-231 et t. II, p. 310.

65. P. Guizot, *op. cit.*, t. I, pp. 17, 34 et 48-51 ; A. Donné, *Conseils aux mères…*, op. cit., pp. 224-227 ; J.-F. Nicolay, *Les Enfants mal élevés*, Paris, Perrin, 1890, pp. 140, 177-182 et 215.

66. P. Quincy-Lefebvre, *De l'enfance insoumise à l'enfance difficile. Regards et pratiques correctives des parents entre familles et institutions dans les milieux populaires des villes (1880-fin des années trente)*, doctorat sous la direction d'A. Gueslin, Paris VII, 1995, pp. 226-227.

67. J.-B. Esparron, *Essai sur les âges de l'homme*, Paris, Crapelet, 1803, p. 45 ; A. Bujeon, *Lettre à une jeune mère…*, Paris, Lecaplain, 1843, pp. 114-116 ; P. Guizot, *op. cit.*, t. I, pp. 91, 147 et 246 ; F. Dupanloup, *De l'éducation*, op. cit., t. I, pp. 37-38, 42, 52, 68, 204-205, 212 et 214.

68. J. Virey, « Enfance », *op. cit.*, p. 246.

69. A. Necker, *op. cit.*, t. I, pp.126-127, 156, 197, t. II, pp. 54-55, 63 et 73.

70. La méthode Fröbel est présentée au début du chapitre 12 de cet ouvrage.

71. Th. Braun, *Le Livre des mères…*, op. cit., (1863), pp. 93-123 ; Mme Fertiault, *La Science de la jeune mère*, op. cit., (1878), pp. 212-218 ; Ed. Grimard, *L'Enfant…*, op. cit., (1882), pp. 79-82.

72. E. Hamilton, *op. cit.*, p. 29 et 165 ; Z. Long, *Lettres à une jeune mère*, Paris, Béraud, 1857, p. 57 ; E. Grimard, *op. cit.*, pp. 113 et 296 ; M. Chambon, *Le Livre des mères*, op. cit., pp. 77 et 86 ; A. Salgues, *L'Ami des mères*, op. cit., p. 259 ; A. Bujeon, *Lettres à une jeune mère…*, op. cit., p. 113.

73. Parmi les 86 publications qui envisagent l'éducation du jeune enfant, les ouvrages favorables à une formation intellectuelle représentent 31 % du corpus avant 1800, 25 % entre 1800 et 1860, et 41 % entre 1860 et 1900.

74. E. Périer, *La Seconde enfance…*, op. cit., p. 175.

75. M.-A. Jullien, *Exposé de la méthode d'éducation de Pestalozzi*, Paris, Hachette, 1842, p. 290.

76. S. de Genlis, *Nouvelle Méthode d'enseignement de la première enfance*, Paris, Maradan, 1801, p. 4 ; E. Hamilton, *op. cit.*, pp. 36-40, 64, 109, 114, 220-222 ; L. Gauthey, *De l'éducation*, op. cit., pp. 299-323.

77. J. Millot, *Médecine perfective…*, op. cit., p. 565 ; E. Périer, *La Seconde Enfance…*, op. cit., p. 176.

78. S. de Genlis, *Nouvelle Méthode…*, op. cit., p. 4 ; Z. Long, *op. cit.*, p. 66 ; Dr Pilloy-André, *op. cit.*, pp. 120-124 ; H. Nadault, *op. cit.*, pp. 104 et 145-154.

79. A. Necker, *op. cit.*, t. I, pp.266-274, t. II, pp. 11-21 et 43-53 ; P. Guizot, *op. cit.*, t. II, pp. 46-51 et 59 ; H. Campan, *De l'Éducation…*, op. cit., pp. 116, 128, 135.

80. Entre autres exemples, on peut citer H. Duval, *Conseils aux mères…*, op. cit., (1840), pp. 57-65 ; C. Colbrant-Micheneau, *Causeries sur l'éducation de la famille*, Fontainebleau, Bourges, 1863, pp. 94-99 ; J. Rambosson, *L'Éducation maternelle d'après les indications de la nature*, Paris, Firmin Didot, 1872, pp. 43-49, 63-82.

81. J. Campan, *op. cit.*, p. 135 ; C. Colbrant-Micheneau, *op. cit.*, p. 94.

82. P. Guizot, *op. cit.*, t. I, p. 67, t. II, p. 47 ; A. Necker, *op. cit.*, t. II, p. 53 ; H. Campan, *op. cit.*, pp. 116 et 129 ; H. Duval, *op. cit.*, p. 61 ; C. Chardon, *Guide des pères et des mères…*, op. cit., p. 107.

83. C. Colbrant-Micheneau, *op. cit.*, p. 101 ; M. Chambon, *op. cit.*, p. 87 ; C. Fallet, *op. cit.*, p. 212 ; H. Campan, *De l'Éducation…*, op. cit., p. 116 ; A. Necker, *op. cit.*, t. II, pp. 44-54 ; A. Théry, *op. cit.*, p. 1.

84. Si l'âge d'initiation à la lecture continue de varier entre trois ans et cinq ans, seuls un tout-petit nombre d'auteurs établissent, pour les autres apprentissages, une coupure à quatre ans ou à cinq ans. A. Théry propose, par exemple, une heure de leçon quotidienne (prière, lecture, travaux d'aiguille) jusqu'à quatre ans ou cinq ans, puis deux heures au-delà (lecture courante, écriture, calcul, dictée), *op. cit.*, pp. VI, 12-15.

85. A. Necker, *op. cit.*, t. I, pp. 8, 80 et 82.

86. *Ibid.*, pp. 86-87.

87. J. Abbott, *La Mère de famille*, op. cit., pp.193-199 ; J.-B. Fonssagrives, *Livret maternel pour prendre des*

notes sur la santé des enfants, Paris, Hachette, 1869.

88. F. Jauffret, *Éducation pratique d'Adolphe et de Gustave ou recueil des leçons données par L.-F. Jauffret à ses enfants...,* Lyon, Ballanche, 1806, vol. I, pp. 7-42 (cet auteur et son journal sont présentés dans la suite de ce chapitre). P. Guizot, *Éducation domestique...,* op. cit., pp. vj-vij.

89. A. de Staël, *op. cit.,* pp. 123 et 125. À l'automne 1824, Mme de Broglie est mère de deux filles de 7 ans et de 6 ans, et d'un garçon de 3 ans, et Mme Anisson-Duperron, d'un fils et d'une fille, d'environ 8 ans et 2 ans (un autre fils, né en 1818, est mort au début de l'été 1823).

90. W. Preyer, *op. cit.,* pp. 465-500 ; E. Claparède, *op. cit.,* p. 16 ; W. Denis, *op. cit.,* pp. 226 et 233 ; M. Debesse, *op. cit.,* pp. 29-35.

91. C. de Rémusat, *op. cit.,* p. 119.

92. J. Fertiault, *La Science de la jeune mère,* op. cit., p. 205 ; E. Grimard, *L'Enfant...,* op. cit., pp. 80, et 97-115 ; A. Moll-Weiss, *La Femme, la mère et l'enfant,* Paris, Maloine, 1897, p. 158 et *Nos tout-petits,* Paris, Vuibert, 1909, p. 125 ; A. Lamperierre, *Le Rôle social de la femme,* Paris, Alcan, p. 28 ; A. Piffault, *La Femme de foyer,* Paris, Delagrave, 1908, pp. 115 et 176.

93. J. Fertiault, *op. cit.,* p. IV.

94. S. Shahar, *Childhood...,* op. cit., p. 114 ; J. Campan, *op. cit.,* p. 123 ; C. de Gasparin, *op. cit.,* p. 21 ; H. Nadault, *op. cit.,* p. 525 ; P. Janet, *La Famille,* Paris, Lévy, 1864, p. 138 ; E. Légouvé, *Les Pères et les enfants,* (1869), Paris, Hetzel, 7ᵉ éd., s. d ; p. 23.

95. J.-C. Bonnet, «De la famille à la patrie», *Histoire des pères et de la paternité* (sous la direction de J. Delumeau et D. Roche), Larousse, 1990, p. 237 et Y. Knibiehler, *Les Pères aussi ont une histoire,* op. cit., pp. 195-196. (cit.).

96. J. Caillau, *op. cit.,* p. 102 ; J.-B. Fonssagrives, *L'Éducation physique des jeunes filles...,* op. cit., p. 234 ; E. Grimard, *L'Enfant...,* op. cit., p. 65.

97. P. Guizot, *op. cit.,* t. II, p. 32 ; P. Janet, *op. cit.,* p. 135 ; Th. Braun, *op. cit.,* pp. 58-65.

98. P. Guizot, *op. cit., t.* II, p. 232 ; M. Champfleury, *Les Enfants...,* op. cit., pp. 50-54.

Chapitre 5

1. P. Guizot, *Éducation domestique,* op. cit., t. I, pp. 240-243. Les âges cités (deux et quatre ans) prouvent que la remarque de l'auteur ne concerne pas seulement le nourrisson.

2. J.-J. Juge Saint-Martin, *Changements intervenus dans les mœurs des habitants de Limoges depuis une cinquantaine d'années,* (1807), Limoges, Borgeas, 1817, pp. 84-85 ; Journal des Goncourt cité par A. Martin-Fugier, «Les rites de la vie bourgeoise», *Histoire de la vie privée,* op. cit., p. 248. ; C. Colbrant-Micheneau, *op. cit.,* p. 26 ; E. Legouvé, *Les Pères et les fils,* op. cit., p. 2.

3. G. Daignan, *op. cit.,* t. II, p. 261 ; J. Bertillon, *La Statistique humaine de la France,* Baillières, 1880, p. 113 ; E. Motais, *Conférence sur l'éducation physique des enfants,* Angers, Lachèse, 1877, p. 32.

4. J.-J. Juge Saint-Martin, *op. cit.,* p. 85 et E. Legouvé, *op. cit.,* pp. 2-3.

5. H. Nadault, *op. cit.,* p. 138 ; M. Chambon, *op. cit.,* p. 114 ; J. Fertiault, *op. cit.,* p. 206.

6. M. Manson, «La littérature enfantine française de 1750 à 1850 comme source de l'histoire du jouet (remarques méthodologiques)», *Jouet et jeu dans l'histoire de l'éducation de la petite enfance,* Université de Paris V, 1987, pp. 178-194 ; M. Crubellier, *L'Enfance...,* op. cit., p. 342.

7. P. Caspard, «The social interest taken in infant education within the family. An attempt at periodisation (XIXᵗʰ-XXᵗʰ centuries)», *Historiae Infantiae,* 1985, p. 130-136.

8. L. Hautecœur, *Les Peintres de la vie familiale,* Paris, Éditions de la galerie Charpentier, 1945, pp. 80-82. Cet ouvrage, au demeurant utile, ne permet pas d'établir un inventaire chronologique des toiles sur lesquelles figurent un ou plusieurs jeunes enfants, car, sauf exception, il cite simplement les noms des peintres mais sans mentionner les œuvres concernées ni leur date.

9. John Grand-Carteret, *Dix-neuvième siècle en France,* cité par Y. Knibiehler, C. Fouquet, *Histoire des mères...,* op. cit., p. 176.

10. M. Ménard, «Le miroir brisé», *Histoire des pères,* op. cit., pp. 353-356.

11. S. Chassagne, «Éducation et peinture au XIXᵉ siècle : un champ iconique en friches», *A.E.,* mai 1986, pp. 53-59 ; A.-M. Sohn, *op. cit.,* p. 230.

12. A. Dupuy, *Un personnage nouveau du roman français : L'Enfant,* Hachette, 1931, pp. 11-15 (cit.) ;

V. Toursch, *L'Enfant français à la fin du XIXe siècle, d'après ses principaux romanciers,* Paris, Les Presses modernes, 1939, pp. 37-39 ; M. Betlenfalvay, *Les Visages de l'enfant dans la littérature française du XIXe siècle,* Genève, Droz, 1979, pp. 17 et 120.

13. M.-F. Doray, *La Comtesse de Ségur : une étrange paroissienne,* Paris, Rivages, 1990, pp. 100-103.

14. A. Dupuy, *op. cit.,* pp. 50-71. Les deux ouvrages les plus significatifs seraient *Les Yeux neufs,* d'A. Daudet (1920), qui précède *L'Âge de raison* (1923), et *L'Éveil de Psyché,* de L.-Ch. Baudouin (1925).

15. H. de Balzac, *Mémoires de deux jeunes mariées,* (1842), Paris, Gallimard, 1981, pp. 191-197, 201, 213, 220, 227-235.

16. G. Droz, *Monsieur, Madame et Bébé,* Paris, Hetzel, (1866), 4e éd., s.d., pp. 331-336. L'auteur est le fils d'un sculpteur connu. Quelques nouvelles réunies dans ce livre avaient été publiées dans *Le Magasin d'éducation et de récréation* de P.-J. Hetzel.

17. *Ibid.,* pp. 335, 343-345.

18. *Ibid.,* pp. 320 et 328-341.

19. J.-B. Bucquet, *Topographie médicale de la ville de Laval, manuscrit inédit de 1808,* cité par E. Shorter, *Naissance de la famille moderne,* Le Seuil, 1977, p. 211.

20. B. Smith, *Les Bourgeoises du Nord,* Perrin, 1981, p. 46.

21. Mgr. Dupanloup, *De l'éducation,* op. cit., t. II, pp. 179-181 ; A. de Gasparin, *La Famille, ses devoirs, ses joies, ses douleurs,* Lévy, 1865, p. 198 : Éd. Grimard, *L'enfant, son passé, son avenir,* op. cit., pp. 65-66.

22. M.-F. Doray, *op. cit.,* pp. 48 et 101 ; A. Dupuy, *op. cit.,* pp. 120 et 141 (les ouvrages concernés sont *Le Calvaire,* d'Octave Mirbeau, et *Les Images sentimentales,* de Paul Adam).

23. La thèse de D. Vassigh fournit un bon exemple d'utilisation des autobiographies pour essayer d'entrevoir les sentiments des enfants confrontés aux exigences de leurs parents et à la découverte de leur identité, *Les Relations adultes-enfants dans la seconde moitié du XIXe siècle (1850-1914). Étude discursive des écrits autobiographiques, éducatifs, juridiques et médico-légaux, relatifs à cette question,* doctorat d'histoire sous la direction de M. Perrot, Université de Paris VII, 1996, 484 p.

24. L'historienne britannique Linda A. Pollock a beaucoup utilisé les journaux intimes – et, en particulier, cent cinq d'entre eux, plus quarante-cinq autobiographies, relatifs au XIXe siècle – pour étudier les relations des parents avec leurs enfants, L. A. Pollock, *Forgotten Children, Parent-Child Relations from 1500 to 1900,* (1983), Cambridge, Cambridge University Press, rééd. de 1996, 334 p.

25. *Mémoires du Prince de Talleyrand,* publiés par le duc de Broglie, Calmann-Lévy, 1891, t. I, pp. 6-14 ; F.-R. de Chateaubriand, *Mémoires d'outre-tombe,* Gallimard, La Pléiade, 1957, t. I, pp. 18-20.

26. A. Martin-Fugier, *La Bourgeoise. Femme au temps de Paul Bourget,* Paris, Grasset, pp. 167 (citation de la baronne Staffe) et 185-187 ; E. Mension-Rigau, *L'Enfance au château,* Paris, Rivages, 1990, p. 105.

27. E. Quinet, *Histoire de mes idées,* Germer-Baillière, 5e éd., s.d., pp. 39, 47-48, 263-264 ; J. Simon, *Premières années,* Flammarion, 1901, p. 23 ; Comtesse d'Armaillé, *Quand on savait vivre heureux, 1830-1860,* Plon, 1934, p. 14-15 ; A. Martin-Fugier, *La Bourgeoisie. La femme au temps de Paul Bourget,* Paris, Grasset, 1983, p. 195.

28. A. Martin-Fugier, *op. cit.,* pp. 194-195.

29. E. Legouvé, *Soixante ans de souvenirs,* Hetzel, 1888, t. I, pp. 15-16, 118, 240 ; G. Haussmann, *Mémoires du baron Haussmann,* Paris, Havard, 1890, t. I, p. 14.

30. Ch. de Rémusat, *Mémoires de ma vie,* Plon, 1958, t. I, pp. 21-27, 53-54.

31. *Mémoires de Mme Roland,* Paris, Baudouin, 1820, pp. 9-14 et 21, et M.-F. Morel, « Madame Roland, sa fille et les médecins : Prime éducation et médicalisation à l'époque des Lumières », *Annales de Bretagne,* 1979, t. 86, pp. 211-219.

32. *Lettres de Madame Roland,* publiées par C. Perroud, Imprimerie Nationale, 1900, t. I, pp. 304, 311, 328, 416, 443, 465-468, 486, 512-535, 571-586, 640 (cit.) et 657.

33. *Ibid.,* t. I, p. 640.

34. *Ibid.,* t. I, pp. 490, 498, 595, 636, 640, 659, 668 et 697, t. II, pp. 5.et 22.

35. *Ibid.,* t. I, pp. 718-719.

36. Lettre du 7 juillet 1788, à Lavater, *Ibid.,* t. II, p. 22.

37. P. de Vargas, « L'éducation du petit Jullien, agent du Comité de Salut public », *L'Enfant, la famille et la Révolution Française,* Orban, 1990, pp. 220-228.

38. *Le manuscrit de ma mère,* avec commentaires, prologue et épilogue, par A. de Lamartine, Hachette, 1915, pp. 56-57, 87, 95, 100-101, 115, 137, 140 et 143.

39. A. de Staël, duchesse de Broglie, *Lettres,* op. cit., pp. 14, 20, 23, 33, 68, 81, 111, 118-120, 123-125, 265 et 305.

40. Comtesse d'Armaillé, *op. cit.,* pp. 205-206.

41. L. Biard, *Quand j'étais petit. Histoire d'un enfant raconté par un homme,* Plon, 1886, pp. 8-13, 15-39.

42. *Mémoires de Madame la duchesse d'Abrantès...,* (1832-1835), Garnier frères, s.d., t. I, p. 439, t. VIII, pp. 562-564, t. IX, pp. 126 et 199-200 et 161.

43. A. Dumas, *Mes mémoires,* Gallimard, t. I, 1954, pp. 173-176 ; G. Sand, *Histoire de ma vie,* Stock, 1949, p. 34.

44. Extraits du carnet de V. Hugo, publiés et commentés dans une « Note de l'éditeur » en annexe de *L'Année terrible, L'Art d'être grand-père,* Paris, Ollendorf, 1914, pp. 621-631.

45. *Lettres,* op. cit., t. I, pp. 317, 345-346, 359-360, 368 ; J. Michelet, *Ma jeunesse,* Calmann-Lévy, 4ᵉ édition, 1884, pp. 15-17 ; A. Martin-Fugier, « Les rites de la vie privée bourgeoise », *Histoire de la vie privée,* op. cit., p. 248.

46. Ch. de Franqueville, *Souvenirs intimes de la vie de mon père,* Auteuil, Imprimerie des apprentis orphelins, 1878, p. 119-121 ; V. Hugo, Extraits du carnet intime déjà cités, pp. 623-624.

47. *Les Filles de Karl Marx. Lettres inédites,* avec une introduction de M. Perrot, Albin-Michel, 1979, pp. 117 et 130 (Schnaps meurt à trois ans et demi).

48. Comtesse d'Armaillé, *op. cit.,* pp. 11-42. En utilisant les rares indices chronologiques disponibles, nous avons essayé de sélectionner les scènes susceptibles de concerner des enfants de moins de six ans. Nous ignorons l'âge exact des deux fillettes lorsqu'elles sont conduites, par leur bonne, à des bals sans savoir encore danser.

49. Ch. de Rémusat, *op. cit.,* t. I, p. 20 ; G. Sand, *op. cit.,* p. 28 ; E. Lavisse, *Souvenirs,* Calmann-Lévy, 1912, p. 4 ; A. Siegfried, *Mes souvenirs d'enfance,* Bourges, Tardy, 1957, p. 24 ; J. Chastenet, *Quatre fois vingt ans (1893-1973),* Plon, 1974, p. 22.

50. A. Renonciat, « Das Kinderzimmer », *Orte des Alltags. Miniaturen aus des europäischen Kulturgeschichte,* Munich, Beck, 1994, pp. 150-160.

51. B. Pérez, *L'Éducation dès le berceau. Essai de pédagogie expérimentale,* Alcan, 1880, pp. 4-5.

52. Tableau reproduit dans l'*Histoire de la vie privée,* op. cit., p. 140.

53. *Lettres de Madame Roland,* op. cit., p. 506 ; F. Jauffret, *Éducation pratique...,* op. cit., p. 13 ; L. Biard, *op. cit.,* p. 29 ; E. Legouvé, *Soixante ans de souvenirs,* op. cit., p. 77.

54. *Vieux souvenirs de Mgr le prince de Joinville,* Mercure de France, 1986, p. 24 ; E. Mension-Rigau, *op. cit,* p. 105 ; A. Siegfried, *op. cit.,* pp. 14 et 34.

55. A. Martin-Fugier, *op. cit.,* p. 191 ; Baron de Barante, *Souvenirs du baron de Barante, 1781-1866,* Paris, Calmann-Lévy, 1890, t. I, p. 2 ; R. Debré, *L'Honneur de vivre,* Stock, 1974, p. 12.

56. *Récits d'une tante. Mémoires de la comtesse de Boigne, née d'Osmond...,* Plon, 6ᵉ éd., 1907, t. I, pp. 71-74 ; Ch. de Rémusat, *op. cit.,* t. I, p. 37 ; Duchesse d'Abrantès, *Mémoires...,* op. cit., t. IV, p. 539, t. VI, p. 45, t. VIII, pp. 226 et 535-536.

57. Comtesse d'Armaillé, *op. cit.,* pp. 22-28 ; E. Legouvé, *op. cit.,* t. III, p. 77, t. IV, p. 77.

58. P.-J. de Béranger, *Ma biographie,* Paris, Garnier, s.d., pp. 3-5. ; E. Lavisse, *op. cit.,* pp. 4-7.

59. L.-F. Jauffret, *Éducation pratique...,* op. cit., pp. 11-39.

60. Comtesse de Boigne, *op. cit.,* p. 71 ; G. de Barante, *op. cit.,* t. I, pp. 1-2 ; G. Sand, *op. cit.,* pp. 24-25.

61. F.-R. de Chateaubriand, *op. cit.,* p. 21 ; P. de Vargas, *op. cit.,* p. 226 ; A. Dumas, *op. cit.,* pp. 188 et 198 ; G. Haussmann, *Mémoires...,* op. cit., p. 14 ; H. Lavedan, *Avant l'oubli, un enfant rêveur,* Paris, 1933, cité par A.-M. Fugier, *op. cit.,* p. 195 ; V. Hugo, *op. cit.,* pp. 622 et 627 ; A. Gide, *Si le grain ne meurt* (1920), Paris, Gallimard, 1928, p. 19 ; A. Siegfried, *op. cit.,* pp. 11-13 ; E. Quinet, *op. cit.,* pp. 39-41 ; J. Simon, *op. cit.,* p. 45 ; J. Chastenet, *op. cit.,* p. 24.

62. A. de Broglie, *op. cit.,* p. 114 ; Ch. Bocher, *op. cit.,* pp. 106-107, 114 ; J. Caillaux, *op. cit.,* t. I, pp. 15 et 65 ; Mme Alphonse Daudet, *op. cit.,* pp. 46-47 ; G. Haussmann, *op. cit.,* p. 31 ; A. Siegfried, *op. cit.,* p. 11

63. *Lettres,* op. cit., t. I, pp. 464, 486, 506, 542, 567-568, 572, 602 et 685 ; Ch. de Rémusat, *op. cit.,* pp. 24-35 ; H.-L. Duval, *Conseils aux mères de famille...,* Johanneau, 1840, pp. 57-65. Les explications de l'auteur laissent penser qu'il a suivi son programme modèle pour la formation de sa propre fille.

64. C. Farrenc, *Ce que peut une femme,* Société des gens de lettres, 1874, pp. 67-71.

65. A. Dumas, *op. cit.,* p. 188 ; P. de Vargas, *op. cit.,* p. 226 ; O. Rony, *Jules Romains ou l'appel du monde,* Paris, Laffont, 1993, p. 28.

66. P.-R. Jurien de La Gravière, *Souvenirs d'un amiral...,* Hachette, 1872, t. I, p. 9 ; D. Vincent, « Le journal de Marie », *Le discours psychanalytique,* 1982, n° 3, pp. 22-25 et G. Poujol, « Le journal d'une bénévole, 1894-1904 », *Vie sociale,* mai 1989, pp. 87-95.

67. V. de Laprade, *L'Éducation homicide, plaidoyer pour l'enfance,* Paris, Didier, 2ᵉ éd. 1868, p. 70 ; E. Grimard, *op. cit.,* pp. 296-297, C. Farrenc, *op. cit.,* p. 69

68. A. Dumas, *op. cit.,* p. 188 ; Mme Roland, *Lettres,* op. cit., p. 486 ; Mme de Genlis, *Nouvelle méthode...,* op. cit., p. 22 ; É. Mallet, *De la direction,* op. cit., p. 23.

69. M. Manson, *Les Livres pour l'enfance et la jeunesse publiés en français de 1789 à 1799,* Paris, INRP, 1989, pp. 15-29 ; I. Havelange, *La littérature à l'usage des demoiselles,* 1750-1860, doctorat de Troisième cycle, EHESS, 1984, p. 6 ; G. Ottevaere-Van Praag, *La Littérature pour la jeunesse en Europe occidentale (1750-1925),* Berne, P. Lang, 1987, pp. 104-109.

70. I. Havelange, S. Le Men, M. Manson, *Le Magasin des enfants. La littérature pour la jeunesse (1750-1830),* Alençon, Imprimerie alençonnaise, 1988, p. 56.

71. A. Pradeilles, « Une lecture des *Evenings at home* (1792-1796) » in P.-M. Penigault-Duhet (sous la direction de), *L'Enfance et les ouvrages d'éducation,* Université de Nantes, 1983, t. I, p. 165 et D. Escarpit, « Berquin, l'ami des enfants », *Ibid.,* t. II, p. 3. L. Gaultier, *Lectures graduées pour les enfants du premier et du deuxième âge,* Paris, Renouard, (vers 1800), t. I, p. 8 (l'auteur fait ici allusion au succès du *Petit livre des enfants de trois ans,* que nous n'avons pas retrouvé et auquel cet ouvrage veut succéder).

72. S. Le Men, *Les Abécédaires...,* op. cit., pp. 24, 33, 45 et 51 ; *Alphabet de Mademoiselle Lili par L. Frœlich et un papa,* Paris, Hetzel, 1865, 40 p., Mme Doudet (pseudonyme de l'éditeur qui est, en même temps, auteur), *Bébé saura bientôt lire, nouvel alphabet en images,* Paris, Th. Lefèvre, 1871, 48 p. et *Bébé sait lire, courtes historiettes enfantines servant d'exercices de lecture,* Paris, Th. Lefèvre, 1876, 52 p.

73. Ce corpus a été constitué à partir des travaux de références déjà cités, du catalogue de la Bibliothèque Nationale et des listes placées, à des fins publicitaires, dans certains livres. Nous avons sélectionné les publications de notre échantillon en fonction de trois critères : un titre ou une introduction qui se réfèrent à un public de moins de six ans ou à un public qui inclut cette population, un titre ou une introduction qui permettent de supposer que l'ouvrage s'adresse, en particulier dans l'esprit de l'auteur, à de jeunes enfants dont l'âge n'est pas précisé, et un titre ou une introduction opaques, mais un contenu adapté à de très jeunes lecteurs par l'omniprésence des illustrations, le corps élevé des caractères et la mise en scène d'enfants de moins de six ans. Inversement, des ouvrages destinés, d'après leurs titres, aux « petits garçons », aux « petites filles » ou au « premier âge » n'ont pas été inclus dans l'échantillon lorsque rien ne distinguait leur présentation de celle des publications destinées aux plus de six ans.

74. S. Le Men, « Le romantisme et l'invention de l'album pour enfants », *Le livre d'enfance et de jeunesse en France,* sous la direction de J. Glénisson et de S. Le Men, Bordeaux, Société des bibliophiles de Guyenne, 1994, pp. 145-175.

75. *Ibid.,* p. 153. Dans notre corpus, nous avons repéré des figures à colorier (surtout des maisons et des scènes de la vie quotidienne) dans *Le Chérubin* (1865, 1ᵉʳ numéro) et dans *Le Moniteur des enfants* (1874, pp. 128, 176), et des figures à découper dans *Le Conseiller des enfants* (année 1849), *La Mère Gigogne et le Petit Poucet réunis* (année 1864) et *Paris-Bébé* (13 juillet, 17 août et 2 novembre 1884).

76. A. Noël, J.-L. Aubert, *Les Jeux de la poupée, ou les étrennes des Demoiselles, composés de sept gravures en taille-douce avec une explication en vers français...,* Paris, A. Noël, 1806, 17 folios et M. Manson, « L'album d'A. Noël (1806) sur les *Jeux de la poupée* et ses avatars au XIXᵉ siècle », *Jeux graphiques dans l'album pour la jeunesse* (sous la direction de J. Perrot), Argos, 1991, pp. 199-220.

77. Album Trim, *Le Bon Toto ...,* Paris, Hachette, s.d., 38 p. ; J.-P. Stahl, *La Journée de Mademoiselle Lili,* nouvelle édition augmentée, quarante dessins de L. Froelich, Paris, Hetzel, s.d., 22 p. (l'exemplaire de l'Heure joyeuse porte la mention : 1862).

78. Trois des journaux retenus envisagent plusieurs utilisations selon le groupe d'âge. Le prospectus du *Portefeuille des enfants* explique que « les plus jeunes y verront des images propres à les récréer ; de plus avancés y trouveront les morceaux qu'ils pourront copier ou enluminer ; ceux d'un âge intermédiaire en feront des découpures ». *Le Journal de l'écolier* propose, pour les « *petits enfants* », des leçons de lecture, dispensées par les aînés ou les parents, des fables et quelques premières connaissances, et, pour les « écoliers » et les « écoliers plus avancés », des séries de devoirs (n° 1, juin 1873). *La Gazette des enfants* veut « apprendre à lire aux tout-petits en leur montrant des pages naïves [et] donner à penser aux plus grands » (page de couverture, 1891).

79. *Le Baby,* n° 2, décembre 1864 et n° du 25 décembre 1865, p. 8.

80. *Le Petit Monde,* n° 1, janvier 1878.

81. A. Fourment, *Histoire de la presse des jeunes et des journaux d'enfants (1768-1988),* Éole, 1987, pp. 48, 92 et 95.

82. L. Ratisbonne, *La Comédie enfantine,* Paris, M. Lévy, 2ᵉ éd., 1861, 182 p.

83. S. Le Men, «Le romantisme...», *op. cit.,* p. 147.

84. Mme Barbaud, *Leçons pour les enfants de trois à sept ans,* op. cit., pp. 1-2.

85. Cité par J. Glénisson, «Le livre pour la jeunesse», *Histoire de l'édition française,* sous la direction de R. Chartier, H.-J. Martin, t. III, Promodis, 1985, pp. 426-427.

86. G. Ottovaere-Van praag, *op. cit.,* pp. 112-149 ; A. Parmenie et C. Bonnier de la Chapelle, *Histoire d'un éditeur et de ses auteurs. P.-J. Hetzel,* Paris, A. Michel, 1953, pp. 69 ; *Le Moniteur des enfants,* 1874, p. 176.

87. Sophie de Renneville (1772-1822), *Conversation d'une petite fille avec sa poupée...,* Billois, 1813, 113 p. ; Abel Dufresne (1788-1862), *Contes à Henriette,* Blanchard, 1822, 180 p.

88. *Pierre l'ébouriffé,* 1ʳᵉ édition, Hachette, vers 1860, éd. consultée : Fischbacher, 1923, 24 p., pp. 1-7 ; *Alphabet de mademoiselle Lili...,* op. cit., p. 32 ; *Le Petit monde,* février 1878, pp. 1 et 2, juin 1878, pp. 1 et 9, août 1878, p. 1, juin 1879, p. 1 ; *Paris-Bébé,* 7 septembre 1884.

89. Th. Bertin, *Le Passe-temps de l'enfance..., Recueil encyclopédique, instructif et amusant, mis à la portée du premier et du second âge,* Paris, Billois, 1810, t. I, pp. 5-6 ; *Album Trim, Le Calcul amusant. La table de Pythagore servie aux petits enfants,* Paris, Hachette, s.d., 21 p. ; *Le Baby,* 24 décembre 1864, p. 6, 15 janvier 1865, p. 1 et 1ᵉʳ mars 1865.

90. *Alphabet de Mademoiselle Lili,* op. cit., couverture ; *Le Petit monde,* janvier 1879, p. 1.

91. Mme Doubet, *Bébé sait lire,* op. cit., p. 1, et, auparavant, *Alphabet de Mademoiselle Lili,* op. cit., p. 2.

92. Ph. Ariès, *L'Enfant...,* op. cit., pp. 29-187.

93. D. Alexandre-Bidon, «La lettre volée. Apprendre à lire au Moyen Age», *A.E.S.C.,* juillet-août 1989, pp. 971-980 ; «Grandeur et renaissance du sentiment de l'enfance au Moyen Age», *H.E.,* mai 1991, pp. 39-63 et P. Riché, «Réflexions sur l'histoire de l'éducation dans le Haut Moyen Age», *Ibid.,* pp. 17-38.

94. M. Manson, *«Puer bimulus...»,* op. cit., pp. 274-275, 281 et 290 (cit.) ; J.-P. Néraudau, *op. cit.,* pp. 395-397.

95. J.-L. Flandrin, «Enfance et société», *A.E.S.C.,* mars-avril 1964, p. 329.

96. M.-F. Morel, «A propos de la bibliographie française récente sur l'histoire de l'enfance», *Vie Sociale,* mars-avril 1990, p. 22.

97. D.-W. Winnicott, «La théorie de la relation parents-nourrisson» (1960), *De la pédiatrie à la psychanalyse,* Paris, Payot, 1969, p. 240 ; et S. Freud, *Résultats, Idées, problèmes, 1880-1920,* Paris, PUF, 1984, p. 137.

98. Ph. Ariès *L'Enfant...,* op. cit., p. 14.

99. C'est aussi l'opinion, avec quelques nuances, de M. Manson, *op. cit.,* p. 290, de J.-P. Néraudau, *op. cit.,* p. 409 et de J. Gélis, «L'individualisation de l'enfant», *Histoire de la vie privée,* t. II, *op. cit.,* pp. 319-320.

100. J. Gélis «L'individualisation de l'enfant», *op. cit.,* pp. 317-319 et 328.

101. F. Lebrun, M. Venard, J. Quéniard, *De Gutenberg ...,* op. cit., pp. 608-612.

102. J.-L. Flandrin, *Familles,* Paris, Hachette, 1976, pp. 197 et 227.

103. G.D. Sussman, «Parisians Infants and Norman Wet Nurses in the Early Nineteenth Century : a Statistical Study», *Journal of interdisciplinary history,* 1977, VII-4, pp. 637-653.

104. Y. Charbit, *Du malthusianisme au populationnisme,* Paris, INED, PUF, 1981, p. 270 ; *Histoire de la population française...,* op. cit., pp. 361-362 et 368-372.

105. C. Rollet, *La politique...,* op. cit., pp. 22-28, 109-111 ; G.-D. Sussman, *Selling Mothers's Milk. The Wet Nursing Business in France (1715-1914),* Chicago, University of Illinois Press, 1982, pp. 101-102 ; F. Faÿ-Sallois, *Les Nourrices...,* op. cit., pp. 108-119 et 134-150.

106. Bien que leurs origines ne puissent pas être exactement datées, les jeux et les comptines recensés par les folkloristes à partir des années 1880 prouvent l'existence de pratiques traditionnelles d'instruction précoce dans les familles populaires. Les formulettes exercent la mémoire et l'imagination du

jeune enfant, et elles lui enseignent, sans qu'il s'en rende compte, un vocabulaire courant et sa prononciation, les noms des parties de son corps et des jours de la semaine, les chiffres et les principes du
calcul, A. Van Gennep, *Manuel de folklore...*, op. cit., t. I, pp. 161-164.

107. Les petits-fils de Louis XV savaient couramment lire et écrire avant sept ans. Ils avaient aussi reçu
des notions de géométrie pratique et, grâce à des commentaires d'images, de sciences naturelles et de
géographie. Ils connaissaient plusieurs éléments de la mythologie gréco-latine. Deux fois par semaine,
le dauphin et son épouse leur faisaient réciter leurs leçons, F. Lebrun, M. Vénard, J. Quéniart,
De Gutenberg..., op. cit., p. 490.

108. Ph. Ariès, *L'Enfant...*, op. cit., pp. 298-305 et 314-316 ; *Histoire des populations...*, op. cit., pp. 324,
333, 335-338 : G. Snyders, *La Pédagogie en France aux XVIIe et XVIIIe siècles,* Paris, PUF, 1965, pp. 295,
326-329.

109. M. Sonnet, «Leçons paternelles», *Histoire des pères...*, op. cit., p. 260.

Chapitre 6

1. Les membres du Comité des dames de Paris, de la Commission supérieure (25 en théorie) et du
Comité central (entre 25 et 44 selon les époques) sont identifiées grâce aux arrêtés de nomination des
27 décembre 1837, aux procès-verbaux de réunion de ces instances et aux numéros annuels de
l'*Annuaire de l'Instruction publique.* Les informations relatives aux époux ont été recherchées dans les dic-
tionnaires et dans les ouvrages de références traditionnellement utilisés par les historiens du
XIXe siècle.

2. Lettres, 26 avril, 31 mai et 15 juin 1854.

3. Note, non signée, d'avril 1871 relative au projet de dissolution du Comité central, A.N., F17 10878.

4. L'âge des maris est connu pour les deux tiers d'entre eux. D'après L. Henry et J. Houdaille, les
mariés de la première moitié du siècle (toutes catégories confondues) ont toujours 2 à 3 ans de plus
que leurs épouses, «Célibat et âge au mariage aux XVIIIe et XIXe siècles en France», *Population,*
mars-avril 1979, pp. 407, 412-414.

5. Sauf mention contraire, les informations relatives à l'assiduité des dames se rapportent aux périodes
pour lesquelles nous disposons des données nécessaires : de la fin de l'année 1844 au mois
d'avril 1853, puis de janvier 1858 à mai 1869, A.N., F17 10876 et 10878.

6. Première note, rédigée après 1863, et seconde note, déjà citée, d'avril 1871, A.N., F17 10878.

7. Séance du 9 juillet 1838, A.N., F17 10877 (il n'est pas possible de donner une référence plus précise, car les procès-verbaux de la Commission supérieure ou du Comité central ne sont pas paginés) ;
lettres d'A. Rendu à Mme Mallet des 16 juin et 9 juillet 1841, M.S.

8. Les deux lettres circulaires, de juillet 1841 et mars 1842, sont publiées dans *La Petite Enfance à l'école...,* op. cit., pp. 82-84.

9. Lettres d'A. Rendu à Mme Mallet du 9 juillet et du 23 août 1841, M.S.

10. Réunions des 14 mai et 7 juin 1838, A.N., F17 10877.

11. Rapport du Comité central, A.E., 1858, p. 112.

12. Réunion du 22 mars 1855, A.N., F17 10877 ; M. Dunan, *Souvenirs de la princesse de Metternich,* Plon,
1923, pp. 52-53 ; *Journal d'Hippolyte Fortoul,* publié par G. Massa-Gille, Droz, 1979, t. I, pp. 123 et 131.

13. Audience du 21 février 1858, A.N., F17 10878 ; M. Perrot, «La vie de famille», *Histoire de la vie privée,* op. cit., p. 190 ; J. Aubin, *L'Impératrice Eugénie,* Paris, Fayard, pp. 176-177.

14. Réunion du 21 février 1859, A.N., F17 10878.

15. Audience du 29 mai 1859, A.N., F17 10878.

16. Réunions du 20 avril 1863 et du 22 juin 1868, A.N., F17 10878.

17. Toutes ces informations sur l'action de Mme Mallet proviennent de son journal et de sa correspondance, de l'ouvrages déjà cité de Mme de Witt-Guizot, pp. 92-94, 98 et 120 et de F. Puaux,
Les Œuvres du protestantisme français au XIXe siècle, Paris, Comité du protestantisme français, 1893, pp. 171-172.

18. Ces informations proviennent, en plus des sources déjà citées, et notamment de la lettre du
29 juin 1850 (cit.), des archives du baron J.-P. Mallet, de H. de Triqueti, *Les Ouvriers selon Dieu et leurs
œuvres,* Paris, 1861, pp. 149-153, de Mme de Witt-Guizot, *op. cit.,* pp. 43-47 et 70-72, de F. Puaux,
op. cit., pp. 177-178.

19. Journal, 21 février 1847 ; Lettres, 3 août 1847, « Lettre première aux dames inspectrices », A.E., janvier-mars 1846, p. 49, « Lettre quatrième... », *A.E.*, 1847, p. 59.

20. Souvenirs, année 1810 ; « Appendice », *op. cit.*, p. 205 ; S. Chassagne, *Oberkampf...*, op. cit., pp. 246-256 ; C. Grand, *op. cit.*, pp.10-13.

21. *De la direction...*, op. cit., pp. 16, 18 et 27-28, « Appendice », op. cit., pp. 256-258, 269, 275, 297-295 ; « Lettre troisième aux dames inspectrices », A.E., 1846, pp. 165-166.

22. N. Labouchère, Manuscrit ; Journal, 23 octobre 1829 ; Souvenirs, lettres du 27 juillet 1816 et du 30 avril 1817.

23. Souvenirs, année 1794, note sur la bonne Cresson (année 1801), lettre d'Émilie à Jules du printemps 1820 et de Mme Feray à Jules du 31 mai 1820, année 1822 ; Journal, 27 octobre 1827 et 10 septembre 1830.

24. Journal, juillet 1826, 9 octobre 1827, 13 août 1829, 9 octobre 1830.

25. Journal, 28 janvier 1829.

26. Souvenirs : lettre d'Émilie à Jules (printemps 1820) et année 1822 ; Journal, 28 novembre 1825, 13 et 28 janvier, 9 mai et 30 juillet 1829, 23 juillet et 27 septembre 1831, 9 juillet 1843 ; Lettres, 13 mars 1856.

27. C. Oberkampf, dont la première fille meurt de la petite vérole à deux ans et demi, en 1777, fait inoculer tous les enfants de Jouy (les siens compris) et examiner son personnel par des médecins. D'après S. Chassagne, cette attitude s'explique largement par l'influence de Mme de Maraize, collaboratrice et amie des Oberkampf, liée à de célèbres praticiens, propagandiste de l'allaitement maternel et thérapeute spontanée de ses proches, S. Chassagne, *Une Femme d'affaires au XVIIIe siècle*, Toulouse, Privat, 1981, pp. 28-31.

28. Souvenirs, 29 avril 1827

29. « Appendice », *op. cit.*, p. 251 et « Avant-propos », A.E., janvier-mars 1835, p. 7.

30. « Lettre quatrième... », A.E., 1847, p. 58 ; « Appendice », op. cit., pp. 275 et 291 ; « Avant-Propos », *A.E.*, janvier-mars 1835, p. 13.

31. Cité par N. Labouchère, Manuscrit.

32. *La Démocratie Pacifique*, 26 et 27 février 1848 ; *Le Droit*, 27 février 1848 ; *L'Ami de la Religion*, 28 février 1848, p. 498.

33. « Lettre quatrième... », A.E., 1847, p. 58.

34. Cité par Mme de Witt-Guizot, *op. cit.*, p. 95.

35. Souvenirs, année 1815 ; Journal, 9 décembre 1827 et 12 mars 1837 ; D. Robert, *Les Églises réformées*, p. 500 ; A. Encrevé, *Les Protestants français...*, op. cit., pp. 137-138.

36. Journal, 4 mars, 22 août et 3 septembre 1827, hiver 1827, 2 mai 1829 et 12 février 1837.

37. N. Labouchère, Manuscrit.

38. *De la direction...*, op. cit., pp. 9, 25-26 et 31.

39. Journal, 10 septembre et 10 octobre 1835 et 13 octobre 1850 (le journal évoqué dans la première citation est *L'Ami de l'Enfance*).

40. Lettre du 16 avril 1849 à Mme Pelet, recopiée dans le journal.

41. *De la direction morale...*, op. cit, p. 6.

42. Registre d'inspection de l'asile de la rue de la Bienfaisance du 5 juin 1835 au 22 mai 1839, M. S ; Registres d'inspections des salles d'asile de Lyon (août 1840-février 1844, soit 43 mois), A. M., Lyon, R 50.

43. Lettre de Mme Mojon, du 28 juillet 1838 (M.S.).

44. *Ibid.* et Registre d'inspection de l'asile de la Bienfaisance, visites des 17 août et 8 novembre 1836, des 29 mars, 14 avril, 5 et 8 mai, 4 et 30 juin, 3, 10 et 21 juillet, 22 août 1838, et des 15, 18 et 31 janvier et 1er mars 1839, M.S.

45. *Ibid.*, visites des 12 juin, 21 mars 1835, 10 février, 2 et 11 mars, 18 et 20 avril 1836, 15 décembre 1838 et Association des dames inspectrices de Paris, séance du 13 avril 1844, p. 29 (M.S.).

46. Association des dames inspectrices, réunions des 5 mars et 9 avril 1847, 2 février, 2 mars, 2 et 30 novembre, 14 décembre 1849, 8 février et 5 avril 1850, 2 mai 1851, 7 mai et 26 novembre 1852.

47. Lettres, 28 janvier et 10 mars 1843, lettre d'A. Rendu du 8 février 1843 à Mme Mallet, M.S., Association des dames inspectrices, réunions des 5 décembre 1843, 5 janvier et 13 avril 1844 (M.S.) ; *A.E.*, 1855, p. 90.

48. *Statut de l'institution des salles d'asile catholiques de Lyon, arrêté par le comité d'arrondissement et approuvé par le comité supérieur pour l'instruction primaire le 7 mai 1840* et arrêté municipal du 6 mars 1846, A.M., Lyon, R.5 ; rapport sur les salles d'asile du Rhône en 1848, A.N., F17 10806.

49. Rapport de janvier 1840 au recteur, A.D., Nord, 2 T 2497 ; *Almanach de commerce de la ville de Lille...*, op. cit., (1846), p. 628.

50. Lettres de l'inspecteur d'académie au recteur, le 11 janvier 1840, et au préfet, le 14 janvier, A.D., Nord, 2 T 2497 ; P. Pierrard, *La Vie ouvrière...*, op. cit., p. 423.

51. Rapport sur les salles d'asile du Nord en 1853, A.N., F 17 10841 et, auparavant, délibération du conseil municipal du 20 septembre 1852, A.D., Nord, 1T 116-2 et P. Pierrard, *La Vie ouvrière à Lille...*, op. cit., p. 429.

52. Lettre du maire au préfet du 31 janvier 1863, A.D., Nord, 1T 116-9. ; rapport sur l'académie de Lille en 1868, A.N., F17 10874.

53. Rapports sur la Loire-Inférieure en 1849, sur l'Orne et sur le Puy-de-Dôme en 1850, A.N., F17 10866, et sur le Puy-de-Dôme en 1864, F17 10868 ; numéros des *Étrennes nantaises* depuis 1837 (en particulier celui de 1843, p. 98).

54. Rapports sur les académies de Nancy en 1863-1864, A. N., F17 10868, et de Toulouse en 1861-1862, A.N., F17 10842, ; *Statistique [...] en 1863,* op. cit., p. 142.

55. *A.E.,* 1864, pp. 41-43, 1866, pp. 29-31 et 70-74, 1867, pp. 147-149 et 175-177.

56. Rapport de Mme Cauchois-Lemaire sur l'académie de Paris en 1857-1858, A.N., F17 10842.

57. *A.E,* 1867, p. 147 et A. Casebonne, «De la nomination des dames adjointes», *A.E.,* 1867, pp. 200-201.

58. Rapports de Mme Doubet sur les salles publiques de Marseille en 1846, A.N., F17 10866, et de Mme Caillé sur l'académie de Strasbourg en 1849, F17 10866. Mme Doubet formule encore le même grief dans son rapport sur les départements du Midi en 1848, F17 10841.

59. Association des dames inspectrices, réunions des 3 mai et 8 novembre 1844, M. S ; réunion de la Commission supérieure du 16 mai 1845, A.N., F17 10876

60. Discours de F. Delessert, *Le Moniteur,* 10 juillet 1844 et 26 juin 1845 ; Mme Marès, *Petit manuel...*, op. cit., p. 195, «Secours donnés aux enfants indigents dans les salles d'asile de Paris», *A.E.*, janvier 1855, p. 91.

61. Rapports sur l'académie de Rennes en 1850, A.N., F17 10866.

62. Rapport sur les salles d'asile de Paris en 1864, A.N., F17 10868 ; *État de l'instruction... en 1864,* op. cit., p. 404 ; rapport sur les départements du Midi en 1870, F17 10869.

63. Rapports sur le Nord en 1853 et sur l'académie de Dijon en 1860, A.N., F17 10841 ; *État de l'instruction... en 1864,* op. cit., p. 17 ; rapport sur l'académie de Douai en 1876, F17 10849.

64. Rapport sur l'académie de Rennes en 1879, A.N., F17 10847 ; lettre de Mme Théry Leclerc au maire de Lille en janvier 1863, A.D., Nord, 1T 116-9.

65. G. Cholvy, Y.M. Hilaire, *Histoire religieuse...*, op. cit., pp. 73-78 et 199-209.

66. B. Smith, *Les Bourgeoises du Nord*, op. cit., pp. 22, 33-34, 38-50, 60-61, 74, 79, 88, 110-128.

67. B. Smith, *op. cit.,* pp. 48 et 126-128.

68. J. Rey, *Lettres à ma femme...*, op. cit., p. 16.

69. *Histoire d'une salle d'asile,* op. cit., (1852), p. 9.

70. J.-B. Duroselle signale l'indifférence, avant 1870, de la «masse des catholiques» aux efforts des catholiques sociaux, *Les débuts du catholicisme social en France, 1822-1870,* Paris, PUF, 1951, p. 701. J.-P. Chaline rappelle l'absence, sur les listes des donateurs rouennais, de nombreux et riches bourgeois, fidèles aux principes libéraux et néo-malthusiens, op. cit., p. 308. C. Duprat souligne, à plusieurs reprises, «l'étroitesse» du milieu des philanthropes parisiens, et surtout des militants les plus actifs, *op. cit.,* pp. 52, 479, 516, 1257 et 1270.

71. E. Lejeune-Resnick, *Femmes et associations, 1830-1880,* Paris, Publisud, 1991, p. 199.

72. *Histoire d'une salle d'asile,* op. cit., p. 179.

73. Mme Marès, *Petit manuel...*, op. cit., p. 200.

74. M. Perrot, « Sortir », *Histoire des femmes,* op. cit., t. 4, p. 468.

75. A. de Falloux, *Biographie de Madame de Pastoret,* Plon, 1846, pp. 6, 9 et 16, et G. Stenger, *La Société française pendant le Consulat,* Paris, Didier, 1905, p. 445 (d'après ce dernier auteur, l'enfant élevé selon les principes de Rousseau serait mort, et sa mère l'aurait fait enterrer dans son jardin).

76. Les chronologies familiales de Mmes de Champlouis, Anisson-Duperron et de Broglie ont été reconstituées à partir des écrits de Mme Mallet, Journal, 30 novembre 1830, 2 octobre et 7 décembre 1831, 30 mai 1833 et 2 avril 1836 ; Lettre, 17 août 1837, et des lettres de la duchesse de Broglie, A. de Staël, *Lettres,* op. cit., pp. 16, 103, 118-119, 125, 133.

77. C. Duprat, op. cit., p. 1802.

78. M. Lemaire, *Un grand bourgeois philanthrope...,* op. cit., pp. 61-62 et 172. Les allusions à la bonne et à l'utilisation d'une bêche laissent supposer que la lettre s'adresse à un enfant âgé au moins de sept ans.

Chapitre 7

1. *Manuel,* op. cit., p. 117.

2. Notre description s'appuie sur les manuels des salles d'asile et sur les publications de plusieurs architectes (C. Pompée, en 1861, A. de Metz, en 1870, et F. Narjoux, en 1878 et 1879), qui ont précisé ou amélioré les normes officielles au sens strict, et qui sont citées dans les sources imprimées.

3. Camille Jubé propose d'élever progressivement la hauteur des degrés, de 15 cm à 20 cm, car les plus grands se placent en haut, et de fournir des bancs latéraux de 15 cm, 16 cm et 20 cm de haut. En considérant la longueur des sabots, l'espace réservé au passage de la maîtresse et la place de l'enfant, il fixe la largeur d'une marche à 55 cm, *Guide,* op. cit., pp. 79-82. Ces normes sont conservées jusqu'en 1881 avec quelques aménagements imposés par l'accueil des enfants de sept ans après 1855, F. Narjoux, *Les écoles...,* op. cit., 1879, pp. 345 et 348.

4. « Appendice », *op. cit.,* p. 207 et *Guide...,* op. cit., p. 56.

5. *Instruction élémentaire...,* op. cit., p. 9.

6. *Manuel,* op. cit., p. 139-140.

7. Règlement modèle des asiles parisiens joint à l'*Enseignement pratique* de M. Pape-Carpantier, *op. cit.,* p. 263.

8. J. Rey, *Lettres à ma femme,* op. cit., p. 46.

9. *Nouveau Manuel des salles d'asile à l'usage des Filles de la Charité,* Paris, Dezobry, 1854, p. 604.

10. M. Doubet, « De la méthode des salles d'asile », *A.E.,* octobre 1854, p. 9.

11. De Gérando, *De la bienfaisance publique,* op. cit., t. II, p. 43, note 15 ; *Nouveau manuel...,* op. cit., pp. 10-11.

12. G. Vigarello, *Le Corps redressé,* op. cit., pp. 94-113, 155, 188-189, 237, 240 et 377.

13. *Manuel,* op. cit., p. 119.

14. *Ibid.,* pp. 101, 125 et 161.

15. *Instruction,* op. cit., p. 6 ; *De la direction...,* op. cit., pp. 18, 22, 24, 28-29 ; Mme Marès, *Petit manuel...,* op. cit., pp. 10-27. En se référant à un dictionnaire de médecine, l'auteur distingue les tempéraments sanguin, bilieux, nerveux et lymphatique.

16. C. Jubé se contente de résumer, en quelques lignes, les multiples pages de Mme Pape-Carpantier sur les devoirs de la maîtresse envers son jeune public, *Guide,* op. cit., p. 89. E. Rendu ne fait pas beaucoup plus, *Guide,* op. cit., pp. 104-106 et 109.

17. E. Brouard, « Pape-Carpantier », *D.P.,* pp. 2199-2202 ; E. Gossot, *Madame Pape-Carpantier...,* op. cit. ; G. Caplat (dir.), *Les inspecteurs généraux...,* op. cit., pp. 535-537 ; C. Cosnier, *Marie Pape-Carpantier, de l'école maternelle à l'école de filles,* Paris, L'Harmattan, 1993, pp. 9-75.

18. Lettre du 2 mars 1866, demande d'autorisation, programme, A.N., F17 10890 ; E. Gossot, *op. cit.,* pp. 182-191 ; C. Cosnier, *op. cit.,* pp. 163-178.

19. C. Cosnier, dont l'hypothèse intéressante mériterait de nouvelles recherches, souligne l'inspiration maçonne de certains des écrits de Mme Pape-Carpantier, où figurent des allusions codées à la fraternité, à l'errance de l'Apprenti dans les ténèbres et à la « science du grand artiste qui a modelé la nature », C. Cosnier, *op. cit.,* pp. 58, 69, 86, 93 et 271.

20. *D.P.*, op. cit., p. 2200 ; E. Gossot, *Marie Pape-Carpantier...*, op. cit., pp. 226-229 ; C. Cosnier, *op. cit.*, pp. 271-276.

21. M. Carpantier, *Conseils...*, op. cit., p. 8.

22. *Ibid.*, pp. 16-17, 20-21 («pouvoir de l'affection »), 26-36, 83-85, 127-129, 148-149 et 173-177 ; «Conférences de la Sorbonne», *A.E.*, avril 1868, p. 172.

23. *Conseils...*, op. cit., pp. 13-16 et 158, et «Mécanisme ou distribution du temps», rédigé par Mme Millet, pp. 258-269.

24. «Conférence de La Sorbonne», *A.E.*, mars 1868, p. 282.

25. *Conseils...*, op. cit., pp. 13-14 et 61 (cit.).

26. R. Chartier, M.-M. Compère, D. Julia, *L'Éducation en France du XVIe au XVIIIe siècle,* Paris, Sedes, 1976, pp. 11-122.

27. *Instruction*, op. cit., pp. 4, 16 et 51 ; *Manuel*, op. cit., pp. 127 (cit.), 149, 157-166 et 168 (cit.).

28. *Histoire biblique à l'usage des salles d'asile*, Strasbourg, Levrault, 1831, 42 p. ; *Chants pour les salles d'asile,* Hachette, 1834 ; *Collection d'images pour les salles d'asile. Histoire sainte* et *Premières leçons sur l'histoire de J.-C.,* Hachette, 1836.

29. *Le médecin des salles d'asile*, op. cit., pp. 108-111 et 185-193. Condamné par la C.N.I.L. en 1981, le système GAMIN espérait dépister les handicaps à l'aide d'un fichier des enfants à risques.

30. Dr Cerise, *op. cit.*, pp. 38-39, 70-71 ; Dr Mauricheau-Beaupré, *Instruction hygiénique adressée par le médecin de la salle d'asile aux parents dont les enfants y sont admis,* Calais, Lemerle, 1839 ; Dr de Piétra-Santa, *Quelques mots sur les salles d'asile,* Masson, 1854.

31. G. Vigarello, *Le Propre et le sale...*, Paris, Éd. du Seuil, 1985, pp. 54-55, 153, 169-172, 184 et 200-203.

32. *Manuel*, op. cit., p. 148 ; *«Appendice»*, op. cit., pp. 258-260 ; E. Depasse, *Considérations...*, op. cit., p. 22 et *A.E.*, 1846, p. 37.

33. *Instruction*, op. cit., pp. 13-16, 21 et 29-30 ; *Manuel*, op. cit., pp. 154-155 et 189 ; «Appendice», *op. cit.*, pp. 293-298 ; I. Polinière, *Salles d'asile pour l'enfance*, op. cit., p. 12 ; *A.E.*, 1836, pp. 321-329 ; Dr Cerise, *Le médecin...*, op. cit., pp. 97, 107 et 115-124 ; M. Pape-Carpantier, *Conseils...*, op. cit., pp. 135 et 149-151, et *Enseignement pratique...*, op. cit., pp. 179-191 et 245.

34. *Jeux gymnastiques avec chants pour les enfants des salles d'asile,* Paris, Hachette, 1868, p. VII.

35. «Réflexions d'une dame inspectrice», *A.E.*, 1840, p. 357 ; C. Jubé, *Guide...*, op. cit., pp. 97-98 ; «Appendice», pp. 294, 297, 299.

36. C. Jubé, *Guide...*, op. cit., p. 97.

37. A titre d'exemple, P. Garnier, *Le Jardin des corps. L'éducation corporelle dans les salles d'asile (1826-1881),* Maîtrise de sciences de l'éducation, Paris V, 1983.

38. *Instruction...*, op. cit., p. 20 *; Le médecin...*, op. cit., p. 99 ; «Appendice», *op. cit.*, p. 297.

39. *Instruction*, op. cit., p. 30 ; *«Appendice»*, op. cit., p 294 ; *Conseils,* op. cit., pp. 149-151.

40. Avec l'ancienne méthode, l'enfant répète erre i = ri, dé e a u = deau – rideau ; avec la nouvelle épellation, qui désigne les consonnes par des sons voisins de ceux de la prononciation, il dit re i = ri, de eau = deau – rideau. ; *Enseignement pratique...*, op. cit., pp. 89-91 ; *Nouveau manuel...*, op. cit., pp. 1 et 247-248.

41. E. Brouard, «Phonomimie», *D.P.*, p. 2368 et P. Giolitto, op. cit., t. II, p. 84-86. Avec cette méthode, *oh !* (cri de l'horreur) et *hue !* (cri du cocher), servent à prononcer les voyelles *o* et *u*. Le son *o*, expression de répulsion, est accompagné d'une extension du bras droit vers l'avant ; le son *u*, du geste du cocher qui fouette son cheval.

42. «Un procédé pour l'enseignement de la lecture», *A.E.*, 1863, pp. 204-205 ; «Procédé pour l'enseignement de la lecture», *Ibid.*, pp. 232-233 (lettre d'une directrice de la Seine) ; «La mimique dans les salles d'asile», *A.E.*, 1864, pp. 92-96 (autre témoignage) ; M. Bourguin, «Lecture gesticulée», *A.E.*, 1865, pp. 296-299 ; M. Pape-Carpantier, «Rapport à M. le président de la Commission de surveillance du Cours Pratique» (12 juin 1866), *A.E.*, 1866, pp. 316-321 ; F. Rocquain, «Phonomimie. Éducation des sourds-muets», 1868, pp. 180-186.

43. J.-J. Rapet, «De l'enseignement de la lecture», *A.E.*, 1855, pp. 85-89 et 125-127 ; A. Silvy, «Pourquoi n'enseigne-t-on pas la lecture dans les salles d'asile ?», *A.E.*, août 1864, pp. 293-296 ; M. Pape-Carpantier, «L'enseignement de la lecture», *A.E.*, septembre 1864, pp. 321-323.

44. Mme Bonnet de Malherbe, lettre publiée dans *A.E.*, 1866, pp. 151-154 et rapport du 30 août 1873 au maire de Lille, A.N., F17 10869 ; Mlle Klecker, Programme d'une conférence aux directrices de Bordeaux en 1879, A.N., F17 10847.

45. *Nouveau manuel*, op. cit., pp. 8-9 ; *Manuel*, op. cit, pp. 145 et 181 ; C. Jubé, *Guide*, op. cit., pp. 115 et 125 ; recopié par E. Rendu, *Guide*, op. cit., p. 128 ; Tronchot R., op. cit., t. I, pp. 162-165 ; P. Giolitto, pp. 170-171, 227-228 et 233-237.

46. *Instruction*, op. cit., p. 31 ; *Manuel*, op. cit., pp. 181-182, 393-403 ; *Enseignement pratique*, op. cit., pp. 105-111 ; R. Tronchot, *op. cit*, t. I, pp. 166 et 190 et P. Giolitto, op. cit., pp. 296-299 et 301-302.

47. *Manuel*, op. cit., pp. 187-189 ; *Instruction*, op. cit., p. 28 ; «Leçons de choses» et «Leçons d'histoire naturelle», *A.E.*, 1835, pp. 22-26 et 87-88, *Enseignement pratique*, op. cit., pp. 192-194 ; «Leçons de choses», *A.E.*, 1854, p. 16 ; M. Pape-Carpantier, «Conférences de la Sorbonne», *A.E.*, 1868, pp. 172, 178, 199, 235, 238 et 255, et «Analyse de la leçon de choses», *A.E.*, 1870, pp. 564-60

48. Lettre du 30 mars 1837 à une dame parisienne, M.S.

49. *Histoires et leçons de choses*, Paris, Hachette, 1858, 294 p. ; *Enseignement par les yeux. Zoologie des salles d'asile et des écoles élémentaires*, Paris, Hachette, 1868-1869, 5 volumes.

50. M. Batelle, *Collections d'images pour les salles d'asile, 1. Animaux domestiques. 2. Animaux sauvages*, présenté dans *A.E.*, 1836, p. 255.

51. *Nouveau manuel...*, op. cit., chant n° 21.

52. *A.E.*, 1862, 1864, p. 598 ; 1865, p. 195 ; 1868, pp. 153-155, 193-195, 212-215.

53. *Manuel*, op. cit., p. 183 ; *Enseignement pratique*, op. cit., pp. 136-148 ; *Nouveau Manuel*, op. cit., pp. 351 et chant n° 27 ; P. Giolitto, op. cit., t. III, pp. 160-371.

54. A. Rendu, *Modèles de leçons pour les salles d'asile...*, Paris, Langlois, 1842, pp. 131-132 ; *Enseignement pratique*, op. cit., pp. 139-141 ; «Conversation sur les volcans», *A.E.*, décembre 1868, p. 77.

55. *Instruction*, op. cit., p. 26 ; *Manuel*, op. cit., pp. 184-185 et 189 ; M. Carpantier, «Enseignement de l'histoire dans les salles d'asile», *A. E*, 1847, pp. 139-147 et P. Giolitto, *op. cit.*, t. III, pp. 8-139.

56. «Une leçon d'histoire de France», *A.E.*, juillet 1863, p. 260.

57. «Quelques procédés d'enseignement à l'occasion d'une visite aux salles d'asile de Dunkerque», *A.E.*, 1836, p. 304 ; *Enseignement pratique*, op. cit., pp. 98-104 ; *Nouveau manuel...*, op. cit., p. 267 ; *A.E.*, 1859-1860, p. 148 et octobre 1861, p. 30 ; M. Matrat, *Histoire de l'éducation enfantine...*, op. cit., p. 243.

58. *Manuel*, op. cit, p. 186 ; Réunion de la Commission supérieure du 16 février 1846, A.N., F17 10876 ; *A.E.*, 1846, pp. 27-29 et 1858, pp. 180-184 ; C. Jubé, *Guide...*, op. cit., pp.102-103 ; *Enseignement pratique*, op. cit., pp. 128-135 ; rapport à la commission de surveillance du Cours pratique du 12 décembre 1857, A.N., F17 10868 ; réunion du comité central du 21 juin 1858, F17 10878.

59. *Manuel*, op. cit., pp. 181-183 ; *Enseignement pratique*, op. cit., pp. 112-124.

60. Les programmes des institutions de jeunes enfants sont empruntés à deux manuels des *Infant Schools* (S. Wilderspin, *Infant education...*, et Th. Pole, *Observation...*), à quatre manuels des salles d'asile (A. de Champlouis, *Instruction...*, J.-D. Cochin, *Manuel...*, C. Jubé, *Guide...* et M. Pape-Carpentier, *Enseignement pratique...*) et aux instructions officielles (I.O.) successives (circulaire du 9 avril 1836, ordonnance du 22 décembre 1837, règlement du 24 avril 1838, décret du 21 mars 1855, règlement du 22 mars 1855, règlement du 5 août 1859, arrêté du 28 juillet 1882).

61. Les informations relatives à l'école primaire concernent la «petite classe» des écoles chrétiennes (édition de 1828 de la *Conduite des écoles chrétiennes*), les «premières classes» ou «les classes inférieures» des écoles mutuelles (Sarazin, *Manuel pratique des écoles élémentaires ou exposé de la méthode d'enseignement mutuel*, Paris, L. Colas, 1829, et A. Maeder, *Manuel de l'instituteur...*, 2ᵉ éd., Paris, Levrault, 1833), les «premières divisions» du statut du 29 avril 1834 et du règlement du 17 août 1851, la «classe enfantine» et le «cours élémentaire» du règlement du 27 juillet 1882.

62. *Manuel*, op. cit., pp. 126 et 180 ; A. Rendu, *Modèles...*, op. cit, pp. 4 et 129-132 ; *Enseignement pratique*, op. cit., pp. viij, 18, 88, 114 et 125.

63. *Manuel*, op. cit., p. 144 ; «Appendice », op. cit., pp. 287-289 ; «De la différence des leçons selon la différence des âges», *A.E*, janvier 1857, pp. 86-89 ; «De la séparation des grands et des petits», *Ibid.*, octobre 1858, pp. 1-4 ; E. Rendu, *Guide..*, op. cit., p. 144.

64. Ages de la séparation (appréciés en années accomplies pour éviter les ambiguïtés) : non précisé (Cochin), 3 ans (Gérando, *De la Bienfaisance...*, op. cit, seconde partie, p. 39), 4 ans (une dame inspec-

trice, *A.E.,* 1840, p. 358), 3 et 5 ans (Mallet), 4 ans (commentaires de Rendu, *A.E.,* janvier 1857, p. 90 et Mme Pape-Carpantier, rapport, déjà cité, de 1859), 4 ans, 5 ans ? (*A.E.,* octobre 1858, p. 2), 5 ans (Rendu, *Guide,* op. cit., p. 144).

65. *Enseignement pratique,* op. cit., pp. 148-159 ; *Conseils...,* op. cit., p. 159.

66. J.-M. de Gérando, *De la Bienfaisance...,* op. cit., seconde partie, p. 38.

67. *Manuel...,* op. cit., p. 190 ; *Instruction...,* op. cit., pp. 22 et 28-29 ; *Enseignement pratique...,* op. cit., pp. 148, 163 et 188.

68. *De la direction,* op. cit., p. 12 ; « Avant-propos », *A.E.,* janvier-mars 1835, p. 11 ; « Du développement précoce de l'intelligence », *Ibid.,* novembre 1835, p. 162 « Appendice », *op. cit.,* pp. 289-290 ; Rapport à Sa Majesté l'Impératrice (le texte de Mme Muller, non daté, a été rédigé avant mars 1858), A.N., F17 10868 ; Rapport du 3 février 1859 de Mme Pape-Carpantier au président de la Commission de surveillance du Cours Pratique, A.N., F17 10890.

69. *A.E.,* janvier 1857, pp. 88 et 90 ; « Du régime scolaire des salles d'asile », *A.E.,* août 1859, pp. 284-290.

70. La contribution des années 1859-1869 à la place réservée à chacune de ces disciplines, depuis 1835, est toujours supérieure à leur part dans la surface totale imprimée (51 %) : 100 % pour les leçons modèles d'histoire, 91 % pour celles de géographie, 76 % pour celles d'histoire naturelle et de leçons de choses, 65 % pour celles du calcul, 77 % pour les conseils relatifs à l'enseignement de la lecture, phonomimie non comprise.

71. « Règlement pour le régime intérieur des salles d'asile de la Seine », *A.E.,* mars 1866, articles 14-18 et 49, p. 143.

72. H. Nadault de Buffon, « De la nécessité de ménager les forces physiques et intellectuelles des enfants », *A.E.,* 1863, pp. 3-5 ; « Des limites de l'enseignement dans les salles d'asile », *A.E.,* 1864, pp. 87-90.

73. « Du style des leçons de choses », *A.E.,* 1857, p. 238 ; « La cabane assiégée », *A.E.,* mars 1869, pp. 156-165 ; Note de Mme de Champlouis au Comité central (réunion du 5 avril 1869) ; réunion du Comité Central du 5 avril 1869, lettre de G. Pillet à V. Duruy du 9 avril, lettres du ministre aux déléguées (non datée) et à M. Pape-Carpantier du 1er mai 1869, lettre de la même à V. Duruy du 16 juillet 1869, A.N., F17 10890.

74. M. Pape-Carpantier, *Zoologie des salles d'asile et des écoles élémentaires, cinquante images d'animaux divisées en cinq séries. Histoires et leçons explicatives,* première série, Paris, Hachette, 1868, pp. VIII, 17, 18, 58 et 69.

75. P. Doubet, « Des salles d'asile », *L'Éducation,* 1851, p. 382.

76. M. Foucault, *Surveiller et punir,* Paris, Gallimard, 1975, pp. 137-171.

77. M. Pape-Carpantier, *Enseignement pratique,* op. cit., p. X.

78. Expression utilisée par P. Giolitto, *Naissance de la pédagogie primaire (1815-1879),* Grenoble, CRDP, 1980, t. I, pp. 470-527.

79. Expression utilisée par Mme Pape-Carpantier, « Conférence de La Sorbonne », *A.E.,* août 1868, p. 286. Dès 1854, Eugène Rendu invite l'école à « imiter » la salle d'asile, « L'institution des salles d'asile est la base de notre système d'enseignement primaire », *A.E.,* décembre 1854, pp. 58-60. Les circulaires du 16 juin 1855 et du 12 mai 1867 opposent « la routine » de l'école aux « excellents procédés », au mouvement et à la joie de l'asile.

Chapitre 8

1. Registres matricules – auxquels nous renvoyons une fois pour toutes – de l'école maternelle publique E. Quinet de Saintes (1839-1885), A.D., Charente-Maritime, 1 T 710*, de l'asile congréganiste public d'Orchies (inscriptions du 19 février 1863 au 4 décembre 1868), de trois asiles congréganistes publics, de garçons et de filles, de Douai (Saint-Nicolas, Saint-Amé, La Providence) et de l'asile laïc public de Marchiennes en 1868 et 1870-1871, A.D., Nord, 1 T 116-12. Rapport sur le Nord en 1868, A.N., F17 10874.

2. Rapport sur le Haut-Rhin en 1856, A.D., 1 T 772.

3. Registre de l'école E. Quinet, déjà cité, et État de situation des écoles primaires en 1864, 1867 et 1881-1882, A.D., Charente-Maritime, 1 T 63, 1T 327, 330 et 338 ; *Statistique de l'enseignement primaire, Année 1881-1882,* Paris, Imprimerie nationale, 1883, p. LXXV.

4. Rapport sur le Gard en 1847, A.N., F17 10866 ; lettre du maire du préfet du 17 mai 1864, A.D., Nord, 1 T 116-17.

5. Rapports sur la Charente-Inférieure en 1859, A.D., 1 T 211, et sur la Seine-et-Oise en 1857-1858, F17 10842 ; réunion internationale de charité des 19 au 19 juillet 1855, *Annales de la charité,* 1855, p. 50.

6. M. Midoc, *Rapport au maire de Reims sur la situation morale et matérielle des salles d'asile et des écoles primaires de Reims,* Reims, Lagarde, 1869, pp. 5-9 (proportions des présents par rapport aux inscrits en novembre 1868 : garçons : 73 %, filles : 68 %, en janvier 1869 : 72 % et 68 %, en mars 1869 : 67 % et 65 %, et en juillet 1869 : 68 % et 66 %) ; Association des dames inspectrices, assemblée générale du 13 avril 1844, M.S.

7. *Statistique de l'enseignement primaire, Année 1876-1877,* Imprimerie nationale, 1878, Paris, pp. 112 et 116.

8. Cette étude sur les liens entre les travaux agricoles et l'usage d'une institution préscolaire a largement bénéficié des informations communiquées par M. Faucon (agriculteur retraité du Nord, né en 1904) et de M. et Mme Dupont-Graindorge (exploitants dans l'Aisne), que je remercie pour leur collaboration.

9. Association des dames inspectrices, assemblée générale du 13 avril 1844, M.S.

10. C. Rollet explique la faible durée moyenne des séjours à la crèche (2 mois à Paris en 1868) par les aléas du travail des mères, les problèmes de logement, la maladie de l'enfant et les réticences des parents, qui préfèrent s'adresser, dès qu'ils le peuvent, à une voisine ou à une nourrice, C. Rollet, *La politique…,* op. cit., p. 92.

11. *Statistique…, 1886-1887,* op. cit., pp. 243 et 249.

12. J.-B. Arnould, *Notes et documents…,* op. cit., pp. 24 et 29.

13. *Ibid.,* pp. 24-36.

14. M. Midoc, *Rapport au maire…,* op. cit., pp. 6-9.

15. Association des dames, réunion du 5 décembre 1846, M.S. et délibération du conseil municipal du 27 novembre 1855, A.D., Seine-Inférieure, 7 TP 251.

16. M. Matrat, « Histoire de l'éducation enfantine… », *op. cit.,* p. 252 ; J.-B. Arnoult, *Notes et documents…,* op. cit., pp. 25-34.

17. *Souvenirs de Madame Camescasse,* Paris, Plon, 1924, p. 167.

18. Rapport sur le Gard en 1847 (asile public de Nîmes), A.N., F17 10861.

19. Rapport à l'inspecteur d'académie du 4 août 1857, A.D., Haut-Rhin, 1 T 772 ; rapports de Mme Doubet sur le Gard (asile d'Anduze) en 1849, et de Mme Chevreau-Lemercier sur la Marne (asile d'Épernay) en 1851, A.N., F17 10866 ; rapport sur la Charente-Inférieure en 1862, A.D., 1 T 211.

20. *A.E.,* 1834, p. 269 ; *État de l'instruction primaire en 1864…,* op. cit., t. I. ; rapport sur l'académie de Bordeaux en 1865, A.N., F17 10869 ; Rapport sur le Nord en 1875, F17 10871.

21. *Ibid.* et rapport sur l'académie de Paris en 1872, A.N., F17 10870.

22. *Manuel,* op. cit., p. 137 ; rapports sur le Rhône en 1856, A.N., F17 10866, sur l'académie de Paris en 1872, F17 10870.

23. J. Page, J.-M. Duhart, « Une approche locale de la question scolaire au XIXe siècle. L'exemple de Gisors, 1789-1882 », *Cahiers de l'académie du Souillat,* juin 1982, p. 48.

24. Rapport au recteur du 1er août 1846, A.D., Nord, 1T 107-2 ; *Annuaire statistique du département du Nord,* 1857, *op. cit.,* p. 329 ; rapport sur le Pas-de-Calais en 1850, A.N., F17 10866.

25. Rapports sur la Charente-Inférieure en 1847 et en 1848, A.D., Charente-Maritime, 1 T 312 et 1 T 324.

26. Les subventions accordées aux établissements publics leur permettent de maintenir la proportion des élèves payants à 10 % environ sous la Monarchie de Juillet, à 20 % sous le Second Empire, qui réduit l'admission gratuite dans les asiles et les écoles, puis à 10 % au début de la Troisième République, après l'extension de la gratuité par la loi de 1867. Les trois quarts des usagers des salles privées paient une rétribution en 1843, 60 % en 1850, la moitié sous le Second Empire et un tiers en 1880 (ces pourcentages sont calculés à partir des statistiques imprimées de l'instruction primaire).

27. *Statistique de l'enseignement primaire pour l'année 1863…,* Paris, Imprimerie nationale, 1865, p. 238.

28. Lettre de la dame Ducrocq du 19 février 1862, A.D., Seine-Maritime, 7 TP 251 ; rapport sur le Pas-de-Calais en 1850, A.N., F17 10866.

29. « Lettre des habitants des villages des Coëtz, de Boischabot, Bourneau, les Landes et Galerne, tous de la commune de Bouguenais, à M. le Préfet de la Loire-Inférieure » (23 avril 1845), A.D., 43 T 1.

30. Rapports sur les Hautes-Pyrénées et la Haute-Vienne en 1849, A.N., F17 10866, et sur l'académie de Douai en 1874 (asile de Soissons), F17 10869 ; E. Anthoine, *À travers nos écoles,* Hachette, 1887, p. 67.

31. *A.E.,* 1836, pp. 318-319 ; M. Depasse, «Des modifications…», *A.E.,* 1846, p. 65.

32. J.-L. Bellin, *Les Écoles auboises…,* op. cit., p. 368 ; rapport sur la Haute-Vienne en 1880, A.N., F17 10864.

33. Cité par A.M. Sohn, *op. cit.,* t. I, p. 263.

34. «Des salles d'asile», *L'Éducation,* 1852, p. 162.

35. E. Anthoine, *À travers nos écoles,* op. cit., p. 66.

36. Rapports sur la Gironde et sur la Loire-Inférieure en 1850, A.N., F17 10866.

37. État de situation du Nord en 1854-1855, 1 T 116-6.

38. «De l'existence légale des garderies», *L'Éducation,* 25 avril 1885, pp. 258-260 et «Travaux du comité du contentieux», *Bulletin de la Société générale d'éducation et d'enseignement,* 1892, pp. 308-309.

39. *Ibid.*

40. Extérieures au système de la crèche familiale, agréée par la DDASS, les «assistantes maternelles privées» constituent le mode de garde le plus fréquent des enfants jusqu'à trois ans, A. Norvez, *De la naissance à l'école. Santé, modes de garde et préscolarité dans la France contemporaine,* Paris, PUF, 1990, *op. cit.,* pp. 351-353.

41. *Annuaire statistique…,* 1857, op. cit., p. 329.

42. Lettre du maire de Guérande au préfet du 18 décembre 1844, A.D., Loire-Atlantique, 43 T1 ; registre de l'école de garçons de Fouras, A.D., Charente-Maritime, 1 T 551.

43. «De l'admission dans les écoles des enfants âgés de moins de sept ans», *A.E.,* 1856, p. 283.

44. Rapports sur les Côtes-du-Nord en 1844-1845, A.D., 1 T 207, et sur les Deux-Sèvres en 1868, A.D., 4 T 158 ; *État de l'instruction primaire en 1864,* op. cit., p. 409.

45. *A.E.,* 1869-1870, p. 135.

46. Lettre de M. Étienne, chef de gare, au préfet du Nord, du 13 avril 1864 ; lettre du maire de Busigny au préfet, du 15 mai 1864 ; lettre du préfet au sous-préfet du 11 novembre 1864, A.D., Nord, 1 T 116-17.

47. Rapport sur le Haut-Rhin en 1849 (école de Bitschwiller), A.N., F17 10866.

48. Publié en 1857, le *Manuel de l'enseignement primaire* d'Eugène Rendu contient peut-être la première proposition quasi officielle relative aux classes enfantines. Voir à ce sujet : «La salle d'asile et l'école préparatoire», *A.E.,* juillet 1867, p. 263.

49. Rapport au recteur de Nancy du 2 octobre 1867, A.N., F17 9251, et «Note sur l'organisation des petites classes dans les écoles primaires de filles», *A.E.,* janvier 1869, pp. 88-100 ; rapport sur l'académie de Douai en 1868, A.N., F17 10874 ; «Les salles d'asile et les classes préparatoires», *A.E.,* octobre 1868, pp. 1-7 ; «Les classes préparatoires dans les écoles de filles», *A.E.,* juillet 1869, pp. 286-288.

50. «Ardennes», *D.P.,* op. cit., p. 851. «Enfantines, écoles et classes», *D.P.,* op. cit., p. 851.

51. P. Giolitto, *op. cit.,* t. 1, p. 851.

52. F. Buisson, *Les Classes enfantines,* Musée pédagogique, Mémoires et documents scolaires, 1re série, n° 62, Paris, Delagrave, 1881, pp. 3-4.

53. C. Rollet, «L'allaitement artificiel…», *op. cit.,* pp. 88-91 ; A.-M. Sohn, *op. cit.,* pp. 288, 292, 305, 313, 319, 342, 424-425 et 436-437.

Chapitre 9

1. En comparant les statistiques officielles et les commentaires de *L'Ami de l'Enfance,* on repère, par exemple, trente garderies en Isère, autant dans le Loiret, une vingtaine – sinon plus – dans la Marne, dix-huit dans les Landes, une dizaine dans la Vienne, *Rapport au Roi sur la situation de l'instruction primaire… en 1840,* Imprimerie Royale, 1841, p. 129 et «Développement de l'état de situation», *A.E.,* septembre 1840, pp. 349-391.

2. On dénombre 600 salles d'asile dans le Haut-Rhin, le Bas-Rhin, la Meurthe et la Moselle, en 1869 (voir *supra*), et 121 dans la Meurthe-et-Moselle et le territoire de Belfort, en 1872, *Statistique de l'instruction primaire en 1872,* s.l.n.d., pp. 43-45.

3. Budget de la ville de Villefranche en 1852 et en 1853, A.D., Rhône, T 51.

4. Cl. Langlois, *Le Catholicisme au féminin,* Paris, Cerf, 1984, pp. 312-326.

5. Journal, 20 mars, 12 juillet et 31 décembre 1835 ; lettres de Mme Mallet à Sophie Pelet, 14 et 20 mars 1835.

6. Rapport sur l'académie de Paris en 1857-1858, A.N., F17 10842.

7. J. Léonard, « Femmes, religion et médecine. Les religieuses qui soignent, en France, au XIXe siècle », *A.E.S.C.,* septembre-octobre 1977, pp. 887-907.

8. Victime de la réglementation républicaine, le secteur congréganiste public continue de diminuer tandis que le secteur congréganiste privé augmente régulièrement, mais sans pouvoir compenser le recul du secteur public. Au début du XXe siècle, à la veille des lois qui suppriment l'enseignement congréganiste, les écoles maternelles religieuses, financées à 95 % par des fonds privés, représentent 62 % des établissements et elles enregistrent 47 % des inscriptions. Les écoles maternelles laïques, presque toutes subventionnées, représentent 38 % des établissements et elles enregistrent 53 % des inscriptions. Une fois encore, il faut signaler la meilleure résistance de l'enseignement préélémentaire congréganiste, puisqu'à la même époque, les ordres religieux contrôlent seulement 8 % des écoles de garçons (inscrivant 15 % des élèves) et 40 % des écoles de filles (assurant 40 % des inscriptions).

9. Cette question est développée dans J.-N. Luc, *La Statistique de l'enseignement primaire aux XIXe et XXe siècles. Politique et mode d'emploi,* Paris, Économica-INRP, 1985, pp. 162-172.

10. J.-P. Briand et J.-M. Chapoulie, « L'institution scolaire et la scolarisation : une perspective d'ensemble », *Revue française de Sociologie,* XXXIV, 1993, pp. 8-13.

11. *Rapport au Roi...,* op. cit., pp. 128-129 et « Développement », *op. cit.,* (note 1, p. 449), pp. 349-391.

12. C. Rollet, *La Politique...,* op. cit., p. 536-537.

13. La répartition des départements est très dissymétrique : moyenne = 13,8 %, médiane = 10,7 %, mode = 6 %. Les classes retenues ont été choisies à partir des seuils observés sur l'histogramme des taux et des indices de position. Le seuil de 15 %, qui marque la limite inférieure de la deuxième classe, est particulièrement net, car le taux le plus élevé de la troisième et dernière classe est de 13,1 % (Alpes Maritimes).

14. La répartition des départements est toujours dissymétrique : moyenne = 19,8 %, médiane = 14,8 %. Une fois encore, nous avons raisonné à partir des seuils observés et des indices de position, en tenant compte aussi des limites déjà choisies pour 1863.

15. Pour utiliser cette méthode, nous avons consulté : Ph. Cibois, *La Représentation factorielle des tableaux croisés et des données d'enquête : étude de méthodologie sociologique,* Paris, 1980, J.-P. Fénelon, *Qu'est-ce que l'analyse de données ?,* Paris, Lefonen, 1981, pp. 148-170 et A. Prost, *Vocabulaire des proclamations électorales de 1881, 1885 et 1889,* Paris, PUF, 1974, notamment pp. 77-91. Les différentes AFC sur la préscolarisation au XIXe siècle ont été réalisées, au Centre de calcul de l'INRP, par Dominique Lenne et par Danièle Trancart, que je remercie vivement pour leur aide. Les résultats détaillés de ces analyses figurent dans l'original du doctorat d'État, diffusé par le service de reproduction des thèses de l'université de Lille III.

16. J. Gavoille, *L'École publique dans le département du Doubs,* op. cit., pp. 389-393 et « Les types de scolarité, plaidoyer pour la synthèse en histoire de l'éducation », *AESC,* juillet-août 1986, pp. 930-939.

17. Les communes de plus de 2000 âmes, agglomérées ou non, sont, bien sûr, plus nombreuses que les communes urbaines proprement dites : 2560 contre 1120, par exemple, en 1861, *Résultats généraux du dénombrement de 1861,* tome XIII de la *Statistique de la France,* deuxième série, Strasbourg, Berger-Levrault, 1864, p. 69. Mais nous n'avons pas le choix, car les statistiques scolaires imprimées indiquent seulement la répartition des établissements entre les communes dont la « population », sans précision, est supérieure ou inférieure à 2000 habitants.

18. D'après G.D. Sussman, l'envoi en nourrice est surtout fréquent, dans la deuxième moitié du siècle, dans les villes des vallées de la Seine, de la Saône et du Rhône, et de certains départements voisins. Le Nord et l'Est industriels (bien pourvus en salles d'asile), la Bretagne ou le Sud-Ouest agricoles (mal équipés), utilisent beaucoup moins ce mode d'élevage et de garde des tout-petits, « The end of wet-nursing... », *op. cit.,* pp. 248-250, *Selling mother's milk...,* op. cit., pp. 108-109.

19. Sources pour l'année 1846 : rapports des inspecteurs des écoles sur les salles d'asile entre 1845 et 1848, A.N., F17 9350, pour l'année 1863 : États de situation, A.N., F17 10449 à 10462, et pour l'année 1881-1882 : *Ibid.,* F17 10563 à 10580. Ces documents ont permis d'effectuer des tris croisés entre les nombres de salles d'asile congréganistes publiques, congréganistes privées, laïques publiques, laïques privées et les quatre catégories de communes (moins de 2000 h., de 2000 h. à 5000 hab., de 5000 à 10000 hab. et plus de 10000 hab.) pour quatre ensembles géographiques : le

département du Nord, l'Est (8 départements), la région rhodano-méditerranéenne (5 départements) et 15 départements, à l'intérieur du triangle Rouen-Genève-Tarbes, où la salle d'asile est peu utilisée.

20. Bas-Rhin (542 communes en 1863, dont 43 dites urbaines, soit 8%, et 499 dites rurales) : 37 villes et 90 villages (soit 71% des communes équipées) pourvus au moins d'un asile ; Haut-Rhin (490 communes, en 1863, dont 38 urbaines, soit 8%, et 452 rurales) : 41 villes et 56 villages équipés (58%) ; Marne (667 communes, 13 urbaines, soit 2%, et 654 rurales) : 10 villes et 32 villages équipés (76%).

21. Dans la Meuse (587 communes en 1863 dont 10 urbaines, soit 1,7%, et 577 rurales), les communes dotées d'un asile sont au nombre de 19 en 1846 (dont 14 villages, soit 74% des communes équipées), 112 en 1863 (dont 103 villages, soit 92%) et 150 en 1881 (dont 139 villages, soit 92%). Après l'équipement des grandes villes (Verdun, Bar-le-Duc) avant 1846, c'est la diffusion rurale de l'asile qui assure l'essentiel de l'expansion, dans 89 nouveaux villages entre 1846 et 1863 (avec des fondations congréganistes publiques dans 80% des cas) et dans 40 autres, compte-tenu des fermetures, entre 1863 et 1881 (avec 84% de fondations congréganistes publiques)

22. Dans les Bouches-du-Rhône, les congrégations entretiennent seules la plupart des établissements des communes de moins de 5 000 habitants : 5 asiles sur 5 dans les villages et 8 sur 10 dans les petites villes en 1863, 12 sur 16 dans les villages et 12 sur 22 dans les petites villes en 1881.

23. Ce recensement porte sur 96 établissements, avec des résultats inutilisables pour 46 d'entre eux, où l'enquêteur a compté autant de mères que d'enfants, P. Kergomard, «Les vacances de l'école maternelle», *A.E.*, 15 janvier 1890, pp. 115-119, 1er février 1890, pp. 130-133, 15 février 1890, pp. 148-150, 10 mars 1890, pp. 163-165.

24. B. Lepetit, «Sur les dénivellations de l'espace économique en France dans les années 1830», *A.E.S.C.,* novembre-décembre 1986, pp. 1243-1270.

25. Cité par A.-M. Sohn, *op. cit.,* t. I, p. 264.

26. Registres matricules déjà cités et D. Broussard, *op. cit.,* pp. 31-37.

27. J.-L. Mayaud, *Les Paysans du Doubs au temps de Courbet,* Paris, Les Belles Lettres, 1979, pp. 29-50 et J. Gavoille, *L'École publique...,* op. cit., pp. 28-38, 45-46, 53-54, 136-138. Nous avons aussi utilisé des documents aimablement transmis, avec de précieux commentaires, par J. Gavoille (en particulier la Situation industrielle du Doubs entre 1882 et 1887, établie par la Chambre de commerce de Besançon, et *La Situation financière des communes en 1881. Département du Doubs,* A.D., Doubs, F12 4498) et consulté les États de situation de 1863 et 1881-1882, conservés en F17 10452 et F17 10567, et auxquels nous renvoyons une fois pour toutes.

28. En 1881, l'institution des jeunes enfants existe, entre autres, à Montbéliard (8 800 habitants, une filature de coton, une fabrique de toile de coton, sept ateliers d'horlogerie employant respectivement 200, 140 et 145 femmes, et quatre asiles), Hérimoncourt (2 800 habitants, deux fabriques de quincaillerie employant 150 ouvrières, deux asiles), Seloncourt (2 300 habitants, 18 ateliers d'horlogerie employant 250 ouvrières, un asile), Bondeval (canton d'Hérimoncourt, 960 habitants, une fabrique d'horlogerie avec 135 ouvrières, un asile), Valentigney (2 220 habitants, une quincaillerie avec 95 ouvrières, un asile), l'Isle-sur-le-Doubs (2 500 habitants, une fabrique de boulons avec 61 ouvrières), Geneuille (la seule commune pourvue d'un asile, avec le chef-lieu, dans le canton de Marchaux, 480 habitants, une papeterie).

29. Conclusions empruntées à J. Gavoille (*op. cit.,* pp. 46 et 53), qui raisonne sur la proportion des moins de six ans dans l'effectif total (école + maternelle) en 1881.

30. G. Désert, *Une Société rurale au XIXᵉ siècle. Les paysans du Calvados (1815-1895),* Service de reproduction des thèses, Université de Lille III, 1975, pp. 114-133, 175-186 et 690-712.

31. États de situation de 1863 et de 1881, A.N., F17 10451 et 10565.

32. Lorsque les effectifs communaux de jeunes enfants ne figurent pas sur les États de situation, nous les avons estimés à partir de leurs proportions dans la population départementale : 8% pour les deux-sept ans (cinq années successives) en 1863 (car nos sources indiquent seulement le nombre des *moins de sept ans* inscrits à l'école) et 6,5% pour les deux-six ans en 1881.

33. C. Rollet, «L'allaitement artificiel...» , *op. cit.,* p. 109, 112, 118.

34. G. Garrier, *Paysans du Beaujolais et du Lyonnais, 1880-1970,* PUF, 1973, pp. 202-213, 257 et 451-459 ; Y. Lequin, *Les Ouvriers de la région lyonnaise (1848-1914),* PUL, 1977, t. I, pp. 20-32, 63-69, 74-77, 82-90, 135-139.

35. États de situation du Rhône en 1863 et 1881-1882, A.N., F17 10459 et 10575, et, en 1869, A.D., Rhône, T 50.

36. Lorsque les effectifs communaux de jeunes enfants ne figurent pas sur les États de situation, nous les avons estimés à partir de leurs proportions dans la population départementale : 7,8 % pour les deux-sept ans (cinq années successives) en 1863 et 6,1 % (moyenne départementale sans la ville de Lyon) pour les deux-six ans en 1881.

37. G. Désert, *op. cit.*, pp. 696 et 712 ; G. Garrier, *op. cit.*, pp. 210-211 ; L. A. Tilly, J.W. Scott, *op. cit.*, pp. 102-108, 169 ; *Histoire de la population française*, op. cit., t. III, p. 268.

38. G. Garrier, *op. cit.*, pp. 210-211, G. Désert, *op. cit.*, p. 183 ; L.A. Tilly, J.W. Scott, *op. cit.*, pp. 102-106 et 169.

39. A.-M. Sohn, *Chrysalides...*, op. cit., p. 231.

40. H. Le Bras et E. Todd, *L'Invention de la France*, Paris, LGF, 1981, pp. 39, 111-113, 120-121, 131 et 295.

41. P. Kergomard, « Les vacances... » , *op. cit.*, *A.E.*, 1890.

42. Rapports sur la Lozère, les Vosges et le Calvados en 1846-47, A.N., F17 9350, et sur le Nord en 1853, F17 10841 ; « Notes d'une dame inspectrice », *A.E.*, 1864, p. 179 ; rapport sur la Gironde en 1878-1879, A.N., F17 10871.

43. Une *Salle d'éducation*, ouverte de 10 heures à 17 heures, est fondée à Paris, en 1836, sous les auspices de Mme Millet, dans un vaste local agrémenté d'un jardin, *A.E.*, septembre 1836, p. 331. L'*Institution des bonnes institutrices* (divisée en trois sections : trois à sept ans, sept à onze ans, onze à seize ans) est fondée à Lyon, en 1838, par l'abbé Delorme, qui exige un uniforme et qui prévoit dix exercices d'instruction fondés sur des entretiens familiers, *Éducation incunabulaire ou maternelle*, Lyon, Pitrat, 1838, 4 p. Des *Classes de l'enfance* (l'une pour les très jeunes, qui peuvent être amenés à tout moment, l'autre, pour les « plus avancés ») sont établies, en 1847, par les Dames de la Sainte-Union à Douai, en annexe de leur pensionnat (la rétribution mensuelle est de 3 francs plus 2 francs pour les leçons de musique vocale). L'asile congréganiste privé d'Estaires est peuplé d'enfants « très avancés pour satisfaire aux désirs des parents » ; celui de Sète est « très élégamment installé » (12 francs mensuels), celui d'Arras dispose d'un « local coquet » (5 francs), Rapports sur le Nord en 1853, A.N., F17 10841, sur le Pas-de-Calais en 1868, F17 10874, et sur l'Hérault en 1881, F17 10864.

44. P. Kergomard, « Les vacances... » , *op. cit.*, *A.E.*, 15 janvier 1890, p. 115.

45. F. Furet, J. Ozouf, *Lire et écrire. L'alphabétisation des Français, de Calvin à Jules Ferry*, Paris, Minuit, 1977, t. I, pp. 39 et 56.

46. *Statistique... pour l'année 1881-1882*, op. cit., p. 102

47. R. Rémond, *Atlas historique de la France contemporaine, 1800-1865*, Paris, Colin, 1966, p. 158.

48. Sur les sources de ces exemples, voir les notes des développements relatifs au Doubs et au Rhône.

49. H. Le Bras, *Les Trois France*, Orban, 1986, p. 12 ; A. Prost, *Histoire de l'enseignement*, op. cit., p. 105.

50. R. Grew, P.J. Harrigan, *School, State and Society...*, op. cit., pp. 187-190.

51. La diffusion des caisses d'épargne en province est « dégagée de tout déterminisme industriel », A. Gueslin, « L'invention des Caisses d'épargne... », *op. cit.*, p. 409. Les sociétés de charité maternelle, plus fréquentes dans le Bassin parisien, le Centre-Ouest et, à un degré moindre, en Languedoc et en Provence, ne correspondent pas non plus aux régions industrielles, ni aux régions les plus catholiques, J.-P. Chaline, « Ces liens si doux... » , article déjà cité. La géographie « éclatée » de l'évergétisme municipal nobiliaire franc-comtois ne s'explique pas par un réflexe de fin de race en déshérence, l'appartenance à l'ancienne noblesse, la possession d'une grande fortune ou la concentration foncière noble, Cl.-I. Brelot, *La Noblesse réinventée, Nobles de Franche-Comté de 1814 à 1870*, Paris, Les Belles Lettres, t. I, pp. 619-625.

52. L'action d'un « préfet à poigne », remarque P. Darmon, constitue « un premier facteur d'impulsion », *La Longue Traque de la variole. Les pionniers de la médecine préventive*, Paris, Perrin, 1986, p. 207.

Chapitre 10

1. *Manuel*, op. cit., p. 7, 12 et 152 ; arrêté du 3 février 1830 (article 12) ; *Instruction élémentaire*, op. cit., pp. 6-9 et *De la direction morale*, op. cit., pp. 16-20.

2. *Rapport au Roi [...] sur la situation de l'instruction primaire en 1845*, Paris, Imprimerie royale, 1845, p. 142 et *Statistique de l'instruction primaire au 1er septembre 1852*, Paris, Imprimerie impériale, p. 100.

3. *Manuel*, op. cit., pp. 107-108, 117-119 et 121 ; *Instruction élémentaire*, op. cit. p. 6 ; Mme Marès, *Petit Manuel...* op. cit., p. 175-177 ; *De la direction...*, op. cit., pp. 17-18 ; M. Pape-Carpentier, *Conseils...*, op. cit., p. 18.

4. J. Rey, *op. cit.*, p. 17 ; A.E., 1847, p. 133.

5. Cette circulaire impose, pour l'examen d'instruction, une dictée servant aussi d'épreuve d'écriture (avec un maximum toléré de trois fautes), un problème de calcul sur les usages de la vie domestique (exigeant l'application des quatre règles sur les nombres entiers et l'emploi du système métrique), des interrogations orales sur le catéchisme, les Écritures et la géographie (la France, ses départements, ses montagnes, ses fleuves, ses productions, et l'Europe), une épreuve de chant (théorie et pratique), deux dessins (figures géométriques et objets usuels) et des travaux d'aiguille. Le brevet élémentaire des institutrices comporte des épreuves théoriques plus difficiles en écriture, en langue, en grammaire ou en calcul et un exercice supplémentaire de lecture, mais pas d'interrogation de géographie (règlement du 28 juin 1836).

6. *Rapport au Roi…, 1843,* op. cit., pp. 146-147 ; *Statistique… 1863,* op. cit., pp. 321 et 511 (épreuves) ; *Résumé des États de situation de l'enseignement primaire en 1880-1881,* Imprimerie nationale, 1882, p. 96.

7. Rapports sur les Basses-Pyrénées en 1850, A.N, F17 10866.

8. Rapports de la commission d'examen du certificat d'aptitude à la direction des salles d'asile pour les années 1841 à 1849, A.D., Nord, 2T 2499.

9. *Statistique… 1863,* op. cit., pp. 88 ; rapport sur l'académie de Douai, A.N., F17 10849.

10. *A.E.,* 1840, p. 305 et rapports de la commission d'examen de la Seine en 1856, 1857 et 1858, A.N., F17 10867.

11. Sur le cas du Nord, pour lequel nous manquons d'informations après 1850, voir *supra.* Sur le Haut-Rhin : registres de délibérations de la commission (1844-1870), A.D., 1 T 960*, résultats (1856-1870), 1 T 906, inscriptions (1851-1867 et 1868-1870), 1 T 947 et 949.

12. *Rapport au Roi… 1843,* op. cit., pp. 144 ; *Statistique… 1850,* op. cit., pp. 96-98 ; *Statistique 1863,* op. cit., pp. 321 et 511 (épreuves).

13. Rapport sur la Meuse en 1850 (asile de Verdun, ville haute), A.N., F17 10866 ; G. Caplat (sous la direction de), *Les Inspecteurs généraux…,* op. cit., p. 550 ; rapport sur la Seine-Inférieure en 1871, A.N., F17 10871.

14. Parfois candidates au brevet de capacité dès l'âge de dix-huit ans, les élèves-maîtresses quittent l'école normale vers vingt ans, donc avant de pouvoir obtenir légalement le certificat des salles d'asile à l'âge de vingt et un ans. Celles qui réussissent à l'examen ne reçoivent pas le titre, rapports du recteur de Besançon en 1857, A.N., F17 10841.

15. E. Keller, *Les Congrégations religieuses en France,* Paris, Foussielgue, 1880, pp. 231, 329, 379.

16. J. Noirot, *Le Département de l'Yonne comme diocèse,* Auxerre, Imprimerie moderne, 1879, t. I, pp. 356-362.

17. J.-D. Cochin cité par E. Gossot, *Les Salles d'asile…,* op. cit., p. 131 ; réunions des 14 juillet 1845 (note de Mme Guerbois), 16 juin 1845 et 23 janvier 1848, A.N., F17 10876.

18. «Appendice », op. cit., p. 223 ; réunions de la Commission supérieure des 10 janvier 1842, 10 mars, 14 juillet et 7 août 1845, et du 7 novembre 1847, A.N., F17 10876, et lettre circulaire, déjà citée, de mars 1842.

19. «La salle d'asile de la Rue de Reuilly », *A.E.,* juillet 1856, pp. 254-258 ; *Nouveau Manuel des salles d'asile,* déjà cité ; Note (ou brouillon), non datée ni signée, vraisemblablement destinée au ministre, A.N., F17 2800.

20. *Index librorum prohibitorum juxta exemplar romanum jussu sanctissimi domini nostri,* Malines, Dessain, 1871, p. 256 ; note déja citée et autre note, non datée ni signée, peut-être écrite par l'inspecteur Dubief, auteur d'un rapport élogieux, à l'intention du Conseil Impérial, sur la troisième édition du livre blâmé, A.N., F17 2800.

21. Rapport sur le Var en 1850 (asile d'Antibes), A.N., F17 10866 ; rapport sur la Haute-Vienne en 1880 (asile de Rochechouart), A.N., F17 10864 ; rapport de Mme Cauchois-Lemaire sur l'académie de Paris en 1857-1858, A.N., F17 10842.

22. *Manuel,* op. cit., pp. 99-100.

23. Journal, 9 mars et 4 décembre 1834.

24. Réunions de la Commission supérieure du 14 octobre 1844 et du 14 décembre 1846, A.N., F17 10877 ; J. Rey, *Lettres à ma femme...,* ouvrage déjà cité ; «Une directrice de salle d'asile», *A.E.,* 1863, p. 286 ; lettre du préfet de la Drôme au préfet du Rhône, du 31 juillet 1838, A.D., Rhône, T 50.

25. Réunions de la Commission supérieure des 10 juillet 1843, 16 mai 1845, 16 février 1846 et 14 décembre 1846, A.N., F17 10876.

26. Rapports du recteur de l'académie de Besançon en 1859 et en 1860, A.N., F17 10852.

27. Sœur J. Dervaux, *Le Doigt de Dieu. Les Filles de la Sagesse après la mort des fondateurs,* t. II, Cholet, Farré et Freulon, 1956, pp. 8, 108 et 145.

28. Réunions des 19 janvier, 16 février, 14 décembre 1846 et 8 février 1847, A.N., F17 10876 ; projet de règlement, non daté, de Mme Mallet, lettres de la même au ministre du 10 mai et du 11 juin 1847, A.N. F17 9560.

29. E. Gossot, *Madame Pape-Carpantier,* op. cit., pp. 88-90.

30. Réunion du 18 septembre 1848, A.N., F17 10888.

31. Réunions de la commission de surveillance du 29 novembre 1849 et du 4 juillet 1851, propositions de budget pour 1851, 1852 et 1853, A.N., F17 10888 ; E. Gossot, *Madame Pape-Carpantier,* op. cit., pp. 94-106.

32. Lettre de juin 1850 à Mme Valchère, *Correspondance de Béranger,* recueillie par P. Boileau, Paris, Garnier, s.d., t. IV, p. 88

33. Rapport de la directrice sur l'année 1851, A.N., F17 10890, et *A.E.*, 1857, pp. 229-233 et 283-290.

34. Rapports de M. Ritt, du 3 novembre, et de Mme Mallet, du 6 décembre 1847, A.N., F17 9560 ; réunions de la commission de surveillance du 2 novembre 1848 et du 4 janvier 1849, A.N., F17 10888, rapport de la directrice sur l'année 1853, F17 10890 ; emploi du temps, manuscrit, transmis au ministère en 1873 et suivi, d'après une précision manuscrite, depuis 1852, A.N., F17 10890

35. Réunions de la commission du 11 janvier et du 22 novembre 1849, A.N., F17 10888. Douze candidates sur seize sont admises en décembre 1848, mais quatre se retirent, neuf sur vingt-cinq en novembre 1849, rapport sur l'année 1849, F17 10890, et réunion du 15 novembre, F17 10888.

36. Projet de règlement non daté et rapports, déjà cités, des 3 novembre et 6 décembre 1847, A.N., F17 9560 ; réunions du 18 janvier, 19 février et 24 avril 1849, F17 10888.

37. Réunions de la commission du 18 janvier et 12 décembre 1849 et du 16 mars 1850, *Ibid.*

38. Programme, déjà cité, et suivi depuis 1852, A.N., F17 10890.

39. Rapport de G. Ritt du 6 mars 1856, A.N., F17 10890, et rapports de la commission d'examen de Paris en 1856 et 1857, F17 10867.

40. Statistiques de 1847 à 1882 : « Cours pratique », D.P., p. 603 ; statistiques de 1847 à 1867 : rapport sur l'année 1867, A.N., F17 10890, et budgets conservés en F17 10888.

41. Rapport de Mme Pape-Carpantier sur l'année 1867, A.N., F17 10890 ; procès-verbaux de la commission de surveillance au cours des années 1860 et du 15 novembre 1872, et dossier de l'achat d'une maison voisine, le 12 juin 1873, qui améliore un peu le cadre matériel de l'institution sans régler le fond du problème, F17 10888.

42. Bilan établi le 15 février 1851, A.N., F17 10890 ; lettre de Mme Pape-Carpantier au ministre du 26 septembre 1864, F17 10889 ; récapitulation des résultats de 1858 à 1860, F17 10891 ; « Cours Pratique », D.P., p. 603.

43. Bilan du 15 février 1851, A.N., F17 10890, et lettre de Mme Pape-Carpantier au ministre du 26 septembre 1864, F17 10889.

44. Réunion du 7 septembre 1853, A.N., F17 10888.

45. Arrêtés de nomination des boursières entre 1857 et 1860, A.N., F17 10889, et rapport de Mme Pape-Carpantier sur l'année 1867, A.N., F17 10890.

46. Rapports de la directrice sur les années 1851 et 1853, A.N., F17 10890.

47. E. Gossot, *Madame Pape-Carpantier...,* op. cit., pp. 134 (cit.) et 234.

48. Lettres de L. Hachette à É. Mallet des 31 janvier, 10 février, 19, 24 mars et 21 avril 1835, M.S., et lettre de Mme Mallet à L. Hachette du 19 mars 1835, Journal.

49. Lettres de L. Hachette à É. Mallet des 6 septembre 1835, 15 janvier 1836, 19 février et 23 décembre 1837, 24 mars 1838, 2 octobre 1840 et 10 février 1841 ; État de situation de *L'Ami de l'Enfance* au 22 décembre 1837, M.S.

50. Envoi d'un numéro spécimen aux préfets le 26 octobre 1855, A.D., Deux-Sèvres, 4 T 158 ; circulaire du 19 mai 1856 aux préfets ; lettre du Comité central aux maires du 23 février 1856 ; circulaire aux recteurs du 24 avril 1863.

51. « Prospectus », *A.E.*, 1835, p. 6 ; « Introduction », 1846, p. 3 ; « Avant-propos », 1854, p. 3 ; « *Ami de l'Enfance* », D.P., p. 72 (cit.).

52. *Actes officiels* : textes officiels, commentaires de ces textes, comptes-rendus des séances des instances consultatives.

Description et célébration : rapports, lettres, notices sur des salles d'asile françaises ou étrangères ; discours, articles, lettres, sur les avantages de l'institution ; visites de personnalités, distributions de prix ; biographies et nécrologies des promoteurs et des partisans de l'institution ; faits divers.

Matériaux pour les leçons : leçons modèles, contes et récits, informations dans les matières d'enseignement (voir le tableau 8, p. 325), extraits d'ouvrages (de morale, de sciences, de géographie, etc.), bibliographie (comptes-rendus d'ouvrages de manuels relatifs aux salles d'asile, à l'enfant et à l'éducation).

Conseils pédagogiques : remarques sur la méthode officielle, la discipline, les récompenses et conseils pour l'enseignement de chaque discipline (tableau 8, p. 325). Lorsque la distinction est possible, les exemples d'exercices joints à ces conseils sont classés dans les leçons modèles (voir supra).

Fonctionnement : horaires, congés, mixité, gratuité, emploi du temps, rapports entre l'asile et l'école.

Enfant et hygiène : caractère et besoins du jeune enfant ; propreté corporelle, vêtements, nourriture et maladie.

Personnel enseignant : devoirs, statut, recrutement et formation.

Patronage : composition et rôle des comités locaux.

Local et mobilier : recommandations relatives aux bâtiments, au mobilier et au matériel pédagogique.

Crèches, écoles : autres institutions destinées aux tout-petits, aux enfants trouvés, aux apprentis ; enseignement primaire.

Divers : événements nationaux, nominations, articles inclassables dans les rubriques choisies.

53. *A.E.,* 1870, pp. 191-192. La proportion citée a été calculée en regroupant les rubriques «Éducation et enseignement», «Hygiène et gymnastique», «Leçons et exercices manuels», «Livres et matériel d'école» et les articles des «Variétés», relatifs aux thèmes précédents.

54. Fille d'un pharmacien, ancien officier d'artillerie, Eugénie Chevreau-Lemercier aurait été nommée, si l'on en croit un brouillon de lettre non datée de Mme Mallet (M.S.), en raison des services rendus par son père à l'industrie. Elle exerce ses fonctions pendant quarante ans et elle publie plusieurs ouvrages destinés aux salles d'asile.

55. Fille du président de la Commission supérieure, Henriette Rendu épouse, en 1837, Pierre Doubet, vérificateur au ministère des Finances, futur secrétaire du *Cercle catholique* et secrétaire adjoint, à partir de 1852, de la Commission supérieure. Nommée déléguée générale, à trente-trois ans, en 1847, soit un an avant le décès de sa fille unique à l'âge de onze ans, elle exerce cette fonction jusqu'à sa mort, en 1855, G. Caplat (sous la direction de), *Les Inspecteurs généraux...,* op. cit., p. 311.

56. Introduction de G. Caplat à l'ouvrage de référence, déjà cité, *Les Inspecteurs généraux,* pp. 32, 41, 67.

57. P. Gerbod, «Les inspecteurs généraux et l'inspection générale de l'Instruction publique de 1802 à 1882», *Revue Historique,* 1966, pp. 98-100.

58. A. Pion, «Les inspectrices générales du ministère de l'Intérieur, 1843-1939», *Revue administrative,* octobre 1980, pp. 63-67. On dénombre une seule inspectrice, de 1843 à 1861, et deux ou trois, de 1861 à 1906.

59. Toutes les données statistiques citées dans ce chapitre ont été élaborées à partir des notices de cet ouvrage, qui nous a aussi fourni des exemples d'itinéraires personnels. On peut comparer les profils des déléguées des salles d'asile et ceux des autres inspecteurs généraux grâce à l'étude de F. Huguet, *Les Inspecteurs généraux de l'instruction publique (1802-1914), profil d'un groupe social,* INRP, 1988, 102 p.

60. Née en 1806, Judith Cauchois-Lemaire, ancienne dame patronnesse des asiles parisiens depuis 1834, est obligée d'exercer une activité rémunérée quand elle est ruinée par son mari. Admise à l'école maternelle normale, elle obtient le certificat d'aptitude en 1849. Nommée déléguée spéciale à quarante-six ans, en 1852, puis déléguée générale suppléante en 1864, elle est mise en congé d'inactivité pour raisons de santé en 1869. Augustine Bonnet de Malherbe, mariée en 1848, passe le certificat d'aptitude lorsque son mari médecin a fini de dilapider ses 120 000 F de dot. Elle exerce ensuite les fonctions d'inspectrice départementale des Basses-Pyrénées (1863-1864), d'inspectrice des pensionnats de la Seine (1865-1866) et d'inspectrice du matériel des écoles de filles de Paris. Elle est nommée déléguée générale en 1872, à quarante-sept ans, G. Caplat (sous la direction de), *Les Inspecteurs généraux...,* op. cit., pp. 178 et 227.

61. Après la mort, en 1860, de son époux, un principal de collège qui a dépensé ses 17 000 F de dot dans l'exercice de ses fonctions, Mme Delarue est obligée de travailler pour subvenir aux besoins de ses sept enfants. Nommée déléguée spéciale en 1862, puis inspectrice des écoles maternelles du Loiret en 1882, elle reçoit aussi un secours extraordinaire du ministère, *Ibid.,* p. 290.

62. État-civil des déléguées au moment de leur nomination : mariées (17), séparées (2), veuves (12), mariées ou veuves (7), célibataires (9), probablement célibataires dans la mesure où les notices n'in-

dique qu'un seul nom (15). Le cas de Marie Loizillon illustre l'itinéraire d'une déléguée célibataire. Née en 1820 et titulaire du brevet supérieur, cette fille d'un receveur principal des douanes de la Moselle exerce, jusqu'en 1848, la fonction d'institutrice, d'abord dans une institution puis au service d'une famille. Après l'obtention du certificat d'aptitude, elle est nommée déléguée spéciale en 1855, à trente-cinq ans, puis déléguée générale en 1868, *Ibid.,* p. 479.

63. L. L. Clark, «A Battle of the Sexes in a Professional Setting: the Introduction of Inspectrices Primaires, 1889-1914», *French Historical studies,* 16, n° 1, printemps 1989, p. 11.

64. Fonctions des déléguées au moment de leur nomination: inspectrice départementale des salles d'asile (2), directrice et administrateur du Cours pratique (2), directrice du cours normal de l'Oise, directrices de salle d'asile (7), directrice et professeur d'école normale de filles (2), inspectrice des écoles de filles de la Seine, directrice d'une institution (2), institutrices (6), professeur de dessin, institutrices dans une famille (6) et directrice d'un bureau télégraphique.

65. L'arrêté du 9 juillet 1855 institue cinq déléguées spéciales de première classe à 2 000 francs, cinq de seconde classe à 1 800 francs et six de troisième classe à 1 600 francs. A la même époque, les inspecteurs généraux touchent entre 8 000 et 12 000 francs, P. Gerbod, «Les inspecteurs généraux...», op. cit., p. 100. Le décret du 22 mars 1879 fixe les traitements des déléguées générales entre 3 000 et 5 000 francs. La même discrimination frappe les inspectrices générales des prisons, toujours moins rémunérées que leurs collègues masculins, A. Pion, «Les inspectrices générales...», *op. cit.,* p. 65.

66. E. Chevreau-Lemercier, *Essai sur l'inspection générale,* op. cit., pp. 16-19, 29 et 70.

67. Cité dans le rapport introductif au décret du 23 mars 1879.

68. Organisé par le décret de 1881 et par l'arrêté du 27 juillet 1882, le certificat d'aptitude à l'inspection des écoles maternelles est ensuite victime de l'uniformisation du nouvel ordre primaire républicain. Le décret et l'arrêté du 23 décembre 1882 suppriment ce titre spécial et prescrivent à toutes les futures inspectrices des écoles maternelles d'obtenir le nouveau certificat d'aptitude à l'inspection primaire, dont l'épreuve pratique peut avoir lieu dans l'établissement réservé aux moins de six ans. Les textes organiques de 1887 rétablissent ensuite un certificat particulier pour les écoles maternelles.

69. Très instruite et polyglotte, Armande Defly-Dieudé, nommée déléguée spéciale en 1853, était gouvernante des enfants de l'oncle de la princesse Mathilde. Mlle Fillon, nommée déléguée spéciale en 1855, dirigeait à Paris un pensionnat renommé. Fille d'un baron anglais et veuve d'un officier, Gertrude Dillon, nommée déléguée générale en 1879, enseignait les langues à l'école normale d'institutrices de la Seine, G. Caplat (sous la dir.), *Les inspecteurs,* op. cit., pp. 286, 351, 536 et 304.

70. *L'Univers,* 7 octobre 1847

71. G. Caplat (sous la dir.), *Les Inspecteurs généraux...,* op. cit., p. 374; rapport du recteur de Strasbourg au ministre du 21 août 1858, A.N., F17 10 868; J. Rey, op. cit., p. 16.

72. Rapport au recteur de Clermont-Ferrand sur l'année 1868-1869, A.N., F 17 9 251.

73. Rapport sur les Deux-Sèvres en 1880, F17 10 864; E. Chevreau-Lemercier, *Essai sur l'inspection...,* op. cit., p. 42; rapport sur le Tarn-et-Garonne en 1881, F17 10 865.

74. Rapport sur l'académie de Rennes en 1864, A.N., F 17 10 872.

75. E. Gossot, *Madame Pape-Carpantier...,* op. cit., p. 187-191.

76. Rapports sur l'académie de Paris en 1857-1858, A.N., F17 10 842, sur l'académie de Poitiers en 1872, F17 10 871, et sur l'académie de Douai en 1878, F17 10 842.

77. Ces chiffres sont empruntés à l'introduction de G. Caplat, *Les Inspecteurs généraux..,* op. cit., p. 82.

78. Rapport de Mme Cauchois-Lemaire en 1856-1857, A.N., F 17 10 872.

79. G. Caplat (sous la dir. de), *Les Inspecteurs généraux...,* op. cit., p. 81.

80. J.-D. Cochin, *Manuel,* op. cit., p. 125.

81. G. Caplat (sous la dir.), *Les Inspecteurs généraux...,* op. cit., p. 156.

82. L. Marès, op. cit., pp. 171-172.

83. P. Kergomard, «Les écoles maternelles», *Monographies pédagogiques...,* Paris, 1889, t. VI, p. 305.

Chapitre 11

1. Cinq types de documents officiels ont été utilisés :
– des rapports des inspecteurs des écoles, établis, entre 1845 et 1849, pour 51 départements, A.N., F17 9350.
– les réponses imprimées envoyées par les inspecteurs d'académie à l'enquête « morale et pédagogique », organisée sur tous les établissements d'instruction primaire en 1864, *État de l'instruction primaire en 1864...,* op. cit., t. I. (le seul volume disponible, qui concerne 46 départements)
– un échantillon des deux types de rapports des déléguées générales et spéciales, rédigés au milieu du siècle, pendant les dernières années de l'Empire (autour de 1869) et à la fin des années 1880 : des rapports *départementaux,* relatifs à 40 départements, qui concernent 229 établissements autour de l'année 1850 (un sur sept), 543 autour de l'année 1869 (un sur sept) et 522 autour de l'année 1881 (un sur neuf), et des rapports *académiques,* qui représentent 131 textes relatifs à toutes les académies métropolitaines (seize puis dix-sept), à trois exceptions près entre 1867 et 1873, et à une exception près entre 1879 et 1882.
– des rapports de synthèse, élaborés par le Comité central des salles d'asile ou à l'occasion de l'Exposition universelle de 1867.

Les rapports des déléguées et ceux des inspecteurs ne possèdent pas forcément un titre ou un titre identique. Pour ne pas allonger les notes par des références disparates et redondantes, nous avons adopté la présentation suivante : rapport sur (nom de l'académie ou du département) en (année civile ou scolaire), localisation et, si l'information est utile, statut de l'établissement concerné (sauf lorsque ces renseignements figurent dans notre texte ou lorsque le document de référence est un rapport académique).

2. P. Giolitto analyse les deux cent huit rapports d'inspection générale des écoles primaires entre 1878 et 1880 en calculant les proportions des textes qui abordent un thème donné et celles des diverses « directives » ou « notations » sur l'ensemble des remarques relatives à certains sujets (conseils à propos de la lecture, attitude des maîtres à l'égard des élèves ou l'inverse), *Naissance de la pédagogie primaire...,* op. cit., t. I, pp. 536, 560, 587, 612-616. Éric Plaisance étudie cent rapports d'inspectrices des écoles maternelles de Paris, de 1945 à 1980, en calculant les pourcentages des activités et des diverses attitudes des enfants sur le total des exercices et des comportements relevés, E. Plaisance, *L'Enfant, la maternelle...,* op. cit., pp. 150-187.

3. *Rapport au Roi... en 1843,* op. cit., p. 142 ; *Statistique... 1863,* op. cit., pp. 149-153.

4. *Statistique... 1863,* op. cit., pp. 149-152.

5. J. Rey, *Lettres à ma femme...,* op. cit., pp. 11-14 ; rapports sur l'Aisne en 1868, A.N., F17 10866 et F17 10874.

6. Rapports sur les académies de Paris en 1857-1858, A.N., F17 10842, de Toulouse en 1856-1857 et 1858-1859, F17 10841 et F17 10872, et de Nancy, en 1857-1858, F17 10841 ; « Situation des salles d'asile en France », *A.E.,* mai 1859, p. 202.

7. La présence, pour certaines académies, de plusieurs rapports contemporains et la relative diversité de ces documents nous empêchent d'établir des pourcentages significatifs sur le total des 131 rapports académiques retrouvés. Nous raisonnerons simplement sur les proportions d'académies dans lesquelles un ou plusieurs rapports de synthèse contiennent explicitement une remarque ou un jugement.

8. Rapports sur le Var et les Pyrénées-Orientales en 1850, A.N., F17 10866, sur les Bouches-du-Rhône en 1871 (asile Saint-Victor à Marseille), F17 9251, sur la Haute-Loire en 1868, *Ibid.,* sur l'académie de Montpellier en 1864, F17 10868.

9. F. Arnould, *Notes et documents...,* op. cit., pp. 74-77. Au début de l'année 1846, l'asile Saint-Rémi enregistre 645 inscrits contre 486 en 1845. L'inspectrice réclame une limitation des inscriptions à 300 afin de ramener le nombre des présents à un effectif de 250, mieux approprié aux dimensions du local.

10. Rapport sur la Marne en 1847, A.N., F17 10866.

11. A. Corbin, *Le Miasme et la jonquille. L'odorat et l'imaginaire social, 18ᵉ-19ᵉ siècles,* Paris, Aubier, 1982, pp. 107-108, 111, 193 et 251.

12. Rapport sur le Doubs en 1850 (asile congréganiste public), A.N., F17 10866.

13. A. Corbin, « La puanteur du pauvre », *Le Miasme et la jonquille...,* op. cit., pp. 69-72, 168-172.

14. Rapport sur la Haute-Loire en 1850, A.N., F17 10841 ; *Rapport au Roi... en 1843,* op. cit., p. 142 ; *Statistique... 1861,* op. cit., p. 140. ; rapport sur le Gard en 1880-1881, A.N., F17 10864.

15. Rapport sur l'Aisne en 1848 (asile de Laon), A.N., F17 10866 ; rapports sur l'Hérault en 1881 (asile laïque public de Gigean), A.N., F17 10864, sur la Saône-et-Loire en 1850 (asile Saint-Cosme de

Châlon), F17 10 866, sur l'Aisne en 1848 (asile Saint-Jean, à Saint-Quentin, et asile de Chauny), *Ibid.*, sur la Corrèze en 1881, F17 10 864, sur les Bouches-du-Rhône en 1881 (asile de la rue Dominicale à Marseille), *Ibid.*, sur les Basses-Alpes en 1882, *Ibid.*

16. R.-H. Guerrand, *Les Lieux. Histoire des commodités,* Paris, La Découverte, 1985, pp. 87, 103,128-131 et 135, et l'ouvrage antérieur d'A. Corbin, *Le Miasme et la jonquille,* op. cit., pp. 203-204.

17. Rapports sur l'Aisne en 1848 et le Finistère en 1850, A.N., F17 10 866.

18. R.-H. Guerrand, *op. cit.,* p. 128 et A. Corbin, *op. cit.,* pp. 185-187.

19. Rapports sur l'Aisne en 1848 (asile de St-Quentin), A.N., F17 10 866, sur l'académie de Besançon en 1869, F17 10 869, sur le Gard en 1866 (asile de Pompignan), F17 10 872, sur les Basses-Alpes en 1882 (asile de Barcelonnette), F17 10 864, et sur les Bouches-du-Rhône en 1881 (asile de la rue Dominicale à Marseille), *Ibid.*

20. Inventaire du mobilier de l'asile des Brotteaux, le 18 décembre 1852, A.D., Rhône, T 50-1 ; «Une directrice de salle d'asile», *A.E.,* 1863, p. 288 ; Lettre de Mme Cauchois-Lemaire, *A.E.,* janvier 1856, p. 105 ; rapport sur les Bouches-du-Rhône en 1881, A.N., F17 10 864.

21. Rapports sur l'académie de Poitiers en 1880-1881 (131 asiles visités, soit environ la moitié des établissements ouverts), sur les académies d'Aix et de Chambéry en 1882-1883 (216 asiles visités, soit 75%) et sur la Haute-Vienne en 1881, A.N., F17 10 864 ; rapport sur les Basses-Pyrénées en 1850, F17 10 866.

22. Rapport sur les académies de Bordeaux en 1873-1874 (199 asiles visités, soit presque la totalité), A.N., F17 10 871, d'Aix en 1880, A.N., F17 10 864, et de Poitiers en 1877, F17 10 849 ; Pauline Kergomard, *Rapport I,* p. 1 ; réunion de la commission de réforme du 11 novembre 1879, A.N., F17 10 846.

23. Séance du 17 mai 1858 du Comité central, A.N., F17 10 878 ; rapport sur l'académie de Bordeaux en 1873-1874, A.N., F17 10 871 ; rapport sur le Gard en 1881 (asile dit «d'en bas» de la Compagnie des Forges à Bessèges), A.N., F17 10 864 ; M. du Camp, *Paris, ses organes, ses fonctions et sa vie dans la seconde moitié du siècle,* Paris, Hachette, 1875, t. V, p. 99 ; rapport sur l'académie de Rennes en 1879, A.N., F17 10 847.

24. Rapport du 10 juillet 1845 sur la salle d'asile de Nemours, A.N., F17 10 866.

25. F. Mayeur, *L'Éducation des filles...,* op. cit., p. 43-44 et 0. Arnold, *Le Corps et l'âme. La vie des religieuses au XIXe siècle,* Le Seuil, 1984, pp. 72-80.

26. Rapport sur le Midi en 1869-1870, A.N., F17 10 869.

27. Rapports sur les académies de Bordeaux en 1869, A.N., F17 10 869, de Clermont en 1869, F17 9251, et d'Aix en 1880, F17 10 866.

28. Rapports sur l'académie de Bordeaux en 1865 et 1869-1870, A.N., F17 10 869 ; J. Siegfried, *Rapport...,* op. cit., p. 97 ; rapport sur la Seine-et-Marne en 1872, F17 10 870.

29. Rapports sur le Doubs en 1850, A.N., F17 10 866, et sur le Nord en 1875, F17 10 871.

30. J.-B. Arnould, *Notes...,* op. cit., p. 74 ; rapport sur la Marne en 1851, A.N., F17 10 861 ; rapports sur le Nord en 1868, F17 10 874, et en 1871, F17 10 871 ; J. Siegfried, *Rapport...,* op. cit., pp. 91-96 ; rapport sur l'académie de Paris en 1872, A.N., F17 10 870.

31. Rapports sur le Nord en 1876, A.N., F17 10 871, et sur le Pas-de-Calais en 1850 (asile de Mlle Dequet à Boulogne), F17 10 866.

32. Rapport sur l'Aveyron en 1880-1881, A.N., F17 10 864. Les références relatives aux autres taux d'encadrement sont citées dans les notes précédentes.

33. *Statistique... en 1863,* op. cit., pp. 161 et 234 ; *Statistique... en 1872,* op. cit., p. 47 ; *Statistique... année 1881-1822,* op. cit., pp. 160-161.

34. M. Saunier, Règlement et réflexions sur les asiles de Troyes et du département de l'Aube, document non daté, A.D., Aube, T 208, cité par J.-L. Bellin, *op. cit.,* p. 307.

35. Rapport sur la Seine-Inférieure en 1852, A.N., F17 10 841.

36. Cité par J.-L. Bellin, *op. cit.,* p. 309.

37. Rapport sur l'Aisne en 1848, A.N., F17 10 866.

38. Rapport sur l'Indre en 1880 (asile congréganiste public de La Châtre), A.N., F17 10 864.

39. Rapports sur les Bouches-du-Rhône en 1847, sur les Basses-Pyrénées en 1850 (asile de la basse ville d'Oloron), A.N., F17 10 866, et sur le Nord en 1868 (asile Notre-dame de Tourcoing), F17 10 874.

40. Rapport sur le Calvados en 1846-1847, A.N., F17 9350 ; réunion de la Commission de surveillance du Cours pratique du 26 mai 1852 et rapport, déjà cité, du 3 février 1859, A.N., F17 10888.

41. Rapports sur les Bouches-du-Rhône en 1847 (asile laïque public de la rue Balzunce à Marseille, 250 présents, trois maîtresses, une femme de service) et sur l'Ariège en 1851 (asile congréganiste public de Foix, 120 présents), A.N., F17 10866 ; rapports sur la Manche en 1846-1847, F17 9350, et sur la Marne en 1851 (asile congréganiste public de Vitry, 134 présents, une maîtresse), F17 10866.

42. Rapports sur la Meuse en 1850, A.N., F17 10866, sur la Seine-Inférieure en 1852, F17 10841, et sur l'académie de Toulouse en 1856-1857, F17 10868 ; N. Dewaele, *Des salles d'asile...*, op. cit., p. 66.

43. Rapports sur le Haut-Rhin en 1859, A.N., F17 10868, et sur le Var, en 1850, F17 10866.

44. Rapport de Mlle Loizillon au Comité central sur les salles d'asile du Midi, le 27 avril 1870, A.N., F17 10869 ; rapport sur l'Hérault en 1881, F17 10864.

45. Rapports sur l'Yonne en 1850 et sur l'Aisne en 1848, A.N., F17 10866 ; rapport sur le Nord en 1861, A.D., 1T 116-6.

46. Lettre du maire de Tourcoing au préfet du Nord, le 27 janvier 1850, A.D., 1 T116-10.

47. *Statistique... année 1881-1882,* op. cit., pp. 160-161 ; rapport sur l'académie de Paris en 1855-1856, A.N., F17 10867, et Préfecture de la Seine, *État général du personnel de l'enseignement primaire de la ville de Paris*, Paris, De Mourgues, 1880, non paginé.

48. Rapports sur les Bouches-du-Rhône en 1847, A.N., F17 10861.

49. *Rapport au Roi...*, op. cit., p. 143 et *Statistique...pour 1861,* op. cit., p. 140.

50. État de situation de 1867, A.D., Charente-Maritime, 1T 330 ; rapport sur la Haute-Loire (asile de Monistrol) en 1868, F17 9251 ; J.-L. Bellin, *op. cit.,* pp. 324-326.

51. Cette étude a été réalisée à partir des traitements et des montants de la rétribution scolaire indiqués dans les États de situation ou dans les rapports d'inspection. Les moyennes établies pour les trois catégories du personnel, les distributions selon le statut de l'établissement et l'inventaire des sources figurent dans la version complète de notre thèse.

52. État de situation de 1855-1856, A.D., Loire-Atlantique, 40 T2.

53. Cité par J.-L. Bellin, *op. cit.,* p. 324.

54. F. Reboul-Scherrer, *La Vie quotidienne des premiers instituteurs, 1833-1882,* Hachette, 1989, pp. 162-169 et G. Rouet, *op. cit.,* pp. 145-166.

55. Pour estimer les salaires des ouvrières, nous avons utilisé, parmi les multiples sources et travaux disponibles, R. Gonnard, *La Femme dans l'industrie,* Paris, Colin, 1906 (qui publie les salaires moyens départementaux recueillis par les trois grandes enquêtes de 1840-1845, 1861-1865 et 1891-1893), E. Dolléans et G. Dehove, *Histoire du travail en France,* Paris, Donnat, 1953, t. I, pp. 289-290, et Y. Lequin, *Les Ouvriers de la région lyonnaise,* op. cit., t. I, pp. 46-68. Pour les années 1850-1860, les salaires moyens accordés par les salles d'asile (directrices et adjointes confondues) sont toujours supérieurs aux salaires moyens des ouvrières des mêmes départements (calculés à partir des taux quotidiens indiqués par l'enquête industrielle de 1861-1865) et à d'autres salaires moyens plus généraux (214 F à 289 F pour les blanchisseuses, les fleuristes et plusieurs ouvrières provinciales du textile en 1853, ou 244 F à 330 F pour plusieurs métiers de la région lyonnaise en 1860-1865). En 1881, par rapport à ces salaires moyens généraux en hausse (354 F à 478 F pour les métiers provinciaux déjà cités et 318 F à 430 F pour l'ensemble lyonnais), les salaires moyens des salles d'asile, stables ou en baisse, perdent une partie de leur avantage ou deviennent inférieurs pour les plus bas d'entre eux (355 F et 390 F dans les Côtes-du-Nord, 300 F dans la Drôme, 250 F dans les Basses-Alpes), R. Gonnard, *op. cit.,* p. 102, Y. Lequin, *op. cit.,* p. 64.

56. J. Simon, *L'École,* Hachette (1864), 11e édition, 1886, pp. 143-146 et *Statistique comparée...,* op. cit., p. CLXXIX ; Statistique de l'instruction primaire. Année 1864, A.N., F17 10357 ; rapport sur les académies de Dijon et d'Aix en 1882-1883, A.N., F17 10864.

57. *Statistique... pour 1863* (épreuves, non cotée, conservées à la bibliothèque de l'INRP), pp. 330 et 518. ; *Rapport au Roi... en 1843,* op. cit., p. 49.

58. Lettre de l'inspecteur d'académie au préfet du Rhône du 14 mars 1879, A.D., Rhône, T 50[1] ; rapport sur l'académie de Caen en 1879, A.N., F17 10847, rapports sur le Haut-Rhin et le Bas-Rhin en 1849, F17 10866 ; H. Dutasta, *Rapport de la commission...,* op. cit., p. 48.

59. Rapport sur la Marne en 1883, A.N., F17 10865 ; P. Kergomard, « L'extension du rôle des écoles normales d'institutrices », *A.E.,* 15 janvier 1884, p. 55.

60. Séance de la Commission supérieure du 10 mars 1845, A.N., F17 10876 et Rapport du Comité central du 24 mars 1866, *A.E.,* avril 1866, p. 170.

61. Rapports sur les académies de Paris en 1856, A.N., F17 10842, de Caen et de Besançon en 1856, de Grenoble en 1857, F17 10841, de Strasbourg en 1857, de Bordeaux et de Nancy en 1861, F17 10868 ; rapport de la commission de l'instruction primaire au Conseil académique de Poitiers sur l'année 1857-1858, F17 10841.

62. Rapport sur l'académie de Dijon en 1876, A.N., F17 10871 ; M. Davy, *Rapport sur les salles d'asile de l'académie de Poitiers en 1880-1881,* Paris, Imprimerie Nationale, 1881, p. 4.

63. Rapport sur l'Allier en 1847 (asile de la rue Tapet à Moulins), A.N., F17 10866.

64. Lettre non datée de Mme Touzain à Mme Mallet, M.S., rapports de Mme René-Caillé sur l'académie de Strasbourg en 1857, A.N., F17 10868, et de Mme Cauchois-Lemaire sur les Deux-Sèvres en 1867 (asile laïc public de Niort), F17 10872.

65. Rapports sur les académies de Caen (1880), Besançon (1881), Lyon (1881) et Paris (1881), A.N., F17 10864 ; «Grosselin», *D.P.,* p. 1213.

66. J. Rey, *op. cit.,* pp. 59, 161-164. ; J-B. Arnoult, *op. cit.,* p. 41 ; rapport sur l'Allier en 1847 (Moulins, rue des Grèves), A.N., F17 10866 ; rapports des inspecteurs des écoles sur les salles d'asile de l'Ille-et-Vilaine en 1845-1846 (Fougères) et de la Manche en 1846-1847 (Perriers), A.N., F17 9350.

67. Rapports sur l'académie de Strasbourg en 1857, A.N., F 17 10868, sur le Var (asile d'Hyères) en 1850, F17 10866, sur l'académie de Caen en 1855-1856 (asile de Bernay dans l'Eure), F17 10867, sur le département du Nord en 1875 (asile de Flines-les-Raches), F 17 10871, sur le Lot en 1849 (asile de Cahors), F17 10866, sur l'académie de Strasbourg en 1866 (asile de la veuve Lette à Strasbourg), F17 10872.

68. Rapport sur le Gard en 1847, A.N., F17 10866.

69. Rapport sur le Gard en 1881, A.N., F17 10864.

70. Rapport déjà cité sur l'Yonne en 1850 ; réunion de la Commission supérieure du 10 janvier 1848, A.N., F17 10876

71. Rapports sur le Haut-Rhin et le Bas-Rhin en 1857 (asiles de Colmar, Mulhouse et Strasbourg), A.N., F17 10868, sur le Nord en 1876 (asiles de Douai), F17 10849 et sur la Loire-Inférieure en 1879, F17 10447.

72. «Du caractère de l'enseignement dans les salles d'asile», *A.E.,* 1859, p. 142.

73. P. Kergomard, *Rapport I,* p. 18 et rapport sur la Loire-Inférieure (Nantes) en 1879, F17 10849.

74. Rapport sur le Nord en 1861, A.D., Nord, 1 T 116-6, et sur l'Hérault en 1881, A.N., F17 10864.

75. Rapports sur l'Yonne en 1850 (asile privé de Sens), A.N., F17 10866, sur les Bouches-du-Rhône en 1871 (asile marseillais du boulevard des Dames), F17 9251.

76. Rapports sur l'académie de Grenoble en 1856-1857, A.N., F17 10841, sur l'académie de Caen en 1862-1863, F17 10842 et sur le Nord en 1861, A.D., Nord, 1 T 116-6.

77. Rapports de Mme Doubet sur le Midi, en 1848, A.N., F17 10841, 1859, F17 10866 et 1852, F17 10841 ; rapport de Mme René-Caillé sur l'académie d'Aix en 1871, F17 9251.

78. Rapport de Mme Chevreau-Lemercier, du 10 juillet 1845, sur la salle d'asile de Nemours tenue par les sœurs de la Sainte-Enfance, A.N., F17 10866 ; rapport de Mme Cauchois-Lemaire sur le Nord en 1853 (asile Sainte-Catherine, de Lille, tenu par les sœurs de la Sagesse), F17 10841 ; rapport sur les Bouches-du-Rhône en 1871 (asiles de Saint-Césaire et d'Arles), A.N., F17 9251.

79. Rapport sur l'Hérault en 1847, A.N., F17 10841.

80. Rapports sur le Midi, en 1870, au Comité central, A.N, F17 10869, sur l'académie de Poitiers en 1874, *Ibid.,* et sur la Marne en 1872 (asile de Vertus), F17 10870 ; S. Coquart, *op. cit.,* tableau n° VI, p. 435.

81. M. Loizillon, *Rapport sur les salles d'asile de l'académie de Paris,* Imprimerie Nationale, 1881, p. 23.

82. Rapport sur les Bouches-du-Rhône en 1847, A.N., F 17 10866, et M. Matrat, *Rapport I,* op. cit., pp. 11 et 27.

83. Rapport sur les Hautes-Pyrénées en 1881, A.N., F17 10841 ; P. Kergomard, *Rapport II,* p. 11 et 14 ; rapports de Mme Milet sur l'académie de Montpellier en 1858-1859, A.N., F17 10872, et de Mme Didiot sur l'académie de Nancy en 1869-1870, F17 10869.

84. A. Depuichault, «Quelques mots sur la direction des salles d'asile», *A.E.,* 1869, p. 174 ; rapports sur l'Hérault en 1881 (Poussan), A.N., F17 10864.

85. Rapports sur l'académie de Rennes en 1855, A.N., F17 10867, et sur le Nord en 1853 (asile Sainte-Catherine, à Lille), F17 10841 ; rapport de l'inspecteur des écoles de la Charente-inférieure en 1847 (Saintes), A. D, Charente-Maritime, 1 T 211 ; rapport sur le Bas-Rhin en 1856 (Ribeauvillé), A.D., Bas-Rhin, 1 T 772.

86. Rapport sur les Bouches-du-Rhône en 1847 (asile modèle de Marseille), A.N., F17 10866 ; délibération du conseil municipal de Limoges du 6 juillet 1881, retrouvée dans les archives du Cours pratique, F17 10888.

87. M. Matrat, *Rapport. I,* p. 13 ; P. Kergomard, rapport sur l'Yonne en 1883 (école maternelle de Joigny), A.N., F17 10864 (malgré sa date, ce témoignage peut être utilisé, car des maîtres d'école tiennent ce raisonnement avant la réforme de 1881) ; rapport sur les Basses-Pyrénées en 1846-1847 (Pau-Ouest), A.N., F17 9350.

88. Rapport sur l'académie de Toulouse en 1862-1863, A.N., F17 10842.

89. Lettre au préfet du 9 juin 1875, A.N., F17 10869 et Th. Lebrun, «De la principale cause qui retarde le premier progrès des enfants», *L'Éducation,* 1852, p. 197.

90. E. Anthoine, *op. cit.,* p. 65.

91. Rapports sur la Haute-Loire en 1881, A.N., F17 10864, sur l'Indre en 1849 (asile de Châteauroux), sur l'Ain en 1848 (asile d'Hirson), sur l'Eure-et-Loir en 1850 (asile de Nogent-le-Rotrou) et sur la Marne en 1861, F17 10866.

92. Rapports sur la Meuse en 1850, A.N., F17 10866, sur l'Yonne en 1883, F17 10864, et sur l'académie de Dijon en 1873, F17 10869.

93. Rapports sur les académies de Toulouse et de Grenoble en 1880, A.N., F17 10864, sur les Basses-Alpes en 1882 (asile de Riez), *Ibid.,* et sur l'académie de Dijon en 1873, F17 10869.

94. Rapports de Mme Doubet sur les Bouches-du-Rhône en 1847 (asiles du faubourg à Aix et de Saint-Victor à Marseille), A.N., F17 10866, de Mme Monternault sur le Nord en 1868 (asile Saint-Christophe à Tourcoing), F17 10874, et de Mme Pape-Carpantier sur l'École normale des salles d'asile en 1851, F17 10850.

95. Rapports sur l'Ille-et-Vilaine en 1845-1846 (asile de Fougères) et sur les Basses-Pyrénées en 1846-1847 (asile de Pau-Ouest), A.N., F17 9350.

Chapitre 12

1. F. Pécaut, «Écoles maternelles», *D.P.,* t. II, p. 1872.

2. Lettres de Mme Mallet, 26 mars et 11 avril 1855 ; *Bulletin des crèches,* janvier-mars 1855, pp. 41-43, avril-juin 1855, pp. 89-92, juillet-septembre 1855, pp. 129-134 ; *La Presse* du 11 mars 1856 et *L'Alliance chrétienne* (article cité, sans référence, dans «Les jardins d'enfants», *Le Temps,* 11 mai 1861, p. 3).

3. J. Michelet, *La Femme* (1860), Paris, Calmann-Lévy, s.d., pp. 87-95 ; S. Brès, «Jardin d'enfants», *D.P.,* 1911, p. 900 (cet article signale aussi la création, en 1856, d'un *Comité de patronage des jardins d'enfants,* dont nous n'avons pas retrouvé la composition) ; G. Compayré, *Froebel et les jardins d'enfants,* Delaplane, s.d., p. 8 et L. Legrand, *L'Influence du positivisme dans l'œuvre scolaire de Jules Ferry,* Paris, Rivière, 1961, p. 80.

4. Rapport de Mme Cauchois-Lemaire sur les asiles parisiens en 1855-1856, A. N., F17 10867, pp. 11-15, 51-53 et 84 ; Dr Penot, *Les Institutions privées du Haut-Rhin...,* Mulhouse, Bader, 1867, pp. 11-12 ; lettre du vice-recteur de l'académie de Paris au ministre du 15 juillet 1859, A.N., F17 10872 ; F. Jacobs, *Manuel pratique des jardins d'enfants à l'usage des institutrices et des mères de famille,* Bruxelles, Classen, 1859, 204 p.

5. «Faits divers», *A.E.,* juillet 1855, p. 278 ; «Rapport adressé au Comité central des salles d'asile sur la méthode Froebel», *A.E.,* avril 1856, pp. 171-177.

6. Mme de Marenholtz, «Les jardins d'enfants», juillet 1855, pp. 261-265 (cit. p. 262), «Nouvelle Méthode d'éducation dans les jardins d'enfants», octobre, novembre et décembre 1855, pp.1-12 (cit. p. 9), 41-47 et 63-69 (texte déjà publié, en 1855, sous le titre *Les Jardins d'enfants de Friedrich Froebel, nouvelle méthode d'instruction et d'éducation,* Paris, Gratiot), «Manuel des jardins d'enfants», juin 1859, pp. 242-252 (cit. p. 243), préface d'un ouvrage publié, la même année et sous ce titre, chez Borrani.

7. «Conférences de La Sorbonne», *A.E.,* avril 1868, p. 180 et mai 1868, p. 202 ; A. Cécyl, «Exercices pour l'application de la méthode Froebel», *A.E.,* avril 1865, pp. 178-185 ; «La méthode Froebel», août et septembre 1865, pp. 291-294 et 331-336 (extrait d'un rapport sur la Belgique, l'Allemagne, la Suisse) ; *A.E.,* quatrième série, 1869-1870, pp. 11, 51, 67, 98, 179.

8. F. Buisson, *Rapport sur l'instruction primaire à l'Exposition universelle de Vienne en 1873,* Imprimerie nationale, 1874, pp. 95-122 et *Rapport sur l'instruction primaire à l'Exposition universelle de Philadelphie en 1876,* Imprimerie nationale, 1878, pp. 219-22.

9. M. de Vroede, «Der Kindergarten in Belgium, eine liberale Erneuerung», *Wissenschaftliche Zeitschrift der Friedrich Schiller-Universität Jena, Gesellschafts- und sprachwissenschaftliche Reihe,* XXXII, pp. 511-514, auquel nous renvoyons, une fois pour toutes, pour tout ce qui concerne les établissements belges.

10. Rapports sur l'académie de Besançon en 1870, A.N., F17 10869, et en 1871, F17 9251 ; Conseil général du Jura, *Méthode Froebel,* délibération du 8 novembre 1871, Lons-le-Saunier, Damelet, 9 p.

11. Cité dans Conseil général du Jura, *Méthode Froebel,* op. cit., p. 6.

12. S. Brès, *op. cit., D.P.,* p. 900 ; Mlle Yon, «La réforme des salles d'asile», *L'Instruction primaire,* 3 octobre 1880, pp. 76-78 ; F. Narjoux, *Écoles et mairies,* op. cit., VIe série et «Principes de construction scolaire», *Revue Pédagogique,* 1879, pp. 47-50 ; O. Gréard, *L'instruction primaire à Paris,* op. cit., p. 85 ; *Projet d'organisation pédagogique pour les salles d'asile,* Chartres, 1879, A. N., F17 10846 ; Abbé Hubert-Duperron, «Les écoles enfantines», *L'Éducation,* juin et juillet 1879, pp. 361-363, 405-407, 439-442.

13. Procès-verbaux des déclarations au maire de Mulhouse du 28 novembre 1862 et du 19 octobre 1869, A.D., Haut-Rhin, 1 T 520 ; Rapport sur l'académie de Bordeaux en 1874, A.N., F17 10871 ; G. Compayré, *Froebel...,* op. cit., p. 8.

14. Rapports sur l'académie de Besançon en 1876, A.N., F17 10871, en 1879, F17 10847, et sur l'académie de Caen en 1877, F17 10864 ; P. Kergomard, *Rapport I,* op. cit., p. 6.

15. L'abbé Lenoir est cité dans «Jardins d'enfants», *Larousse du XIXe siècle,* p. 545.

16. *Manuel,* op. cit., p. 189 ; *Instruction,* op. cit., p. 30 ; Dr Polinière, *Salles d'asile,* op. cit., p. 18 ; M. Pape-Carpantier, *Conseils...,* op. cit., p. 150 ; *Enseignement pratique...,* p. 245-257.

17. *Instruction,* op. cit., p. 21.

18. M. Pape-Carpantier, *Enseignement pratique...,* op. cit., p. 244.

19. Yves Guittard, *Évolution de la place du jeu et du jouet à l'école maternelle, du début du siècle à nos jours,* DESS, université de Paris XIII, 1985, pp. 13-18.

20. Expression utilisée par G. Brougère, qui fait l'inventaire de la «*récupération*» du jeu par les pédagogues, avant et après la «*Rupture romantique*», dans l'ouvrage tiré de sa thèse : *Jeu et éducation,* Paris, L'Harmattan, 1995, pp. 63-79 et 129-143.

21. G. Erning, K. Neumann, Jürgen J., *Geschite des Kindergartens,* Freiburg, Lambertus, 1986, t. I, pp. 36-41 et M. Soetard, *Friedrich Fröbel,* Paris, Colin, 1990 et ???

22. Rapport, déjà cité, pp. 10, 15 et 22, A.N., F17 10867 ; E. Gossot, *Les Salles d'asile en France,* op. cit., p. 216.

23. M. Pape-Carpantier, Rapport adressé à M. le Président de la Commission de surveilance du Cours pratique des salles d'asile sur l'essai de la méthode Froebel, A.N., F17 10878 ; *Enseignement pratique...,* op. cit., p. 244.

24. *Conseils...,* op. cit., p. 134 et *Enseignement pratique...,* op. cit., p. 113 ; «Conférences de la Sorbonne», *A.E.,* avril 1868, p. 180, mai 1868, p. 203 (cit.), juillet 1868, p. 255.

25. F. Buisson, *Rapport...(Vienne),* op. cit., p. 97 ; O. Gréard, *Éducation et instruction. Enseignement primaire,* Paris, Hachette, 1887, p. 77 ; P. Kergomard, *L'Éducation maternelle dans l'école,* Hachette, 1re série, 1886, p 97 ; M. Matrat, «Histoire de l'éducation...», *op. cit.,* p. 248.

26. O. Gréard, *Éducation et instruction...,* op. cit., p. 88 ; A.-M. Yon, *op. cit., L'Instruction primaire,* 9 et 16 janvier 1881, pp. 346 et 388.

27. O. Gréard, *Éducation et instruction,* op. cit., pp. 83-88 ; F. Buisson, *Rapport...,* (Vienne), op. cit., p. 122 ; Mlle Yon, *op. cit., L'Instruction primaire,* 16 janvier 1881, p. 389 ; M. Matrat, «Histoire de l'éducation...», *op. cit.,* p. 249.

28. Rapport déjà cité, p. 10, A.N., F17 10867.

29. M. Pape-Carpantier, rapport déjà cité, A.N., F17 10878 et réunion du Comité central du 17 mars 1856, *A.E.,* avril 1856, pp. 175-176.

30. Mme Cauchois-Lemaire, rapport déjà cité, p. 14, A.N., F17 10867.

31. Règlement du 5 août 1859 et F. Jacobs, *Manuel pratique...,* op. cit., p. 197.

32. F. Buisson, *Rapport...(Vienne),* op. cit., p. 105 ; Mlle Yon, *L'instruction primaire,* 3 octobre 1880, p. 76 ; P. Kergomard, rapport sur les académies de Bordeaux, Toulouse et Clermont en 1880-1881, A.N., F17 10864.

33. Réunion du Comité central du 17 mars 1856, *A.E.*, avril 1856, pp. 175-176.

34. Séance du 2 mai 1874, *Bulletin de l'Association pour la recherche... des meilleures méthodes d'éducation*, mai-juin 1874, p. 145 et, M. Pape-Carpantier, «Allizeau», *D.P.*, 1911, p. 50 ; M. Matrat, *Les Écoles maternelles et le décret du 2 août 1881*, Paris, Delagrave, 1881, p. 50 ; O. Gréard, *L'Instruction primaire...*, op. cit., pp. 79-81.

35. *Bulletin de l'Association pour la recherche...*, op. cit., p. 148 et O. Gréard, *L'Instruction primaire...*, op. cit., p. 89.

36. Abbé Le Noir, cité dans «Jardins d'enfants», *Larousse du XIXᵉ siècle*, p. 545 ; F. Delon, «Les jardins d'enfants...», *M.G.I.P.*, 27 avril 1872, pp. 259-261 ; *Association pour la propagation... des meilleurs méthodes d'enseignement dans les écoles et les salles d'asile, Documents sur les écoles enfantines en France et à l'étranger*, Paris, Chaix, 1879, p. 51

37. Rapports sur les Bouches-du-Rhône en 1871 (asile Saint-Trophime d'Arles), A.N., F17 9251, et sur l'académie de Dijon en 1874, F17 10.869.

38. M. Matrat, *Rapport I*, op. cit., p. 1 ; P. Kergomard, *Rapport II*, op. cit., p. 9 et «Les écoles maternelles», *Monographies pédagogiques*, op. cit., p. 294. ; *L'École maternelle*, 1ᵉʳ mai 1882, p. 130.

39. Toutes les informations relatives aux déléguées (âges, dates de nomination et de retraite, carrières, convictions) sont empruntées, sauf mention contraire, au dictionnaire, déjà cité, G. Caplat (sous la dir. de), *Les Inspecteurs généraux...*, auquel nous renvoyons une fois pour toutes.

40. Conférence du 2 mai 1874, déja citée, *Bulletin de l'Association pour la recherche... des meilleures méthodes d'éducation*, mai-juin 1874, p. 147.

41. S. Coquart, *op. cit.*, p. 28. et P. Kergomard, «Les écoles maternelles», *op. cit.*, p. 294.

42. Rapport sur l'académie de Besançon en 1869, A.N., F17 10.869 ; M. Matrat, *Rapport II*, p. 66 ; P. Kergomard, «Les écoles maternelles...», *op. cit.*, p. 267 et *Rapport I*, p. 11.

43. M. Matrat, *Rapport I*, op. cit., pp. 13 et 22 ; P. Kergomard, *Rapport I*, op. cit., p. 15 et *Rapport II*, op. cit., pp. 12-13 et 17 ; M. Davy, *Rapport...*, op. cit., p. 9 ; rapport de Mme Muller sur l'Hérault en 1881, A.N., F17 10.864.

44. P. Kergomard, «Les écoles maternelles», *op. cit.*, p. 270.

45. P. Kergomard, *Rapport* I, op. cit., pp. 8 et 11, et *Rapport II*, op. cit., p. 9 ; M. Matrat, *Rapport I*, op. cit., pp. 9 et 19 ; rapport sur l'académie de Besançon en 1869, A. N, F17 10.869

46. P. Kergomard, *Rapport* I, pp. 6 (cit.)-8.

47. M. Matrat, *Rapport II*, p. 66 ; P. Kergomard, *Rapport II*, p. 9 et *L'Éducation maternelle...*, op. cit., p. 33.

48. Rapport d'A. Sarrazin sur l'académie de Besançon, A.N., F17 10.869 ; M. Mattrat, *Rapport II*, p. 4I, *Ibid.*, p. 4.

49. Rapport sur l'Ariège en 1880 (asile de Saurat), A.N., F17 10.864.

50. P. Kergomard, p. 13 et 21, et *Rapport II*, pp. 10, 16 et 18 ; M. Matrat, *Rapport II*, p. 4 ; A. Sarrazin, rapport sur l'académie de Besançon en 1869, A.N., F17 10.869, G. Dillon, *Rapport*, op. cit., p. 5 ; M. Davy, *Rapport*, op. cit., p. 8.

51. En attendant l'étude historique globale que mériterait l'action de P. Kergomard, on peut consulter, entre autres : S. Coquart, *L'œuvre pédagogique de Pauline Kergomard*, doctorat de troisième cycle en sociologie, Université de Lyon II, 1982, 542 p., B. Moussy, *Pauline Kergomard et les directrices des écoles maternelles dans la seconde partie du XIXᵉ siècle et au début du XXᵉ siècle. Son action dans une revue pédagogique*, doctorat de troisième cycle en sciences de l'éducation, sous la direction d'Éric Plaisance, université de Paris V, 1988, 312 p. ; F. Rosenzweig «Pauline Kergomard, née Reclus (1838-1925) ou comment devient-on républicaine ?», communication au colloque, déjà cité, *Les Femmes dans la cité, 1815-1870*, à paraître en 1997 chez Créaphis.

52. P. Kergomard, *Rapport II*, pp. 7 et 9 (1ʳᵉ et 2ᵉ cit.), *Rapport I*, p. 4 (3ᵉ cit.) et *L'éducation maternelle*, op. cit., p. 302 (4ᵉ cit.)

53. P. Kergomard, *Rapport I*, op. cit., p. 22 et *L'éducation maternelle*, op. cit., pp. 173 ; J. Chateau, *Autour de l'élève*, Paris, Vrin, 1968, p. 22 ; G. Avanzini, *Alfred Binet et la pédagogie scientifique*, Paris, Vrin, 1969, pp. 51-52 secondes Coquart, *op. cit.*, p. 133-140.

54. P. Kergomard, *L'Éducation maternelle*, op. cit., p. 13.

55. *Ibid.*, pp. 7 et 173.

56. *Ibid.*, p. 22.

57. S. Coquart, *op. cit.*, p. 297.

58. C'est l'hypothèse intéressante de L. Chalmel, *La Petite École...*, op. cit., pp. 285-288.

59. P. Kergomard, *L'Éducation maternelle*, op. cit., pp. 7-8, 43 et 65 (cit.)-67, 153, 157, 159, 167, 193, 275 et S. Coquart, *op. cit.*, pp. 181-163 et 297.

60. P. Kergomard, *L'Éducation maternelle*, op. cit., pp. 14-15, 17-24, 70 (cit.), 119, 137-156, 255-261, 266 et 272.

61. *Ibid.*, pp. 14-15, 25, 52 (cit.), 54, 56-58 (cit.), 119, 123-133 et S. Coquart, *op. cit.*, pp. 221-239.

62. Cette commission est composée de MM. Buisson (directeur de l'enseignement primaire), Brouard (inspecteur général), Carriot (directeur de l'enseignement primaire de la Seine), Le Bourgeois (chef de bureau à la direction de l'enseignement primaire, et secrétaire), Pineaux (inspecteur primaire à Paris) et de Mmes ou Mlles Davy, Dillon, Kergomard, Loizillon, Matrat, Muller, Rocher-Ripert, Veyrières (déléguées générales), Monternault (déléguée spéciale), de Manen (déléguée spéciale adjointe et secrétaire-adjointe), Clérambault (inspectrice des asiles de la Seine), Dosquet (directrice du Cours pratique), de Friedberg (directrice de l'école normale d'institutrices de la Seine), Chalamet (directrice d'école enfantine et secrétaire de la *Société Froebel* de Paris), Châteauminois (directrice d'école enfantine), Steverlinck (sous-directrice d'asile et membre du comité d'études de la *Société Froebel*), *J.G.I.P.*, 1er novembre 1879, p. 299. D'autres membres sont nommés ultérieurement : MM. Artoux et Boniface, Mmes Gautter et Gaudon (réunion du 1er décembre 1879) et Juliette Dodu, déléguée générale (arrêté du 7 janvier 1880), A.N., F17 10846. La sous-commission chargée de l'organisation pédagogique est composée de Mmes de Friedberg, Dillon, Veyrières, Monternault, de Mlle Loizillon et de M. Brouard. La sous-commission chargée de l'organisation matérielle est composée de Mmes Muller, Rocher-Ripert, Davy, Brossolet et Clérambault. La sous-commission du personnel rassemble Mmes Kergomard et Steverlinck, Mlles Matrat, Dosquet et Châteauminois et M. Boniface,

63. Commission, réunion des 8 novembre et 1er décembre 1879, A.N., F17 10846 (pour ne pas allonger les références, nous mentionnerons la commission de réforme des salles d'asile par le seul mot **Commission**).

64. Commission, réunion des 8 et 15 décembre 1879, A.N., F17 10846.

65. La majorité de la commission veut inscrire l'instruction religieuse aux programmes de la maternelle, du concours d'entrée aux cours normaux (seize voix pour et quatre contre) et du certificat d'aptitude ; elle propose aussi de nommer un ministre des cultes dans les commissions d'examen, réunions des 1er, 15 et 22 décembre 1879 et des 1er et 15 mars 1880, *Projet de la première sous-commission*, p. 1, *Compte-rendu des travaux de la troisième sous-commission*, pp. 7, 14 et 16, A.N., F17 10846.

66. Exemple de programme pour le mois de décembre : «leçons de choses : Le chauffage. Froid, neige, glace, avalanches ; Suisse, Alpes, patins, traîneaux. Thermomètres, poêle, cheminées. Bois, charbon, allumettes. Engelures, rhume. Le foyer, la famille. Dessin : patin, traîneau, thermomètre, poêle, cheminée, soufflet, pelle, pincettes, pompes à incendie. Chants et jeux : Le petit ramoneur (Mme Pape-Carpantier), Le Feu (Delbruck)», arrêté du 28 juillet 1882.

67. Commission, réunions des 12 et 19 janvier 1880, A.N., F17 10846.

68. *Ibid.*, réunion du 12 janvier 1880.

69. Réunions de la sous-commisssion des 19 et 26 janvier 1880, A.N., F17 10846.

70. *Ibid.*

71. *Ibid*, réunions des 22 décembre 1879 et 12 janvier 1880.

72. Sur le débat autour de la place du jeu après les instructions de 1881-1887, voir G. Brougère, *op. cit.*, pp. 144-157.

73. Commission, réunions des 8 novembre, 1er, 8 et 22 décembre 1879, 19, 24 et 26 janvier et 8 mars 1880, A.N., F17 10846 ; *Compte-rendu des travaux de la troisième sous-commission*, op. cit., p. 4.

74. P. Kergomard, *L'Éducation maternelle...*, op. cit., p. 96.

75. *Ibid.*, p. 95 et 115, et «Les Écoles maternelles», op. cit., pp. 287 et 290.

76. *Ibid.*, p. 290.

77. P. Kergomard, *L'Éducation maternelle...*, op. cit., p. 7.

78. Réunions de la Commission des 8, 15 et 22 décembre 1879, et des 2, 9, 16 et 23 février 1880 ; projet de la deuxième sous-commission du 23 janvier 1880, A.N., F17 10846.

79. *Ibid.* La question des gradins a embarrassé les réformateurs. Sur 23 présents, le 15 décembre, 4 votent pour leur suppression et 5 pour leur conservation (les autres s'abstiennent), puis 9 pour leur maintien dans une seule salle (les autres s'abstiennent). Le 22 décembre, et après avoir entendu

Mme Rocher-Rippert signaler que la répartition des votes « n'a peut-être pas été correctement produite », les membres présents décident d'inscrire au procès-verbal que la *majorité* de la commission a choisi de conserver les gradins.

80. P. Kergomard, « Les écoles maternelles », *op. cit.*, p. 282.

81. *Compte-rendu des travaux de la troisième sous-commission*, pp. 15-16, A.N., F17 10846.

82. P. Kergomard, « Questions de concours », *A.E.*, 1888-1889, p. 3.

83. *Compte-rendu des travaux de la troisième sous-commission*, op. cit., p. 1.

84. P. Kergomard, *L'Éducation maternelle*, op. cit., p. 291, et réunion de la Commission du 23 février 1880, A.N., F17 10846.

85. Réunion de la Commission des 23 février et 1er mars 1880, A.N., F17 10846 ; P. Kergomard, « L'assimilation du personnel des écoles maternelles et des écoles primaires », *A.E.*, 15 avril 1886, pp. 210-211, et *L'Éducation maternelle*, op. cit., pp. 292-293.

86. P. Kergomard, « Les écoles maternelles », *op. cit.*, p. 306.

87. *L'Enseignement primaire public à Paris, 1877-1888*, Paris, Chaix, 1889, pp. 34 et 56. ; rapport de Mlle Loizillon sur l'académie de Paris en 1879-1880, A.N., F17 10864.

88. M. Matrat, « Histoire de l'éducation enfantine... », *op. cit.*, pp. 252-254.

89. *Ibid.*, pp. 255-256.

Conclusion

1. Déjà développée dans la thèse de C. Duprat, cette conclusion ressort du colloque de l'AREPPOS, *Philanthropies et politiques sociales en Europe, (XVIIIe-XXe siècles)*, Paris, Anthropos, 1994, pp. V-X.

2. J. Donzelot, *La Police des familles*, Paris, Minuit, 1977. Après avoir rappelé la résistance des milieux populaires parisiens, C. Duprat doute de l'efficacité du contrôle social des familles dans la première moitié du XIXe siècle, *op. cit.*, pp. 200-201.

3. J. Naud-Ithurbide, *Les Écoles maternelles*, Paris, PUF, 1964, pp. 11-12 ; *Les Orientations de l'école maternelle française* (sous la direction d'A. Delaunay), Paris, Nathan, 1972, p. 3 (cit.) ; H. Sourguen et F. Léandri, *Les Écoles maternelles*, Bourrelier, *C.P.M.*, n° 5, 1973, pp. 9-18 ; A. Prost, *L'Enseignement...*, op. cit., p. 104.

4. GEDREM, *Échec et maternelle*, Paris, Syros, 1980, 220 p. Ce débat est résumé dans E. Plaisance, *L'École maternelle aujourd'hui*, Nathan, 1977, pp. 145-149.

5. G. Brougère, *Jeu et éducation*, op. cit., pp. 209-231.

6. *Le Guide de l'enfant*, n° hors-série, 1990, et notamment pp. 148, 170-173, 187 et 210-213.

7. Sur cette question, voir les deux études de référence citées note 7, p. 425 : l'article de J.-CL. Chamboredon et de J. Prévot (1973) et la thèse de E. Plaisance (1984).

8. *Ibid.* et A. Prost, *L'École et la famille...*, op. cit., p. 99-108.

9. A titre d'exemple, voir G. Py et al., *L'Enfant et l'école maternelle : les enjeux*, A. Colin, 1993, pp. 25-35 et 57.

10. M. Lebettre, cité dans *Éducation des jeunes enfants, problèmes d'aujourd'hui*, Bourrelier, 1964, p. 7 ; S. Herbinière-Lebert, « Défense et illustration de l'école maternelle », *L'Éducation*, 5 mars 1970, p. 22 ; M. Abbadie, *Les Orientations de l'École maternelle française contemporaine*, Paris, F. Nathan, 1972, p. 27.

11. B. Zazzo, *L'École maternelle à deux ans : oui ou non ?*, Stock-Pernoud, 1984, 217 p. et B. Céleste, *Les petits à la maternelle*, Syros, 1988, 115 p.

12. E. Plaisance, *L'École maternelle aujourd'hui*, op. cit., pp. 69-71 et 140 ; A. Norvez, *op. cit.*, pp. 434-437 ; « La maternelle. Une école en jeu : l'enfant avant l'école », *Autrement*, série Mutations, n° 114, avril 1990, pp. 90 et 188-195 ; G. Py et al., *op. cit.*, pp. 53 et 108-109.

13. R. Cohen, *L'Apprentissage précoce de la lecture*, Paris, PUF, 1977, p. 211 ; G. Doman, *J'apprends à lire à mon bébé* (édition américaine en 1963), Paris, Retz, 1978 ; C.B. Loupan, *Croire en son enfant*, Paris, R. Laffont, 1987 ; J. Ramiandrisoa, *La Méthode Arthur, Comment développer dans l'harmonie les capacités naturelles de votre enfant*, Paris, Fixot, 1992.

14. Sur la critique de la « rescolarisation » de l'école maternelle, voir l'ouvrage du GEDREM déjà cité, E. Plaisance, *op. cit.*, pp. 72 et 143-144, G. Py, *op. cit.*, pp. 108-111 et « La maternelle... », *op. cit.*, Autrement, pp. 18-22, 90 et 183-197.

15. Titre employé par G. Py dans l'ouvrage déjà cité, p. 107.

Annexes

Tableau A:
Inscription des jeunes enfants à la salle d'asile et à l'école par sexe (1851-1882)

		1851 Total	1856 Total	1861 Total	1863[1] Total	1866 Total	1872 Total	1876-77[3] Total	1876-77[3] 2-6 ans	1881-82 Total	1881-82 2-6 ans
Inscrits en salle d'asile	Total	156841	242574	349116	383856	432141	448122	532077	(467922)	644384	(559214)
	Garçons	77555	-	171891	190543	213402	216361	260159	(231191)	317066	(278063)
	Filles	79286	-	177225	193313	218739	231761	271918	(236731)	327318	(281151)
% (pop. recensée)	Total	5,8	8,9	12,7	13,8	15,1	16,7	19,5	(17,2)	22,8	(19,8)
	Garçons	5,7	-	12,5	13,6	14,8	16,0	18,9	(16,8)	(19,6)	(17,8)
	Filles	6,0	-	13,0	14,0	15,5	17,5	20,1	(17,5)	-	(20)
Inscrits à l'école	Total	-	-	-	358000[2]	-	-	-	(431862)[4]	-	(542714)
	Garçons	-	-	-	-	-	-	-	(193390)[4]	-	(251967)
	Filles	-	-	-	-	-	-	-	(238472)[4]	-	(290747)
% (pop. recensée)	Total	-	-	-	12,8[2]	-	-	-	(15,8)	-	(19,2)
	Garçons	-	-	-	-	-	-	-	(14)	-	(17,8)
	Filles	-	-	-	-	-	-	-	(17,7)	-	(20,7)
Enfants de 2 à 6 ans	Total	2681385	2710467	2739629	2786375	2856493	2677008	2726540		2824247	-
	Garçons	1355498	-	1376947	1403355	1442967	1355963	1376022		1417700	-
	Filles	1325887	-	1362682	1383020	1413526	1321045	1350518		1406547	-

(Sources: dénombrements de la S.G.F. et statistiques imprimées de l'instruction primaire au XIXe siècle; populations de référence des effectifs d'inscrits: voir le tableau E).

1. Effectifs des enfants estimés en ajoutant aux nombres de 1861 les deux cinquièmes de la différence entre la population de 1866 et celle de 1861.

2. La statistique imprimée de 1863 indique seulement le nombre des inscrits de moins de 7 ans à l'école. Le nombre des inscrits de moins de 6 ans (358000) a été estimé à partir du rapport constaté en 1876-1877 entre les inscrits de moins de 7 ans et ceux de moins de 6 ans.

3. Sur 100 garçons de 2-6 ans inscrits, 54 le sont à l'école, 46 à l'asile; sur 100 filles inscrites, 50 le sont à l'asile et 50 à l'école.

4. En 1876-77, les 2-6 ans inscrits à l'école représentent 8 % des garçons inscrits, 10,3 % des filles inscrites et 9,2 % du total des élèves.

Les nombres d'enfants de 2 à 6 ans (soit du début de la troisième année à la fin de la cinquième année) inscrits à la salle d'asile ou à l'école sont seulement connus en 1876-1877 et en 1881-1882. Ils figurent sur ce tableau entre parenthèses. Tous les autres effectifs d'inscrits se rapportent – sauf en 1863 pour l'école – à l'ensemble des élèves (inscrits de 2 à 6 ans et inscrits de plus de 6 ans). Les seuls vrais **taux d'inscription** (inscrits de 2 à 6 ans rapportés aux enfants recensés du même âge) figurent entre parenthèses. Tous les autres indices relatifs à la salle d'asile doivent être considérés comme de simples **ratios**, surestimés, puisqu'ils rapportent un effectif d'inscrits qui inclut des plus de 6 ans aux seuls enfants recensés de 2 à 6 ans.

Tableau B. Effectifs des salles d'asile (1835-1882)

	Public		Privé		Laïc		Congréganiste		Total
	T	%	T	%	T	%	T	%	
1835									102
1837									261
1840									555
1843	685	46	804	54	1212	81,5	277	18,5	1489
1846									1861
1850	1055	61	680	39	1037	60	698	40	1735
1853	1345	61	858	39					2204
1858	1809	67,5	873	32,5	982	36,5	1700	63,5	2682
1861	2181	69	981	31	958	30,5	2204	69,5	3162
1863	2335	70,5	973	29,5	892	27	2416	73	3308
1865	2501	69,5	1096	30,5	969	27	2628	73	3597
1866	1589	70,5	1080	29,5	944	26	2725	74	3669
1868-69	2782	70,5	1169	29,5	965	24,5	2986	75,5	3951
1872	69,5	1110	30,5	776	21	2876	79	3652	2542
1875-76	2773	68,5	1267	31,5	822	20	3218	80	4040
1876-77	2785	67	1362	33	838	20	3309	80	4147
1878-79	2933	66	1513	34	1004	22,5	3442	77,5	4446
1879-80	3031	65	1624	35	1087	23,5	3568	76,5	4655
1880-81	3136	64,5	1734	35,5	1259	26	3611	74	4870
1881-82	3161	62,5	1891	37,5	1443	28,5	3609	71,5	5052

Sources et mode d'emploi: voir tableau C ci-contre.

Tableau C. Effectifs des quatre catégories de salles d'asile (1843-1882)

	Laïc public		Congréganiste public		Laïc privé		Congréganiste privé		Total
	T	%	T	%	T	%	T	%	
1843	476	32	209	14	736	49,5	68	4,5	1 489
1850	521	30	534	31	516	30	164	9	1 735
1861	535	17	1 646	52	423	13,5	558	17,5	3 162
1863	534	16	1 801	54,5	358	11	615	18,5	3 308
1865	571	16	1 930	54	398	11	698	19	3 597
1866	562	15,5	2 027	55	382	10,5	698	19	3 669
1868-69	586	15	2 196	55,5	379	9,5	790	20	3 951
1872	503	13,5	2 039	56	273	7,5	837	23	3 652
1875-76	564	14	2 209	54,5	258	6,5	1 009	25	4 040
1876-77	581	14	2 204	53	257	6	1 105	27	4 147
1878-79	741	16,5	2 198	49,5	263	6	1 244	28	4 466
1879-80	812	17,5	2 219	47,5	275	6	1 349	29	4 655
1880-81	1 000	20,5	2 136	44	259	5	1 475	30,5	4 870
1881-82	1 189	23,5	1 972	39	254	5	1 637	32,5	5 052

Les effectifs des salles d'asile, des élèves inscrits et des maîtresses sont tirés des statistiques imprimées de l'instruction primaire, de *L'Ami de l'Enfance* pour les années 1835 et 1858 (*AE*, janvier 1836, p. 204 et mai 1859, p. 198) et des épreuves de la statistique de 1869 (A.N., F17 10360). Les nombres d'établissements et d'élèves ont été parfois corrigés ou complétés selon les indications fournies dans J.-N. Luc, « Statistiques de l'enseignement préélémentaire (1833-1985) », in. J.-P. Briand, J.-M. Chapoulie, F. Huguet, J.-N. Luc et A. Prost, *L'Enseignement primaire et ses extensions, XIXe-XXe siècles*, Paris, Economica-INRP, 1987, pp. 9-97.

Avant de comparer les effectifs des salles d'asile, il faut tenir compte des conditions de leur recensement et de ses imperfections éventuelles. Le territoire national de référence a changé deux fois au cours de la période. Le rattachement de la Savoie et de Nice, en 1860, apporte un supplément de trente établissements; la perte de l'Alsace-Lorraine, en 1871, représente un prélèvement de cinq cents établissements. Par ailleurs, toutes les enquêtes officielles n'offrent pas les mêmes garanties: l'administration considère que les statistiques publiées sur les années 1846, 1850, 1853, 1861 et 1872 proposent des données imparfaites, sans préciser toujours si elles pèchent par défaut ou par excès. Enfin, et jusqu'au milieu du Second Empire au moins, un nombre important de simples garderies, installées dans des locaux qui ne respectent pas les normes officielles et tenues par des femmes sans diplôme, peuvent être recensées sous l'étiquette de « salle d'asile ». Dès 1844, la Commission supérieure dénonce les confusions et les exagérations du recensement officiel, coupable, à ses yeux, « d'accorder le titre de salle d'asile à des établissements qui ne le méritent pas* ». En 1850, l'inspectrice générale Eugénie Chevreau-Lemercier ramène, par exemple, à deux les quatre-vingt douze « asiles » officiels du Finistère, tandis que sa collègue Henriette Doubet avoue son impuissance à découvrir les six « asiles » du département des Landes**. Les déléguées générales sont plus exigeantes, nous l'avons vu, que les notables et les inspecteurs des écoles, chargés du recensement. Mais la distinction n'est pas non plus toujours très nette entre les salles d'asile, les garderies et les petites écoles, car certaines tenancières de ces deux derniers établissements mélangent les enfants au-dessous et au-dessus de l'âge de raison et commencent leur instruction. En 1879, encore, l'inspecteur général Anthoine, en tournée dans le Nord, explique qu'il ne faut pas « s'étonner si l'on a parfois varié sur le chiffre même représentant le nombre des salles d'asile*** ».

* Réunion du 14 octobre 1844, A.N., F17 10876.

** Rapports sur le Finistère et sur les Landes en 1850, A.N., F17 10866.

*** E. Anthoine, *A travers nos écoles*, Paris, Hachette, 1887, p. 65.

Tableau D. Effectifs des inscrits dans les salles d'asile (1835-1882)

	Public		Privé		Laïc		Crongréganiste		Total
	T	%	T	%	T	%	T	%	
1835								28250	
1837								29514	
1840								50985	
1843	72411	75	23781	25					96192
1846								124287	
1850	127026	81	29815	19					156841
1853	176351	81	40805	19					217156
1858								242574	
1861	284829	81,5	64287	18,5	83248	24	265868	76	349116
1863	315568	82	68288	18	82320	21,5	301536	78,5	383856
1865	344388	82	74380	18	90308	21,5	328460	78,5	418768
1866	356421	82,5	75720	17,5	90174	21	341967	79	432141
1868-69	383747	82,5	81965	17,5	99113	21	366599	79	465712
1872	363080	81	85042	19	91707	20,5	356415	79,5	448122
1875-76	400796	79,5	102315	20,5	95900	19	407211	81	503111
1876-77	420110	79	111987	21	95729	18	436348	82	532077
1878-79	451972	77	134020	23					585992
1879-80	467533	77	138481	23	145598	31,5	460416	68,5	606014
1880-81	472111	76	149066	24	173718	28	447459	72	621177
1881-82	480602	74,5	163782	25,5	204417	32	439967	68	644384

Sources et mode d'emploi : voir tableau E ci-contre.

Tableau E. Effectifs des inscrits dans les quatre catégories de salles d'asile (1861-1882)

	Laïc public		Congréganiste public		Laïc privé		Congréganiste privé		Total
	T	%	T	%	T	%	T	%	
1861	65282	19	219547	63	17966	5	46321	13	349116
1863	66230	17	249338	65	16090	4	52198	13,5	383856
1865	70847	17	273541	65,5	19461	4,5	54919	13	418768
1866	73065	17	283356	65,5	17109	4	58611	13,5	432141
1868-69	81191	17,5	302556	65	17922	14	64043	13,5	465712
1872	76650	17	286430	64	15057	3,5	69985	15,5	448122
1875-76	81556	16	319240	63,5	14344	3	87971	17,5	503111
1876-77	80676	15	339434	64	15053	3	96914	18	532077
1879-80	128766	21	338767	56	16832	3	121649	20	606014
1880-81	157902	25,5	314209	50,5	15816	2,5	133250	21,5	621177
1881-82	189091	29,5	291511	45	15326	2,5	148456	23	644384

D'après les consignes officielles, les effectifs d'élèves attribués aux salles d'asile dans les états de situation et les rapports d'enquête correspondent aux populations suivantes :

1. Jusqu'en 1859 : *populations hivernale et estivale*, c'est-à-dire nombre « moyen » d'enfants ayant « fréquenté » l'établissement pendant « l'hiver » et « l'été » (selon les endroits, ce « nombre moyen » correspond aux inscrits pendant le mois maximum, aux moyennes saisonnières des inscrits ou des présents, aux nombres maximum de présents, aux présents de jour de la visite).

2. Après la réforme de la statistique scolaire, en 1859, et jusqu'en 1874 (à l'exception de l'année 1868-1869) : *total des enfants inscrits sur le registre matricule pendant l'année civile*, « quel que soit le temps pendant lequel ils auront fréquenté la classe » (circulaire du 2 novembre 1859). Ces nombres sont les plus surestimés, car ils regroupent les effectifs de deux fractions d'années scolaires successives en ajoutant à l'effectif du début de l'année civile tous les enfants successivement inscrits au cours des mois suivants sans retrancher ceux qui ont changé de salle d'asile ou ceux qui sont entrés à l'école.

Un sondage, réalisé parmi les états de situation relatifs à l'année 1860 (A.N., F17 10412-10416), montre comment le choix d'une nouvelle population de référence augmente, dans des proportions importantes, le nombre officiel des enfants recensés. Dans vingt-cinq arrondissements, répartis entre douze départements, le total des inscrits pendant l'année civile, dans les salles publiques et privées, est supérieur de 33% à l'effectif d'hiver et de 20,7%, seulement, à l'effectif d'été, toujours plus élevé lorsqu'il s'agit de jeunes enfants. L'excédent est plus important dans les établissements privés, qui ne sont pas obligés de tenir un registre. Dans l'enseignement public, il se situe, pour l'été, entre +3,8% et +47% selon les arrondissements, avec une moyenne à 20,7%.

3. En 1868-1869 (à l'occasion d'une nouvelle réforme, provisoire) puis à partir de 1875-1876 (dans le cadre de la nouvelle statistique républicaine) : *total des enfants inscrits pendant l'année scolaire*. Ces nombres, plus modérés que ceux de la période précédente, sont toujours surestimés, car ils continuent de prendre en compte l'ensemble des enfants inscrits à la salle d'asile, quelles que soient leurs dates d'entrée et de sortie.

Il faut aussi tenir compte des variations du territoire national et de la qualité inégale des enquêtes (voir le commentaire du tableau C).

Inventaire résumé
des Archives

Pour ne pas allonger cet inventaire, nous indiquerons seulement les cotes des cartons consultés aux Archives nationales et dans certaines Archives départementales. Les intitulés de ces cotes figurent sur les inventaires officiels, imprimés ou manuscrits.

Archives nationales

Sous-série F^{17} – Instruction publique (54 cartons)

9161, 9350, 9560, 10356, 10357, 10359, 10360 à 10365, 10367, 10395, 10396 à 10405, 10408 à 10580 (sondages dans les États de situation des salles d'asile et de l'enseignement primaire, entre 1860 et 1881), 10720, 10803 à 10812, 10839, 10841 à 10858, 10863 à 10891, 12533, 12536, 12541, 12543, 12968 et 12982.

Sous-série F^{20} – Statistiques : 282-10

Sous-série AJ^{16} – Académie de Paris : 181, 182, 562.

Archives départementales

Bouches-du-Rhône : sous-série 1 T : 21 et 58.

Charente-Maritime : sous-série 1 T : 3, 48 à 50, 62 à 66, 209 à 215, 303, 323 à 326, 551 *, 565*, 591*, 623*, 702*, 710*.

Côtes-du-Nord : sous-série 1 T : 207, 210, 211, 403 à 409.

Deux-Sèvres : sous-série 4 T : 10/2*, 128/1*, 128/2*, 128/3*, 158, 159.

Haut-Rhin : sous-série 1 T : 87 à 90, 112, 113, 163 à 165, 206, 326 à 329, 353, 354, 379, 385, 515 à 521, 769 à 772, 818, 819, 884, 946 à 949, 960, 986*.

Loire-Atlantique : 5 T 1 à 4, 40 T 1, 40 T 2, 41 T 3, 41 T 1, 42 T 1, 43 T 3.

Nord : sous -série 1 T : $80^{14\ \text{à}\ 73}$, 94, 97^3, $107^{1\ \text{à}\ 3}$, $116^{1\ \text{à}\ 17}$, $124^{16\ \text{et}\ 17}$.

Sous-série 2 T : 56* à 139* (sondages dans les délibérations du Conseil académique), 2496 à 2499.

Rhône : sous-série T : 50, 50^1, 51 à 53, 128^1, 210.

Seine-Maritime : sous-série 7 TP : 1, 79 à 81, 251, 252 et sous-séries 18 TP 1*, 24 TP 1*, 29 TP 1*, 35 TP 1*

Vendée : série T : 27 à 30, 157^1, 162^1, 162^2, 163^1, 163^2.

Archives municipales de Lyon

R 5 : Salles d'asile, dossier général (1832-1879).

R 6 : Comptes et budgets (1832-1858).

R 7 : Écoles maternelles, dossier général (1872-1896).

R 8-13 : Écoles maternelles, dossiers par école (1879-1900).

R 50 : Salles d'asile, registres des visites d'inspection des asiles Saint-Paul, Perrache, Saint-Georges, de la Pomme du Pin, et de la Grande Côte (1840-1844).

Bibliothèques et musées

Bibliothèque Historique de la Ville de Paris

N.A. ms 192, folio 418-460 : Archives du projet de chambre de dépôt imaginé par Mme de Pastoret et de la salle d'hospitalité ouverte par cette dame en 1801.

N.A. ms 92, folio 555 : délibération 40 078, du 19 mai 1824, du Conseil général des hospices relative au projet de salle d'asile présenté par M. de Gérando.

Musée Social

– «Procès-verbaux. Salles d'asile pour l'enfance, séances du Comité de 1830 à 1836» (dans nos notes, nous avons désigné ce registre par l'intitulé suivant : Comité des dames, réunion du...)

– «Notes et observations des dames du Comité, 1835-1839» (source désignée par l'intitulé, plus explicite : Registre d'inspection de l'asile de la rue de la Bienfaisance).

– «Procès-verbaux de l'association de charité en faveur des salles d'asile de Paris formée par les dames inspectrices, 1843-1846» (registre désigné par l'intitulé : Association des dames inspectrices, réunion du...).

– «Procès-verbaux de l'association des dames inspectrices, 1847-1854» (même intitulé).

– Carton n° 1 : Rapports et comptes rendus du Comité des Dames (1829-1836) ; prospectus, brochures et règlements relatifs aux salles d'asile parisiennes ; publications imprimées de Mme Mallet.

– Carton n° 2 : Correspondance de Mme Mallet ; billets non datés de Mme de Pastoret à Mme Mallet.

– Carton n° 3 : Notes et comptabilité de Mme Mallet relatives à l'école normale des salles d'asile ; correspondance de Mme Mallet ; traduction manuscrite de l'ouvrage de F. Aporti, *Manuale di educazione ed ammaestramento per le scuole infantili*, Crémone, 1833.

Musée national de l'Éducation

Ouvrages, gravures, photographies et collections d'objets relatifs à l'enseignement préélémentaire et en cours de classement lors de notre consultation.

Archives privées de Madame Jules Mallet

Archives conservées au château des Moutiers et consultées avec l'autorisation de Mme André Mallet.

– «Souvenirs de Mme Jules Mallet, notes prises par sa fille aînée, Mme P.-A. Labouchère», 5 volumes non paginés (1794-1825), désignés dans nos références par l'intitulé : *Souvenirs*, suivi de la date concernée (une pagination simulée donne un total de 652 pages).

– «Journal de Mme Jules Mallet, retranscrit par sa fille aînée, Mme P.-A. Labouchère», 7 volumes non paginés (1825-1856), désigné dans nos références par l'intitulé : *Journal*, suivi de la date concernée (une pagination simulée donne un total de 994 pages).

– Journal tenu par Mme Jules Mallet pendant l'épidémie du choléra (5 avril 1832-30 novembre 1832), 1 volume non paginé, désigné dans nos références par l'intitulé : *Journal du choléra*, suivi de la date concernée (une pagination simulée donne un total de 188 pages).

– «Lettres de Mme Jules Mallet à la Comtesse Sophie Pelet de la Lozère», recopiées par Mme P.-A. Labouchère, 5 volumes non paginés (1826-1843), désignées dans nos références par l'intitulé : *Lettre*, suivi de la date (une pagination simulée donne un total de 1 254 pages).

– «Brouillon de la vie de Mme Jules Mallet par Mme P.-A. Labouchère», notes diverses, extraits du journal et de la correspondance, désigné dans nos sources par l'intitulé : *Manuscrit* (pagination impossible).

– Correspondance de Mme Jules Mallet et pièces diverses, relatives aux familles Mallet et Oberkampf.

Archives consultées, à Paris, avec l'autorisation du baron Jean-Pierre Mallet.

– Comptabilité des dons de Mme Jules Mallet pendant l'hiver 1833-1834.

– Carnet de notes de Jules Mallet (1823-1857) et Journal du baron James Mallet (1828-1867).

Inventaire sélectif
des sources imprimées

1. Documents officiels sur l'enseignement préélémentaire et sur l'enseignement primaire au XIXe siècle

Pour ne pas allonger ces annexes par une longue liste de publications classiques, nous citerons simplement trois ouvrages de référence.

Les textes officiels relatifs aux salles d'asile, aux écoles maternelles et aux classes enfantines

LUC Jean-Noël, *La petite enfance à l'école, XIXe-XXe siècles, Textes officiels présentés et annotés,* Paris, Economica-INRP, 1982, 392 p.

Les textes officiels relatifs à l'enseignement primaire

Ils ont été consultés dans les recueils du ministère et dans l'inventaire d'Octave GRÉARD : *La Législation de l'instruction primaire en France depuis 1789 jusqu'à nos jours,* Paris, Delalain, 1900, 7 volumes.

Les statistiques officielles des enseignements préélémentaire et primaire (établissements, élèves et personnel)

Elles sont publiées dans les statistiques imprimées de l'enseignement primaire, dont la liste figure dans l'ouvrage indiqué ci-dessous et qui reproduit les effectifs nationaux des établissements et des inscrits.

BRIAND Jean-Pierre, CHAPOULIE Jean-Michel, HUGUET Francoise, LUC Jean-Noël, PROST Antoine, *L'enseignement primaire et ses extensions, XIXe-XXe siècles,* Economica-INRP, 1987, et notamment : «Statistiques de l'enseignement préélementaire (1833-1985)», pp. 9-97.

2. Les salles d'asile, les écoles maternelles et les autres institutions de jeunes enfants au XIXe siècle

Cette liste comprend seulement les principales publications que nous avons consultées.

ANTHOINE Émile, *A travers nos écoles,* Paris, Hachette, 1887, 330 p.

APORTI Ferrante, *Manuale di educazione ed ammaestramento per le scuole infantili,* Crémone, 1833 (nous avons consulté une traduction manuscrite conservée dans les archives de Mme Mallet).

ARNOULD Jean-Baptiste, *Notes et documents sur les établissements d'instruction primaire de la ville de Reims,* Paris, Régnier, 1848, 67 p.

BARBIER Charles, *Notice sur les salles d'asile, le retour à la simplicité primitive de la théorie alphabétique,* Paris, Bachelier, 1834, 16 p.

BIBRUN, *Dessin pour les salles d'asile,* s. l. n. d., 12 planches.

BILLION A., *Entretiens d'une directice d'asile avec ses enfants,* Besançon, Jacquin, 1877, 365 p.

BRAUN Thomas, *Exercices par intuition ou questionnaire à l'usage des écoles gardiennes, des jardins d'enfants et des écoles primaires, précédés de considérations théoriques sur les écoles gardiennes et les jardins d'enfants,* Bruxelles, Parent, 1870, 257 p.

BRÈS Suzanne, *Jeux et occupations pour les petits, guide des mères et des institutrices,* Paris, Nathan, 1894, 159 p.

BUISSON Ferdinand, *Les Classes enfantines, documents législatifs et administratifs avec introduction,* Paris, Musée Pédagogique, Mémoires et documents scolaires, n° 62, 1888, 124 p.

BUISSON Ferdinand, *Rapport sur l'instruction primaire à l'Exposition Universelle de Vienne en 1873*, Paris, Imprimerie nationale, 1875, 352 p.

BUISSON Ferdinand, *Rapport sur l'instruction primaire à l'Exposition Universelle de Philadelphie en 1876*, Paris, Imprimerie nationale, 1878, 688 p.

CACHEUX Émile, *Construction et organisation des crèches, salles d'asile et écoles*, Paris, Baudry, 1885, 811 p.

CANY Germain (Dr), *De l'influence des salles d'asile sur la santé, l'éducation, les mœurs et l'avenir des enfants des classes laborieuses*, Toulouse, Douladoux, 1835, 8 p.

CARPANTIER Marie, *Conseils sur la direction des salles d'asile*, Paris, Hachette, 1846, 179 p.

CASEBONNE A., *L'Asile, petit manuel des droits et des devoirs des dames patronnesses des comités locaux*, Paris, Hachette, 1866.

CASEBONNE A., *Notice sur les soupes dans les salles d'asile, œuvre fondée à Pau par M. Aron Delvaille*, Pau, Veronèse, 1860, 10 p.

CECYL Aymé, *La Science des petits. Visite aux salles d'asile*, Bourges, Pigelet, 1863, 138 p.

CERISE Laurent (Dr), *Le Médecin des salles d'asile, manuel d'hygiène et d'éducation physique de l'enfance*, Paris, Hachette, 1836, 200 p.

CHEVREAU-LEMERCIER Eugénie, *Chants pour les enfants des salles d'asile*, Paris, L'Auteur, 1845, puis 3ème réédition, Hachette, 1858, 110 p.

CHEVREAU-LEMERCIER Eugénie, *Essai sur l'inspection générale des salles d'asile*, Paris, Hachette, 1848, 142 p.

CHEVREAU-LEMERCIER Eugénie, *Petites Histoires pour les enfants des salles d'asile avec un questionnaire à l'usage des maîtres*, Paris, Hachette, 1847, 142 p.

CHEVREAU-LEMERCIER Eugénie, *Premières Leçons sur l'histoire de Notre Seigneur Jésus-Christ ou explications des quatorze images saintes représentant les principaux faits de la vie de Notre Seigneur à l'usage des salles d'asile*, Paris, Hachette, 1855, 85 p, (2e éd. 1864).

CHEVREAU-LEMERCIER Eugénie, *Premières Leçons sur l'histoire sainte à l'usage des salles d'asile*, Paris, Hachette, 1853-1856, 2 vol.

CHIRAT C. (Abbé), *Guide de la charité*, Lyon, Lesne, 1843. 380 p.

COCHIN Augustin, *Essai sur la vie, les méthodes d'instruction et d'éducation et les établissements d'Henri Pestalozzi*, Paris, Bailly, 1848, 88 p.

COCHIN Jean-Denys-Marie, *De l'extinction de la mendicité, Rapport lu en la séance du 27 mars 1829, tenue par le Conseil provisoire chargé des travaux préparatoires de la fondation d'une maison de refuge et de travail destinée à procurer l'extinction de la mendicité dans Paris*, Paris, Mesnier, 1829, 58 p.

COCHIN Jean-Marie-Denys, *Manuel des fondateurs et des directeurs des premières écoles de l'enfance, connues sous le nom de salles d'asile*, Paris, Hachette, 1833, 285 p. ; 2e édition, 1834 ; 3e édition, mise en harmonie avec la législation actuelle (avec un appendice de Mme Jules Mallet), 1845, 385 p. (sauf mention contraire, les références de nos notes renvoient à cette édition) ; 4e édition, mise en harmonie avec la législation actuelle et augmentée d'une notice et de notes nouvelles, par Augustin Cochin, 1853, 336 p. ; 5e édition, 1857, 249 p.

Comité des dames, *Compte-rendu de l'activité de la salle d'asile, rue du Bac, 1828-1829*, s. l. n. d., 6 p.

Comité des dames, *Compte-rendu de la situation des salles d'asile au 15 février 1829*, Paris, Imprimerie de Mme Huzard, 1829, 8 p.

Comité des dames, *Compte-rendu de la situation des salles d'asile en décembre 1832*, Paris, Imprimerie de Mme Huzard, 1833, 18 p.

Comité des dames, *Compte-rendu de la situation des salles d'asile pour les années 1833, et 1834*, Paris, Imprimerie de Mme Huzard, 1832, 15 p.

Comité des dames, *Dernier compte-rendu pour 1835-1836, salles d'asile pour l'enfance sous la protection de S.A.R. Mme Adélaide*, Paris, Imprimerie de Mme Huzard, 1837, 21 p.

COMPAYRÉ Gabriel, *Froebel et les jardins d'enfants*, Paris, Delaplane, s. d., 86 p.

CONSIDÉRANT Victor, *Le Socialisme devant le vieux monde*, Paris, Librairie phalanstérienne, 1848, 264 p.

CORMENIN Louis, *Les Entretiens du village. Dialogues de Maître Pierre*, Paris, Pagnerre, 1845, 296 p., rééd. 1847.

DAVY Marie, *Rapport sur les salles d'asile de l'Académie de Poitiers*, Paris, Imprimerie nationale, 1881, 10 p.

DELBRUCK Jules, *De la pouponnière à l'usage des crèches et des salles d'asile*, Paris, Lacour, 1849, 3 p.

DELON Charles et Fanny, *Méthode intuitive, Exercices et travaux pour les enfants selon la méthode et les procédés de Pestalozzi et de Froebel*, Paris, Hachette, 1873, 226 p.

DEMONDION Jacques, *Exposé des avantages des salles d'asile aux divers points de vue de la moralisation des populations, de l'amélioration du sort des classes laborieuses et de l'extinction de la mendicité*, Limoges, Ducourtieux, 1857, 32 p.

DEPASSE Émile, *Proposition relative à la création de cinquante nouvelles salles d'asile, présentée le 16 septembre 1848 par le citoyen Depasse*, Paris, Imprimerie de l'Assemblée Nationale, 1849, 3 p.

DEPUICHAULT Adrienne, *Les Leçons du jardin d'enfants*, Paris, Borrani, 1867, 212 p.

Devis pour la construction des salles d'asile proposé par le Comité Central de patronage, Paris, Dupont, 1861.

DILLON Gertrude, *Rapport sur les salles d'asile de l'académie de Caen*, Paris, Imprimerie nationale, 1882, 12 p.

DURAND Albert, KOENIG Marie, *Jeux et travaux à l'usage des écoles maternelles, des classes enfantines*, Paris, Jeandé, 1889-1892, 2 vol.

DURAND Albert, *Législation des écoles maternelles et des écoles primaires précédée de l'historique des salles d'asile et du commentaire du décret du 2 août 1881*, Paris, Ract et Falquet, 1882, 458 p.

DUTASTA Henri, *Rapport de la commission de l'instruction primaire au conseil municipal de Toulon, 2-7 août 1872*, Toulon, F. Robert, 1872, 210 p.

FORNEY Pauline, *Récits enfantins à l'usage des salles d'asile et des écoles*, Paris, Hachette, 1874, 129 p.

FRAPIÉ Léon, *La Maternelle*, Paris, Librairie universelle, 1904, 305 p.

FROEBEL (Société), *Association pour la propagation des meilleures méthodes d'enseignement dans les écoles et les salles d'asile, assemblée générale du 9 février 1879*, Paris, Chaix, 1879, 38 p.

FROEBEL Friedrich, *L'Éducation de l'homme*, Paris, Hachette, 1861, 397 p.

FROEBEL Friedrich, *Les Jardins d'enfants, nouvelle méthode d'éducation et d'instruction*, Paris, Droz, 1855, 47 p.

GATTU DE GAMOND Zoé, *Manuel des salles d'asile, suivi du questionnaire pour les écoles primaires d'après la méthode de Pestalozzi*, nouvelle édition revue par le Dr Th. Olivier, Paris, Lethielleux, 1863, 372 p.

GÉRANDO Joseph-Marie (De), *De la Bienfaisance publique*, Paris, Renouard, 1839, 4 vol.

GOLDAMMER Herman, *Méthode Froebel, le jardin d'enfants. Devoirs et occupations à l'usage des mères de famille, des salles d'asile et des écoles primaires,* avec une introduction de la Baronne de MARENHOLTZ, traduit sur la 3ᵉ éd. allemande, Paris, Fischbacher, 1877, 60 p.

GOSSOT Émile, *Les Salles d'asile en France et leur fondateur, Denys Cochin*, Paris, Didier, 1884, 344 p.

GOSSOT Émile, *Madame Pape-Carpantier, sa vie, son œuvre*, Paris, Hachette, 1890, 244 p.

GRÉARD Octave, *Éducation et instruction. Enseignement primaire*, Paris, Hachette, 1887, 421 p.

GRÉARD Octave, *L'Enseignement primaire à Paris de 1867 à 1877*, Paris, Chaix, 1878, 290 p.

HAUSSONVILLE, Othenin de CLERON (vicomte de), *L'Enfance à Paris*, Paris, Lévy, 1879, 473 p.

Histoire d'une salle d'asile. Lettres de deux dames inspectrices, Paris, Fouraut, 1851, 228 p. (ouvrage écrit par Henriette DOUBET et Mme PETIT).

HUCHARD J., *Étude sur les salles d'asile de la ville de Paris*, Paris, Laremière, 1860, 62 p.

Instruction élémentaire pour la formation et la tenue des salles d'asile de l'enfance, Paris, Delalain, 1833, 51 p. (ouvrage écrit par Mme NAU DE CHAMPLOUIS).

JACOB Jean-François, *Manuel pratique des jardins d'enfants de Friedrich Froebel à l'usage des institutrices et des mères de famille avec une introduction de Madame la Baronne de Marenholtz-Bülow*, Paris, Hachette, 1859, 204 p.

JUBÉ DE LA PERELLE Camille, *Des Établissements d'éducation de la première enfance et des établissements d'éducation de filles*, Paris, Hachette, 1849, 29 p.

JUBÉ DE LA PERELLE Camille, *Guide des salles d'asile contenant la législation qui régit ces établissements, des instructions sur leur construction et leur chauffage, une explication complète, des considérations spéciales pour l'éducation physique, intellectuelle et morale de la première enfance*, Paris, Hachette, 1848, 144 p.

JUBÉ DE LA PERELLE Camille, *Note soumise à M. le Ministre de l'instruction publique sur la situation actuelle des salles d'asile en France*, Paris, Dupont, 1845, 12 p.

JULLIEN Marc-Antoine, «Notice sur la colonie industrielle de New-Lanark en Ecosse, fondée par M. Robert Owen», *Revue encyclopédique*, avril 1823, pp. 4-18.

KELLER Émile, *Les Congrégations religieuses en France*, Paris, Poussielgue, 1880, 736 p.

KERGOMARD Pauline, BRÈS Suzanne, *L'Enfant de deux à six ans*, Paris, Nathan, 1910, 253 p.

KERGOMARD Pauline, *L'Éducation maternelle dans l'école*, Paris, Hachette, 2 vol., première série, 1886 ; deuxième série, 1895 (réédition avec une préface et des notes de H. BRULÉ et de E. PLAISANCE, Paris, Hachette, 1974).

KERGOMARD Pauline, *Les Écoles maternelles de 1837 jusqu'en 1910, aperçu rapide*, Paris, Nathan, 1910, 40 p.

KERGOMARD Pauline, «Les écoles maternelles, anciennes salles d'asile», *Monographies pédagogiques*, Paris, Musée pédagogique, 1889, tome VI, pp. 261-308.

KERGOMARD Pauline, *Rapport sur les salles d'asile des académies de Toulouse et de Grenoble*, Paris, Imprimerie nationale, 1881, 23 p.

KLECKER Marie-Ch., *Étude sur les salles d'asile*, Bordeaux, Cadoret, 1876.

KLECKER Marie-Ch., *Rapport sur le patronage des salles d'asile adressé à M. le Maire*, Bordeaux, Bellier, 1879, 23 p.

LAMOTTE L.-R., «Les salles d'asile», *Revue pédagogique*, 1879, pp. 607-620.

LASTEYRIE Charles (de), *Des Écoles des petits enfants des deux sexes de l'âge de 18 mois à 6 ans. De l'utilité de ces écoles sous le rapport du développement physique, moral et intellectuel des enfants, de leur organisation, des connaissances qui doivent être enseignées et du mode d'instruction qui doit y être suivi*, Paris, *Bureau du Journal de l'éducation et de l'instruction pour les deux sexes*, 1829, 83 p.

LE PAZ Joseph, *Des salles d'asile en Russie*, Paris, Guillaumin, 1852, 126 p.

LECOMTE Mme, *Simples récits à l'usage des salles d'asile, précédés de conseils aux directeurs et directrices de ces établissements*, Paris, Ducrocq, 1846, 108 p.

LEENHARDT Camille, *La vie de Jean-Frédéric Oberlin (1740-1826) de D. Stoeber*, Paris, Levrault, 1911, 676 p.

LENOIR (Abbé), *De la fondation, spécialement à Paris, des jardins d'enfants ou gymnases de récréation et d'éducation du premier âge*, Paris, Gros, 1859, 16 p.

Lettre circulaire adressée par le comité des dames aux souscripteurs de la salle d'asile de la rue du Bac, s. l. n. d., 1827, 3 p.

LOIZILLON Marie, *Note sur l'organisation des petites classes dans les écoles primaires de filles*, Paris, Imprimerie Impériale, 1869, 14 p.

LOIZILLON Marie, *Rapport sur les salles d'asile de l'Académie de Paris*, Paris, Imprimerie nationale, 1881, 14 p.

LOIZILLON Marie, *Rapport sur les salles d'asile des académies de Montpellier et de Bordeaux*, Paris, Imprimerie nationale, 1881, 16 p.

MACNAB Henry Grey, *Examen impartial des nouvelles vues de M. Robert Owen et de ses établissements à New-Lanark en Écosse avec des observations sur l'application de ce système à l'économie politique de tous les gouvernements*, traduit par André LAFFON de LADEBAT, Paris, Treuttel et Würtz, 1821, 252 p.

MALARCE Augustin, *Histoire des institutions publiques établies en France pour l'amélioration du sort des classes laborieuses, I, Histoire des salles d'asile et des ouvroirs*, Paris, Hachette, 1855, 120 p.

MALLET Émilie, *De la direction morale des salles d'asile et des comités de surveillance*, Paris, Duverger, 1834, 37 p.

MALLET Émilie, *Chants pour les salles d'asile*, 4e édition, Paris, Hachette, 1837.

MALLET Émilie, «Appendice» à la troisième édition du *Manuel* de J.-D. Cochin, *déjà cité*, Paris, Hachette, 1845, pp. 193-315.

Manuel des jardins d'enfants, les six dons de Froebel, Paris, Borrani, 1859, 63 p.

MARENHOLTZ-BÜLOW (Baronne Bertha von), *Frédéric Froebel, L'éducation nouvelle, Manuel pratique des salles d'asile*, Paris, Hachette, 1880, 204 p.

MARENHOLTZ-BÜLOW (Baronne Bertha von), *Les Jardins d'enfants de Frédéric Froebel, nouvelle méthode d'instruction et d'éducation*, Paris, Gratiot, 1855, 13 p.

MARÈS Louise, *Petit manuel d'éducation première au moyen des asiles*, Paris, Hachette, 1846, 244 p.

MARJOLIN (Dr), *Considérations sur l'état actuel des salles d'asile de la ville de Paris. Discours prononcé devant la société de protection des apprentis et des enfants employés dans les manufactures*, Paris, Chaix, 1867, 18 p.

MARTEL Ferdinand, *Notice sur les salles d'asile*, Le Puy, Gaudelet, 1853, 16 p.

MATRAT Marie, «Histoire de l'éducation enfantine publique», *Monographies pédagogiques*, Paris, Musée pédagogique, 1889, t. VI, pp. 212-256.

MATRAT Marie, *Les Écoles maternelles et le décret du 2 août 1881, Histoire, but, méthode, application*, Paris, Delagrave, 1881, 72 p.

MAURICHEAU-BEAUPRÉ (Dr François-Frédéric), *Salle d'asile, Instruction hygiénique adressée par le médecin de la salle d'asile aux parents dont les enfans y sont admis*, Calais, Leleux, 1839, 8 p.

METZ A. (de), *Organisation des crèches, des salles d'asile et des écoles primaires*, Paris, de Lender, 1870, 267 p.

MIDOC L. H., *Rapport au maire de Reims sur la situation morale et matérielle des salles d'asile et des écoles primaires*, Reims, Lagarde, 1860, 29 p.

MILLET Eugénie, *Observations sur le système des écoles d'Angleterre pour la première enfance établies en France sous le nom de salle d'asile*, Paris, Servier, 1828, 18 p.

MILLET Eugénie, *Rapport sur les salles d'asile de Paris*, Decourchant, 1838, 12 p.

MONOD Jean-Pierre (Régent), *Notice sur l'école des petits enfants établie à Genève, accompagnée de réflexions sur l'utilité de ce genre d'établissements*, Genève. Bonnant, 1829, 69 p.

MONTERNAULT Henriette, *Nouveau Manuel des comités locaux de patronage et des directrices des salles d'asile*, Paris, Hachette, 1876, 128 p.

MONTERNAULT Henriette, *Projet de règlement pour les classes dites préparatoires des écoles primaires communales de filles*, Paris, Bourdier, 1868, 16 p.

NARJOUX Félix, *Écoles et Mairies*, Paris, Calmann-Lévy, 1878, s.p.

NARJOUX Félix, *Écoles primaires et salles d'asile. Construction et installation à l'usage de MM. les Maires, délégués cantonaux et membres de l'enseignement primaire*, Paris, Delagrave, 1879, 430 p.

Notice sur les salles d'asile en faveur des petits enfants, Paris, Imprimerie de Mme Huzard, 1830, 8 p.

OLIVIER (Abbé), *Discours prononcé le 18 mars 1830 en l'église St Thomas d'Aquin en faveur des asiles consacrés à l'enfance*, Paris, Imprimerie de Mme Huzard, 1830, 13 p.

OWEN Robert Dale, *Esquisse du système d'éducation suivi dans les écoles de New-Lanark*, Paris, Lugan-Ponthieu, 1825, 165 p.

OWEN Robert, *A new view of society and other writings to the British manufacturer.*, Londres, Everyman's Library, 1849, 298 p.

OWEN Robert, *Le livre du nouveau monde moral contenant le système rationnel basé sur les lois de la nature humaine*, Paris, Paulin, 1847, 72 p

OWEN Robert, *Textes choisis*, introduction et notes de A. Morton, Paris, Editions Sociales, 1963, 205 p.

PAPE-CARPANTIER Marie, *Enseignement pratique dans les écoles maternelles ou premières leçons à donner aux petits enfants suivies de chansons et jeux pour la récréation de l'enfance*, ouvrage couronné par l'Académie française et approuvé par Mgr. l'Evêque du Mans, Paris, Hachette, 1849, 275 p.

PAPE-CARPANTIER Marie, *Manuel du nouveau syllabaire des salles d'asile*, Paris, Hachette, Folio, 1852, 32 p.

PAPE-CARPANTIER Marie, *Histoires et leçons de choses pour les enfants*, Paris, Hachette, 1858, 295 p.

PAPE-CARPANTIER Marie, *Rapport à la commission de surveillance du Cours pratique des salles d'asile*, Paris, Dupont, 1866, 12 p.

PAPE-CARPANTIER Marie, *Jeux gymnastiques avec chants pour les enfants des salles d'asile*, Paris, Hachette, 1868, 77 p.

PAPE-CARPANTIER Marie, *Enseignement par les yeux. Zoologie des salles d'asile et des écoles élémentaires*, Paris, Hachette, 1868-1869, 5 vol.

PAPE-CARPANTIER Marie, *Notice sur l'éducation des sens et quelques instruments pédagogiques*, Paris, Delagrave, 1878, 48 p.

PAPE-CARPANTIER Marie, *Introduction de la méthode des salles d'asile dans l'enseignement primaire* (Conférences aux instituteurs à la Sorbonne en 1867), Paris, Delagrave, 1879, 80 p.

PARISOT Edmond, *Jean-Frédéric Oberlin, essai pédagogique*, Paris, Paulin, 1905, 325 p.

PECLET Eugène, *Instruction sur l'assainissement des écoles primaires et des salles d'asile*, Paris, Hachette, 1846, 16 p.

PIETRA-SANTA Prosper (Dr), *Quelques mots sur les salles d'asile*, Paris, Masson, 1854, 15 p.

POLE Thomas, *Observations relative to infant schools*, Bristol, Goyder, 1823, 83 p.

POLINIÈRE Isidore, *Salles d'asile pour l'enfance de la ville de Lyon*, Lyon, Imprimerie Rossary, 1835, 23 p.

POMPÉE C., *Plans modèles pour la construction des salles d'asile proposés par le Comité central de patronage des salles d'asile*, Paris, Dupont, 1861, 6 planches.

Prospectus pour l'établissement des salles d'asile pour la première enfance, Paris, Selligue, s. d. (1826), 8 p.

Psczolla Erich, *Louise Scheppler,* Paris, Delagrave, 1881.

Pole Thomas, *Observations relative to infant schools,* Bristol, Goyder, 1823, 83 p.

Regimbeau Pierre, *Petit Syllabaire des écoles et des salles d'asile,* Paris, Hachette, 1873, 73 p.

Rendu Ambroise (fils), *Modèles de leçons pour les salles d'asile et écoles élémentaires ou premiers exercices pour le développement des facultés intellectuelles et morales,* imité de l'anglais, Paris, Langlois et Leclercq, 1842, 135 p.

Rendu Eugène, *Guide des salles d'asile* (3e édit.), Paris, Hachette, 1860, 185 p.

Rey Joseph, *Lettres à ma femme sur les écoles de la première enfance dites salles d'asile,* Grenoble, Prudhomme, 1835, 205 p.

Serreville Théodore, *Aperçus sur l'origine et le but des salles d'asile,* Moulins, Enaut, 1854, 12 p.

Siegfried Jules, *Rapport sur les écoles primaires et les salles d'asile du Havre au conseil municipal, 1871-1872,* Le Havre, Santallier, 1872, 119 p.

Simon Jules, *L'École,* Paris, Lacroix, Verboeckhoven et Cie, 1865, 431 p.

Stoeber Daniel, *Vie de J. F. Oberlin,* Strasbourg, Treuttel et Wurtz, 1831, 616 p.

Texier Edmond, *Tableau de Paris,* Paris, Paulin, 1852-1853, 2 vol. et notamment tome II, pp. 120-125.

Tourette Félicie, *Le Pasteur Oberlin ou le Ban-de-la-Roche, Souvenir d'Alsace,* Strasbourg, Heitz, 1834, 48 p.

Une sœur, *Chants des salles d'asile avec des airs notés,* Paris, Dezobry, 1855, 51 p. (l'auteur est la sœur Maria).

Une sœur, *Nouveau Manuel des salles d'asile à l'usage des Filles de la Charité,* Paris, Dezobry, 1854 (l'auteur est la sœur Maria), 652 p.

Villeneuve-Bargemont Alban (Vicomte de), *Économie politique chrétienne ou recherches sur la nature et les causes du paupérisme en France et en Europe et sur les moyens de le soulager et de le prévenir,* Paris, Paulin, 1834, 3 vol.

Villermé Louis-René (Dr), *Tableau de l'état physique et moral des ouvriers employés dans les manufactures de coton, de laine et de soie, ouvrage entrepris par ordre (…) de l'Académie des Sciences morales et politiques,* Paris, Renouard, 1840, 2 vol., réédition avec une préface de Jean-Pierre Chaline et de Francis Démier, Paris, Études et documentations internationales, 1989, 670 p.

Wilderspin Samuel, *Infant education or practical remarks on the importance of educating the infant poor from the age of 18 months to 7 years,* London, Simpkin, 1825 (3e éd.), 288 p.

Witt-Guizot Henriette de, *Une belle vie, Madame Jules Mallet, née Oberkampf, 1794-1856, souvenirs et fragments,* Hachette, 1881, 130 p.

3. Périodiques de l'enseignement préélémentaire et de l'enseignement primaire au XIXe siècle

Ce corpus a été constitué à l'aide du répertoire analytique établi, sous la direction de Pierre Caspard, par Pénélope Caspard-Karadis, André Chambon, Geneviève Fraisse, Denise Poindron, *La Presse d'Éducation et d'Enseignement, XVIIIe siècle-1940,* Paris, CNRS-INRP, 1981-1991, 5 tomes. Les premières dates indiquent la période de parution de la revue. Celles qui figurent entre parenthèses correspondent aux périodes dépouillées.

L'Ami de l'Enfance, journal des salles d'asile : première série (34 numéros, de janvier 1835 à novembre 1840), deuxième série (6 numéros, de janvier 1846 à novembre 1847), troisième série (180 numéros, d'octobre 1854 à septembre 1869), quatrième série (12 numéros, d'octobre 1869 à septembre 1870, avec le sous-titre de *Journal d'éducation maternelle*), cinquième série (d'octobre 1881 à 1896, avec le sous-titre d'*Organe de la méthode française d'éducation maternelle*)

Bulletin de la Société générale d'éducation et d'enseignement, 1868-1940 (1868-1870 et 1881-1882).

Bulletin des crèches, 1846-1859 (1846-1850 et 1855-1859).

Bulletin de l'Association pour l'étude et la propagation des meilleurs méthodes d'enseignement dans les écoles maternelles, enfantines et primaires, 1883-1885 (1883-1885).

Journal des instituteurs et des bibliothèques scolaires, 1858-1940 (1858-1860).

Journal général d'éducation et d'instruction pour les personnes des deux sexes, 1828-1833 (1828-1833).

L'École maternelle et enfantine, Journal de la première éducation, puis *Journal des classes préparatoires,* puis *Journal du jeune âge, à l'usage des directrices et sous-directrices d'écoles maternelles et enfantines, des mères de famille et, en général, de toutes les personnes qui s'intéressent aux questions de première éducation,* 1882-1914 (1882-1887).

L'Éducation nouvelle, 1848-1854 (1848-1854).

L'Éducation, Journal d'enseignement élémentaire pour les écoles et les familles, février 1851 – décembre 1853 (1851-1853).

L'Éducation, Journal des écoles primaires et des classes de français, 1874-1897 (1874-1876).

L'Instruction primaire, Journal d'éducation pratique pour les instituteurs, institutrices et les directrices de salles d'asile, 1879-1900 (1879-1886).

Manuel général de l'instruction primaire, Journal officiel, puis *Journal hebdomadaire des instituteurs et des institutrices*, 1832-1940 (1833-1838, 1855-1856, 1859-1860, 1879-1887)

Revue pédagogique, 1878-1940 (1878-1886).

L'Instituteur de la Charente, Journal des écoles primaires du département, 1836-1839 (1836-1838).

L'Instituteur, Journal des écoles primaires, 1833-1840 (1833-1838).

L'École, Revue de l'instruction populaire, janvier 1867-janvier 1868 (1867-1868).

Les Fêtes de l'enfance et de l'adolescence. A l'asile, à l'école primaire, au pensionnat et dans la famille, 1879-1940 (1879-1882).

La Minerve de la jeunesse, publié au profit des salles d'asile, juin 1835-août 1836 (1835-1836).

4. Publications médicales relatives à la «seconde enfance» du milieu du XVIIIe siècle au début du XXe siècle

La constitution du corpus des publications médicales est expliquée, note 3, p. 432. Cette liste ne comprend pas cent cinquante-cinq ouvrages qui n'évoquent pas la tranche d'âge de deux ans à six ou à sept ans.

ALLIX Émile, MILLET-ROBINET, Cora, *Le Livre des jeunes mères, La nourrice et le nourrisson*, Paris, Librairie agricole de la maison rustique, 1884, 376 p., 3e éd., 1890, 12e éd. 1922.

AMMON F.-A. (d'), *Le Livre d'or de la jeune femme, son rôle et ses devoirs comme mère de famille*, Paris, Le soutier, 1891, 2e éd., 295 p.

ASTRUC J., *Traité de maladie des enfants*, (1747) Genève, Slatkine, 1980, 435 p.

AUMIGNON A., *Hygiène des enfants*, Châlons-sur-Marne, Martin, 1885, 102 p.

AUMONT (d'), «Enfance-médecine», *Encyclopédie ou dictionnaire raisonné des sciences, des arts et des métiers*, mis en ordre et publié par Diderot, Paris, Briasson, t. V, 1755.

BALLEXSERD J., *Dissertation sur l'éducation physique des enfants depuis leur naissance jusqu'à l'âge de puberté*, Paris, Vallet, 1762, 248 p.

BARRIER F., *Considérations sur les caractères de la vie dans l'enfance appliquées à la pathologie, à la thérapeutique et à l'hygiène de cet âge*, Paris, Fortin, 1842, 68 p.

BARTHEZ Ernest, et RILLIET, Frédéric, *Traité clinique et pratique des maladies des enfants*, (1838) Paris, Baillière, 1843, 3 vol.

BEAUGRAND E., «Ages», *Dictionnaire encyclopédique des sciences médicales*, sous la direction du Dr Dechambre, Paris, Masson, t. II, 1865.

BECQUEREL, *Traité élémentaire d'hygiène privée et publique*, Paris, Labbé, 1891, 644 p.

BEGIN L.-J., «Ages», *Dictionnaire de médecine et de chirurgie pratique*, Paris, Gabon, t. I, 1829.

BERNE Antoine, *Quelques pensées sur la vie et sur l'hygiène de l'enfance*, Lyon, Riotor, 1874, 36 p.

BERTILLON Jacques, *Calcul de la mortalité des enfants du premier âge*, Paris, Imprimerie nationale, 1887, 18 p.

BERTILLON Jacques, *La statistique humaine de la France*, Paris, Baillière, 1880, 190 p.

BERTILLON Jacques, *Le problème de la dépopulation*, Paris, Colin, 1897, 82 p.

SOCIÉTÉ FRANÇAISE D'HYGIÈNE, *Hygiène et éducation physique de la seconde enfance*, Paris, Société Française d'hygiène, 1882, 36 p.

BLANCHE Tony, *Causeries sur la manière d'élever les enfants*, Paris, Asselin, 1882, 274 p.

BUCHAN Guillaume, *Médecine domestique*, Paris, Desprez, 1775, 5 vol., traduit par J.-D. Duplanil.

BUJEON Alfred, *Lettres à une une mère sur l'hygiène de la grossesse et sur l'éducation physique et les maladies des enfants du premier âge*, Paris, Lecaplain, 1845, 212 p.

BOLLET G., *Manière de conduire les enfants depuis leur naissance jusqu'à l'âge de sept ans*, Paris, Baudouin, 1819, 13 p.

BROUZET, *Essai sur l'éducation médicinale des enfants et sur leurs maladies*, Paris, Cavelier, 1754, 2 vol., 368 et 402 p.

CABANIS P.J.G., *Rapports du physique et du moral*, Paris, Crapart, 1802, 2 vol., 2 éd. 1805, 3ᵉ éd. 1815.

CAILLAU Jean-Marie, *Avis aux mères de famille sur l'éducation physique, morale et les maladies des enfants depuis le moment de leur naissance jusqu'à l'âge de 6 ans*, Bordeaux, Moreau, 1797, 272 p.

CAILLE Dr, «Maladies des âges», *Encyclopédie méthodique de médecine... par une société de médecins*, mis en ordre et publié par M. Vicq d'Azyr, Paris, t. I, 1787.

CASSINE Léon, *Le Conseiller de la jeune femme. Mères et nourrices*, Paris, Société d'éducation scientifique, 1854, 204 p.

CERISE Laurent, *Le Médecin des salles d'asile*, Paris, Hachette, 1857, 2ᵉ éd., 198 p.

CHARDON Claude-Benoît, *Guide des pères et des mères pour l'éducation ou Paul et Émilie*, Paris, Genton, 1838, 400 p.

CHARDON Claude-Benoît, *Guide des pères et des mères pour l'éducation physique et morale de leurs enfants*, 2ᵉ éd. refondue, Paris, Bureau de l'Union Catholique, 1869, 247 p.

DAIGNAN Guillaume, *Tableau des variétés de la vie humaine*, Paris, L'Auteur, 1786, 2 vol.

DEBOURGE J.-B., *Le Rêve d'or des enfants ou causerie maternelle sur l'hygiène*, Mirecourt, Humbert, 1865, 166 p.

DEBOURGE J.-B., *Le Livre des jeunes mères ou les mille et un conseils sur la manière d'élever les enfants*, Mirecourt, Humbert, 1861, 428 p.

DELACOUX A., *Éducation sanitaire des enfants*, Paris, de Boisjolin, 1829, 2ᵉ éd. 352 p.

DELEURYE François, *La Mère selon l'ordre de la nature avec un traité sur les maladies des enfants*, Paris, Hérissant, 1772, 336 p.

DENEUVILLE C.-J., *Un Mot sur la femme mère, sur la manière d'élever les enfants ou mille et un conseil à l'usage des personnes qui ont des enfants à diriger*, Laon, Houssaye, 1868, 64 p.

DEVAY Francis, *Traité spécial d'hygiène des familles*, Paris, Labé, 2ᵉ éd., 1858, 765 p.

DONNÉ Alfred, *Conseils aux mères sur la manière d'élever les enfants nouveau-nés*, Paris, Baillière, 1842, 308 p.

DONNÉ Alfred, *Conseils aux familles sur la manière d'élever les enfants nouveau-nés*, Paris, Baillière, 1864, 332 p.

DOUBLET, Dr, «Enfants-Maladies», *Encyclopédie méthodique de médecine...*, op. cit., t. V, 1792.

DUPONT M., *Études médicales sur les quatre âges de la vie ou guide sanitaire pour l'enfance, l'adolescence, la virilité et la vieillesse*, Paris, L'Auteur, 1830.

DUVIARD Auguste, *Notes sur l'hygiène respiratoire et cutanée de la seconde enfance dans les villes*, Paris, Société des éditions scientifiques, 1897, 103 p.

ESPARRON P.J.B., *Essai sur les âges de l'homme*, Paris, Crapelet, 1803, 161 p.

FAUST A., *Idées sur l'éducation physique des enfants*, Paris, Treuttel et Wurtz, 2ᵉ éd., an VII, 48 p.

FRANÇOIS F., «Ages», *Dictionnaire des études médicales pratiques*, Paris, Rue de la Sorbonne, t. I, 1838.

FONSSAGRIVES Jean-Baptiste, *De la régénération physique de l'espèce humaine par l'hygiène de la famille et en particulier du rôle de la mère dans l'éducation physique des enfants*, Montpellier, Coulet, 1867, 40 p.

FONSSAGRIVES Jean-Baptiste, *Entretiens familiers sur l'hygiène*, Paris, Masson, 1867, 409 p.

FONSSAGRIVES Jean-Baptiste, *L'Éducation physique des filles ou avis aux mères sur l'art de diriger leur santé et leur développement*, Paris, Hachette, 1869, 327 p.

FONSSAGRIVES Jean-Baptiste, *Livret maternel pour prendre des notes sur la santé des enfants*, Paris, Hachette, 1869, 2 vol.

FONSSAGRIVES Jean-Baptiste, *L'Éducation physique des garçons ou avis aux familles et aux instituteurs sur l'art de diriger leur santé et leur développement*, Paris, Delagrave, 1870, 373 p.

FONSSAGRIVES Jean-Baptiste, *Dictionnaire de la santé ou répertoire de l'hygiène pratique à l'usage des familles et des écoles*, Paris, Delagrave, 1876, 800 p.

FONSSAGRIVES Jean-Baptiste, *Leçons d'hygiène infantile*, Paris, Lahaye, 1882, 568 p.

GARDIEN C.-M., *Traité complet d'accouchement et des maladies des filles, des femmes et des enfants*, Paris, Crochard, 1807, 4 vol.

GARDIEN C.-M., «Enfants-Maladies», *Dictionnaire des sciences médicales...*, op. cit., t. XII, 1815.

GAUTREZ Eugène, *Du rôle de l'hygiène dans le développement et l'éducation des enfants*, Clermont-Ferrand, Mont-Louis, 1889, 21 p.

GÉRARD Joseph, *Le Livre des mères*, Comité du concours universel de l'enfance, Paris, 1886, 58 p.

GIOST Mme ; *Avis aux bonnes mères sur la manière de soigner les enfants depuis leur naissance jusqu'à l'âge de puberté*, Paris, Bechet, 1824, 19 p.

GOLAY Etienne, *Hygiène et éducation de l'enfance, Conseils aux jeunes mères*, Genève, H. Georg., 1889, 384 p.

GRENIER Georges, *Quelques considérations sur les causes de mortalité des enfants contenant des conseils aux mères sur les soins à donner aux enfants*, Montréal, Senecal, 1871, 49 p.

HALLÉ Jean-Noël, TOURTELLE, E., *Hygiène*, Paris, Bureau de l'Encyclopédie, 1837, 379 p.

HALLÉ Jean-Noël, « Ages », *Encyclopédie méthodique de médecine...*, *op. cit.*, t. I, 1787.

HOFFMANN Friedrich, *La Médecine raisonnée*, traduit par Jacques-Jean Bruhier, Paris, Briasson, 1739-1747, 9 vol.

HUC, *Le Médecin et l'enfant, guide pratique*, Paris, J. Rouvier, 1834, 525 p.

HUC, *Hygiène de l'enfance ou les moyens de conserver la santé des enfants*, Paris, J. Rouvier, 1839, 184 p.

HUFELAND Christoph Wilhelm, *Avis aux mères sur les points les plus importants de l'éducation physique des enfants durant les premières années*, traduit de l'allemand, Francfort-sur-le-Main, Narrentrapp, 1800, 79 p.

HUFELAND Christoph Wilhelm, *Manuel de médecine pratique*, traduit de l'allemand par E. Didier, Paris, Bureau du *Bulletin clinique*, 1838, 2 vol.

JAMES Robert, « Infans », *Dictionnaire universel de médecine*, Paris, Briasson, t. IV, 1748.

KNEIPP Sebastian, *Soins à donner aux enfants dans l'état de santé et dans l'état de maladie*, Paris, Lethielleux, 1892, 312 p.

LAFOSSE, Dr, « Ages », *Supplément à l'Encyclopédie...*, t. I, 1776.

LALLEMANT Amédée, *De l'éducation physique des enfants et des prédominances organiques qui expliquent les maladies du jeune âge*, Paris, Rignoux, 1845, 108 p.

LAYET Alex, « École », *Dictionnaire encyclopédique des sciences médicales*, *op. cit.*, t. XXXII, 1885.

LÉGER Théodore, *Manuel des jeunes mères*, Paris, Chabouillé, 1825, 324 p.

LEROY Alphonse, *Médecine maternelle ou l'art d'élever et de conserver les enfants*, Paris, Méquignon, 1803, 443 p.

LE TELLIER Louise, *Guide des jeunes mères et des familles sur l'hygiène, le traitement des maladies, l'instruction morale et intellectuelle de l'enfance et de la jeunesse*, Paris, Bernardin - Bechet, 298 p.

LORRAIN Paul, « Ages », *Nouveau dictionnaire de médecine et de chirurgie pratique*, Paris, Baillière, t. I, 1864.

LUNEL B., « Ages », *Dictionnaire de la conservation de l'homme, encyclopédie de la santé et de la maladie*, Paris, Schulz, 1856.

MARTIN A.-J., « Enfant », *Dictionnaire encyclopédique des sciences médicales*, *op. cit.*, t. XXXIV, 1887.

MARTIN Charles, *Éducation et hygiène des enfants du premier âge*, Paris, Rignoux, 1857, 53 p.

MASSÉ Jules, *La Santé des mères et des enfants*, Paris, Bureau de l'Encyclopédie, 1855, 324 p.

MASSÉ Jules, *Cours d'hygiène populaire*, Paris, Bureau de l'Encyclopédie, 1856, 2 vol., 299 et 322 p.

MICHAUX Victor, *Essai sur l'hygiène et la pathologie de l'enfance à Metz*, Metz, Verronnais, 1865, 53 p.

MILLOT Jacques-André, *Médecine perfective ou code des bonnes mères*, Paris, Collin, 1809, 2 vol.

MONOD Gustave, *Nos enfants, Quelques conseils sur l'hygiène de l'enfance et sur les soins à donner aux enfants au début de quelques-unes de leurs maladies aiguës*, Paris, Fischbacher, 1882, 130 p.

MONTAIN Frédéric, *Le Guide des bonnes mères*, Lyon, Barret, 1807, 321 p.

MOTAIS Ernest, *Conférence sur l'éducation physique des enfants*, Angers, Lachèse, 1877, 57 p.

PÉRIER Elie, *Hygiène de la première enfance, soins applicables aux cas urgents ; guide des mères et des nourrices*, Paris, Baillière, 1866, 200 p.

PÉRIER Elie, *La Seconde Enfance, guide hygiénique des mères et des personnes appelées à diriger l'éducation de la jeunesse*, Paris, Baillière, 1888, 236 p.

PILLOY André, *Avis aux mères de famille sur la conduite qu'il convient de tenir pendant la grossesse et sur l'éducation physique et morale des enfants*, Bordeaux, Deliège, 1835, 156 p.

PINEAU H.-F., *La Femme et l'enfant, notions d'hygiène pratique*, La Rochelle, Cailloux, 1893, 358 p.

PROTAT Ed., *Éléments d'éducation physique des enfants et de médecine domestique infantile*, Paris, Gabon, 1803, 294 p.

RAULIN Joseph, *De la conservation des enfants ou moyens de les fortifier, de les préserver et guérir des maladies depuis l'instant de leur existence jusqu'à l'âge de leur puberté*, Paris, Merlin, 1769, 3 vol.

RENAULDIN Léopold joseph, « Ages », *Dictionnaire des sciences médicales par une société de médecins et de chirurgiens*, Paris, Panckoucke, t. I, 1812.

RICHARD Joseph, *Essai sur l'éducation physique des enfants du premier âge*, Lyon, Babeuf, 1829, 191 p.

RICHARD Joseph, *Traité sur l'éducation physique des enfants à l'usage des mères de famille et des personnes dévouées à l'éducation de la jeunesse*, Paris, Baillière, 1843, 320 p.

ROBIN Ch., *L'Instruction et l'éducation*, Paris, Decaux, 1877, 336 p.

ROSTAND, Dr, « Enfant-Hygiène », *Dictionnaire de médecine*, Paris, Béchet Jeune, t. VIII, 1823.

ROYER, *Manuel des mères de famille ou règles et principes à suivre pour l'éducation physique des enfants depuis la naissance jusqu'à l'âge de la puberté*, Valenciennes, Chez tous les libraires, 1851, 103 p.

RULLIER, Dr, « Ages », *Dictionnaire de médecine, op. cit.*, t. I, 1821.

SALGUES A.-V., *L'Ami des mères de famille ou traité d'éducation physique et morale des enfants*, Paris, Dentu, 1814, 376 p.

SAMSON Achille, *Hygiène oculaire de l'enfance*, Paris, Hamel, 1858, 48 p.

SAUCEROTTE Nicolas, *De la conservation des enfants pendant la grossesse et de leur éducation physique depuis la naissance jusqu'à l'âge de 6 à 8 ans*, Paris, Guillaume, 1796, 80 p.

SERAINE Louis, *De la santé des petits enfants ou avis aux mères sur la conservation des enfants pendant la grossesse, sur leur éducation physique depuis la naissance jusqu'à l'âge de 7 ans et sur leurs principales maladies*, Paris, L'Auteur et H. Ferré, 1853, 308 p.

SERVAIS François-Xavier Joseph, *Hygiène de l'enfance ou guide des mères de familles*, Bruxelles, C. Muquardt, 1850, 32 p.

SIMON DE METZ, *Traité d'hygiène appliquée à l'éducation de la jeunesse*, Paris, Villeret, 1827, 444 p.

SINIBALDI Luigi, *Traité d'éducation physique*, traduit de l'italien à Paris, Méquignon, 1818, 304 p.

SIRY A., *Le premier âge. De l'éducation physique, morale et intellectuelle de l'enfant*, Paris, Baillière, 1873, 108 p.

SMITH Hugh, *Le guide des mères ou manière d'allaiter, d'habiller les enfants, de diriger leur éducation morale et de les traiter de la petite vérole*, (1774) traduit de l'anglais sur 6ᵉ éd., Paris, Delalain, an VIII, 166 p.

SOVET Alexandre-Auguste, *Éducation physique de l'enfance depuis la naissance jusqu'à la puberté*, Bruxelles, A. Jamar, 1849, 2 tomes en 1 vol.

UFFELMANN Julius, *Traité pratique d'hygiène de l'enfance*, traduit de l'allemand, Paris, Steinheil, 1889, 808 p.

UNDERWOOD Michael, *Traité des maladies de l'enfance*, (1784), Paris, Gabon, 1823, 2 vol.

VANDENESSE Urbain (de), « Ages », *Encyclopédie..., op. cit.*, t. I, 1751.

VALLAMBERT Simon (de), *Cinq livres sur la manière de nourrir et gouverner les enfants dès leur naissance*, Poitiers, de Marnez, 1565, 379 p.

VANDERMONDE Charles, *Essai sur la manière de perfectionner l'espèce humaine*, Paris, Vincent, 1756, 2 vol.

VERRIER E., *Le Premier âge et la seconde enfance*, Paris, Société d'éditions scientifiques, 1893, 180 p.

VIREY Lucien-Joseph, « Enfance », *Dictionnaire des sciences médicales, op. cit.*, t. XII, 1815.

WATELLE T.-J., *De l'hygiène de l'enfance*, Douai, Crépin, 1877, 31 p.

WEILL Jacob, *Hygiène de la seconde enfance*, Paris, Baillière, 1882, 78 p.

5. Les moralistes, les pédagogues et les psychologues du XIXᵉ siècle

Auteurs féminins

Pour ne pas allonger cette liste, nous y avons seulement fait figurer les *principales* publications des auteurs du XIXᵉ siècle que nous avons consultées.

BASSANVILLE Anaïs (Comtesse de), *De l'éducation des femmes, Le Monde, le chez soi, la famille*, Paris, Douniol, 1861, 372 p.

BRADI Agathe (Comtesse de Ceylan), *Du savoir-vivre en France au XIXᵉ siècle ou instruction d'un père à ses enfants*, Paris, Levrault, 1838, 227 p.

CAMPAN Jeanne, *De l'éducation, suivi de conseils aux jeunes filles*, Paris, Baudouin, 1824, 2 vol.

CAMPAN Jeanne, *Manuel de la jeune mère ou Guide pour l'éducation morale et physique des enfants*, Paris, Baudouin, 1828, 214 p.

CELNARD E., *Manuel des nourrices*, Paris, Renouard, 1834, 207 p.

CHAMBON Marie, *Le Livre des mères, éducation domestique*, Paris, Gautier, 1900, 251 p.

CHAPONE Hesta (Mistress), *Lettres pour servir à l'éducation d'une jeune personne*, traduit par M.A.F. Ozanam, Paris, Waille, 1844, 287 p.

COLBRANT-MICHENEAU Caroline, *Causeries sur l'éducation de la famille*, Fontainebleau, Bourges, 1863, 203 p.

Conseils aux mères sur l'éducation de la première enfance, traduit de l'anglais sur la 8e éd., Paris, Colas, 1822, 187 p.

CURO Marie, *Le Bonheur de la famille ou la science de la jeune mère*, Paris, L'Auteur, 1860, 250 p.

DUBOS D'ELEBECQ C., *Amour maternel, conseils aux mères, hygiène des enfants*, Paris, Saulnier, 1864, 64 p.

DUFAUX DE LA JONCHÈRE Ermance, *L'Enfant, hygiène et soins maternels pour le premier âge à l'usage des jeunes mères et des nourrices*, Paris, Garnier, 1886, 554 p.

EDGEWORTH Maria, *Éducation pratique*, traduit par Charles Pictet, Paris, Magimel, 1801, 2 vol., 240 et 352 p.

EDGEWORTH Maria, *Marie ou l'éducation d'une jeune fille jusqu'à douze ans,* traduit, corrigé dans le sens catholique et augmenté, Paris, Douniol, 1859, 2 vol., 248 p.

FALLET Céline, *L'Éducation des jeunes filles, conseils aux mères de famille et aux institutrices*, Paris, Périsse, 1854, 270 p.

FERTIAULT Julie, *Le Bonheur au foyer, lettres d'une mère à sa fille*, Paris, Didier, 1877, 345 p.

FERTIAULT Julie, *La Science de la jeune mère,* Paris, Didier, 1878, 351 p.

FLAVIGNY Louise (Comtesse de), *Le Livre de l'enfance chrétienne, instruction religieuse d'une mère à ses enfants*, Paris, Périsse, 1840, 395 p.

FLESSELLES (comtesse de, dite Mme de Flamerand), *La Jeune Mère institutrice*, Limoges, Barbou, 1868, 189 p.

FLESSELLES (comtesse de, dite Mme de Flamerand), *La Sollicitude maternelle,* traduit de l'anglais, Paris, Vernarel et Tenon, s.d., 2 vol., 208 et 224 p.

FOLLIERO DE LUNA Cecilia, *De l'éducation des femmes*, Paris, Dupont, 1827, 178 p.

GASPARIN (comtesse Agénor-Étienne de), *Le Mariage au point de vue chrétien*, Paris, Delay, 1843, 3 vol.

GASPARIN (comtesse Agénor-Étienne de), *Un livre pour les femmes mariées*, Paris, Delay, 1846, 363 p.

GENLIS Stéphanie (de), *Nouvelle méthode d'enseignement pour la première enfance*, Paris, Maradan, 1801, 479 p.

GENLIS Stéphanie (de), *Manuel de la jeune femme, guide complet de la maîtresse de maison*, Paris, Béchet, 1829, 356 p.

GOURAUD Julie, *Le livre de maman*, Paris, Hachette, 1872, 276 p.

GUIZOT Pauline, *Éducation domestique ou lettres de famille sur l'éducation*, Paris, Leroux et Constant, 1826, 2 vol., 409 p. et 452 p.

HAMILTON Elizabeth, *Lettres sur les principes élémentaires de l'éducation*, traduits par L.C. Cheron, Paris, Demonville, 1824, 2 vol.

KEY Ellen, *Le Siècle de l'enfant*, Paris, Flammarion, 1910, 335 p.

LAJOLAIS Nathalie (de), *Le Livre des mères de famille et des institutrices sur l'éducation pratique des femmes*, Paris, Didier, 1841, 302 p.

LAMPÉRIERE Anna, *La Femme et son pouvoir*, Paris, Giard et Brière, 1906, 308 p.

LAMPÉRIERE Anna, *Le Rôle social de la femme, devoirs, droits, éducation*, Paris, Alcan, 1898, 175 p.

LEBLOIS L., BARRAU Caroline (de), *La Mission de la femme et en particulier son rôle dans l'éducation religieuse de l'enfance. Que devons-nous aux enfants ?* Paris, Cherbuliez, 1870, 3e éd., 102 p.

LONG Zélia (Mme, née PELON), *Lettres à une jeune mère*, 2e éd., Genève, Béraud, 1857, 125 p.

MARÉCHAL Fanny, *Conseils aux mères pour la première éducation du cœur*, Paris, Périsse, 1850, 159 p.

MILLET-ROBINET Cora, *Conseils aux jeunes femmes sur leur condition et leurs devoirs de mère*, Paris, Bouchard-Huzard, 1862, 268 p.

MOLL-WEISS Augusta, *La Femme, la mère, l'enfant, guide à l'usage des jeunes mères*, Préface du Dr Morache, Paris, Maloine, 1897, 167 p.

MOLL-WEISS Augusta, *Le Manuel du foyer domestique*, (1901) Paris, Colin, 1923, 96 p.

MOLL-WEISS Augusta, *Nos tout-petits, pour les fiancés,* Paris, Vuibert et Mony, 1909, 149 p.

NECKER DE SAUSSURE Albertine, *Éducation progressive ou étude du cours de la vie,* Paris, Garnier, vol. 1, 1828, 247 p., vol. 2, 1838, 571 p.

OUROUSSOW M., *L'Éducation dès le berceau,* Paris, Fischbacher, 1889, 206 p.

PENNINGTON Sarah (Lady), *Conseils d'une mère à ses filles suivis d'une lettre à Louise sur l'éducation et les soins à donner aux enfants au berceau,* traduit de l'anglais par Melle Sophie Trémadeure, Paris, Lefuel, s.d., 212 p.

PIÈTREMENT Maria, *Le bonheur au foyer domestique, livre de lecture courante pour les jeunes filles,* Garnier, Paris, 1891, 376 p.

PIFFAULT A., *La femme du foyer, éducation ménagère des jeunes filles,* Paris, Delagrave, 1908, 301 p.

RÉMUSAT Claire (de), *Essai sur l'éducation des femmes,* Paris, Ladvocat, 1826, 246 p.

SAVIGNAC Adèle (de), *L'économie domestique, conseils à une jeune mariée,* Colas, 1828, 42 p.

SAVIGNAC Adèle (de), *La Jeune Maîtresse de maison, mœurs parisiennes,* Paris, Eymery, 1836, 320 p.

SEE Ida, *Le Devoir maternel,* Paris, Figuière, 1911, 115 p.

SINCÈRE Marie (pseudonyme de Mme ROMIEU), *La Femme au XIXe siècle,* Paris, Amyot, 1898, 386 p.

STAFFE (Baronne), *La Femme dans la famille,* Paris, Flammarion, s.d., 380 p.

TASTU Amable, *Éducation maternelle. Simples leçons d'une mère à ses enfants,* Paris, Renduel, 1836, 380 p.

ULLIAC-TRÉMADEURE Sophie, *La Maîtresse de maison,* Paris, Hachette, 1859, 438 p.

Auteurs masculins

Pour ne pas allonger cette liste, nous y avons seulement fait figurer les *principales* publications des auteurs du XIXe siècle que nous avons consultées.

ABBOTT John (Révérend), *La mère de famille ou exposition familière des principes qui doivent diriger une mère dans l'éducation de ses enfants,* traduit de l'anglais par le pasteur Vivien, Paris, Risler, 1835, 255 p.

AIMÉ-MARTIN Louis, *De l'éducation des mères de famille ou de la civilisation du genre humain par les femmes,* Paris, Gosselin, 1834, 2 vol., 408 et 476 p.

BAIN Alexander, *La Science de l'Éducation,* Paris, Baillière, 1879, 327 p.

BARRAU Théodore, *De l'éducation dans la famille et au collège,* Paris, Hachette, 1852, 269 p.

BARRAU Théodore, *Du rôle de la famille dans l'éducation,* Paris, Hachette, 1857, 374 p.

BAUDRILLARD H., *La Famille et l'éducation en France dans leurs rapports avec l'État et la Société,* Paris, Didier, 1874, 430 p.

BAUTAIN Louis (Abbé), *La Chrétienne de nos jours,* Paris, Hachette, 1862, 3 vol.

BINET Alfred, « Perceptions d'enfants », *Revue philosophique,* 1890, t. XXX, pp. 582-611.

BOLO Henry (Abbé), *Pour lire au foyer conjugal. Les enfants,* Paris, René Halon, 1895, 368 p.

BONDIVENNE Louis, *L'Éducation de la femme et son rôle dans la société,* Paris, Dupont, 1874, 231 p.

BONNIN C.-J.-B., *Lettres sur l'éducation,* Paris, Vernarel et Tenon, 1825, 331 p.

BRAUN Théodore, *Le Livre des mères ou l'éducation maternelle,* Bruxelles, Parent, 1863, 400 p.

CHAMPFLEURY, *Les enfants, éducation, instruction. Ce qu'il faut faire savoir aux femmes, aux hommes,* Paris, Rothschild, 1872, 336 p.

CHASSAY (Abbé), *Manuel d'une femme chrétienne,* Paris, Poussielgue-Russand, 1849, 300 p.

CHASSAY (Abbé), *Les Devoirs des femmes dans la famille,* Paris, Poussielgue-Russand, 1852, 325 p.

CHAUMEIL J., *Manuel de pédagogie psychologique,* Paris, Belin, 1886, 493 p.

COFFIGNON A., *L'enfant à Paris,* Paris, Kolb, 1889, 438 p.

COMPAYRÉ Gabriel, *L'Évolution intellectuelle et morale de l'enfant,* Paris, Hachette, (1893), 1910, 5e éd., 313 p.

DARWIN Charles, « Biographical sketch of an infant », *Mind,* juillet 1877, II, pp. 285 - 294.

DIDON Henri, (Abbé), *Le Rôle des mères dans l'éducation des fils,* Paris, Mersch, 1899, 25 p.

DROZ Gustave, *Monsieur, Madame et Bébé,* Paris, Hetzel, 1866, 392 p.

DROZ Gustave, *L'Enfant,* Paris, Hervard, 1885, 350 p.

DUPANLOUP Félix-Antoine (Mgr), *De l'éducation,* Orléans, Gatineau, 1850, 2 vol.

DUPANLOUP Félix-Antoine (Mgr), *L'Enfant*, Paris, Douniol, 1869, 519 p.

DUPORT Henri, *Conseils sur l'éducation : Premier et deuxième temps de l'enfance*, Paris, Garnier, 1851, 2 parties en 1 vol.

DUPORT Henri, *Une Éducation de femme, souvenir d'un père*, Paris, Garnier, 1869, 424 p.

DUVAL Henri Louis Nicolas (dit Cardelli), *Conseils aux mères de familles ou manière de soigner et d'élever ses enfants jusqu'à l'âge de 7 ans, petit cours d'éducation physique et morale*, Paris, Johanneau, 1840, 293 p.

EGGER Emile, *Observations et réflexions sur le développement de l'intelligence et du langage chez les enfants*, (1870), Paris, Picard, 1881, 3e éd., 103 p.

ESQUIROS Alphonse, *L'Émile du XIXe*, Paris, Lacroix, 1869, 422 p.

FROISSENT M., *L'Art d'élever les enfants, considération sur l'éducation physique et morale*, Paris, Silvestre, 1833, 269 p.

GASPARIN Agénor Étienne (Comte de), *La Famille, ses devoirs, ses joies et ses douleurs*, Paris, Lévy, 1865, 2 vol., 361 et 426 p.

GAUTHEY Louis, *De l'éducation ou principes de la pédagogie chrétienne*, Paris, Meyrueis, 1854, 2 vol.

GAUTHIER Auguste, *De l'éducation maternelle. Extrait du livre d'une mère*, Marseille, Olive, 1865, 32 p.

GAY Charles (Mgr), *Conférence aux mères chrétiennes*, Poitiers, Oudin, 1877, 2 vol.

GÉRARDIN (Abbé), *Manuel de la jeune mère pour l'instruction de ses petits enfants d'après l'œuvre de saint Jérôme*, Paris, Librairie catholique nationale, 1883, 78 p.

GIRARD Père Grégoire, *De l'enseignement régulier de la langue maternelle dans les écoles et les familles*, Paris, Dezobry, 1844, 484 p.

GIRARD Père Grégoire, *Cours éducatif de langue maternelle pour les écoles et les familles*, Paris, Dezobry, 1846, 6 vol.

GIRARD Père Grégoire, *Premières notions de religion à l'usage des jeunes enfants dans les écoles, les salles d'asile et les familles*, Paris, Delagrave, 1853, 168 p.

GOY P., *L'Éducation des filles*, Paris, Cherbuliez, 1868, 15 p.

GRIMARD Edouard, *L'enfant, son passé, son avenir*, Paris, Hetzel, 1889, 388 p.

GUIMPS Roger (Baron de), *La Philosophie et la pratique de l'éducation*, Paris, Durand, 1860, 484 p.

HALL Stanley, « The contents of children's minds on entering school », *Pedagogical seminary*, 1891, pp. 139 - 172.

JANET Paul, *La Famille*, (1855) Paris, Lévy, 4e éd., 1864, 302 p.

JAUFFRET Louis-François, *Éducation pratique d'Adolphe et de Gustave ou Recueil des leçons données par L.-F. Jauffret à ses enfants*, Lyon, Ballanche, 1806, 4 vol.

JULLIEN Marc-Antoine, *Exposé de la méthode d'éducation de Pestalozzi*, Paris, Hachette, 1842, 568 p.

JULLIEN Marc-Antoine, « Lettres d'Yverdon », *Journal d'éducation*, mai 1816, pp. 66-69, juin 1816, pp. 166-174, octobre 1816, pp. 33-55, mai 1817, pp. 199-213.

LAPRADE Victor (de), *L'Éducation homicide, plaidoyer pour l'enfance*, Paris, Didier, 2e éd., 1868, 143 p.

LAURENTIE Pierre Sébastien, *Lettres à un père sur l'éducation de son fils*, Paris, Lagny, 2e éd., 1836, 275 p.

LAURENTIE Pierre Sébastien, *Lettres à une mère sur l'éducation de son fils*, Paris, Lagny, 2e éd., 1855, 223 p.

LEGOUVÉ Ernest, *La Femme en France au XIXe siècle*, Paris, Didier, 1864, 65 p.

LEGOUVÉ Ernest, *Les Pères et les enfants au XIXe siècle, La jeunesse*, Paris, Hetzel, 1869, 468 p.

LEGOUVÉ Ernest, *Les Fils d'aujourd'hui*, Paris, Degorce-Cadot, 1809, 41 p.

LEGOUVÉ Ernest, *Les Pères et les enfants au XIXe siècle, Enfance et adolescence*, Paris, Hetzel, 1887, 352 p.

LEHARDY DE BEAULIEU Charles, *L'Éducation de la femme*, Bruxelles, Muquardt, 1869, 2e éd., 240 p.

MARCHAL Victor (Père), *La Femme comme il faut*, Paris, Ruffet, 1862, 479 p.

MARION Henri, *Leçons de psychologie appliquée à l'éducation*, Paris, Colin, 1882, 538 p.

MIRGUET Victor, *L'Éducation de la jeune fille contemporaine, spécialement de la jeune fille du monde*, Bruxelles, Rossel, 1910, 298 p.

MONTIER Edward, *L'Amour conjugal et paternel, Lettre à une jeune homme*, Paris, Secrétariat de l'Association du mariage, 1919, 22 p.

MONTIER Edward, *L'Amour conjugal et maternel, Lettre à une jeune mère*, Paris, Secrétariat de l'Association du mariage, 1919, 30 p.

MONTIER Edward, *Le Livre des mères*, Paris, Plon, 1908, 146 p.

NADAULT DE BUFFON Henri, *L'Éducation de la première enfance ou la femme appelée à la régénération sociale par le progrès, étude morale et pratique*, Paris, Périsse, 1862, 546 p.

NICOLAŸ Jules Fernand, *Les Enfants mal élevés, étude psychologique, anecdotique et pratique*, Paris, Perrin, 1890, 530 p.

OZANAM C.-A. (Mgr), *Missions et devoirs de la femme chrétienne au sein de la société*, Paris, Poussielgue-Russand, 1854, 365 p.

PASSY Jacques, «Notes sur les dessins d'enfants», *Revue philosophique*, 1891, pp. 613-621.

PELLETAN Eugène, *La Famille, la mère*, Paris, Librairie internationale, 1865, 370 p.

PEREZ Bernard, *Étude de psychologie expérimentale : les trois premières années de l'enfant*, Paris, Alcan, 1878.

PEREZ Bernard, *L'Enfant de trois à sept ans*, Paris, Alcan, 1886, 307 p.

PESTALOZZI Henri, *Comment Gertrude instruit ses enfants*, traduit par le Dr Eugène Darin, (1801) Paris, Delagrave, 1882, s.d., 254 p.

PESTALOZZI Henri, *Manuel des mères*, Genève et Paris, Paschoud, 1821.

PHILIPPE Charles-Louis, *La mère et l'enfant*, Paris, Gallimard, 1911, 173 p.

PICHENOT (Mgr), *Traité pratique de l'éducation maternelle, précédé d'instructions préliminaires sur l'archiconfrérie des mères chrétiennes, son règlement et ses fêtes*, Paris, Bray, 1869, 347 p.

PINETTE Joseph, et LUCE Mélanie, *Auguste ou l'éducation physique de l'enfance et de la jeunesse dans ses rapports avec son éducation morale et intellectuelle*, Paris, Baillière, 1845, 162 p.

POLLOCK F. (Sir), «An infant's progress in language», *Mind*, 1878, III, pp. 392-400.

PREYER Wilhelm, *L'Âme de l'enfant, observation sur le développement psychique des premières années*, traduit de la 2e édition allemande (1883) par le Dr H. de Varigny, Paris, Alcan, 1887, 559 p.

RAMBOSSON Jean, *Civilité mise à la portée des enfants*, Paris, Guyot Jeune, 1859, 32 p.

RAMBOSSON Jean, *La religion mise à la portée du jeune âge et de toutes les intelligences*, Paris, Périsse, 1857, 96 p.

SIMON Jules, *La Famille*, Paris, Degorce-Cadot, 1869, 36 p.

SIMON Jules, *L'Ouvrier de 8 ans*, Paris, Lacroix, 1867, 348 p.

SIMON Jules, *L'Ouvrière*, Paris, Hachette, 1861, 388 p.

SULLY James, *Études sur l'enfance*, traduit par A. Monod, Paris, Alcan, 1898, 555 p.

TAINE Hippolyte, *De l'intelligence*, (1870), Paris, Hachette, 1900, 9e éd., 2 vol., 414 p. et 496 p.

THÉRY Augustin-François, *Premiers conseils aux mères sur les moyens de diriger et d'instruire leurs filles*, Paris, Hachette, 1840, 2e éd., 97 p.

THÉRY Augustin-François, *Conseils aux jeunes personnes sur les moyens de compléter leur éducation*, Paris, Hachette, 1853, 2e éd., 449 p.

THÉVENIN Evariste, *Le mariage au XIXe siècle, ce qu'il est, ce qu'il doit être*, Paris, Pick, 1862, 180 p.

THOMAS Félix, *L'Éducation dans la famille*, Paris, Alcan, 1908, 245 p.

THOUZERY Paul, *La femme au XIXe siècle, ce qu'elle est, ce qu'elle doit être*, Paris, Faux, 1866, 224 p.

TODD John (Révérend), *Conseils aux mères sur l'éducation de leurs enfants*, traduit de l'anglais par le pasteur Vivien, Paris, Delay, 1845, 35 p.

TRIDON E.-N. (Abbé), *La Prière de l'enfance ou Guide des mères chrétiennes pour la première éducation*, Bar-sur-Aube, Jardeaux, 1852, 192 p.

6. Littérature enfantine

Ouvrages

Cette liste, établie à partir d'un corpus de cent quarante-deux titres, comprend quarante-six publications que leurs auteurs, si l'on en croit les intitulés et les contenus, destinent, au moins partiellement, à des enfants de moins de six ans.

Album Trim pour les enfants de trois à six ans, *Le Bon Toto et le méchant Tom ou la journée de deux petits garçons*, Paris, Hachette, (après 1860), 38 p.

Album Trim pour les enfants de trois à six ans, *Le Calcul amusant. La table de Pythagore servie aux petits enfants*, Paris, Hachette, (après 1860), 21 p.

Album Trim pour les enfants de trois à six ans, *Pierre l'ébouriffé. Joyeuses histoire et images drôlatiques, traduites de l'allemand, du docteur Hoffmann*, Hachette (après 1860), Paris, Fischbacher, 1923, 24 p.

Alphabet de Mademoiselle Lili, par L. Froelich et un papa, Paris, Hetzel, 1865, 40 p.

BARBAUD Anna Laetitia, *Bonjour Charles, Conversations pour les enfants de trois à cinq ans*, Paris, Babeuf, s.d., 94 p.

BARBAUD Anna Laetitia, *Le Nouveau Petit Charles ou Historiettes et conversations du premier âge*, Paris, Ardant Frères, 1839, 180 p.

BARBAUD Anna Laetitia, *Leçons pour les enfants de trois à huit ans*, Paris, Blanchard, 1812, traduction sur la 12e éd., 4 vol.

BARBAUD Anna Laetitia, *Leçons pour les enfants de trois à sept ans, suivies des hymnes en prose*, Genève, Beroud, 1854, 251 p.

BARBAUD Anna Laetitia, *Leçons pour les petits enfants*, Paris, Babeuf, 1836, traduit par Eugénie Niboyet, 2 vol., 168 p. et 170 p.

BAUDOUIN Marie-Aglaé, *Le Coin du feu de la bonne maman dédié à ses petits enfants*, Paris, Baudouin, 1809, 2 vol., 208 p. et 212 p.

BERQUIN Arnaud, *Conversations et lectures à l'usage de la première enfance*, Paris, Tiger, s.d., 107 p.

BERQUIN Arnaud, *Conversations, historiettes et contes de Berquin pour les enfants du premier âge*, Tours, Mame, 1845, 128 p.

BERQUIN Arnaud, *Historiettes et conversations à l'usage des enfants qui commencent à épeler*, Paris, Hautcœur, 1822, 2 vol.

BERQUIN Arnaud, *L'Ami des petits enfants, ou les contes les plus simples de Berquin, Campe et Blanchard*, Paris, Eymery, 1812, 2 vol.

BERTHAUD Abbé, *Le Quadrille des enfants*, (1743), Paris, Couturier, 1783, 124 p.

BERTIN Théodore Pierre, *Le Passe-temps de l'enfance ou le premier livre élémentaire, recueil encyclopédique, instructif et amusant mis à la portée du premier et du second âges*, traduit de l'anglais, Paris, Billois, 2 vol., 162 et 144 p.

BLANCHARD Pierre, *L'Ésope des enfants ou fables nouvelles en prose composées pour l'instruction morale de l'enfance. Livre de lecture pour le premier âge*, Paris, L'Auteur, 1827, 214 p.

BLANCHARD Pierre, *Premières connaissances à l'usage des enfants qui commencent à lire*, Paris, L'Auteur, 1813, 3e éd., 215 p.

BRAY Marie (de), *Premiers enseignements chrétiens en forme de petites histoires pour les petites filles*, Paris, Sarlit, 1859, 144 p.

CARRAUD Zulma (Mme), *Historiettes à l'usage des jeunes enfants qui commencent à savoir lire*, Paris, Hachette, 1853, 114 p.

CARRAUD Zulma (Mme), *Historiettes véritables pour les enfants de quatre à huit ans*, Paris, Hachette, 1864, 242 p.

DOUDET (Mme), *Le livre des petits enfants contenant des exercices de lecture et un alphabet illustré des animaux*, Paris, Lefèvre, 1862, 64 p.

DOUDET (Mme), *Nouvel alphabet des premières connaissances*, Paris, Lefèvre, 1863, 34 p.

DOUDET (Mme), *Bébé saura bientôt lire, nouvel alphabet en images*, Paris, Lefèvre, 1871, 48 p.

DOUDET (Mme) (pseudonyme de Théodore Lefèvre), *Bébé sait lire, suite au grand alphabet album Bébé saura bientôt lire, courte historiette enfantine*, Paris, Lefèvre, 1876, 48 p.

DOUDET (Mme), *Bébé devient savant*, Paris, Lefèvre, 1878, 48 p.

DUFRÉNOY Adélaïde, *Le Livre du premier âge ou instruction religieuse et maternelle*, Paris, Eymery, 1822, 130 p.

DUFRESNE Abel, *Contes à Henriette pour les enfants de quatre à cinq ans*, Paris, P. Blanchard, 1822, 180 p.

DUMAS Louis, *La Bibliothèque des enfants ou les premiers éléments des lettres à l'usage de Mgr Le Dauphin*, Paris, Simon, 1733, 36 p.

FOUQUES-DUPARC Amélie, *Marie enfant, mois de Marie à l'usage des tout-petits*, Paris, Flandre, 1902, 134 p.

GAULTIER Louis Edouard Camille (Abbé), *Lecture graduée pour les enfants du premier et du deuxième âges*, Paris, L'Auteur, s.d., 2 vol. (vers 1800).

GUÉRIN Léon., *Introduction à la lecture*, Paris, Guérin-Nicolot, 1872, 2 vol., 16 p. et 48 p.

MOISSY Alexandre (de), *Les Jeux de la petite Thalie ou Nouveaux petits drames dialogués sur les proverbes propres à former les mœurs des enfants et des jeunes personnes depuis l'âge de cinq ans jusqu'à vingt ans*, Paris, Bailly, 1769, 343 p.

PITEL-PRÉFONTAINE, M., *Première éducation des enfants à l'usage des catholiques où l'on trouve un alphabet ingénieux pour apprendre à bien lire le français*, Paris, Lefèvre, s.d., 208 p.

RENNEVILLE Sophie (de), *Contes pour les enfants de cinq à six ans*, Paris, Blanchard, 1820, 178 p.

RENNEVILLE Sophie (de), *Conversations d'une petite fille avec sa poupée, suivies de l'histoire de la poupée*, Paris, Billois, 1813, 184 p.

RENNEVILLE Sophie (de), *Éducation de la poupée ou petits dialogues instructifs et moraux à la portée du jeune âge*, Paris, Eymery, 1823, 73 p.

RENNEVILLE Sophie (de), *Les Bons Petits Enfants ou portraits de mon fils et de ma fille, contes et dialogues à la portée du jeune âge*, Paris, Ledentu, 1818, 2 vol., 196 p. et 185 p.

SAVIGNAC Alida (de), *Alphabet des quatre saisons ou une année chez la bonne maman*, Paris, Eymery, 1840, 76 p.

SÉGUR (Mgr de), *La Religion enseignée aux petits enfants*, Paris, Douniol, 1857, 75 p.

STAHL Pierre-Jules (pseudonyme de P.-J. Hetzel), *La Journée de Mademoiselle Lili*, Paris, Hetzel, 1862, Bibliothèque de mademoiselle Lili et de son cousin Lucien, nouvelle édition augmentée, s.d. 22 p.

STAHL Pierre-Jules, *Le Premier Cheval et la première voiture*, Paris, Hetzel, 1874, 61 p.

STAHL Pierre-Jules, *Bonsoir petit père*, Paris, Hetzel, 1878, 24 p.

STAHL Pierre-Jules, *Le Premier Livre des petits enfants, alphabet complet*, Paris, Hetzel, 1868, 28 p.

STAHL Pierre-Jules, *Monsieur Jujules à l'école*, Paris, Hetzel, 1888, 44 p.

TERCY Fanny (dame de), *Petits Contes à mes enfants de cinq à six ans*, Paris, Eymery, 1824, 2 vol.

WITT-GUIZOT Henriette (de), *Histoire de bêtes pour les tout-petits*, Paris, Hachette, Bibliothèque des petits enfants de quatre à huit ans, 1893, 268 p.

WITT-GUIZOT Henriette (de), *Histoire de deux petits frères*, Paris, Hachette, Bibliothèque des petits enfants de quatre à huit ans, 1880, 259 p.

Périodiques

Notre corpus global de vingt-huit titres a été établi à partir du répertoire, déjà cité, *La Presse d'Éducation et d'Enseignement, XVIIIe siècle-1940*. La liste publiée ici comprend seulement les dix publications qui s'adressent à des utilisateurs de plus et de moins de six ans et les deux publications qui prétendent se limiter aux moins de sept ans. Les dates indiquées entre parenthèses correspondent aux périodes dépouillées.

Journal des Petits enfants, janvier-décembre 1861 (1861).

La Gazette des enfants, 1890-1901 (1890-1893)

Le Baby, Journal illustré, décembre 1864-décembre 1865 (1864-1865).

Le Chérubin, Illustration des enfants, 1865-1870 (1865-1867).

Le Conseiller des enfants, Journal complet des plaisirs de l'enfance publiant alternativement avec chaque numéro des dessins, des caricatures, des types de l'enfance, des morceaux de musique de facile exécution et des dessins et patrons pour les costumes de poupées et les jouets d'enfants, 1849-1856 (1849-1850).

Le Journal de l'écolier, juin-novembre 1873 et juillet-août 1875 (1873-1875).

Le Moniteur des enfants, Recueil mensuel illustré pour les enfants de 5 à 12 ans, janvier-décembre 1874 (1874).

Le Petit Monde, Publication mensuelle illustrée pour les enfants de trois à sept ans, puis *Journal mensuel pour les enfants de trois à dix ans*, janvier 1878-décembre 1879 (1878-1879).

Le Porte-feuille des enfants, mélange intéressant d'animaux, fruits, fleurs, habillemens, plans, cartes, et autres objets, 1784 (1784).

Paris-Bébé, Journal hebdomadaire pour les enfants, juin-décembre 1884 (1884).

Polichinelle, Almanach des enfants, 1848 (1848).

Polichinelle, Almanach perpétuel des petits enfants, 1857-1876 (1857, 1867).

Autobiographies

Nous avons signalé par un astérisque les onze ouvrages rédigés par des auteurs d'origine modeste et que nous avons consultés à titre de comparaison.

ABRANTÈS (duchesse d'), *Mémoires de Madame la duchesse d'Abrantès. Souvenirs historiques sur Napoléon, la Révolution, le Consulat, l'Empire, et la Restauration,* Paris, Garnier, s.d., 10 volumes.

ADAM Juliette, *Le Roman de mon enfance et de ma jeunesse,* Paris, Alphonse Lemaire, 1902, 370 p.

ARMAILLÉ Célestine (Comtesse d'), née Ségur, *Quand on savait vivre heureux, 1830-1860,* Souvenirs de jeunesse publiés par la comtesse Jean de PANGE, Paris, Plon, 1934, 244 p.

BAPST Germain, *Le Maréchal Canrobert. Souvenirs d'un siècle,* Paris, Plon, 1904, 6 tomes, 6e éd., t. I, XV, 560 p.

BARAIL François-Charles (Général du), *Mes souvenirs,* Paris, Plon, s.d., 3 tomes, t. I, 1820-1851, 452 p.

BARANTE (Baron de), *Souvenirs du baron de Barante, de l'Académie Française, 1782-1866,* publiés par son petit-fils Claude de BARANTE, Paris, Calmann-Lévy, 1890-1893, 3 tomes, t. I, 411 p.

BARROT Odilon, *Mémoires posthumes de Odilon Barrot,* Paris, Charpentier & Cie, 1875, 4 tomes, t. I, 613 p.

BÉRANGER Pierre-Jean (de), *Ma biographie, ouvrage posthume de Pierre-Jean de Béranger, suivie d'un appendice,* Paris, Garnier, 4e éd., s.d., 280 p.

BERNIS, *Mémoires et lettres,* Paris, 1872, 2 vol.

BERTHOUD Henriette (Mme PICANON), *Mon frère et moi, Souvenirs de jeunesse, accompagnés de poésies d'Eugène BERTHOUD,* Paris, Bonhoure, 1876, 173 p.

BIART Lucien, *Quand j'étais petit. Histoire d'un enfant racontée par un homme,* Paris, Plon-Nourrit, 1886, 325 p.

BLED Edouard, *Mes écoles,* Paris, Laffont, 1977, 412 p.

BOIGNE, née d'OSMOND (Comtesse de), *Récits d'une Tante. Mémoires de la Comtesse de Boigne, née d'Osmond,* publiés d'après le manuscrit original par M. Charles NICOULLAUD, Paris, Plon, 1907, 4 tomes, 6e éd., t. I, 505 p.

BOCHER Charles, *Mémoires de Charles Bocher (1816-1907), précédés des souvenirs de famille (1760-1816),* Paris, Flammarion, s.d., 2 tomes, t. I, 512 p.

BROGLIE Achille Léon Victor (Duc de), *Souvenirs – 1785-1870 – du feu Duc de Broglie, de l'Académie Française,* Paris, Calmann-Lévy, 1886, 4 tomes, t. I, 391 p.

CAMESCASSE (Mme), *Souvenirs de Mme Camescasse,* Paris, Plon, 1924.

CAILLAUX Joseph, *Mes Mémoires,* Paris, Plon, Volume I : *Ma jeunesse orgueilleuse 1863-1909,* 1942, 306 p.

CARLES Émilie*, *Une Soupe aux herbes sauvages,* Paris, Livre de Poche, 1977, 318 p.

CASTELLANE Boniface (Maréchal de), *Journal,* Paris, Plon, 1895, 5 tomes, 2e éd., t. I, 1804-1823, V, 477 p.

CHASTENET J., *Quatre fois vingt ans (1893-1913),* Paris, Plon, 1914, 556 p.

CHATEAUBRIAND, *Mémoires d'Outre-Tombe, La Pléiade,* Paris, Gallimard, t. I, 1957, 1232 p.

COIGNET J.-R.*, *Les cahiers du Capitaine Coignet,* Paris, Le cercle du nouveau livre d'histoire, 1968, 227 p.

CORNEC Jean*, *Josette et Jean Cornec, instituteurs. De la hutte à la lutte, 1886-1980,* Paris, Editions Clancier-Guénaud, 1981, 250 p.

CROIZY Henri (de), *Récit d'Henri aux jeunes gens,* Paris, A. Lévy, 1868, 226 p.

DAUDET Madame Alphonse, *L'Enfance d'une parisienne,* Paris, Charavay Frères, 1893, 128 p.

DEBRÉ Robert, *L'Honneur de vivre,* Paris, Stock, 1974, 462 p.

DUC Lucien, *Mémoires d'un écolier,* Paris, Académie des Lettres de la Province, 1884, 135 p.

DUMAS Alexandre, *Mes mémoires,* Paris, Gallimard, 1954, t. I, 531 p.

DUMOURIEZ Charles-François, *Vie et mémoires,* Paris, t. I, 446 p.

DURUY, Victor, *Notes et souvenirs 1811-1894,* Paris, Hachette, 1901, 2 tomes, t. I, VI, 392 p.

FALLOUX (Comte de), *Mémoires d'un royaliste par le Comte de Falloux, de l'Académie Française,* Paris, Perrin & Cie, 1888, 2 tomes, t. I, VI, 600 p.

EYRAGUES (Marquis d'), *Mémoires pour mes fils,* Falaise, E. Trolonge, 1875, 355 p.

FARRENC Césarée, *Ce que peut une femme,* Paris, Société des Gens de Lettres, 1874, 233 p.

FERRONNAYS (Madame de la), *Mémoires,* Paris, Ollendorff, 1899, 329 p.

FRANQUEVILLE Charles (de), *Souvenirs intimes sur la vie de mon père,* Paris-Auteuil, Imprimerie des Apprentis Orphelins, 1878, 619 p.

GIDE André, *Si le grain ne meurt,* Paris, Gallimard, 1928.

GUEHENNO Jean*, *Journal d'un homme de 40 ans*, Paris, Grasset, (1934), Paris, Le livre de Poche, 1966, 243 p.

HAUSSMANN (Baron), *Mémoires du Baron HAUSSMANN*, Paris, Victor-Havard éditeur, 1890-1893, 4e éd., 3 volumes, Volume I : *Avant l'Hôtel de Ville*, XV, 587 p.

HÉLIAS Pierre-Jakez*, *Le cheval d'orgueil, Mémoires d'un breton du pays bigouden*, Paris, Plon, Collection *Terre Humaine*, 1975, 568 p.

JOINVILLE, *Vieux souvenirs de Mgr le Prince de Joinville ; 1818-1848*, Édition présentée et annotée par Daniel MEYER, Paris, Mercure de France, 1986, 347 p.

JUGE SAINT-MARTIN Jacques-Joseph, *Changements survenus dans les mœurs des habitants de Limoges depuis une cinquantaine d'années,* (1807) Limoges, Borgeas, 1817, 2e éd., 232 p.

JURIEN DE LA GRAVIÈRE Pierre-Roch, *Souvenirs d'un amiral. Mémoires du vice-amiral Jurien de la Gravière, ancien pair de France*, Paris, Hachette, 1872, 2 tomes, t. I, 388 p.

LACENAIRE, *Mémoires*, Paris, José Corti, 1991, 390 p.

LAFFITTE Jacques*, *Mémoires de Laffitte (1767-1844)*, publiés par Paul DUCHON, Paris, Firmin-Didot, 1932, 347 p.

LAMARTINE, *Les Confidences*, Paris, Hachette, 1915.

LAVISSE Ernest, *Souvenirs*, Paris, Calmann-Lévy, 1912, 287 p.

LEGOUVÉ Ernest, *Soixante ans de souvenirs*, Paris, Hetzel, 1888, 4 tomes.

LEJEUNE Xavier-Edouard, *Calicot*, Enquête de Michelle PERROT et Philippe LEJEUNE, Paris, Arthaud-Montalba, 1984, 366 p.

MALLET Émilie, Souvenirs et Journal (voir archives privées)

MICHEL Louise, *Mémoires*, Paris, François Maspéro, 1977, 335 p.

MICHELET, *Ma jeunesse*, Paris, Calmann-Lévy, 1884, 4e éd., 413 p.

MISTRAL, Frédéric, *Mémoires et Récits*, traduit du provençal, Paris, Plon-Nourrit, s.d., 294 p.

MONTALIVET (Comte de), *Fragments et souvenirs*, Paris, Calmann-Lévy, 1899, 2 tomes, t. I, 1810-1832, 395 p.

NADAUD Martin*, *Mémoires de Léonard, ancien garçon maçon, par Martin Nadaud*, édité par M. AGULHON, Paris, Hachette, 1974, 487 p.

PACCARD Jean-Edme*, *Mémoires et confessions d'un comédien*, Paris, Pougin & Corbet, 1839, VIII, 411 p.

PASQUIER (Chancelier), *Mémoires du chancelier Pasquier*, publiés par M. le Duc d'AUDIFFRET-PASQUIER, Paris, Plon, 1893, 1re édition, 6 tomes, t. I, 1789-1810, XI, 536 p.

PERDIGUIER Agricol*, *Mémoires d'un compagnon*, nouvelle édition avec une préface de Jean FOLLAIN, Genève (1854), Paris, Denoël, 1943, 333 p.

PONTMARTIN Armand (de), *Mémoires. Enfance et jeunesse*, Paris, Calmann-Lévy, 1885, 312 p.

POUMIÈS DE LA SIBOUTIE (Docteur), *Souvenirs d'un médecin de Paris*, publiés par Mesdames A. BRANCHE et L. DAGOURY, ses filles, Paris, Plon, 1910, 4e éd., 385 p.

QUINET Edgar, *Histoire de mes idées*, Paris, Baillière, 5e éd., s.d., VII, 356 p.

RAMBUTEAU Claude-Philibert (Comte de), *Mémoires du Comte de Rambuteau*, publiés par son petit-fils, avec une introduction et des notes par M. Georges LEQUIN, Paris, Calmann-Lévy, 1905, XXXII, 402 p.

ROLAND (Mme), *Mémoires de Madame Roland avec une notice sur sa vie, des mots et des éclaircissements historiques par MM. Berville et Barrière*, Paris, Baudouin, 1820, 2 vol., t. I, 1780-1787, 731 p.

RÉMUSAT Charles (de), *Mémoires de ma vie*, présentés et annotés par Charles-Henri POUTHAS, Paris, Plon, 1958, Volume I : *Enfance et jeunesse. La Restauration libérale (1797-1820)*, 475 p.

RENAN Ernest, *Souvenirs d'enfance et de jeunesse*, texte établi et présenté par Jean POMMIER, Paris, Armand Colin, 1959, LXI, 332 p.

SAND George, *Histoire de ma vie*, Paris, Stock, 1949, 352 p.

SANDRE Bertrand, Baptiste, Joseph et Marie, *Cahiers de la famille Sandre, enseignants, 1780-1960*, présentés par Mona OZOUF, Paris, Hachette, 1979, 436 p.

SÉGUR Anatole (Comte de), *Témoignages et souvenirs*, Paris, Ambroise Bray, 1858, 316 p.

SIEGFRIED André, *Mes souvenirs d'enfance*, Bourges, Imprimerie Tardy, 1957, 85 p.

SIMON Jules, *Premières années*, publié par Charles et Gustave SIMON, ses fils, Paris, Flammarion, 1901, III, 435 p.

STENDHAL, *Vie de Henry Brulard*, Paris, Le Divan, 1943, 520 p.

SYLVÈRE Antoine*, *Toinou, le cri d'un enfant auvergnat*, Paris, Plon, Collection *Terre Humaine*, 1980, préface de Pierre-Jakez HÉLIAS, 323 p.

TALLEYRAND Charles-Maurice (de), *Mémoires du Prince de Talleyrand*, publiés avec une préface et des notes par le Duc de BROGLIE, Paris, Calmann-Lévy, 1891, 4 volumes, vol. I, XXXII, 457 p.

TURQUIN Norbert*, *Mémoires et aventures d'un prolétaire*, 1833-1887, Paris, Gilles TAUTIN, 1974, 66 p.

VILLÈLE Jean-Baptiste (Comte de), *Mémoires et Correspondance*, Paris, Perrin, 1888, t. I, 1788 à 1816, 514 p.

VISEUX Auguste*, *Mineur de fond, soixante ans de combats et de solidarité*, Paris, Plon, Collection *Terre Humaine*, 1991, 600 p.

7. Journaux intimes, correspondances et autres témoignages

On trouve aussi des informations sur les attitudes des adultes envers le jeune enfant dans les autobiographies lorsque les auteurs évoquent leur rôle de père, de mère ou de grand-parent.

BONNIN C.-J.-B., *Lettres sur l'éducation*, Paris, Vernarel et Tenon, 1825, 331 p. (cet ouvrage décrit l'éducation donnée à la fille de l'auteur, Victorine, née en 1816).

BROGLIE Albertine (Duchesse de), *Lettres*, publiées par son fils le duc de BROGLIE, Paris, Calmann-Lévy, 1896, 338 p. (on trouve dans ces lettres des informations sur les quatre enfants vivants de la duchesse, nés entre 1817 et 1834, et sur ceux de son amie Sophie ANISSON-DUPERRON, nés entre 1816 et 1826).

DUVAL Henri Louis Nicolas (dit Cardelli), *Conseils aux mères de familles ou manière de soigner et d'élever ses enfants jusqu'à l'âge de 7 ans, petit cours d'éducation physique et morale*, Paris, Johanneau, 1840, 293 p. (cet ouvrage contient des informations sur l'éducation donnée à la fille de l'auteur, née avant 1840).

GUILLAUME J., «Pestalozzi», *D.P., op. cit.*, pp. 1580-1581 (extraits du journal manuscrit rédigé par Pestalozzi en 1774 et sur lequel il notait l'éducation donnée à son fils Jacques, né en 1770).

HUGO Victor, *L'Année terrible; l'Art d'être grand-père*, (1877) Paris, Ollendorff, 1914, 657 p. (extraits du carnet intime de V. Hugo, publiés avec des commentaires dans une «note de l'éditeur», pp. 621-631. Ces extraits contiennent des informations sur Georges et Jeanne Hugo, nés respectivement en 1868 et 1869).

JAUFFRET Louis-François, *Éducation pratique d'Adolphe et de Gustave ou Recueil des leçons données par L.-F. Jauffret à ses enfants*, Lyon, Ballanche, 1806, 4 vol. (l'auteur place en introduction de son ouvrage le journal des attitudes et des progrès de son fils Adolphe, né en 1796, entre un et six ans).

Les Filles de Karl Marx, lettres inédites, avec une introduction de Michelle PERROT, Paris, Albin Michel, 1979, 386 p. (ces lettres contiennent des informations sur les enfants Lafargue et Longuet, en particulier sur Etienne Lafargue, dit «Schnaps», né en 1869).

Lettres de Madame Roland, publiées par C. PERROUD, Paris, Imprimerie nationale, t. I: 1780-1787, t. II: 1787-1793 (informations relatives à Eudora Roland, née en 1781).

Le manuscrit de ma mère, avec commentaire, prologue et épilogue par Alphonse de LAMARTINE, Paris, Hachette, 1915, 322 p. (extraits du journal de Mme Prat de Lamartine, qui contient des informations sur ses six enfants, nés entre 1790 et 1802).

MALLET Émilie: les Souvenirs, le Journal et les lettres de Mme Mallet à la comtesse Pelet contiennent des informations sur les quatre enfants de M. et Mme Jules Mallet, nés entre 1802 et 1824.

PINETTE Joseph, et LUCE Mélanie, *Auguste ou l'éducation physique de l'enfance et de la jeunesse dans ses rapports avec son éducation morale et intellectuelle*, Paris, Baillière, 1845, 162 p. (cet ouvrage décrit l'éducation dispensée à Auguste, né en 1826).

RENARD Jules, *Journal, 1887-1920*, Paris, Gallimard, La Pléiade, 1965 (ce journal contient des informations sur Pierre Renard, né en 1889, et sur sa sœur Julie, née en 1892).

VARGAS Pierre (de), «L'éducation du *petit Julien*, agent du Comité de Salut Public», *L'Enfant, la Famille et la Révolution, op. cit.*, pp. 219-243 (extraits du journal tenu par Mme Julien sur les activités et les progrès de Marc-Antoine, né en 1775, et d'Auguste).

VINCENT Denise, «Le journal de Marie», *Le discours psychanalytique*, n° 3, 1982, pp. 22-25. (extraits du journal tenu par Marie Roux-Poujol, avec des informations sur ses deux premiers enfants, Charles, né en 1881, et Léa, née en 1886).

Bibliographie sélective

1. Histoire des salles d'asile, des écoles maternelles et des autres institutions de jeunes enfants au XIXᵉ siècle

Pour ne pas allonger cette liste, nous y avons seulement fait figurer les ouvrages et les articles qui se rapportent, à des degrés divers, au thème annoncé. On n'y trouvera donc pas les études, parfois classiques, sur l'enseignement primaire, la charité et la philanthropie au XIXᵉ siècle que nous avons utilisées pour rédiger notre thèse et qui sont parfois citées dans les notes de ce livre.

BATTEGAY Alain, «De la salle d'asile à l'école maternelle : la constitution d'un regard scientifique sur l'enfance», *Études sur la socialisation scolaire*, Paris, CNRS, 1979, pp. 75-108.

BELLIN Jean-Luc, *Les Écoles auboises de la petite enfance de 1833 à 1881,* doctorat de troisième cycle sous la direction de M. Perrot, Université de Paris VII, 1987, 510 p.

BLOCH Marianne, «Becoming Scientific and Professional : An Historical Perspective on the Aims and Effects of Early Education», *The Formation of Scool Subjects. The Struggle for Creating an American Institution*, ed. by Thomas S. Popkewitz, The Falmer Press, New York, 1987, pp. 25-61.

BODELOT Olga et PLAISANCE Éric, «L'évolution des objectifs de l'école maternelle», *CRESAS*, n°9, 1973, Paris, INRP, pp. 5-105.

BOURGADE Germaine, *Contribution à l'étude d'une histoire de l'éducation féminine à Toulouse de 1830 à 1914,* Publication de l'Université de Toulouse, 1980, 282 p.

BRÈS Suzanne, «Jardins d'enfants», *Dictionnaire de pédagogie et d'Instruction primaire* (sous la direction de F. Buisson), première partie, Paris, Hachette, édition de 1911, pp. 895-901.

BROUARD Eugène, «Pape-Carpantier Mme», *Dictionnaire de pédagogie et d'instruction primaire* (sous la direction de F. Buisson), première partie, Paris, Hachette, 1882, pp. 2199-2202.

BROUGÈRE Gilles, *Jeux et éducation dans la pédagogie préscolaire depuis le Romantisme,* doctorat d'État en sciences de l'éducation sous la direction de E. Plaisance, Université de Paris V, 1993, 715 p., publié dans une version résumée sous le titre *Jeu et éducation*, Paris, L'Harmattan, 1995, 284 p.

BROUSSARD Denise, *Les Écoles de la petite enfance dans le département de la Marne, de 1837 à 1913,* maîtrise sous la direction de M. Crubellier, Université de Reims, 1980, 209 p.

CAPLAT Guy, (sous la direction de), *Les Inspecteurs Généraux de l'Instruction Publique. Dictionnaire biographique 1802-1914,* établi par HAVELANGE Isabelle, HUGUET Françoise, LEBEDEFF Bernadette, Paris, CNRS-INRP, 1986, 700 p.

CATARSI Enzo, GENOVESI Giovanni, *L'Infanzia a scuola,* Bergame, Juvenilia, 1985, 256 p.

CAVALLO D., «From Perfection to Habit, Moral Training in the American Kindergarten 1860-1920», *History of Education quarterly*, 1976, n° 16, pp. 147-161.

CHALMEL Loïc, « La Petite École dans l'école.». *Origine piétiste-morave de l'école maternelle française,* doctorat de sciences de l'éducation sous la direction de J. Houssaye et de A.-M. Bernardinis, Université de Rouen, s.d., 559 p. et un volume d'annexes publié, sous le même titre, Berne, P. Lang, 1996, 353 p.

CHAMBOREDON Jean-Claude, PREVOT Jean, «Le "métier d'enfant"». Définition sociale de la prime enfance et fonctions différentielles de l'école maternelle», *Revue française de sociologie*, 1973, XIV-3, pp. 295-335.

COLMENAR ORZAES C., «Las esculas de parvulos en Espana durante el siglo XIX : su desarrollo en la epoca de la Restauracion», *Historia de la Educacion*, septembre-décembre 1991, pp. 89-107.

Conference papers for the 4th Session of the ISC for the History of Education, Eötvös Lorand University, Budapest, 1982, 2 volumes.

COQUART Suzanne, *L'Œuvre pédagogique de Pauline Kergomard,* doctorat de troisième cycle en sociologie, Université de Lyon II, 1982, 542 p.

COSNIER Colette, *Marie Pape-Carpantier, de l'école maternelle à l'école des filles,* Paris, L'Harmattan, 1993, 287 p.

DAJEZ Frédéric, *Naissance et institutionnalisation des salles d'asile et des écoles de la première enfance au XIXe siècle,* doctorat de troisième cycle en sciences de l'éducation sous la direction G. Vigarello, Université de Paris VIII, 1983, 323 p, publié, dans une version résumée, sous le titre *Les origines de l'école maternelle,* Paris, PUF, 1994, 185 p.

DERKENNE Françoise, *Pauline Kergomard et l'éducation nouvelle enfantine (1838-1925),* Paris, Ed. du Cerf, 1938, 200 p.

DEWAELE N., *Des salles d'asile à l'école maternelle dans le département du Nord (1833-1886),* maîtrise sous la direction de B. Ménager, Université de Lille III, 1985, 285 p.

DUMONT Micheline, «Les salles d'asile des soeurs grises à Montréal», *Maîtresses de maison, maîtresses d'école. Femmes, famille et éducation dans l'histoire du Québec,* Montréal, Boréal Express, 1983, pp. 262-265.

DUPRAT Catherine, *Le Temps des philanthropes. La philanthropie parisienne, des Lumières à la Monarchie de Juillet. Pensée et action,* doctorat d'État sous la direction de Maurice Agulhon, Université de Paris I; 1991, 2200 p, publié sous le titre *Usages et pratiques de la philanthropie à Paris au cours du premier XIXe siècle,* Paris, CHSS, 1996-1997, 2 volumes.

DURAND Albert, «Écoles maternelles», *Dictionnaire de pédagogie et d'Instruction primaire* (1882), *op. cit.,* pp.1862-1877.

DEFODON Charles, «Mallet, Mme Jules», *Dictionnaire de pédagogie et d'Instruction primaire* (1882), *op. cit.,* pp. 1802-1814.

ENCREVÉ André, *Protestants français au milieu du XIXe siècle. Les Réformés de 1848 à 1870,* Genève, Labor et Fides, 1986, 1121 p.

ERNING G., NEUMANN K., JÜRGEN (hg.) J., *Geschichte des Kindergartens,* Freiburg, Lambertus, I, 134 p.

First meeting of the International Standing Working Group for the History of Early childhood Education, Bamberg, Universität Bamberg, 1984, 292 p.

GARNIER Pascale, *Le Jardin des corps. L'éducation corporelle dans la salle d'asile (1826-1881),* maîtrise de sciences de l'éducation, Université de Paris V, 1983.

GAVOILLE Jacques, *L'École publique dans le département du Doubs, 1870-1914,* Annales littéraires de l'Université de Besançon, Paris, Les Belles Lettres, 1981, 418 p.

GIOLITTO Pierre, *Naissance de la pédagogie primaire (1815-1879),* Grenoble, C.R.D.P., 1980, 3 vol.

GONTARD Maurice, *Les Écoles primaires de la France bourgeoise (1835-1875),* Toulouse, C.R.D.P., s.d., 248 p.

GRAND Christian, *La Banque de Neuflize, Schlumberger, Mallet (1667-1990),* thèse de droit, Université de Nancy II, 1990 et l'ouvrage tiré de ce travail : *Trois siècles de banque, De Neuflize, Schlumberger, Mallet,* Paris, EPA, 1991, 286 p.

GREW Raymond, HARRIGAN Patrick J., *School, State and Society. The growth of elementary schooling in Nineteenth-Century France, A Quantitative analysis,* Ann Arbor, The University of Michigan Press, 1991, 324 p.

GUITTARD Yves, *Évolution de la place du jeu et du jouet à l'école maternelle, du début du siècle à nos jours,* DESS d'histoire du jeu, Université de Paris XIII, 1985, 58 p.

Historia Infantiae, International Annual for the History of Early Childhood Education, Budapest, Eötvös Lorand University, 1984, 308 p.

KURTZ John, *Jean-Frédéric Oberlin,* Boulder, Westview Press, 1976, 341 p.

LANGLOIS Claude, *Le Catholicisme au féminin. Les congrégations françaises à supérieure générale au XIXe siècle,* Paris, Le Cerf, 1984, 776 p.

LEBLON Muriel, *Le Personnel enseignant des jardins d'enfants de la ville de Bruxelles (1878-1914),* Bruxelles, Crédit Communal, Collection Histoire, 1994, n°88, 265 p.

LEMAIRE Manuelle, *Un Grand Bourgeois philanthrope du Paris orléaniste, Jean-Denys-Marie Cochin,* maîtrise sous la direction de Ph. Vigier et de F. Démier, Université de Paris X, 1986, 182 p.

LUC Jean-Noël, *La Petite Enfance à l'école, XIXe-XXe siècles. Textes officiels relatifs aux salles d'asile et aux écoles maternelles, présentés et publiés,* Paris, Economica-INRP, 1982, 391 p.

LUC Jean-Noël, «L'enseignement de l'histoire à la salle d'asile et à l'école maternelle au XIXe siècle», *Cent ans d'enseignement de l'histoire (1881-1981), R.H.M.C.,* Numéro hors-série, 1982, pp. 127-138.

LUC Jean-Noël, «Statistiques de l'enseignement préélementaire (1833-1985) », dans J. P. Briand, J. M. Chapoulie, F. Huguet, J. N. Luc, A. Prost, *L'enseignement primaire et ses extensions, XIXe-XXe siècles,* Paris, Economica-INRP, 1987, pp. 9-97.

LUC Jean-Noël, *L'Invention du jeune enfant au XIXe siècle ? De la salle d'asile à l'école maternelle (1826-1887),* doctorat d'État sous la direction d'Antoine Prost, Université de Paris I, 1994, 1143 p.

LUC Jean-Noël, «Entre le rapt et l'exclusion : la salle d'asile face à l'enfant très pauvre au XIXe siècle », *Démocratie et pauvreté,* Actes du colloque Aide à Toute Détresse-Université de Caen, Paris, Albin Michel, 1991, pp. 348-360.

LUC Jean-Noël, «Les municipalités au secours des philanthropes : le financement des salles d'asile françaises au XIXe siècle », *Philanthropie et politiques sociales en Europe du XVIIIe siècle à nos jours,* Actes du colloque AREPPOS, Paris, Anthropos-Economica, 1994, pp. 91-104.

MANSON Michel, «Être enseignant de la petite enfance en France de 1750 à 1800, d'après C. J. Leroux », *R.H.M.C.,* XXXVIII, juillet-septembre 1991, pp. 462-472.

MAREC Yves, «De la dame patronnesse à l'institutrice. La petite enfance entre la charité et l'instruction à Rouen au XIXe siècle », *Annales de Normandie,* mai 1986, pp. 121-156.

MARQUIS Jean-Claude, *L'école primaire en Seine-Inférieure, 1814-1914,* Rouen, FOL, 1982, 299 p.

MAYEUR Françoise, *De la Révolution à l'école républicaine,* 1789-1930, tome III de *l'Histoire générale de l'enseignement et de l'éducation en France* (sous la direction de L.-H. Parias), Paris, NLF, 1981, 682 p.

MOUSSY Bernadette, *Pauline Kergomard et les directices des écoles maternelles dans la seconde partie du XIXe siècle et au début du XXe siècle. Son action dans une revue pédagogique,* doctorat de troisième cycle en sciences de l'éducation, sous la direction d'E. Plaisance, Université de Paris V, 1988, 312 p.

PETIT Henri, *D'une femme de service à l'agent spécialisé des écoles maternelles,* doctorat de psychologie clinique sous la direction de Cl. Renault d'Allones, Université de Paris VII, 1992.

PLAISANCE Eric, *Pauline Kergomard et l'école maternelle,* Paris, PUF, 1996, 127 p.

PROST Antoine, *L'Enseignement en France (1800-1967),* Paris, A. Colin, 1968, 524 p.

PUAUX François, *les Œuvres du protestantisme français au XIXe siècle,* Paris, Comité du protestantisme français, 1893, 480 p.

PY Gilbert, «A l'origine de l'école maternelle », *Les cahiers de l'I.S.P.,* septembre 1992, pp. 108-132.

PY Gilbert, *Rousseau et les éducateurs. Essai sur la forme des idées pédagogiques de J. J. Rousseau en France et en Europe au XVIIIe siècle,* doctorat d'État sous la direction de P. Brunel, Université de Paris IV, 1991, 1650 p., à paraître en 1997 (Voltaire Fondation, Université d'Oxford).

ROSENZWEIG Françoise, «Pauline Kergomard née Reclus (1838-1925) ou comment devient-on républicaine ? », communication au Colloque *Les Femmes dans la cité, 1815-1870,* (à paraître en 1997 chez Creaphis).

ROUET Gilles, *L'Invention de l'école,* Nancy, PUN, 1993, 330 p.

RULON H. C., FRIOT P., *Un siècle de pédagogie dans les écoles primaires (1820-1940). Histoire des méthodes et des manuels utilisés dans l'Institut des frères de l'Institution chrétienne de Ploërmel,* Paris, Vrin, 1962, 230 p.

SUTCLIFFE Eilen, *Les Modèles pédagogiques étrangers et leur influence sur l'enseignement français (1815-1848),* maîtrise de sciences de l'éducation, Université de Paris V, 1986, 107 p.

SUTCLIFFE Eilen, *Les Premières Écoles enfantines anglaises et leur influence sur les salles d'asile, 1815-1835,* mémoire de licence, Université de Paris V, 1984, 60 p.

TRENARD Louis, *Salvandy en son temps, 1795-1856,* Lille, R. Giard, 1968, 944 p.

TRONCHOT Robert, *L'Enseignement mutuel en France de 1815 à 1833,* thèse d'État, 1972, 3 vol.

VROEDE Maurice (de), «Infant schools in Belgium, 1827-1857 », *Conference papers...,* op. cit., t. II, pp. 21-28.

VROEDE Maurice (de), «Der Kindergarten in Belgium, eine liberale Erneuerung», *Wissenschaftliche Zeitschrift der Friedrich Schiller-Universität Jena, Gesellschaft- und sprachwissenschaftliche Reihe,* XXXII, pp. 511-514.

WEISS Gillian, « *A Very Great Nuisance* : Young Children and the Construction of School Entry in South Australia, 1851-1915 », *History of Education Review,* vol. 22, n°2, 1993, pp. 1-17.

WINNIE L. H., *Aegis of the bourgeoisie, the Cochin of Paris (1750-1922),* Ph. D., Université du Michigan, 1987, pp. 240-312.

2. Histoire des enfants et de l'éducation domestique au XIXe siècle

Pour ne pas allonger cette liste, nous avons seulement retenu des ouvrages qui se rapportent, à des degrés divers, au thème annoncé. On ne trouvera donc pas ici tous les travaux – sur la société, les femmes, la famille, la vie religieuse et l'éducation dans la France du XIXe siècle – que nous avons utilisés pour rédiger notre thèse et qui sont parfois cités dans les notes de ce livre.

ABT Arthur et GARRISON Fielding, *History of Pediatrics*, Philadelphia, W.B. Saunders, 1965, 316 p.

Annales de démographie historique, numéros spéciaux : «Enfant et Société», Paris, 1973 ; «Mères et Nourrissons», Paris, 1983.

Annales, Economies, Sociétés, Civilisations, numéro spécial, «Famille et Société», n° 27, 1972.

ARIÈS Philippe, AYMARD Maurice, CASTAN Nicole, CHARTIER Roger, *De la Renaissance aux Lumières*, tome 3 de l'*Histoire de la vie privée* (sous la direction de Philippe Ariès et de Georges Duby), Paris, Le Seuil, 1986, 634 p.

ARIÈS Philippe, *Histoire des populations françaises et de leurs attitudes devant la vie depuis le XVIIIe siècle*, (1948) Paris, Le Seuil, 1971, 416 p.

ARIÈS Philippe, *L'Enfant et la vie familiale sous l'Ancien Régime*, Paris, Plon, 1960, 504 p.

ARMANGAUD André, «L'attitude de la société à l'égard de l'enfant au XIXe siècle», *Annales de démographie historique*, 1973, pp. 303-312.

BECCHI Egle e JULIA Dominique (a cura di), *Stoia dell'infanzia, 2. Dal settecento a oggi*, Bari, Laterza, 1996, 493 p.

BETHLENFALVAY Marina, *Les Visages de l'enfant dans la littérature française du XIXe siècle*, Genève, Droz, 1979, 148 p.

BOLTANSKI Luc, *Prime Éducation et morale de classe*, 1969, Paris, La Haye, 1977, 152 p.

BOUREAU D., *La Mission des parents, perspectives conciliaires de Trente à Vatican II*, Cerf, 1970, 425 p.

BURGUIÈRE A., KLAPISCH-ZUBER C., SEGALEN M., ZONABEND F., *Histoire de la famille*, Paris, A. Colin, 640 p. et 560 p.

CALVET J., *L'Enfant dans la littérature française*, Paris, 1930, 215 et 233 p.

CARADEC F., *Histoire de la littérature enfantine en France*, A. Michel, 1977, 271 p.

CASPARD Pierre, «The social interest taken in infant education within the family. An attempt at periodisation (XIXth-XXth centuries», *Historiae Infantiae*, 1985, pp. 130-138.

CASPARD Pierre, «Éducation et progrès. Ce que disent les écrits personnels», *Musée Neuchâtelois*, octobre-décembre 1996, pp. 273-289.

CHASSAGNE Serge, «Éducation et peinture au XIXe siècle : un champ iconographique en friches», *Histoire de l'Éducation*, mai 1986, pp. 53-59.

CHALINE Jean Pierre, « *Ces liens si doux...*, Sociabilité féminine et «maternalisme» : les associations de charité maternelle au XIXe siècle», communication au colloque *Les Femmes dans la cité, 1815-1870*, (à paraître en 1997 chez Créaphis).

CORBIN Alain, GUERRAND Roger-Henri, HALL Catherine, HUNT Lynn, MARTIN-FUGIER Anne, PERROT Michelle, *De la Révolution à la Grande Guerre*, tome 4, (sous la direction de Michelle Perrot) de l'*Histoire de la vie privée* (sous la direction de Philippe Ariès et de Georges Duby), Paris, Le Seuil, 1983, 636 p.

COTTEREAU Alain, «Travail, école, famille. Aspects de la vie des enfants d'ouvriers à Paris au XIXe siècle», *Autrement*, IX, 1977.

CRUBELLIER Maurice, *L'Enfance et la jeunesse dans la société française (1800-1950)*, Paris, A. Colin, 1970, 490 p.

DELUMEAU Jean (sous la direction de), *La Première Communion, quatre siècles d'histoire*, Paris, Desclée de Brouwer, 1987, 314 p.

DELUMEAU Jean et ROCHE Daniel (sous la direction de), *Histoire des pères et de la paternité*, Paris, Larousse, 1990, 477 p.

DENIEL Raymond, *Une Image de la famille et de la société sous la Restauration (1815-1830). Étude de la presse catholique*, Paris, Éditions Ouvrières, 1965, 303 p.

DENIS Wayne, «Historical beginning of child psychology», *Psychological bulletin*, vol. 46, 1949, pp. 224-235.

DUPÂQUIER Jacques et al., *Histoire de la population française*, tome III, *De 1789 à 1914*, Paris, PUF, 1988, 558 p.

DUPUY Aymé, *Un Personnage nouveau du roman français : l'enfant*, Paris, Hachette, 1931, 423 p.

FAŸ-SALLOIS Fanny, *Les Nourrices à Paris au XIXe siècle*, Paris, Payot, 1980, 283 p.

FOURMENT Alain, *Histoire de la presse des jeunes et des journaux d'enfants (1768-1988)*, Paris, Eole, 1987, 435 p.

FRAISSE Geneviève, PERROT Michelle (sous la direction de), *Histoire des Femmes, le XIXe siècle*, tome 4 de l'*Histoire des femmes* (sous la direction de Georges Duby et de Michelle Perrot), Paris, Plon, 1991, 629 p.

FRITSCH Philippe, JOSEPH Isaac, « Disciplines à domicile. L'édification de la famille », *Recherches*, n° 28, 1978, 342 p.

GAGE Michèle, *La Petite Enfance à travers les manuels de puériculture*, Maîtrise d'histoire sous la direction de P. Gerbod, Université de Paris XIII, 1986, 182 p.

GELIS Jacques, LAGET Mireille, MOREL Marie-France, *Entrer dans la vie. Naissances et enfances dans la France traditionnelle*, Paris, Gallimard, 1978, 243 p.

GEORGEL Chantal, *L'enfant*, Carnet parcours du musée d'Orsay, Réunion des musées nationaux, 1989, 16 p.

GLÉNISSON Jean, « Le livre pour la jeunesse », *Histoire de l'édition française* (sous la direction de R. Chartier, H.-J. Martin), Promodis, 1985, T. III, pp. 416-445.

HAUTECŒUR Louis, *Les Peintres de la vie familiale*, Paris, Éditions de la galerie Charpentier, 1945.

HAVELANGE Isabelle, *La Littérature à l'usage des demoiselles, 1750-1860*, doctorat de troisième cycle sous la direction de D. Julia, E.H.E.S.S., 1984, 380 p.

HAVELANGE Isabelle, LE MEN Ségolène, MANSON Michel, *Le Magasin des enfants. La littérature pour la jeunesse (1750-1830)*, Catalogue de l'exposition, *Le magasin des enfants*, Alençon, Imprimerie alençonnaise, 1988, 143 p.

HEYWOOD Colin, *Childhood in Nineteenth-Century France, Work, Health and Education among the « classes populaires »*, Cambridge, Cambridge University Press, 1988, 350 p.

Jouet et Jeu dans l'histoire de l'éducation de la petite enfance, Actes de la troisième rencontre du groupe international de travail sur l'histoire de l'éducation de la petite enfance, publiés par Éric PLAISANCE et Jeanne CONTOU, Paris V, 1987, 223 p.

KNIBIEHLER Yvonne, FOUQUET Catherine, *L'Histoire des mères du Moyen Age à nos jours*, Paris, Montalba, 1980, 367 p.

KNIBIEHLER Yvonne, *Les Pères aussi ont une histoire*, Paris, Hachette, 1987, 343 p.

L'Enfant, la Famille et la Révolution française, Paris, Orban, 1989, 492 p.

LAPLAIGE Danielle, *Sans famille à Paris. Orphelins et enfants abandonnés de la Seine au XIXe siècle*, Paris, Centurion, 1989, 204 p.

LATZARUS Marie-Thérèse, *La Littérature enfantine en France dans la seconde moitié du XIXe siècle, étude précédée d'un rapide aperçu des lectures des enfants en France avant 1860*, Paris, 1924.

LECHEVALIER Bertrand, *Philosophie de l'enfance et psychologie de l'enfant : les conceptions françaises, de Fourier à Wallon*, doctorat d'État sous la direction de J. Ulmann, Université de Paris I, 1983, 3 volumes.

LEJEUNE-RESNIK Évelyne, *Femmes et associations, 1830-1880*, Paris, Publisud, 1991, 262 p.

LE MEN Ségolène, *Les Abécédaires français illustrés du XIXe siècle*, Paris, Promodis, 1984, 338 p.

LE MEN Ségolène, « Le Romantisme et l'invention de l'album pour enfants », *Le Livre d'enfance et de jeunesse en France*, sous la direction de Jean Glénisson et de Ségolène Le Men, Bordeaux, Société des bibliophiles de Guyenne, 1994, pp. 145-175.

LÉVY Marie-Françoise, *De Mères en filles. L'éducation des Françaises (1850-1880)*, Paris, Calmann-Lévy, 1984, 190 p.

LOUX Françoise, *Le Jeune Enfant et son corps dans la médecine traditionnelle*, Paris, Flammarion, 1978, 276 p.

LYNCH Katherine A., *Family, Class, and Ideology in Early Industrial France, Social Policy and the Working-Class Family*, 1825-1848, Madison, The University of Wisconsin Press, 1988, 272 p.

MANSON Michel, « L'album d'A. Noël (1806) sur *Les jeux de la poupée* et ses avatars au XIXe siècle », dans Perrot Jean (sous la direction de), *Jeux graphiques dans l'album pour la jeunesse*, actes du Congrès de Paris, Argos, 1991, pp. 199-220.

MANSON Michel, «La littérature enfantine française de 1750 à 1850, comme source de l'histoire du jouet (remarques méthodologiques)», *Jouet et Jeu...*, op. cit., pp. 178-194.

MANSON Michel, *Les Livres pour l'enfance et le jeunesse publiés en français de 1789 à 1799*, Paris, INRP, 1989, 273 p.

MARTIN-FUGIER Anne, *La Bourgeoise. La Femme au temps de Paul Bourget*, Paris, Grasset, 1983, 315 p.

MARTIN-FUGIER Anne, *La Place des bonnes. La domesticité féminine à Paris en 1900*, Paris, Grasset, 1979, 382 p.

MAYEUR Françoise, *l'Éducation des filles en France au XIXᵉ siècle*, Paris, Hachette, 1979.

MENSION-RIGAU Éric, *L'enfance au château, l'éducation familiale des élites françaises au XXᵉ siècle*, Paris, Rivages, 1990, 316 p.

MOREL Marie-France, «Médecins et enfants malades dans la France du XVIIIᵉ siècle», *Lieux de l'enfance*, 9-10, janvier-juin 1987, pp.13-46.

MOREL Marie-France, «Les soins prodigués aux enfants : influence des innovations médicales et des institutions médicalisées (1750-1914)», *Annales de démographie historique*, 1989, pp. 157-181.

OTTEVAERE-VAN PRAAG G., *La Littérature pour la jeunesse en Europe occidentale (1750-1925)*, Berne, P. Lang, 1987, 493 p.

PAUL-LÉVY Françoise, *L'Amour nomade. La mère et l'enfant hors mariage (XVIᵉ-XXᵉ siècle)*, Paris, Seuil, 1981, 254 p.

PENIGAULT-DUHET, P.-M. (sous la direction de), *L'Enfance et les ouvrages d'éducation*, Université de Nantes, 1983, 2 tomes.

PIERRARD Pierre, *Enfants et Jeunes Ouvriers en France (XIXᵉ-XXᵉ siècles)*, Paris, Éditions ouvrières, 1987, 226 p.

POLLOCK Linda A., *Forgotten Children, Parent-Child Relations from 1500 to 1900*, Cambridge, Cambridge university Press, 1983, 334 p.

QUINCY-LEFEBVRE Pascale, *De l'enfance insoumise à l'enfance difficile. Regards et pratiques correctives des parents entre familles et institutions dans les milieux populaires des villes (1880-fin des anées 1930)*, doctorat sous la direction d'André Gueslin, Université de Paris VII, 1995, 813 p.

ROLLET Catherine, «L'allaitement «artificiel» en Normandie et dans le Maine», *Annales de Normandie*, mai 1985, pp. 107-119.

ROLLET Catherine, *La Politique à l'égard de la petite enfance sous la Troisième République (1865-1939)*, Paris, INED, 1990, 593 p.

SANDRIN Jean, *Enfants trouvés, enfants ouvriers, XVIIᵉ-XIXᵉ siècles*, Paris, Aubier, 1982, 381 p.

SCOTT Joan W., TILLY Louise, *Les Femmes, le travail et la famille*, Marseille, Rivages, 1987, 268 p.

SHORTER Edward, *Naissance de la famille moderne*, Paris, Seuil, 1985, 379 p.

SOHN Anne-Marie, *Les Rôles féminins dans la vie privée à l'époque de la Troisième République*, doctorat d'État sous la direction de M. Agulhon, Université de Paris I, 1992, 1198 p., publié sous le titre *Chrysalides. Femmes dans la vie privée (XIXᵉ-XXᵉ siècles)*, Paris, Publications de La Sorbonne, 1996, 2 vol., 1 095 p.

SMITH Bonnie, *Les Bourgeoises du Nord, 1850-1914*, Paris, Perrin, pp. 235.

SUSSMAN George D., "The end of the wet-nursing business in France, 1874-1914", *Journal of Family History*, 1977, 2, pp. 237-258.

SUSSMAN George D., *Selling Mothers' Milk. The Wet Nursing Business in France (1715-1914)*, Chicago, University of Illinois Press, 1982, 210 p.

TOLEDANO A. D., *La Vie de famille sous la Restauration et la Monarchie de Juillet*, Paris, Albin Michel, 1943, 254 p.

TOURSCH Victor, *L'Enfant français à la fin du XIXᵉ siècle, d'après ses principaux romanciers*, Paris, Les presses modernes, 1983, 254 p.

ULMANN Jacques, *Les Débuts de la médecine des enfants*, Paris, Palais de la Découverte, 1967, 72 p.

VAN GENNEP Arnold, *Manuel de folklore français contemporain.*, Paris, Picard, 1943-1958, 9 vol.

VASSIGH Darya, *Les Relations adultes-enfants dans la seconde moitié du XIXᵉ siècle. Étude discursive des écrits auto-biographiques, éducatifs, juridiques et médico-légaux relatifs à cette question*, doctorat sous la direction de M. Perrot, Université de Paris VII, 1996, 484 p.

Index des noms de personnes

A

Abbott (pasteur) 106
Abrantès (duc d') 125
Abrantès (duchesse d') 129
Agoult (Marie d') 182
Aimé-Martin (Louis) 91
Allard (Jules) 131
Allizeau 383
Amoros (méthode) 203
Anisson-Duperron (baronne Sophie) 18, 106, 123, 172, 183
Anthoine (Émile) 242, 243, 369, 471
Antras (Emma d') 386
Aporti (abbé Ferrante) 16, 54, 163
Armaillé (comtesse Célestine d') 119, 126

B

Bagnaux (Joseph-Charles de) 377
Ballexserd (J.) 90
Balzac (Honoré de) 114, 115
Bar (comtesse de) 156
Barante (Guillaume de) 128, 130, 132
Barbaud (Mme) 134, 135, 140
Bardy (Marie) 386
Baroche (Pierre-Jules) 154
Barrau (Théodore) 46, 47
Barthez (Ernest) 87, 88
Basedow (Jean-Bernard) 15, 81, 82, 83, 93
Bassano (duchesse de) 156, 161
Batelle (Pierre-Nicolas) 49, 322
Bauffremont (princesse de) 18
Bécour (Julie) 181
Becquerel (Dr) 90
Bentham (Jérémie) 193
Béranger (Pierre-Jean de) 129, 196, 316, 317
Berquin (Arnaud) 134, 200
Bert (Paul) 252, 386, 408
Berthaud (abbé) 83
Bertillon (Jacques) 112
Biard (Lucien) 124
Bichat (Xavier) 87
Billard (Charles-Marie) 87
Binet (Alfred) 390
Bocher (colonel) 131
Bocquillon-Wilhem 213
Boileau (Eugène) 125
Bondy (comtesse de) 22, 33, 155, 156
Bonnet de Malherbe (Mme) 208, 339, 455
Bothmann (Mlle) 373
Bouchut (Dr Eugène) 88
Bouin (A.) 155
Braun (Théodore) 109

Broglie (duchesse Albertine de) 106, 123, 131, 170, 183
Broglie (duc de) 31
Brouard (Eugène) 394, 400
Brougham (Lord) 16, 54
Buchez (Philippe) 72
Buffon (Georges) 130, 134
Buisson (Ferdinand) 91, 94, 376, 380, 381, 382, 399, 404, 408
Bujeon (Dr Alfred) 101
Buret (E.) 350

C

Cabet (Étienne) 74
Cadet (Félix) 396
Caillau (Dr Jean-Marie) 108
Caillaux (Joseph) 131
Callant (Victor) 73
Cambacérès (duchesse de) 161
Camp (Maxime du) 346
Campan (Jeanne) 92, 95, 103, 104, 108, 131, 151
Cany (Dr) 55, 68
Carnot (Hippolyte) 35, 36, 46, 47, 196, 216, 316, 317
Carré (M.) 251
Casebonne (Mlle) 177
Cauchois-Lemaire (Judith) 175, 179, 259, 330, 339, 363, 367, 381, 382
Caussin de Perceval (Mme) 156
Caussy (Mlle) 245
Cavendu 140
Celnart (Elisabeth) 99, 100
Cerise (Dr Laurent) 48, 72, 89, 164, 201, 203, 204
Chalamet (Mme) 396, 397, 399, 400
Chambon (Marie) 102, 104
Champlouis (baronne Amélie de) 18, 24, 26, 32, 44, 52, 66, 69, 156, 165, 183, 191, 195, 200, 205, 206, 209, 210, 216, 217, 219, 223, 225, 301, 302, 317, 318, 378, 379
Champlouis (baron Claude Nau de) 21
Chardin (Jean-Baptiste) 113
Charton (Édouard) 316
Chastenet (Jacques) 127, 131
Chateaubriand (François-René de) 118, 130
Chauveau (M.) 303
Chevallier (Mlle) 374
Chevreau-Lemercier (Eugénie) 176, 179, 327, 328, 330, 332, 334, 341, 342, 343, 346, 352, 363, 455
Claparède (Édouard) 420
Cochin (Augustin) 184, 344
Cochin (Mme Augustin) 156

Cochin (Jean-Denys-Marie) 17, 19, 20, 24, 25, 30, 33, 39, 40, 41, 42, 43, 45, 47, 49, 52, 53, 56, 59, 61, 62, 66, 69, 71, 164, 167, 184, 187, 191, 195, 196, 198, 200, 203, 206, 208, 209, 210, 211, 212, 213, 214, 216, 217, 219, 221, 238, 301, 302, 311, 313, 314, 322, 330, 335, 378, 426
Coignet (Mme) 377
Colbrant-Micheneau (Caroline) 104, 112
Colin (Mlle) 214
Colombel (Mme) 176
Coménius (Jan) 15, 81, 93, 150
Compayré (Gabriel) 94, 98
Comte (Auguste) 374
Condillac (Étienne de) 88
Considérant (Victor) 72, 73
Cordier (Jacques) 35
Cormenin (Louis de) 46
Cornu (Mme) 156
Cousin (Victor) 31, 317, 322

D

Daignan (Dr Guillaume) 90, 97, 112
Dalin (Père) 315
Dantier (Julienne) 334
Darboy (Mgr) 155
Darwin (Charles) 93, 107
Daudet (Mme) 131
Davy (Marie) 332, 345, 363, 385, 387, 389
Debré (Robert) 128
Decroly (Ovide) 420
Defodon (Charles) 323
Delacoux (Dr A.) 89
Delangle (Mme) 154, 156
Delbrück (Jules) 73, 373
Delebecque (Joseph) 155
Delessert (Benjamin) 17, 21, 56
Delessert (François) 17, 32, 34, 44, 178
Delessert (Mme François) 18
Delon (Charles) 377
Delon (Fanny) 384
Depasse (Émile) 50, 61, 64, 65
Deroin (Jeanne) 73
Deschanel (Émile) 386
Desgenettes (abbé Charles) 18
Detmold (princesse Pauline de) 15
Dezobry (M.) 322
Didiot (Louise) 339, 385
Dillon (Gertrude) 180, 357, 389, 404, 456
Dodu (Lucie) 385
Donné (Dr Alfed) 100
Donnet (cardinal) 49
Doré (Gustave) 140
Dosquet (Marie) 238, 393, 404, 408
Doubet (Henriette) 41, 181, 229, 237, 327, 339, 351, 354, 358, 360, 361, 363, 364, 365, 371
Doubet (Pierre) 150, 193, 224, 243
Droz (Gustave) 114, 115, 116, 117
Duchemin-Boisjousse 213
Ducoudray-Bourgault (Mme) 176

Dufresne (Abel) 141
Dumas (Alexandre) 125, 130, 134, 141
Dumoulin (Mme) 176
Dupanloup (Mgr) 91, 101, 117
Dupin (Aurore) 125, 127, 130
Duplay (Mme) 317
Dupuch (abbé) 26
Durand (Albert) 385
Duruy (Victor) 162, 196, 197, 202, 216, 223, 249, 250, 256, 334, 358
Duval (Henri) 131, 132
Duval (Jules) 197

E

Edgeworth (Marie) 81, 82, 83, 107, 184
Egger (Émile) 94
Épinay (Louise d') 81, 82, 83, 123
Esparron (Dr) 101
Esquiros (Alphonse) 93
Essling (princesse d') 156, 161

F

Faidherbe (Dr Alexandre) 181
Fallet (Céline) 99, 104
Falloux (Frédéric Albert de) 35 – loi : 156, 216
Fénelon (François de) 81, 82, 83, 105, 123, 383
Ferry (Jules) 252, 356, 395, 407
Fertiault (Julie) 107, 108
Fitte (Marie-Antoinette de) 368, 385, 386
Fleury (Claude) 81, 82, 83, 105, 383
Foa (Eugénie) 163
Fonssagrives (Dr Jean-Baptiste) 88, 90, 95, 106, 109
Forcade (Aglaé) 363, 384, 385
Fortoul (Hippolyte) 35, 36, 159, 194, 249, 250, 317
Fouilhoux (Marie) 385
Fould (Achille) 154
Fourier (Charles) 26, 72, 163
Franqueville (Ernest de) 126
Freinet (Célestin) 420
Freud (Sigmund) 90, 148
Friedberg (Mme de) 393
Fröbel (ou Froebel) (Friedrich) 24, 373, 374, 377, 379, 382, 416 – méthode : 101, 166, 188, 189, 197, 220, 293, 339, 376, 380, 384, 392, 405, 418
Froelich (Lorentz) 137, 140
Fry (Mrs) 163
Furetière (Antoine) 80

G

Galliera (duchesse de) 123, 124
Gardien (Dr C.-M.) 97
Garrier (Gilles) 288
Gasparin (comte Adrien de) 27, 117
Gasparin (comtesse de) 27, 108

Quintilien 80, 81, 150
Rapet (Jean-Jacques) 155, 207, 225, 317, 382
Ratisbonne (Louis) 140
Rémusat (Augustin de) 119, 132
Rémusat (Mme Augustin de) 120, 132
Rémusat (Charles de) 127, 129, 131
Rémusat (Claire de) 91, 107
Rendu (Ambroise) 38, 155, 157, 162, 311, 327
Rendu (Ambroise, fils) 212, 218
Rendu (Eugène) 55, 155, 218, 225, 322, 362
Rendu (Henriette) (voir aussi Doubet, Henriette) 155, 455
René-Caillé (Antoinette) 213, 237, 250, 316, 332, 360, 363, 364
René-Caillé (Isaure) 384
Renneville (Sophie de) 141
Rey (Joseph) 26, 45, 314, 360
Reynaud (Jean) 316
Rilliet (Dr Frédéric) 87, 88
Ritt (Georges) 179, 317
Rocher-Rippert (Marie) 315, 404
Roland (Jean-Marie) 120, 121, 125, 128, 131
Roland (Pauline) 120, 121, 128, 131, 132, 133, 134
Rollin (Charles) 83
Romains (Jules) 133
Roselly de Lorgues (Charles) 25
Rouland (Gustave) 160, 249
Rouland (Mme) 156, 249
Rousseau (Jean-Jacques) 15, 51, 81, 82, 83, 90, 93, 96, 98, 102, 105, 108, 115, 120, 122, 149, 183
Roussel (loi) 86, 150
Roux-Poujol (Marie) 133

S

Saint-Geniès (baronne de) 173
Saint-Hilaire (Bartélémy) 35
Saint-Pierre (Bernardin de) 91, 123
Saint-Simon (comte Claude Henri de) 26, 73
Salvandy (comte Achille de) 32, 33, 34, 37, 312, 314, 322, 358

Salvandy (Mme de) 156
Samson (Dr Achille) 89
Sand (George) 125, 196
Sarrazin (Annette) 339, 376, 386, 388, 389
Saunier (M.) 349, 350
Savardan (A.) 73
Say (Jean-Baptiste) 42
Schlumberger (Mme Henri) 374
Ségur (comtesse Philippe de) 114, 127
Ségur (comte Philippe de) 119, 127, 141
Siegfried (André) 127, 128, 131, 293
Silvy (A.) 207
Simon (Jules) 10, 39, 119, 131
Siry (Dr A.) 89, 91
Spencer (Herbert) 98, 102, 107
Steverlinck (Mlle) 396, 397, 400, 404
Sully (James) 94, 108

T

Taine (Hippolyte) 93, 107
Talleyrand (Charles-Maurice de) 8, 118
Tastu (Mme) 91, 196
Thayer (Amédée) 155
Théry (Augustin-François) 93, 104
Thiers (Adolphe) 154, 169
Tiedemann (Th.) 106
Tissot (Dr Samuel) 89
Tourmante (Mlle) 349
Tridon (abbé E.-N.) 99
Tristan (Flora) 182
Turk (conseiller) 16

U-V

Valdruche (M.) 426
Vallambert (Dr Simon de) 80, 96
Varaignes (baronne de) 18, 156, 308, 317
Varron 79
Vaulabelle (Achille de) 35
Vermeil (pasteur) 26
Verne (Jules) 140
Veyrières (Françoise) 385

Abréviations
et des intitulés abrégés

Pour ne pas allonger les notes ou pour proposer des références explicites, nous avons utilisé les intitulés suivants en plus des abréviations habituelles des revues scientifiques.

- ***A.E.*** : *L'Ami de l'Enfance, Journal des salles d'asile.*
- « **Appendice** » : Appendice de Mme Mallet à la troisième édition du manuel de J.-D. Cochin, publiée en 1845.
- **Association des dames inspectrices, réunion du** ... : Procès-verbaux de l'*Association de charité en faveur des salles d'asile de Paris,* créée par Mme Mallet en 1843.
- **C.M.** : Archives de Mme Mallet conservées au Château des Moutiers.
- **Comité des dames, réunion du** ... : Procès-verbaux des réunions du Comité des dames de Paris entre 1830 et 1836.
- *Conseils* : *Conseils sur la direction des salles d'asile,* Paris, Hachette, 1846, 179 p., écrit par Marie Carpantier.
- ***D.P.*** : *Dictionnaire de Pédagogie et d'Instruction primaire* (sous la direction de F. Buisson), première partie, Paris, Hachette, 1882-1887, 2 tomes. La nouvelle édition, revue et complétée, de 1911 est mentionnée par la même abréviation avec la date de publication.
- ***De la direction*** : *De la direction morale des salles d'asile et des comités de surveillance,* Paris, Duverger, 1834, 37 p. (ouvrage écrit, mais non signé, par Mme Mallet).
- ***Enseignement pratique*** : *Enseignement pratique dans les écoles maternelles...,* Paris, Hachette, 1849, 275 p., écrit par Mme Pape-Carpantier.
- ***Instruction*** : *Instruction élémentaire pour la formation et la tenue des salles d'asile de l'enfance,* Paris, Delalain, 1833, 51 p. (ouvrage écrit, mais non signé, par Mme Nau de Champlouis).
- **Journal** : Journal de Mme Mallet, 1825-1856.
- **Lettre** suivie d'une date : Lettres de Mme Mallet à la comtesse Pelet de la Lozère.
- **Manuel** : troisième édition, sauf mention contraire, du *Manuel des fondateurs et des directeurs des premières écoles de l'enfance, connues sous le nom de salles d'asile,* écrit par J.-D. Cochin, Paris, Hachette, 1845, 385 p.
- **Manuscrit** : nom donné aux notes et aux brouillons rédigés par Natalie Labouchère qui voulait écrire une biographie de sa mère, Mme Mallet.
- **M. Matrat, *Rapport I*** : *Rapport sur les salles d'asile des académies d'Aix, de Lyon et de Besançon,* Paris, Imprimerie Nationale, 1881, 28 p.
- **M. Matrat, *Rapport II*** : *Rapport sur les écoles maternelles des académies de Paris, d'Aix et du département de Saône-et-Loire,* Paris, Imprimerie Nationale, 1882, 17 p.
- **M.S.** : Musée Social.
- **P. Kergomard, *Rapport I*** : *Rapport sur les salles d'asile des académies de Toulouse et de Grenoble,* Paris, Imprimerie Nationale, 1881, 23 p.
- **P. Kergomard, *Rapport II*** : *Rapport sur les écoles maternelles des académies de Toulouse, de Clermont et de Bordeaux,* Paris, Imprimerie Nationale, 1882, 20 p.
- **Souvenirs** : souvenirs de Mme maller, 1794-1825.
- ***Statistique... en*** suivie d'une date : volumes imprimés de la statistique de l'enseignement primaire au XIXe siècle.

Table des illustrations
et crédits photographiques

Les illustrations sont empruntées aux revues et aux ouvrages mentionnés dans les titres, et qui sont conservés à la Bibliothèque nationale (n° 1, 2, 4, 7, 8, 9 et 10) ou à la Bibliothèque de l'Heure Joyeuse (n° 3, 5 et 6), et aux publications suivantes, conservées dans la bibliothèquede l'INRP : J.-D. Cochin, *Manuel des salles d'asile*, 1833 (n° 16, 18, 19 et 20), *L'Ami de l'Enfance*, 1856-1857 (n° 14, 17, 22 à 24), F. Narjoux, « Principes de construction scolaire », *Revue Pédagogique*, 1879 (n° 15), liste du matériel de la Librairie Hachette, placée à la fin de l'ouvrage de Mme Monternault, *Nouveau Manuel des comités locaux de patronage et des directrices des salles d'asile*, 1876 (n° 21). Le plan reproduit au n° 25 est tiré des archives de la Commission de réforme des salles d'asile (A.N., F17 10852) ; l'illustration 26 appartient à une collection privée. Michel Lethelnet, photographe à l'ENS de Saint-Cloud/Fontenay, a réalisé les clichés n° 3, 5 à 7 et 14 à 25.

Table des matières

Imprimé en France par Darantiere - N° d'impression : 97-0942
N° d'édition : 2022-01 - Dépôt légal : septembre 1997